文艺复兴
西方艺术的伟大时代

THE RENAISSANCE
A GREAT AGE OF WESTERN ART

[英] 贡布里希著 李本正　范景中　编选

中国美术学院出版社

THE RENAISSANCE

A GREAT AGE OF WESTERN ART

Selected Essays of E. H. Gombrich

Edited by Li Benzheng and Fan Jingzhong

First published by China Academy of Art Press
Hangzhou 1995

中国美术学院出版社　学院丛书

谨以此译本纪念
卢鸿基教授逝世十五周年

目　　录

中 译 本 序 言

AUTHOR'S PREFACE TO THE CHINESE TRANSLATION

在这卷由我的中国挚友汇编的文集中，各篇论文皆以在西方文明的发展中起过关键性作用的文化艺术运动即著名的“文艺复兴”为题。那场运动主要发源于意大利佛罗伦萨城，时为公元十四至十五世纪，亦即所谓的“中世纪”末期。当时，欧洲的大部分地区处于封建制度之下，政权掌握在帝王手中；他们分封土地，作为对贵族成员服役的奖赏。然而，意大利诸城在很大程度上抵制了这些统治者的干预，力求独立。这样，帝王的拥护者吉伯林派跟其对手教皇派的斗争便构成了佛罗伦萨早期历史的主要内容。不过，他们最终达成了和解，以使富商可以跨越阿尔卑斯山南北，横渡重洋，经营贸易。

文艺复兴在佛罗伦萨的出现与古典希腊文化在雅典城的兴起之间存在着有趣的相似之处：在这两城的生活中，政党和个人之间的公开辩论都占据了重要的地位，公民通常要求当选的执政者解释其所作出的每一项决策的缘由。毫无疑问，佛罗伦萨人从古代范例中汲取了灵感，力求恢复往昔的状况。实际上，“文艺复兴”一词意为“再生”。谈论艺术的再生，在那几个世纪里极为普遍。对于当时的人们来说，“艺术”不仅仅是指建筑、雕刻和绘画。辩论的重要性这一事实也引起了人们对著名的“修辞术”的关注。修辞术是劝说的技术，在古代的教育中占据着核心地位。

我希望这些论文能够说明，这种对于合适的演说风格的关注，如何传播到其他的艺术领域。同时也说明，那种勇于跟古代世界的著名成就竞赛，甚至决心超越这些成就的日益增长的雄心，如何最终影响了文艺复兴时期的画家、建筑家和雕刻家的社会地位。他们的伟绩使市民同胞感到无限自豪。难怪，在往后的世纪里，人们总是怀着羡慕之情回顾这个产生了莱奥纳尔多·达·芬奇、米开朗琪罗和拉斐尔等艺术巨擘的时代。也难怪，在西方大学里，我们往往要求学生从了解这一重要时期来开始他们的课程。通过这一时期，我们可以看到历代艺术家不断进取，不断完善再现技巧，力图重新恢复美的古典理想。

E.H. 贡布里希

1995 年 1 月于伦敦

编 者 序 言

EDITORS' NOTE

西方文艺复兴艺术的研究代表了美术史研究的最高水平。著名的大师从布克哈特、沃尔夫林到潘诺夫斯基、贡布里希，都在这一领域作出了卓越的贡献。他们的各种思想和各种方法都在这里大显身手。但是贡布里希比起他的前辈来，最明显的不同之处在于除了他是一个反黑格尔主义者之外，还有一个突出的特点就是，我们无法把他归为某家某派，他不但决不为某家某派的理论和方法所囿，而且他尤其反对标宗立派；他特别强调：那些声称解释了整个人类行为和历史的理论，例如种族主义、心理分析、结构主义等等，其许诺必然是站不住脚的，因为我们所寻求的解释和我们所采用的方法永远视我们自己的兴趣和我们所希望解决的问题而定。

这部文艺复兴研究文选，反映了贡布里希在这方面的实践。有耐心的读者在通读了这部选集之后会不难发现，贡布里希的理论和方法是多种多样的，他采用什么方法完全取决于他手中的问题。如果说有什么东西在他的著作中是一以贯之的，那就是他始终强调苏格拉底式的谦虚，强调人的知识在细节上可能存在极大的差异但在无知上则是相同的，因此应该强调批评的方法。正如他在一次谈话中对我们所说的那样：批评是学术的动力，如果我活的年纪足够大，我也会反过来批评自己！我们希望，在我们自己的领域也能常常看到这种"神圣的不满"，而不是口吐大词、雄视古今、自命不凡的魄力。

本书的翻译是集体劳动的成果，杨思梁和徐一维出力尤多。李本正和范景中校对了译文并补译了注释和附录的说明文字。

在使用资料方面，曾得到穆泽、彭向阳、曹意强等先生的大力帮助，王霖、毕斐和孔令伟先生对译稿提出了许多修改建议，高世明先生协助翻译了图版的说明文字，凡此种种，谨致谢意！

最后，特别向周清女士、汪曦光先生表示衷心的感谢，他们给了我们许多难以忘怀的帮助。

编者　1995 年 3 月 18 日

文艺复兴：时期还是运动

THE RENAISSANCE——PERIOD OR MOVEMENT? *Background to the English Renaissance*. J. B. Trapp (ed.), London, 1974, pp. 9－30.

谈论文艺复兴一词本身，或通过讨论复兴、更生、再生或什么别的等于这个含义丰富的术语的概念来开讲文艺复兴，是件相当难的事。首先要问一问，我们是否真的应当像传统上所做的那样把文艺复兴看成西方历史上的一个特定时期，或者，是否有一种不同于这一传统看法的观点，如以某种与“文艺复兴”这个术语有联系的方式（等下要说明）来看待我们的历史分期。我之所以在此设想有联系，是因为，假如把文艺复兴、再生或更生理解成是指古典文化、古典价值观或古代文明的复兴，那么介乎古典时期和文艺复兴之间的那个时期就是中间时期了，即 *medium aevum*，也就是“中世纪”，于是，这当然就成了上述两个时代之间的时期的一贯叫法。因此，“中世纪”这个术语是文艺复兴的创造发明，因为在文艺复兴（无论怎么称它）中，那些宣称复兴的重要性的人认为，有些东西已经死亡，必须让它们再生，而导致这种死亡的时期就是中世纪。我们如果不能清楚地认识到“文艺复兴”这个术语曾经包含着一种特殊的价值观体系，我们就难以理解以往的人们是怎样看待西方历史的。但是，这些价值观是什么，这是我们不能不解释的问题，因为，在某些方面，对于文艺复兴过去或者现在指什么的解释已有了变化，而且是经常在变化，几乎可以说是千变万化，特别在最近一百年里更是如此。不管怎么说，回顾并询问文艺复兴如何看待其本身，这至关重要。这个问题是欧文·潘诺夫斯基［Erwin Panofsky］《西方艺术中的文艺复兴和历次复兴》［*Renaissance and Renaissances in Western Art*］[1]第一章的要点。这章用了个意味深长的标题“文艺复兴，是自我描述还是自我欺骗?”［Renaissance，self-description or self-deception?］。换言之，这个标题提出了这样的问题，即那些宣称复兴的人事实上是不是在欺骗自己，或者他们的宣称中是不是真有点货真价实的东西。

这个问题是一个典型的令人不爽即 *malaise* 的问题，这个问题在过去的几十年中已使文艺复兴的一些要求得到满足，尽管，在我看来，最近几年里，其他的一些问题似乎已经成为人们关注的热点。

文艺复兴即恢复

据一般的看法，复兴的主要倡导人是弗朗切斯科·彼得拉克［Francesco Petrarch］。他生于1304年，卒于1374年。大家知道，他是个意大利人，但在法国生活了很长时间。由于巴比伦人控制了罗马教会，他不得不去住在阿维尼翁。不满的情绪和对恢复意大利人统治的盼望（除了别的原因外），是与罗马傲气受到的打击有关的——罗马教会已不再能主宰罗马了。彼得拉克［Petrarch］（我们是这样称他的）认为，历史，所有的历史，都是对罗马的赞颂。作为伟大帝国传统的继承者，世界征服者美名的继承者，他无可奈何地看着权力中心转移到了法国，这显然是促使他终生都盼望恢复意大利人统治的诸因素之一。但彼得拉克首先是位诗人，是位对语言，对优美的拉丁语和意大利语及其音律十分敏感的诗人。他厌恶和鄙视大学里用的晦涩难懂的专门术语。他不仅盼望罗马权力和荣耀的恢复，而且盼望维吉尔［Virgil］、贺拉斯［Horace］、西塞罗［Cicero］的优美语言的恢复。1338年，彼得拉克本人开始用拉丁六韵步体写了一首关于希皮奥·阿非利加努斯［Scipio Africanus］的名为《阿非利加》［*Africa*］的史诗，在起首的诗行中，他对诗歌说了一席话，他所写的诗句我引述如下：

> 我希望，我盼望，你［指诗歌］能比我长寿。未来的时代将会更好。在今后的岁月里不会再有健忘的沉睡。一旦黑暗划破，我们的后代也许能恢复纯洁质朴的光辉。[2]

彼得拉克盼望的“恢复纯洁质朴的光辉”可以从宗教和世俗的角度去解释。世界腐败了，它已被恶劣传统所毁坏，需要恢复在*tenebra*［黑暗］里，在*medium aevum*［中世纪］丧失的东西。

彼得拉克的抱怨和盼望是有确实理由的。他很清楚，他十分佩服的许多古典作者的手稿很难读到。他的朋友们搜寻出了这些作者的部分手稿，他本人新发现了一些西塞罗的书信和李维［Livy］的“十卷组”［Decades］，研究作品失传或错放于隐修院书库的作者之风是他开始复兴的。在研究他所钦佩的这些古典作者优美风格的同时，他意识到，他们的某些价值观和许多学识也已失传。当然失传的也不乏希腊人的学识。古典作者经常提到荷马［Homer］、柏拉图［Plato］以及别的作者。彼得拉克曾试图学会希腊文并与拜占廷学者有过交往，但他从未掌握希腊文，不过，他十分清楚，有必要恢复在西方显然丧失的东西，即阅读希腊文的能力。我并不想让大家觉得，在我们现在所称的“中世纪”的拉丁西方［Latin West］没人阅读希腊文，我的意思是说，学希腊文的机会极少。

对古典作者的优美文风，对已失传并需恢复的学识这种新的强调一开始就与“时代”的观念相联系。这种各个“时代”或时期的观念在历史上可以追溯到一个神话观念：黄金时代、白银时代、黑铁时代等等，而且在一首最著名的古诗中可以见到对黄金时代恢复的期望。这首诗即维吉尔的第四《牧歌》[*Eclogue*]。在这首诗中，维吉尔预言，"*redeunt Saturnia regna*"，即农神的统治会恢复；并期望，随着黄金时代的恢复，文明会再生。当时的人有了新的信念，相信来日能清除往昔的尘垢并能重放光彩。他们批评的主要对象是教育体制和大学（结合我们目前的情况考虑，这是个有趣的要点）。大学到底一直在干些什么，竟让这些重要的古代财富严重废弃？

我要用点时间着重讨论一下大学情况与这种恢复精华祛除陈腐的观念之间的关系，因为那些学正规拉丁文和希腊文，特别热心纯正风格的人觉得自己在大学体制中确实没有很好的地位。大家也许都知道，中世纪的学问体系分成七种所谓的"自由"[Liberal] 学艺。三种初级的学艺是语法、辩术、修辞。它们是关于语词的。你在学任何知识之前必须先学会使用语词作清晰的表达，这就是为什么你要学语法（拉丁语法）、辩术（逻辑论证）、修辞（言语修辞）。Trivium（意为三条路）这个词指这三种初级的学艺。英文的一个词 trivial 仍能反映这些学艺是基础的课程。你可以说，"This is what one learns at primary school，this is trivial"[这是小学学的东西，是最基础的]。更高的阶段是 Quadrivium，指四种高级的学艺：算术、几何、天文、音乐。它们是不同于语词的真正的知识，即数的知识。我们今天在谈论文科和理科以及文理科之间所谓的冲突时，仍然在某种程度上用到这种把那些对优雅表达方式感兴趣的人和那些对知识 [knowledge] 而非对意见 [opinion] 感兴趣的人区别开来的划分法。那时的人认为数的知识是高级的。有人已恰当地说过，在大学里，文艺复兴是三种初级的学艺对四种高级的学艺的反叛，是那些教语言而不愿充当次要角色的人的反叛，因为当时的大学的系是按照不同的原则划分的。按照职业，设有法律、医学、神学诸系，每个系有各自的专业语言和专业教科书。那些想教修辞等科目的人就问："我们该归在哪里？"这些人就得名叫"语文主义者"[umanisti]，即我们所说的 humanists。这些人强调语言的重要性。在实际生活中，他们之中的许多人是外交家、秘书、学者。在他们的生涯中，写好书信或运用辞令的能力是十分重要的。他们通常不是神职人员，而是世俗凡人。然而，把"人文主义"[humanism] 视作针对罗马教会的一场运动却是很易引起误解的。与"语文主义"不同的"人文主义"一词是十九世纪的发明。我们会发觉，十九世纪的人往往夸大文艺复兴与所谓的基督教世纪之间的对立。

那些人文主义者还宣称，过去的学习传统很差，因而他们首先着重学习古典作者并培养自己的风格。十五世纪初，莱奥纳尔多·布鲁尼 [Leonardo Bruni] 写过一则对话录。有个朋友问人文主义者、商人、业余研究者尼科洛·尼科利 [Niccolo Niccoli] 为什么不组织那些为中世纪人所珍视的辩论，他答道：

> 但愿我们有包含智慧的书籍，但愿我们的祖先不是那么无知。就是仅存的几本书其内容也是如此腐败，根本就教不了我们任何东西。我们生活在怎样的一个时代，那些人答应教授的东西显然连他们自己也不懂！他们一开口说话，语法便

错误不断。如果你问他们有些什么典据，他们会援引亚里士多德的著作，但是那涩口、笨拙、刺耳的风格使你无法相信这是真正的亚里士多德的东西。这种假借的著作恐怕会使亚里士多德连自己都认不出自己。[3]

从上述这段话中，我们可以看出年轻一代对传统的大学教师的态度。在1397年，也就是十四世纪末，有人抱怨这 *brigata* [一帮人]，抱怨这一帮自认为自己强于前辈的年轻人。

为了在公众面前显得学识渊博，他们在广场上大声谈论古人有多少复合元音，……为什么现今只用抑抑扬格……以这样放纵的胡思乱想度过他们的全部时间。[4]

但认为他们在浪费时间的说法不久便站不住脚了。至少这些人的学生们渐渐承认有些东西已被重新发掘出来。布鲁尼本人因发现“古代风格的流畅性”[5]而受到赞扬。这些人珍惜和真正恢复的正是这种风格的流畅性。我觉得，如今很少或者太少有人花时间去阅读人文主义者的拉丁文。那些去阅读的人会发现他们的语言相当流畅。有时他们的语言与其说是变得更充实，倒不如说是变得更雅致，然而，有些东西仍需恢复的要求或者说感情，从意大利传出，跨越阿尔卑斯山脉，向北方传播。这便是我在此要阐明的，因为你们对文艺复兴怎样到达英国特别感兴趣。

文艺复兴起初作为一场大学教学改革运动越过了阿尔卑斯山脉。1492年，德国人文主义者康拉德·策尔特斯[Conrad Celtes]给因戈尔施塔特大学[lngolstadt University] 写了封信，我觉得有必要在此引述这封信的内容。他写道，他甚感悲伤地听到那些在大学讲台上阐述法则的教师的生硬声音，他们的用语缺乏优美感和艺术性，像鹅的呱叫或牛的哞叫那么难听；他们使用鄙俗、讹误的语词和信口而出的句子，粗俗、野蛮地糟蹋优美的罗马语言。他很感惊奇：

在这么多世纪里，这么多宣称具有学术优势的德国大学中，居然没人能用文明和优雅的方式写信、写讲稿、写诗、写历史，而意大利却不是如此，那里大学不多，但很有质量。[他继续写道] 我为德国感到遗憾，因为在那么多的大学中，我不曾发现有人讲述西塞罗。[6]

他出于对“学术共和国”的热爱而当了一名教授，以除去这些弊病。在北方，中世纪传统与大学课程之间的冲突是比较明显的，在彼得拉克发起的运动达到高潮之后，从意大利学到新思想的人开始反对中世纪传统。1515年，那些自称为 *poetae* 即诗人以区别于学者的活跃青年开了一个绝妙的大玩笑。他们出版了一本题为《隐名者信札》[*Epistolae Obscurorum Virorum*] 的书。其中的信佯装或声称是保守的大学教师所写。这些教师抱怨使他们失去特权的可怕的运动。我只能把其中的一封信或这封信的片段的译文提供给大家，让大家感觉一下讽刺的意味。这种讽刺笔触具有真切性，并确实能反映出这些对诗人加以哀悼的教师的腔调。显然，信是故意用蹩脚的拉丁风格写的，但我无法模仿：

> 我相信这些诗人魔鬼附体，他们破坏了所有的大学。我听一位在大学任教三十六年的莱比锡的老教师对我说，他年轻时，大学还像个样，两万学生中没有一个诗人，任何一个学生去集市广场若不在腋下夹本彼得鲁斯·希斯帕努斯［Petrus Hispanus］的书或《简明逻辑学》［*Parva Logicalia*］就会觉得不光彩。他见了老师害怕得就像见了魔鬼……那时，大学是真正兴旺的，如果谁承认偷偷听了有关维吉尔的讲座，谁就得受罚……但愿以往的情形能长存！现在，二十名学生中还不到一名想获得学位，绝大多数人都想学习人文学科。老师上课，没有学生听课，而诗人做讲座，听者却出奇地多。我们得祈祷上帝让诗人统统都死绝。让大学都灭亡，倒不如让占人数不多的诗人死去？[7]

伟大的北方人文主义者鹿特丹的伊拉斯莫斯［Erasmus］也有这种胜过传统教师的优越感，他于1517年欣喜地写道："苏格兰人、丹麦人和爱尔兰人现在正在耕耘几乎绝迹的纯文学园地。"[8]这些人文主义者把别人不懂的东西——古典风格之美——教授给自己的学生。

我们可以用简图来作说明：

古典文化时代＋　　　　黑暗时代－　　　　恢复＋

1300—1400

关于这个简图，首先应该说的是，恢复的时间问题并不十分重要，可定在1300和1400年之间；第二个较重要的要点是，恢复被视为静态的。学艺的确已经复兴，就像植物复苏一样。与再生概念有关的有机隐喻具有很强的说服力。Arts［学艺］，我们将看到它既指绘画又指雕塑已经失而复得。关于优秀和优美，有绝对的标准。在拉丁风格中，绝对的标准是由西塞罗和伟大的古典作者制定的。"古典作者"一词指的是可作为模范的作者。古典文化时期是完美的准则，这种完美是可以恢复的。

文艺复兴即进步

我强调文艺复兴观念中的这种 *stasis*［静态］性质的原因是，文艺复兴观念逐渐地，但以一种十分重要的方式与一种非静态的观念发生了联系，我们可以称这种观念为动态的观念或进步的观念。[9]文艺复兴观念本身并不一定包含进步，但在文艺复兴期间，随着恢复古典风格和古典艺术之美这种目的，人们不久便开始讨论，或者说发现，他们并不是生活于再生的古典文化时代。

为什么不是？因为当时出现了一些突破性的发明。有真正突破意义的发明之一当然是火药，它改变了作战的性质。另一项发明是印刷，它改变了信息交流的性质，而罗盘的发明则改变了航海的可能性。所有这一切促使人们思索，他们是否只是在恢复古典文化，或者，是否一个全新的时代正在到来或正发出黎明曙光。我们可以在上述简图中表示世纪末的地方添上“＋”号来对此作出表达：

＋ ← ——— － ← ——— ＋ ＋＋ ← ———

有趣的是，把古典文化时代与随后的时代或现代区分开的这些发现大多从东方，主要从中国，传入西方。航海罗盘肯定是如此，火药也几乎可以肯定是这样。在西方人知道印刷术以前，中国人早就在使用它了。因而，从某种意义上说，把新时代与旧时代区分开的想法，希望恢复一个更好的未来而不只是恢复丧失的价值观的想法，换言之，进步的观念，部分来源于文化冲突，来源于传入世界各地并到达西方的新观念或新发明。这使弗朗西斯·培根［Francis Bacon］对科学的发展及对自然的征服抱有希望，也使他轻视纯粹的人文知识。

所有这些巨大变化（我只能概要地谈及）都有助于人们对历史过程的反思。第一部系统反思人类历史本身的书是那不勒斯哲学家詹巴蒂斯塔·维科［Giambattista Vico］于十八世纪初著的《新科学》［*The New Science*］。[10]维科采用了“时代”概念，但他认为时代很像季节循环。每一种文明都像人类那样必须经过几个阶段。他最感兴趣的第一个阶段被他称作“神的时代”——这是产生神话的粗野、原始阶段；第二个阶段叫“英雄时代”——这是歌颂战争和骑士的史诗时代；第三个阶段叫“人的时代”——这是人发现自身的理性时代。

这种结合了对人类信念的对原始主义的兴趣是我们所称的“启蒙时期”许多哲学的特征。在德国批评家和史学家J. G. 赫尔德［J. G. Herder］（他也许受过维科的影响）看来，所有的历史都旨在使人更具有人性，他把这一理想称作*Humanitaet*［人性］理想。[11]尽管这些思想家各不相同——我们不可忘记卢梭［Rousseau］当时向这种信念发起过挑战——但他们都关注有助于社会变得美好的条件。

在这方面，第一位文化史家应该数伏尔泰［Voltaire］。他于1756年出版了《风俗论》［*Essai sur les moeurs et l' esprit des nations*］。[12]在他的《路易十四时代》［*Age of Louis XIV*］中，他写到了过去的四个幸运时代，前三个是有强大统治者的时代：亚历山大大帝［Alexander the Great］时代，奥古斯都［Augustus］时代和路易十四时代。第四个是文艺复兴。伏尔泰相信梅迪奇这个中产阶级银行家的家族为文明事业尽了职，这种事业曾被贵族和教会所忽视。“人的时代”，借用维科的划分，是中产阶级的时代。在这个时代中，银行家喜欢并资助艺术家和学者。十八世纪末这种新的解释在英国得到巩固。1795年，威廉·罗斯科［William Roscoe］出版了第一部完整的洛伦佐·德·梅迪奇传。罗斯科写的这部传记表述了赫伯特·巴特菲尔德［Herbert Butterfield］所称的“辉格党的历史概念”。他是利物浦的一位银行家，废除奴隶制的威尔伯福斯［Wilberforce］运动的一员。他对文艺复兴的解释带有他对自由的热情。让我引述这部传记第一章开头的话：

> 在现代史中，佛罗伦萨非同寻常之处在于，那里发生过多次激烈的内部纠纷，那里的人喜爱各种科学和各种艺术。不管这些特点看似多么不一致，但它们并不难于调和。佛罗伦萨人有积极的精神，这种精神能唤起个人的才能以维护自由，能激励人坚决抵抗一切入侵，在国内和平与安全时期能使人热心从事别的活动。

如此看来，文艺复兴是这样一个国内和平的时期，积极的意大利中产阶级人士转向别的活动，并创造了新的文明。在这个时期里，相对立的各个方面有着某种联系，暴力、文化、个人主义、教会分化等现象并存，正如麦考利［Macaulay］在他1827年的一篇著名的论马基亚韦利［Machiavelli］的文章中所强调的。

文艺复兴似乎是和政治进步、新时代、进展步伐等概念有联系的，当罗斯科写了他那个时期的一些事件，便引起了真正意义上的反作用。当时正是法国革命时期，也是进步主义的这些价值观受到了对法国革命感到失望的浪漫主义者所彻底诘难的时期。渴望回到所谓的“信仰时代”的浪漫主义者反对某些对文艺复兴的传统评价，因为他们在文艺复兴以及后来时期的人们认为的进步中看到了破坏。用简图可表示为：

古典文化时代—　←　　中世纪＋　←　　文艺复兴—　←

在浪漫主义者看来，“信仰时代”是统一的时代，个人的技巧有适用的地方，大家都协力建造大教堂，人们的思想都一致。在英国，对中世纪持这种看法的著名评论家是约翰·拉斯金［John Ruskin］。他憎恨文艺复兴，并于1853年用他典型的方式写道：文艺复兴学者“突然发现，十个世纪以来，世界一直处于无语法的状态，他们便立即把人类存在的目的定为建立语法。”[13]他这么写是为了讽刺。在这段嘲弄的话中，有某种文艺复兴解释者所不愿承认的意义。不管怎么说，在拉斯金看来，文艺复兴是有害的和异端的。它是死亡的而不是生命的一部分，因为它的艺术是为享乐而不是为功德创造的。

我只能相对简短讨论的一个要点是，这两种对立的观点可以凭借花招用庞大而包容的历史哲学体系来使之调和，黑格尔［Hegel］在他的辩证法中就这样做了。我得承认，在这方面，我是有倾向性的，我赞同卡尔·波普尔［Karl Pcpper］的一些逻辑论证。[14]不管怎么说，黑格尔想要表明，历史可以被看作一种三段论［Syllogism］，一种可以演示的必然的逻辑进程。这就是他的名言——真实的是合理的，合理的是真实的——的含义。

黑格尔认为，历史的整个过程，人类思想的整个发展过程是宇宙过程的继续。

它始于创造天地之时，沿存在之链、创造之梯而进，从石头进到植物，从植物进到动物，从动物进到人类。因而，各个时代代表着对自我映现的精神或神的级级升高的意识。因此，人们在历史中没法谈论好或坏。始终不断的展示过程包含古代世界、中世纪和接踵而来的文艺复兴。

但进步的过程不是笔直的。从古典文化时代不可能直接进入文艺复兴或宗教改革运动。在基督教国家里，其间得有封建主义阶段，每一个这样的阶段都有自己的价值，它是前进不可缺少的一步。在黑格尔看来，导致文艺复兴的因素是某些“内在的矛盾”，这些“内在的矛盾”促使中世纪的结束，并促使一个新时代到来。黑格尔确定了一些影响作用，他指出，艺术使人变得有感受力；对古典文化的研究使人离开天国；地理发现使精神返回人间。让我摘引他的一段话：

> *humaniora*［人文］这个名称意义深远，因为在这些古典时代的作品中人性和人的教育是受到推崇的……学术的复兴、艺术的繁荣、美洲和通往东印度群岛海路的发现，这三件事可以比作黎明曙光，这曙光第一次在长时间的风暴之后预告了晴朗的一天的到来。这一天是常人的一天，它在中世纪的可怕长夜之后终于到来，这一天的标志是科学、艺术和发现，换言之，是人类精神的最崇高表现，这种精神已因基督教徒和基督教会而获自由和解放。

在黑格尔看来，这是一场运动，它的顶点是“使一切改观的宗教改革的黎明曙光的出现”。进步观念因此而得到挽救，同时对中世纪的浪漫主义评价通过“历史的必然性”的概念而被人承认。[15]

黑格尔对文艺复兴的解释很有影响，因为他确实巩固了认为按年代排列的时期具有明显的“时代精神”的观念。因此，文艺复兴并不仅仅被看作是一场复兴某些价值观的运动，而被看作是一个全新的时代，看作人类成长的一个新年轮。

最有影响的法国史学家米什莱［Michelet］在他 1855 年出版的那卷专写法国文艺复兴历史的书中对此作了明确的说明。他在序言里指出，他花了十年时间写中世纪法国史，还花了十年写法国革命史。剩下来的空档要靠写文艺复兴和现代史来填补。他接着写道：

> 在热爱艺术的人看来，“文艺复兴”这个迷人的词的含义只是新艺术的到来；在学者看来，这个词的含义是研究古典文化之风的恢复；在法学家看来，它的含义是古代习惯法的结束。难道仅仅只有这些吗？若是如此，这么巨大的努力，这么一场大规模而复杂的强有力的革命就没有产生任何东西。能有什么会比这更令人沮丧的呢？

但米什莱还写道：

> 这些专家忘记了两件小事（这两件小事确实在较大程度上属于那个时代，而

那个时代又属于它前面的所有时代)：世界的发现和人的发现。

他列出了哥伦布 [Columbus]、哥白尼 [Copernicus]、伽利略 [Galileo]、维萨里 [Vesalius]、塞尔维特 [Servetus]、路德 [Luther]、加尔文 [Calvin]、蒙田 [Montaigne]、莎士比亚 [Shakespeare]、塞万提斯 [Cervantes]，作为世界的新发现和人的新发现的典型代表。[16]这篇序言在我们研究的历史中变得极为重要，因为五年后，也就是 1860 年，伟大的瑞士学者雅各布·布克哈特 [Jocob Burckhardt] 出版了他的书《意大利文艺复兴时期的文化》[*The Civilization of the Renaissance in Italy*]。[17]在这本书中，布克哈特把这段话（这是米什莱附带说的论战性的插话，米什莱本人是很反教权的）用来当作一种脚手架。书中把文艺复兴的文明称作世界的发现和人的发现。此后论述这个时期的书罕有不提到人的发现。我个人认为，该是抛开“人的发现”这个时髦词的时候了。为此，我要说明“人”[man] 这个词是怎样和文艺复兴混在一起的，这主要是由于 *umanista* 一词及其它与进步论哲学混合的偶然性，进步论哲学把人的时代或 *Humanitaet* 时代与先前的时代作对比。作为一位史学家，我觉得难于描述任何一组尚未“发现过人”的人，更难于描述那些在宗教上信仰上帝 [God] 本身变成人 [Man] 的人。说实在的，我已把任何关于文艺复兴的新书里的带大写首字母的“Man”[人] 字当作一种警告符号。它提醒我：我会再度碰到一连串的陈词滥调，而得不到任何有关这个时期的新东西。

我们不能把这归咎于布克哈特，他只是把米什莱的话当作一个挂钩来挂他本人选择的事实。但我在别处[18]已试图揭示他在这么做的过程中也把黑格尔的解释强加给了这个时期。他称赞文艺复兴是现代的黎明，他把意大利人视作第一批现代人。然而，他获得这种解释，是由于他把文艺复兴的界线向前推进了一程，因而他喜欢的任何中世纪的东西都进入了文艺复兴。十二世纪流浪学者的歌声被说成是文艺复兴的颂歌，但丁 [Dante] 被说成是文艺复兴的见证人，尽管现在很少有人称他为文艺复兴人物。虽然文艺复兴仍是人的发现和世界的发现的时代，但是它与中世纪的界线已部分消失了。

我不想让大家觉得这样的评论是要否定布克哈特。如果哪位史学家称得上是伟人，布克哈特肯定是当之无愧的。他知道并且说过，他对这个时期的看法是主观的。那些和他使用过相同资料的人也许会有大不相同的看法，但布克哈特的才华使他的这种看法被普遍接受。甚至怀疑者所发表的不同见解，也一定是始于批评他的书。[19]。

《意大利文艺复兴时期的文化》起初销售不畅，但约三十年后，这本书不仅在史学家中，而且也在普通读者中变得非常出名和流行。它拨动了人们的心弦，因为在维多利亚时代，文艺复兴已有了一种时事话题味道。该书中所作的评价对十九世纪的一些主要问题有明显的影响。这些问题中有思想解放问题、打破教条问题、社会变动问题。个人主义和自由主义被加给了文艺复兴，同时拉斯金和中世纪崇尚者从中世纪的封闭社会推断出了社会美德的一些类比。

如果你到我们的各个城市里走走，你会注意到，对这两个对照的“时代”的忠诚，影响了十九世纪哥特式和文艺复兴式建筑风格的选用。哥特式给人的感觉基本上是基督教风格的，因而，教堂、学校一般都模仿中世纪建筑建造。伦敦的国会大厦也是采用哥特式风格重建的，以追思英国式自由的中世纪根基。颇有典型意义的是，像伦敦的“改革俱乐部”[Reform Club] 那样的建筑（1837 年）是根据文艺复兴模式设计的。1857 年，帕默斯顿 [Palmerston] 请著名建筑家吉尔伯特·斯科特 [Gilbert Scott] 设计了外交部大楼，但他否决了第一个哥特式的设计方案，他坚持要采用文艺复兴风格。[20]显然，他感觉到，在欧洲大陆，崇尚中世纪等同于政治上反动。正是在这种压力气氛中，“进步者”里出现了对文艺复兴的近乎疯狂的崇拜。你在任何老图书馆浏览都可发现，许多书、历史小说、剧本和游记都有丰富的关于文艺复兴“超人”的记载，这些“超人”有很高的艺术才能，他们不受陈规陋习的羁绊。甚至严肃的历史书，如西蒙丝 [Symonds] 全面论述这个时期的著作[21]也带有这种倾向。在法国，伊波利特·泰纳 [Hippolyte Taine] 和戈宾诺伯爵 [Count Gobineau] 是这种倾向的代表；在德国，助长这种倾向的人是哲学家尼采 [Nietzsche]。伟大的散文家沃尔特·佩特 [Walter Pater][22]和现在被人遗忘的女作家“弗农·李” [Vernon Lee]（即维奥利特·佩吉特 [Violet Paget]）在文艺复兴中看到的主要东西是反基督教中世纪，用《*1066* 年和那一切》[*1066 and All that*] 里的话来说：反基督教中世纪是“一件好事情”。一些标准的引文，如洛伦佐·德·梅迪奇的“青春赞歌” [Carnival Song in Praise of Youth] 里的文句，常离开上下文而被用来给这幅反中世纪教会，反基督教的图画添色—— “赞美躯体”，“赞美人类”，正是这些夸张言词引起了反作用。

重新解释文艺复兴

很自然，对文艺复兴的重新解释大都始于罗马天主教阵营。对信仰时代，对天主教时期的贬低，当世界都持这种信仰时，自然会使这些学者感到恼怒。他们提出了一些相互有联系的问题。其中的一个问题是，中世纪是不是就那么黑暗。每个问题都可根据你所选的材料来回答。但首先应该注意的也许是一种远非反对文明再生（教会因文明再生而受到嘲笑）的说法：正是教会即基督教引起了新的转折，带来了世界的重新发现和人的重新发现。引起这一伟大转折的人不是彼得拉克，而是阿西西的圣弗朗切斯科 [St. Francis of Assissi]，这也许让人听了难以相信。是这位圣弗朗切斯科赞颂创造之美。他强调个人的道德心，首先理解了个人，因而正是在圣弗朗切斯科会运动中（法国学者萨巴捷 [Sabatier][23]和他的德国同代人托德 [Thode][24]认为）我们应该看到文艺复兴的真正开端。此外，伟大的人文主义者像伟大的艺术家那样本身就是信宗教的人，他们并不是没有宗教或反宗教的。上述的说法显然是有道理的。如果你去国家美术馆或其他任何收藏馆看看文艺复兴绘画，你不难发现大多数的绘画都再现圣母玛利亚。换言之，文艺复兴艺术家把主要精力集中在创作传统的宗教题材而不是非宗教题材上。如果你再读读这些人文主义者以及他们的赞助人的传记，你很快就会发觉，他们还很关心拯救自己。他们捐资建造礼拜堂和祭坛，他们很担心，如果他们有罪孽，会受到什么样的报应。因而反对把文艺复兴视作完全非宗教的正是为了强调大众的虔诚在这个时期所起的作用。瓦尔堡研究院的创建人阿比·瓦尔堡［Aby Warburg］[25]是改变大家的看法的人之一，有一些罗马天主教作者，如扎布金［Zabughin］、托法宁［Toffanin］等，强调文艺复兴中宗教成分的重要性——有时他们作了过分的强调。

但另一种非难是针对新时代这一图式化概念的，在这个所谓的新时代里，一切进步的东西都被发现了，这种非难来自科学史。大家记得，文艺复兴在某些方面贬低了四种高级的学艺，贬低了数和数学知识。事实上，可以说，文艺复兴在科学思想方面并不很丰富，正如林恩·桑代克［Lynn Thorndike］所特别强调的，[26]大的突破到了十六世纪末才出现。如果我们对科学史有兴趣，我们会对伽利略的研究比对彼得拉克恢复的西塞罗的文风更感兴趣。伽利略的主要研究成果都出在1600年以后。[27]此外，受人文主义者嘲笑、被人看不起的经院学者在科学方面要比人文主义者好得多。事实上，在牛津的弗朗切斯科会运动中，罗伯特·格罗斯泰斯特［Robert Grosseteste］、罗杰·培根［Roger Bacon］以及其他人带来了西方科学的黎明。[28]随后，科学在大学中发展，这种发展体现在所讨论的一些问题上，如原动力问题，运动的性质问题，而那些人文主义者却依然沉湎于过去。确实，像莱奥纳尔多［Leonardo］那样的局外人是有的，但莱奥纳尔多——他称自己是没有文化的人，即 *uomo sanza lettere*——的情况是可有多种解释的，他受过多少经院学者书籍的影响仍是一个有争议的问题。[29]现在我相信，认为所有的科学进步确实都是中世纪的，以及认为文艺复兴以牺牲别的一切来培育艺术的看法是对事实的歪曲。大家知道的哥白尼革命就是和文艺复兴有着密切联系的。哥白尼是位天文学家，他也是位人文主义者，他把一位不太出名的希腊作者的作品译成了拉丁文，他对一种替代性的世界图画的探索始于他对古典权威如西塞罗和普卢塔克［Plutarch］的研究。

现在的问题是，到底是什么使哥白尼研究这些古代原典的。至此，对文艺复兴科学的解释出现了令人料想不到的转变，后来主要是弗朗西斯·耶茨［Frances Yates］[30]和 D. P. 沃克［D. P. Walker］[31]影响了人们对文艺复兴科学的看法。他们指出，有些人试图恢复的已失传的知识并不是我们今天所说的科学知识，而是被认为有某种魔力的神秘悟识。有足够的证据可以证明文艺复兴有这种非理性的渴望，这些证据大都未被人所注视，这些人不是把这个时期解释成“进步的”就是把它说成“中世纪的”。可在多大程度上能这么解释哥白尼却是另一回事。概括很容易变成陷阱，除非作概括时彻底读了原始资料。

这正是我要再谈的要点。对一个“时代”的概括能告诉我们些什么？[32]一个社会中的全部人都有统一的精神或心态的“时代”是没有的。人们的教育程度不同、党派不同、志趣不同、智力不同，机会也不同。在文艺复兴中，谁是真正的文艺复兴人，如果你这样问，那实在是太可笑了。答案当然不会是“伐木者”、“汲水者”、普通商人或一般去教堂者。有发言权谈论时代的人，数量总是少的。[33]大众传播媒介发明之前，人数尤其少。此外，他们每个人都是互不相同的个体。人是复杂的，他们会由于考虑声望而口头上说一套，但在心灵深处或在临终时刻，会忽然记起他们早先的虔敬。每个人在多层次上属于文明的多方面。我想说明或我想作些澄清的是，文艺复兴是运动，而不是“时期”。“运动”是可以宣布开始的。它既能吸引那些不容异己的狂热者，也能吸引那些摇摆不定的奉承者。任何运动中都有各种“派别”，也有各种情绪强度不同的人。还有反对者和许多别有担忧的局外人。我想我们可以毫不费力地把文艺复兴描述成一场这样的运动，但不用说，描述并不是解释。史学家想要查明，是什么使文艺复兴成了这么一场传遍欧洲的成功运动。任何这方面的分析都会提到经济情况，俗人的社会地位，城市的新作用等，但不该忽略的问题仍是，为什么有些革新会被越来越多的人所接受和模仿。至于技术发明，答案是简单的。它们能传播，是因为它们有实用性。以眼镜为例，我们知道它是在何时何地发明的：大约是1300年在比萨。两代之后，眼镜流传到了中国，因为视力不好的人都觉得这东西很有用。换言之，任何发明我们几乎都用不着问它们为什么会被人们所采纳。有时我们也许会问，为什么有些具有明显优点的东西不被人们所接受呢？可能是因为某些宗教禁忌在起着阻碍作用。一些可证明具有优势的发明对其他东西来说经常起着先锋和先导的作用，于是，这些发明就和那场运动已获得的声望有了联系。十六世纪里，意大利文化在欧洲显然有极大的声望，这也导致十六世纪英国人对意大利人的怀疑，有句话很可反映这一点：“意大利化的英国人是魔鬼的化身。”优势会带来妒忌、反对传统价值，也会使人坚持传统价值，二者是紧密相随的，正如《隐名者信札》所讽喻的。任何变革都会招来批评，有些批评还是相当有道理的。

我曾着重研究了文艺复兴运动的一项切实成就，但我在此没有篇幅多加说明，这项成就我指的是复兴优雅、流畅的拉丁文。至此我还没有提到使这场运动的领袖感到自豪的另一项成就，即所谓的艺术的“再生”。中世纪艺术的爱好者，还有原始风格的倡导者，二十世纪艺术革命的拥护者，都不怎么喜欢这种说法。现在毕竟没人像十六世纪的瓦萨里［Vasari］那样认为，佛罗伦萨人在1300年前后复兴了已经“死亡的”艺术。我们的审美趣味有了这种变化，但我们不该也不必掩盖一个事实，那个时期出现的一些发明使文艺复兴艺术和先前的传统艺术比起来占有优势。德国艺术大师阿尔布雷希特·丢勒［Albrecht Dürer］（1471—1528年）在总结他对艺术“再生”或“新生”的论述时，谈到了意大利人征服的两种技巧——透视技巧和人体素描技巧。[34]让我利用几幅画来对此作一概述。

透视技巧使艺术家能把人物安排在令人信服的场所里。马萨乔［Masaccio］的画表明，他能处理好透视比例，而马索利诺［Masolino］在他前不久画的壁画，透视比例就不正确，各建筑的比例相关性差。在透视技巧发展出来之前的那个时期，绘画的这种特点尤其受到后来的艺术家和评论家的批评。有实例可以表明，先前的艺术家犯了一些错误。丢勒钦佩上一代的大师马丁·舍恩高尔［Martin

Schongauer]，但他似乎故意对舍恩高尔的《圣母安息》[*Death of Virgin*] 作了修正，创作出了透视比例更恰当的作品。意大利取得的艺术成就把艺术家们吸引到那里去学习已发现的技巧。拿丢勒谈到的人体作例子，我相信，如果我们把乔尔乔内 [Giorgione] 的维纳斯或米开朗琪罗的亚当——两幅画都作于1510年前后——描述为“优美的”，我们不只是在表述我们的主观偏爱。我知道，各种文化有各自对人体美的理想，这种情形还将继续，但我没有把握，这种看法在这些关于美的问题上是否能像在透视方面那样确保相对主义的合理性。艺术家和外行人都会被意大利人创造优美形象的新技巧所吸引所陶醉，对此我们是不会感到惊奇的。

这种技巧决非一夜之间便可获得。欧洲各国的王公贵族收藏家仍然求购伟大的文艺复兴艺术家的作品，因为这些作品确实能让人觉得是独特的，但是文艺复兴风格还可以被模仿，还可以带来某种魅力和声望。

我们的确已看到，甚至在十九世纪里，风格也可以被用作某种忠诚的标志。(风格在我们的时代里仍被这样地使用着，不管我们是现代主义者还是传统主义者。) 说建筑风格在早先几个世纪里有这样的功能，这并不牵强。一位十五世纪的显贵或商人坚持要用著名的 *all' antica* [仿古典风格] 建造他的宫殿或别墅，他也想表明他对文艺复兴运动的忠诚，显示他是个有文化、有情趣的人。

如同文艺复兴绘画的纯粹风格，文艺复兴建筑的纯粹风格也不容易掌握——它在十七世纪的伊尼戈·琼斯 [Inigo Jones] 之前尚未传到英国。但设计师总是有可能通过把形式新宝库中的某些成分，如圆柱、壁柱、胸像柱引进自己的设计以表示对意大利人的敬意，文艺复兴特征最初就是以这样的方式，通常是经过佛兰德斯的画谱书传入英国。[35]像解释意大利化的文学形式或生活方式那样，我们也可把这些特征解释为尊敬文艺复兴成就的标志。

像文艺复兴这样的运动其成功或失败取决于许多因素，例如，取决于时尚、声望、求新心理。但是，如果我们不把真正的成就、真正的征服的可能性考虑进去，那么历史就只不过是“一件又一件的糟糕之事”。我批评的是各种进步论哲学，尤其是那种认为历史过程是由某种黑格尔派所说的精神支配的形而上学信念。但我和卡尔·波普尔[36]一样认为，反对决定论者对历史的这些解释并不是要我们去接受完全的怀疑主义。有限的解释只可能说明有限的问题。对特定情境作详细的分析，有时能帮助我们明智地探讨保证某场运动在某个特定社会取得胜利的因素。文艺复兴的胜利并不仅仅是一种偶然。

问：我们有个问题想听听你的看法。文艺复兴的编史概念一经确立，人们往往会对分期界线作移动。你提到布克哈特把文艺复兴的界线向前推了一程，是不是有人再进一步把它向前推了呢？你可以就此谈谈你的见解吗？

答：当然可以。美国有位学者，C. H. 哈斯金斯 [C. H. Haskins] 写了一本书《十二世纪的文艺复兴》[*The Renaissance of the Twelfth Century*][37]，是一本很好的书。再早些时候有“加洛林文艺复兴”，是阿尔昆 [Alcuin] 以及其他一些人恢复或保存古典作品的努力。[38]欧文·潘诺夫斯基的《西方艺术中的文艺复兴和历次复兴》讨论了这方面的内容。我在讲座中已引证过这本附有完备参考目录的书。还有不少个人以及一些较小的团体，如沙特尔派［School of Chartres］等也研究了早先的原典，但他们的侧重点不同。潘诺夫斯基想把这些“复兴”和伟大的高潮期区分开来，因为他坚信有单元性的时代，这样的时代就是文艺复兴。

问：他为什么不把沙特尔称作全面的文艺复兴，而只把它称作局部“复兴”？

答：因为它是局部的。潘诺夫斯基还有一个有趣的观点，我不知道这个观点是否完全站得住脚，但他用这个观点得出了丰富的结果。在他看来，中世纪中的那些恢复过程并不真的包含着距离感的意识——他们认为古人依然是“我们之中的人”，并仍然使用“古人的原典”。在彼得拉克看来，两者之间有鸿沟。他带着一种距离感，把古典世界视作他要恢复的乐园，事实上视作一个不同的时代。潘诺夫斯基指出，正是这种距离感使向古典作者学习的局部尝试不同于系统恢复一个失去的时代。

问：你说彼得拉克克服了不少困难，开始学习希腊文。希腊是什么时候被“重新发现的”？

答：事实上，默尔贝克的威廉［William of Moerbeke］在十三世纪去了希腊并翻译了亚里士多德的一些著作，但真正系统地研究希腊文始于彼得拉克的佛罗伦萨追随者，科卢乔·萨卢塔蒂［Coluccio Salutati］等人。他们借拜占廷学者曼努埃尔·赫里索洛拉斯［Manuel Chrysoloras］来意大利的机会，请他在佛罗伦萨教希腊文。他们付给他教课费很少，不久他就离开了，但到那时，他们已学习了足够的希腊文可以继续自学了。促使希腊文研究兴起的第二个因素是意大利南方的影响。在西西里，不少人懂希腊文。一个名叫奥里斯帕［Aurispa］的西西里人在寻找抄本风潮开始时去了拜占廷，收集了一些希腊文抄本。在拜占廷，希腊文学作品从未被人们遗忘过，它们被保存在藏书室里。主要是由于奥里斯帕，我们才得以了解希腊作者，尽管他本人不很有魅力。大家知道，1453 年，君士坦丁堡在土耳其人的猛攻下陷落而结束了它的帝国地位，人们是否还能找到许多希腊文抄本，这是个尚未有答案的问题。如果你看一下希腊作者名单，索福克勒斯［Sophocles］、欧里庇得斯［Euripides］、阿里斯托芬［Aristophanes］等，你很可能会发现，那些抄本是通过奥里斯帕传到西方的。萨巴迪尼［Sabbadini］写过一本论古典抄本发现经过的经典著作，[39]另一部著名的著作是《古典学术史》，[40]它的作者是剑桥大学的桑兹［Sandys］。从这部著作中你可以找到有关古典抄本的许多资料，当然，最近的研究总是在不断地补充新资料。

参考文献：

对一般问题的最简要概论是德尼斯·海［Denys Hay］的《意大利文艺复兴的历史背景》［*The Italian Renaissance in its Historical Background*］，坎布里奇，1961 年。除了我这篇讲稿注释中列出的书目，研究者应尽快去读这个时期的原典，有些原典有英译本。有关人文主义者的良好的第一手资料可从十五世纪佛罗伦萨书商韦斯帕夏诺·达·比斯蒂奇［Vespasiano da Bisticci］写的他们的传记中获得。

这部传记由 W. 乔治［W. George］和 E. 沃特斯［E. Waters］译成英文，书名为《韦斯帕夏诺回忆录》［*The Vespasiano Memoirs*］。人文主义者教皇庇护二世［Pope Pius II］的自传已被缩简译成《一位文艺复兴教皇的回忆录》［*Memoirs of a Renaissance Pope*］，由 F. A. 格拉格［F. A. Gragg］和 L. C. 加贝尔［L. C. Gabel］翻译，纽约，1959 年。

要获取有关文艺复兴艺术家的第一手资料，当然要读 G. 瓦萨里的《画家、雕塑家和建筑家传记》［*The Lives of the Painters, Sculptors and Architects*］，第一版 1550 年问世（第二版 1568 年），译本有好几个。瓦萨里不是一位可靠的历史学家，但他是当时许多事件的很好见证人，因而特别推荐他写的有关十六世纪艺术家的传记。从本韦努托·切利尼［Benvenuto Cellini］这位金匠和雕塑家（1500—1571 年）的《自传》［*Autobiography*］里同样可以直接了解当时的情况。他的《自传》也有好几个译本。小廷臣的生活在这个时期最著名、最有影响的一本书，巴尔达萨雷·卡斯蒂廖内［Baldassare Castiglione］的《廷臣论》［*The Courtier*］（1528 年）里有生动的描述。这本书在伊丽莎白时代的英国成了一本有关风度的流行手册，英译本译者是托马斯·霍比爵士［Sir Thomas Hoby］，1561 年。

［朱淳译　涂一维校］

佛罗伦萨的光荣

THE GLORY OF FLORENCE. The Inaugural Lecture given at the Inauguration of the Florence Program，Italy of Richmond College in 3 November 1988.

我推测你们许多人会怀疑，我的讲演题目是选自一本正确地赞扬这座可爱城市的旅游胜地的豪华的游览册。实际上，我是抄自卒于1375年的伟大的乔瓦尼·薄伽丘［Giovanni Boccaccio］六百多年前写的一段文字，我必须从开始就预先告诉你们，在这次讲演中，你们会听到我援引许多古代的原典。如果我有时也用意大利或拉丁原文援引一些话，我并不是要炫耀，而是希望鼓励你们掌握这些奇妙的语言，它们并不那样难学。我的题目就是恰当的例子，*la fiorentina gloria*［佛罗伦萨的光荣］这个词句出现在薄伽丘的杰作《十日谈》［*Decamerone*］中的一篇小说或短篇小说中，[1]在那里应用于伟大的画家乔托［Giotto］，可以想象，作者可能见到过他，因为乔托卒于1337年，当时薄伽丘二十四岁。没有什么出自十四世纪的可靠的肖像画，没有可靠的薄伽丘肖像流传下来，有一幅想象的肖像，是约1450年由安德烈亚·德尔·卡斯塔尼奥［Andrea del Castagno］所绘，是一座别墅的装饰的一部分，属于你们现在可在乌菲齐美术馆［Uffizi］的入口处附近看到的一系列名人肖像之列。

在介绍一件小轶事以表明乔托的机敏时，薄伽丘把这位画家说成佛罗伦萨的光荣的杰出人物之一，你们可以说“佛罗伦萨的王冠上的一颗宝石”，当你们去到圣克罗切教堂［the church of Santa Croce］看到两个礼拜堂中他的壁画时，就会领会这个词句。

到薄伽丘写那部书的时候，“佛罗伦萨的光荣”这个词句已是普遍接受的套语。一百年前，当建该城的市政厅时，在正面刻了一段拉丁文铭文，在现在所称的警官宫［Bargello］外面仍可看到：

> 佛罗伦萨充满了一切可想象的财富，她在战争和内乱中击败了敌人，她受惠于好运和众多人口，[2]

等等。现在我不是要告诉你们夸耀术是在佛罗伦萨发明的。我认为你们无论来自何方，都可能听到你们的故城或故乡被赞扬为“最最好的”，但那完全是你们夸耀什么的问题，我希望使你们相信在他们主要看作他们的“光荣”的事物上，佛罗伦萨已成为举世无双的。佛罗伦萨人是商人，也许应当说是贸易者，他们不能这样容易地夸耀他们的军事力量或夸耀他们在贵族家庭的对照表中的位置。的确，他们试图使自己和其他人相信他们是罗马人的后裔，在城中心仍可看到的美丽的洗礼堂［Baptistery］曾是为了战神建的罗马神庙，但是从很早的时候起他们感到骄傲的不是他们的力量而是他们城市的美丽。十四世纪初，详细地记述了几乎将这个城市撕裂的冲突和灾难性的争执的编年史家迪诺·孔帕尼［Dino Compagni］赞颂了这座城市的美丽：

巨大的住宅十分美丽，比意大利其他城市的住宅更充分地配备了生活舒适用品。由于这个缘故，许多人从遥远的地方来游览这座城市，不是出自必需……而是为着她的美和装饰品。[3]

你看到你决非是第一个为那个原因前来佛罗伦萨的人。

佛罗伦萨的元老们十分清楚地意识到他们得益于他们的故城，他们知道在它的装饰上花的钱是用得其所。我们有一份出自 1300 年的独特的文件，记录了致力于现在是大教堂的建筑的建筑师阿诺尔福·迪·坎比奥［Arnolfo di Cambio］向官方申请免税。我不知道现在在这种情况下会发生什么事情，但是那时这项请求获得了许可，因为申请人是

本地区最著名、最老练的教堂建设者，人们希望他给予佛罗伦萨比托斯卡纳的任何其他教堂更美丽更有价值的教堂。[4]

于是我们返回到乔托那里。有出自 1334 年由市政府起草的另一份文件，建议邀请当时在遥远的那不勒斯的乔托接任该城的总建筑师职务，而且，——

在他的故城应被接受为了不起的大师并在那里得到爱护，以便巨大的光荣归于上述城市。[5]

我们推测，乔托是以这个角色设计了钟塔，拉斯金［Ruskin］称之为乔托之塔，尽管它可能不是完全按他的设计完成的。

很可能争取著名艺术家效力以提高佛罗伦萨的威望的这种意愿与这个城市所遭受到的创伤不无联系，这个创伤严重地减损了它的骄傲。我是指它最伟大的儿子和所有时代的最伟大的诗人之一但丁·阿利吉耶里［Dante Alighieri］的命运，他在我提到的皇帝的支持者和教皇的支持者之间的无数冲突的一次中被逐出佛罗伦萨，不久在放逐中死去。同时，但丁的名声传遍整个意大利，当时这并没有增

加佛罗伦萨的骄傲，因为它把他逐出，如果他再进入这个城市，就以死刑相威胁。

在但丁的伟大诗篇《神曲》[*The Divine Comedy*]中多次提到佛罗伦萨，但不是恭维地提及的。当然，但丁意识到他的同胞们的骄傲，不过作为一个虔诚的基督教徒，在他看来，骄傲无论如何是一种道德罪恶。因此，在但丁写给他的故城的许多诗中有一种辛辣的讽刺，如在《地狱篇》[*The Inferno*]的第二十六歌中："喜愉吧，佛罗伦萨，你是如此宏大，你张开翅膀飞翔在陆地和海洋之上"[*Godi, Fiorenza, poi che sei si grande, che per mare e per terra batti l'ali*]。[6]因为但丁在地狱中遇上来自佛罗伦萨的多达五个臭名昭彰的窃贼。他在《炼狱篇》[*Purgatory*]的第六歌中又进行了抨击，它读起来又像另一番颂扬，但以嘲弄结束。

> 现在你喜悦吧，因为你有足够理由，你富有，你太平，你有智慧……雅典和斯巴达，虽然制定了古代世界的法律，修文偃武，但在生活得幸福方面相比，它就微不足道了，你出产的货物那么精细，十月里纺的线，十一月半就断了。[7]

美好往昔和简朴生活的赞美者但丁[8]在这里表达了他对蒸蒸日上的工业所特有的时尚与货物的瞬息万变的藐视。

十分奇怪的是，我讲述但丁对于变化和变幻无常的声望的道德上的抵制，却是为着它所具有的与诗人所意图的相反的结果。乔托的光荣的确是恰当的例子。乔托的名字出现在但丁的诗中，而且出现在《炼狱篇》使骄傲者谦卑的另一段文字中。[9]在苦行赎罪，负着把骄傲的脖颈压弯的重物的罪人之一是叫做奥代里西·达·古比奥[Oderisi da Gubbio]的细密画家，但丁敬畏地称他为他的艺术的著名大师。但是，由于这是炼狱，这位受责罚的画家拒绝了这种恭维：

> 人力所得的真是虚荣啊！契马布埃认为他是画坛的巨擘，可现在鹰扬的却是乔托，而前者的声誉已被掩没。人世的盛名不过是一阵风，一会儿向西一会儿向东，改变了方向也就改变了姓名。

但丁想暗示的当然是乔托的声望不会比契马布埃[Cimabue]的声望甚至他自己的声望更长久，但是他没有考虑他的巨大权威，因此乔托在世时期被公认为其名望使契马布埃相形见绌的画家。[10]

当然，如果这个见解不是以事实为根据，但丁是不会这样说的。乔托确实是一个伟大的革新者，当你去到乌菲齐美术馆，把他的威严的圣母画与人们相信是他的前辈契马布埃以让人想起拜占廷艺术的更传统的手法画的圣母画做一下比较的时候，仍能使自己相信这一点。难怪乔托的艺术在意大利的所有中心都有人需要，但是但丁的无意的证言把他与我们现在所称的文艺复兴即艺术的再生或复苏相联系。也是为着那个缘故，薄伽丘在我们以之开始的那段文字中称他为佛罗伦萨的光荣之一，是他"在绘画被埋没了许多世纪后又使它得到复苏"。

当然，当薄伽丘称乔托为佛罗伦萨的光荣之一时，即使他不是把但丁看作主要光荣，也是看作其他光荣之一。但是如我所述，对于佛罗伦萨人来说这里有个问题。但丁在放逐中死于遥远的拉文纳是佛罗伦萨的光荣上的污点，佛罗伦萨人拼命想抹掉这个污点。他们做出许多努力要弄到他的遗骨，更重要的是，他们使人们阅读和研究他的作品。他们甚至设立了官方讲师职位，由市里付酬，来阐释《神曲》，第一个担任这一职位的是薄伽丘。[11]

他们也设法使没有聆听这些讲座的人意识到但丁是他们城市的杰出人物。如果你去到大教堂，会在那里发现一个名叫多梅尼科·迪·米凯利诺［Domenico di Michelino］的人的一幅画，在但丁曾诅咒的、把他逐出的佛罗伦萨城面前纪念但丁。它是十五世纪中期作为对更早一幅这样的画的更新而委托绘制的，确实我们知道早在1396年就提出一项计划，要在大教堂为包括但丁、薄伽丘和彼得拉克［Petrarch］在内的五位伟大的佛罗伦萨人建立坟墓。[12]

我还未提到彼得拉克，他是所有佛罗伦萨之子中仅次于但丁的最著名的人物，尽管他像但丁和薄伽丘一样，一生中在那座城市并未度过很多时间。是彼得拉克比任何其他人都更与知识复兴的观念和理想及对古典文化时期的标准的回归密切相联。佛罗伦萨人本来很想让他任他们新建大学的校长，[13]但是，甚至薄伽丘也没有成功地说服他的朋友接受这个责任。这倒不要紧，到十四世纪，一切有教养的人都很清楚，他理应获得不可否认的声望。

当约1400年佛罗伦萨首相科卢乔·萨卢塔蒂［Coluccio Salutati］卷入与米兰市的宣传战时，他把这个论据用作他的最后一张王牌。他的对手赞扬了米兰的力量和财富，这确实使佛罗伦萨望尘莫及，但是萨卢塔蒂在赞扬了他的城市的建筑和智力的杰出后回答说，“你们的但丁在哪儿？你们的彼得拉克在哪儿？你们的薄伽丘在哪儿？”[14]

对佛罗伦萨来说这确实是艰难时日，当时米兰公爵们的力量威胁着整个意大利中部。史学家们声称，佛罗伦萨靠着刚毅和好运的结合而经受住的这次严峻考验，极大地助长了它的公民们对他们的优秀文化的自豪感。[15]确实的是，像萨卢塔蒂这样的人对那些佛罗伦萨的伟大儿子的遗产不仅嘴上说得好听，而且采取实际步骤，执行他们的方案和使命。你们会记得但丁曾把佛罗伦萨比作雅典，然而是讽刺地比拟的。一心要复苏古代世界文化的彼得拉克和薄伽丘都知道罗马人从古代希腊人那里得到多大益处。但是尽管他们是拉丁语的主人，由于缺乏适当的教师，希腊语多少击败了他们。正是在世纪转折之时，在萨卢塔蒂任首相时期，佛罗伦萨人利用了补救这一局面的机会。在拜占廷帝国，当然讲希腊语，拜占廷帝国受到了来自土耳其人的沉重压力，派遣了一名使节到意大利求援。他的名字是曼努埃尔·赫里索洛拉斯［Manuel Chrysoloras］，依其本身资格就是重要的学者。他应邀到佛罗伦萨，在那里教授希腊语，尽管遗憾的是这个城市只付给他十分微薄的薪水，他抵达佛罗伦萨和在那里的短期逗留却可被看作欧洲学术历史的转折点。

如果你去到圣克罗切教堂，在那里会发现罗塞利诺［Rosselino］所作的莱奥纳尔多·布鲁尼［Leonardo Bruni］的美丽的大理石墓，布鲁尼是萨卢塔蒂的佛罗伦萨首相职位的继承人和备受尊敬的学者。请读一下墓上的铭文，它写道：

当莱奥纳尔多与世长辞之时，历史之神感到悲伤，雄辩之神也陷入沉默。据说希腊和拉丁诗神也忍不住落下眼泪：*fertur Musas tum Graecas，tum Latinas lacrimas tenere non potuisse.*

也看一下莱奥纳尔多·布鲁尼戴着桂冠的堂皇的头像。布鲁尼应该得到桂冠。他是为佛罗伦萨的光荣做出贡献的一长串人文主义者中第一流人物之一。人文主义者一词描述了致力于研究现仍称作人文学科的事物的学者，即致力于历史和语言，而非神学、法律或医学。[16]人们也把人文主义说成不同于基督教的人生哲学，但是这种习惯在我所谈论的时期并不为人所知。在印刷术发明以前的那个时代，人文主义者对希腊人和罗马人的文学遗产的兴趣驱使他们到古老的图书馆翻查古代作家被遗忘的手稿，然后让抄写员全文抄写下来，或者，如果它们是希腊文的，就让人译为拉丁文。如果你想得到对这些人和他们的生平的生动描述，就应当阅读一下一位佛罗伦萨书商韦斯帕夏诺·达·比斯蒂奇［Vespasiano da Bisticci］的回忆录。[17]你也许会了解到像布鲁尼那样的人文主义者为什么由于掌握了令人难忘的、有教养的语言风格才成为深受尊重并被大量需要的外交官和高级官员。

现今人们并不看重修辞学，常常将它等同于空洞的夸夸其谈。他们忘记了修辞学在我们的广告业中十分兴盛，你在大学中可以学会如何赞扬牙膏或洗衣粉。我偏爱古代的修辞术，那时鉴赏家能够鉴赏它，像我们鉴赏音乐一样，与其说为着任何启示，不如说为着作曲和演奏的技巧和表现性。[18]

像他的前任萨卢塔蒂一样，布鲁诺写了一篇演说赞颂佛罗伦萨，[19]作为真正的人文主义者，他仿效了一个叫阿里斯提得斯［Aristides］的人写的一篇鲜为人知的赞颂雅典的希腊原典。我认为他的演说从未译为英文，我不能过长地喋喋不休地谈它的堂皇的语言。

他自然先使我们确信无论怎样能言善讲都不能恰当描述这座城市的奇异和卓绝，接着又尝试恰恰这样去做。

对于那些从未见过佛罗伦萨的人来说，它的美丽似乎真是无法置信的。其他城市辉煌的宫殿的内景不如佛罗伦萨的街市和广场优雅和洁净。佛罗伦萨拥有一切。喜欢古物的人在我们的公共和私人建筑中会多有发现。如果他们追求新奇，他们在任何地方也不会发现比我们新近的建筑更宏伟更辉煌的事物了。[20]

他接着赞扬了佛罗伦萨的住宅，实际上它们各个都是一座宫殿，但是——我援引这样一段话：

在所有这些建筑中间，雄踞着极其美丽、结构新奇的最辉煌的城堡，只凭外观就显示出建筑它的目的。因为正如在一支大舰队中，舰队司令的舰艇往往是表明首领所乘坐的那种舰艇一样，这座宫殿的外观也使任何人都懂得它供共和国的统治者们居住。[21]

当观看现在仍是佛罗伦萨的光荣之一的韦基奥宫［Palazzo Vecchio］的时候，我总爱想起与海军旗舰的这种比较。

艺术史家知道元老们继续多么迫切地要得到能够得到的最优秀的工匠的效劳。正是在布鲁尼写他的演说稿时，管理罗马人血统的极受爱戴的象征——洗礼堂的羊毛商人行会决定用另一对门与安德烈亚·皮萨诺［Andrea Pisano］于十四世纪制作的美丽的青铜门相匹配。他们采取了不同寻常的步骤，宣布在雕塑家间进行竞争，他们每人在一块青铜板上再现以撒的献祭［Sacrifice of Isaac］的情节，得多数票者将接受委托。[22]你能在警官宫看到这些青铜板中的两块，并能享受询问你会选择哪一块这个艺术史家们所喜爱的游戏。在这种情况下，吉贝尔蒂［Ghiberti］战胜了布鲁内莱斯基［Brunelleschi］。

文件告诉我们，这些老练、精明的商人都确信竞争的价值。当例如他们决定为大教堂装备一对唱诗班席，所谓Cantorie［唱诗班的唱台］时，他们向卢卡·德拉·罗比亚［Luca della Robbia］委托了一个，向大师多纳太罗［Donatello］委托了下一个，许诺他每个和卢卡的同样好的板上画付给四十弗罗林［florin］的报酬，质量高于卢卡的板上画付给五十弗罗林的报酬。[23]但是佛罗伦萨的最著名、最声势浩大的竞争是关于在大教堂上建一个巨大圆顶的竞争，在这里是布鲁内莱斯基胜过了吉贝尔蒂，他提出了不可思议的大胆的建造方法。[24]

如果布鲁内莱斯基不是天才的工程师和数学家，他是不能完成这项伟绩的。是他对几何学的娴熟使他也能发明我们所称的用透视法作画的艺术。我们听说他以西洋景的形式构建了一次演示，证明他能以正像从对面的大教堂门内看时眼睛所看到的样子再现那座著名的佛罗伦萨圣殿，洗礼堂。[25]这个把戏，如果你们愿意这样称呼它的话，被其他艺术家所采用，你们在新圣马利亚教堂［S. Maria Novella］马萨乔［Masaccio］所作的三位一体的富丽堂皇的湿壁画中可以看到它的第一次主要的应用，它给予你们窥视有拱顶的建筑物的印象。

关于这些艺术革新造成的心理影响，我们有一份珍贵的文献证明，我是指莱昂内·巴蒂斯塔·阿尔贝蒂［Leone Battista Alberti］约于1435年用拉丁文撰写的关于绘画的论文。阿尔贝蒂把这本主要论述透视艺术的书的意大利文译本献给布鲁内莱斯基，他在序言中写道，当他在远离佛罗伦萨的流放中成长的时候，他也和其他人一样相信，世界每况愈下，在他的年代未再产生出伟大的事物。但是回到佛罗伦萨后，他看到了布鲁内莱斯基，他们的共同朋友多纳太罗，吉贝尔蒂，卢卡·德拉·罗比亚和马萨乔所取得的成绩，相信了古人不再具有对于伟大的垄断权。[26]

有一个凑手的文字公式，人文主义者可用于表达这种乐观主义感情：向黄金时代回归的古代神话。伟大诗人维吉尔［Virgil］在奥古斯都皇帝［Emperor Augustus］的时代曾在他的一首诗中体现了这样的预言，一个会回复黄金时代的婴儿的诞生的预言。中世纪的基督教作家们曾把这个预言应用于基督降生，但是它也为那些希望赞扬或恭维带回和平之福的统治者的人们提供了一个便利的公式。[27]从1434年起要在佛罗伦萨掌权的家族是梅迪奇家族。他们还不是严格意义上的统治者，在美国你们可以用坦率的词语“city boss”称呼他们，他们是能够操纵仍正式管理佛罗伦萨共和国的公民大会的富有的、有影响的银行家。他们凭借他们的财富和人格支配这个城市。有一枚铸有大科西莫[Cosimo the Elder]肖像的精美的纪念章，该城在他1464年逝世后给予他荣誉，授予他Pater Patriae即国父的谥号。另一枚徽章表现了他的著名孙子洛伦佐[Lorenzo]，常被称作高贵的洛伦佐的侧面像，背面是佛罗伦萨的拟人化身，*Florentia*，意即“鲜花盛开的”，她手持一束百合花和国父的铭文。实际上，关于这些人回复了黄金时代的恭维话不是完全不能令人信服的。像从前的元老一样，梅迪奇家族知道美化教堂和支持学者与艺术家可以赢得多少威望和光荣。[28]因此人们可以看到他们为知识的复兴和在古代社会曾繁荣兴盛，据称被野蛮人入侵和僧侣的无知所毁灭的艺术的复苏做出了贡献——于是黄金时代的神话成为发源于佛罗伦萨并构成它的最终光荣的文艺复兴的神话。

史学家们现在喜欢辩论是否真的有一场文艺复兴，是否中世纪没有由于被彼得拉克称作“黑暗时代”而遭到极大的中伤，是否像雅各布·布克哈特[Jacob Burckhardt]这样的十九世纪的作家没有由于热情地过高估计文艺复兴运动的新奇性而失去判断力。[29]当然在某些方面这些怀疑是有道理的，但是正是由于怀疑主义对于青年远比对于年长者有更大的吸引力，我希望提醒你们佛罗伦萨文化的切实的、无可否认的成就。其中的一项我已提到过，即希腊文和拉丁文古代原典的重新发现。倘若它们未在紧要关头被带到意大利，当1453年君士坦丁堡被土耳其人征服和掠夺的时候，这些原典有许多会永远失传。我们不可忘记其中有柏拉图的对话，它们在洛伦佐·德·梅迪奇的时代最先被全文由希腊文译为拉丁文。在他的时代是否有正式的柏拉图学园与这些文章被新发明的印刷机出版相比就显得不重要了。

我们真的不可嫉妒佛罗伦萨人关于他们是新时代的带来者的感觉。

如果你们进入大教堂，在那里会发现一座洛伦佐·德·梅迪奇委托制作的纪念乔托的光荣的纪念碑。下面的拉丁文诗句是主要人文主义者安杰洛·波利齐亚诺[Angelo Poliziano]所作，第一行写道：

我是使失传的绘画艺术获得新生的人。

ILLE EGO SUM PER QUEM PICTURA EXTINCTA REVXIT.[30]

但是到那时许多其他伟人也享有这个名望。在1481年出版但丁《神曲》的初版时，克里斯托福罗·兰迪诺[Christoforo Landino]在为这部诗写的序言中雄辩地捍卫了佛罗伦萨，使她不受她的诬蔑者的中伤，并列举了在学识、口才、音乐、绘画、雕塑、民法和生意上出类拔萃的佛罗伦萨人。[31]

在十五世纪原典中有几份这样的名人录，其中之一为不重要的诗人乌戈利诺·韦里诺［Ugolino Verino］所作，他向我们提供了画家名单，并断定，只要莱奥纳尔多·达·芬奇［Leonardo da Vinci］作画能够搁笔——换言之，如果他不是至善至美主义者以致从未完成他的作品，他会超过他们所有人。[32]你们在乌菲齐美术馆中仍可看到莱奥纳尔多的未完成的板上画《博士朝拜》［*The Adoration of the Magi*］，当他约于1481年离开佛罗伦萨去米兰时很可能放弃了这幅画，实际上在米兰他确实完成了他的《最后的晚餐》［*Last Supper*］。

但是，尽管关于佛罗伦萨的光荣的这许多证明可能很有趣，我却想向你们介绍一下另一个原典，由于它不是出自人文主义者或者诗人而是出自一名普通的商人乔瓦尼·鲁切拉伊［Giovanni Rucellai］之手，它就更值得注意了，在新葡萄园大街［Via della Nuova Vigna］你们仍可看到阿尔贝蒂设计的他的府邸。像许多公民一样，乔瓦尼·鲁切拉伊为他儿子们的利益打算写了一份家族编年史，在那里他流露出他的骄傲，用感人的话语赞美了佛罗伦萨的光荣，我想相当详尽地引用这些话。

我们的时代，从约1400年以来，比自从佛罗伦萨建立以来以往的任何其他时代有更多的根据令人满足，这是普遍的见解。首先是战争艺术，据说自那时以来以前属于阿尔卑斯山以北国家的对那种艺术的娴熟已回到了意大利。在那个时期比以前有更多的希腊文、拉丁文和希伯来文的杰出学者，拉丁文的写作风格比自从西塞罗以来的任何其他时代又更精炼、更华丽，他们又表现出已失去的古代风格的从容自如……这座城市和它的四周里里外外都有用古罗马人的风格装饰的教堂、医院、住宅和宫殿，比以往美丽得多。

在那个时期，有更多的闻名于整个意大利的天才的建筑师和雕塑家，自异教徒时期直至现在，从未有过这样的镶嵌工艺大师，他们具有这样的透视技巧，以致人们用画笔也不会比他们画得更好，也从未有过这样杰出的画家和设计家，他们的测量和构图的绝妙技巧使契马布埃和乔托连做他们的学徒都不够格。

女人和男人们从未比现在穿得更考究，他们穿着华丽的服装，做工精细，洁净无比，女人们装饰着锦缎，刺绣，宝石，珍珠和法国式的头巾，每条即使不是更多的话，也要值二百弗洛林。在城镇和乡村，人们都比以前备有更多的家庭必需品，有大量的壁挂和帘幕，家用织物也远比以前多。

教堂和医院比任何其他时期更加富有，更充分地配备了金、丝和银的祭坛布，修道士和祭司成群，男人和女人比从前通常的那样更热诚地参加弥撒。更不用说赞美诗，福音故事和押韵的哀歌，它们整年在精美的环境中吟唱，尤其在神圣的四旬斋节被十分温柔和热诚地吟唱……比任何其他时期更优美……[33]

遗憾的是，我们不再能欣赏这种音乐了。

如果你们觉得这段文字有些冗长，我可以让你们看另一段文字，当你们参观新圣马利亚教堂唱诗班席中吉兰达约［Ghirlandaio］作的精彩的湿壁画时都可以读到这段文字。在那里，在施洗者圣约翰［Saint John the Baptist］生平的第一个场面中，你们可以看到对天使在耶路撒冷圣殿［Temple of Jerusalem］向约阿希姆［Joachim］显现的图解。在这座建筑的墙壁上吉兰达约安排了拉丁铭文，引文如下：

1490 年，是年珠宝、胜利、艺术和建筑使其高贵的最美丽的城市享有财富、健康与和平。
QUO PULCHERRIMA CIVITAS OPIBUS, VICTORIIS, ARTIBUS, AEDIFICIISQUE NOBILIS, COPIA, SALUBRITATE PACE PERFRUEBATUR.

如果这是华丽词句的话，也不是空洞的华丽词句。你们只需求助于佛罗伦萨伟大的历史学家，马基亚韦利［Macchiavelli］和圭恰迪尼［Guicciardini］。他们会证实，这一年，洛伦佐·德·梅迪奇生命的最后一年，对佛罗伦萨来说是幸福和安宁的一年。圭恰迪尼告诉我们：

这座城市享有完全的和平，公民们和睦而融洽，政府十分强大，无人敢于反对。普通人喜欢娱乐，纵酒狂欢和其他新奇事物；由于这座城市粮食供给十分充足，人们营养充分，它的所有活动都盛行。有才智、有能力的人们感到满足，因为所有文学，所有艺术，所有人才都得到欢迎和承认。[34]

这种情况不会持久，也没有持久。洛伦佐的去世和他傲慢的儿子皮耶罗［Piero］的无能导致一场危机，这场危机只是对萨沃纳罗拉［Savonarola］有利，这位多明我会教士很长时间一直向佛罗伦萨人进行我们所称的地狱之火的布道，比但丁更强烈地谴责他们的虚荣心。

但是认为萨沃纳罗拉不知道如何激发佛罗伦萨人的雄心，这是十分令人误解的。在他们遭受屈辱，不得不把法国国王作为征服者迎进城内后，萨沃纳罗拉于 1494 年 12 月告诉他们，上帝希望他们开始意大利的精神更新。

我向这座城市宣告这样一条好消息，佛罗伦萨将比从前更光荣，更富有，更强大……啊，佛罗伦萨……更新将从这里开始，并从这里传遍各处……啊，佛罗伦萨，你将拥有数不清的财富，上帝将使你的一切都成倍增加……你将幸福无限，以致会说："我们不想多要了。"[35]

如大多数预言一样，这个预言没有实现。萨沃纳罗拉的统治遭到悲剧性的结局，佛罗伦萨陷入混乱。即使如此，新兴的共和国的公民们也记得他们对于佛罗伦萨之美的责任。当 1503 年春季一位名叫米开朗琪罗［Michelangelo］的二十岁的雕塑家把一个巨大的大理石块转变为一尊大卫［David］雕像的时候，人们召集了委员会决定它的放置地点。它的成员不仅包括官吏，而且包括一名主要的雕塑家和诸如莱奥纳尔多·达·芬奇、波蒂切利［Botticelli］和菲利皮诺·利皮［Filippino Lippi］等主要画家。他们选定了韦基奥宫前的显著位置，由于为着妥善保护不得不把原作移入佛罗伦萨美术学院陈列馆，你们现在在韦基奥宫前看到的是一件复制品。[36]

在同一年，公民们想到他们不可错过拥有莱奥纳尔多的机会，委托他在市政厅新扩建的会议厅中画一幅湿壁画，纪念佛罗伦萨对于邻国的一次胜利，安吉亚里之战［the Battle of Anghiari］。[37]也许是想起了莱奥纳尔多的拖拉的名声，他们求助于激励艺术家竞争的老伎俩，向米开朗琪罗委托了另一幅这样的湿壁画，卡西纳之战［the Battle of Cascina］。由于这个或那个原因，这两项雄心勃勃的工程都毫无结果。米开朗琪罗动身去罗马为教皇工作，莱奥纳尔多动身去当时在法国国王控制下的米兰。[38]这提醒了佛罗伦萨人这样一个事实，他们不再是独一无二的，其他中心与他们争夺雇用他们的著名大师的荣耀。

也许使他们想起光荣的往昔，想起佛罗伦萨在我们用法文名称称作文艺复兴［Renaissance］后来被描述为艺术的复苏的事物中所起的决定性的作用，这对于佛罗伦萨人的自尊来说更为重要。那场运动的第一部历史是1550年由乔治·瓦萨里在佛罗伦萨出版的，他为这项宏伟的事业，由契马布埃时代起囊括二百五十年的建筑、绘画和雕塑的兴起的故事收集了材料。诚然，作为作家强于作为画家的瓦萨里有时用其可靠性十分可疑的生动的轶事填充他的知识空白，但是，我怎样敦促你们阅读瓦萨里的著作都不够，尤其是他写的他所认识的艺术家的传记，它们描绘了他的时代的佛罗伦萨的生动画面。

瓦萨里明确地说明，他不仅要列出往昔大师的名单，而且要提供对佛罗伦萨之所以卓越的解释。他提出的一个原因可能使你们觉得不太令人信服，他认为托斯卡纳的空气，换言之气候，有利于天才的发展。[39]他提出的另一个原因可能更合乎现代社会学家们的口味，他在佩鲁吉诺［Perugino］传记中写道，佛罗伦萨没有自然资源，完全依靠它的居民们的勤奋。它是阴谋和争吵的温床，因为人人都想取得成功，因此只有最佳者能够坚持住，尽管连他们也是一旦显赫还是去国外为好。瓦萨里把佛罗伦萨艺术的伟大归之于的第三个原因当然是梅迪奇家族的赞助。他本人在共和国解体后曾效力于佛罗伦萨的新统治者，他对我们可称作梅迪奇神话的事物的确立具有巨大影响。

如果你们经过韦基奥宫的大厅和房间，最好还带一付双筒望远镜，你们在那里会看到梅迪奇家族[40]把它由共和国的市政厅改为统治者的宅邸时瓦萨里用来装饰这座宫殿的一组巨大的湿壁画。那位统治者是科西莫一世［Cosimo I］，他拥有托斯卡纳大公的头衔，在西班牙军队的帮助下获得了对佛罗伦萨的统治权。瓦萨里和他的顾问所热衷的那种恭维可能不合乎你们的口味，但是在一幅天顶湿壁画中你们可以看到他对科西莫的颂扬，在画中他实际上被再现为宇宙统治者，先于法国国王作为*Roi Soleil*［太阳王］的形象。

但是，瓦萨里也知道强调他的统治与早期梅迪奇家族的成就的连续性对于大公多么至关紧要。因此，他专用一个房间颂扬这些佛罗伦萨主人的最初的一个，老科西莫·德·梅迪奇［Cosimo de Medici］，他被再现于他所扶助并向他们委托绘画和雕刻作品的艺术家当中。在宫殿中的其他地方，洛伦佐·德·梅迪奇被表现在学者和人文主义者当中，在另一幅湿壁画中被颂扬为接受实际上来自全世界的敬意和礼物，这是巨大的夸张，但是它一定使赞助人感到高兴。

无须说，这是要当作大公肖像的序幕，而瓦萨里又把大公表现为由为他工作的艺术家，当然包括瓦萨里自己所围绕。对于知晓内情者来说，瓦萨里对这些艺术家的组合显露出某些带有恶意的智慧。与公爵的头部相邻，你们可看到两位白髯老者面面相觑。他们是雕塑家巴乔·班迪内利［Baccio Bandinelli］和本韦努托·切利尼［Benvenuto Cellini］。如果你们阅读切利尼的著名而有趣的自传，就会了解到这两个对手彼此有多么不友好。像班迪内利和切利尼一样，在这里表现为围绕着公爵的其他一些艺术家为现今装饰着西尼奥里亚广场［Piazza della Signoria］的雕像做出了贡献。瓦萨里知道如何怂恿和激励他的赞助人遵循他的前辈们的榜样，他也在建立一所艺术学院中起了作用，这是欧洲的第一所这类学院，他使它得到大公的赞助。

你们可能已注意到，在为科西莫工作的那些艺术家中缺少了一位艺术家——米开朗琪罗。不是由于瓦萨里和科西莫本人缺乏努力，而是这位实际上曾帮助防止佛罗伦萨受梅迪奇统治的年老大师不那样容易被诱使离开罗马。只是当他去世后，佛罗伦萨人才设法几乎是抢走他的遗体，运到佛罗伦萨，学院在那里组织了空前盛大而隆重的葬仪。[41]在演说、诗歌和装饰中，适当强调了梅迪奇家族在他生活中的作用，如在一幅素描中表现米开朗琪罗与大公在亲切交谈。在米开朗琪罗为他的侄子得到的博纳罗蒂住宅［Casa Buonarroti］中，你们会发现相似的组画。

三百多年前曾被编年史家、演说家和诗人们吟诵的佛罗伦萨的光荣的主题因此也成为艺术家的题材。在收藏金器和其他财宝的皮蒂宫［Palazzo Pitti］一楼，你们会发现另一组相当夸张的绘画，赞美佛罗伦萨在学识竞争中所起的作用。有一幅表现了缪斯们逃避伊斯兰教徒们的袭击来到托斯卡纳，和洛伦佐·德·梅迪奇主管柏拉图学园。

也许委托这些湿壁画的统治的王子斐迪南二世［Ferdinand II］专注于较早时期是明智的，尽管我们不可忘记他也应被人们铭记。他对现代科学的真正奠基者伽利略［Galileo Galilei］提供保护，伽利略的名字无疑不可从谈论佛罗伦萨的光荣的讲演中忽略掉。诚然，到那时佛罗伦萨已成为艺术落后地区，历代教皇的罗马使它黯然失色。但是光荣依旧。十八世纪初，拉尔加路［Via Larga］上先前的梅迪奇家族府邸的入口处有一段铭文，提醒游客，他正要进入这样的一所住宅，在这里：

拉丁和希腊文学得到恢复，视觉艺术得到培养，柏拉图哲学得到复苏……这不仅是许多杰出人物而且也是智慧女神本人居住的住宅，即所有在此复兴的知识的聚居地。由衷地尊崇它吧。[42]

如你们所知道的，在佛罗伦萨有比历史回忆更应由衷地尊敬的事物。当1743年梅迪奇家族的最后一员，安娜·玛丽亚·卢多维卡公主［Princess Anna Maria Ludovica］去世时，她把家族的众多藏品留给了托斯卡纳，因此，乌菲齐美术馆是向公众开放的第一个豪华的美术馆。佛罗伦萨给它的王冠上又添加了一颗宝石。佐法尼［Zoffani］作的一幅画向我们展示了美术馆的看台［Tribuna］于1773年挤满了进行大陆旅行的英国旅行者，仿佛是你们的前辈，[43]因为在整个十九世纪都有热情洋溢的朝圣者步其后尘，他们在这座城市的教堂和修道院中发现了越来越多的珍藏。如果你们在这里充分利用你们的机会，你们很快就会同意，无论一次讲演，不管多么长，还是一本游览册，不管多么豪华，都不能公平评判佛罗伦萨的光荣。

［李本正译　范景中校］

从文字的复兴到艺术的革新
尼科利和布鲁内莱斯基[1]

FROM THE REVIVAL OF LETTERS TO THE REFORM OF THE ARTS. Douglas Fraser *et al.* (ed.), *Essays in the History of Art Presented to Rudolf Wittkower*. London, Phaidon Press, 1967, pp. 71—82.

文化史正在经历一场危机，即由黑格尔的“历史决定论”逐渐让位而引起的危机。它的影响在文艺复兴研究中尤其强烈，因为正是在这个领域，艺术的发展与其他领域中的发展间的联系，对于现代研究来说，比黑格尔这位进步论的哲学家看来远为复杂和可疑。与其说布克哈特［Burckhardt］不如说正是黑格尔首先把一种统一化的文艺复兴的幻象设想为向前奔腾的精神浪潮，设想为一个在知识复兴、艺术繁荣和地理发现诸方面同样确实地表达了自己的阶段，在他看来，这三个事实代表了“宗教改革前的曙光”。[2]

对于有些史学家来说，无论黑格尔的乐观形而上学理论多么缺乏吸引力，要是没有一种统一性的原则，人们想摒弃黑格尔这种关于新时代的概念，就很难不面临着零碎的模模糊糊的历史片断。

鲁道夫·威特科夫尔［Rudolf Wittkower］是文艺复兴的研究者之一，他表明这个二难推理是不真实的。传统上认为，文艺复兴对中心化的教堂建筑的偏爱表现了新的异教化的审美情趣，他对这一见解提出挑战，他也拒绝采用实证主义的埋头于一大堆年代与平面图的做法。[3]因此他可以表明，在一个特定领域，在观念与形式间有一座桥梁，而不用新时代与新人的说法去概括。

本文的目的是通过再次面对黑格尔的问题来探索这一成功，不是在历史的形而上学中而是在时尚与运动的社会心理学中寻求答案。本文试图提供的解答也许尚不成熟。它无疑是片面的。但是，如果它再一次表明，倘若我们仿效威特科夫尔，把注意力集中在具体情境中的活生生的人，那么，与满足于对“精神”的虚假说明相比，我们甚至更有可能发现一些原典与线索来解释各种不同领域的变化的相互作用，如果本文再次表明这一点，那么就达到了它的目的。

文艺复兴是人文主义者们的工作。但是人文主义者这个词对我们来说不再表示他们是“对人的新发现”的先驱，而是表示 *umanisti*，即这样一些学者，他们既非神学家亦非医生，而是专心研究“人文学科”，主要是语法、辩术和修辞的*trivium*［三艺］。[4]我们肯定会问，人们致力研究的这些科目怎么竟会导致不仅在古典文化研究中而且在艺术中最终甚至在科学中的一场革命？是什么引发了改变了欧洲的天翻地覆的变化？

这样征服世界的任何一场运动一定提供一些东西，在潜在的皈依者眼中确立了它的优势。如果它提供的东西是有用的发明，历史学家几乎无须苦思冥索它为何被接受的问题。火药从东方传到欧洲，很快即被接受，其原因我们了如指掌，大约1300年在比萨首次发明的眼镜也很成功，[5]对此我们并不惊讶。然而，种种“运动”向它们的新支持者提供的一般是不太明确但在心理上却更重要的东西。它们提供给支持者们一种对他人的优越感，一种新的威望，在为逞强而战的极重要的战斗中的一件新武器，英国幽默家斯蒂芬·波特［Stephen Potter］十分贴切地把这种战斗描述为“胜人一筹”的游戏。早期人文主义者们显然两者都可提供，在某些方面确立了对于更守旧的学者们的优势的真正发明或至少是发现，而且还有对那种优势的新的强调，一种压倒一切的新的魅力与自信，即使它起初是建立在不稳定和狭隘的基础上的。如拉斯金［Ruskin］曾说过的那样，人文主义者们“突然发现，十个世纪以来，世界一直处于无语法的状态，他们便立即把人类存在的目的定为建立语法……”。[6]

这种解释近年来确实日益受到挑战。许多研究这个时期的学者开始强调“市民人文主义”[7]在诸如科卢乔·萨卢塔蒂［Coluccio Salutati］和莱奥纳尔多·布鲁尼·阿雷蒂诺［Leonardo Bruni Aretino］等伟大的人文主义者的观点中的重要性，这些人文主义者除语法外无疑还关心许多事情。问题仅仅在于是否正是这些名家为人文主义赢得了优势和最后胜利。如今人们似乎再次把注意力集中于这场运动的那些代表人物，现在他们有时因专门潜心于古典文化研究而受到指责。人们一致认为，在这些代表人物中，最杰出最极端的例子是佛罗伦萨的富商尼科洛·尼科利［Niccolo Niccoli］（1367—1437）。[8]

每一位研究这个时期的学者都熟知对年老的尼科利那段生动、迷人的描绘，是布克哈特从韦斯帕夏诺·达·比斯蒂奇［Vespasiano da Bisticci］撰写的传记中援引的：“总是身穿那件最漂亮的、长可及地的红袍……在男人中他是最整洁的……他在就餐时使用最精致的古色古香的碟子……酒杯是水晶的……看到他这样坐在餐桌旁，像是来自古代世界的人物，的确是高贵的景象。”[9]

韦斯帕夏诺这部优美的传记，字字句句都流露出他对尼科利的崇敬，他为一直熟悉他而感到自豪，并把他描述为经历了发现新原典和新资料的令人兴奋的潮流的那些伟大热心者的中心人物。从波焦·布拉乔利尼［Poggio Bracciolini］、安布罗焦·特拉韦尔萨里［Ambrogio Traversari］、布鲁尼、奥里斯帕［Aurispa］等人的信件中，我们可以肯定韦斯帕夏诺在这方面并未夸张。尼科洛·尼科利是这样的人物，种种发现都从国外报告给他，他再传递资料与抄本。他的图书馆证实了他的勤奋和他对古典文化研究事业的献身精神，这个图书馆后来归圣马可教堂［San Marco］所有。

尼科洛·尼科利去世几十年后，当韦斯帕夏诺回首往事时，他作为这场人文主义运动发起人之一的角色已不再是一个争论点了。“可以说，他是希腊和拉丁文字在佛罗伦萨的复兴者……尽管彼得拉克［Petrarch］、但丁［Dante］和薄伽丘［Boccaccio］为复兴希腊和拉丁文字做了一些事情，它们却未达到经尼科洛的努力所达到的高度。”[10]尽管这个句子简单得有些靠不住，却仍然概括了尼科利一生的主题，即他对佛罗伦萨文学三杰（彼得拉克、但丁、薄伽丘）的矛盾心理，如果要真心地恢复古希腊和拉丁的标准，就必须超越他们。我们从韦斯帕夏诺那里获悉，正是他对这些标准的崇尚，说明了尼科利本人从未发表任何作品的缘故。他的口味十分挑剔，以致他从未使自己满意过。

甚至在这段理想化的生动描写中，也能够看出尼科洛·尼科利属于这样一种类型的先驱，他们可以称作催化剂，即这样一些人，他们仅仅通过他们的存在，通过谈话与争论导致一场变革，但是，倘若别人未留下关于他们的活动的记载，他们便不为后人所知。苏格拉底［Socrates］是最突出的例子（宗教领袖们除外）。和苏格拉底一样，尼科利主要以恶意的讽刺和虔敬的唤起想象的双重形象为我们所知。人们选中了他进行粗野的谩骂，并选中他作为许多人文主义对话的参加者，在佛罗伦萨最富有创造力的时期，这些对话试图在那里引起讨论的气氛。[11]

这些对话中最生动的一次是在尼科利三十五、六岁时进行的，它是莱奥纳尔多·布鲁尼著名的《献给彼得鲁斯·希斯得鲁斯的对话录》［*Dialogi ad Petrum Histrum*］[12]中的第一篇对话，人们常常为着尼科利对但丁、彼得拉克和薄伽丘的肆意攻击而援引这段对话，在这场攻击中对话达到了最高潮。

> 你让我想起的这些但丁，这些彼得拉克，这些薄伽丘是什么人呢？难道你指望我根据大众的见解做出评价吗，和大众一样赞成和反对某种东西吗？……我一直怀疑大众，而且不无理由。

但丁除了时代错误和其他错误之外，还缺乏使用拉丁语的能力。尼科利阅读了但丁的一些信件：

> 天哪，没有人如此无知，写得这样糟却不觉得羞愧……我要把你那位诗人排除于文化人之外，归入羊毛工之中……[13]

在对彼得拉克和薄伽丘进行了类似的攻击之后，尼科利大声说道：“对西塞罗［Cicero］单独一封信和维吉尔单独一首诗的评价比这些人的拙劣文字加到一起还要高得多。”[14]

除非在这篇对话的上下文中阅读，否则这段耸人听闻的咒骂很难理解，更不用说宽恕了。因为布鲁尼对背景和辩论都做了精心描写，使读者对这段对于佛罗伦萨最引以为荣的传统的指责有所准备。在开头的一节，读者看到既是学者又是哲人的首相科卢乔·萨卢塔蒂在彬彬有礼地责备年轻人布鲁尼、罗伯托·罗西

[Roberto Rossi] 和尼科洛·尼科利，因为他们忽视了关于哲学问题的讨论或辩论。尼科利同意这些做法是有益的，但是哲学问题不值得探索并非他的过错，而是他们所处时代的过错。

我看不出，时代如此恶劣，书籍如此匮乏，人们怎么能在辩论中抢占上风。因为在这样的时代，还能发现什么有价值的技能、什么知识不是混乱的或者不是极其退化的呢？……在这些岁月，大部分书籍已经毁灭，残存的书籍也错误百出，无异于佚失，你认为我们又怎么能学习哲学呢？确实，有许多哲学教师都允诺教授这门课程。倘若他们教授自己都一窍不通的东西，那么我们时代的这些哲学家们一定是多么杰出的人物呀。[15]

他们服从亚里士多德 [Aristotle] 的权威，但是他们当作亚里士多德的话援引的那些粗鲁、严厉和刺耳的词句不可能出自西塞罗所描述的亚里士多德的文风，西塞罗写道，亚里士多德是用温柔得难以置信的笔调写作的。哲学如此，所有人文学科亦然。并非现今没有人才，或者没有学习的愿望，但是没有知识，没有教师，没有书籍，一切都办不到。“瓦罗 [Varro] 的著作在哪里，李维 [Livy] 的历史著作在哪里，萨卢斯特 [Sallust] 或普林尼 [Pliny] 的著作又在哪里？要列举所有佚失的著作，花一整天的时间也不够。”[16]萨卢塔蒂正是在这里插话叫他的对手不要夸大其辞，例如，他们有西塞罗和塞内加 [Seneca] 的著作，并且提醒尼科利，他们还有那三位伟大的佛罗伦萨人〈即彼得拉克、但丁、薄伽丘——译注〉，从而引起最后的激烈辩论。

在第二篇对话中，这场攻击已经鸣金收兵。尼科利强调，他说这些令人无法容忍的话只是要驱使萨卢塔蒂颂扬佛罗伦萨的“三人组”[triumvirate]。既然赞辞不能随手拈来，那么正是他表明，他能说服另一方并适当称赞这三伟人。

这两次对话的对比如此惊人，汉斯·巴龙 [Hans Baron] 断定，它们不可能出自同一时期，一定表明改变了主意，至少是布鲁尼改变了主意。[17]但是，除双方对实质论点的安排是修辞学传统的一部分这个事实外，尼科利改变主意也许并不像表面看来那样完全。布鲁尼插进一个恶意的玩笑，这个玩笑结果却转弯抹角地撤回了最初说的关于维吉尔和西塞罗的话：“至于那些宣称他们对维吉尔的一首诗和西塞罗的一封信的评价高于彼得拉克所有作品的人，”现在使尼科利说道，“我常常把这句话颠倒过来，说，我喜欢彼得拉克的一次演讲甚于喜欢维吉尔的所有信件，我对彼得拉克的诗的评价比西塞罗所有的诗要高得多。”[18]当然，众所周知，西塞罗的诗十分糟糕，我们也不拥有维吉尔的信件。因此，这种撤回是十分适当的。

毫无疑问，正是对名人惊人的不敬的态度大大吸引了尼科利同时代人的注意力；在这种变革中，赢得注意就是成功的一半。对权威的作弄，“烧掉博物馆”的呐喊，属于我们将其与新运动联系起来的“弑父”仪式。但是第一篇对话也向我们表明这场攻击是从可靠的基础上发起的。人文主义者刺探了敌人的防御工事，找出了最薄弱的部位。他们抱怨缺乏好的原典，这是正确的，他们怀疑大学所教授的亚里士多德学说，这是正确的，他们要求在这样的情况下必须先做首先要做之事，最大的需要是弄清古人们实际上写了和教导了些什么，这也是正确的。没有这些预备步骤，在依赖于权威的框架内就不会有有效的争论。对于那些目睹了当代学术中对于哲学史家们的大概括所作的即使不那样惊人也是类似的反抗的人来说，这种倾向并不陌生。对于那些顺从自我克制的传统习俗以弥补他们的前人乏味的词句的反抗者来说，原典和凭证的正确版本获得了几乎是道德上的意义。

正是对照这个背景来看，尼科利等人所引起的敌对态度及其最终在欧洲的胜利都更可理解了。有许多关于这种敌对态度的文献。已知的对尼科利等人的正式"谩骂"就有五篇，[19]其中包括诸如瓜里诺［Guarino］和布鲁尼本人等最伟大的同样的人文主义者的恶意攻击。他们对尼科利抱怨的要旨总是相同的：对伟大的佛罗伦萨诗人们的不敬，没有富有创造性的成就作基础的极度傲慢的态度，在手稿与拼写的过于讲究的外在形式上愚蠢地卖弄学问而不是对其意义感兴趣等等。

因此，奇诺·里努奇尼［Cino Rinuccini］在他约1400年所写的谩骂文章中佯称，他的"神圣的愤怒"迫使他离开佛罗伦萨，以避开一帮空谈者空洞无聊的讨论来求得宁静。

> 为了在公众面前显得学识渊博，他们在广场上大声谈论古人有多少复合元音，为什么现今只有两个还在使用……古人在诗中使用过多少音步，为什么现今只用抑抑扬格［anapaest］……以这样放纵的胡思乱想度过他们的全部时间……但是词语的意义、区分、意味……他们却不用功去学。关于逻辑学，他们说那是一门深奥微妙的学问，用处不大……

文章又依此类推地谈到人文学科的整个领域，指责这些傲慢的家伙对其中每一门学科都不予考虑，而作者觉得应捍卫它们免遭这些"无赖"的攻击。[20]里努奇尼并未提到那些触怒他的人。瓜里诺1413年写的那篇谩骂文章更加针对个人；尽管他未说出被骂者的名字，却一定很容易识别。这封信存在两个版本。[21]它们都包括这样一个指责的要点，即尼科利忘记了"捉苍蝇的不是鹰而是蜘蛛"。[22]其中一个版本相当详尽地阐述了这一点，语言充满了强烈的讥讽，把尼科利描写为"几何学"的研究者。

> 他认为书籍的其他方面是十分多余的，因此忽视了它们，而把自己的兴趣和才智消耗在手稿的点（或圆点）上。至于线，他多么精确、多么冗长、多么优雅地讨论它们呀……当他十分精确地论述说与其用铅的尖笔不如用铁的尖笔画它们的时候，你会以为听到了狄奥多罗斯［Diodorus］或托勒密［Ptolemy］的声音……至于纸张即面，他的专门知识是不会闲置不用的，他滔滔不绝地加以赞美或指责。如果最终结果是对字母形状、纸张颜色和墨水种类的讨论，花费这么多年的时间岂不太无意义了吗……[23]

瓜里诺新见到了尼科利写的一本小册子，为教育儿童而编辑的一本关于正字法［Orthography］的书。

它表明，正是作者是个儿童，他违反一切规则，用复合元音拼写本来已缩略的音节，却不知羞耻……当词毫无问题的时候，这位白发老者却恬不知耻地引用铜币和银币、大理石雕刻品和希腊手稿的证据……如果他能做到，就让这位梭伦［Solon］告诉我们，他那个时代的在世的作者中，有哪一位他不加挑剔……[24]

大约1424年，轮到莱奥纳尔多·布鲁尼与尼科利争论的时候，他抓住了这些和其他一些主题。[25]他勾划出一幅生动的漫画式的景象，尼科利大摇大摆地招摇过市，左顾右盼，期待着人们欢呼他为哲学家和诗人，他仿佛说道：

看看我吧，要知道我是多么圣明，我是文学的支柱，知识的圣殿，学说和智慧的标准。倘若周围的人没有注意，他就会抱怨时代的无知……[26]

现在是布鲁尼证实，尼科利不停地污蔑但丁、彼得拉克和薄伽丘，他藐视圣托马斯·阿奎那［St. Thomas Aquinas］和生活于过去一千年中的其他任何人。[27]然而他自己做了些什么呢？把两个拉丁文单词放在一起都不会，年届六十所知道的只是书籍和书籍贸易，既不懂数学又不会修辞，也不通法律。据说他对语法这门适合孩子们学的科目倒挺感兴趣。他沉思冥想什么复合元音……[28]

考虑到这些漫画式描写明显的歪曲，它们仍在一个重要方面补充了尼科利的形象。如果说布鲁尼的对话向我们表明了这位为了恢复古代的更高标准而希望与最近的过去决裂的反抗者，那么这些漫画式描写就强调了他在这场战斗中所使用的武器。老人应回学校去，他们甚至不会正确地拼写。

人们很容易揶揄这种担心，认为它是无聊的卖弄学问，但是它所引起的憎恨本身也流露出焦虑，因为显然尼科利常常是对的。拉丁文的拼写在中世纪遭到败坏。这本身并不是新发现。萨卢塔蒂也对正字法感兴趣。[29]但对他来说这无疑不是最重要的问题。他可以轻松自如地修习彼得拉克的遗产，从事古典文学研究，注意力不会被转移到细枝末节上。他决不会企图与传统决裂。如乌尔曼［Ullman］在他论萨卢塔蒂的人文主义的著作中十分出色地阐明的那样，中世纪化的成分和现代成分在这位佛罗伦萨首相的心灵世界中并不发生冲突。[30]对年轻的反抗者们来说，这一定看上去像与魔鬼妥协。现在他们的“先做首先要做之事”方案的第一件事就是拼写。

初看起来，对于将席卷整个西方世界的时尚运动来说，这样的方案看上去并不像大有希望的开端。因此，在汉斯·巴龙的书中，主要把这种学究气的古典主义用作一种衬托来表明布鲁尼的“市民人文主义”，这是可以理解的。[31]这些学究一直被指责为缺乏爱国心、孤高自许的人。我们所了解的关于尼科利的为数不多的事实，并不都符合这个形象。尼科利常常担任公职，有的还是要职。[32]但是，即使尼利科的孑然独立的形象完全正确，也未必证明他可能没有影响事情的进展。设想对拼写及类似问题的关心不可能比最善意地参与当地政治产生更深远的影响，这是十分草率的。我们如今已看到拼写改革可以成为和旗帜设计同样极易引起争论的问题。它只取决于这些问题是在什么情况下提出的。

有迹象表明，是一名局外人使尼科利等人关心起这些有名的复合元音问题。曼努埃尔·赫里索洛拉斯［Manuel Chrysoloras］是来自君士坦丁堡［Constantinople］的受人尊敬的哲人，萨卢塔蒂把他请到佛罗伦萨向年轻的学者们教授希腊文，他对正字法的问题颇感兴趣，[33]因为它很可能影响了希腊语姓名的正确音译。听到一位希腊人说拉丁语在西方世界遭到败坏，并在硬币和墓碑的铭文上得到证实，一定是令人震惊的。*etas* 的拼法显然是错的，应当拼作 *aetas*，许多类似形式亦然。难怪这些事情可以成为对准确性的重新强调的象征，成为在反对语言败坏的斗争中高擎的旗帜。

碰巧的是，甚至现在复合元音的问题也能令人勃然大怒。我们只需看一看一位傲慢的英国学者在不得不接受诸如 color［颜色］或 labor［劳动］一类词的美国拼法时的反应就足够了，尽管在这种情况下词源学偏爱大西洋彼岸的用法。但是，对那个旧式的“u”的省略在保守主义者的心目中是与谬误的特性甚至对 h 音的众所周知的省略相等同的，而对 h 音的省略在舞台上和现实生活中标志着未受过教育的伦敦佬。难怪人们在拼写的问题上会大发雷霆。萨卢塔蒂仍坚持 *michi* 和 *nichil* 的中世纪惯用法，并不顾波焦·布拉乔利尼的“顽固的”反对，要加强这个粗俗的传统，布拉乔利尼把 *nichil* 的拼法称作“罪过与亵渎”。[34]他可能在开玩笑，但他无疑对恢复古代正字法的纯正的需要有强烈的感受。

在更广泛的范围中研究一下语言在社会团体的形成中的重要作用是十分有趣的。萧伯纳［Bernard Shaw］笔下的教授希金斯［Higgins］清楚，语言和口音是进入社会的通行证。但语言更重要，它可以造成新的忠诚。那些要求对语言要有特殊的洞察力并严厉批评当前滥用语言的纯正癖者总会吸引人们的注意力，并在语言使用者中既激起敌意又激起热切的忠诚。奥地利的卡尔·克劳斯［Karl Kraus］就是一个恰当的例子，他是讽刺作家，在他看来，除正确德语的规则外没有什么事物是神圣不可侵犯的，而他看到那些规则受到了新闻用语的威胁与败坏。尽管他的活动在许多方面是有益的，他给予那些学会了发现某些常见错误的人们的优越感却是他编写小册子的值得注意的副产品。这种优越感似乎通过他的敬慕者路德维希·维特根斯坦［Ludwig Wittgenstein］甚至传到了英国，维特根斯坦又要改革部落语言，并相当成功地增强了那些学会发现其他人的语言混乱的人们的自信心。

我们不必过度利用这种可能的类似情况就可以认识到，尼科洛·尼科利所代表的这场运动的活力可能来自波特所称的“胜人一筹”。人文主义者们是风格和语言的改革者，在这个领域内对于守旧者来说，他们可以显示出一种可表明的优势，那些守旧者仍然把 *nihil* 拼作 *nichil*，或把 *auctor* 拼作 *autor*，从而暴露出自己的无知。这种爱好有时可能确实排挤了其他的兴趣。无论如何，尼科利在形而上学问题上并不是具有反抗性的人物。韦斯帕夏诺说，尼科利是 *cristianissimo* [信仰基督教的]，[35]“那些对基督教的真理持怀疑态度的人引起他最强烈的憎恨”，[36]人们没有理由不相信这些话。

尼科利对于形式而不是内容的专注引起了当时以及现在的敌对派的愤怒。在某种意义上，这种专注助长了宗教与哲学问题上的那种保守主义。对于他以及一个世纪后对于伊拉斯莫斯 [Erasmus] 来说，这种注意语文学上的准确性与尊重福音书之间不存在任何矛盾。

因此，这种对形式的强调决非缺点，而是人文主义运动取得成功的另一件法宝。它确立了那些坚持它的人的优势，但并不根除他们的信仰。由这个观点看，正是在那些人中，正是在那个时刻，对文字的关注和态度开始向视觉艺术风格的变化直接转移，这是不足为奇的，我们从瓜里诺那里了解到，尼科利对书籍中的“点、线、面”有多么操心。还有一段讽刺[37]更加明确，它再次抱怨，一群无礼者不尊敬三位伟大的佛罗伦萨诗人，而自己却从未创作过任何东西。的确，

> 其中的一位可能声称熟谙典籍。但我也许应当回答，是的，无论这些书装订得精美与否，它倒可以使人成为出色的小官吏或书商。因为，这原来是那位职业挑剔者的天才的顶点，他希望看到优美的古代字体，而如果它不是古代的字形并用复合元音正确拼写，他就认为它不美或不当，任何一本书，无论多么好，如果不是用古代字体（*lettera antica*）书写，就不会使他满意，他也不会屈尊阅读。[38]

此处我们知道，当时的人们感到是一时风尚和一个人的做作行为的事情将影响整个西方世界，因为正是这种 *lettera antica* [古代字体] 首先在意大利取代了哥特字体 [Gothic script]，又从那里随着人文主义传播到所有现在使用拉丁字母的地方，包括本书的印刷者。

我们认为是由佛罗伦萨的这些人文主义者们掀起的这场最初的明确的革新运动，其历史有十分充分的文献资料。艺术史家很可能羡慕古文字学家在此能精确地了解风格上的变化。乌尔曼在《人文主义书体的起源和发展》[*Origins and Developments of Humanistic Script*] 一书中极其明确和敏锐地论述了这种变化。[39]幸亏乌尔曼，我们才能够根据表现自己的偏爱和做出选择的特定人物，而不是根据会毁掉历史的那些无个性特征的集体势力与倾向看到这个发展。并不出人意料，这段历史始于彼得拉克，他仍书写哥特字体，但他对他所喜爱的文字特性有坚定的见解。他在致朋友的信中写道，他所希望的不是远看十分悦目但读起来吃力的优美华丽的文字。1395 年，彼得拉克的继承人和信徒萨卢塔蒂试图从法国弄到一本书，并写道：“如果你能弄到一本用古代字体写的书，我是会喜爱它的，因为没有什么文字比这更令我赏心悦目。”[40]

无庸置疑，萨卢塔蒂所说的字体，是指哥特字体出现之前所使用的那种字体，即我们现在所称的加洛林小写字体 [Carolingian minuscule]，它确实清晰易读得

多。萨卢塔蒂的视力在逐渐衰退，很可能由于那个缘故他喜欢这种字体；但是他一定也注意到，更早些的写本总体看来提供了更好的原典。他的“古代字体”这个措词甚至表明他可能错误地认为这种写本中最古老的可追溯到古典时期。萨卢塔蒂通常写哥特字体（图1），但是乌尔曼表明，至少有一部萨卢塔蒂本人所书写的普林尼信件的抄本（这位年迈的人文主义者和首相是为自己抄写的），在这个抄本中试验了一种模仿这种较早字体的字体。他没有继续这种尝试。乌尔曼所知的第一部标明日期的用新字体书写的写本是萨卢塔蒂的学生和首相职位继位人波焦·布拉乔利尼1402到1403年间书写的一部抄本[41]（图2）。它仍显露出哥特体的痕迹，但它是以职业抄写员的修养和细心书写的——因为波焦显然在年轻时就是职业抄写员。

此处随乌尔曼分析一下拼写的问题是十分有趣的，拼写正反映了在这些人中进行的引起如此之多的敌意和揶揄的讨论。[42]在写本的第一部分，波焦仍写*etas*，但后来写作*aetas*。总的说来，他非常小心地使用神圣的复合元音，偶尔甚至过于小心。如乌尔曼注意到的那样，他在不应该用复合元音的地方不采用复合元音是很吃力的。因此，他有一次把副词*fixe*误写作*fixae*，有两次把*acceptus*误写作*accoeptus*。

波焦本人在复合元音问题上不会成为极端主义者。但是此处重要的与其说是个别的拼写法，不如说是对标准化的正字法和标准化字体的强调。我们可以探索波焦为推广新的拼写形式所做的努力，因为我们从他的信件中获悉，他对自己提出了向为佛罗伦萨那些人文主义者们服务的抄写员们教授新拼写形式的任务。[43]

在1425年6月致尼科洛·尼科利的一封信中，他提到有一名抄写员写字速度很快并“用那种有古典时代风味的字体”（*litteris quae sapiunt antiquitatem*）书写。到那时他手下还有一名法国抄写员，波焦曾教给他*litteris antiquis*［用古典时代字体］书写。1427年，波焦抱怨说，他有四个月的时间只是教一名呆笨的抄写员写字，但“那头驴子太蠢了”。也许他花两年的时间能学会。当然，到那时，抄本讲述了自己的历史；在一部又一部的抄本中我们可以看到*littera antiqua*［古典时代字体］的传播。

就我们所知，作为业余爱好者的尼科洛·尼科利本人的字体写得并不同样完美——实际上就和他很少用完美的拉丁文体写作一样。据乌尔曼所说，尼科利反倒发展了*littera antiqua*［古典时代字体］的更草写的实用变体，这种变体在他抄写古代文本的工作中一定得心应手，后来发展为我们称作斜体［italic］的字体。

然而，如果那些挖苦者所描绘的那个形象表明了一些实情，那么这个人的真诚的热情对于至今仍影响我们的那场文字革新一定起了一份作用。这是真正意义上的革新：从败坏了的风格和字体向较早阶段的回归。奥托·佩赫特［Otto Paecht］已表明，十五世纪的意大利的写本其字体和词首字母多么忠实地模仿了十二世纪的范本。[44]他使人们注意到现藏牛津的1458年拉克坦提乌斯［Lactantius］抄本[45]（图3）和一部十二世纪的格列高利［Gregory］抄本[46]（图4）间的类似。

因此，显而易见，*littera antiqua*［古典时代字体］（它实际上是一种十二世纪的形式）的传播和我们与菲利波·布鲁内莱斯基［Filippo Brunelleschi］的名字相联系的建筑风格的重大变革之间存在惊人的类似。布鲁内莱斯基也摒弃当时流行于欧洲的哥特式建筑模式。他的革新和人文主义抄写员们的革新一样，从佛罗伦萨传遍世界，并在凡是采用或修改了文艺复兴风格的地方立足至少五百年。在这几百年中，人们一直把这种风格看作古罗马建筑的复兴，而到了布鲁内莱斯基的继承者阿尔贝蒂［Alberti］的时期，这种风格才实际成为古罗马建筑的复兴。但是，无论布鲁内莱斯基自己的意图是什么，现代的研究已揭示出，和人文主义者一样，他的哥特风格的替代风格与其说得自对古罗马废墟的研究不如说得自佛罗伦萨的哥特前的样本，现在我们知道，这些样本是罗马式［Romanesque］的，但他可能认为它们更古老，更有权威性。[47]

布鲁内莱斯基的成就的地位与重要性当然与萨卢塔蒂及其追随者对字体进行的微小调整处于不同的层次上。然而这种比较对于十五世纪来说听上去也许并不像现在这样过分。无论洛伦佐·吉贝尔蒂［Lorenzo Ghiberti］与布鲁内莱斯基是什么关系，有许多年他与布鲁内莱斯基交往甚密。他在《回忆录》［*Commentarii*］中进行了明确的比较。在论述比例是美的秘诀时，他从人体的例子转到书写的例子：

> 同样，除非字母在形状、大小、位置与秩序上以及在其各部分可以协调的所有其他可见的方面成比例，否则字体就不会美。[48]

正是这种对潜在和谐的发现被布鲁内莱斯基的第一位传记作者强调为他认为是布鲁内莱斯基做出的真正的新发现，他是在思考古代雕像与建筑时做出这种新发现的，在那些雕像和建筑中，“他似乎十分清楚地看出其各部分与骨骼中的某种秩序……他想从那里重新发现……它们的音乐般的调和……”。[49]

此处没有必要恢复围绕布鲁内莱斯基罗马之行问题的讨论。[50]瓦萨里［Vasari］沿用自那同一篇传记的故事强调，布鲁内莱斯基离开佛罗伦萨赴罗马是因为未被授予制做洗礼堂大门的委托，这个故事十分明显地带有武断推想的痕迹，因此不必当真。当然，也不排除这样的情况，布鲁内莱斯基在几次罗马之行期间研究了古代建拱顶的方法和古代的柱头形式。

但是根据古文字学的类似情况来看，这种细节研究很可能是在主要的革新之后进行的。人文主义的字体尤其是大写字母也最终体现了直接取自罗马遗迹的特征，但是 *bella lettera antica*［美的古代字体］的基本结构不是罗马的而是罗马式的。和字体革新一样，建筑革新无疑是由于对于古代新的和唯一的热情，但它的灵感主要来自被当作罗马遗迹来尊敬的佛罗伦萨的古迹。在这方面，有些艺术史家尚未考虑的证据有力地表明这两个革新运动间的联系，因为线索又一次指向尼科洛·尼科利和科卢乔·萨卢塔蒂。

韦斯帕夏诺实际上告诉我们，尼科利“尤其偏爱布鲁内莱斯基、多纳太罗［Donatello］、卢卡·德拉·罗比亚［Luca della Robbia］和洛伦佐·吉贝尔蒂，并与他们交往甚密。”[51]但是这个证明材料相当笼统，而且日期较迟。在1413年瓜里诺对尼科洛·尼科利的责骂中潜藏着更宝贵、更惊人的证据，那时比布鲁内莱斯基对新风格做的任何最初努力都要早几年。关于尼科洛·尼科利，瓜里诺这样写道：

> 这个人为了显得也在详述建筑的规律，他露出手臂，来调查古代建筑，勘查墙壁，勤奋地解释毁灭的城市的废墟和半坍塌的拱顶，在毁坏的剧场中有多少级台阶，多少根圆柱或者散乱地倒在广场上，或者仍然矗立着，基础有多少英尺宽，方尖碑顶端有多高，这时，谁能不放声大笑呢？人确实患有盲目症。他以为自己会赢得人们的好感，殊不知大家处处都在取笑他……[52]

因此，这是一份珍贵的文献，表明尼科洛·尼科利对古代建筑的外观和对古代字体与拼写法一样感兴趣。我们甚至可以推论在这个特定时刻在佛罗伦萨是什么激发了这种兴趣。人们从萨卢塔蒂一本著名的小册子中发现了线索，十分奇怪的是，它也没有引起建筑史家们的注意。

我们又一次处于论战的背景之中，佛罗伦萨首相萨卢塔蒂力图捍卫和提高佛罗伦萨的尊严，使之免遭米兰人洛斯基［Loschi］的攻击。[53]在汉斯·巴龙的著作《人文主义的危机》［*The Crisis of Humanism*］中说明了这场论战的背景。[54]巴龙强调了来自北方的致命危险的时刻如何激起了佛罗伦萨公民的自豪感，当时米兰的维斯孔蒂［the Visconti of Milan］做好准备要消灭这最后一个独立城邦。正是在这种爱国主义的宣传中，佛罗伦萨和罗马帝国间传奇般的联系显得非常重要，而萨卢塔蒂力图证明这个断言有确凿的根据。他用艺术史的论据做了证明：

> 我们这个城市是由古罗马人建立的，这个事实可以由令人无法不信的设想推论出来。有一个非常古老的传说，随着岁月流逝而变得模糊了，即佛罗伦萨是古罗马人建造的，这个城市有一座朱庇特神殿［Capitol］，旁边有一个广场［Forum］，……还有一座先前的马尔斯［Mars］神庙，贵族认为马尔斯是罗马民族之父，这座神庙既不是以希腊风格也不是以伊特鲁里亚风格而完全是以罗马的风格建造的。我再举个例子，尽管那是过去的事情；还有另一件我们民族起源的标志，它一直存在到十四世纪的前三分之一世纪，……那是韦基奥桥［Ponte Vecchio］上的马尔斯骑马雕像，是民众为纪念古罗马人而保存下来的……我们也仍有按我们祖先习惯建造的输水道的拱形结构的痕迹……现今仍存在着圆塔，大门的筑城工事，现在与主教宫［Bishop's Palace］相连，凡是见过罗马的人都不仅会看出而且发誓说它是罗马的，这不仅是因为它们的材料与砌砖工程，而且是因为它们的形状。[55]

关于我们现在确定为佛罗伦萨“原始文艺复兴”的对古代建筑风格的兴趣，还有更多的文献证据。乔瓦尼·达·普拉托［Giovanni da Prato］的《阿尔贝蒂的天堂》[*Paradiso degli Alberti*]一书，据巴龙确定写于约1425年，正是布鲁内莱斯基进行革新的年代，它包括了关于佛罗伦萨是古罗马人所建的另一段讨论，可能依据的是萨卢塔蒂的说法，但提供了更多的细节。它把洗礼堂（图5—7）作为古代马尔斯神庙的描写在文艺复兴前的文献中几乎没有类似事例：

> 可以看到，这座神庙美观异常，是按古罗马人的风俗和方法以最古老的建筑形式建造的。仔细观察并思考一下，那么，不仅意大利的而且整个基督教的每一个人都会认为它是最显著、最卓越的作品。看一看里面的圆柱，它们都是用最精细的大理石雕成的一式的支撑额枋，以最高的技巧和独出心裁的方式支撑着能从下面看到的拱顶的巨大重量，并使地面显得更宽阔、更优雅。看一看支撑着一面的拱顶的扶壁及墙和在一个和另一个拱顶之间极巧妙地构成的侧廊。仔细看一看内景和外观，就会发现它作为建筑，在一切太平盛世都是有用的，令人愉快的，持久的，妥善和完美的。[56]

当乔瓦尼·达·普拉托写这段词句的时候，布鲁内莱斯基很可能已经着手复兴这种建筑形式了。

布鲁内莱斯基大胆地与当时的惯例进行这种审慎的决裂，从而成为乔瓦尼·鲁切拉伊[Giovanni Rucellai]所称的*risuscitatore delle muraglie antiche alla romanescha*[罗马古代建筑风格的复兴者]，[57]而他进行这种决裂的第一座建筑的荣誉该归哪座建筑，我们并不确知。

布鲁内莱斯基在大教堂施工中占据着支配地位，其时也正进行着另外三项重要的工程，即育婴堂[Ospedale degli Innocenti]，圣洛伦佐教堂圣器室[San Lorenzo Sacristy]，如果我们相信他的早期传记作者的话，还有归尔甫派宫[Palazzo della Parte Guelfa][58]。1421年3月，某个叫安东尼奥·德·多梅尼科[Antonio de Domenico]的“*capomaestro della parte Guelfa*”（归尔甫派宫的建筑工长）被派来为建筑育婴堂做些工作，这个事实表明，这些工程中至少有两项有某种交换关系。[59]如果能够证明归尔甫派宫是第一项使用了新的革新风格的工程，或许就能在“市民人文主义者”对佛罗伦萨的罗马遗迹的兴趣与这种风格的复兴间确立某种联系。因为，尽管归尔甫派的势力似乎在十四世纪大大减弱了，然而，用吉恩·A·布鲁克[Gene A. Brucker]的话说，它仍然是“归尔甫派传统的可见象征。大多数佛罗伦萨人逐渐接受了归尔甫派的论点，即它是这个城市与她的往昔的最重要的联系，也是她的命运的保护者”[60]，这也许仍然是确实的。在他们的礼仪上的权利与义务中，有赋予归尔甫派首领的优先地位，在一年一度的佛罗伦萨守护神圣乔瓦尼节向洗礼堂的列队行进中，他们走在前面。[61]如果用那种古代神殿的深受赞赏的风格建他们的宫殿难道不适宜吗？1420年3月，归尔甫派的一项新法令被批准了。这项法令是由一个委员会制订的，它的成员“在制定法令时能够依赖莱奥纳尔多·布鲁尼的工作和帮助”。[62]把这座新的建筑与这种复兴这个机构的企图相联系无疑是十分诱人的。根据马内蒂[Manetti]的说法，布鲁内莱斯基只是在这座建筑破土动工后才被请来。在缺乏进一步证据的情况下，我们无法断定此事是否如一些人猜测的那样早在1418年发生的，[63]或者是否1419年动工的育婴堂工程发生在前。有一件事是可能的——布鲁内莱斯基对传统的哥特式方法的背离起初只限于某些委托工程。[64]他很可能把较早的风格继续用于他建于二十年代的一些私人住宅。

此处显然不宜概述布鲁内莱斯基风格的发展，这个问题人们已频繁地讨论过。只需重申一下它是革新而不是革命就足够了。例如，众所周知，对圣洛伦佐教堂［San Lorenzo］（图8）和圣灵教堂［S. Spirito］的内部，他采用了罗马式的巴雪利卡式殿堂［basilica］的设计，在佛罗伦萨的实例是十一世纪的圣使徒教堂［SS. Apostoli］（图9），但是，他不仅改变了它的比例，而且改变了直接架在圆柱上的拱之类的细节。他所使用的在圆柱的柱头和拱之间设置一个“檐部砌块”的方法也在洗礼堂外部的有拱顶的柱式中预示出来（图5）。

甚至布鲁内莱斯基最完美的作品之一与其说得助于真正罗马的建筑也不如说得助于洗礼堂。我指的是帕齐小教堂［Cappella Pazzi］（未完成的）正面（图10）。这一次，布鲁内莱斯基是对更早的那幢建筑内部的基本设计加以修改，以适应于他的优美的设计，而在那种基本设计中拱是切入圆柱上方的区域的（图6）。然而在采用这种安排时，他也净化了细节（也许根据的是罗马的万神殿；参见图11）。他去掉了洗礼堂中在拱上方显露的截头壁柱的不恰当做法。

因此十分清楚，布鲁内莱斯基的革新与人文主义的革新在这一点上也相似，即与其说它与全新的开端有关，不如说与清除讹误的做法有关。在十五世纪建筑的语汇中，给我们印象的与其说是它的古典特征，不如说是它与中世纪往昔的联系。如我们在米凯洛佐［Michelozzo］的梅迪奇宫［Medici palace］上看到的那种宫殿窗户的典型形式就是恰当的例子（图15）。此处没有什么与罗马形式相称，却有许多东西可直接追溯到警官宫［the Bargello］的哥特式窗户所例示的中世纪惯例（图16）。这位文艺复兴的建筑师所做的只是去掉了尖拱的不恰当做法，从而使总的形式符合从威特鲁威［Vitruvius］那里和罗马的建筑中抽象出来的规则。可以把这个关系看作是典型。在分析文艺复兴的表现形式时我们常常发现的正是多样性后面的这种连续性。难怪在应如何看待文艺复兴的新颖程度上人们的见解如此大相径庭。新颖常常在于回避会违反古典准则的错误，这样说难道不正确吗？[65]这种回避又来自对传统进行批评和摒弃在古代权威看来似乎是“罪过和亵渎”的任何事物的新的自由。

毕竟正是这一点把人文主义者和更墨守成规的学究们区分开。也正是这一点使得尼科利作为他们的代言人如此不受欢迎，如此令人吃惊。他冒称有权觉得高于佛罗伦萨昔日最伟大的人物，因为他更通晓某些事物——例如复合元音。正是这同样的批评态度把这场人文主义运动也和布鲁内莱斯基的第二项重大革新——把科学透视法引进绘画的语汇与实践——联系起来，这难道不可能吗？

当然，把布鲁内莱斯基的*all' antica*［仿古典］风格与他的数学透视法的成就相结合的第一件伟大的艺术作品，是新圣马利亚教堂［Santa Maria Novella］中马萨乔［Masaccio］表现三位一体的基督教奥秘的湿壁画，此画绘于约1425年。

关于透视法人们已经写了很多，也许过多了，人们以各种不同的形式提出这样的主张，即这种新风格反映了以人和以新的理性的空间概念为中心的新的哲学，新的*Weltanschauung*［世界观］。但是难道不能把奥卡姆剃刀［Occam's Razor］应用于这些实体吗？难道不能论证说透视法正是它所声称的，是如从某个有利地点看到的那样再现一座建筑或任何景色的方法吗？如果是这样，那么，布鲁内莱斯基的透视法就代表了一种客观上有效力的发明，和一个世纪前眼镜的发明一样有效力，迄今为止尚无人声称通过镜片观看世界以矫正不良的视力应归因于新的*Weltanschauung*［世界观］，尽管我们可以声称这应归因于发明创造的能力。

或许可以把科学透视法的发明看作一种始于和复合元音的引进一样的对传统的批评性检查的革新。由这种观点来看，起源于乔托［Giotto］的十四世纪的传统和但丁、彼得拉克和薄伽丘的诗歌一样易受责难。薄伽丘可以声称乔托能够欺骗视觉，[66]但是以冷静的超然态度并且心中想着古代画家传奇般的名望来看一下，这种主张很难得到确认。在十四世纪绘画的空间结构中有许多不协调之处，叙事风格越是需要令人信服的背景，这些不协调之处就越使具有批评头脑的人感到不快。[67]在布鲁尼1401年的第一篇对话中也通过尼科洛·尼科利之口以批评的口吻提到绘画，这与此处的解释十分吻合。这段文字也未得到艺术史家的注意，它出现在尼科利攻击彼得拉克和他被指责对他的《阿非利加》［*Africa*］进行的预先宣扬的上下文中。

> 如果一位画家声称精通他的艺术，以致当他开始描绘一个景色时，人们会认为又一个阿佩莱斯［Apelles］或宙克西斯［Zeuxis］在他们的时代诞生了，但是当他的绘画被展示出来时，它原来却是用变形的轮廓画得十分可笑，对这样的画家你会如何评论呢？难道他不该遭到普遍的嘲笑吗？[68]

无论尼科利的利箭般的词句是否针对任何特定的艺术家，有一点是肯定的，在它们发表的时候，画家们对于纠正这种变形的轮廓的奇怪印象确实一筹莫展——的确，他们越是接近自然主义的叙事，这种不协调也就越显而易见。挽救办法不得不来自外界，*post factum*［事后］看一下这个问题，它来自一位建筑师是丝毫不足为奇的。

对于布鲁内莱斯基的发明的情况，潘诺夫斯基［Panofsky］、克劳特海默尔［Krautheimer］和约翰·怀特［John White］进行了讨论和分析。[69]根据马内蒂所说，第一幅透视法的绘画是通过大教堂的门看过去的洗礼堂的景色（图5）。看一下这幅画，或者更确切地说透过窥视孔看一下它的镜中映像，再看一下真实的景物，观者就会惊奇地看到，映像和实景是相同的。布鲁内莱斯基把洗礼堂当作他的示范作品，这也许不是偶然的。因为但丁称为“*il mio bel San Giovanni*”（我的美丽的圣约翰教堂）的这个佛罗伦萨的著名文物建筑曾出现于十四世纪该城的许多传统景观之中。在关于分粮的比亚达伊沃洛抄本［Biadaiuolo Codex］中（图14）和1352

年的比加罗教堂［the Bigallo］湿壁画上（图 13），我们都能清楚地辨认它。这些例子表明了要描绘这座美丽的建筑而又没有变形的线条所遇到的一个困难；若要表面装饰的图案不使你陷入困境，作品就必须画得十分协调。甚至在很可能受到布鲁内莱斯基影响的后来的那只意大利箱柜［Cassone］上（图 12），一旦注意到这个问题，这种不协调也是令人烦恼的。

纠正这种笨拙的线条变形的办法怎么会由一名建筑师来发现呢？也许是因为建筑师习惯于提出与画家不同的问题。画家往往提问"事物实际上看上去像什么？"而建筑师却更经常地遇到从特定一点能看到什么这个更精确的问题。正是对于这个简单问题的答案一定赋予了布鲁内莱斯基解决画家难题的手段。因为显而易见，例如说倘若在建大教堂的小圆顶时有人问布鲁内莱斯基从洗礼堂门口能否看到穹顶小亭时，他会回答说，从一点到另一点画一条直线就可以很容易地弄清这个问题。如果直线未遇到障碍，那两点一定是能互相看到的。就是在今天，每当提出这样的问题，即一幢新的建筑是否很可能遮蔽或妨害一处著名的景观时，人们就会请建筑师精确地说明他所设计的建筑从既定的一点能够看到多少，它的轮廓会如何适应城市的空中轮廓。无须说，这是个可以有准确答案的问题。人们通常引用来强调透视法的程式性的论据都未在实质上影响它的准确性——无论我们用双眼看东西的事实，还是视网膜是弯曲的事实，或是投影于平面与投影于球面间的抵触的事实。对于从特定地点通过窗户可以看到房间哪个部分的问题，同样的客观规律当然导致无可辩驳的答案。这一切都得之于这样的事实，视线是直的，欧几里得几何学至少在地球上起作用。[70]

1420 年它也起了作用。布鲁内莱斯基必须向画家朋友们示范的正是通过相当于窗户或画框的孔洞看到的景象。他选择了门来观察佛罗伦萨大教堂［Florentine Cathedral］。这样的门所提供的当然是在特定距离的参照系，对照这个参照系可以标绘那里的景色。如果它有一个格栅或大门，或前面放一个网，那就更好了。在这个简单示范的帮助下可表明，可以把透视法的图画投射到一个平面上。这个简单的答案也许尚未解决几何学的射影问题，但是这样至少可以正确地提出这些问题。

那么，为什么这个简单的解决办法不是任何人都想得到呢？为什么现在这个问题的最杰出的研究者甚至断言这个论点有缺陷呢？这是因为，实际上可以声称我们总是 *liniamentis distortis*（以变形的线条）看到世界。切不可把我们从特定一点看到什么这个简单问题与从那一点事物看上去如何这个听来相似的问题相混淆。严格地说，那第二个问题不可能有客观的答案。它将取决于许多情况，一座建筑当由于相邻的建筑"变矮"时，就显得小，一个房间使用一种壁纸比使用另一种壁纸会显得大一些。尤其是，我们的知识与预期将通过所谓的恒常性，一律地改变在深度上后退的熟悉对象或相同形状的外观，而那种恒常性即一种知觉稳定机制，它可抵消冲击我们视网膜的刺激物的客观波动。

矛盾的只是这种改变并不能说明人们对布鲁内莱斯基的发明的有效性所做的批评有道理。因为在令人信服地应用了透视法的地方，它使我们能够，甚至迫使我们，把在平面上的投影看作一个三维结构的记录。[71]可以表明而且已经表明，在这种看法中，恒常性表明了自己的真正价值，我们又颇像在现实中改变它一样改变被再现对象的外观。这种改变不可与我们称作 *trompe l'oel*［乱真之作］的完全的错觉相混淆。它甚至也适用于三维视图的图式形象。花一会儿时间用两脚规测量一下像图 8 那样的建筑照片，就会表明我们在多大程度上低估了与前景中的事物相比远处的门或圆柱的客观缩小。

这些讨论似乎离题太远了。但是，在我们试图估计它给予其追随者的益处之前，我们未必会清楚地了解历史上的任何一场运动。我们已看到，这些益处可能是功利的，心理上的，或两者兼而有之。它们可以来自甚至由微小的改进所造成的优越感，那些微小的改进使较早的方法起初显得过时，很快又显得荒唐可笑。甚至拉丁文正字法的早期人文主义的革新也具有这种由真正的语文学与考古学修养做后盾的高超学识的效果。字体的革新还有一种附加的益处，即更清晰，更娟秀。这两者实际上都是一个表征［symptom］，但与其说是新哲学的表征，不如说是对传统的日益增长的批评态度、消灭逐渐产生的错误这一愿望的表征，恢复更好的原典和对古人智慧的明晰了解的表征。布鲁内莱斯基的革新走得更远，但方向是相同的。我们可以把他的建筑革新的成功称作仅仅是时尚，尽管对他来说去掉未得到威特鲁威认可的哥特式尖拱之类不适当事物无疑是真正的改进，是向正确的建筑风格的回归。在他对绘画方法的革新中，他可以确信，他确实发现了或重新发现了使古代的著名大师阿佩莱斯或宙克西斯能够欺骗视觉的工具。这是实质性的进步，这个进步又增强了他那一代人和后代人的自信心。[72]

［范景中译　李本正校］

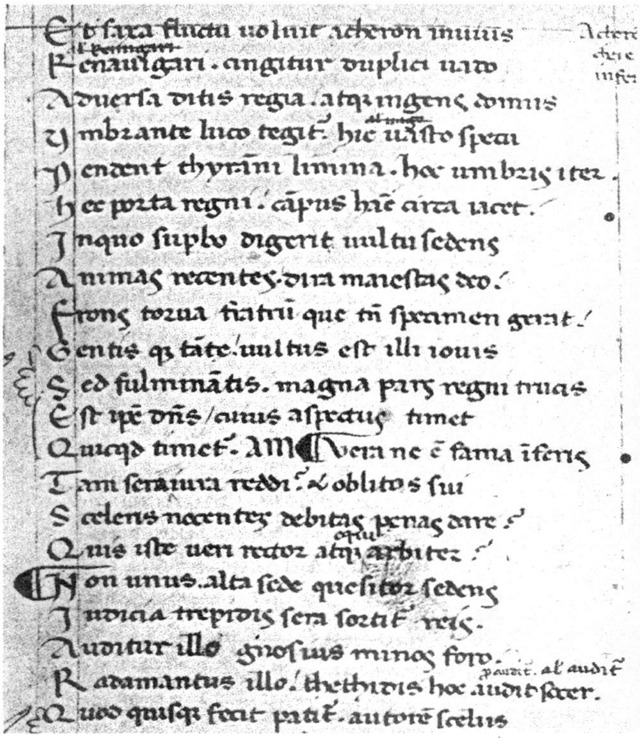

1. 科卢乔·萨卢塔蒂抄本，出自 Seneca MS, 1375 年之前。London, British Museum, Add. 11987, fol.12

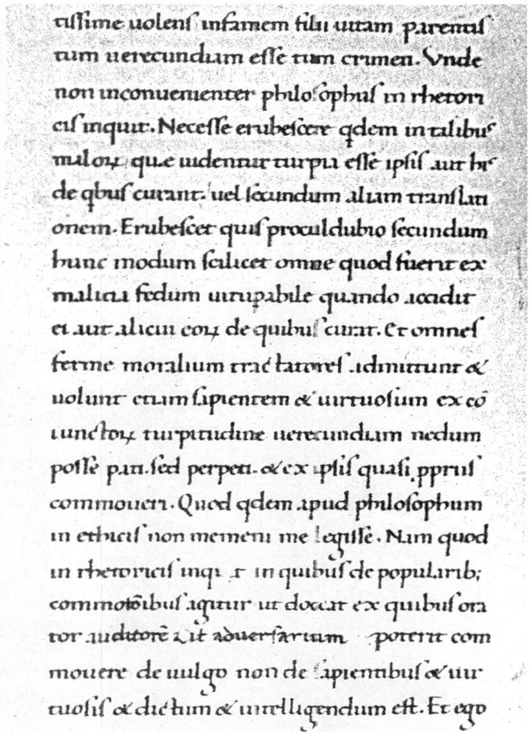

2. 萨卢塔蒂《论审慎》中的波焦·布拉乔利尼手迹。Florence, Biblio teca Laurenziana, Strozz.

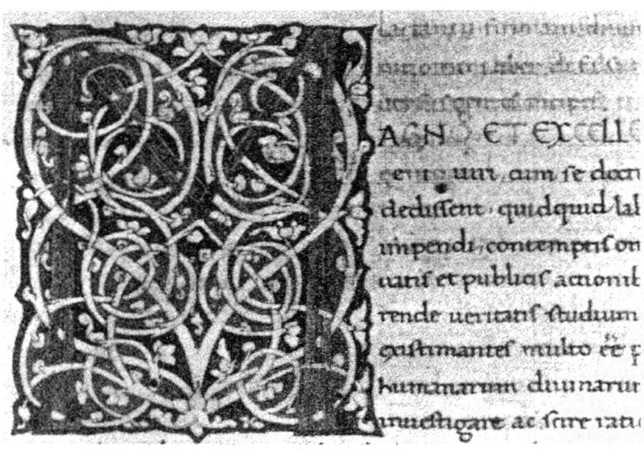

3. 拉克坦提乌斯·弗米艾奴斯抄本。Florentine, 1458. Oxford, Bodleian Library, Canonici Pat. Lat. 138, fol.2r

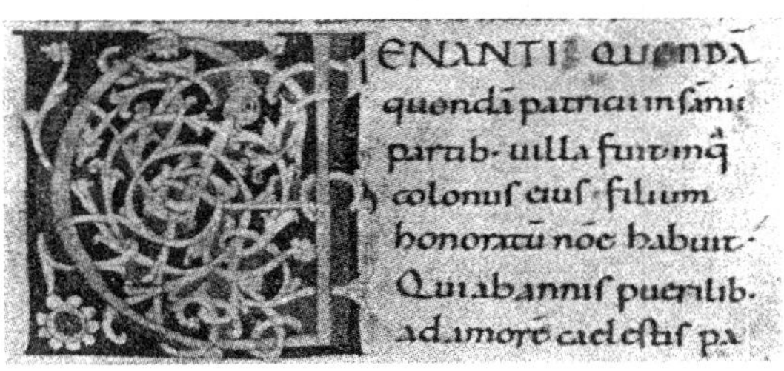

4. 圣格列高利抄本，对话录。北意大利，12 世纪上半叶。Oxford, Bodleian Library, Can. Pat. Lat. 105, fol.3v

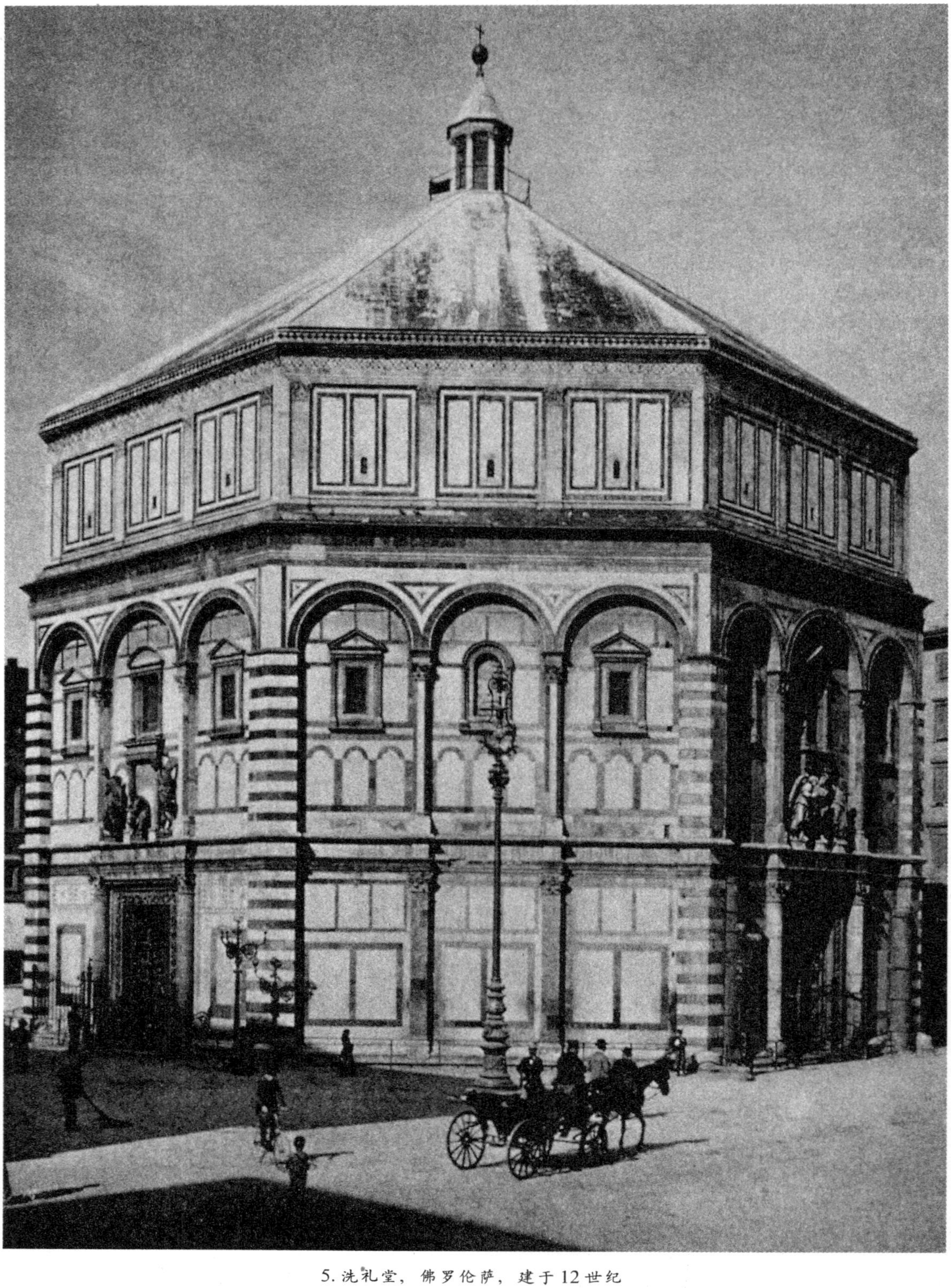

5. 洗礼堂，佛罗伦萨，建于12世纪

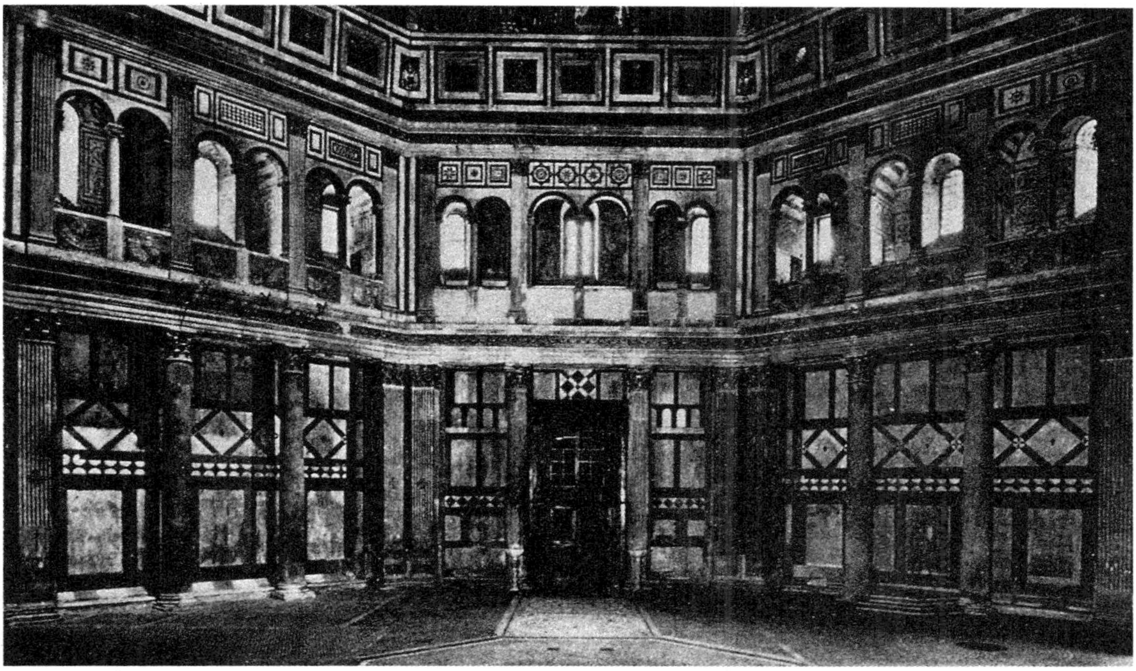

6. 洗礼堂，佛罗伦萨，主祭坛

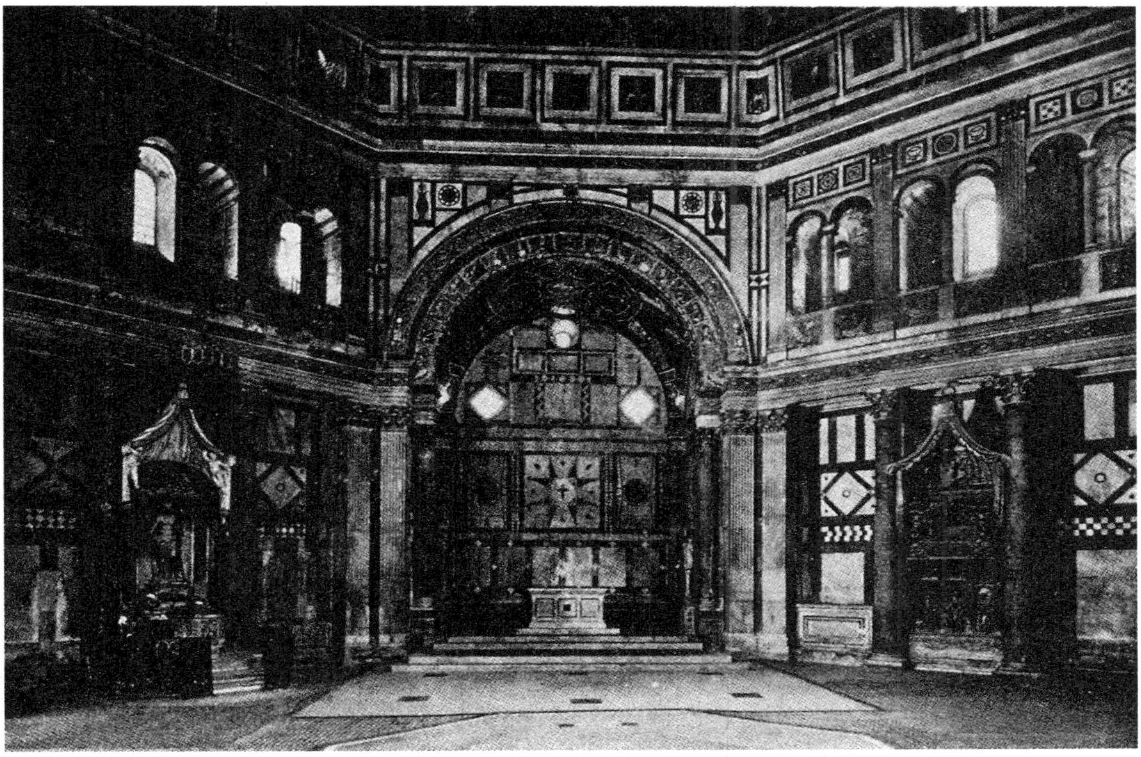

7. 洗礼堂，佛罗伦萨，祭坛对面

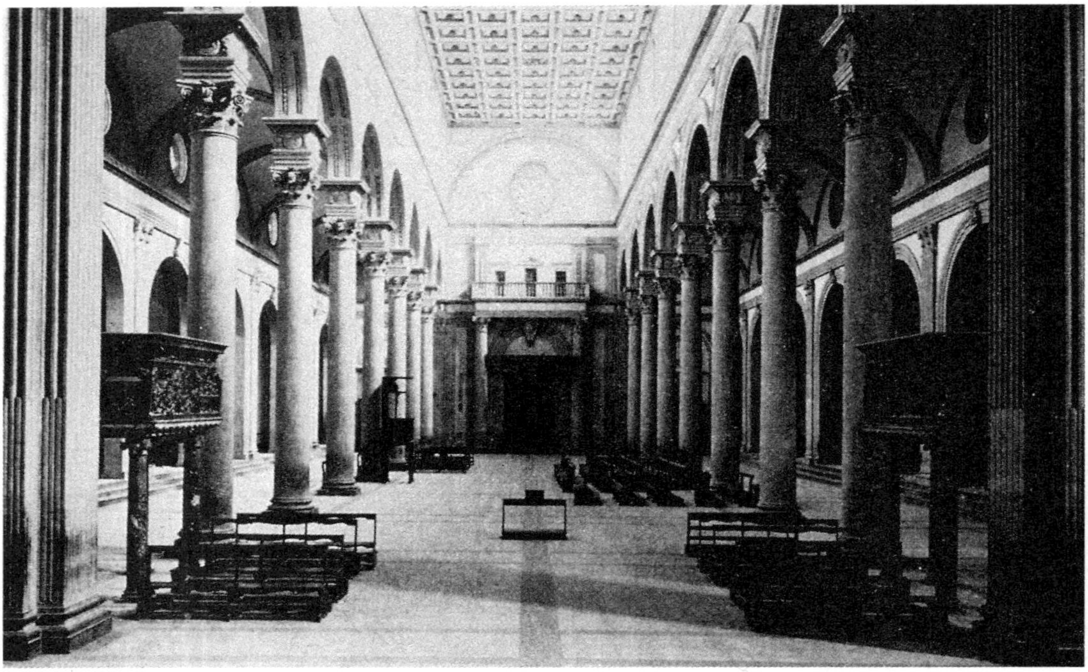

8. 圣洛伦佐教堂，佛罗伦萨，1418年开始营建

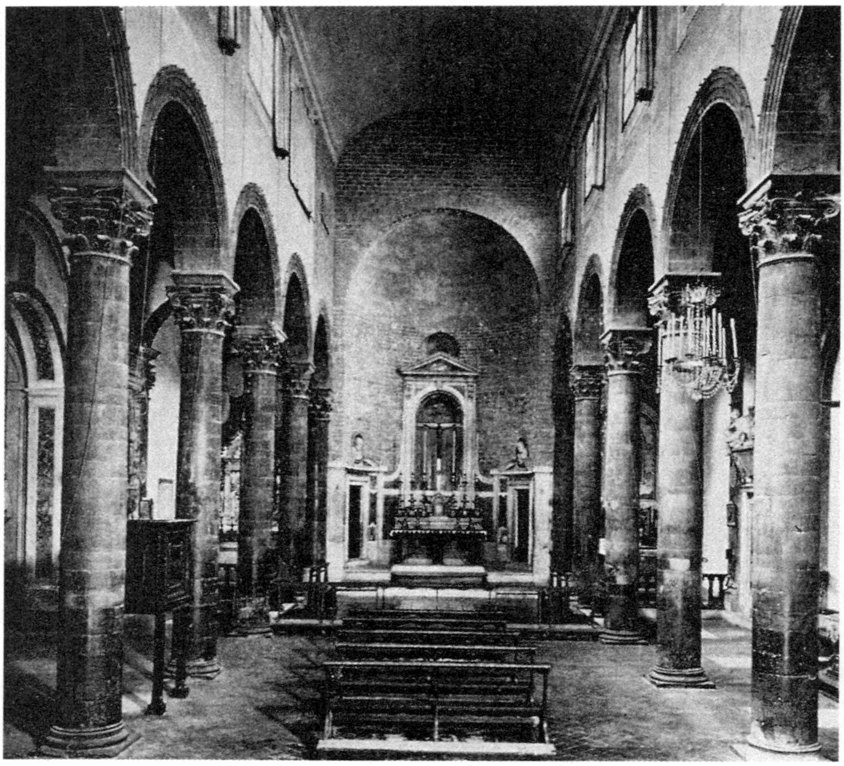

9. 圣使徒教堂，佛罗伦萨，11世纪

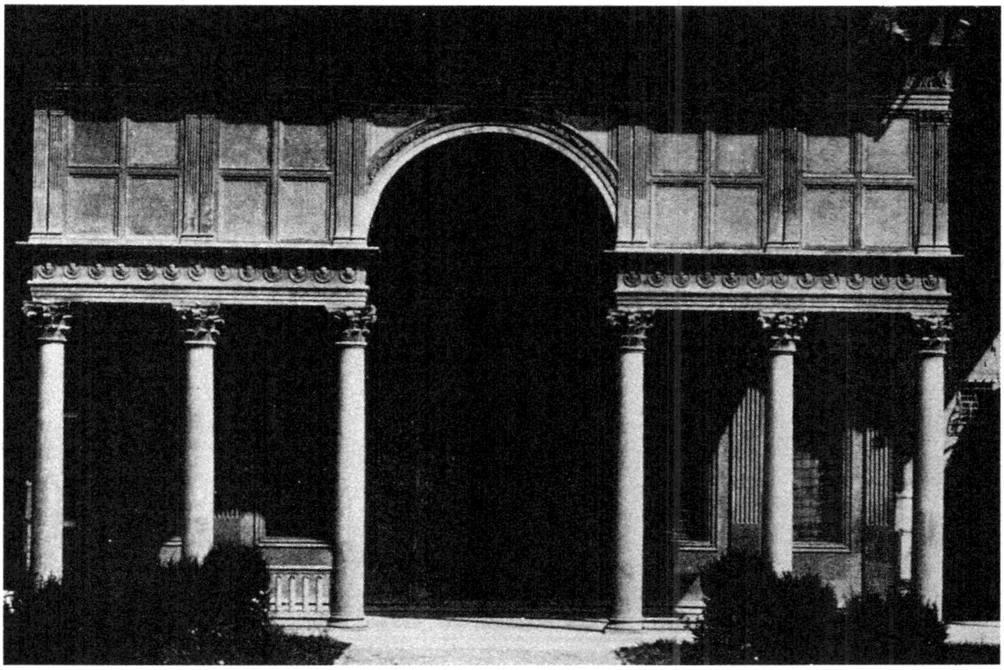

10. 帕齐小教堂，约 1430 年，佛罗伦萨，S. Croce

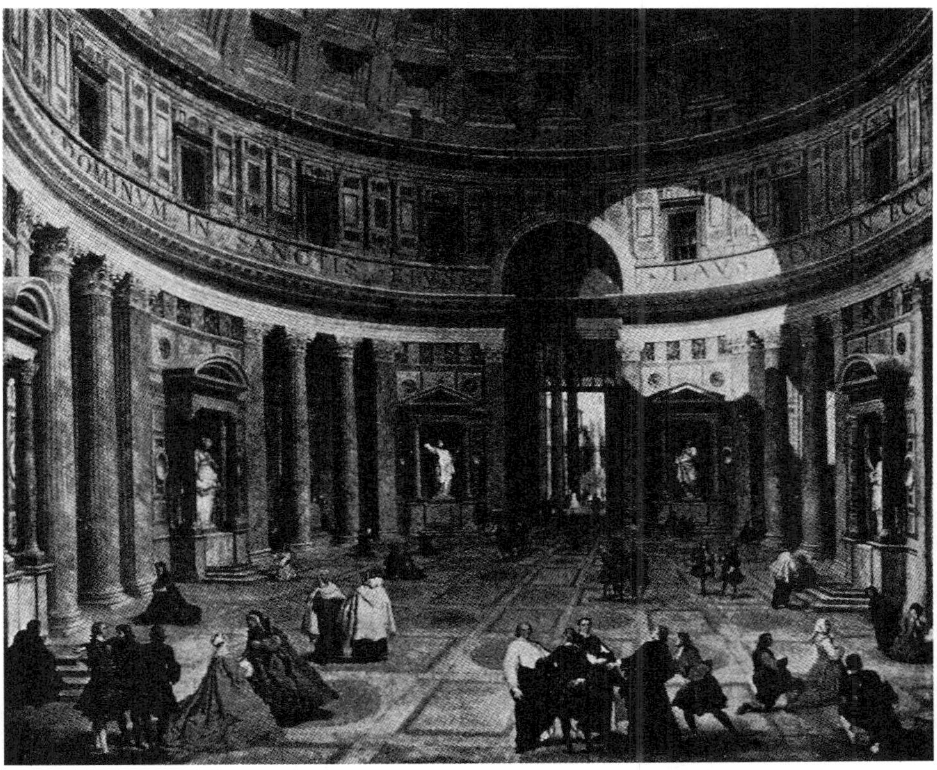

11.G. P. 帕尼尼：罗马万神殿内景(修复前)，细部，约 1740 年。
Washington, National Gallery of Art, Samuel H. Kress Collection

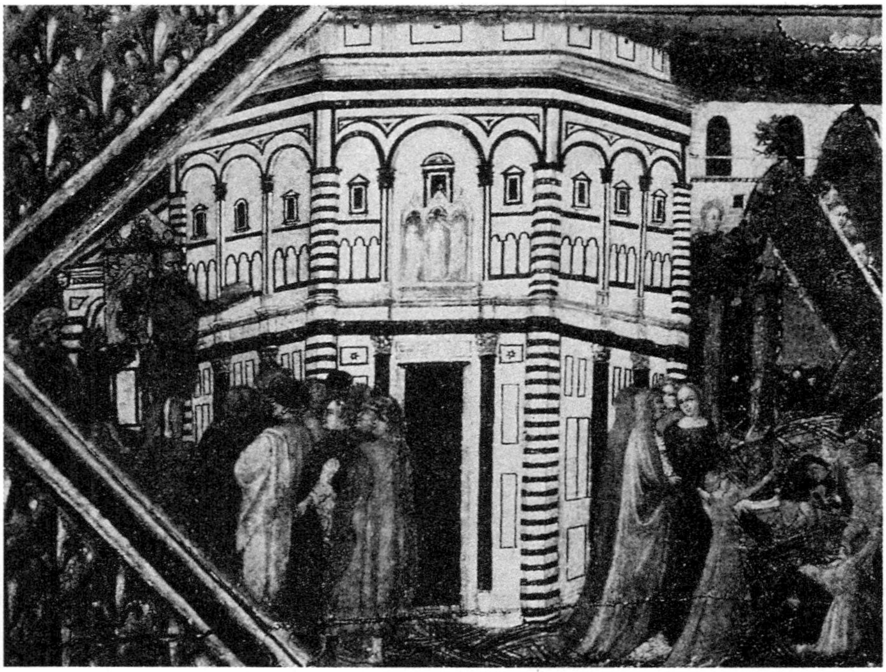

12. 洗礼堂，某幅佛罗伦萨箱柜画的细部，约1430年。Florence, Museo Nazionale

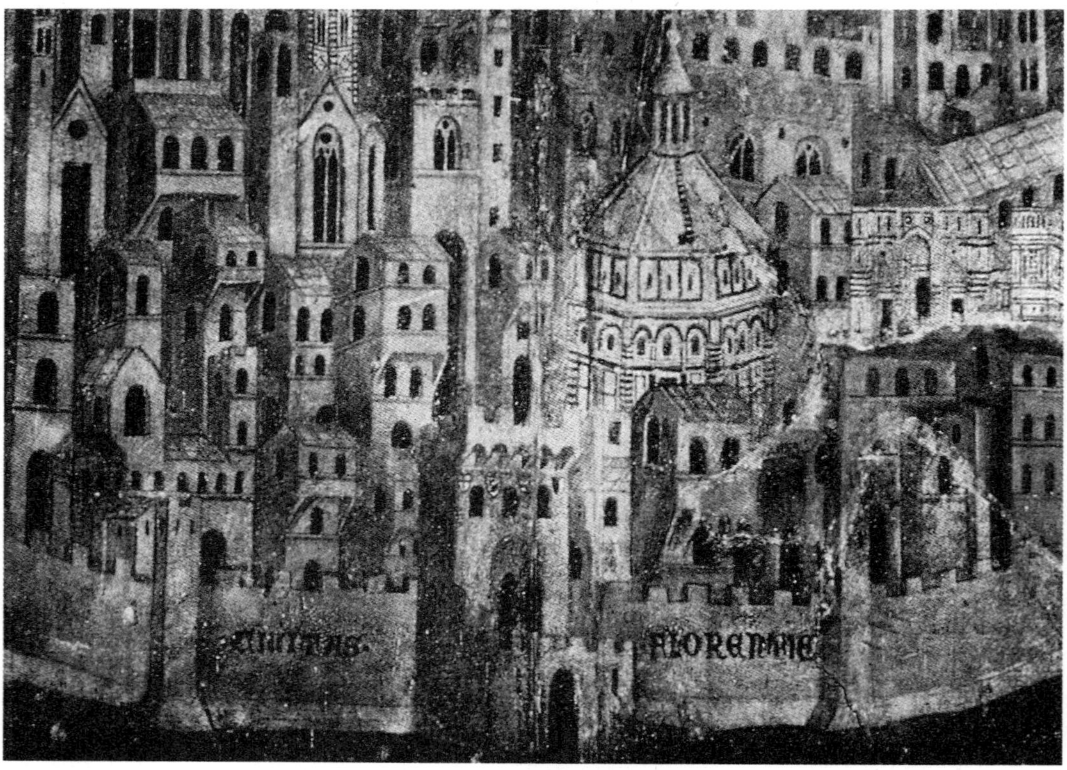

13. 佛罗伦萨城，比加罗教堂湿壁画的细部，Florence, 1352年

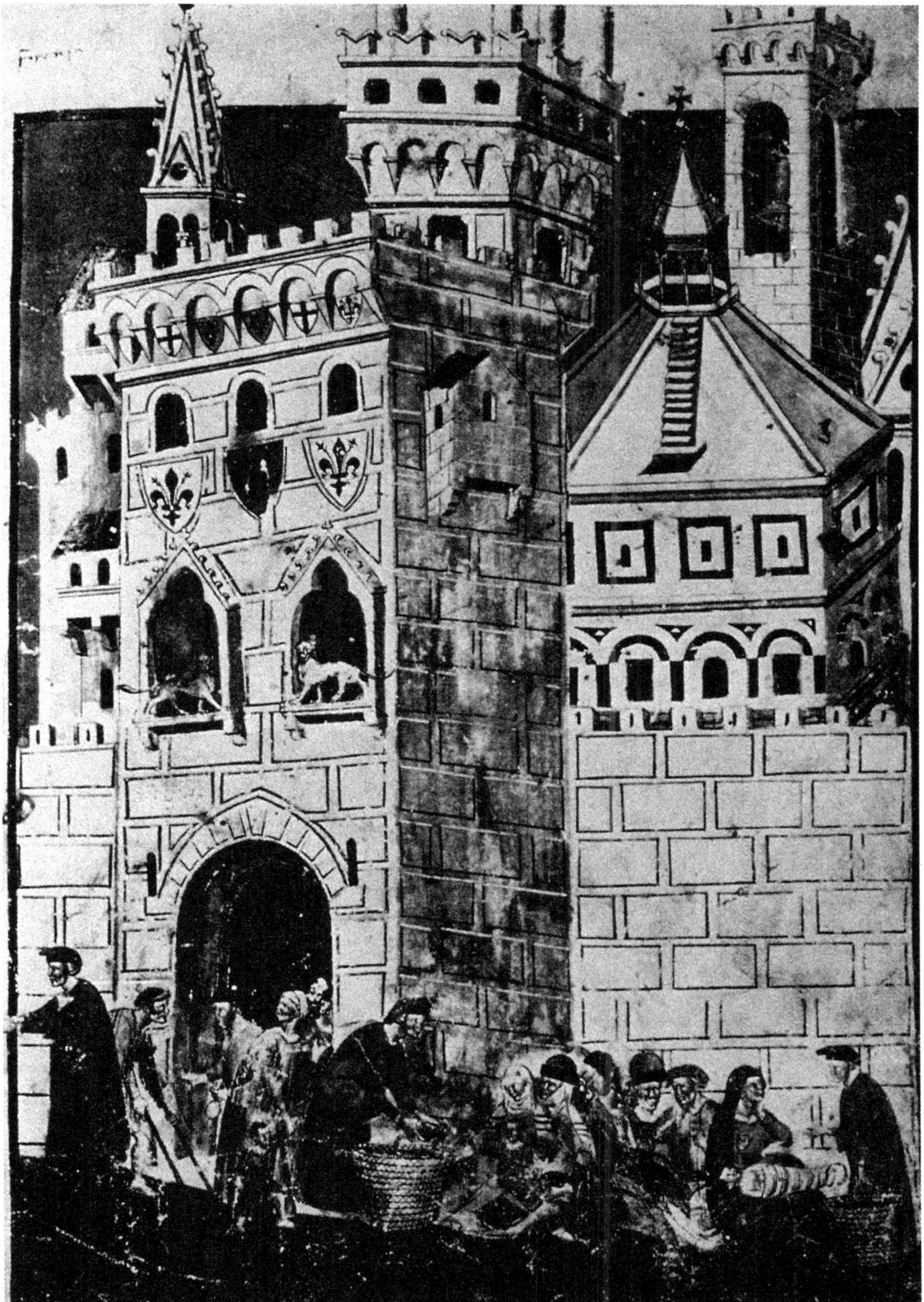

14. 佛罗伦萨给锡耶纳人分粮，约1340年。出自 the Biadaiolo MS. Florence, Biblioteca Laurenziana, Cod. Laurenziano Tempiano No.3, fol. 58c

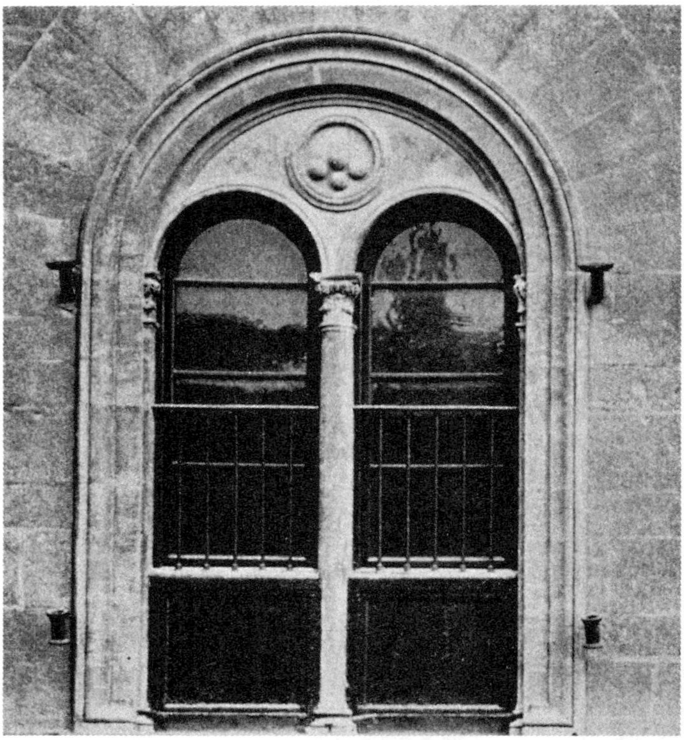

15. 里卡迪·梅迪奇宫的窗户，佛罗伦萨，约 1450 年

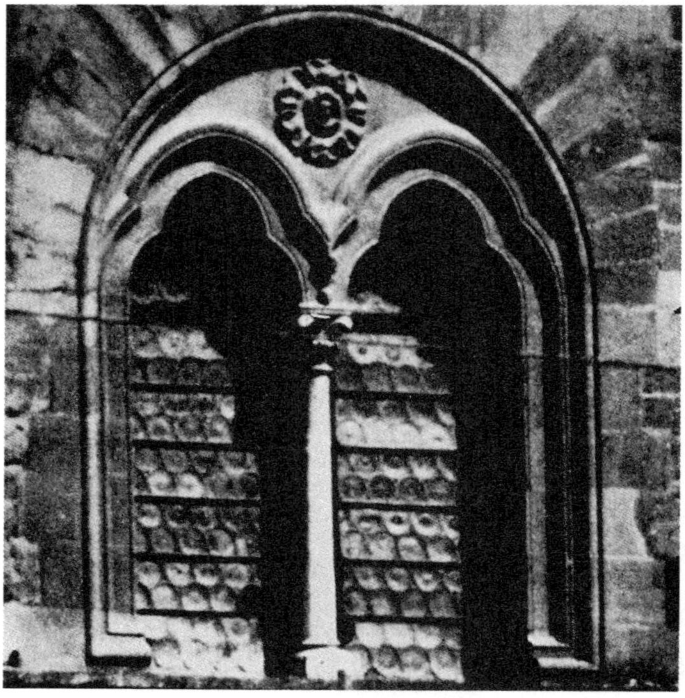

16. 佛罗伦萨市政厅的窗户，14 世纪

文艺复兴的艺术进步观及其影响

THE RENAISSANCE CONCEPTION OF ARTISTIC PROGRESS AND ITS CONSEQUENCES. *Actes du XVIIe Congres International d'Histoire de l'Art*, Amsterdam, 23-31 juillet, 1952; The Hague, 1955, pp. 291—307.

我们从瓦萨里［Vasari］的《名人传》［*Lives*］中了解到文艺复兴的艺术进步观。在该书里，我们读到艺术从简陋的草创期走向完美的发展过程，这种完美首先存在于古典时代，其次还存在于自哥特式灾害［Gothic disaster］以后，经过"好"，"较好"和"最好"三个阶段发展到米开朗琪罗［Michelangelo］的艺术顶峰。这一历史描述依然散发着魅力，尽管其正确性惹人怀疑达一个半世纪。浪漫派拿撒勒派［Nazarenes］和前拉斐尔派攻击这种把高超的技巧与完美的艺术等同起来的潜在价值尺度，阿洛伊斯·李格尔［Alois Riegl］及其追随者们甚至让人们怀疑，我们是否有权力在意向［intention］本身屈从于变化的情况下谈论技术发展，他用"造型意志"［Kunstwollen］取代了"技能"［Können］；最后，克罗齐主义者们质问艺术是否能被认为具有"历史"。他们都坚持艺术的"岛国性质"［insularity］，即每一件真正艺术品具有独特性，这种独特性不应该仅仅被降为"发展"之链中的一个环节，然而，正是在这些问题上持最极端观点的批评家们，通常喜欢谈论艺术的"进步"运动——他们所谓的进步运动一般是指那些与文艺复兴观点背道而驰的运动。

我在此处无意提出也更不要说解决，由这些悖论而产生的各种问题。我不想追问是否有艺术进步之类的东西，我以为这主要在于人们如何对术语达成一致意见，更不想追问这种文艺复兴的观点是否完全没有矛盾，我讨论的是一个历史问题。因此，我将利用向我们展示瓦萨里 *in statu nascendi*［新生状态］观点的一篇早期文艺复兴的原典作为起点，然后探讨这种观点（不管正确与否）对持有这种观点的艺术家们必定产生过何种影响。我的原典源自佛罗伦萨人文主义者阿拉曼诺·里努奇尼［Alamanno Rinuccini］于1473年5月撰写的一篇题献书简［dedicatory epistle］，该简是作者为费代里戈·达蒙泰费尔特［Federigo da Montefeltre］用拉丁文翻译菲洛斯特拉托斯［Philostratus］的希腊文《阿波罗尼俄斯传》［*Life of*

Apollonius］而作的译序，虽然十八世纪晚期这封信才授梓付印，[1]但显而易见，艺术史家们没有对此给予足够的重视。我在下面引用的仅仅是那些与本文论题相关的片断，读者可参阅本文的附录以及我所加的注释：

每当我考察了我们同时代的人们并且把他们与古人作一番比较之后，我最慷慨的费代里戈君主，我们总是发现那些人的观点非常荒唐，他们以为如果充分地颂扬古人的业绩和智慧，就得诋毁当代风范，指责当代的人才，藐视当代的众生，并且哀叹他们的不幸，这种不幸使他们降生到这一如此缺乏正直，如此缺乏勤奋以及（用他们的话来说）降生到丝毫都不追求纯艺术的时代……就我而言，我时常为自己诞生在这一时代而欣喜，我们的时代造就了无数在多种艺术和事业中成绩卓著的人们，他们完全可以和古人媲美。

首先说小事情，然后论述较重要的问题：雕塑和绘画这两门艺术，在前几个时代由于契马布埃［Cimabue］、乔托［Giotto］以及塔代奥·加迪［Taddeo Gaddi］等人的才华而大为增色。但它们已被我们当代的画家们发扬光大，业已变得相当精美，这些画家们完全可以和古人一样受到赞美。

离我们时代最近的画家是马萨乔［Masaccio］，他的画笔能够惟妙惟肖地表达大自然中的任何东西，其技法之精湛能使所画物像［images of things］达到以假乱真的程度。

有什么能比多梅尼科·韦内齐亚诺［Domenico Veneziano］的绘画更精巧呢？有什么能比菲利波修士（即菲利波·利皮［Filippo Lippi］）的绘画更加令人钦佩呢？有什么能比献身于传教团的约翰（即安杰利科修士［Fra Angelico］）所画的图像更加华丽呢？这些人所采用的方法各不相同，然而就质量和精美而言，他们的造诣是一样的。

至于雕塑家，虽然我应提到那些稍早于我们时代的杰出人物，例如在这一领域卓然不群的多纳太罗［Donatello］，然而，卢卡·德拉·罗比亚［Luca della Robbia］以及洛伦佐·迪·巴尔托卢奇奥［Lorenzo di Bartoluccio］（即吉贝尔蒂［Ghi-berti］）也还是不能被忽视的，他们作品的声望便足以说明这一点。

我得略去里努奇尼把布鲁内莱斯基［Brunelleschi］和阿尔贝蒂［Alberti］当作工程师和建筑家来赞美的篇章，而从他那冗长的有关当时自由学科［Liberal Arts］之兴起的叙述中，选取一段尤其显著地阐明进步观的文字：

古典演说术和完美的拉丁风格的再度盛行，是离我们时代之前不久的事情，它们在我们这个时代业已变得非常优美，而在拉克坦提乌斯［Lactantius］和圣哲罗姆［St Jerome］时期之后却从未兴盛过，这一点可以轻易地从生活在上述时代里的那些追求多种伟大科学知识的文人的作品中看出，他们写作的风格粗糙，这一事实并不令我吃惊，因为西塞罗的一些作品湮没无闻，从而不可能提供模仿的机会。尔后，率先出现了科卢乔·萨卢塔蒂［Coluccio Salutati］，他独自鹰扬，并开创出了一种比较优雅的言语风格，这一点实在值得称颂，因为他为后人开拓了一条走向演说术所必须遵循的道路，而这条路在此之前被关闭了这么久，在他之后便出现了波焦［Poggio］和莱奥纳尔多·阿雷蒂诺［Leonardo Aretino］，他俩使得曾一度中断并几乎销声匿迹的演说术重见天日。

回顾了希腊学者们和政治家们之后，里努奇尼自然而优美地笔锋一转：我为何要如此不惮繁琐地证明我们并不比古人差呢?其实我们只需看一看您，我的君主殿下，就能发现我们这个时代确实伟大。

里努奇尼的目的当然不是创新，他的题献书简只是变出新花样来阐述他那一时代和环境里风行的论题；其中的一个论题认为演说术的状况与艺术的状况是密不可分的，而且两者都是某一时代伟大与否的标志。[2]正是这一信念左右着许多文艺复兴人文主义者们的思想，而且还左右着我们对他们那一时代的看法，事实上，还不仅仅是他们那一时代。我们还依然倾向于把艺术的状况当作某一时代伟大与否的最确信无疑的标志，然而，若作一番沉思，我们也许能承认它只是一个有效性很值得怀疑的检验标志。

就艺术而言，这一重要思想最早也许源自阿尔贝蒂《论绘画》［*Della pittura*］的篇首导言，该导言显然启发了里努奇尼的书简。阿尔贝蒂告诉我们，他曾经也有过那种认为大自然已经衰落而且不能造就巨人或者产生伟大思想的忧郁信念，然而当他结束流放生涯回到佛罗伦萨时，光是布鲁内莱斯基，多纳太罗，马萨乔，吉贝尔蒂，以及卢卡·德拉·罗比亚等人的存在便恢复了他对生活的信念。[3]然而，阿尔贝蒂孤立地看待这些艺术家而里努奇尼则把他们视为一直延续到他那个时代的某一运动过程的组成部分。这样一种运动的可能性对每一个人文主义者来说肯定是熟悉的，不但普林尼［Pliny］，而且那些新发现的有关演说术的出色论文，如西塞罗的《布鲁图斯》［*Brutus*］、昆体良的《演说术原理》［*Institutio Oratoria*］，都描述了在古典时代艺术从原始的草创期走向完善所经历的缓慢渐进的过程。[4]这样，艺术发展的画面便跃然纸上，而且这一画面所展示的过程几乎是理所当然地适用于描述佛罗伦萨的情况，但丁不是断言过乔托的名声遮盖了契马布埃的声誉吗?[5]从琴尼尼［Cennini］那里我们了解到，对于在艺术家当中培养了那位巨人的现存传统，佛罗伦萨的艺术家们不是很自豪吗?[6]这里，我们发现瓦萨里的历史观在十五世纪已具雏形。显然，这一观点已经“流传”了很长一段时间。若不是乔托或者马萨乔坚定地朝着现实主义的方向发展，那么这种观念是不可能出现的。但是我相信，进步的观念并非仅仅是艺术领域内实际发生的事件的结果，而且从某种方面来说，也是这种观念反作用于艺术和艺术家而产生的结果，而这一点更值得仔细研究。

我所思索的并不是这种观念的心理影响；毫无疑问，对一个年轻的艺术家来说，生活在以艺术为自豪的时代和城市里肯定是件大快人心的事情，进步的观念无疑能起到刺激和挑战的作用；“一个笨拙的学生才不超越他的师傅”，——莱奥纳尔多是这样写的，[7]可他的学生却还是那么笨拙。撇开任何由进步的观念而造成的心理影响，我想说明的是这一观念导致了可以被称作是“艺术”的这种新型制度框架［institutional framework］。在中世纪诚如社会史学家一再提醒我们的那样，艺术家在当时实际上是工匠，或者说（因为艺术家这个词现已带上某种浪漫主义的色彩［Romantic lustre］）是商人，他按定货要求制作绘画和雕塑，其评价的标准就是他的商业组织：行会的标准。进步的观念带来的是一个全新的要素。如果我们简洁地作一番阐述的话，那么，当时的艺术家不仅必须考虑到其受命［commission］，还必须考虑到其使命［mission］，这个使命就是通过艺术的进步为时代增光。

众所周知，中世纪与文艺复兴之间的差别可以很容易夸大，但这一参照系［frame of reference］似乎真的创造了一种新的艺术上下文［context for art］，如果我们用现代的眼光来理解“艺术”这个词，那么该艺术上下文就必定是新颖的。那伟大的格言“艺术长存，生命短暂”［ars longa，vita brevis］，提醒我们这层意思的出现还是较近的事，因为比生命更长久的是医神埃斯科拉庇俄斯［Aesculapius］的“艺术”。这句格言，这种感想的源头是希腊医学。[8]我们也许可以确切地说，在古代流行的进步观念与我们今日的不同；[9]我们的观点来自可以无限加以完善的机械，而他们的观点则来自其“潜能”［potentialities］一旦得以实现就停止生长的有机体，亚里士多德对悲剧演变的论述是这种观点的常被援引的段落［locus classicus］。然而，即便是这样的思想，也依然使得其持有者从生活的渺小现实中向上升华。信奉艺术进步的艺术家，自然超越了买与卖的社会交易关系，他主要是对艺术负责，而不是对顾客负责。[10]他必须把火炬传递下去，必须作出应有的贡献，他站在历史的河流之中：这是一条由历史学家们把握动向的河流。

在此，我愿用一个并不陌生的实例——从吉贝尔蒂第一次制作的洗礼堂大门到第二次制作的大门的变化，来追寻这种新艺术观的影响。在他第一次制作大门（是洗礼堂的第二道大门）时，没有证据表明，他不把自己当作一个接受了一项重要委托的工匠。毫无疑问，1401年安排的选拔艺术家的竞赛，标志着佛罗伦萨人为自己的艺术标准感到自豪，也表示了他们继承伟大传统的愿望；[11]然而这一委托所采用的形式肯定与传统的艺术观相一致。我们可以推断吉贝尔蒂的创作目的是为了与安德烈亚·皮萨诺［Andrea Pisano］所作的现存的大门匹敌（图18—19），并且把后者当作他的“*simile*”，即模式［pattern］。从文献中我们知道，安德烈亚·皮萨诺在制作那道门时也曾接受过这样的模式，他的任务是在总的设计上尽力仿效博南努斯［Bonannus］的比萨教堂青铜大门（图17）；然而，他也利用了洗礼堂的镶嵌画（图24—25）以及乔托的一些湿壁画，以此作为他的首创来展现基督受洗礼的生平片断。[12]吉贝尔蒂的首要任务似乎是继承他的名声赫赫的先辈所创立的高标准（图20—21）。无论如何，创新和进步都决不是他感到有责任去实现的价值；与其同时代的所有艺术家一样，他也依赖于传统的公式来表达基督生平和情感的独特场景，并且正如他在自传中所说的那样，用极其细腻的“挚爱和勤奋”殚精竭虑地把它们表现出来。当然，这并不排斥在制作方式中表达某些个人的偏爱。吉贝尔蒂当时的理想似乎深受第一流的“国际风格”［International style］的金饰工的影响，也许是受到勃艮第的古斯芒［Gusmin］的影响，此人的存在业已为克劳特海默尔［Krautheimer］教授所撰写的卓越的考证文章所证实。[13]但是，古斯芒本人的形象（存在于吉贝尔蒂的《回忆录》［*Commentarii*］之中）表明吉贝尔蒂年轻时候的理想是艺术家应该走入寺院进行修炼，忏悔他对荣耀的枉求。

我无需详述吉贝尔蒂制作的第二道门（图29）所表现出来的巨大变化。这种变化远远不止是因为与别的艺术家相接触而产生的风格上的修正；在我看来，吉贝尔蒂进行工作的基本参照系发生了变化，因为显而易见，在这里他不但力图达到过去的高标准，而且还要获得进展，甚至是超越他自己的早期作品；他的意向完全为其同代人理解和接受，人们早就觉得他的首次尝试超过了老安德烈亚·皮萨诺，他的门取代了后者制作的门并享有当作大教堂门面的荣耀；现在，吉贝尔蒂自己制作的第一道门也必须让位给他的名为"天堂之门"［Gates of Paradise］的杰作。我认为这些门的存在得归功于吉贝尔蒂接触新兴的人文主义的艺术进步观；我意识到这样的假设与传统的吉贝尔蒂的人格画像格格不入。传统的画像无疑受到在布鲁内莱斯基传记中那一部分广为流传的关于布氏与吉贝尔蒂发生冲突的有偏袒的描写的歪曲，这一画像为瓦萨里所修正，但并未得到澄清。甚至施洛塞尔［Schlosser］——他为了重现大师吉贝尔蒂的艺术与创作花去了比任何学者都要繁多的劳动——也把吉氏描绘成一个靠自修成才的匠人，在垂暮的晚年力图修习人文主义学问。[14]必须承认，我们现在保存的吉贝尔蒂的《回忆录》原典，能证实施洛塞尔的读解，但是《回忆录》的原典是一个抄本，我们也许不能知道抄本中所存在的疏忽有多少应归于抄手，而不能归于作者，在这一点上，当时有一处提及吉贝尔蒂的史料——它至今仍被艺术史家们所忽略——也许会起到重要作用，该史料出自伟大的希腊抄本收藏者奥里斯帕［Aurispa］的书信。[15]1424年，奥里斯帕在其珍品中已拥有"一大卷配有插图的论述攻城器［*siege machine*］的著作，……一卷古老的抄本，图形绘制得不太理想，但是明白易懂。"1430年（1月2日），奥里斯帕给伟大的人文主义者安布罗焦·特拉韦尔萨里［Ambrogio Traversari］修士写信：

> 我愿把这卷论述攻城器的著作寄赠给那个伟大的雕塑家洛伦丘斯［Laurentius］（指吉贝尔蒂），但我想得到我一直渴望的古代维吉尔的作品以及［西塞罗的］《演说家》［*Orator*］和《布鲁图斯》作为回赠，这对我来说是一次公平的交易。

1430年4月3日他又写道：

> 我备好了这卷攻城器著作，因而如果那个雕塑家愿意回赠我在你处寺院里的那本维吉尔作品以及新近发现的西塞罗的《安东尼亚纳》［*Antoniana*］的全抄本的话，我将寄上雅典纳乌斯［Athenaeus］的这本书。

我们不知道这笔交易的结果，但我们却知道（施洛塞尔也明白）吉贝尔蒂的

《回忆录》以一段冗长的修辞学导言为其开篇，而这篇导言正是他渴望得到的雅典纳乌斯的书中的一段翻译。[16]这一情况无需夸大，但它足以表明吉贝尔蒂的人文主义兴趣可追溯到他为“天堂之门”创作浮雕的时期，[17]如果从1430年他属于由奥里斯帕，特拉韦尔萨里，尼科洛·尼科利［Niccolo Niccoli］以及波焦·布拉乔利尼［Poggio Braciolini］等人组成的抄本交易群体的一员这一角度来审视，那么显然吉贝尔蒂已不是原来的吉贝尔蒂了。[18]仅就这一点而言，我在此处探讨这一文献是有理由的，它加强我的论点：即当吉贝尔蒂进行第二道门的制作时，他与其人文主义朋友一样，把自己看作置身于历史的长河之中，审慎地追溯和重温过去，勾画出一个通往全新未来的蓝图。我认为在吉贝尔蒂自己撰写的作品中，有一些内容能证实对他的风格演变所作出的这种解释。

当然，吉贝尔蒂的《回忆录》第一书，只不过是意译了普林尼对古代艺术兴起的论述。正是在普林尼那里，吉贝尔蒂能够读到有关每一个艺术家对艺术进步所作的贡献，而且他阅读普林尼对古代最伟大的青铜雕刻家莱西波斯［Lysippus］所写的有言外之意的话肯定怀有特殊的兴趣。[19]这一段描述开头所阐明的艺术观与吉贝尔蒂所实践和掌握的一切迥然相异，因为莱西波斯被认为是下述信条的创导者（后来又归诸卡拉瓦乔［Caravaggio］）：应该模仿的是自然本身，而不是别的艺术家的作品。普林尼接着写道（他也在意译一个失传的艺术家论述进步的著作）：[20]

> 他对雕塑艺术的主要贡献据说包括对头发的表现，与艺术先辈们的创作相比，他塑造的头部要小得多，而躯体则更细长，肌肉相对减少，这使得他的雕像显得较高。拉丁语中没有他孜孜不倦地追求着的“对称性”［*symmetria*］这个术语，他在不失其和谐的情况下改变了艺术先辈们采用的矩形比例［square proportion］；他常常说他们表现的是人应该的样子［as they were］，而他表现的则是人看上去的样子［as they appeared to be］。[21]

现在，假如我们审视吉贝尔蒂第二道门上那雕像的新奇且拉长的比例，并把它们与第一道门上的雕像作了一番比较（图27—28），或者把他的“亚当”［Adam］与安德烈亚·皮萨诺创作的这一场面的作品相比（图22—23），我们会自然地推测吉贝尔蒂在这里试图竭力仿效莱西波斯的角色，并改变莱西波斯的准则［canon］。我认为这种推测可以通过那一节论古斯芒的著名片断里的一个重要细节来证实。在吉贝尔蒂为这个神圣的北方艺术唱赞歌的同时，却也轻描淡写地说了句责难的话：“*Le sue statue erano un poco corte*”［他的雕塑有点矮胖］。这与克劳特海默尔把古斯芒看作勃艮第人是相符的，因为在勃艮第艺术里，人物形象恰恰可以被描述为*un poco corte*［矮胖］（图26）。由于作为艺术家的古斯芒其存在的重要性在吉贝尔蒂的《回忆录》第二书里超出作者自己，因而吉贝尔蒂似乎急于充当莱西波斯第二的角色。

如果吉贝尔蒂当时真的采用了新的准则，沿着他在普林尼的暗示中找到的发展方向前进的话，那么第二道门的整个构架的改变就显得比较容易理解了；我们知道这种改变在最初的委托事项中并没有要求。莱奥纳尔多·布鲁尼［Leonardo Bruni］在书面设计方案里的门是以两道早期的门为蓝本的，[22]而吉贝尔蒂则自豪地宣称他得到准许可以用他认为最完美，华贵和绚丽的方式来制作，这一切也暗示着他们俩在此之前的观点上有分歧。[23]然而，吉贝尔蒂已懂得“应模仿的是自然本身而不是别的艺术家的作品”，以及“不该表现人应该的样子，而是表现人看上去的样子”。如果我们记住这些格言并去阅读吉贝尔蒂对自己所采用的方法的描述，那么他觉得自己是另一个莱西波斯的结论便几乎是必然的。

“*Ingegnai cercare imitare la natura quanto a me fu possibile*”［我曾尽最大的努力彻底地模仿自然］，他说道。我们不能把这句话仅仅理解成文艺复兴美学思想的一般性的表述，因为他似乎费尽心思地用不成熟的术语来阐述他所追求的正是模仿“形相”［appearance］和“对称性”［symmetria］，即一种尺寸上的和谐。

> 我曾尽最大努力彻底地模仿自然，使每道线条变得自然……它们都在浮雕框格之内，因为观者可以对它们进行估量。如远看，它们确实显现为圆雕。这是些低浮雕；而在平面内，那些近的形象显得较大，远的形象则较小，宛如在自然中一样。我是用这种尺寸［*con dette misure*］，来完成整部作品的。[24]

在早期的创作中，他强调自己的“挚爱和勤奋”，而当他总结性地描述自己的杰作时，他再三强调“*Con ogni arte e misura e ingegno e stata finita*”［这是靠我所掌握的每一种技巧、和谐以及发明所完成的］。

让我们再转到吉贝尔蒂意译的普林尼的作品来看看意味着什么，他的译作里有一段对原始资料的校勘；吉贝尔蒂在普林尼那儿读到阿佩莱斯［Apelles］和普罗托格尼斯［Protogenes］进行竞赛，比试谁画出的线条更精细。“作为艺术家，”他说，“我以为这是一次低水平的实验”。他以为那时的竞赛可能是他们俩就一个复杂的透视问题的表现方式进行比试；他也相信阿佩莱斯最后在画板上表现出来的解决方法使得普罗托格尼斯宣布服输，这种表现方法肯定为所有的人称颂和羡慕，“尤其是画家，雕塑家和别的鉴赏家”。[25]

在我看来，吉贝尔蒂的这一富有启示的校勘，极其生动地指导我们去体验由进步观而产生的心态。艺术家像科学家那样工作，他的作品并不仅仅为自身而存在，而且也是为了展示某些解决问题的方法；艺术家创作这一切是为了得到大家的钦佩，尤其着眼于他的艺术家和鉴赏家同行，因为他们能欣赏他所提出的方法的独创性，我们想起布鲁内莱斯基的那几幅失传的绘有佛罗伦萨建筑景观的画。作者创造这几幅作品的目的就是在于证明他的透视结构的有效性；阿尔贝蒂也设计过一些西洋景，以显示艺术创造错觉的力量，他和他的传记作者把这一切活动称作“示范”［dimostrationi］。[26]

从某种程度上说，这种实验的精神在“第二道门”上也有所体现，“约瑟的故事”里的圆形建筑（图30）并无任何叙事作用，相反，它却扰乱了叙事；但是被展现在作品的中间，作为一种“示范”，一种他这位艺术大师精通实用几何学的标志。我们可以推测，当时这一技巧在该领域里是登峰造极的。

我并不是说技巧的示范在当时仅限于人文主义艺术圈子之内，我们只要读一下法西乌斯［Facius］论扬·凡·艾克［Jan van Eyck］的文章，就会明白北方艺术家们也在把各种特征引进作品，以显示技巧的精湛，而不是为了有助于叙事。但是差别也许在于吉贝尔蒂所设计并践行的方法是可以示范的［demonstrable］，它们实质上为知识的大厦添砖加瓦。吉贝尔蒂表现了一座圆形建筑物的透视结构之后，该透视结构能够而且也真的成了集体的财富，换言之，在艺术中科学的成分越强大，那么对进步的断言越合理。

吉贝尔蒂自己几乎没有意识到他如此热情信奉的新艺术观，为他自己热爱的手艺敲响了丧钟。一种示范，一种智性解决问题的方法，并不需要精雕细镂的外观，也不需要“第二道门”那样昂贵的涂金；阿佩莱斯的画板上并没有饰上这种外表的迷人之物，但却同样被人珍视。因而吉贝尔蒂的门事实上矗立在两个世界的分水岭上，这完全是处于艺术进步前列的最后一件金工作品；从此以后，智力所追求的纯粹艺术与匠人的“应用艺术”之间的分野越来越大。新的等级制度［hierarchy］被创造出来，在这里真正崇高的艺术无需“讨好眼睛”［flatter the eye］，或者依赖表面的吸引力。相反，那种对华美表面的注意，其实质是胸无大志的征象。人们也许会设想多纳太罗早就把握过这种价值尺度，他的质朴艺术无疑在我们这儿最为走运，正如里努奇尼所说的，他在当时便“卓然不群”，这在某种程度上已经对吉贝尔蒂的历史地位持怀疑态度了。[27]

我有意选择了一个早期的例子，以阐明我认为的文艺复兴艺术进步观的决定性影响。诚然，我们都知道在盛期文艺复兴［High Renaisssance］艺术观发生了深刻变化，但迄今为止，对这种变化的描述大多是以新柏拉图主义的美学术语进行的，并确实把这种变化归因于柏拉图主义的影响，而这种影响在吉贝尔蒂时代几乎并不存在。[28]当然它后来变得很重要；然而在我看来，这种影响只能发生在那些感到自己是属于由卓越人物组成的理想团体的艺术家身上；莱奥纳尔多的生活中有一件事能说明这个观点。瓦萨里告诉我们菲利皮诺·利皮［Filippino Lippi］接受了为佛罗伦萨的圣母领报教堂［SS. Annunziata］画一幅“圣安妮”［St. Anne］的委托，但当他听到从米兰回来的莱奥纳尔多乐意接受绘制这一幅画时，便推辞了。[29]菲利皮诺也许有理由作出这一非同寻常的慷慨之举，[30]但我们可以把它作为一种觉醒的象征——即意识到必须让某个莱奥纳尔多有机会作出其贡献，不管这是委托还是别的。

而反过来对莱奥纳尔多来说，艺术家的创作自然并不是为了取悦他的顾主，用他的话说，是为了得到能够鉴赏他的作品的“第一流画家的赏识”，“不这样做的画家，其作品往往缺乏短缩法、浮雕感和动势这些绘画中引为荣耀的东西”。[31]那幅“圣安妮”（图31）当然具备这些优点，这幅画当时没有按照委托的规定送到祭坛去，但显然无损其重要性，那素描样稿［the cartoon］，甚至仅仅那“发明”就足够了。

从某些方面而言，像莱奥纳尔多的“圣安妮”这样的作品也带有“示范”的精神，其意旨是展示这位艺术大师在解决传统题材的艺术问题时所采用的非同一般的独特方法。正是这种“示范”的激情在很大程度上形成了我们所谓的“手法主义”[Mannerism]。当文艺复兴艺术进步观由模糊变得明显时，“手法主义”发展到了顶峰期，人们普遍认为，米开朗琪罗在那时已经“完美无缺”，他实现了其艺术的最高潜能[the highest potentialities]；从这一观点来看，这是一种艺术的危机，而不是一种植根于“时代精神”的危机。[32]

然而，文艺复兴的艺术进步观的影响，远远超出这种局部性的手法主义的骚动。这类思想的作用相当于偷吃智慧之树的果子，一旦你辨明善恶，你就被永远地开除出纯真的乐园[Paradise of Innocence]。我们知道在政治领域里这种进步观曾起着决定性的作用，当它在法国大革命中占统治地位时，你只能声明是支持它还是反对它，要么支持左派，要么支持右派，无论我们怎样抗议 *terribles simplificateurs* [极端简化论者] 的单向性安排，我们都会仍然发现远离这种境地是非常艰难的。[33]

我认为艺术史也显示出同样的两极分化过程。一旦艺术比赛规则在佛罗伦萨被修订，把作出“贡献”和解决问题的方法纳入其中，此后，别的艺术观就很难对此作出反击。因而，当瓦萨里把艺术史几乎等同于佛罗伦萨的艺术史时（只容纳了北方的油画“发明”这类不可置疑的成就），他不仅仅只为狭隘的爱国心所驱使；他所撰写的实在是佛罗伦萨早已产生的新的比赛史。这种新观念像旋涡一样，其范围和势力日益壮大。比如，锡耶纳画派[Sienese School]不再成为注意的中心，它变得土气，成为外表还非常迷人的一潭死水，由于它像乌尔比诺画派那样拒绝承认佛罗论萨画派而付出了代价，从前进的列车上被抛了下来。事实上，威尼斯当时也拒绝服输，但它随后创造了自己的思想，对色彩作出了自己特殊的贡献，然而规则录[the Book of Rules]的主管非常不情愿地予以承认这一切；当然，这种变异的地位与对 *disegno* [设计]问题作出更加理性因而更加“高贵”的贡献相比，只能屈居次要地位。尽管出现过一些无效的反叛，但这种主要观点，即认为从乔托开始得到再生的艺术其火炬后来传至伟大的佛罗伦萨画派这一观点，得到了各种有力的支持，丢勒再三阐述并赞同这种观点，[34]宫廷以及赞助人也对此表示认同，他们承受不住戴上“哥特式”和“背时”的雅号；你要么和这种发展的主流保持联系，要么“敬而远之”。因而，去意大利旅游成为必要，因为这里是衡量所有艺术的参照点。你也许可以反对它，坚持强调北方所特有的 *genre* [门类]和风景画艺术这类受冷落的绘画的潜在价值，[35]但即便是这种我们可以从布吕格尔[Brueghel]的艺术中体验到的对抗形式，也依然是源于对佛罗伦萨流派的反抗。那时以来就是这样。旋涡的中心可以从佛罗伦萨转到罗马，从罗马转到巴黎，从巴黎转到纽约，感兴趣的问题可以从现实主义转到表现或者转到无意识的分节，但始于佛罗伦萨的革命力量却从未被消耗殆尽。这场革命的殉道者们创造了为艺术而艺术，使艺术脱离公众的需要。[36]尽管这一观念有许多弱点，但它认为人类从事建造一个能够从某种意义上被理解为存在于个人的贡献和理解力之外的自主的价值世界，这一点还是令人鼓舞的，它与“贡献”，“示范”的观念密切相联。莫奈［Monet］创作的干草堆与毕卡索的一幅立体派静物画相比，它们所具有的“示范”因素是相同的；即便达达主义［Dadaism］的最疯狂的作品，也能够从对整个世界的蔑视姿态中，也就是说从对纯粹艺术的嘲弄中找到这种意义；甚至1951年，像赫伯特·里德［Herbert Read］这样一个有影响的“现代运动”的发言人也声称：“对一个画家来说，忽视塞尚［Cezanne］或者毕卡索的发现，不等于一个科学家忽视爱因斯坦或弗洛伊德的发现。”[37]

我以为这便是历史学家需要并且能够做到的一切，他不能在这一极端的观点与哈兹里特［Hazlitt］的另一极端的观点之间作出明断，哈氏早在1814年便否认艺术能够“进步”，因为进步观点“适合科学，不适合艺术”。[38]也许，艺术的进步和科学的进步不一样，其发展方式更像一件音乐作品的展开方式，后者的每一乐句或者动机是通过前后关系，以及那些被唤起继而又得到满足，被逗弄或者被否定的预期来实现和表现的。[39]如果没有大艺术［One Art］在几个世纪里连续进步的观点，那么也就没有艺术史了，我们史学家也许因而也不必记住我在本文开端所述及的佛罗伦萨人文主义者阿拉曼诺·里努奇尼这样的人物了。

附录：阿拉曼诺·里努奇尼对他的时代的颂词

Appendix

Extracts from Alamanno Rinuccini's panegyric of his age[1]

Ad illustrem principem Federicum Feretranum Vrbini comitem. Alamanni Rinuccini in libros Phylostrati de vita Apollonii Tyanei in latinum conversos praefatio incipit.

Cogitanti mihi saepenumero, generosissime princeps Federice, et aetatis nostrae viros cum veteribus conferenti, eorum opinio perabsurda videri solet, qui veterum quaeque dicta factave pro maximis celebrantes, non satis digne ea laudari posse arbitrantur, nisi temporum suorum mores accusent, ingenia damnent, homines deprimant, infortunium denique suum deplorent quod hoc seculo nasci contigerit, in quo nulla probitas, nulla industria, nulla (ut ipsi putant) bonarum artium studia celebrantur.

Cuius rei causam plerique in naturam referentes senescentis mundi vitio et iam ad interitum vergentis id ipsum putant evenire. Queruntur enim et etates hominum breviores, et corpora imbecilliora, et ingenia ad res praeclaras hebetiora, nunc a natura proferri, quam olim fuerint cum illi viguerunt, quos tantopere laudant et admirantur. Horum ego sententiam nec penitus falsam dixerim, nec omnino ex parte comprobaverim. Nam quae de priscorum virtutibus opinantur . . . sunt in aperto . . . quod autem de mundi senectute atque aetatum brevitate queruntur, cum diurno testimonio tum rerum usu et experientia facile confutantur . . .[2]

Mihi vero contra gloriari interdum libet qui hac aetate nasci contigerit, quae viros pene innumerabiles tulit, ita variis artium et disciplinarum generibus excellentes, ut putem etiam cum veteribus comparandos.

Atque ut ab inferioribus profecti ad maiora tandem veniamus. Sculpturae picturaeque artes iam antea Cimaboi, Iocti, Taddei Gaddi ingeniis illustratas qui aetate nostra claruerunt pictores, eo magnitudinis bonitatisque perduxere ut cum veteribus conferri merito possint. Nostrae autem aetati proximus Masaccius naturalium quaecumque rerum similitudines ita pingendo expressit ut non rerum imagines sed res ipsas oculis cernere videamur.[3] Quid vero Dominici veneti picturis artificiosius? quid Philippi monaci tabulis admirabilius? quid Iohannis ex predicatorum ordine imaginibus ornatius?[4] Qui omnes varietate quadam inter se dissimiles, certis tamen excellentia et bonitate simillimi putantur.[5]

Sculptores autem quamvis multos afferre possim, qui pro summis habiti essent si paulo ante hanc aetatem nasci contigisset,[6] adeo tamen omnes Donatellus unus superavit, ut pene solus in hoc genere numeretur. Non contempnendos tamen fuisse Luccam robiniensem, et Laurentium bartolucii praeclara ab eis aedita opera testantur.

Architecturae vero et machinarum cum bellicarum tum quae magnis trahendis ponderibus valeant facultatem ita ad summum perductam arbitror, ut nihil a veteribus nostri superentur.

In qua duo praecipue claruerunt summis ingeniis homines, et omnis antiquitatis indagatatores accuratissimi. Unus quidem Philippus Brunelleschi scribae filius Florentinae basilicae architector, alter autem Baptista Albertus vir et familiae nobilitate et ingenii praestantia clarissimus qui etiam de picturae architecturaeque praeceptis libros aliquot scripsit accuratissime....

Iam veteris eloquentiae et incorruptus latinae loquutionis usus paulo ante nostram aetatem exortus aetate nostra adeo excultus et expolitus est, ut nunquam post Lactantii aut divi Ieronimi tempora sic floruerit. Quod facile ex eorum scriptis intelligi licet, qui medii inter has quas diximus aetates[7] multarum magnarumque rerum scientiam consecuti, in scribendo tamen asperiores fuere, quod illis propterea contigisse non miror, quia Ciceronis plerique libri in occulto latentes imitandi facultatem illis adimebant.

Primus autem Coluccius Salutatus paulum se erexit, et elegantius quoddam adumbravit dicendi genus, qui multum profecto laudis meruit, quod tam longis temporibus praeclusum aditum ad eloquentiam patefecerit et posteris viam qua gradiendum esset ostenderit. Hunc secuti Poggius et Leonardus aretinus intermissam et pene abolitam eloquentiam in lucem revocarunt, qui cum epistolis tam orationibus et dialogis scribendis ciceronianum dicendi caracterem egregie sunt imitati.

附 录 注 释

1.本附录选自意大利基金会，国立图书馆［Biblioteca Nazionale，Fondo Italiano］Magl抄本，II—III—48，就所有基本事实而言，它与1791年由福西［F. Fossi］出版的版本是一致的。在洛伦佐图书馆［Biblioteca Laurenziana］还有另一手稿，抄本第827号XXI，国立图书馆有抄本一份，II，X，4，139页起，该抄本载明信的日期："Florenstiae，iiij kalendis maias 1473，perscriptum florentiae fuit hoc proemium mense decembri 1474 anno salutis."［佛罗伦萨，1473年5月3日，佛罗伦萨抄本于1474年12月在此完成，谨记］

梵蒂冈图书馆也有这份优美的题献抄本——乌尔比诺拉丁抄本［Cod. Urb. lat. 441］。集注版原文由朱斯蒂尼亚尼［V. Giustiniani］印行，《阿拉曼诺·里努奇尼的书信和演说》［*Alamanno Rinuccini*，*Lettere ed orazioni*］（佛罗伦萨，1953年），第104—8页。

2.这场大辩论源于作者随后提到的阿尔贝蒂的《论绘画》的导言；作者反驳古代人长寿这一论点，他说泰勒斯［Thales］，毕达哥拉斯［Pythagoras］，柏拉图和亚里士多德都没有活到90岁，而他这个时代活到这一年龄的人屡见不鲜。这类原典的讨论，尤可参见阿科尔蒂［A. Accolti］《关于高寿优越的对话》［*Dialogus de praestantia sui aevi*］，也可参阅马尔焦塔［G. Margiotta］《意大利古今之争的起源》［*Le origini italiani de la querelle des anciens et des modernes*］（罗马，1953年）。

3.里努奇尼对马萨乔的颂扬从整体上超过了薄伽丘［Boccaccio］对乔托的赞美，这是里努奇尼颂词的纯文学特性的表现。薄伽丘对乔托的赞美（《十日谈》第六天，故事五［*Decamerone*，Giornata vi，Novella 5］："niuna cosa da la natura… che egli…non dipignessi si simile a quella che non simile，anzi piuttosto dessa paresse…"［大自然没什么东西……是他不能描绘出来的；而且描绘得维妙维肖，栩栩如生，让人宁愿相信那就是实物］。

4.这里所选的马萨乔之后的三个画家值得一评，里努奇尼和在其后出现的兰迪诺一样，本来不情愿评述健在的艺术家，这也许是为什么1475年去世的乌切洛［Uccello］未被提及的原因，在其他未被提及的艺术家中，最令人注目的是安德烈亚·德尔·卡斯塔尼奥［Andrea del Castagno］。但是，里努奇尼也许是出于风格原因考虑，旨在创造一种和谐（参见下面注5）。值得注意的是，我们的原典是十五世纪的第三份把三个特殊的大师的名字联在一起的文献。第一份文献是多梅尼科·韦内齐亚诺［Domenico Veneziano］自己写给皮耶罗·德·梅迪奇［Piero de' Medici］的信，信中他请求得到一项委任并解释说，不要把此项委任交给安杰利科修士或者菲利波修士，这表明他把这俩人当作他唯一的有实力的竞争对手。第二份文献是1454年于佩鲁贾［Perugia］签订的邦菲利［Bonfigli］合同，该合同提到在万一出现争执时，由这三位大师充当仲裁。遗憾的是，里努奇尼的文风不允许我们从他对这 三位大师的描述中得出任何结论，当然，他把安杰利科修士称作“华丽”[ornatus]，一个修辞学的技术术语，并不是没有任何意义的，他的“华丽”一词与兰迪诺把马萨乔描述为“缺少华丽”[sanza ornato] 形成对照。

5. 这一短语也是从文学套语[literary topos]改编来的；它源自西塞罗的《论演说》[*De Oratore*]，III，viii，26。“Una est ars ratioque picturae，dissimilique tamen inter se Zeuxis，Aglaophon，Appelles”[绘画技艺是一种，但画家宙克西斯、阿劳芬、阿佩莱斯互相不同]。对这一短语所作的改编，参见丹尼斯·马洪[Denis Mahon]“折衷主义和卡拉奇兄弟”[Eclecticism and the Carracci]，《瓦尔堡和考陶尔德研究院院刊》，XVI，1953年，第312页。

6. 这是正文注释5所引的但丁所写段落的发挥。

7. 这似乎是提到“中世纪”的最早记载之一。

[杨思梁译　范景中校]

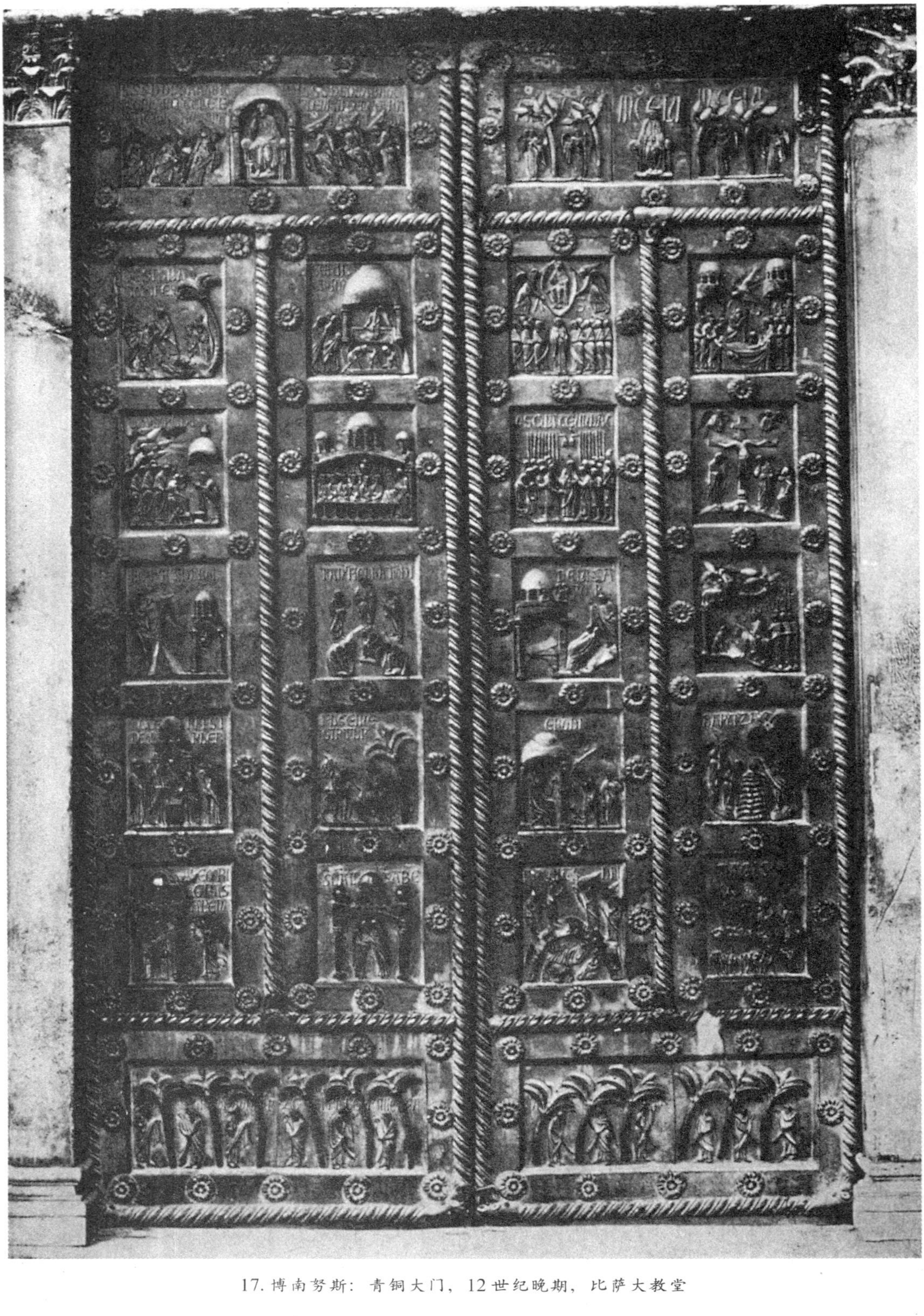

17. 博南努斯：青铜大门，12世纪晚期，比萨大教堂

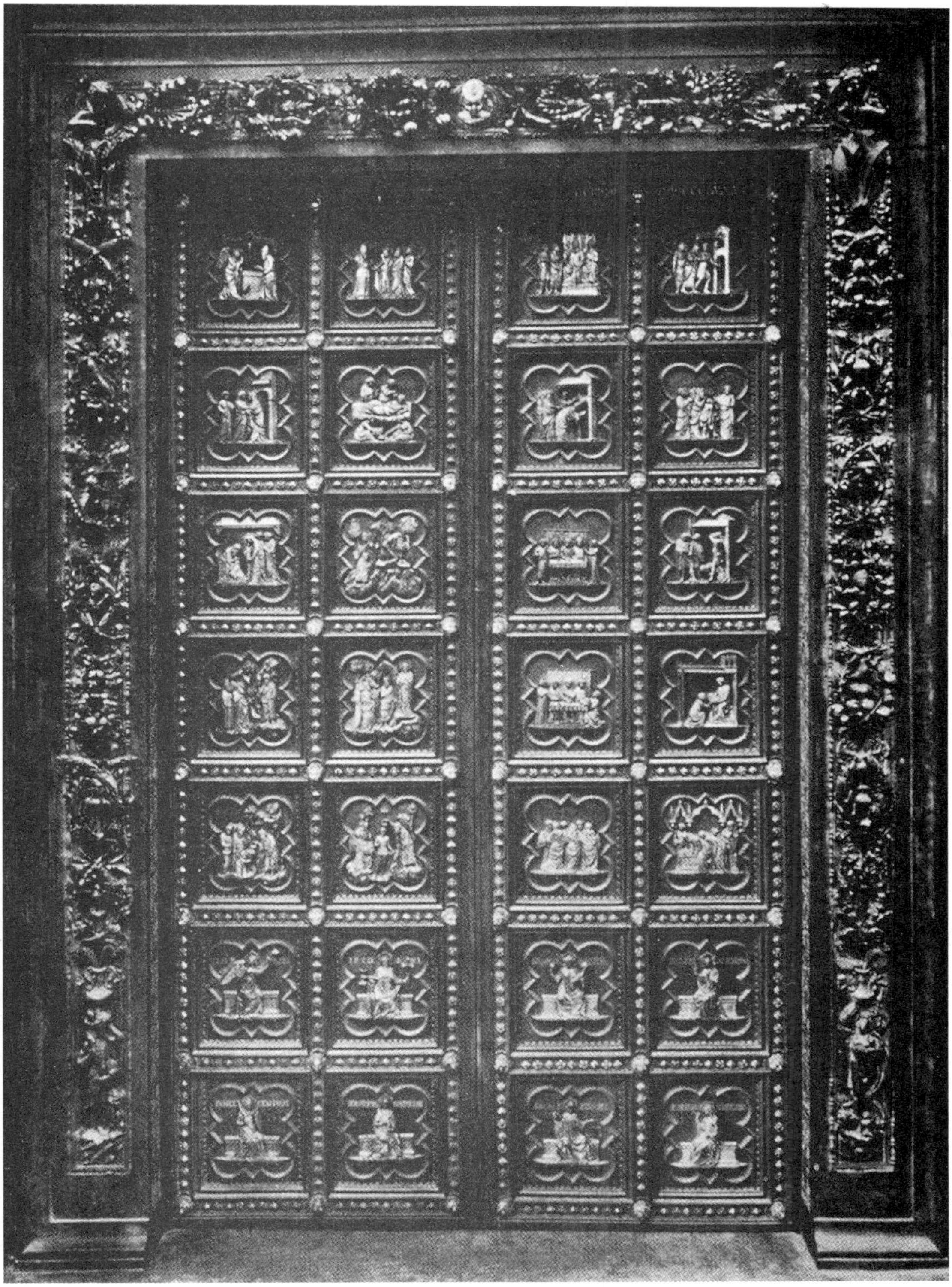

18. 安德烈亚 · 皮萨诺：青铜大门，1330—36 年，佛罗伦萨洗礼堂

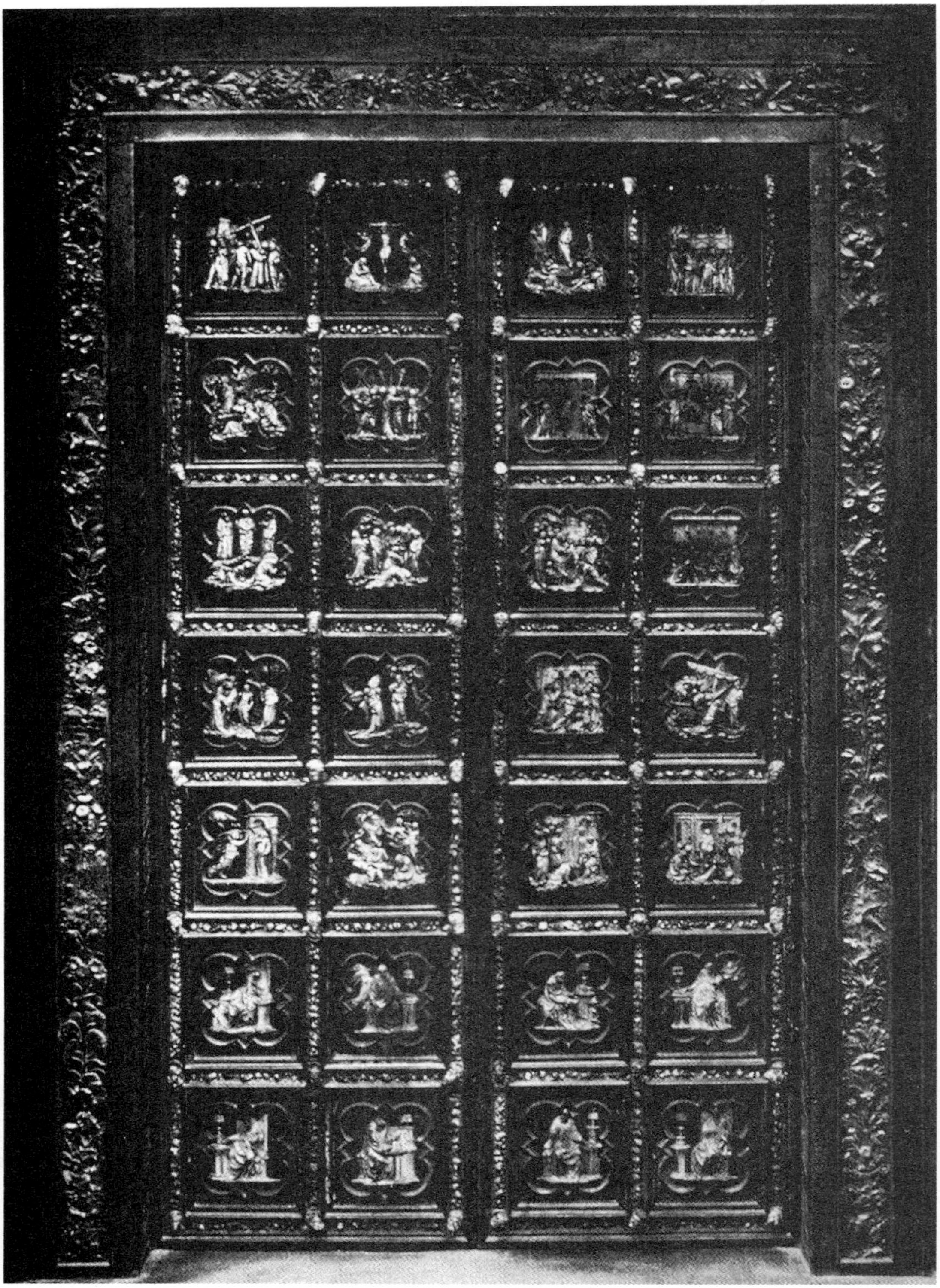

19. 吉贝尔蒂：第一道青铜大门，1403—24年，佛罗伦萨洗礼堂

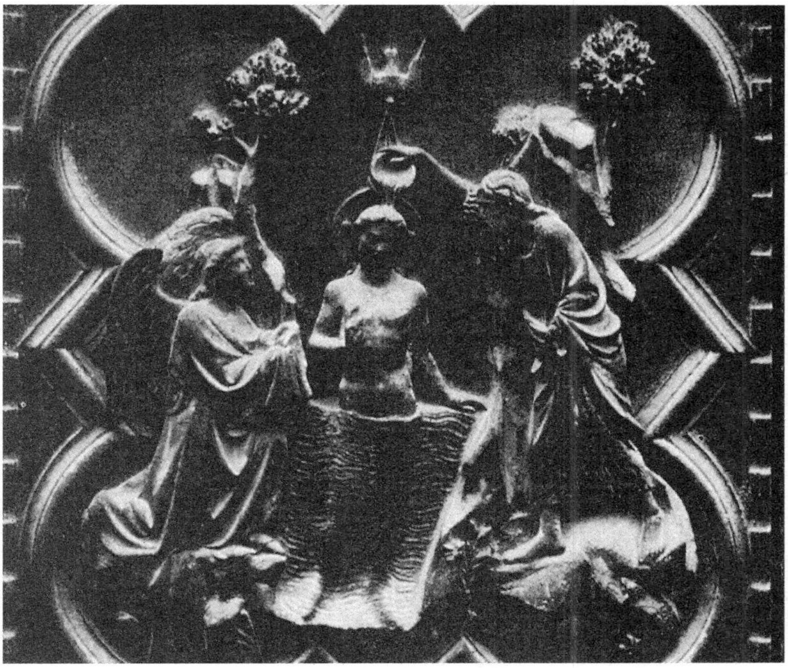

20. 安德烈亚 · 皮萨诺：基督受洗，图18细部

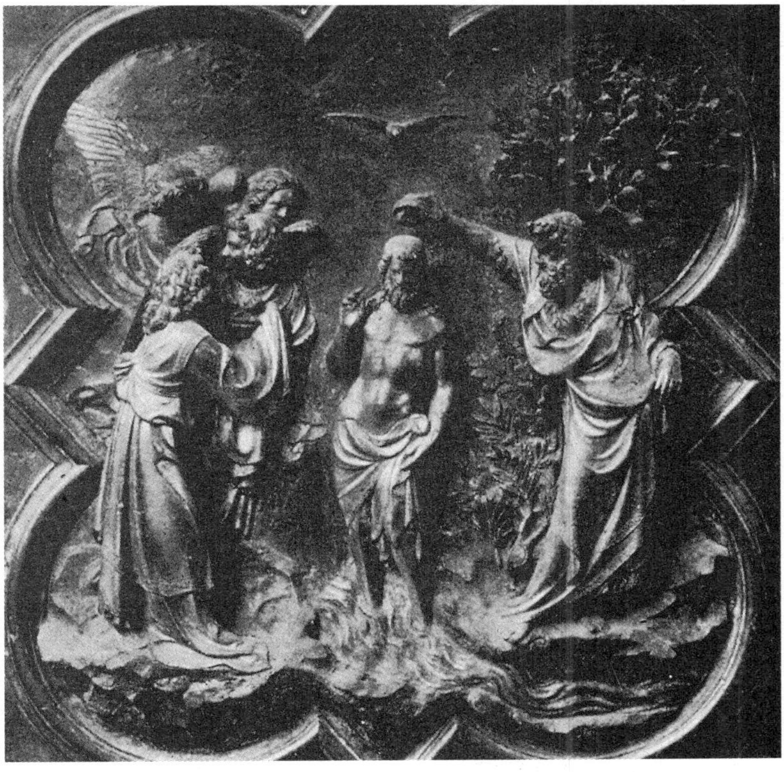

21. 吉贝尔蒂：基督受洗，图19细部

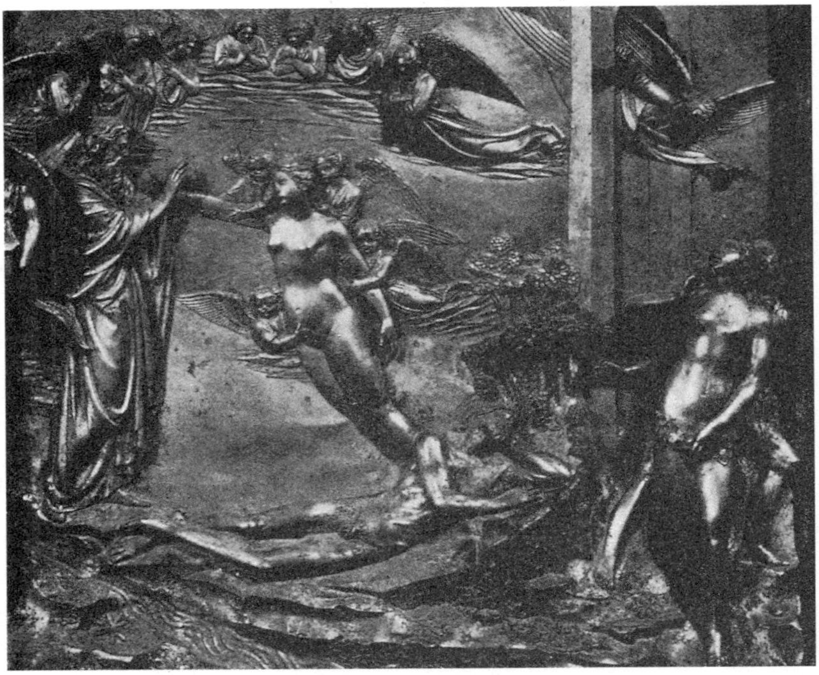

22. 吉贝尔蒂：创造夏娃，图 29 细部

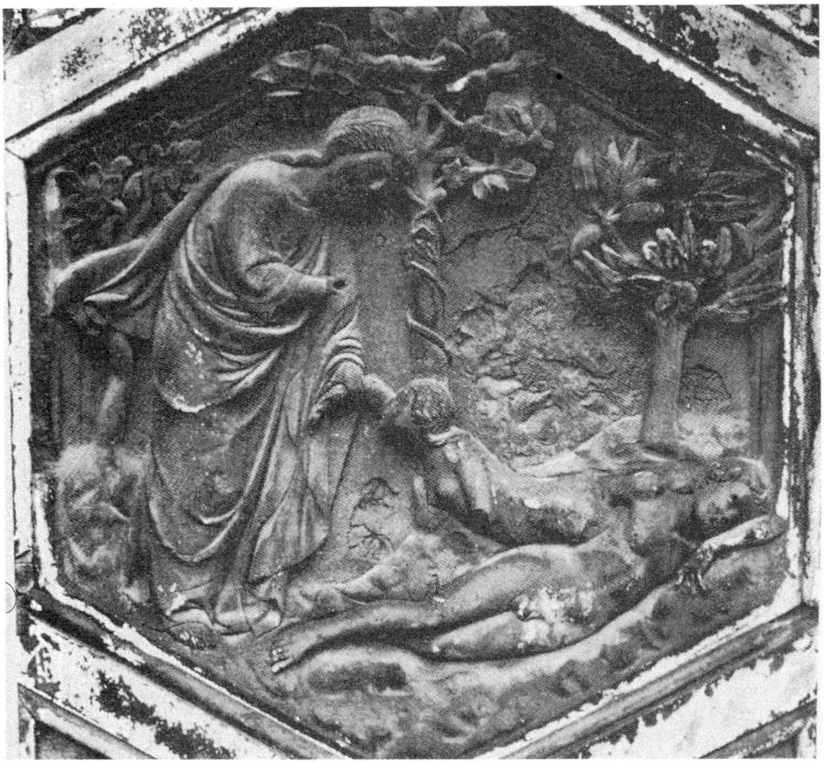

23. 安德烈亚 · 皮萨诺：创造夏娃，约 1340—43 年，佛罗伦萨钟楼

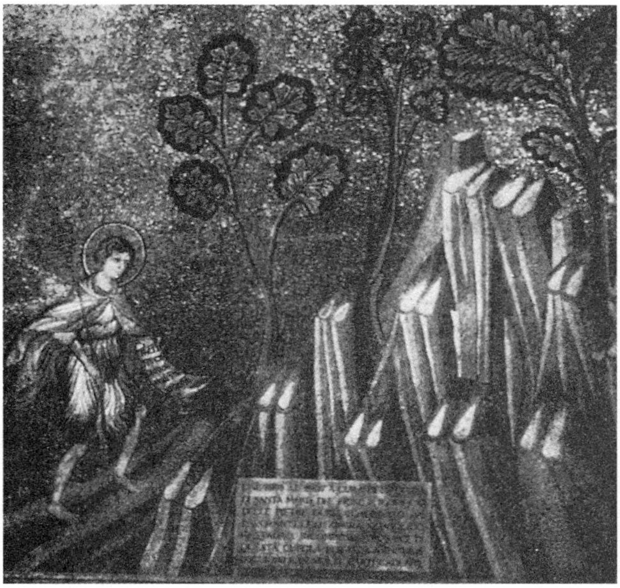

24. 荒原中的圣约翰，镶嵌画，13世纪晚期，佛罗伦萨洗礼堂

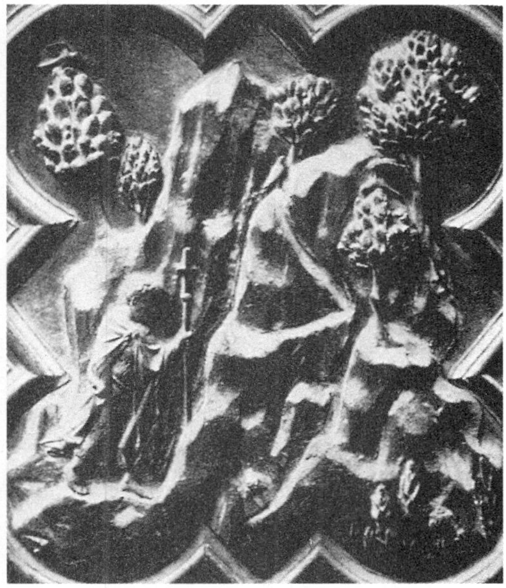

25. 皮萨诺：荒原中的圣约翰，图18细部

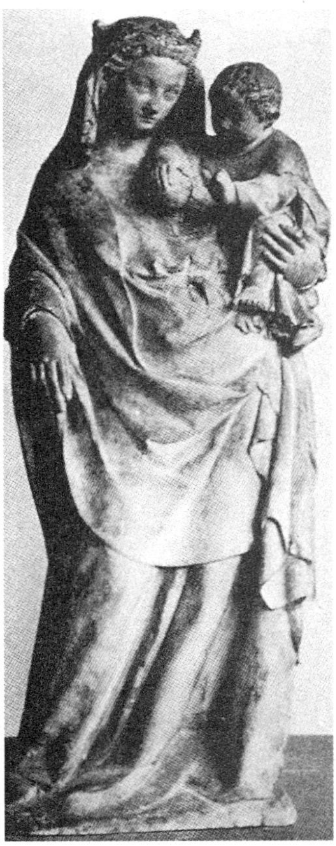

26. 勃艮第雕塑家：圣母子，14世纪下半叶。Paris, Louvre

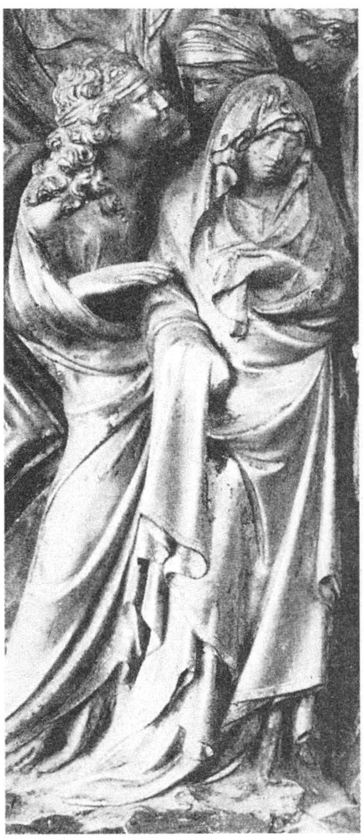

27. 吉贝尔蒂：受难途中，细部，

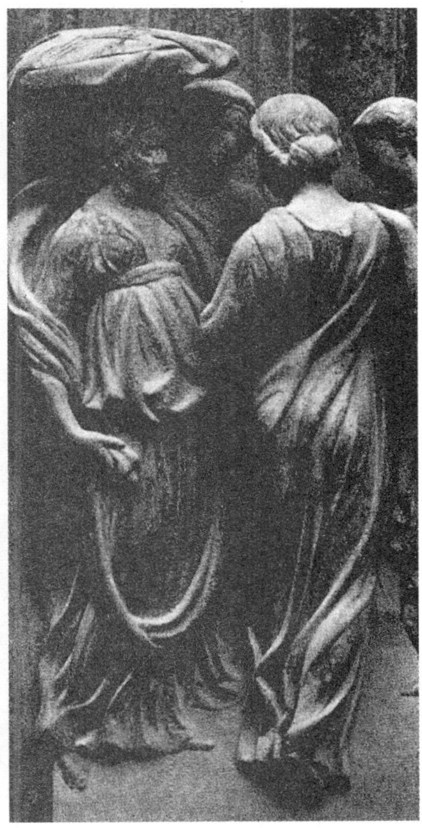

28. 吉贝尔蒂：伊赛克的故事，细部，第二道青铜大门

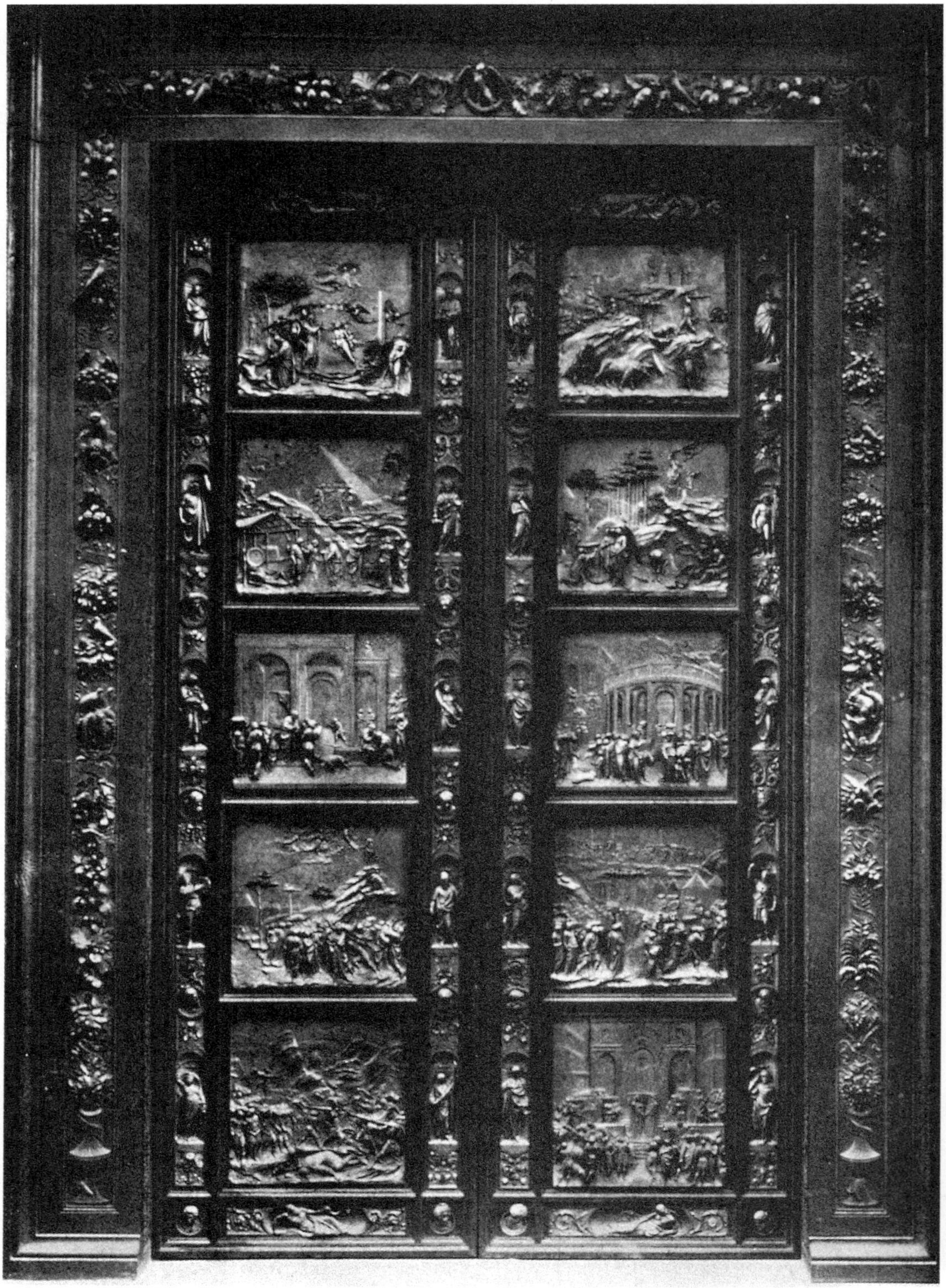

29. 吉贝尔蒂：第二道青铜大门，1425—52年，佛罗伦萨洗礼堂

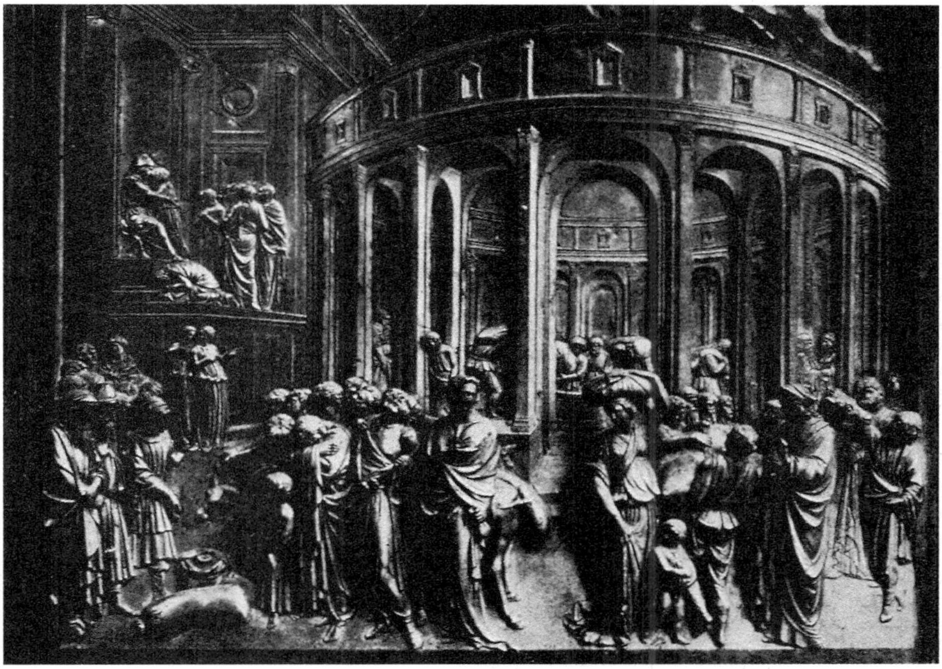

30. 吉贝尔蒂：约瑟的故事，图 29 细部

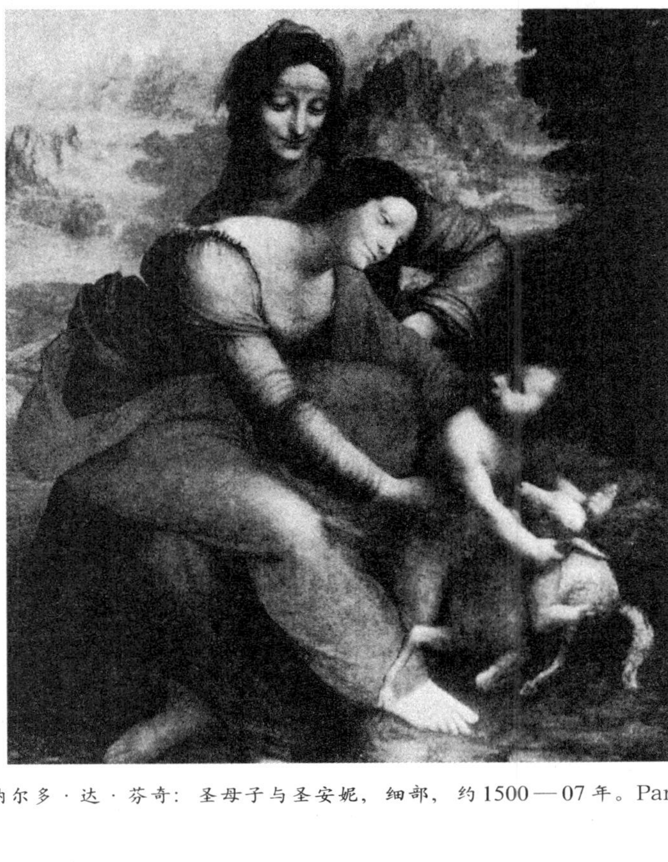

31. 莱奥纳尔多·达·芬奇：圣母子与圣安妮，细部，约 1500—07 年。Paris, Lcuvre

批评在文艺复兴艺术中的潜在作用
原典与情节[1]

THE LEAVEN OF CRITICISM IN RENAISSANCE ART. S. Singleton (ed.), *Art, Science and History in the Renaissance*. Baltimore, Johns Hopkins Press, 1967, pp. 3—42.

如果我们说的艺术批评是指对个别艺术品的优缺点做出详细的评价，我们就会发现文艺复兴遗留给我们的浩繁的艺术论著在这方面贫乏得令人失望。[2]人文主义者们的文化修养主要是在文学和修辞方面，尽管他们喜欢庆幸当时艺术正处于全盛时期，然而在面对一项特定的成就时，通常却不得不求助于从古典作家那里精选出来的套语。[3]他们在赞美艺术品的颂诗中，一般都满足于翻来覆去地使用古代警句诗作家们发展起来的程式，那些警句诗称赞人物形象栩栩如生时说“惟欠声音而已”。就连更专门的艺术论著也很少超出源于修辞学传统的一般论题。例如适合（即得体[*decorum*]），或者不同艺术的竞争（即比较[*paragone*]）的问题。后来在十六世纪，不同画派的纷争导致了关于素描即*disegno*和色彩即*colore*的相对重要性的讨论，但是，尽管这种对立提供了某种中伤米开朗琪罗或者提香的机会，然而甚至在这里那些著述家们也几乎没有认真解决批评的具体问题。

证据的性质

但是，尽管有这种主要是否定性的证据，然而从文艺复兴艺术家们的表现来看，他们似乎意识到了不断袭来的批评的存在。在某些方法和某些问题的处理手法的发展过程中，可以观察到一种具有目的性的方向，这显然表明存在着藉以评价绘画和雕塑作品的理性标准。只有这种标准的存在和对于成败的意识才能解释标志着“文艺的复兴”[rebirth of the arts]的那种竞争和实验精神。没有挑剔的倾向，就不会有改进某些艺术品质的愿望。[4]

本文的目的就是汇集几段文字来说明和验证这种解释。对于艺术史家们来说，这几段文字都不是新东西，但是它们也许仍然可以相互阐发，并进一步证实启迪新的艺术概念的那种批评精神的作用。因此，它们可以补充并更详细地说明我先前一篇论文“文艺复兴的艺术进步观及其影响”［The Renaissance conception of artistic progress and its consequences］中所提出的论点。[5]

在那篇论文中，我没有说明进步的观念，而把大家都持有并理解文艺复兴从古代继承下来的那种逼真标准看作理所当然的事情。但是，这个假定在某种程度上回避了一个重要的问题。我前面提到的那些惯用的赞词并不限于文艺复兴。拜占廷诗人也大量使用它们来称赞在我们看来决非逼真的作品，[6]薄伽丘［Boccaccio］赞誉乔托［Giotto］的那段著名的颂词也可以这样来看。[7]关键在于不明确地阐明逼真是由什么构成的，要做出否定性评价就不容易找到依据。绘画与雕塑作品造成的错觉毕竟总是相对的事情。在造成错觉上，斯吕特［Sluter］或扬·凡·艾克［Jan van Eyck］在某些方面是无法超越的。我们通常并不把他们的风格称为文艺复兴风格。[8]有什么证据表明存在一种标志着新运动的与以往不同的方法吗？

要充分了解文艺复兴是怎样一回事，往往从外部探讨它为好。研究意大利文艺复兴的史学家们面对众所周知的“分期”问题时可能会不知所措。但是，在罗马历史科学会议［Rome Congress of the Historical Sciences］期间又一次就这个纠缠多年的问题进行辩论时正如一位波兰史学家提醒同行们的那样，在以成熟的形式从意大利接受过来文艺复兴的标准与价值观的国家，不存在这样的困难。[9]在波兰，新运动的支持者们言谈与众不同，甚至穿戴也与众不同，简言之，他们着意突出自己和守旧的传统主义者之间的鸿沟。他们假如对艺术感兴趣，无疑会表明他们对哥特式形象的厌恶，就像德国的人文主义者表明他们对中世纪拉丁文的蔑视一样。在走到外面时，我们仿佛坐在了场边，得以近看新老标准间的较量。

丢勒的证言

阿尔布雷希特·丢勒［Albrecht Dürer］既把自己看作意大利文艺复兴的学生，又看作它的传教士。在他理论著作的初稿与最后定稿中，他始终一贯地努力向德国读者们解释新的艺术概念与他们学到的概念多么不同。尽管他小心翼翼地避免伤害读者的感情，却仍坚持认为，可以对德国哥特式绘画的传统方法提出批评，这有合理的依据。

迄今为止，我们德国许多有才能的孩子被安排在画家身边学艺，然而，师傅在教他们时没有任何理性原则，只是按照流行的习惯画法。因而他们在愚昧中成长，像未经修剪的野树。诚然，其中有些人通过不断的练习获得了纯熟的技巧，所以其作品画得很流畅，但事先未经考虑，只是随心所欲画成的。每当有见识的画家和真正的大师看到这种不经思考的作品，就会嘲笑这些人盲目无知，而他们的嘲笑并非不公允，因为对于有见识的人来说，最令人不快的莫过于画中的错误，无论在作品上下了多大功夫。但是，这些画家对自己的错误感到满意，这只是由于他们从未学过测量的技巧，而没有测量的技巧谁也不能成为出色的艺匠。[10]

此处丢勒的证言是宝贵的，这有两个原因。它进一步证实老一派的画家对自己犯的“错误”是“盲目无知”的，然而又坚持认为，以新标准培养起来的画家批评这些错误，认为它们可笑，是正确的。有丢勒作证是再好不过的，因为丢勒的话毫无疑问来自于亲身体验。由于在沃尔格穆特［Wolgemut］作坊受过传统的训练，因此他自己一定体验过发现这个画派的绘画有这样多错误时的震惊心情。一旦能变幻出令人信服的内景的透视威力展现在他的面前，自然要问在佩林斯多弗尔祭坛［Peringsdoerffer Altar］的一块饰板画上圣路加［St. Luke］如何能看到他要画的那位圣母（图32）。一旦曼泰尼亚［Mantegna］的雕版画向他揭示了结构正确的人体的特点（图33），在他看来德国雕版画家们的程式（图34）自然一定显得陈旧而且简直是错误的。

实际上正是这两项成就使丢勒毫无保留地承认文艺复兴的优越性。在请一位人文主义者朋友为他的“论测量”作序时，他请求这位朋友记住“我高度赞扬意大利人画的裸体，尤其是透视”。[11]丢勒毫不怀疑，“测量”即数学可用来消除透视的错误（图36）。表现裸体的问题更难以捉摸。因为需要的不仅仅是准确。意大利人似乎还拥有另一个奥秘，美的奥秘。在丢勒的著作中，最动人的莫过于他对这谜一般的问题进行的苦苦思索（图35）。美也是测量的问题吗？他年轻时，当雅各布·巴尔巴里［Jacopo Barbari］第一次让他看根据测量来画的一个男人和一个女人的形象时，他曾相信这一点：

那时，我想弄清他的见解甚于想得到一个新的王国……但是那时我还年轻，从未听说过这类事情……而且我明显注意到上面提到的雅各布并不想对我清楚地说明他的方法。但是我自己动手来解决这个问题，阅读了威特鲁威［Vitruvius］的著作，他写过一点关于人的肢体的东西。[12]

丢勒毫不怀疑，他在寻求的奥秘实际上曾有人知晓并载于典籍。确实，在他看来正是这些书的佚失造成了艺术的衰退：

普林尼［Pliny］的著作中提到，许多世纪前曾有过几位了不起的大师，例如阿佩莱斯［Apelles］、普罗托格尼斯［Protogenes］、菲狄亚斯［Phidias］、普拉克西特利斯［Praxiteles］、波利克里托斯［Polycletus］、帕拉修斯［Parrhasius］等。其中有些人写过颇有见地的论绘画的著作，但是很可惜它们都佚失了。因为我们找不到那些书，而且我们也缺乏他们的丰富的知识。

我也没有听说现在有哪位大师正在写书或者出书。我想不出是什么造成了这方面的空白。因而我想尽可能把我所学到的一点东西写出来，以便强于我的人能发现真理，证明我现在的工作中的错误从而加以纠正。我会为此感到高兴，因为即使如此，真理也是以我之故才被发现的。[13]

丢勒以如此感人的谦虚态度所征求的批评，当然涉及到艺术的理性基础。正是由于丧失了这些理性基础，才使得艺术“灭绝，直至一个半世纪前它再次被发现为止”。[14]

在讨论这种丧失的原因时，丢勒十分清楚地说明，他们谈论的是艺术手段而不是艺术目的。那些毁掉书籍的人把这两者混为一谈。艺术是一种工具，而任何一种工具，比如剑，都既可用于行善，也可用于作恶。[15]因而他会向教父祈求：

哦，我敬爱的圣主和教父！不要因为它们能作恶之故就令人惋惜地扼杀高贵的艺术发明，那是用大量的精力与汗水才得到的东西……因为，异教徒为他们的偶像阿波罗［Apollo］所定的比例，我们将用于至善至美的我主基督身上，而且正如他们把维纳斯［Venus］看作最美的女人，我们将纯洁地用同样的形象来表现最最贞洁的圣母，上帝之母……。[16]

因此，十分清楚，美像透视一样也是艺术的一种手段，一种存在着衡量标准的手段，无论要明确这些标准有多么困难，无论丢勒多么清楚地意识到自己对这个奥秘一无所知。在这方面，唯一的改进办法也在于听取批评。因为画家太容易喜爱自己的作品，就像母亲喜爱自己的孩子一样。[17]所以在这些事情上谁也不要相信自己的判断。即使生手通常也能发现错误，尽管他可能说不出如何改正。[18]喜欢挑剔的人又要受到鼓励了。

只要人们能普遍采取这种态度，艺术肯定会取得远远超过现在的进步。我还没见过有更早的叙述（甚至后来的也很少）比下面这段文字更清楚地表达了这种信念：

因为我确信，许多杰出人物仍会涌现出来，关于这门艺术，他们写得和教得都会比我好。因为我自己很看不上自己的艺术。因为我了解自己的缺点。因此，但愿有人来尽可能改进我的缺点。但愿我现在就能看到尚未出世的那些未来的大师的作品和技巧，因为我相信那会使我大大提高。啊，多少次我在睡梦中看见了伟大的艺术和美妙的事物，那是在醒来之时永远想不到的。当我一醒来，就再也回忆不出了……。[19]

苏格拉底［Socrates］宣称他比别人知道得多，因为至少他知道自己是多么无知。丢勒有权重复苏格拉底这句骄傲的话。他年轻时的哥特式艺术大师们对自己的错误盲目无知。文艺复兴运动使这位艺术家眼睛明亮了。他现在知道了，存在着自己的作品尚未达到的理性标准。甚至在他觉得自己已改进了艺术的地方，他和他的继承者面前仍然摆着通向完美的道路。接受文艺复兴的艺术概念就意味着接受进步这个观念。因此，批评意味着一种历史观，比丢勒晚一代的瓦萨里［Vasari］在《名人传》［*Vite*］初版中所蕴含的那种历史观。

瓦萨里的《名人传》：事后认识的利与弊

心中想着丢勒的这一番陈述来阅读瓦萨里的著作，就会以新的眼光看待瓦萨里所面临的任务。他的关于艺术是对某种问题的处理手法的主要概念无疑为他提供了选择原则，只有这个原则才使他能够撰写历史，而不仅仅是编年史。众所周知，在他看来“从契马布埃［Cimabue］起”的艺术复兴史是把艺术向他的理想推进的那些贡献的历史。S. 列昂捷夫·阿尔珀斯［S. Leontief Alpers］在一篇值得注意的文章中表明瓦萨里已对艺术的目的和手段做了区分。[20]我们发现在丢勒的文章中也蕴含着这种区分，如果我们未能做出这种区分，就很可能误解瓦萨里的著作。阿尔珀斯教授并非特意引用的一段文字十分简洁地说明了这一目标。这段文字见于“锡耶纳的巴尔纳传记”［Life of Barna da Siena］，瓦萨里描写了这位他非常钦佩的十四世纪画家所作的一幅湿壁画，此画现已不存：

> 有一幅画表现一个青年被押赴刑场，画得精彩之极。人们可以在他的面容上看到那种逼真的苍白和对死亡的恐惧，这是应该得到最高的赞美的。在青年身旁有个修士在安慰他，姿态的构思极好，总之，这幅作品中的一切都画得如此生动，显然巴尔纳曾把这段极可怕的情节想象得恰如当时必然发生的情况一样，充满了最痛苦最严酷的恐怖，因而笔下画来如此精妙，即便是起初事件本身所能激起的情感也无过于此。[21]

瓦萨里这样描述一幅显然既缺乏正确的透视又缺乏对解剖知识的精通的作品，表明他很能体察早期画家的心理，用丢勒的话说，那时的画家还是“盲目无知的”，他们看不出自己的错误。

无可否认，当瓦萨里论述艺术手段的发展时，有时加进了自己的事后认识。在几段文字中，他认为从前的艺术家对自己的技法不满，而这种不满只有他们能预见到后来的改进时才会感觉到。他在“安东内洛·达·梅西纳传记”［Life of Antonello da Messina］中对油画发明的记叙是个恰当的例子，由于它涉及技法问题，而瓦萨里把技法看作艺术的一部分，因此，更有教益：

> 当我思考许多坚持“第二种风格”的大师们为绘画艺术带来的益处和做出的有用发明所具有的与众不同的特性时，在考虑他们的成就时，我必须认为他们是真正勤勉而卓越的，因为他们做出巨大努力要把绘画提到更高的水平，不顾困难

和代价，也不顾个人利益……

在恪守在画板和画布上只使用蛋彩［tempera］的方法时（此方法1250年由契马布埃在与那些希腊人一起工作时所创始，后来从乔托始直到我们所谈论的时代一直沿用），人们总是遵照同样的程序……然而艺术家们十分清楚，蛋彩画缺乏某种柔和生动的效果，如果能达到那种效果，就会使这些画的构图设计更优雅，色彩更艳丽，调色更方便，而不用总是使用画笔尖。但是无论多少人绞尽了脑汁寻求这种东西，到那时止却没有人找到适用的……许许多多艺术家谈论过这些事，而且讨论过多次，然而毫无结果。在意大利之外从事绘画的许多杰出人物，如法国、西班牙、德国以及其他国家的画家，也有同样的愿望。[22]

后面瓦萨里关于扬·凡·艾克怎样偶然发明了油画的那段著名的叙事，我们就不必赘引了。[23]重要的是他往往把现在投射到过去，设想用蛋彩作画的艺术家在渴望着他们所不知道的技法。不妨说这是不大可能的。安杰利科修士［Fra Angelico］用这种媒介画他的珠光宝气的板上画时得心应手，为什么会对它不满呢？伟大的艺术家无疑在手段的局限内进行创作；实际上，这些限制既提出挑战，又赋予了灵感。因而我们可以摒弃瓦萨里对于人们为克服这些局限而频繁讨论的描绘。即使如此，各种配方确实在艺术家中间流传，这也是那个时代的特点。我们可以肯定，有许多人极想了解新的方法，包括一些使用油的方法（在凡·艾克之前已经有很多这样的方法）。

关键无疑是，一旦声称存在某种经过改进的方法，任何称职的艺术家都想试一试，即使从前对旧的程序用得得心应手也不例外。如果我们想象安杰利科修士因他的媒介缺乏柔和生动感到遗憾，那么事后认识会歪曲我们的观点，然而，如果事后认识使我们注意到油性颜料迅速战胜蛋彩的原因，它则显示了它的威力。

因为无论瓦萨里如何简化了这一发明和它从佛兰德斯传到意大利的故事，然而可以表明，油画一旦被人们所知，就成了需求的对象。[24]我们还从韦斯帕夏诺·达·比斯蒂奇［Vespasiano da Bisticci］的可靠记载中得知，那位杰出的艺术保护人费代里戈·达·蒙泰费尔特罗［Federigo da Montefeltro］让画家们从尼德兰来到意大利，因为他想要用新技法画的作品。[25]

当然，到瓦萨里的时代油画已取得胜利，蛋彩画几乎被人遗忘，这个事实特别激起瓦萨里尝试一下蛋彩画。[26]在瓦萨里的记叙中往往使我们讨厌的仅仅是这个假定，即任何改进都一定经过了努力，那种仍然缺少那项改进的人认为没有它就是低能的标志。我重复一下，在这方面丢勒更明智些，因为他是根据经验说话的。

事后认识的一些弊端已经使比瓦萨里的《名人传》离我们更近的历史受到损害，往往使艺术史成为往昔如何力争成为现在的故事，[27]但是，尽管我们必须承认这些弊端，却不可因为我们意识到这些局限而认为瓦萨里的整个记叙是非历史的，因此不予理会。

以他对西尼奥雷利［Signorelli］——他带着敬意回忆这位在自己年轻时鼓励过自己的亲戚——的论述为例：

> 杰出的画家卢卡·西尼奥雷利……当时被认为在意大利更有名气，他的作品比以往任何时期的任何人都受到更高的赞扬，因为他在画中显示了再现人体的方法，这方法虽有技巧和难度，但能使人体显得逼真。他是皮耶罗·德拉·弗兰切斯卡[Piero della Francesca]的追随者和徒弟，年轻时曾作出巨大的努力模仿甚至超越师傅……在……奥尔维耶托[Orvieto]……他以神奇莫测的构思描绘了世界末日的全部故事，天使、魔鬼、废墟、地震、敌基督[Antichrist]的奇迹和其他许多诸如此类的东西；此外还有人体，透视缩短的其美无比的形象，在想象着那可怕末日的恐怖。由此他启发了所有后来人的思想，他们因而发现那种风格的难处原来却很容易。因此，我毫不惊讶卢卡[西尼奥雷利]的作品总是得到米开朗琪罗的高度赞扬，也不惊讶[米开朗琪罗的]《最后的审判》[*Last Judgement*]中的某些东西部分地稍稍剽窃自卢卡的构思，例如天使、魔鬼、天界秩序及其他一些有目共睹米开朗琪罗模仿了卢卡的作画程序的东西……。[28]

我们可以反对这种典型的把一个艺术家的成就看作仅仅是通向米开朗琪罗的最重要创作的踏脚石的评价（图38）。我们在游览奥尔维耶托时（图37）宁愿忘记西斯廷礼拜堂[Sistine Chapel]的《最后的审判》，这是正确的，但是我们能确定西尼奥雷利不承认米开朗琪罗技高一筹吗？即使他从未见过《最后的审判》，我们也知道他确实参观过米开朗琪罗在罗马的工作室，遗憾的是，他没有受到瓦萨里的记叙使我们期望的那种款待。[29]这件事本身与我们的论题无关。重要的是，西尼奥雷利的年轻些的同时代人丢勒坦率地承认，在表现美的人体上仍有许多东西要学习，将来更杰出的大师们会实现他只能在转瞬即逝的梦境中看到的东西。西尼奥雷利是否也做过这样的梦？他是否发现米开朗琪罗实现了他曾经想做的事情？这些无疑是无关紧要的问题，但这些问题至少使我们能对瓦萨里所描述的文艺复兴持更为公正的态度，在"米开朗琪罗传记"气势磅礴的开头部分，描述达到了高潮：

> 当精勤不懈而又聪慧绝伦的人，受到名震遐迩的乔托及其追随者的启迪，努力向世界证明他们的价值，证明他们得自高悬的吉星与和谐的气质所赋予的天禀，当他们想以自己的精湛技艺与自然的宏伟比美，竭力达到众人称之为真理视象[vision of truth]的最高知识，当他们都在徒劳无益地忙碌，这时，上苍之主垂顾大地，俯视这所有的奋斗杳无所获，热切的努力毫无成果，察悉他们的自负远离真理犹如黑暗远离光明，便决定从众多的谬误中拯救我们。于是派遣一位英才降临，他会全面掌握各种技艺和各种专业，而且独自一人就展示了素描艺术的完美……。[30]

显然在这里我们不能从表面价值上去理解瓦萨里的历史观。安杰利科修士妄图画得和米开朗琪罗一样这种观念，现代读者一定又觉得荒唐可笑。但是，安杰利科修士希望和米开朗琪罗一样完善地掌握表现人体的技巧这种观念难道也同样天真吗?要说天真，只是因为这种形式的问题无法回答。回答这个问题也许意味着判定他在多大程度上仍属于中世纪传统，在多大程度上属于文艺复兴。我不希望被误解，我并未声称中世纪的艺术家或艺人从未体验过这种“神圣的不满”。我们可以用但丁［Dante］的话表达它，他说一切“*artista*”［艺术家］总有技穷的一天（《天堂篇》，XXX，31），材料阻碍了形式（《天堂篇》，I，127），手不免发抖（《天堂篇》，XIII，76）。[31]但是，这种不满是否一定由丢勒后来称作绘画中的“错误”的东西引起，我们就不得而知了。这个观念显然以艺术要达到栩栩如生的形象的目的所必须解决的问题的明确概念为前提。

如果像证据所表明的那样，公众，包括学者，确实往往乐于把更宗教式的风格［more hieratic styles］的程式看作符合这一目的，我们就又一次面临着为什么这种风格总是朝着有利于更大的视觉真实的方向变化的问题。批评的那种潜在影响是如何产生的，哪些人是它的传播者?瓦萨里没有做出完整的回答，但是他无疑表明他自己已意识到批评环境的重要性。他确信只有在艺术家云集和激烈竞争的地方，环境才会有利于他心目中的那种进步。例如，他正是这样解释了多纳太罗［Donatello］从帕多瓦回到佛罗伦萨的原因：

由于他在那儿被看成奇才，得到每个有见识者的赞赏，他决定要回佛罗伦萨，因为如他所说，倘若他再呆下去，就会忘掉被大家称赞的他所知道的一切；他自愿地回到故乡去不断遭受谴责，因为这些非难会使他更加勤奋，从而获得更多的光荣。[32]

瓦萨里的“佩鲁吉诺传”中更清楚地阐明了佛罗伦萨人的这个奥秘，他说是佩鲁吉诺雄心勃勃的老师讲过这个教训，他告诉他的学生：

正是在佛罗伦萨而不是其他任何地方，人们对一切艺术尤其是绘画达到精通，因为在那个城市里，人们受到三件事的鞭策。第一件是许多人大施诋毁辱骂，因为那儿的空气有利于天然的思想自由，人们普遍地不满于平庸，而且一向比尊敬个人更注重于崇尚善与美。第二个原因是，若要在那里生活，就必须勤奋，就是说总要用心思考，进行判断，干活要敏捷迅速，最后还要善于赚钱；佛罗伦萨没有物产丰富的广大农村，而如果有广大的农村，人们就能在那里悠闲地生活，像货物充裕的地方那样。第三件事的重要性也许不亚于另外两件，即对光荣和名誉的渴望，它在很大程度上是由各行各业的人们的风气造成的，它不允许任何头脑健全的人让别人与自己水平相等，更不用说落在他们认为与自己相似的人的后面了，即使他们承认那些人是大师。实际上这种风气常常使他们只希望自己独秀众侪，以致除非本性仁慈或明智，否则就会变得言词刻毒，忘恩负义。的确，一旦某人在那里学到了足够的本领，又不想日复一日地像动物那样生活下去，而是想发财，就必须离开那座城市，到国外用自己作品的质量和佛罗伦萨的声望换取钱财，就像那些医生靠佛罗伦萨大学的声望行医一样。因为佛罗伦萨对待自己的艺术家就像时间对待自己的造物一样，造就他们又使他们消失，一点一点地把他们消磨殆尽……。[33]

毫无疑问，这段精彩的社会学分析在某种程度上也得之于事后认识。它在原来的上下文中用来说明佩鲁吉诺的艺术生涯，他在佛罗伦萨的温室中成长为伟大的艺术家，其后又偏爱不太苛求的环境，在那种环境中他利用他曾经发展起来的风格尽可以自我重复。实际上，瓦萨里在“佩鲁吉诺传”将近结尾处继续讲述了这位艺术家晚年为佛罗伦萨所作的一幅画“遭到所有新的艺术家们的痛骂”，主要是因为在那幅画中佩鲁吉诺使用了从前用过的形象（图39—40）。甚至朋友们也责备他不肯下功夫，但是佩鲁吉诺回答说：

“在这幅画中，我画了你们在别的时候曾赞扬过、当时使你们非常快乐的形象。如果这些形象现在使你们不快，你们不赞扬它们了，我有什么办法呢?”但是他们继续写十四行诗、进行公开的辱骂来折磨他。[34]

佩鲁吉诺在晚年因自我重复而遭到批评的事实被保罗·焦维奥[Paolo Giovio]进一步证实。[35]然而瓦萨里所记载的他的这个回答是完全合乎情理的。用丢勒的著述中所阐明的那种文艺复兴艺术的明确标准来衡量，没有任何理由认为某种高超的处理手法是不应重复的。佩鲁吉诺那些祭坛画毕竟并不打算都并置在一起让人观看，既然画中没有错误而且大量体现了美，那么当爱挑剔的佛罗伦萨人突然提出又一条衡量卓越性的标准即独创性的标准时，他很可能感到愤愤不平。

人们会记得，瓦萨里还告诉我们提出这种批评的是些什么人。正是“新的艺术家们”，换言之，批评家们，并不太关心一幅特定的祭坛画在特定的环境中是否十分适合它的目的的问题，而是对问题的解法有职业上的兴趣。我们可以补充一下瓦萨里的记述，艺术家们确实见过佩鲁吉诺的许多作品，即使不是并列地见过也是先后见过，因为他们对艺术感兴趣。因此他们对自我重复的画师感到不满。他已开始令他们厌烦了。

但是，如果我们可以相信瓦萨里所简要叙述的典型情况，那么新的艺术家们也赢得了公众的赞同。他们拿得出新颖的、更令人信服的解决手法，使先前的手法突然显得有所不足。即使佩鲁吉诺的公众像沃尔格穆特的公众一样，曾经是“盲目无知的”，曾经和这位艺术家一样满足于他的纤巧的风格，新的大师们也表明那种风格并不完美。

在描写弗朗切斯科·弗朗恰［Francesco Francia］和佩鲁吉诺的新的甜美与色彩的和谐时，瓦萨里以他惯常的热情写道：

一看到它，人们就发狂般地向那新的更生动的美跑去，因为在他们看来绝对不可能画得更好了。但是，莱奥纳尔多·达·芬奇的作品清楚地表明那些人错了……（《第三部序言》）。[36]

此处选择莱奥纳尔多作为其作品揭示了佩鲁吉诺的成就的局限性的艺术家是十分适宜的。因为正是莱奥纳尔多在《绘画论》［*Trattato della Pittura*］中写道：

> 画家啊，如果你取悦于最优秀的画家，你就会画出好画，因为只有这些人才能真正评判你的作品；但是如果你想取悦于那些不是大画家的人，你的画中就不会有什么透视缩短，不会有什么鲜明的轮廓和生动的姿态……。[37]

艺术问题的解决和创造

本文的论点正是在这里和前面那篇关于上文所引的文艺复兴的艺术进步观念的论文联系起来了，在那篇论文中我也提到了莱奥纳尔多的话。那篇论文是关于 *dimostrazione*［示范］的观念的，即对文艺复兴所特有的新颖性［ingenuity］的展示。但是新颖性本身也许总是有着它的赞美者，而且没有什么艺术传统不赞扬对技巧的展示。然而在许多社会中，这种技巧在于手的灵巧，在于外行很容易了解的耐心而精确的技艺，我们都知道那繁复的浮雕细工，对细节的精雕细刻，它使名胜的导游夸口说，这完全是手工制做的，上面的母题都各不相同。对技艺的称赞常常夹杂着对珍贵材料的敬畏：通常在珍品陈列柜中才能见到的珍珠、珊瑚或宝石。如果我们想这样做，在这种情况下我们也可以谈论问题的解决手法——无疑是如何练得熟练之手的问题和如何摆弄黄金和象牙的更大的问题。但是，被看作艺术进步的 *dimostrazioni*［示范］却完全是另一回事。称赞它们的是能意识到它们的困难和它们与最主要的艺术问题的关系的行家。人们可以改动一下一句著名的格言：问题不仅应当解决，而且应当让人们看到它们得到解决。确实，某些艺术作品的主要趣味和主要社会功能就是得自这种示范的性质。布鲁内莱斯基［Brunelleschi］已失传的示范透视法则的板上画提供了最著名的例子。[38]可以把它们说成是运用了几何学的实验，以便使艺术家们相信布鲁内莱斯基作图法的有效性。我们是否应当把这些板上画称为艺术品，这是个可以讨论的问题。但是，仅仅丢勒的证言就足以表明，人们觉得这种示范是与艺术相关的。任何已解决的问题，任何已克服的困难都在公众的心目中为作品凭添了趣味，他们像我们当代人注视宇航事业的进步一样，注视着艺术家们再现自然的技巧上的进步。

下面援引一段在前面一篇论文中不曾引用的文字：在描写为制作第一批洗礼堂大门（图41—42）进行的竞争时，1470年左右为布鲁内莱斯基作传的无名氏作者认为评审团理所当然地受到这些考虑的影响——或者，在观看他的浮雕时，评审团无论如何应当受到了这些考虑的影响：

> 他们对他曾面临的困难感到惊异，例如，亚伯拉罕［Abraham］手摸下巴的姿

态，他的活力，衣饰，以及对他儿子躯体的处理和修润的方式，对天使的衣饰和姿态的处理和修润方式，他紧抓着亚伯拉罕的手的模样，从脚上拔刺的人和俯身喝水的人的姿态、处理和修润，在这些形象中有多少困难啊，他们又是多么出色地扮演着自己的角色，结果所有肢体无不生机勃勃，再现的牲畜的动作及其修润也是如此，其余的一切也都和整个叙事一样生动。[39]

真不知道这个特定评价在多大程度上反映了布鲁内莱斯基本人的意图。他想使自己手下的形象显得逼真而富于戏剧性，这是确定无疑的。他是否也想通过采用“拔刺者”和喝水者的形象来展示他所克服的困难，这就是个迥然不同的问题了。此处的问题也许在于要他图解的那段叙事。听到可怕的呼叫后，亚伯拉罕“备上驴，带着两个仆人和他儿子以撒［Isaac］”上路了。到第三日，他举目远远地看见指定的地点，就叫两个仆人和驴在那里等候，而他继续走向燔祭之地。因此，两个仆人应包括在故事中，但他们在献燔祭的行动中没有起作用。真正的困难是如何在四叶形中再现他们而又使他们不像是主要事件的目击者。此处吉贝尔蒂［Ghiberti］的处理手法也许更好一些，不过也更墨守传统。他在两个仆人和主要行动之间安排了一件舞台道具，此外又采用了乔托作品中常见的手段，即两名旁观者互相对视，仿佛要弄清伙伴的反应。布鲁内莱斯基显然摒弃了这种传统手段，因此，他必须为他的形象未看到主要场面做出解释，于是让一个仆人忙于拔脚上的刺，让另一个仆人俯身喝水。

即使如此，马内蒂［Manetti］对他的主人公选择的困难的姿态的赞扬也反映了十五世纪出现的一条批评标准。然而，它的表述并不是新东西。它来自古代，是昆体良［Quintilian］在就有力的姿势的问题向演说家提出忠告时把姿态的多样性与困难这一标准流传给文艺复兴。

稍稍偏离既定的与传统的规则常常很有益处，这样做有时也是正确的，正如我们看到，在雕塑和绘画中，衣服、面部和姿态常常有些变化。因为笔直的身体几乎毫无优雅可言，脸也不应正视前方，两臂也不应垂在体侧，脚也不应并拢，使整件作品从头到脚显得僵硬死板。某种弯曲（我几乎可以说是动作）使人觉察到行动和感情。因而，手也不应千篇一律，面孔也要千变万化。有的人奔跑，作着激烈的运动，有的人坐着或躺下；这个人裸体，那些人着衣，有的人半裸体半着衣。还有什么比米龙［Myron］的掷铁饼者［*discobolus*］（图43）更扭曲而精致呢？然而，如果有人因为它不直而不赞成它，难道他不会是对这种新奇与困难本身尤其值得赞扬的一种艺术缺乏理解吗？[40]

现在，人们更经常地把 *distortum el elaboratum*（扭曲而精致）的标准与手法主义时期相联系，我们会看到，这是不无道理的。但是，即使在手法主义中，在要评价某些问题解决的正当性时，文艺复兴的批评标准也未失去效力，强调这一点更为重要。只有在达到这些最高的标准时，新奇与困难即 *novitas et difficultas*，才是值得赞扬的。在这方面最有特色的情节是巴乔·班迪内利［Baccio Bandinelli］的《赫拉克勒斯与卡科斯》［*Hercules and Cacus*］的故事（图44）。它在各个方面都说明了文艺复兴遗留给十六世纪的雄心勃勃的气概和对名望的渴求。[41]班迪内利用计谋夺得最初指定给米开朗琪罗的大理石，他夸口说他在完成米开朗琪罗曾计划制作的《赫拉克勒斯与卡科斯》时会超过《大卫》［*David*］，他未能成功地设计出适合石料的图稿，1534年当完成的作品公之于众时遭到佛罗伦萨人充满敌意的评价，这些瓦萨里都讲述得十分清楚。然而，是班迪内利的死对头本韦努托·切利尼［Benvenuto Cellini］在他的自传中的一件展示作品为我们保留了对这组班迪内利所自夸的群雕进行的批评：

这个天才的画派说，如果剃掉赫拉克勒斯的头发，就剩不下足以容纳大脑的头部了；至于他那张脸，人们弄不清它是人的面容还是狮-牛的面容；他丝毫未注意自己在干的事情；脸十分蹩脚地安在脖子上，缺乏技巧，毫不优美，人们从未见过比这更糟的东西；他那两只丑陋的肩膀就像驴的驮鞍的两个鞍头；胸部及其余的肌肉不是按照人塑造的，而是仿照靠墙直立的装满甜瓜的旧麻袋。腰也似乎是仿照装满长葫芦的麻袋塑造的；人们不知道是用什么方法把两条腿安在那丑陋的躯体上，因为人们不知道他在用哪条腿站着，或者他在哪条腿上表现出身体的压力；他更不像靠两条腿支撑（那些懂得一些如何再现人物形象的画师有时习惯这样画）。不难看到，他的身体向前倾倒不止于三分之一臂长［braccio，或译意尺］。因为仅这一点就是蹩脚的平庸画师所犯的最大、最无法容忍的错误。至于手臂，他们说两臂下垂得一点不优美，在其中也看不出任何艺术感，仿佛你从未见过真实的裸体；赫拉克勒斯的右腿和卡科斯的右腿在腓部混为一体，若把两人分离开，那么不只其中一个人，而是两个人都会在接触部位缺少腿肚子。他们说，赫拉克勒斯的一只脚埋在土里，而另一只，似乎下面有火似的。[42]

我们的时代重新发现了手法主义并降低了古典艺术的标准的地位，从而对这种苛评的公正与否提出了疑问。毕竟可以说，班迪内利从未力求自然主义地逼真表现肌肉发达的男子，因此公众的批评未能抓住其作品的要点，正如后来未能抓住爱泼斯坦［Epstein］或毕卡索［Picasso］作品的要点一样。确实，班迪内利本可控告切利尼，因为他那众所周知的抨击显然出于恶意。然而从方法论的观点看，不过于轻率地忽视是很重要的。人们发现一个艺术家没有做到某件事，就论证说他并不想做这件事，这总是有吸引力的。我们总能通过事后认识为他未能解决的问题编造一个可以说他已解决的问题。如果某人未命中靶心，我们总可以说他自觉或不自觉地不想命中，而我们的说法甚至可能是对的。但是这种技巧我们用得越老练，就越少产生真知灼见。一位企图超过米开朗琪罗的十六世纪雕塑家无疑不会声称他对准确表现人体漠不关心。班迪内利牺牲解剖学的合理性而试图表现超人的力量和能力，实际上可以指责他不守规矩。在欣赏某些艺术品时无论侧重点如何转移，正确的设计依然是要求艺术家遵循的一条标准。

在这方面，把手法主义解释为“反古典的”风格有时容易模糊艺术标准的连续性，而唯有这种连续性才解释了瓦萨里对文艺复兴的深刻理解。

因为就在瓦萨里为自己的文献杰作的初版进行最后润色的期间，有人真的请这位画家显示一下他对文艺复兴的中心问题的解决办法。让我们了解到对这位画家的这个挑战的文件尽管很长，却值得全文援引，因为它不仅说明了瓦萨里等人的艺术理想，而且进一步证实了作为刺激物的批评的重要性；我们记得，关于这种重要性，瓦萨里写得非常有说服力。他是根据经验写作的，因为安尼巴莱·卡罗[Annibale Caro]在他写于1548年的信中表明，瓦萨里新近完成的作品造成了一种混淆不清的印象，他最好消除一下这种印象。这位艺术家刚刚用了一百天的时间完成了罗马的Cancellaria［大臣宫］的一组湿壁画，从而赢得声望，但也招来了批评。[43]卡罗的信开头一段提到了这一情况；最后几句话指的是《名人传》，卡罗作为顾问和文体家也为此书出过一份力：[44]

安尼巴莱·卡罗自罗马致佛罗伦萨的乔奇奥·瓦萨里，1548年5月10日

我希望拥有一幅您亲手画的精品，这既是为着您的声誉，也是为着我自己的满足；因为我想把它拿给某些人看，他们只知道您画得很快，却不太清楚您画得很精妙。因为不想在您忙于大事的时候打扰您，我和博托［Botto］商量了此事。但是既然您自己最近表示要现在就画，您可以想象得到我是多么高兴。至于画得快慢悉听尊便，因为我认为，当你像作画那样激动得发狂时，事情办得既快又好也是可能的，绘画在这方面也和所有其他方面一样与诗歌非常相似。世人都以为画得慢一些就会画得好一些，这固然不错，但这是可能之事而非必然之事。甚至可以说，正是那些不自然、不精巧，以开始时的同样的激情一直画下去的作品结果却更糟。我也不希望您认为，我想拥有您的一幅画的愿望并不迫切，以致不会耐心地等待。即使如此，我也希望您知道，我说的是“不要急”，要慎重和勤勉，但也不要过于勤勉，就像你们说的那人一样，一画就放不下手。[45]但是在这里我安慰自己说，即使你最慢的动作也比其他人最快的动作快；我确信您不管用什么方法都会使我满意，因为除了您就是您这一点之外，我十分清楚您对我颇有好感，我也看到您多么热情地着手这件特殊的事情。从您欣然应允做这件事情上，我已预料到作品将极其完美，所以您应该在最方便的时候以最方便的方法来画它。

至于题材的构思，我也让您自定，因为我记得绘画和诗歌还有另一个相似之处；由于您既是诗人又是画家，由于诗人和画家表达自己的思想和观念往往比其他任何人都更激昂热烈，因此就更加如此了。假如有一男一女两个裸体形象（它们是您的艺术中最有价值的主题），您可以随意构想任何故事和任何姿态。除去这两个主人公外，如果有许多其他形象，只要画得小些远些，我就不介意；因为在我看来，大片风景会使画面更优美并且造成纵深感。如果您想知道我自己的意愿，我认为，阿多尼斯［Adonis］和维纳斯会构成您能画的两个最美的人体的一种排列方式，尽管以前有人这样做过。至于这一点，您最好尽可能贴近忒奥克里托斯［Theocritus］诗中的描写。但是由于把他提到的形象全部画出会造成过于复杂的

群像（我以前说过，这会使我不快），因此我只要维纳斯带着我们眼看最亲爱的人临终时的感情去拥抱并凝视着阿多尼斯；要让阿多尼斯躺在一件紫色外套上，大腿上有伤，身上有一道道血迹，周围散弃着猎具，还有一两条漂亮的狗，只要它们占的地方不太大。我要略去在忒奥克里托斯诗中提到的为他而哭泣的林泽女神、命运女神和美惠女神，也要略去照料他、为他洗浴并用翅膀遮阴的那些小爱神，只画远处的其他几个小爱神，他们正把野猪拖出树林，一个用弓打它，另一个用箭刺它，第三个用绳子把它拖向维纳斯。如果可能，我要表明从这血中生出了玫瑰，从泪水中生出了罂粟花。我所以想到这种或类似的一种构思，是因为除了美，它还需要激情，没有激情，人物就缺乏生气。

如果您只想画一个形象，那么就画勒达［Leda］，米开朗琪罗画的勒达特别令我高兴异常。如果画另一位可敬的大师画的那个从海上升起的维纳斯，[46]我想那也是很美的景象。即使如此（如我以前所说），由您自选我也满意。至于材料，我希望用五掌尺〈palm，长度单位，约等于17.5到20厘米——译注〉宽三掌尺高的画布。关于您的另外那件作品，既然您已决定我们一起审阅，我就不必多说了。同时请完全按您的想法完成它，因为我确信除赞赏外别无可言。祝您健康。[47]

可以认为，安尼巴莱·卡罗的信寄错了地方，他本应该寄给提香而不是寄给瓦萨里。如果那样，不仅题材会与这位伟大的威尼斯画家十分相宜，甚至信的开头谈到的那种区分，对于两种作画方式的讨论，一种慢而工细，一种快而富有灵感，也会适用于提香，而他的风格的变化已成为讨论的话题。卡尔·弗赖［Karl Frey］曾提出卡罗实际上可能想到了提香。[48]但是他这封信的要点当然正是想通过要求他的朋友瓦萨里创作一件使他的批评者哑口无言、又能与体现文艺复兴理想的最伟大的杰作相媲美的作品，来激励他更下功夫。这个理想本身仍然是丢勒所预示的理想——在令人信服的环境中再现美的人体。当然，卡罗不像丢勒那样担心这种能力可能被用于色情效果。艺术驾驭感情的力量在对诱人事物的表现中可以得到和在悲剧唤起感情的能力中同样合法的检验。[49]卡罗的主要建议，阿多尼斯之死，巧妙地结合了这两种成分，“因为除了美，它还需要激情，没有激情，人物就缺乏生气”。他可以确信，如果他请瓦萨里在遵循忒奥克里托斯诗中对这一情节的描写时尽量发挥自己诗人的才能，他们之间有着共同点。但是他也清楚，画家不能毫无独创性地为诗人作图解。当他提醒这位画家叙事诗与叙事画的区别时，实际上已接近了莱辛［Lessing］的《拉奥孔》［*Laokoon*］中的观点。

我们不清楚瓦萨里在多大程度上接受了这个挑战。他为卡罗画的那幅维纳斯和阿多尼斯的画甚至到瓦萨里在《名人传》第二版的末尾发表自传时就已在法国失踪了。[50]这未必是十分严重的损失。瓦萨里并不是伟大的艺术家。即使如此，仍然可以认为，他受到艺术史家们很不公正的待遇。尤其是他的自传，有本韦努托·切利尼的自传与之对比，而且瓦萨里由为他人作传转而记述自己的生涯时写得平淡无味，这些都对他不利。然而他自己的*Vita*［传记］提供了宝贵的证言，说明一位正处于事件中心的极有才智而又十分成功的艺术家如何看待他自己的艺术。对这段证言进行详尽的分析超出了本文的论述范围，但是自始就十分清楚，这位重要的手法主义画家打算实践他所宣扬的主张，对他来说，戏剧性地唤起感情的问题也是至高无上的。瓦萨里的另一幅已佚失的画《圣西吉斯蒙德殉教》[*Martyrdom of St. Sigismund*] 是为佛罗伦萨的圣洛伦佐教堂 [San Lorenzo] 的一个礼拜堂所作，在现代观察者看来，它的素描稿（图47）就像扭曲的裸体的典型手法主义样品。但是，瓦萨里自己的描述表明，他看到自己在追求他曾归之于巴尔纳的同一个目标：

我画了一幅宽十臂长、高十三臂长的板上画，画的是圣西吉斯蒙德国王的故事，准确地说是他的殉教，即他、他的妻子和两个儿子被另一个国王更确切说是暴君扔到井里的情景。我是这样安排的，形成一个后堂的礼拜堂装饰应当为我充当一座巨大宫殿的简朴门廊的框子，通过门廊可以看见四周有壁柱和多立安圆柱的方形庭院；从这个开口望去，可以看见中间有一口四周有台阶的八角形井，仆人们登上台阶，正把他两个赤身裸体的儿子扔下井去。附近还有些人站在拱廊下，我在一边画的是一些人站着观看这一可怕的情景，在另一边即左边，我画了几个带武器的人，他们凶狠地抓住了国王的妻子，正拖到井边去溺死。在主门下，我画了一群士兵在捆绑圣西吉斯蒙德，他顺从容忍的态度表明他甘愿以死殉教，他凝视着空中的四名天使，他们让他看给他自己、他的妻子和儿子的殉教的棕榈叶和冠，这完全像是在安慰他。我同样试图表现卑劣的暴君的残忍和凶狠，他站在庭院的楼台上观看他的复仇和圣西吉斯蒙德之死。

总之，我尽了一切努力确保所有的形象都凭借适当的感情而尽可能地生动，并且表现了适当的姿态、凶狠及需要的一切。我成功与否要由别人来说，但我有权补充一句，我是尽我所能用功、努力和勤奋地绘制此画的。[51]

这些一再重复的声明所包含的也许不仅是惯常的谦虚。惯常的谦虚对于本韦努托·切利尼就从来没有类似的约束。像丢勒一样，瓦萨里十分清楚地意识到客观标准的存在，他感到并说出了他在哪些方面未能达到这些标准。他了解自己的弱点，也了解自己的长处：

但是由于艺术本质上就是很难的，因此，我们不应当指望任何人提供给我们超过他的能力的任何东西。然而我要说，因为我可以如实地说，我的任何种类的绘画、构思和素描，即使不总是以最快的速度，也是难以置信地轻松自如、毫不费力地完成的。[52]

把艺术看作达到某种目的的手段，那么构思与绘制的才能无疑就是一种财富。安尼巴莱·卡罗婉转地让他注意的这种多产的危险，瓦萨里无疑已经意识到，但是他作为受宠者为取悦赞助人常常屈服于种种压力。

此外，瓦萨里没有意识到他规避了文艺复兴美学的另一个要求，即对“新奇和困难”的追求。他告诉我们，他想出了一些新的问题，它们对他作为艺术家的机智提出了挑战。在他对我们也只是靠素描稿（图48）了解到的另一件失传作品——他在博洛尼亚画的湿壁画——的记述中，我们读到：

我画了三个神光中的天使（我不知怎么想到了这个主意），可以表明神光是从他们身上发出来的，同时阳光在云中环绕着他们。老亚伯拉罕虽然看见三个天使，却向其中的一个施礼，撒拉［Sarah］站在一旁暗笑他们的允诺怎么有可能实现，夏甲［Hagar］抱着以实玛利［Ismail］走出屋来。同样的光也照亮了正做准备的仆人，有几个仆人经受不住这种光辉，用手遮住眼睛；由于强烈的阴影和明亮的光线增强了画的效果，这种母题的变化使它比前两个构图舒展得多，而且由于使色彩富于变化，造成了迥然不同的效果。要是我一直知道怎样实现我的想法该有多好！因为其后以及后来我一直进行新的构思和想象，发现艺术的困难与障碍。[53]

强调光的效果作为瓦萨里对自己提出的问题是十分重要的。在这个问题上还有许多事情有待去做。丢勒提到的首要的艺术问题——透视和表现人体——已经解决。在表现人体上没有人能超过米开朗琪罗。但是，阿尔珀斯教授已经表明，如果我们把瓦萨里对这一成功的夸赞看作认为一切都无须再加改进的追随者的感觉，那就误读了瓦萨里的著作。瓦萨里在拉斐尔传中插进了一段他的最著名的评论，他热切地提醒艺术家们，还有其他一些问题有待探索。[54]其中他提到了对光的表现。因此，他在自传中屡次喋喋不休地讲述自己在表现光的效果上所作的尝试也就不足为奇了。自从他为表现亚历山德罗·德·梅迪奇［Alessandro de' Medici］盔甲的光泽而苦苦探索时，他就对这个问题发生了兴趣。[55]也许他的功力和天赋实际上不足以使他做出他似乎为自己设想的这种新的贡献。也许佛罗伦萨的传统也给了他过重的压力，这种传统认为构思和设计是值得艺术家切望解决的主要问题。对于色彩和光不那样容易应用理性标准和进行理性批评，因此测定这方面的进步较之测定对透视的掌握和对人体的表现上的进步要困难得多。

意味深长的是，被佛罗伦萨人对于这一问题的解决办法的批评偏见所激怒，在他们自己所熟悉的领域中向他们提出挑战的竟是一位来自北方的艺术家。在乔瓦尼·达·博洛尼亚［Giovanni da Bologna］对批评的反应的那段著名故事中，对于这一主题的研究达到了高潮（图45、46）。这个故事有充分的文献根据，因为其后还不到两年拉法埃洛·博尔吉尼［Raffaello Borghini］在1584年的《论平静》［*Il Riposo*］中的记述就出版了。

詹博洛尼亚［Giambologna］〈即乔瓦尼·达·博洛尼亚——译注〉制做了许多大大小小的青铜雕像，以及不计其数的泥塑小稿，十分出色地表明他精通这门艺术，就连某些心怀妒恨的艺术家也不再能否认他在这类东西上取得了非凡的成功。他们承认他很善于设计富有魅力的小塑像和小雕像，它们呈现着千变万化的具有某种美的姿态。但是他们又说，他在大理石的大型雕像的创作上不会成功，而那毕竟是雕塑家真正的任务。正是由于这个原因，詹博洛尼亚为雄心所驱使，决心要向世人表明他不仅懂得如何制做一般的大理石雕像，而且懂得如何同时制做几个雕像，包括可以显示创作裸体形象的一切技巧的、能够雕出的难度最大的雕像（表现出老人的衰朽，青年的强健和妇女的妩媚）。因而他创作了一座群雕，表现一名高傲的青年从一个衰弱的老人身边抢夺一位极美的少女；他的目的仅在于显示自己的高明技巧，而没有为自己规定任何特定的题材。这件神奇的作品在将近完成之时被弗兰切索·德·梅迪奇 [Franceso de' Medici] 大公看到，他对作品的美称赞不已，决定把雕像放置在人们现在仍看到它的那个地方。但是为了避免作品在向公众展示时缺少标题的遗憾，他敦促詹博洛尼亚找到一个主题。有人对他说（是谁我不知道），把它和切利尼的珀尔修斯 [Perseus] 的故事联系起来就很合适，被劫的少女就是珀尔修斯之妻安德洛墨达 [Andromeda]，诱拐者是她的叔叔菲纽斯 [Phineus]，那老人是她的父亲刻甫斯 [Cepheus]。

但是有一天拉法埃洛·博尔吉尼碰巧来到詹博洛尼亚的工作室，在十分欣喜地观赏了这组优美的雕像后，听到人们所说的它所再现的故事显得十分惊讶。詹博洛尼亚注意到他的表情，就急切地请他谈谈自己的见解，他说决不应为这些雕像取那个名字；《强夺萨宾妇女》[*Rape of the Sabines*] 要更贴切些。经过权衡，这个故事十分适宜，于是那件作品真的以此命名了。[56]

因此，就有了凡是到佛罗伦萨的游客都曾见过的这件艺术品，它的问世完全是由于作者要表明自己能够解决艺术问题的欲望。而主题如他自己在信中所说，是选择来“发挥对艺术的理解与掌握的”。[57]对于问题的解决办法的兴趣最终导致了艺术目的本身的改变。我们已看到，对丢勒来说，艺术的目的仍然毫不含糊地是宗教性的：新的手段为消除错误服务；甚至瓦萨里也仍然含蓄着叙事功能处于首位，手段从属于叙事功能的意思。在詹博洛尼亚的群雕中，对技巧的显示本身取得了对于题材的优先地位。戏剧性的故事是在雕像完成后（不无疑虑地）选择的，尽管这位艺术家不得不在台座上安置了一幅《强夺萨宾妇女》的浮雕来充当标签。

于是，通过事后认识的眼光，从詹博洛尼亚向他的批评者们挑战这个有利的观察点看来，*dimostrazione* [示范] 即展示对艺术中问题的解决，其发展确实变得清清楚楚了。我们也从博尔吉尼的记述中了解到这些批评者都是谁。确实，他们不是文人，而是他的艺术家同行，他们企图损害他的名誉，暗示他的技巧无论如何吸引人也只限于小型作品。恰巧瓦萨里在“画家焦万·弗朗切斯科·卡罗托传”[Life of the painter Giovan Francesco Caroto] 中讲述了类似的批评和类似的反应：

确实，或者出于忌妒，或者出于其他某种原因，他被称作只能画小型形象的画家；因此，在为圣费尔莫的圣母礼拜堂作画时……他要表明人们对他的诽谤毫无根据，因此画的形象比真人还要大，而且比任何时候都画得好……确实，艺术家们只能认为这件作品十分出色，除此别无可言……。[58]

但是不要忘记，卡罗托的作品是祭坛画；他得等到接受委托后才能展示技巧。修士们几乎不计较形象的大小，因此他把形象放大以向艺术家同行显示自己的本领。而詹博洛尼亚的情况不同。他可以着手制做一座没有特定主题或目的的大理石大型群雕，并确信它会博得赞赏并找到买主。他能这样确信，是因为这是在佛罗伦萨。在他的故乡布洛涅[Boulogne]，这样的姿态和甚至在锡耶纳或那不勒斯一样是毫无用处的。而在佛罗伦萨，在大约三百年间公众已经成熟，他们会欣赏艺术的旨趣，会认为问题的解决办法是应该获得声望和拥戴的功绩。

以对批评的创造性力量这番成功的说明结束本文，那是很有吸引力的，但那也会有些令人误解。因为在接受理性标准中真正重要的不是对技巧的外在显示，而是这些要求的内在化，使批评具有创造性的那种“神圣的不满”[sacred discontent]。

对艺术良心的作用的最优美的描述也许是关于提香的工作方法的记载，这位大师的忠实弟子帕尔马·伊尔·焦维内[Palma il Giovine]把这些方法传给了马尔科·博斯基尼[Marco Boschini]，博斯基尼讲述了提香如何在画中用寥寥几笔迅速打好底稿。

> 打好这些宝贵的基础，他把画翻过来朝墙放好，有时在那儿放几个月也不去看一眼。到他又想动笔时，他要聚精会神地仔细检查那些画，看看是否能发现缺点，仿佛它们是他的死敌。一经发现有任何特征不符合他的敏锐的理解，他就会像仁慈的外科医生那样医治病人，如有必要，就割掉赘疣息肉，如果手臂的形状不符合骨骼结构，就把手臂拉直；如果脚的姿态不协调，就不顾病人的痛苦把它扳正，以及其他诸如此类的事情。
>
> 经过对形象这样的塑造与修正，他使形象达到能再现自然与艺术之美的最完美的匀称……。[59]

我们通常不把提香的艺术与这种对正确再现的关心联系在一起，帕尔马和博斯基尼强调这个因素很可能是为了反驳瓦萨里认为是米开朗琪罗对提香的*disegno*[素描]进行的批评。[60]但是，在这些修正中无论提香的主要侧重点是什么，我们都无需怀疑这位大师所特有的那种自我批评的特征，他对自己的作品所作的怀有敌意的审查，他对自己不足之处的了解和克服这些不足的愿望。在这里我们的说明可以与开头联系起来，最后还回到阿尔布雷希特·丢勒的证言。

丢勒逝后十八年，菲利普·梅兰克森[Philip Melanchthon]在一封信中回忆了丢勒曾对他说过的一番话：

> 他年轻时曾喜欢最富于变化的华丽的绘画，并曾赞赏自己的作品，在仔细观察自己任何一幅画中的那种变化时觉得十分满意。但后来到了晚年，他开始看到了自然，并试图领略她的真实面貌；然后他懂得了单纯才是艺术的最伟大的装饰品。由于他不能达到这种单纯，因此他说他不再像以前那样赞赏自己的作品，而是在

看自己的画时常常叹息，并反省自己的缺点。[61]

1546年，当梅兰克森写下这段回忆时，德国艺术已经衰落，几百年的时间都未能复苏。人们通常把这种创造力的丧失归咎于宗教改革，但是，尼德兰艺术缺乏基督教会的保护却没有造成类似的灾难性后果。不知何故，在德国新的标准扼杀了艺术的活力和乐趣，即扼杀了丰富而多样的哥特式艺术的愉悦感，而使人们仅仅肤浅地采纳新的批评传统。也许在这种传统中隐含不明的东西太多，而这些隐含意义又在传授的过程中失掉了。

由于明显的原因，本文涉及了使新的批评态度有可能产生的明确的、简洁陈述了的标准。但是，尽管这些标准在确定先后次序上是严格的，然而它们却只被看作一个框架，一件艺术品若要可被接受就必须达到的某些规定。文艺复兴从未系统阐述的是这样一种极为重要的经验，即，对于每个已解决的问题，都能产生一个新的问题，[62]对透视法的掌握和对人体的表现毁灭了中世纪传统的某些宝贵之处，必须用精心筹划的构图和有意识的和谐色彩等新的解决手法予以补偿，简言之，就是用现代的艺术史家们试图用事后认识加以推想的所有那些特定艺术问题的解决手法予以补偿。[63]在这些潜在的但不那样明确的理想中，梅兰克森记得丢勒曾提到的"单纯"的理想在我们所称的文艺复兴的"古典"艺术中无疑十分突出。这一理想的历史尚未写出。然而，几乎毫无疑问，对丢勒来说，对自然的极度单纯的认识是掌握了她的数学结构的结果。它是我们在皮耶罗·德拉·弗兰切斯卡和曼泰尼亚的作品中所赞赏的那种单纯，是对基本成分的掌握，而这种掌握并不需要丰富与多样这些附属的准则。可以断言，瓦萨里这一代人已看不到这种理想，而代之以令人迷惑的相似物，即对于瓦萨里来说十分重要的作画轻松自如的理想。[64]

［李本正译　范景中校］

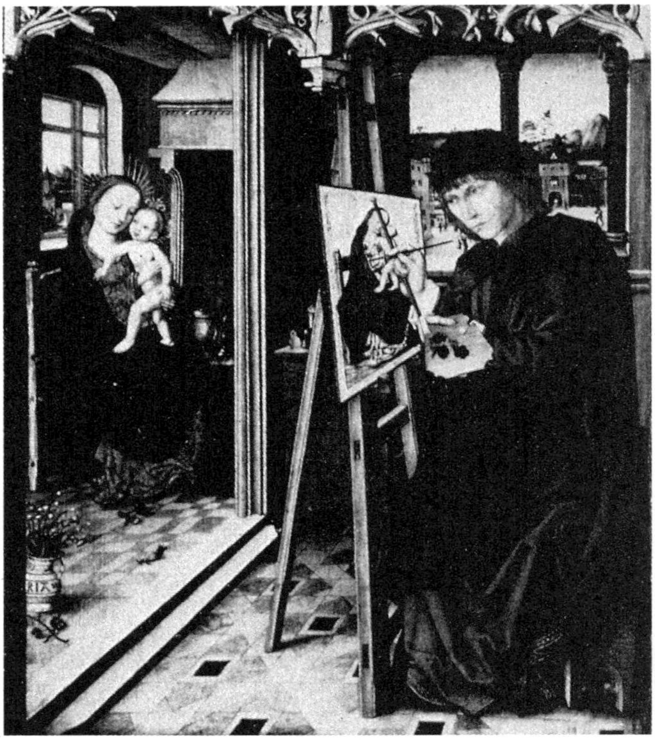

32.1487年奥古斯特祭坛画师：圣路加描绘圣母，1487年。
Nuremberg,Germanisches Nationalmuseum

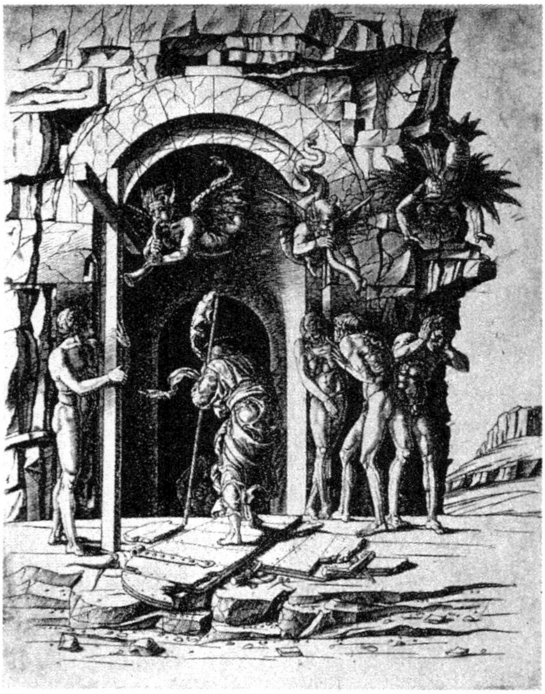

33.安德烈亚·曼泰尼亚：基督在地狱边界，版画，15世纪晚期

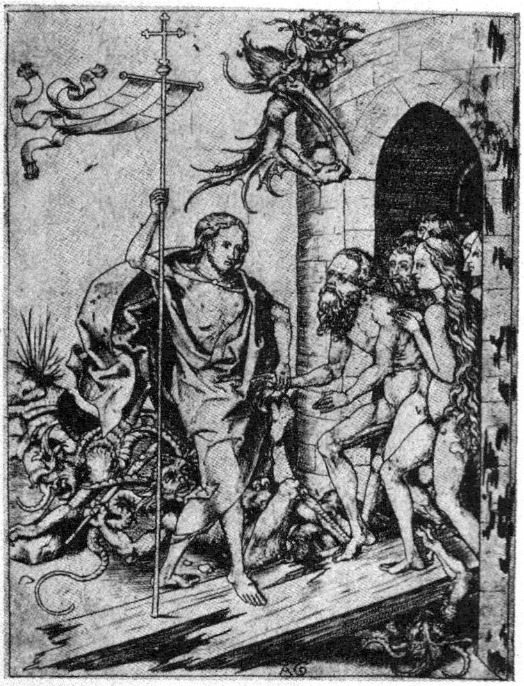

34.A. G. 画师(疑为阿尔布莱希特·格劳肯顿) 基督在地狱边界，版画，15世纪晚期

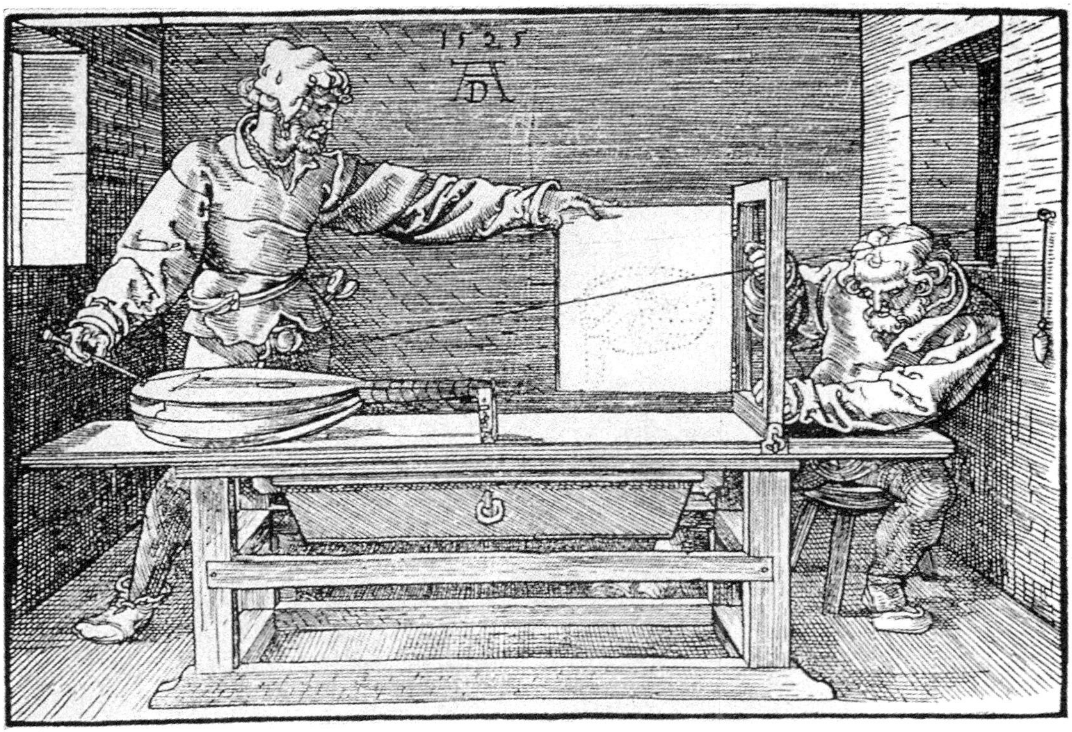

35. 丢勒：透视示意图，出自 Unterweisung der Messung, Nuremberg, 1525

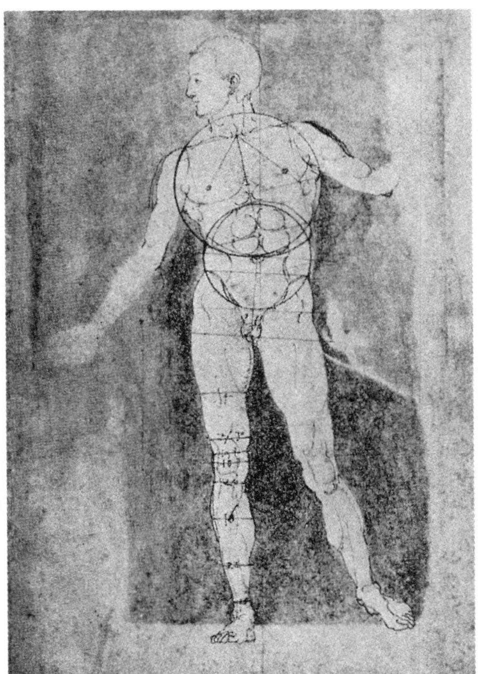

36. 丢勒：为亚当像所作的比例研究草图，1504年。Vienna, Albertina

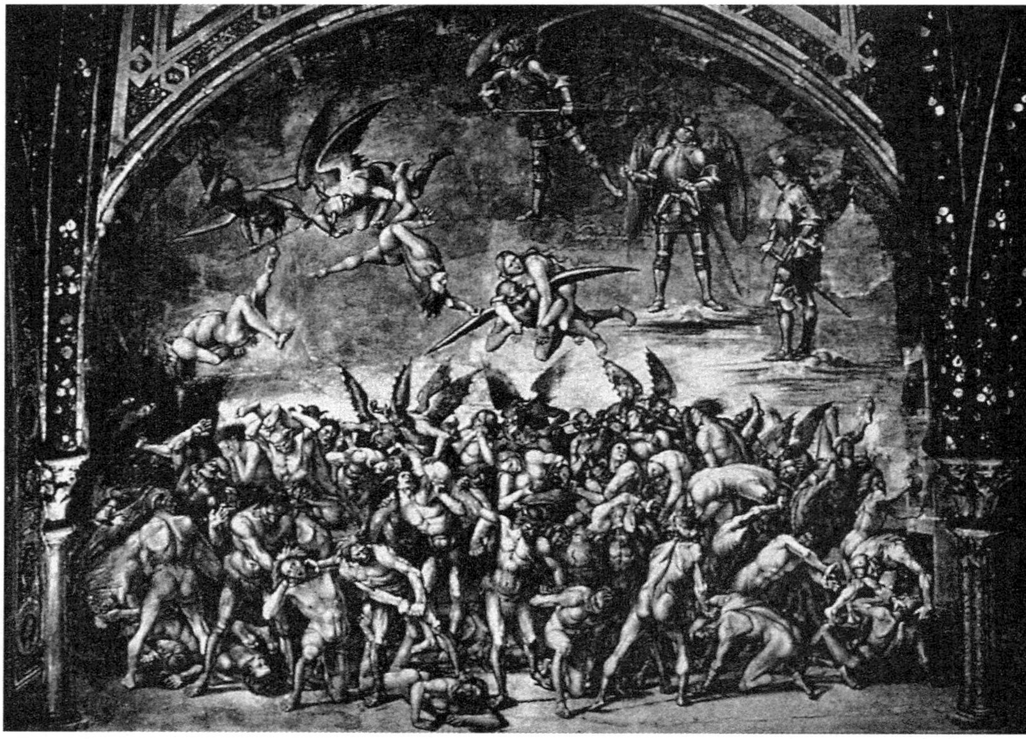

37. 卢卡 · 西尼奥雷利：下地狱，1499—1506年。Orvieto, Cathedral

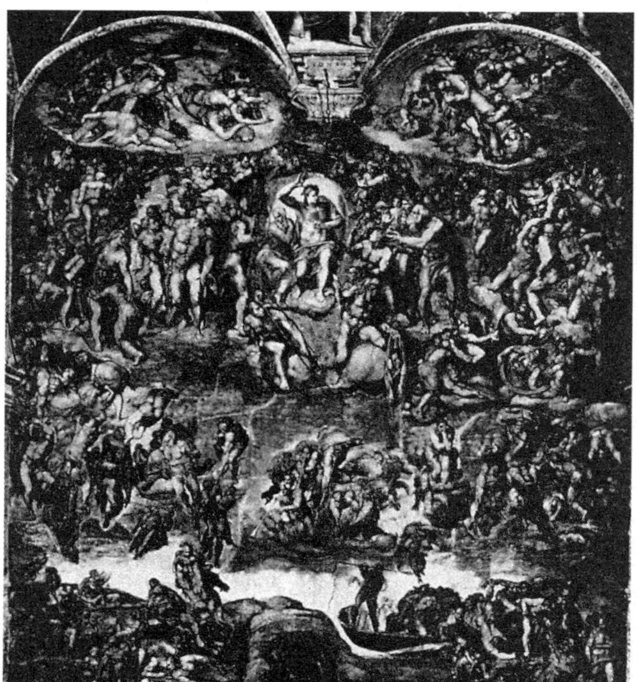

38. 米开朗琪罗：最后的审判，1534—41年。
Rome, Vatican, Sistine Chapel

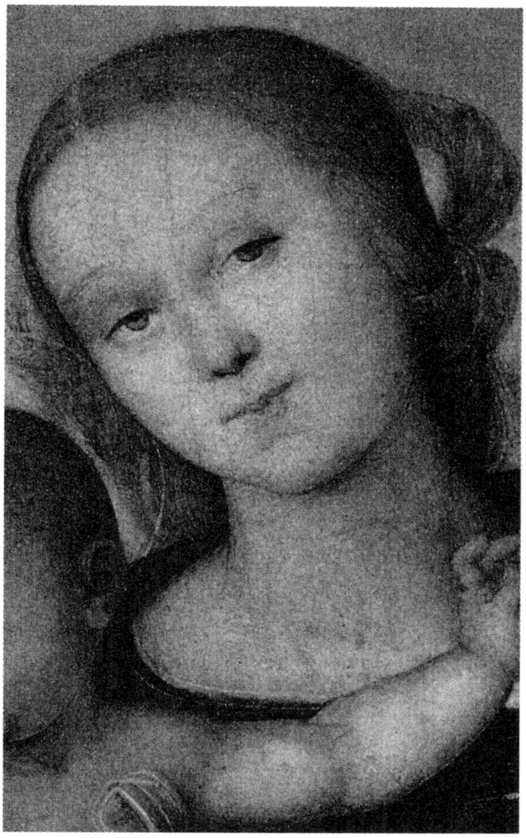

39.佩鲁吉诺：圣母头像，祭坛画细部，约1480年。London, National Gallery

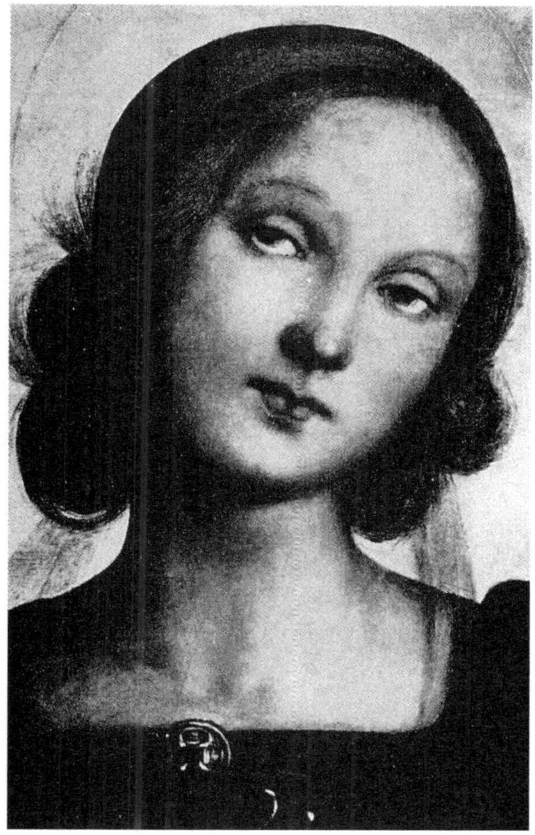

40.佩鲁吉诺：圣阿波罗尼亚头像，祭坛画细部，约1500年。Bologna, Pinacoteca

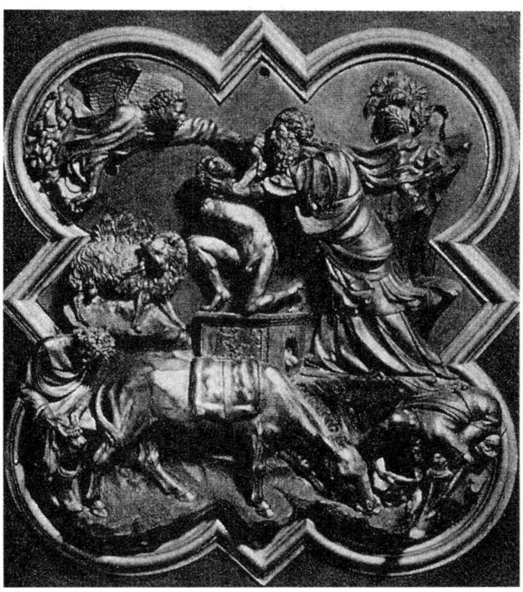

41.布鲁内莱斯基：以撒的牺牲，1401—3年。Florence, Museo Nazionale

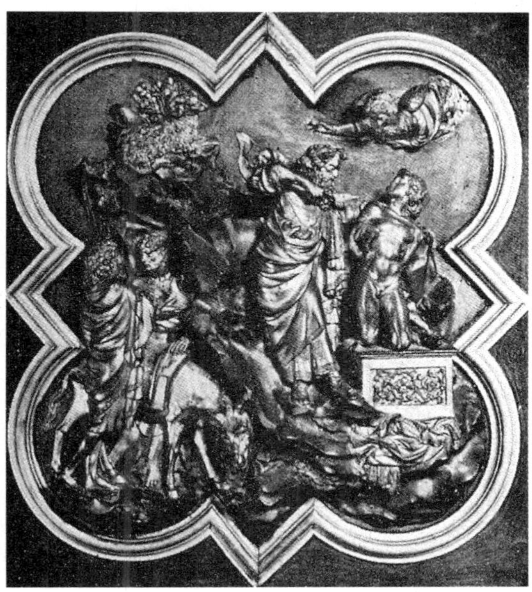

42.洛伦佐·吉贝尔蒂：以撒的牺牲，1401—3年。Florence, Museo Nazionale

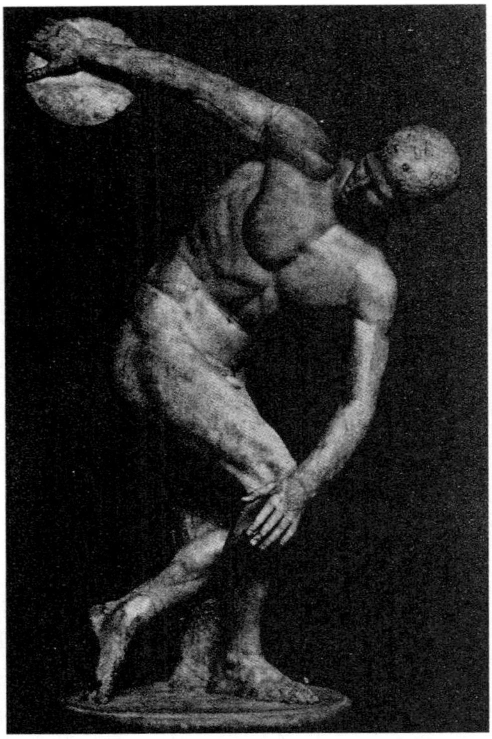

43. 仿米隆：掷铁饼者，公元前5世纪。Munich, Glyptothek

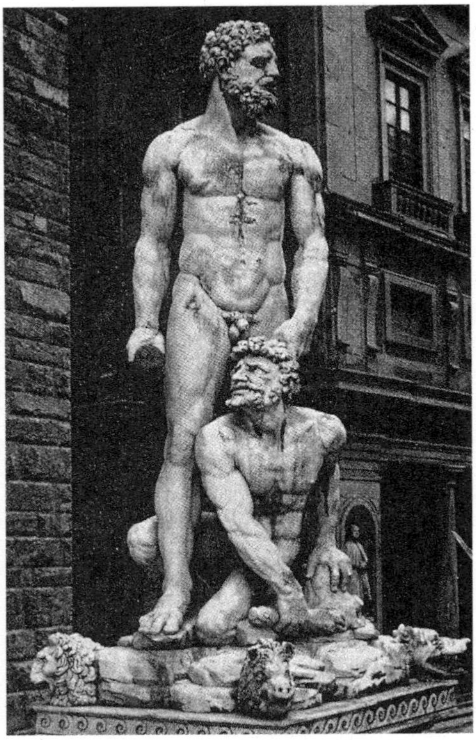

44. 班迪内利：赫拉克勒斯与卡科斯，1534年。Florence, Piazza della Signoria

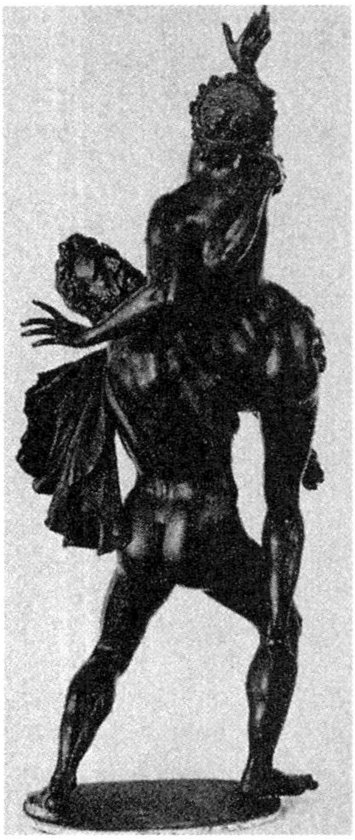

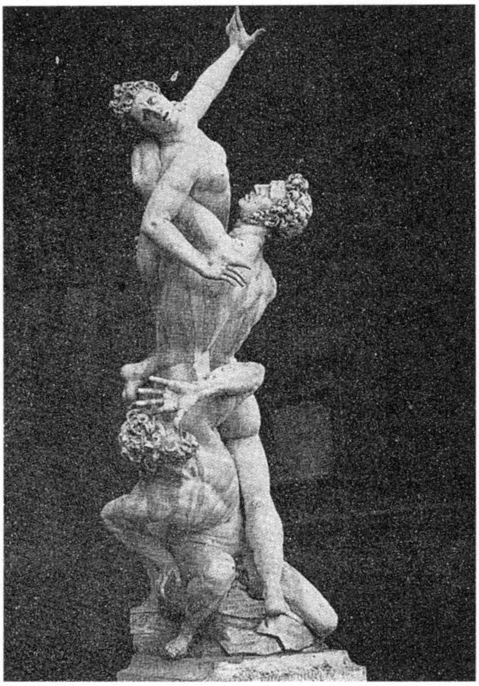

45. 乔瓦尼·达·博洛尼亚：抢夺，铜雕，1579年。Naples, Museo di Capodimont 46. 乔瓦尼·达·博洛尼亚：抢夺萨宾妇女，大理石，1583年。Florence, Loggia dei Lanzi

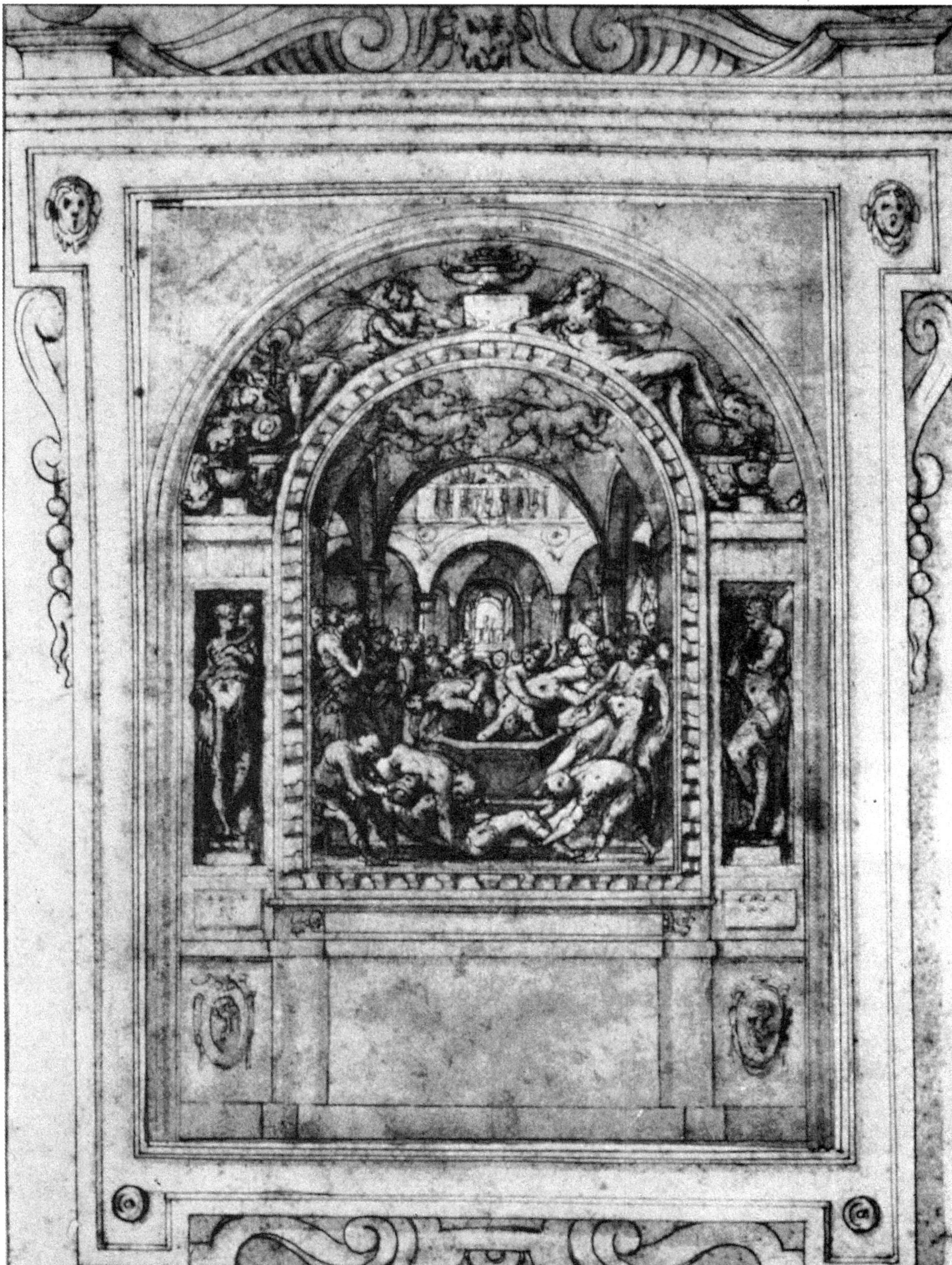

47. 乔吉奥·瓦萨里：圣西克斯蒙德殉教，素描，约1550年。Lille, Musée Wicar

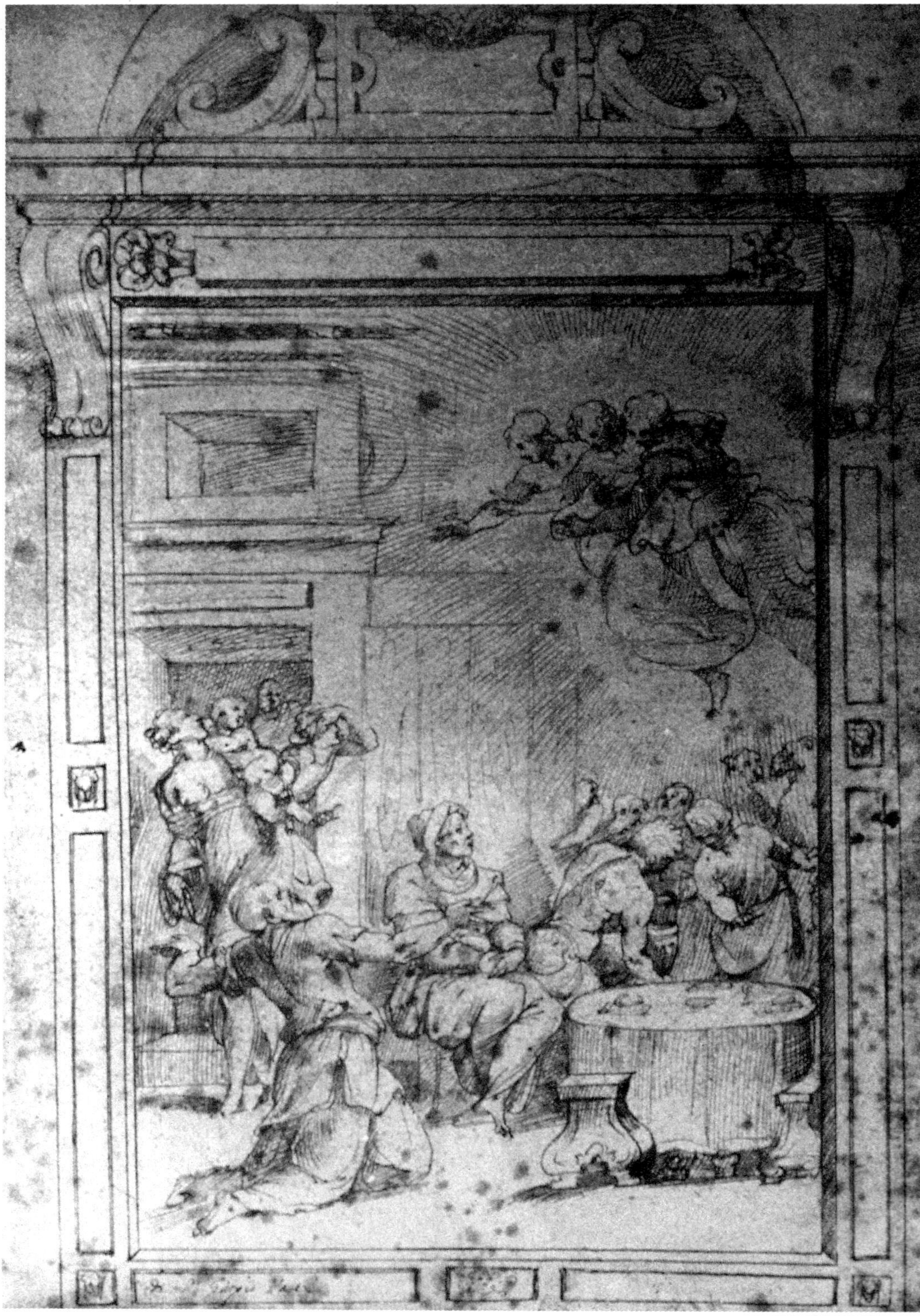

48. 乔吉奥 · 瓦萨里：亚伯拉罕与天使们，素描，1539年。Lille, Musée Wicar

文艺复兴和黄金时代

RENAISSANCE AND GOLDEN AGE. *Journal of the Warburg and Courtauld Institutes*, XXIV, 3—4, 1961, pp. 306—9.

德里奥·坎蒂莫里［Delio Cantimori］教授在为罗马第十届国际历史学家大会所写的关于文艺复兴分期问题的《报告》［*Relazione*］[1]中，提到了历史学家在打算明确说明经济学、政治学、文学和艺术的关系时所碰到的那些众所周知的难题。他说："如果我们能够重新集中调查政治家个人和他们的活动，而决不是像罗斯科［Roscoe］那样过度崇拜他们的赞助人，那就会有助于我们理解这些关系。可是迄今为止，我们甚至还没有看到一本评注版的洛伦佐·德·梅迪奇［Lorenzo de'Medici］的通信集，并且"，他妙言微旨地说，"*in queste cose…si puo far cosi facilmente della retorica*［在这些问题上，……很容易沉浸在它们的修辞之中］"。[2]

如果这位历史学家把这种类型的修辞也作为一种推理调查的对象，也许他会做得很成功。我在处理黄金时代这个惯用套语时，宁愿采用恩斯特·罗伯特·库齐乌斯［Ernst Robert Curtius］的说法，而不赞成康拉德·布尔达赫［Konrad Burdach］的观点[3]。而且，我认为应当重视坎蒂莫里教授的意见，他认为对文艺复兴赞助人的过度崇拜有其修辞学的根源，我对这个问题要作简要的说明。我相信这和维吉尔［Virgil］的惯用套语非常相似。在维吉尔的书中，黄金时代是某个特殊统治人物的时代。为罗马帝国带来和平与魔术般的繁荣的人物，正是《第四牧歌》［*The Fourth Eclogue*］中的圣童。而在《埃涅阿斯纪》［*Aeneid*］第六卷中，作者预言奥古斯都大帝正是这样的人物：

> Hic vir, hic est, tibi quem promitti saepius audis,
> Augustus Caesar Divi genus, aurea condet
> Saecula… (Ⅵ, 793—5)
> ［你经常听到，要归在你名下的奥古斯都·凯撒，神之子将
> 在萨图努斯昔日统治的国土，重建更美好的黄金时代……］

在历史编纂中，要说明某个统治者本人与某个时代的特性之间的联系，最好的例子也许就是坎蒂莫里教授所指出的情况。由于找不到更好的说法，我们姑且称之为梅迪奇神话。这个神话把整个梅迪奇家族，尤其是这个家族中的洛伦佐，说成是直接引起文艺复兴这一人类精神奇迹般繁荣高峰的原因。

说句公道话，后来由塞尔温·布林顿［Selwyn Brinton］推广而流传的所谓“梅迪奇黄金时代”的说法，并不是威廉·罗斯科在《洛伦佐·德·梅迪奇生平》［*Life of Lorenzo de'Medici*］中所发明的。罗斯科在写作时，从许多人中挑出了伏尔泰［Voltaire］；正如弗格森［Ferguson］教授所说，[4]是伏尔泰把伟大统治者统治下的伟大时代这个概念带到历史编纂工作之中。伏尔泰在他的《路易十四时代》［*Siecle de Louis XIV*］中，列举了该书主人公之前的三个时代，认为它们是值得文人学者们注意的时代，这三个时代分别是亚历山大时代、奥古斯都时代和梅迪奇时代；梅迪奇家族是“一个纯朴的市民家族”，他们做了欧洲君主们所应当做的事情，并在佛罗伦萨集合了被土耳其人驱赶的希腊学者。

然而，这种联系当然还要更早一些。试想1715年梅迪奇·里卡尔迪宫［Palazzo Medici Riccardi］中的那个美丽题辞：“Hospes—aedes cernis fama celeberrimas…hic litterae latinae gracaeque restauratae, mutae artes excultae, Platonica philosophia restituta…aedes omnis eruditionis quae hic revixit.”［陌生人，你看到了一幢辉煌壮丽的房子……拉丁和希腊学术又回到这里了，静默无语的艺术完美无缺，柏拉图哲学恢复了……一切复活的知识在这里又有了归宿。］或者再试想十七世纪早期皮蒂宫［Palazzo Pitti］中乔瓦尼［Giovanni di San Giovanni］和富里尼［Furini］为颂扬洛伦佐·梅迪奇的荣耀而画的那些组壁画（图50，51），从画中可以看到，洛伦佐为那些从穆罕默德的游牧部落中逃出来的缪斯提供了安全的避难所，从而建立起这个黄金时代。在他去世时，正如画下小诗所说的那样，和平之神与正义女神悲痛不已地回到天上去了。但是，这组壁画也只是继承了十六世纪瓦萨里［Giorgio Vasari］所开创的传统。正是这位瓦萨里，在韦基奥宫［Palazzo Vecchio］中那些大部分仍未公开发表的著名组壁画中，发展了这种王朝全盛时期的绘画传统，把占统治地位的梅迪奇即科西莫一世和萨图努斯时代及奥古斯都的占星术［the Horoscope of Augustus］联系起来了，并且编织了一个精妙的神话关系网，把他祖先的光辉业绩和萨图努斯的子孙后代联系在一起（图49），这一点，他在《艺术对话录》［*Ragionamenti*］中作了说明。而且，正是这位瓦萨里第一个提出在当权的梅迪奇公爵庇护下的佛罗伦萨设计学园［Accademia del Disegno］的概念，这样就给这位统治者提供了一个机构，来执行对艺术的监护，正如神话中所讲的那样。而且，瓦萨里对传播梅迪奇神话贡献最大；他把1550年初版的《画家、雕塑家和建筑家名人传》一书题献给科西莫一世，这些题辞已经预示了梅迪奇·里卡尔迪宫中的题辞：“si puo dire che nel suo stato, anzi nella sua felicissima casa, siano rinate (le arti).”［可以说，在您的国家内，甚至在您最幸福的家中，艺术已经得到了新生。］在他所写的这本传记中，瓦萨里处处呕心沥血，给人一种印象，以为艺术的兴起和繁荣得直接归功于梅迪奇的介入——说到头，还有一个没有同时代证据的传闻，说是洛伦佐在自己的花园中建立了一所艺术学校，研究古文物，并且在那里发现了超越古人的米开朗琪罗的天才[5]。在瓦萨里的《波蒂切利传》中，我们也看到了这种流露真情的词句："Ne' tempi del magnifico Lorenzo"—它开篇写道—"che fu veramente per le persone d' ingegno un secol d' Oro". [在高贵者洛伦佐时代，天才的人们的真正的黄金时代。]

正是由于我对波蒂切利的生平感兴趣，所以我才第一次认识到，把被修辞的惯用套语掩盖之下的真正的洛伦佐识别出来，是多么的重要，因为在这一例子中，霍恩 [Horne][6]指出画家的真正庇护人并不是这位贵人，而是他的表兄弟和对手洛伦佐·迪·皮耶尔弗朗切斯科[Lorenzo di Pierfrancesco]。我们所知道的洛伦佐对艺术庇护资助的事实，在他的通信编纂成书并对这个问题提出可能的新见解之前，已经一一列入了瓦克纳格尔 [Wackernagel] 那本论述十五世纪佛罗伦萨艺术家 *Lebensraum* [生活区域] 的书中。[7]为了穿透层层迷雾，我们需要同样清醒地评价他对文学、音乐和各种表演的赞助与这些方面的开支，还有我们所能收集到的那些有关用于马匹、猎鹰和古代文化学者的费用的资料。但是这里请不要误解我的意思。我们的目的并不是要用过去或现在的宫廷历史学家那种谄媚语调，来煽动现代历史学家采取怀疑反驳的态度。梅迪奇神话不仅是阿谀奉承和怀旧的产物，尽管正如费利克斯·吉尔伯特 [Felix Gilbert] 教授所说的那样[8]，怀旧心理在十六世纪初期，即在马基雅韦利 [Macchiavelli] 和奥尔蒂·鲁切拉伊 [Orti Rucellai] 的时代，肯定起到一定的作用。我的论点恰恰就是认为，这个神话可以追溯到洛伦佐自己那个时代他周围的诗人和自封的诗人的诗行中去。下面是巴托洛梅乌斯·丰蒂厄斯 [Bartolomeus Fontius] 的诗句：[9]

Tempora nunc tandem per te Sarturnia surgunt…
Nunc surgunt artes, nunc sunt in honore poetae…
[萨图努斯时代终于因此而崛起……
艺术繁荣，诗人荣耀无比……]

再看奥雷利奥·利皮·布兰多利尼 [Aurelio Lippi Brandolini] 的诗句：

Aurea falcifero non debent saecula tantum,
Nec tantum Augusto saecula pulchra suo
Quantum nostra tibi, tibi se debere fatentur
Aurea, Laurenti, munere facta tuo…
[黄金时代不因萨图努斯而莅临
光荣时代不由奥古斯都而兴起
你的恩惠造就了我们辉煌的时代
感谢你，洛伦佐，感谢你……][10]

我们说这些诗句是从维吉尔那儿学来的一套谄媚奉承，这样说也许并不过分。或许更确切一点说是宣传吧！我们付出了代价才明白，宣传原来是一种艺术，它把某种模式强加于现实，而且干得那么得手，使受骗者不得不信以为真。这样一种模式在传统中扎根越深，它与人类典型的梦魇和梦想的关系越紧密，就越能发挥出迷人的魅力。所谓救世统治者复兴了黄金时代，正是这样一种长期反复出现的梦想。[11]而我们确实看到它对后来一代代人们产生了迷惑力，他们把真正的十五世纪的丰富生活看成了这种简单得令人迷惑的东西。这种魅力是何时起作用的呢？因为宣传和谄媚不一样，它不必愤世嫉俗。始作俑者可能会先受其害。

将洛伦佐比作古代慷慨解囊者的形象，当然是出于洛伦佐周围的那些古代文化学者和作家们的利益，那是最能赢得人心的。正如波利齐亚诺［Poliziano］从威尼斯写给他的信中所说的，——“Questa impresa dello scrivere libri Greci，e questo favorire e docti vi da tanto honore e gratia universale，quanto mai molti e molti anni non ebbe homo alcuno［用希腊文著书的事业和您赐予学者们的恩惠，使您声名远播，广得人心，多年来无人可比］。”[12]这就是黄金时代？还是舆论力量的发现？或者是发现了比军人更易收买、更易安抚的一大批支持者？毫无疑问，洛伦佐是尽力而为，决不辜负这个形象的。难道说他并没有把这话信以为真吗？他当然还在自己写的诗里运用了它：

> Lasso a me！or nel loco alto e silvestre
> Ove dolente e trista lei si truova
> d'oro e l'eta，paradiso terrestre，
> e quivi il primo secol si rinnuova…
> ［啊呀！在那高耸的、崎岖不平的地方，
> 你感到忧伤悲痛，
> 时代却变成黄金的，
> 地上出现了乐园，
> 最初的时代又更新了……］[13]

人们不能不怀疑，当他把 *le tems revient*［时代自我重复］这一格言作为自己的武器时，爱的模式和政治的抱负是否已经在他心里融为一体了；这个格言，是但丁的 *il tempo si rinnuova*［时代自我更新］的格言在法国和骑士时代的另一种说法。

事实上，洛伦佐不得不把自己看作是米西奈斯［Maecenas］第二或者奥古斯都第二那样的角色。他还在孩提时代，诗人们就派定他扮演这个角色了；他从父亲皮耶罗［Piero］那里继承了这个角色[14]——父亲的赞助，至少是对艺术的赞助，比他的还要大得多——但首先还是从他祖父科西莫那里继承过来的。乌戈利翁·韦里诺［Ugolino Verino］歌颂科西莫说：

Hic sacros coluit vates，his aurea nobis
Caesaris Augusti saecla redire dedit
［他抚育了神圣的诗人们，为我们
恢复了奥古斯都·凯撒的黄金时代］[15]

纳尔迪［Naldi］也说：

Iam mihi，Medices，te consultore redibant
Aurea Saturni saecla benigna senis…
［啊！梅迪奇，在您的庇护下，对我来说，又回到了
老萨图努斯温馨的黄金时代……］[16]

说到国父科西莫［Cosimo Pater Patriae］，我们也许更进一步触及了问题的核心。他为什么会得到这样的颂扬呢？回答也许是，这些说法是不错的，因为这样的颂扬本来就没有错。毫无疑问，科西莫是学术和艺术的真正赞助者，并不逊于洛伦佐，或许可以说是有过之而无不及。然而，就算我们承认韦斯帕夏诺·达·比斯蒂奇［Vespasiano da Bisticci］关于科西莫花在建筑上的费用的计算结果是正确的，难道科西莫用于宗教的基金和支持学术的经费，还能超过他同时代的北方的罗林［Rolin］首相——那位博纳医院和卢万大学的创办人，扬·凡·艾克［Jan van Eyck］和罗吉尔·凡·德·韦登［Rogier van der Weyden］的赞助人吗？

马基亚韦利称呼科西莫为 *uomo disarmato*［不用兵器的英雄］，我的感觉是，这种奇怪而不相称的说法，可能另有原因。科西莫不过是个银行家、城里的大老板，忽然间被诗人和演说家们冠之以古代帝王神话的美丽装饰，可这种神话的外表装饰，在但丁的帝制论中，仅仅用于世界主宰的身上[17]。让我们设想我们处在一个想要颂扬科西莫的诗人的地位上吧。通常在歌颂伟大人物的时候，有两种题材可以大作文章：一是他们祖先的名望，二是他们在战斗中的英雄业绩。但有一点我看却是意味深长的，那就是，这些陈腐的俗套事实上已经不再适用了。往往是非法的统治者才需要用最超乎自然的东西来支持自己的权力和作宣传鼓动。在科西莫之前，维吉尔的断言被彼得拉克用于公证人里恩齐［Rienzi］，这决不是偶然的，正如现代以领袖自居的人们，总是用古代预言已经实现的神秘说法把自己打扮起来。

我并不是说由于科西莫的情况特别，所以常常可以在维吉尔诗中找到佐证。我们知道，听惯了 *laus saeculi*［对时代赞扬］的话题和用新时代作比喻的一代人们，心中自然而然地会产生这个形象。可是从某种意义来说，科西莫确实代表了这样一个新时代。这种前无古人、而且不要求具有战时的勇猛精神，甚至没有公开要求权力的"不用兵器的英雄"，自会令诗人千方百计地寻求一些不平常的套语。在这样一个人物面前，他们感觉黑铁时代已经让步给黄金时代——尽管是从某种不同的意义上来看——难道是毫无道理的吗？用雅各布［Jacob］教授在《报告》中的话说："骑士的欧洲已经过去，军队是雇佣的，战争的冒险性是从财政条件来考虑的。"[18]难怪乔瓦尼·阿伏伽德罗［Giovanni Avogadro］在颂辞中让科西莫说：Si numi vincunt，hercle est fas vincere nobis— “如果金钱能够征服，我们誓必为之！”[19]这是一幅彻头彻尾的不光彩的画面。然而这恰恰正是文艺复兴的一个方面，巴库斯［C. Backuis］教授非常恰当地称之为文艺复兴的“市民精神”。[20]战争当然是有的，可是总的说来，在科西莫周围的人所作的颂辞中，战斗的欢乐让位给了和平的浪漫曲。从这个 *aurea pax*［金色的和平］的古老的梦幻中，我开始看到，编写一段某个乐善好施的天才人物的保护下繁荣起来的和平的艺术的历史，为什么会有一些套式。纳尔多·纳尔迪让科西莫在对米兰使节谈话时预言道：

> Hoc duce sic Iani templum claudetur et intus
> Mars fremet atque iterum vincla molesta geret.
> Tunc et prisca Fides ad nos pariterque redibit，
> Quae lances iusta temperat arte pares，
> Hinc Pax prupurea frontem redimita corona
> Grata per Ausonias ibit amica domos，
> Turba nec in Latiis ulli tunc fiet in agris，
> Opilio tutas quisque tenebit oves.
> ［雅努斯的庙宇将被关闭，
> 狂暴的战神被锁起来，
> 古老的正统宗教就要复兴并主持公道，
> 和平之神头戴紫色花冠，
> 访问意大利的千家万户，
> 羊群在牧场上安全地吃草。］[21]

这就是 *pax et libertas*［和平与自由］的主题，这一主题刻在科西莫死后获得的那个著名的勋章背面（图52）。

我们或许不再像罗斯科那样从表面价值上接受这些说法。在梅迪奇时代，并没有像诗人们所声称的那么多自由、和平与富庶；羊羔也不是生来就长满深红色的羊毛，像《第四牧歌》所描述的那样。但是，如果不是较为温和的权势与富庶的力量逐渐取代了地方封建采邑的暴力，如中世纪的圣吉米尼亚诺［San Gimignano］城堡所体现的那样，那么，乡村里还能够建造起那些别墅么？文艺复兴没有必要“发现人”；然而，维科［Vico］的想象中也许有着某种真理，每当英雄的时代结束时，人的时代也就开始了。

［黄天海译　范景中校］

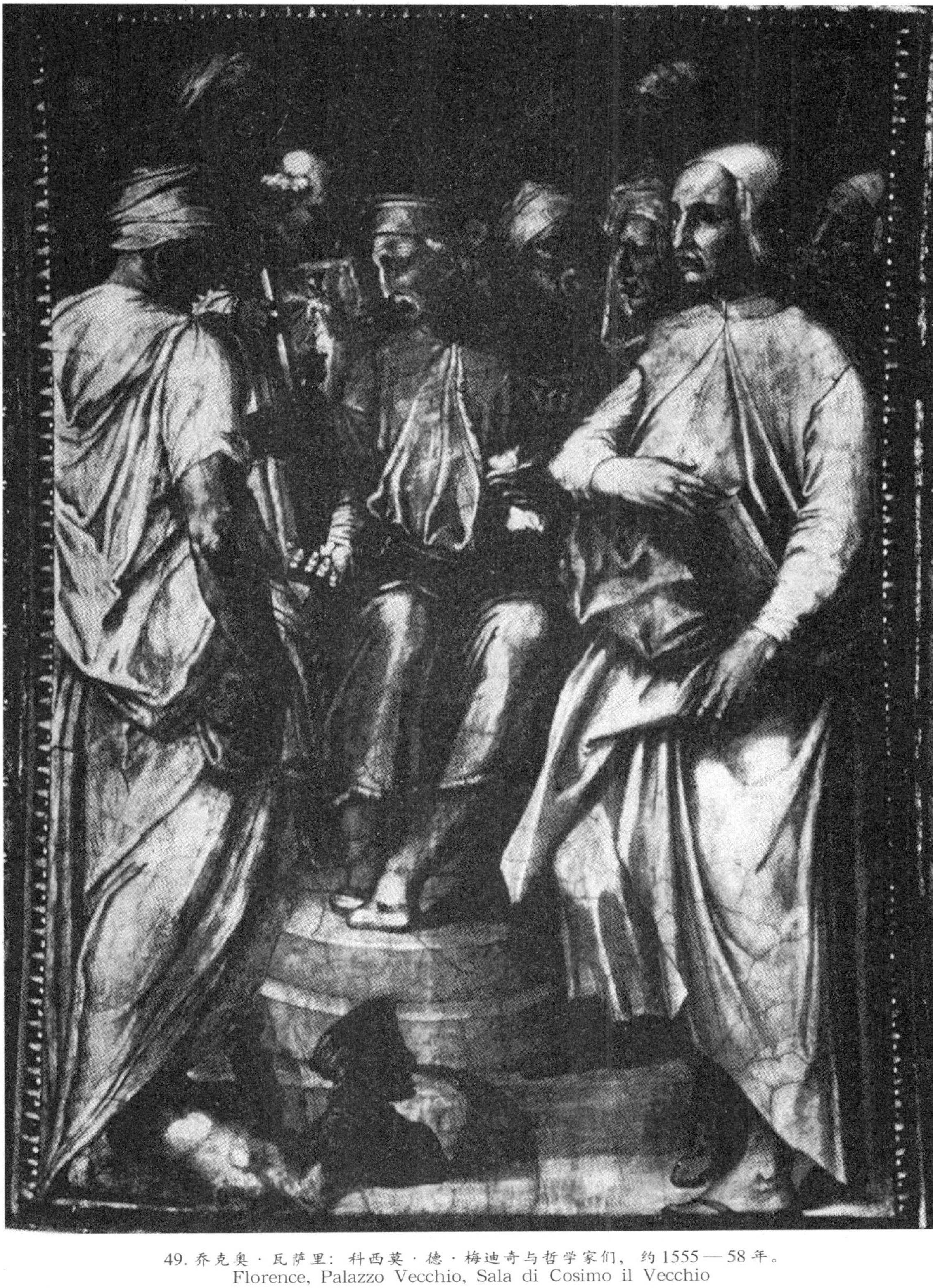

49. 乔克奥·瓦萨里：科西莫·德·梅迪奇与哲学家们，约1555—58年。
Florence, Palazzo Vecchio, Sala di Cosimo il Vecchio

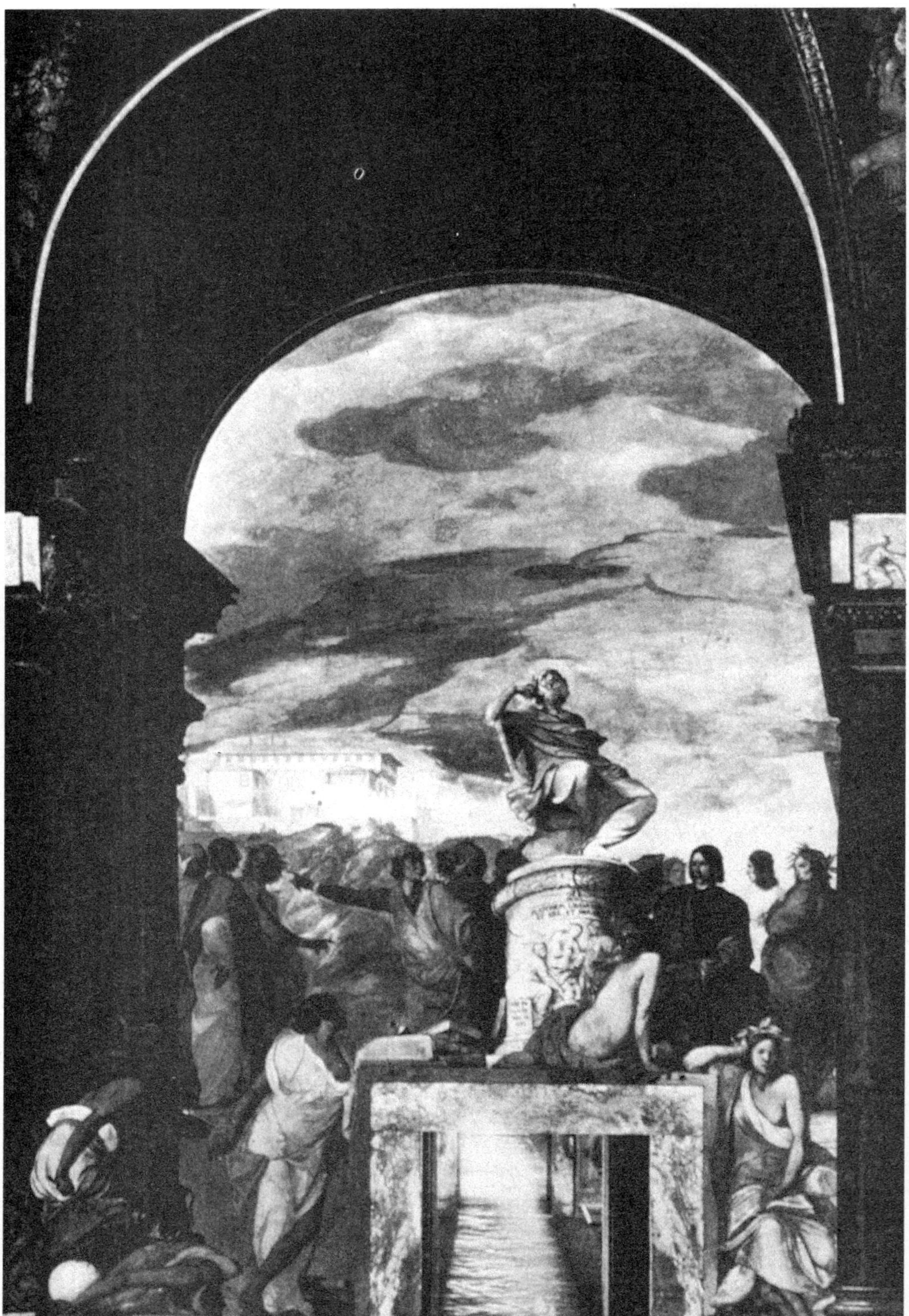

50. 弗朗西斯卡·富里尼：豪华者洛伦佐与柏拉图学园，约1640年。
Florence, Palazzo Pitti, Sala degli Argenti

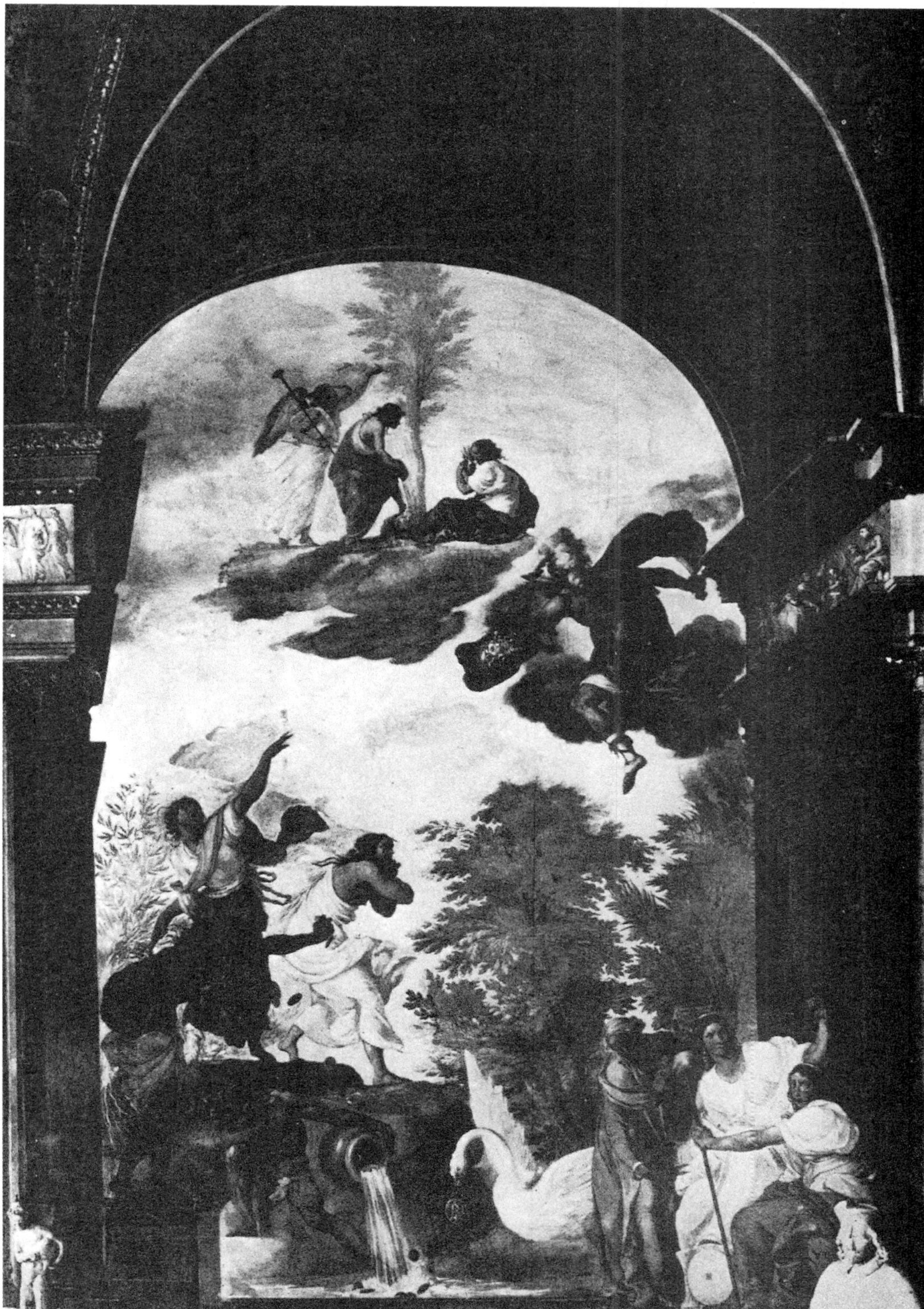

51. 弗朗西斯卡·富里尼：豪华者洛伦佐的升天，约1640年。
Florence, Palazzo Pitti, Sala degli Argenti

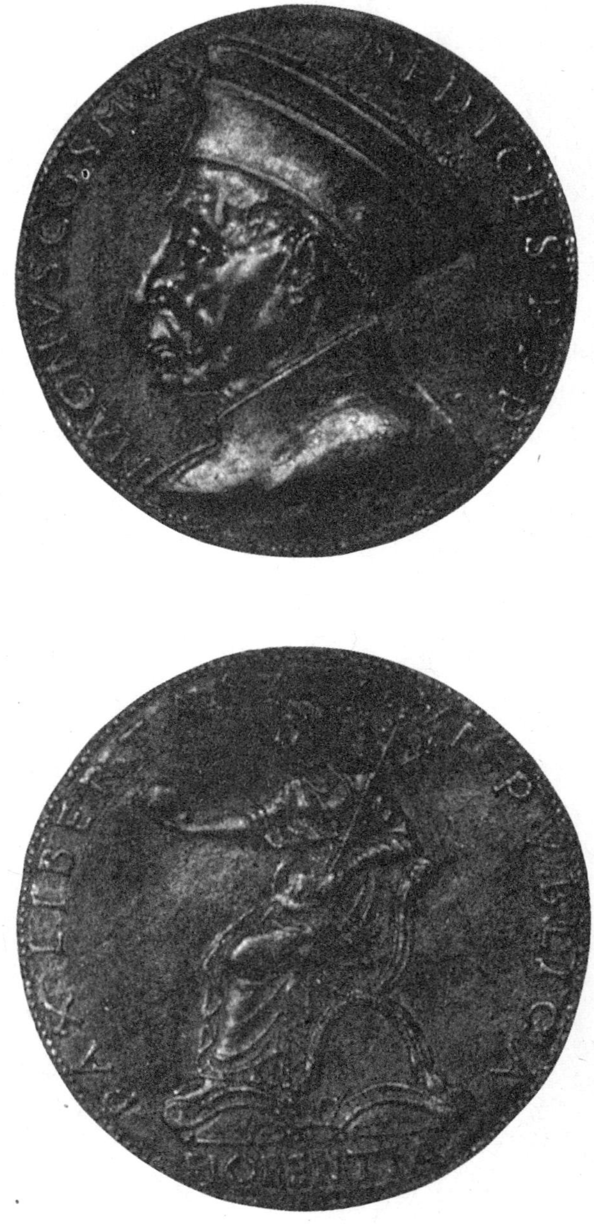

52. 国父科西莫·德·梅迪奇徽章，正面与背面，约1465年。
Washington,National Gallery of Art, Samuel H. Kress Collection

阿波罗尼奥·迪·乔瓦尼
一个人文主义诗人眼中的佛罗伦萨箱柜画坊

APOLLONIO DI GIOVANNI. A FLORENTINE CASSONE WORKSHOP SEEN THROUGH THE EYES OF A HUMANIST POET. *Journal of the Warburg and Courtauld Institutes*, XVIII, 1955, pp. 16—34.

本世纪初，海因里希·布罗克豪斯［Heinrich Brockhaus］在斯特罗齐帐薄［*Carte Strozziano*］中发现了一家佛罗伦萨箱柜画坊的一本记录。它包括一份完整的清单，记载着这家画坊的主人马尔科·德尔·博诺·詹贝尔蒂［Marco del Buono Giamberti］和阿波罗尼奥·迪·乔瓦尼［Apollonio di Giovanni］在1446至1463的十七年间所提供的婚箱和其他制品。[1]布罗克豪斯知道，瓦尔堡［Warburg］对箱柜即那些关于佛罗伦萨商人的趣味与观点的有说服力的凭证特别感兴趣，因此使瓦尔堡注意到这份文件。[2]瓦尔堡让人抄下这份文件，并希望有可能在现存的箱柜中鉴别该画坊的产品。这份清单总是列出要把嫁妆装在箱中的新娘的名字，也列出她们未来丈夫的名字。由于在这些陈列物上画上通婚家庭的盾形纹章是一种惯例，因此，进行鉴别的前景似乎很乐观。实际上，瓦尔堡着手从其他资料鉴别清单中所列举的婚姻。他写出了这份清单的一个有详尽注释的版本，但是，尽管花费了这样的力气，命运也似乎在与他作对；这家画坊仍令人捉摸不定。到 P. 舒布林［P. Schubring］为他的箱柜全集做准备的时候，瓦尔堡的兴趣已转移到更令人激动的视觉凭证上。他欣然允许在舒布林的全集中收入他加有注释的清单。[3]但是，甚至在那时，它也毫无着落。任何箱柜都无法表明是这家画坊的产品，而该画坊显然是那种最繁忙、最受上流社会欢迎的商行之一，即这样的商行，在其帐簿上载有佛罗伦萨所有豪门大户的名字：梅迪奇家族［the Medici］，鲁切拉伊家族［the Rucellai］，阿尔比齐家族［the Albizzi］和斯特罗齐家族［the Strozzi］。在舒布林尝试区分的那些组箱柜绘画中，应把哪些归于马尔科·德尔·博诺和阿波罗尼奥·迪·乔瓦尼，这仍然纯属猜测。

由于舒布林能够查出关于至少一个画有需要的盾形纹章的记录，这种情况就更加撩人了。它符合于清单中最后几项中的一个——1463年乔瓦尼·鲁切拉伊之女和皮耶罗·迪·弗朗切斯科·迪·帕戈洛·韦托里［Piero di Francesco di Pagolo Vettori］的婚姻。1883年佛罗伦萨托斯卡内利藏品［Toscanelli collection］的销售目录列出了画有这些家族的盾形纹章的箱柜，但其下落不明。它们几经易手，当人们最终认识到它们与我们的画坊的关系时，战争又使它们无法发表。这些作品中的一件由它的主人威特曼［Wittman］博士由布达佩斯带到英国，在德国对巴斯的一次袭击中毁坏，它已荡然无存，只留下了一帧照片（图54）。另一件被俄亥俄州奥伯林的艾伦纪念艺术博物馆［Allen Memorial Art Museum］购下，并被W. 施特肖［W. Stechow］教授以例示的方式在该馆的简报中发表（图53，55）。[4]是施特肖教授首先公开地使人们注意到这一件幸存的作品对于所有对佛罗伦萨家具画家虚幻的魅力感兴趣的人的重要性。

奥伯林板上画的画面上过多地散布着韦托里家族和鲁切拉伊家族的纹章，它无可置疑地证明，马尔科·德尔·博诺和阿波罗尼奥·迪·乔瓦尼确实是整个这一*genre*［门类］的一些最著名、最有吸引力的作品的画师。如施特肖教授指出的那样，它适合舒布林称作“狄多画师”［Dido Master］的风格分组的那个风格分组，在文献中，人们也把狄多画师称作“维吉尔画师”［Virgil Master］或者“贾夫斯箱柜画师”［Master of the Jarves cassoni］。[5]所有这些名称都源自这一组的最精致的作品，画着选自维吉尔［Virgil］的《埃涅阿斯纪》［*Aeneid*］中的场面的两个箱柜正面，现存于康涅狄格州纽黑文的耶鲁大学贾夫斯藏品［Jarves Collection］（图56—57）。这位画师在风格上的个人惯用手法非常明显，人们不易认错他笔下在大幅全景式风景中拥挤在一起的用姿势示意的侏儒。只有一个问题仍未解决。这家画坊曾归两名画师所有，马尔科·德尔·博诺和阿波罗尼奥·迪·乔瓦尼，他们两人哪个是“狄多画师”呢？

一首诗提供了这个问题的答案，此诗包含于佛罗伦萨十五世纪最多产的拉丁诗人之一——公证人和人文主义者乌戈利诺·韦里诺［Ugolino Verino］（1438—1516）的警句诗和哀歌之中。[6]他的第一部作品是薄薄的一册爱情哀歌和其他警句诗，书名是《弗拉梅塔》［*Flametta*］，写于1458和1464年间。[7]它包括一首颂扬的警句诗，“杰出的画家阿波罗尼奥”［The outstanding painter Apollonius］：

荷马［Homer］曾讴歌过在希腊人的柴堆上燃烧的阿波罗［Apollo］的特洛伊城墙，维吉尔的伟大作品又歌颂了希腊人的诡计和特洛伊城的废墟。但是，托斯卡纳的阿佩莱斯［Tuscan Apelles］阿波罗尼奥无疑更出色地为我们描绘了燃烧的特洛伊城。埃涅阿斯［Aeneas］的逃离，邪恶的朱诺［Juno］的愤怒，木筏颠簸不定，他也画得精巧绝伦；尼普顿［Neptune］的恐吓，他穿过公海，抑制并止住疾风，这些也画得一样出色。他描绘了埃涅阿斯在忠实的阿卡特斯［Achates］的伴随下乔装进入迦太基的情景；在经阿波罗尼奥之手描绘的板上画上也可看到他的离开和不幸的狄多［Dido］的葬礼。[8]

历史探测方法有时导致可以这样被个别证据所证实的结果，看到这一点总是令人满意的。从一份十五世纪文件的十七世纪抄本，通过纹章学的证据到对奥伯林板上画的鉴别，又从那里凭借纯粹风格上的比较到贾夫斯藏品的“狄多画师”的维吉尔史诗绘画，这种四步论证被这篇把阿波罗尼奥当作描绘维吉尔史诗场面的画家的文学证言所证实。韦里诺作为构成阿波罗尼奥绘画主题所列举的那些事件实际上大部分都出现在贾夫斯藏品的两个箱柜正面上。用诗人的话说，它们是：(1) 邪恶的朱诺的愤怒，木筏颠簸不定，(2) 尼普顿在止住大风时的恐吓，(3) 埃涅阿斯如何在阿卡特斯的伴随下乔装进入迦太基。贾夫斯箱柜上所缺少的和它们在汉诺威的姊妹板上画上一样，[9]是第一个和最后一个场面。组画开头的“燃烧的特洛伊城和埃涅阿斯的逃离”，和最后的“埃涅阿斯的离开和不幸的狄多的葬礼”。相反，贾夫斯箱柜却选择了埃涅阿斯到达拉丁姆［Latium］和罗马的建立的场面。

现在，阿波罗尼奥所描绘的特洛伊城的毁灭和埃涅阿斯的逃离的场面实际上已保存下来。它们构成了为里卡尔迪［Riccardinana］的维吉尔作品抄本（Cod. 492）所作的大部分插图，人们很久以来都把它看作描绘贾夫斯箱柜的画师的作品。[10]这种联系不仅是风格或题材上的联系。出自这些箱柜上的场面有一些再次出现于抄本中，而没有值得注意的改动。

正是这个事实——即我们知道阿波罗尼奥曾几次并以种种不同的媒介重复他的维吉尔史诗场面——提出了一个有趣的问题。韦里诺所描述的不是几幅板上画，而是融合了很长一串情节的一幅“*picta tabella*”［板上画］。他所使用的单数仅仅是诗的破格，还是这样的一大幅板上画可能曾真的存在过呢?倘若有这样一幅画，它就未列入画坊记录中，而那些记录至少确实包括了阿波罗尼奥独自绘制的另外一幅画（“Apollonio fa il Ritratto al naturale in su la Cartapecora di Giovanni Bartolomeo Quaratesi”［阿波罗尼奥在羊皮纸上按真人画了乔瓦尼·巴尔托洛梅奥·夸拉泰西肖像］），而且也不局限于箱柜（“A Giovanni di Pagolo Rucellai dipingono nel Cielo della Loggia 1451，Fl97”［乔瓦尼·迪·帕戈洛·鲁切拉伊在敞廊天花板上作画］）。从另一方面说，这份清单对里卡尔迪的维吉尔作品抄本的插图也只字未提，这可由它们从未完成这个事实来解释。但是，在所有这些事情中，我们不得不尽可能利用内在证据，因为画坊的记录似乎在阿波罗尼奥逝世约两年前就中断了；[11]谁又知道是否在这两年中他开始涉足新的领域呢?

然而，在一个方面，把“维吉尔画师”与阿波罗尼奥相联系一定完全搅乱了约四十年前由舒布林勾画的关于历史情况的画面。舒布林认为“狄多画师”首先是细密画家，他的出发点是里卡尔迪的维吉尔作品抄本，后来把他的叙事技巧应用于几个箱柜。这个假定不再能维持下去了。十分清楚，阿波罗尼奥的主业就是箱柜，他多半正是受到过这方面的训练。仅仅这件事实就使舒布林把抄本的年代确定在画有维吉尔史诗场面的箱柜之前不太可能是正确的。而且，把两者加以比较，就可证实箱柜的年代在前。例如，在第一个耶鲁箱柜上，是安排得极均衡的连续的叙事，从朱诺拜访埃俄罗斯［Aeolus］，到风暴和“*Quos ego*”［平息风暴］，再到维纳斯［Venus］在海岸的干预（图56）。在抄本中（图58），朱诺拜访埃俄罗斯的场面又加上了风的牢房，以适应于细密画的矩形的形状，但是所有的风都向右刮——如它们在箱柜上自然地向右刮那样，在那里它们掀起风暴。结果所形成的构图几乎迫切要求向右边的连续性，并像其他例子一样表明，箱柜是最初构思的形式。

当然，舒布林无法知道为维吉尔作品抄本作插图的画家实际上是最繁忙的箱柜画师之一。但是，他提出细密画在前还有另外一个理由。他相信，他在抄本中发现的一个线索，使他能把抄本的年代确定为五十年代初。倘若画有维吉尔史诗场面的箱柜必须在抄本之先，其年代就必须移到四十年代，甚至一般把年代确定得过早的舒布林也一定看出这是不可能的。但是，舒布林确定抄本年代的方法几乎经不住批评。他论证说，在一幅细密画的背景中所图示的迦太基的建筑（图59）再现了梅迪奇宫［Palazzo de'Medici］的建造。由于最迟到1452年这些工程一定已经完工，[12]抄本的年代一定在那之前。舒布林知道这个论点靠不住，因为我们通过瓦尔堡偶然了解到，誊写抄本正文并在末页署名“尼古劳斯·里丘斯，又称斯皮诺苏斯”［Nicolaus Riccius，Spinosus vocatus］的抄写员生于1433年。[13]除非设想他是神童，否则我们不能把抄本的年代向前移到例如1450年之前，那一年这名抄写员十七岁。但是，舒布林的论点是错误的。它是渴望十五世纪的“真实生活”在其艺术中反映出来的他那一代学者提出的许多论点之一。此处和在这种情况下经常发生的一样，愿望是思想之父。十五世纪的艺术并未记载当时的地方和人物，因为它所使用的是类型和模式，而不是个性化的描绘。

在建筑背景中所使用的陈规和程式也不例外。一座多少有些梅迪奇宫的类型的铺着粗面石地面的宫殿在罗浮宫所藏真蒂莱·达·法布里亚诺［Gentile da Fabriano］的祭坛画的背景中已经出现，在这方面，这是十分有趣的（图61）。在使这种程式跟上时代来再现宏伟的迦太基城的建筑——既有完成的又有未完成的——的过程中，阿波罗尼奥很可能利用了梅迪奇宫的类型（图59—60），但是这个事实并不能使他的细密画成为地形学的景观。我们最不必要认为迦太基未完成的程度允许我们重提佛罗伦萨的建筑史。

因此，我们对于维吉尔作品抄本可以接受的唯一安全的*terminus ante*［起点］是阿波罗尼奥卒于1465年这一起点。实际上，似乎远为可能的是，这些细密画属于较晚的时期；因为对细密画未完成状况的最自然的解释会是，阿波罗尼奥在从事这项工作时去世。我们可以看到他计划的它的继续的部分，有的只是钢笔画稿，有的涂了些颜色。倘若这一切都是五十年代初做的，那么他为什么竟从未继续画呢？一定是维吉尔箱柜的成功使他的一个赞助人想到委托阿波罗尼奥画这些插图。是否同样的成功导致了画一幅全景画即乌戈利诺·韦里诺诗中的“*picta tabella*”［板上画］的想法？或者，韦里诺只是根据记忆写作的，并补充了他期望发现的场面？在缺乏任何相反证据的情况下，总的看来，假定他的话是认真的，确实存在着这样一幅画，这似乎更稳妥些。我们也许可以想象它放置在某个护壁板上方，佛罗伦萨人习惯于在那里看到画有选自特洛伊城故事的类似情节的佛兰德斯帘帷。阿波罗尼奥自己在画关于迦太基的朱诺神庙的插图时使我们了解到这样一幅画的可能的外观与安排，在那些神庙中，埃涅阿斯和阿卡特斯发现了出自伊利尤波西斯

[Iliupersis] 的再现（图57，59)。韦里诺提到的这幅画到1464年一定已经完成，那一年诗人完成了《弗拉梅塔》的编辑。因此，可以相信，阿波罗尼奥画了最早的巨幅神话画。

在关于奥柏林板上画的文章中，施特肖教授提出，在这家画坊的两名主人中，马尔科·德尔·博诺似乎更有可能是“狄多画师”这一名称的候选人。他提出的理由是，我们知道许许多多那一组的箱柜，由于风格上的原因，应把其年代确定到迟于1465年,即阿波罗尼奥去世的那一年。韦里诺的警句诗使我们有可能纠正这个假设。现在我们知道阿波罗尼奥的风格是什么样子的。是否它也有助于我们想象出他的伙伴的风格呢?这里，问题要复杂得多。施特肖教授正确地告诉我们不要去尝试只根据照片来清理现存的对箱柜的作者归属的混乱状况。照片几乎总是太小,太模糊不清，无法在这些凯旋和战役的人群中探察个别特征，这无疑是确实的。也很有可能，为收藏者修复箱柜正面的十九世纪修复人对于可能存在过的风格特色一定造成消除的后果。但是，即使考虑到这一切，仍然存在着方法的问题：难道箱柜的风格总是像祭坛画风格一样界线分明,这完全是确凿无疑的吗?根据他们的画坊记录来判断，马尔科·德尔·博诺和阿波罗尼奥·迪·乔瓦尼每年为计二十三套嫁妆提供箱柜。[14]大多数委托一定是要一对箱柜，[15]这就是说，平均每周一定有一或两件成品离开画坊。当然，这样的产量要以许多相当独立的助手为先决条件，其中有些人也许后来建立了自己的画坊，带走了种种图样，或者模仿阿波罗尼奥的程式。也许赞助人们也向其他画坊委托画他们特别喜爱的作品的复制品。如果除这些不同的可能性外再加上有文献证明的事实，即我们的画坊由可能以任何数量的方式进行合作的两位画师为首，那么，如此经常地难于对这些箱柜进行收藏家们所喜爱的有条不紊的分类，这就不足为奇了。

然而，有一点十分清楚。舒布林的划分不再能维持下去。人们会记得，他只归给“狄多画师”一个短短的箱柜清单——共九项，其中有三项是成对的。就这位画师而言，奥夫纳［Offner］教授[16]很久前就单纯以风格为理由向这个清单提出挑战。他论证说，而且令人信服地论证说，必须把贾夫斯藏品的另外两个精美的箱柜归给同一家画坊。一个是画着圣克罗切广场［Piazza S. Croce］上的马上比武大会的板上画（图62)，舒布林把这次比赛与1439年为庆祝联盟会议［Council of Union］而举行的一次比武联系起来。这种联系没有证据，一切都表明这样早的日期是不正确的。[17]舒布林把八项归给这幅板上画的画师，但它们构成了混杂的一组。然而，马上比武大会本身无疑是我们的画坊的 *chef-d'œuvre*［代表作］。最后，在贾夫斯藏品中还有一幅示巴女王［Queen of Sheba］拜见所罗门［Solomon］的优美的板上画（图63)。这件完成的作品被舒布林归于另一家画坊，他称之为“箱柜画师”的画坊，并把他的全集中的二十项归给它。这里，奥夫纳也反对舒布林的命名，宣称这幅板上画是也绘制了维吉尔史诗场面和马上比武大会的同一家画坊所作。初看起来,这种鉴别似乎不太令人信服。这个箱柜上的形象被安排在程式化的十五世纪图画舞台上，而不同于阿波罗尼奥的全景式构图。地面被划分为方格以表现透视，背景挤满建筑的舞台道具，证实了对 *all'antica*［仿古典风格］装饰形式的浓厚兴趣。但是，在画着《凯撒遇刺》[*Murder of Caesar*]的板上画上也可以看到相似的特征（图64，参见图77），奥夫纳把它归于同一位画师，实际上，它使我们回到里卡尔迪的维吉尔作品抄本的细密画。无论装饰细节，还是形象的安排与姿势，其相似之处都十分显著（图66）。把他的维吉尔画师与阿波罗尼奥相联系也使奥夫纳把一组圣母像归于同一位画师更强有力。至少有一幅圣母像列在这家画坊的产品中，*una nostra Donna in un tondo*［圆形圣母像］，是1455年为波蒂切利［Botticelli］的赞助人的父亲皮耶尔弗朗切斯科·迪·洛伦佐·德·梅迪奇［Pierfrancesco di Lorenzo de'Medici］绘制的。此外，这种联系也解释了为什么如奥夫纳所说，"几乎在每家博物馆人们都见到具有［这家画坊的］风格的箱柜正面，确实，它们都隐蔽在各种各样的名称之下"。毕竟，我们的画坊记录列出了可能相当于三百个箱柜的约一百七十宗委托。它很可能在相当大的程度上垄断了市场。唯一似乎具有自己显著特征的另一组是舒布林的"安吉亚里画师"［Anghiari Master］，不过，即使在这里，在他的画坊与我们的画坊之间也有一个毫无特征的无人地带。

奥夫纳所归集的这一组无疑似乎是再次探索舒布林所收集的材料的最可靠的战略基地。尝试进行这种重新审查超出了本文的范围。但是，此处可以包括这些作者未曾讨论的两个质量尚好的例子来说明问题的范围。一个是画着另一个维吉尔史诗场面的箱柜（图65），选自《埃涅阿斯纪》第七卷的埃涅阿斯在拉丁姆登陆，海滩进餐和受到拉丁努斯［Latinus］的接待。[18]由风景和形象判断（拉丁努斯令人想起早期纸牌上的老K），这个箱柜例示了这种风格的最古老的形式，很可能作于三十或四十年代。相比之下，画着凯撒的凯旋的绘画（图67）[19]代表了接近牛津箱柜的或许也接近圣克罗切马上比武大会的一个阶段，而这幅画与圣克罗切马上比武大会形成了另一种联系。形象更大一些，空间框架也稳固得多。因此在这家画坊的两个主人阿波罗尼奥和马尔科·德尔·博诺之间再次分组是十分吸引人的。

遗憾的是，事实与这种整齐的划分相抵牾。尽管贝伦森［Berenson］十分怀疑，[20]在我看来，里卡尔迪的细密画是一个画师的作品；这位画师——他只能是阿波罗尼奥——有包括史诗插图的檐壁般的设计和凯撒板上画的更紧凑的舞台布景的全部技能。因此，可以把马尔科·德尔·博诺安排在何处的问题仍有待解决。施特肖教授说，可被证实在阿波罗尼奥去世的1465年后所画的任何一件我们这个画坊的产品，都会是归于他的伙伴的候选者，这无疑指明了道路。有一些箱柜与这种描述相符，但是从它们之中没有显现出清晰的画面。例如，在海纳姆［Highnam］的佩里藏品［Perry collection］中有一个箱柜，[21]舒布林归于圣克罗切马上比武大会画师，但箱柜表现了疑惧地注视着的射手的形象，仿佛借用自波拉约洛［Pollaiuolo］作于1475年的《圣塞巴斯蒂安》[*S. Sebastian*]。但是这件作品几乎没有表现出十分显著的特点，使它成为一组的中心。李勋爵藏品［Lord Lee's collection］的那些豪华的婚箱亦然。[22]从风格看，它们无疑属于远在1465年之后的一个年代；但是它们的一些母题，例如布伦努斯［Brennus］情节（图70），令人想到我们画坊的罗马的风光和背景。实际上，无庸置疑，这些构思在阿波罗尼奥逝后很久继续被使用，[23]必须认为马尔科·德尔·博诺继续了这种联合的传统。但是，尽管他在阿波罗尼奥逝后又在世二十四年，然而最好记住，他比阿波罗尼奥年长十五岁，在早些年可能影响了他的年轻些的伙伴。这种情况很像更著名的合作关系，例如，胡伯特和扬·凡·艾克［Hubert and Jan van Eyck］或者马索利诺［Masolino］和马萨乔［Masaccio］的合作关系。*Vestigia terrent*［这些足迹吓坏了我］。

由于阿波罗尼奥作为箱柜行业的主要画师而出现，重新简洁地考察他的风格的来源也许更为有益。这种考察可能使我们修正在对十五世纪艺术的讨论中经常提出的一种见解，即，箱柜的风格反映了了不起的大师，特别是乌切洛［Uccello］和多梅尼科·韦内齐亚诺［Domenico Veneziano］的成就。确实有借用的情况，但是一般说来，其个人风格保持着对于我们所认为的佛罗伦萨艺术的主流多么大的独立性，这是值得注意的。仿佛马萨乔或多纳太罗［Donatello］从未生存过，真蒂莱·达·法布里亚诺所例示的国际风格［International Style］被允许未受干扰地发展到下一代人。[24]在这一点上，把选自贾夫斯箱柜的狩猎场面（图68）与乌切洛的狩猎图（图69）进行一下比较是很有启发的。阿波罗尼奥画着奔逃的牡鹿和追逐的猎犬的优美的侧面影像，他完全保留了国际哥特风格［International Gothic］的挂毯特征，而乌切洛明显专心于把同样的程式翻译成新的三维风格的特色。正是同样的三维特征把乌切洛的栩栩如生的猎手和阿波罗尼奥用姿势示意的侏儒相区分。因为尽管乌切洛使他的形象背离观画者，让他们追逐猎物到树林的深处，阿波罗尼奥却总致力于保留易于辨认的侧面影像。正是避免在描绘具有意大利气质的形象时那种困难的透视缩短的努力，解释了在阿波罗尼奥的构图中常常出现的莫明其妙的扭曲。他的侏儒整个展现出来的方式有些近乎埃及的成分；在凡是可能之处，他们都必须显露出臂和腿，那种倾向赋予他的运动中的形象以古怪的不安定和不稳定的外观，而这是他的风格的特点之一。然而，对于阿波罗尼奥的叙事目的来说，这种手法极为适合。它使他能让其主要人物在他的图画故事的熙攘的全景中清晰地凸现出来，并引导观众从一个场面看到另一个场面。其中某些姿势朴素而千篇一律地重新出现，使人们想到有人在摆布锡兵。因此，总是从后面看到的迈着叉腿的步法、有提线木偶式的手的人的陈规，充当了从特洛伊登船的阿斯卡尼俄斯［Ascanius］(图71))或充当了在狄多进餐时端碟子的侍者（图72)。它也稍加改动用于埃涅阿斯的船首上的一名水手（图68）和透过围栏窥视马上比武大会的旁观者（图73)。但是，因这些程式的重复而对这位艺术家抱成见也许不十分公允。因为在这里他也只是在遵循传统的做法。我们在维吉尔史诗场面中所看到的他以不同的媒介和在不同的场合中使用和改动同样的绘画程式的方法本身，表现了知道如何节俭地使用其资源的中世纪工匠的观点。

画坊以这样的规模生产，这个过程依赖于用以表现城市、船舶、营地、凯旋车、跌倒的马匹或作战的士兵的一套现成模式的存在。当然，有一些箱柜使人们感到大批生产的更明显的危险；但是这些危险与其说在于缺乏新颖的构思，不如说在于不够熟悉师傅意图的助手的轻率而仓促的绘制。在出自这家画坊的更雄心勃勃的构图中，例如选自《埃涅阿斯纪》或《奥德赛》［*Odyssey*］中的场面，技艺水平一般都很高。然而可以认为，对于细节的注意，叙事的生动，有时使风格上的陈规和矫揉造作更为突出。

十四世纪传奇的插图画家能够泰然地重复他的陈套，因为我们承认它们是图画文字。但是阿波罗尼奥的世界实际上已用国际哥特风格所积累的所有现实主义细节装饰起来，并趋向于文艺复兴图画舞台的似合理性，它带有许多现实世界的特点，以致我们不能忽略它的不协调和矫揉造作。正是这种肤浅的现实主义，他对于织物和舞台道具的注意和像投下的阴影之类现实主义特征的闯入，使他的叙事看上去“幼稚”。由于这个原因，当我们观看维吉尔著作抄本中未完成的细密画时（图74）这种印象就减少了。此处，在较少现实主义的细节把我们哄骗到另一种看法之处，阿波罗尼奥作为国际风格的真正实践者而出现，巧妙而富有魅力地使用哥特式的程式，决不乏超越它们的雄心，甚至冒着一些风险。那一群马匹（图75）就是恰当的例子。

阿波罗尼奥使用哥特式传统的模式对现实世界进行似有理的描绘的那种技巧，在任何地方都不如在《圣克罗切的马上比武大会》［*Tournament of S. Croce*］中变得更为明显（图62）。我们已看到，舒布林把它当作新闻报道，而设计和马匹的名称的确十分可能表明一场真实的比武。[25]但是，尽管它有着情趣横溢的情节上的细节，基本的程式却只发展了被传奇故事的插图画家们所使用的一种表现比武的传统方案（图76）。[26]鉴于这种传统主义，看到阿波罗尼奥绝非对古典世界的魅力不感兴趣，这是很有趣的。他的画坊不仅拥有罗马和君士坦丁堡的景观——这表现出对这些城市的古典文物建筑相当浓厚的兴趣[27]——而且他甚至还能在上下文暗示之处即兴创作一个 *all' antica*［仿古典风格］浮雕，如在凯撒板上画中那样（图78）。但是他的形象风格没有这种可见的改画。[28]在这里，对考古学的兴趣只导致了为男人们采用“希腊的”（即拜占廷的）服装——人们也从戈佐利［Gozzoli］和皮耶罗·德拉·弗兰切斯卡［Piero della Francesca］那里了解到的一种程式，并由韦斯帕夏诺·达·比斯蒂奇［Vespasiano da Bisticci］的话做了解释，他说，在东方，服装样式自古以来未发生变化。[29]

尽管这一切，最先在一个佛罗伦萨人文主义者笔下得到一首颂诗的佛罗伦萨画师之一，原来竟是在我们看来相当“落后”的风格的代表，这不无某种刺激性。我们仍喜欢把文艺复兴看作一种连贯的“进步”，这种概念把人文主义者和反哥特的艺术家一起排到前列。在瓦尔堡对1460年左右的形势进行的复杂分析中，哥特式风格——他喜欢给它加上“*alla franzese*”［法兰西式］的标签——代表了真正的“*all'antica*”［仿古典风格］的人文主义竭力反对的妨碍成分。但是瓦尔堡也知道这些趋势与倾向在受到这些张力的人们的心目中多么错综复杂地混杂在一起。他强调在哥特式艺术中存在一种想看到古代故事仿佛当代事件一样重演的真正的愿望，而且他注意到在维吉尔作品抄本和相应的箱柜上的场面中赋予维纳斯可靠的古典式外貌的尝试。因此，瓦尔堡会欣赏以中世纪的方式讲述维吉尔史诗故事的画家与常常使用维吉尔的形式讲述中世纪的故事的诗人间的共同点。因为，正如维吉尔史诗场面是阿波罗尼奥的 *chef-d'œuvre*［代表作］一样，韦里诺的毕生事业是

《卡里亚德斯》[*Carliades*]，模仿《埃涅阿斯纪》的颂扬查理曼[Charlemagne]及其武士们的史诗。两位艺术家所具有的风格的混杂惊人地相似。一位诗人能够写出[30]

> "En ille Orlandus, Francorum magnus Achilles"
> [那位英雄奥兰杜斯，佛兰克斯的伟大阿喀琉斯]

也能赞扬阿波罗尼奥与荷马和维吉尔并驾齐驱。关于把形式应用于内容的恰当与适合的思想似乎从未搅扰过他们两人的心灵。如果说阿波罗尼奥的风格继续了哥特式传统，则戈佐利亦然，当时他正装饰梅迪奇礼拜堂。此外，法奇乌斯[Facius]对于凡·艾克、罗吉尔[Rogier]、真蒂莱·达·法布里亚诺和皮萨内洛[Pisanello]的著名赞扬告诫我们不要把人文主义者们的趣味与*all'antica*[仿古典风格]艺术相等同。如果我们听到有人称赞阿波罗尼奥为"第二个阿佩莱斯"[a second Apelles]觉得奇怪，那么最好记住，在拉丁警句诗中被加上这个标签的另外两名佛罗伦萨人是安杰利科修士[Fra Angelico]和贝诺佐·戈佐利。[31]

因此，就他对于艺术的趣味而言，韦里诺与他的人文主义伙伴们并不协调是毫无疑问的。实际上，我们有很好的证据表明他对于绘画比同时代的文人更真正地感兴趣。不同于马内蒂[Manetti]和里努奇尼[Rinuccini]，他坚持要把自己的文学技巧献给当时生活着的艺术家，他很早就看出"也许莱奥纳尔多·达·芬奇[Leonardo da Vinci]超过了其他所有的人"，而他或许并未因此得到应得的声誉。[32]但是，如果人文主义者们使用任何自觉的批评标准，那么它当然是逼真的标准，关于这个标准，他们可以在古代作家们的著作中读到。这个标准似乎被哥特式现实主义所充分满足。但是总的说来，他们的兴趣主要是文学上的，众所周知，在他们看来，说明的主题比我们所称的形式处理更重要。关于应支配对这些主题的选择的原则，我们所拥有的从一位早期人文主义者手中得到的最说明问题的文献也许在这一点上并非不适宜。这是莱奥纳尔多·布鲁尼[Leonardo Bruni]关于对第三扇洗礼堂门采用的"方案"的意见的著名信件。

> 在我看来，如你所决定的应从《旧约》[Old Testament]中选择的新门上的二十个故事应当主要具有两个性质：一个是，它们应显出华丽，另一个是它们应具有意义。华丽是说它们应当通过设计的多样化赏心悦目；具有意义是指十分重要、值得记忆的那些故事……设计它们的人必须熟知每一个故事，以便可以适当地分配形象和他们的行动，他应当是文雅的，并懂得装饰……[33]

如果我们从这些观点，即从人文主义的完美典型的观点，比较一下阿波罗尼奥的艺术和他的更先进的同行的艺术，那么他可以轻而易举地获胜。不仅在他的作品中比例如卡斯塔尼奥[Castagno]或乌切洛的作品中有更多的令人"赏心悦目"的"华丽"；而且它们甚至会表明比其作品常常局限于传统主题的那些艺术家对于

“意义”的更深刻的理解。因为，就箱柜绘画而言，对于“值得记忆的”主题的人文主义要求几乎被对于适宜于吉祥场合的主题的人们的普遍要求所满足。箱柜毕竟不仅是一件装饰华丽的家具；它的委托与交货构成了有教养的佛罗伦萨人婚姻习俗的一部分。因此，人们即使不是把它看作幸运的护符，也一定把它看作吉兆的载体。这种隐蔽的意义在盖子里面的绘画中尤其明显（图79—80），那些画再现了美的青年和少女的理想形象，有时标着“帕里斯”［Paris］和“海伦娜”［Helena］。[34]除了为着漂亮的后代的幸运符咒，把那些美的典范只展现给新娘的目的还能是什么呢？怀孕期间看到的图画会影响胎儿，这种信念十分普遍。[35]在十五世纪佛罗伦萨的社会中，对于形象的“影响”的这种信念会觉察不到地与关于远处这种行动的效力的占星术的和哲学的观点相融合。[36]换言之，在这些美的形象中，“华丽”与“意义”融为一体。

但是，甚至箱柜外边的绘画也总会经过选择，适宜于该家庭的希冀与渴望。迄今尚未完全阐明其主题的阿波罗尼奥的两件作品可能有助于说明这一点。一件是其一个残片藏于牛津的阿什莫尔博物馆［Ashmolean Museum］的箱柜。[37]在那里对它的说明是一群在表演的杂技演员（图81）。目录指明了出自同一个板上画的另一片段，现藏国立苏格兰美术馆［National Gallery of Scotland］，[38]被称作《威尼斯新娘》［*The Venetian Brides*］（图82）。对于箱柜的“意义”的传统使人们不难鉴别真正的主题。它是萨宾妇女被劫［the Rape of the Sabines］，常常作为建立新生活的吉祥主题被再现在婚箱上。我们发现在哈伍德藏品［Harewood Collection］的箱柜上以类似的方式再现了正在表演的杂技演员[39]（图83），在那里，他们在招待轻信的萨宾妇女。当然，爱丁堡板上画再现了对这些妇女的真正的袭击。

更有趣的是赞助人和艺术家一定在成为鉴别这家画坊的出发点的那对箱柜中所发现的“意义”——画着薛西斯［Xerxes］的入侵的奥伯林板上画和画着希腊领袖的凯旋的与之成对的已失传的另一件作品（图54—55）。只把它们看作历史图解就没有认识到它们的一般意义。实际上，历史有相当大的伸缩性，有时服从于传奇故事。如果我们能相信铭文，在抵抗波斯人入侵保卫希腊的人中出现的不仅有西门［Cimon］和地米斯托克利［Themistocles］，而且还有伯里克利［Pericles］。但是，如果阿波罗尼奥不仅要表现薛西斯的入侵舰队的“华丽”，而且要表现他的垮台的“意义”，某种程度的伸缩是必要的。因为薛西斯的命运是受挫的傲慢的一个著名的*exemplum*［范例］。根据由尤斯蒂努斯［Justinus］和奥罗修斯［Orosius］一类作家所流传下来的材料，薄伽丘［Boccaccio］意味深长地讲述了波斯统治者的傲慢和最终垮台的故事；[40]还有什么能比这个惊人的失败的故事更能适合于“王子们的垮台”这个一般主题呢？因此薄伽丘全力以赴地讲述了一百多万人大军的调集，讲述了在浮桥上渡过赫勒斯滂，以及突然入侵希腊。因为冒险心越大，破灭就越可耻。首先，薛西斯遭到莱奥尼达斯［Leonidas］的士兵的抵抗，由于在可耻逃跑时受伤，不得不用光着的手从被他自己的阵亡士兵的污血弄脏的河中饮水；由于口渴，在他看来，这水比他先前品尝过的任何东西都更甘甜。然后，他的士兵在试图摧毁德尔斐的阿波罗神庙［temple of Apollo］时被击溃；最后他和他的舰队在萨拉米斯落入圈套，被地米斯托克利击败。他孤零零地返家，在一个渔夫的大平底船上战栗不已。在那儿他得到了关于他的军队在马多尼奥斯[Mardonius]率领下的命运、他的舰队的溃逃和波斯军队的残余在攸里梅宗河附近被西门最后消灭的消息。他已虚弱不堪，身心交瘁，被他的舰长阿尔达班［Artabanus］杀害。在这篇惊人的故事中，一切都从属于道德教训，而薄伽丘仍然附加上“反对人的盲目性”的训诫，逐一详述了这些令人感到耻辱的事情，作为前车之鉴。“倘若查遍整个历史，我们不会找到以其帝王般的浮华、以其攫取更多的财富或者为争得更多民族的服从而更著称于世的人了……尽管为这种举世无双的豪华而盛气凌人，却遭到莱奥尼达斯一小支军队的阻碍……他曾遍布大海的所有船只被地米斯托克利和西门所剥夺……他曾习惯于支配众国王，现在却温顺地乞求船夫渡他过海，他不久前还率领着这些庞大的军队，现在却孤单单地乘渔夫的大平底船渡海……我们还应说什么呢?我们还应问些什么，才能看到财富、权力、暂时的统治权有什么用呢?……薛西斯没有这些不会更好吗?……那么，我们为什么不从我们的眼中驱散无知的迷雾……把我们的目光和心灵朝向天空，倾听上帝的道……因为上帝安排了许多地米斯托克利和莱奥尼达斯——即使拥有比薛西斯更多的士兵，我们也会被剥夺世间的军队，被打得仓皇逃窜，由于被打垮，会不是在赫勒斯滂而是赤裸裸地在阿谢隆河岸向无情的渡船工徒劳地哀求，我们会孤独而苦恼地坐在那里，为失去更幸福的生活而永远悲叹。”

无庸置疑，薄伽丘的版本为奥伯林板上画提供了总的背景。在右面，我们看到薛西斯骑着马，率领难以置信的有着马车和骆驼的军队渡过赫勒斯滂。在背景中，为表示黑海，我们能辨认出画着某些主要文物建筑如狄奥多西圆柱[the column of Theodosius］的君士坦丁堡。十分突出地安排在前景中、在渔夫平底船上的老人很可能又是薛西斯，在可耻地逃跑。同时，在左边展现了波斯军队的悲剧。西门在帐篷前迎接一群高贵的波斯俘虏。在前景中，一个波斯人似乎在刺自己，也许刚收到一条消息。唯一令人迷惑的形象是伯里克利在希腊人中的出现，但是，按照世界编年史的传统，伯里克利实际上以生活于索福克勒斯［Sophocles］时代的雅典将军而闻名，[41]既然这幅板上画概括了希腊的胜利，他的出现并非完全不合逻辑。据说，那幅与之相伴的作品适当地表现了西门和地米斯托克利和第三个领袖的凯旋（图54)。也许这又是伯里克利，他为莱奥尼达斯出力；因为后者在温泉关阵亡，不可能以这样的方式表现他。左边和背景显然是要表现萨拉米斯战役。

如果鲁切拉伊家族委托画家画薛西斯的垮台和希腊人的凯旋，他们很可能想到一种“意义”，它甚至超过了世界上最富有戏剧性的警诫性故事的意义。因为在1463年，这个故事和它的地理背景不仅像提醒薄伽丘一样提醒观看者注意斯提克斯河的渡过，而且要注意更逼近的威胁。在君士坦丁堡陷落的十年中，还有什么能比提醒人们傲慢的亚洲征服者很可能弄巧成拙的事物更给人慰藉呢?[42]

碰巧，历史画的这个道德概念也可以从我们的主要见证人乌戈利诺·韦里诺的作品中找到相似物。他的《卡里亚德斯》开头是对《埃涅阿斯纪》第一卷的改写，它为“狄多画师”的赞美者增了光。整个布局是相同的，不过遭受朱诺的责怒的折磨的不是埃涅阿斯的舰队，而是查理曼的舰队，他征服圣地后的胜利回师遭到魔王［the Devil］的阻挠[43]。精疲力尽的水手们又一次登上一个不知名的海岸，发现了一座富庶而友好的城市——伊庇鲁斯［Epirus］的布特洛托［Butroto］，由尤斯蒂努斯［Justinus］统治。在描写尤斯蒂努斯宅邸的墙壁时，诗人无法忽略应有的*ekphrasis*［艺格敷词］，于是韦里诺利用了对当时的艺术家做些赞扬的机会，而以前这个机会被忽略了。他说，左边的"纹章"为"阿佩莱斯的继承人亚历山大"［Alexander，Apelles' successor］所绘，在巴黎手稿中又加一条旁注，"Alexander pictor florentinus"［佛罗伦萨画家亚历山大］，即波蒂切利，是韦里诺的笔迹。我们读到，右边的故事为托斯卡纳的普鲁斯［the Tuscan Pullus］所绘，即（如旁注所释）"pictor pullus florentinus"［佛罗伦萨画家普鲁斯］或波拉约洛。

这种提及（没有旁注）已出现于我们已知的这部诗的初稿——马利亚贝基亚［Magliabecchiana］的手稿中。这最初版本的末页告诉我们，第十五卷即最后一卷在1480年12月3日夜间两点完成于比萨。它的开头部分可追溯到十五世纪六十年代后期。[44]那么，必须把对于波蒂切利和波拉约洛的提及置于这两个日期间的某个时间，它对这两位大师的在较早期生涯中日益增长的声望提供了很好的证实。因此，看一看乌戈利诺想象这些艺术家为尤斯蒂努斯虚构的宅邸的墙壁画（或设计）了些什么是不无趣味的。下面是最早版本的文字：[45]

> 在左边，科斯岛的阿佩莱斯的继承人亚历山大画了薛西斯，他用一座桥梁束缚海洋，圣山的开凿，还有干涸的河床和从枯竭的小溪中饮水的波斯人；还有残暴的雅典人，在毁坏了帕拉斯［Pallas］〈即雅典娜——译注〉的城市后在海上对他们祖先城镇的废墟进行报复。还画了血流成河的普拉蒂亚，被征服的米底人［Medes］的财富，不远处，被逐出雅典的希腊的战争首领［地米斯托克利］来到敌人的宫廷。
>
> 在右边是派拉族［Pelleian race］的伟大英雄［亚历山大大帝］［Alexander the Great］打垮了大流士［Darius］，在一次三重战役中俘获了他的妻儿，把帝王的衣裾和战利品付之一炬；他最先威胁平静流淌的海达斯帕斯河，国王冒险从围墙高高的堡垒上跳下。在另一处，凶猛的波罗斯［Porus］骑在一只浅黑色的大象的背上，覆盖着一条有鳞片的大蛇，冲过来参加战斗，鼓动身心交瘁的印度人打仗。距那里不远，幼发拉底河正穿过巴比伦的中间，那里，在宫殿门前不光彩地躺着战争首领，一具青黑色的尸体玷污了地面：全世界都曾服从于他的胜利。这位托斯卡纳的普鲁斯以惊人的技巧描绘了这一场面。

因此，波蒂切利的想象的绘画再现了选自薛西斯率领下的波斯人的征服与失败的情节，波拉约洛的想象的绘画再现了选自亚历山大历次战役的场面。把两幅画相对照的方式清楚地表明，韦里诺在这里遵循了在亚历山大的胜利中看到波斯入侵希腊的最终报应的传统。而且，整个叙事的精神实质与薄伽丘的叙事十分接近。[46]每场胜利的后面都跟随着一次垮台；每个荣耀的时刻原来都是徒劳无益的。

如果我们自问，韦里诺怎么会想象出这些场面，那么我们会有些震惊地认识到，他一定是依据阿波罗尼奥的箱柜风格想象出它们的。只有以这样的方式才可能把这些毫无联系的情节挤在两幅相对照的画中。画着薛西斯的征服的那幅画，的确与阿波罗尼奥的画着横跨赫勒斯滂的桥梁的和普拉蒂亚与萨拉米斯战役的那一对箱柜惊人地相似。亚历山大与大流士一家人的相遇也构成了以阿波罗尼奥的风格画的大幅全景式箱柜构图的一部分（图84）。[47]

注意到箱柜传统对于纪念型艺术［monumental art］的成就的相对独立性之后，看到韦里诺把波蒂切利和波拉约洛的名字与这些插图画家的风格和主题相混杂，就似乎倍加不合理了。但是，在我们的“tuscus Apelles”［伊特鲁里亚的阿佩莱斯］阿波罗尼奥与“choi successor Apellis”［阿佩莱斯的后继者］波蒂切利之间真的没有丝毫联系吗？十分奇怪，文献告诉我们，实际上一定存在过某种桥梁，无论它多么脆弱。因为，1481年春季，在韦里诺完成《卡里亚德斯》初稿后不久，波蒂切利与圣马蒂诺教堂［church of S. Martino］签订了画一幅圣母领报湿壁画的合同，现在人们从石灰水下重新找到了这幅湿壁画。[48]这个协定的目击者是阿波罗尼奥先前的伙伴马尔科·德尔·博诺和一个叫弗朗切斯科·迪·米凯莱［Francesco di Michele］的木工，他很可能是马尔科的箱柜行业的新同伴。无论这种个人间的熟识意味着什么，它也表明，波蒂切利在动身赴罗马的前夕与这家专门绘制古典插图的箱柜画坊的仍健在的主人有过某种接触。这种联系像韦里诺对名字的选择一样，可能是偶然的，但是它可以使我们清楚地看到波蒂切利的艺术的某些方面——他的叙事风格。我们不了解谁对西斯廷礼拜堂［Sistine Chapel］的湿壁画的设计和方案负责；但是值得注意的是，在那里所雇用的艺术家中，波蒂切利采用了最富于情节的处理。他笔下的摩西［Moses］故事的展开方式与箱柜绘画并无不同，中间是主要场面，由其他六个事件组成的花环排列在它的周围。对基督受试探的类似安排（图85）甚至迫使他插入一个与组画的主要主题——基督生平没有明显联系的中心装饰。他把基督安排在庙宇的顶端后，在前景的空间画了一个“华丽与意义”的场面，而这个场面是很难解释的。[49]当然，在这个莫明其妙的构图——甚至拉斐尔［Raphael］也研究过这个构图，而且获益良多[50]——和阿波罗尼奥在安排相会的情侣周围的构图时所使用的他那一行的诀窍之间（图74）有一个差异的世界。然而，如果在波蒂切利身上可以观察到向“哥特式”同感的回归，它可能除其他外还由于由阿波罗尼奥的画坊所代表的国际风格的遗风。

如果韦里诺对波蒂切利的选择因而不如初看上去那样不协调，我们怎么能使他把波拉约洛称作与之相伴的作品的大师适宜呢？波拉约洛对于阿波罗尼奥的赞美者会同样很有意义吗？十分奇怪，有迹象表明，并不如此，韦里诺对这个名字的选择觉得有些不安。只是在《卡里亚德斯》的头两部草稿中包括了这个名字：当他着手修改这首诗时，大约在九十年代，他保留了波蒂切利的名字，但把“普鲁斯”的名字改作“菲利普斯”［philippus］——菲利皮诺·利皮［Filippino Lippi］。[51]韦里诺对那位艺术家的赞美从警句诗中而广为人知。[52]此外，波拉约洛兄弟已赴罗马，他们的声望日益集中在雕塑而非绘画上。然而，在试图使他的史诗跟上时代时，韦里诺竟选择了这样一位艺术家的名字，在他的风格中，哥特的与古典的成分又密切地融合在一起，以致很难归入进化论史学家那些整齐的范畴，这却似乎令人奇怪地适宜。

韦里诺的 *ekphrasis*［艺格敷词］是典型的文学练习，任何在当代现存的艺术中寻找其类似物的尝试都似乎有些牵强。然而值得回忆的是，他对由这个城市的两名主要大师所画的两幅相对的历史画的想象已不是私下的梦想。在大会堂［Hall of the Great Council］，这个梦想几乎成为现实，莱奥纳尔多和米开朗琪罗［Michelangelo］要在那里再现该城历史的重要情节。[53]供选择的第一个主题，《安吉亚里之战》［*Battle of Anghiari*］，是从一个佛罗伦萨箱柜上起步的，难道这一定纯属偶然吗？[54]

乌戈利诺·韦里诺在这个宏大的委托失败后又在世许多年。他活到1515年后期在佛罗伦萨欢迎他先前的学生莱奥十世［Leo X］归来。人们猜测，当时教皇的随行人员包括拉斐尔，他刚刚完成画有许多让人联想起维吉尔史诗的场面的《博尔戈的火灾》［*Incendio del Borgo*］。人们想知道，当他重温自己的 *juvenilia*［少年时代］，偶然看到他赞扬阿波罗尼奥这位 *tuscus Apelles*［伊特鲁里亚的阿佩莱斯］的警句诗时，这位年老的人文主义者想些什么。

［陈海燕译　李本正校］

附录：乌戈利诺·韦里诺诗选

Appendix: Extracts from Ugolino Verino's works

I. From *Flametta*, Book II

De Apollonio Pictore insigni

Maeonides quondam phoebeae moenia Troiae
Cantarat grais esse cremata rogis,
Atque iterum insidias Danaum Troiaeque ruinam
Altiloqui cecinit grande Maronis opus.
Sed certo melius nobis nunc tuscus Apelles
Pergamon incensum pinxit Apollonius;
Aeneaeque fugam atque iram Iunonis iniquae
Et mira quassas pinxerta arte rates,
Neptunique minas summum dum pervolat aequor,
A rapidis mulcet dum freta versa notis;
Pinxit ut Aeneas fido comitatus Achate
Urbem Phoenissae dissimulanter adit,
Discessumque suum, miserae quoque funus Elissae
Monstrat Apolloni picta tabella manu.

II. From the *Carliades*, Book I

(a) First version, Florence, Bibl. Naz. (Magl. 7–977, ff. 8r–8v)

Regia porphireis spectabat nixa columnis,
Undique quam pario cingebat porticus ingens
Subfultus lapide: et paries embremate pictus:
A leva xerxem frenantem nerea ponte
Pinxit alexander choi successor apellis
Subfossumque athon: siccoque arentia fundo
Flumina: que exhaustas persis potantibus undas.
Thesidasque feros: subversa palladis urbe
Insunt et pelago patrias pensare ruinas:
Et largo undantes plateas sanguine: caesis
Medorum numis: nec longe expulsus athenis
Hostilem graius ductor migrabat in aulam.
A dextra magnus pellei seminis heros
Exuerat ternis castris: et coniuge capta
Cum natis darium: carrusque et regia flammis
Mandabat spolia: et placidum minabat idaspem
Primus: rex alto sese dabat aggere muri
Parte ferox alia super atri tergera barri
Squamosa tectus serpente in bella ruebat
Porus: et exanimos in proelia concitat indos:
Nec procul euphrates mediam babilona secabat
Pro foribusque aulae liventi corpore ductor
Exanguis foedabat humum: sine honore iacebat
Cui victus quondam bellanti cesserat orbis:
Haec mira pullus tyrrhenus pinxerat arte.

(b) The revised version in the dedication copy for Charles VIII (Florence, Bibl. Riccard. 838)

Regia marmoreis spectabat nixa columnis
Undique quam pario cingebat porticus ingens
Marmore suffulta et paries embremate pictus
A leva xerxem frenantem nerea ponte
Atque athon effossum. siccoque haerentia fundo
Flumina et exhaustos persis potantibus amnes.
Palladaque iratam subversis pinxit athenis
Tuscus alexander choi successor apellis:
Cecropidasque feros pelago pensare ruinas
Pulsus ut invidia (populus sic premia reddit)
Hostilem graius ductor migravit in urbem.
A dextra magnus pellei seminis heros
Persepoli capta flammis ultricibus aulam
Persarum urebat: mox fulminis instar ad indos

Pervolat affectans ortum transcendere solis:
Parte ferox alia super atri tergore barri
Squamosa tectus serpente in bella ruebat
Porus et in pugnam extremos ductabat eoos.
Nec procul euphrates mediam babylona secabat:
Pro foribusque aulae liventi corpore princeps
Exanguis foedabat humum sine honore iacebat
Cui victus quondam bellanti cesserat orbis
Haec mira etruscus depinxerat arte philippus.

Note.—Verino's version of the Alexander story, particularly in his first draft, is rather obscure and I am greatly indebted to Dr. D. J. A. Ross for the following suggestions: 'ternis castris' may refer to Alexander's three pitched battles against Persia (Granicus, Issus and Arbela). 'Rex alto sese dabat aggere muri' alludes to his conquest of the city of the Mandri and Sudracae (cf. Justinus XII, 9). For the concluding lines Verino may have drawn on Plutarch, Alexander, LXXVII, 4 or Curtius X, 10, 9–13.

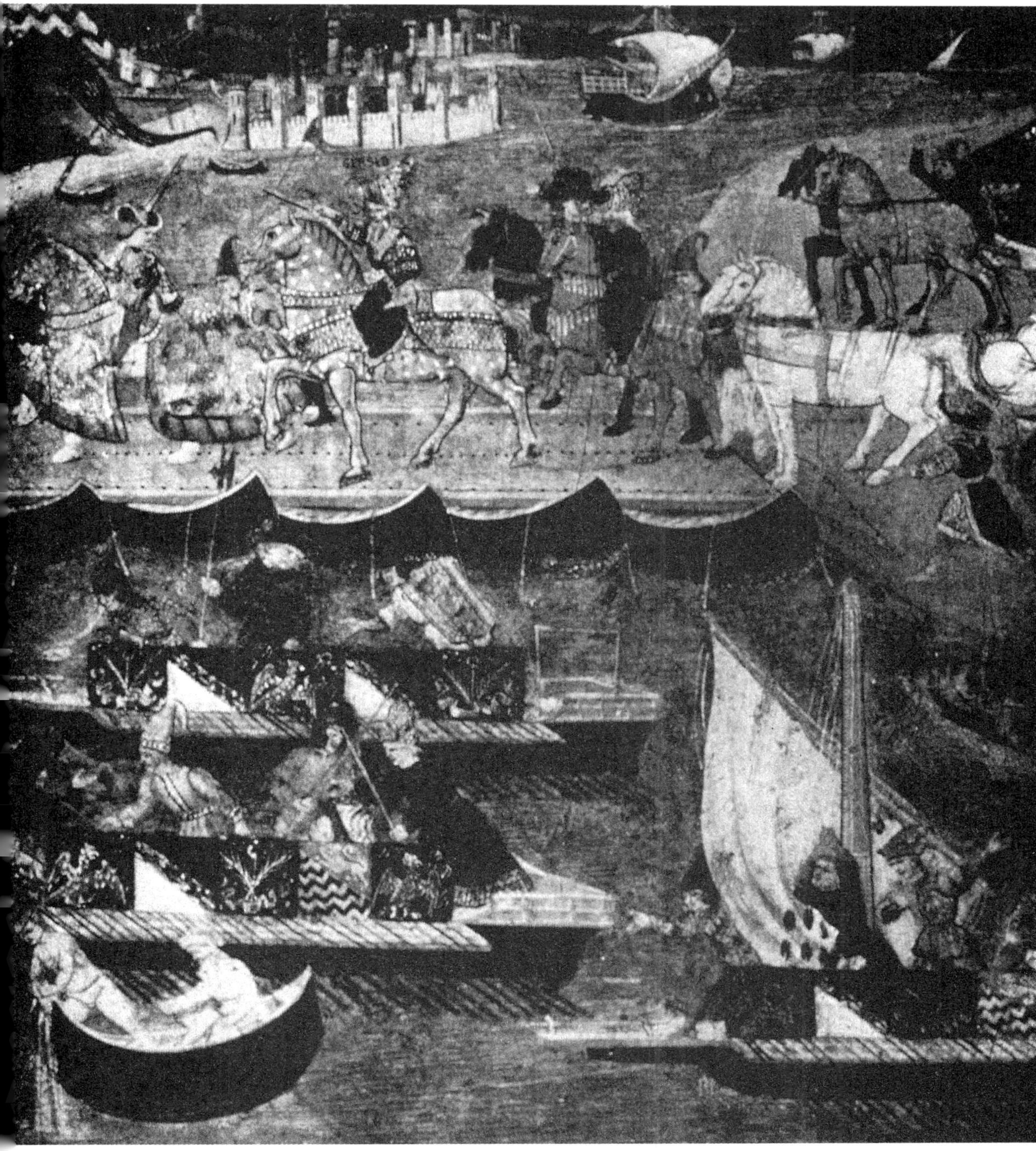

53. 图 55 细部

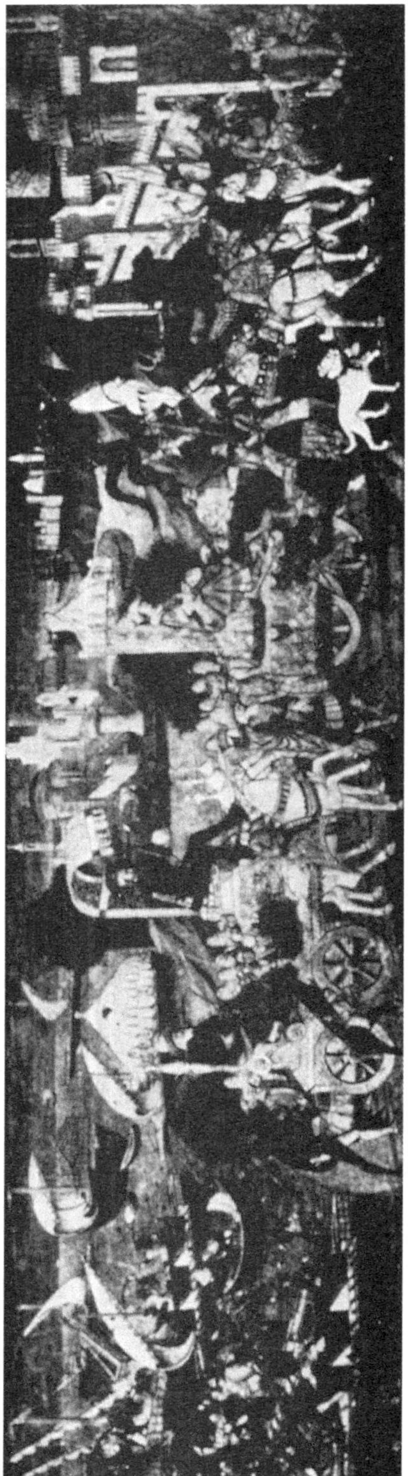

54.阿波罗尼奥·迪·乔瓦尼画坊：希腊征服波斯，箱柜嵌板画，1463年。已毁。formerly E. Wittmann Collection

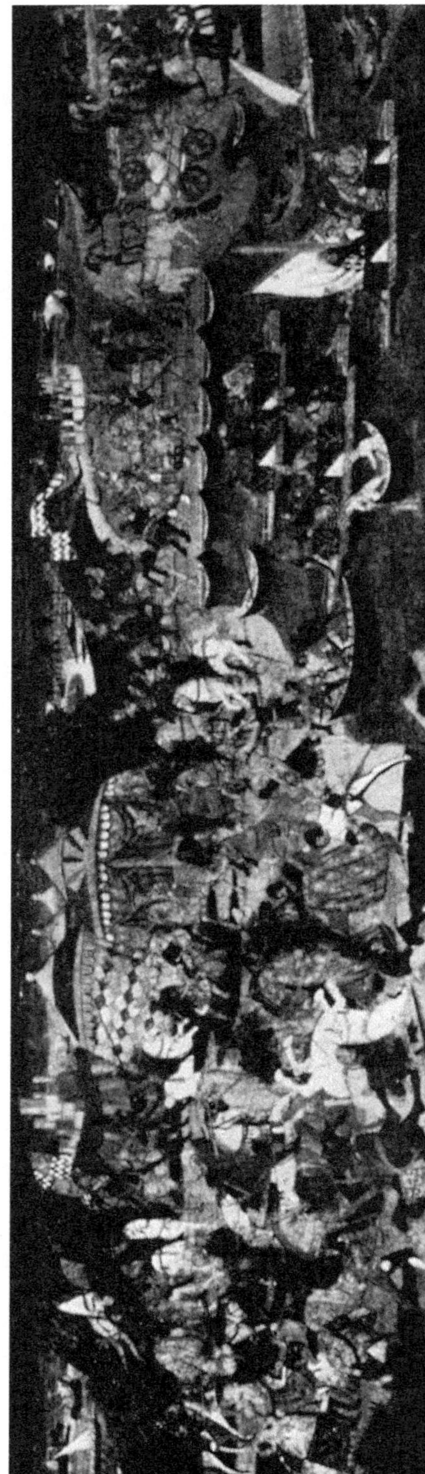

55.阿波罗尼奥·迪·乔瓦尼画坊：薛西斯入侵希腊，箱柜嵌板画，1463年。Oberl in, Ohio, Allen Memorial Art Museum

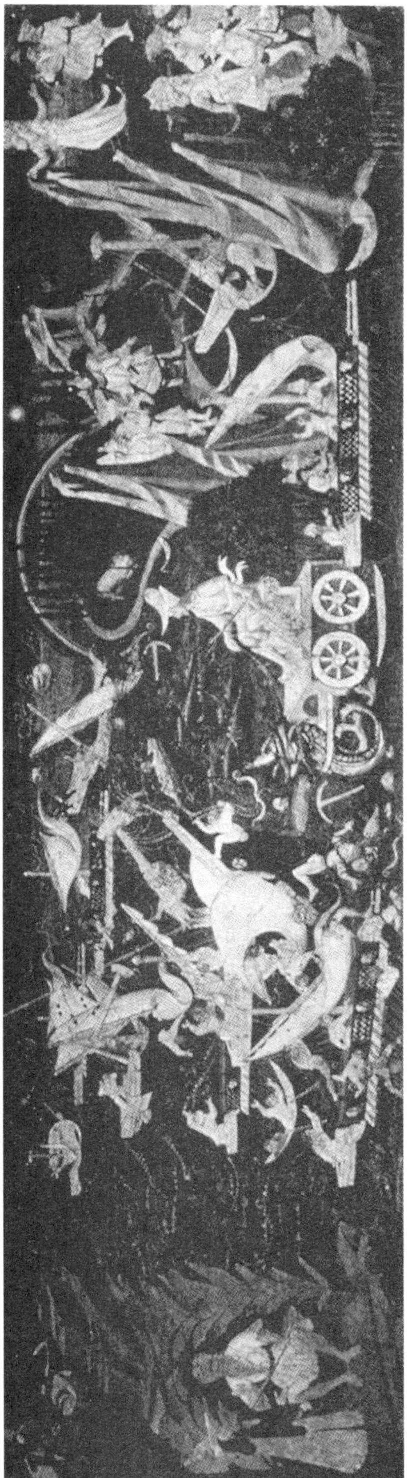

56. 阿波罗尼奥 · 迪 · 乔瓦尼：维吉尔《埃涅阿斯纪》之场景，箱柜嵌板画。New Haven, Conn., Yale University Art Gallery, Jarves Collection

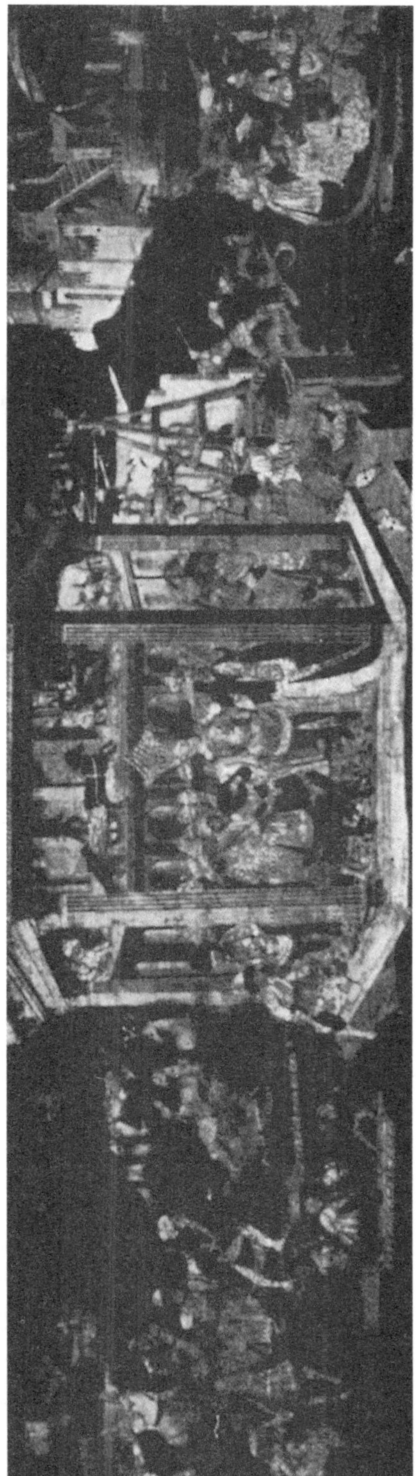

57. 阿波罗尼奥 · 迪 · 乔瓦尼：维吉尔《埃涅阿斯纪》之场景，箱柜嵌板画。New Haven, Conn., Yale University Art Gallery,Jarves Collection

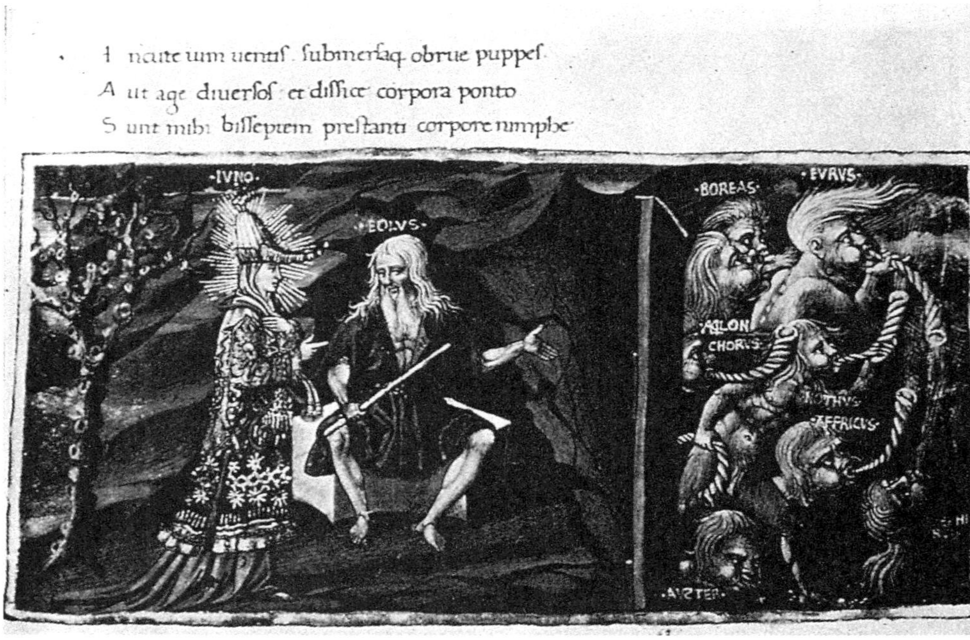

58. 阿波罗尼奥·迪·乔瓦尼：朱诺拜访埃俄罗斯，细密画。
出自 Cod. Ricc. 492, fol. 62r. Florence, Biblioteca Riccardiana

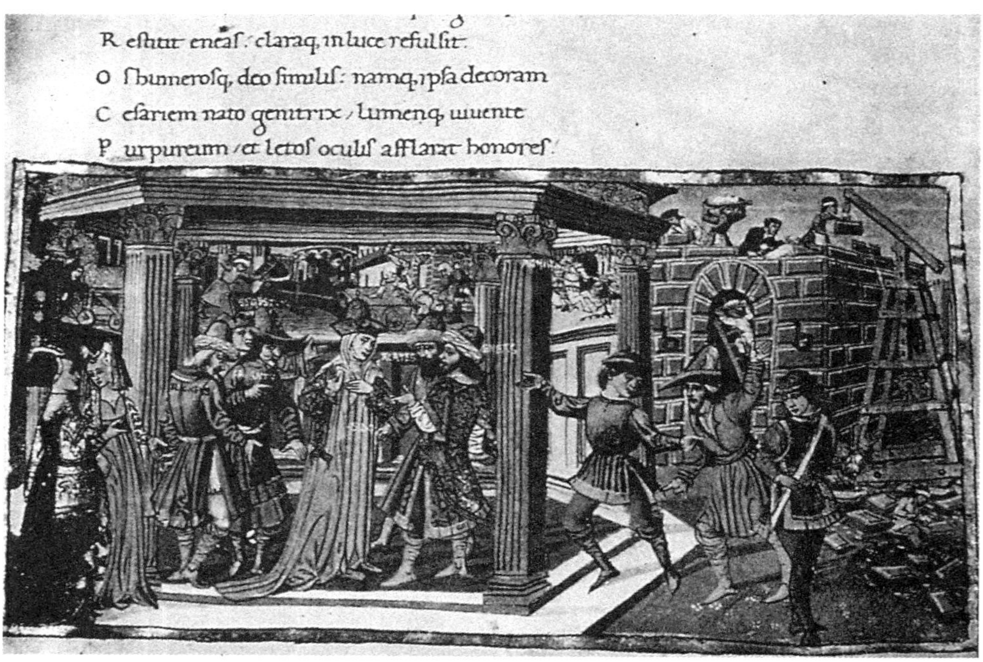

59. 阿波罗尼奥·迪·乔瓦尼：狄多接见特洛伊使者，细密画。
出自 Cod. Ricc. 492, fol. 72v. Florence, Biblioteca Riccardiana

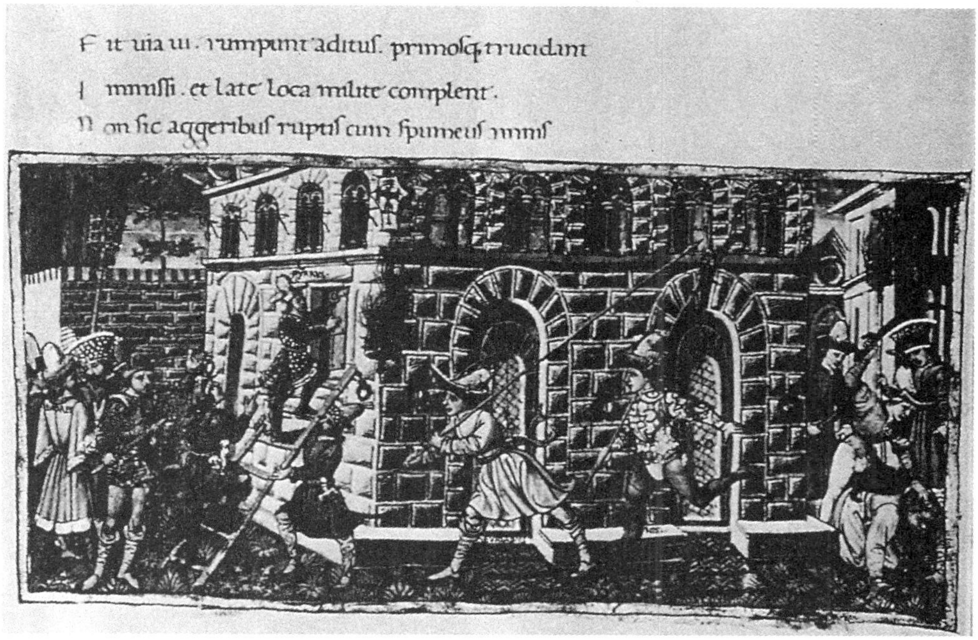

60. 阿波罗尼奥·迪·乔瓦尼：掠夺特洛伊，细密画。
出自 Cod. Ricc. 492, fol. 84r. Florence, Biblioteca Riccardiana

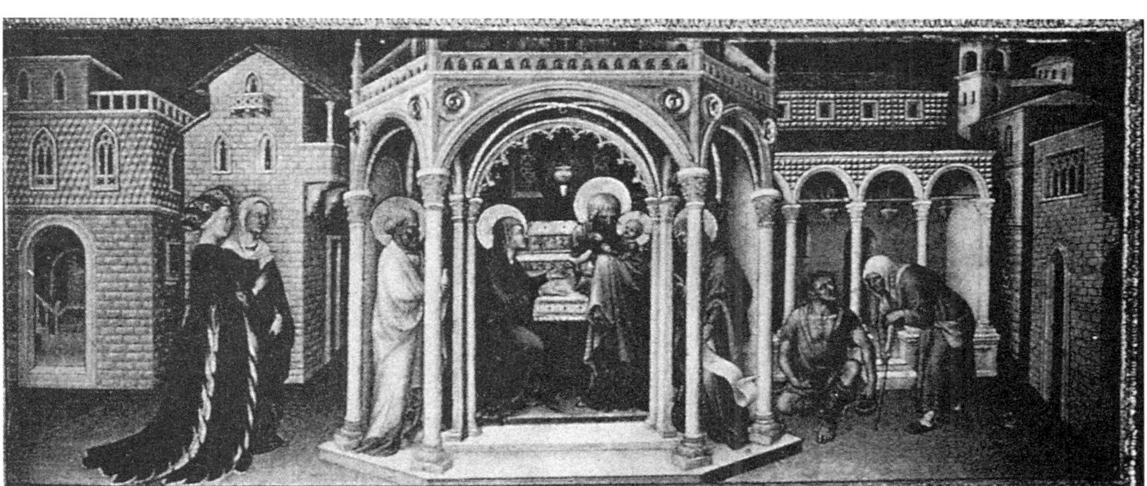

61. 真蒂莱·达·法布里亚诺：神殿奉献，1423 年。Paris, Louvre

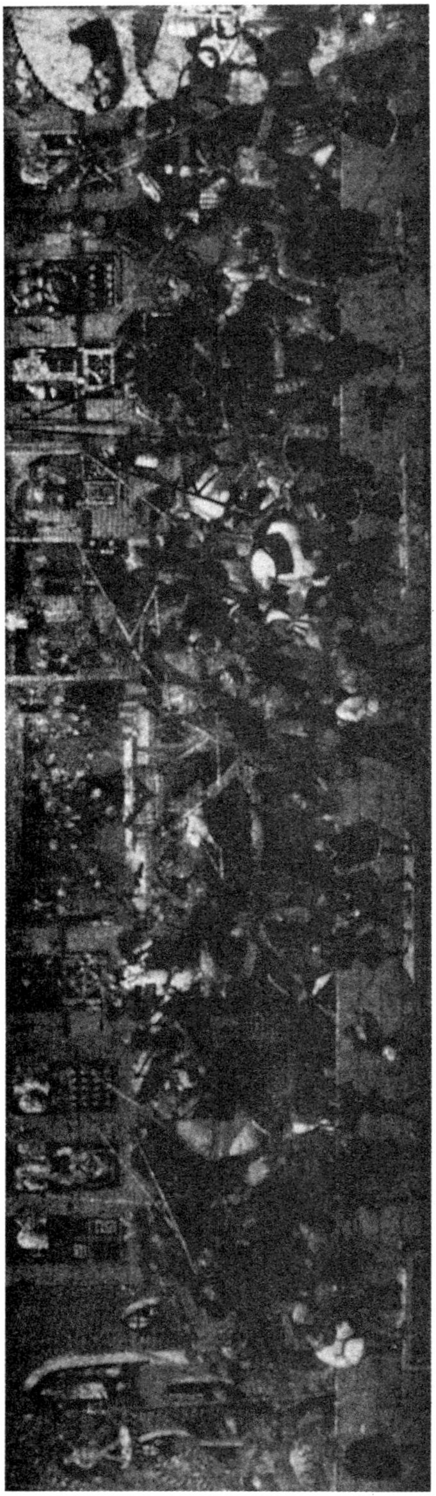

62. 阿波罗尼奥·迪·乔瓦尼画坊：圣克罗切广场的马上比武大会，箱柜嵌板画。
New Haven, Conn., Yale University Art Gallery, Jarves Collection

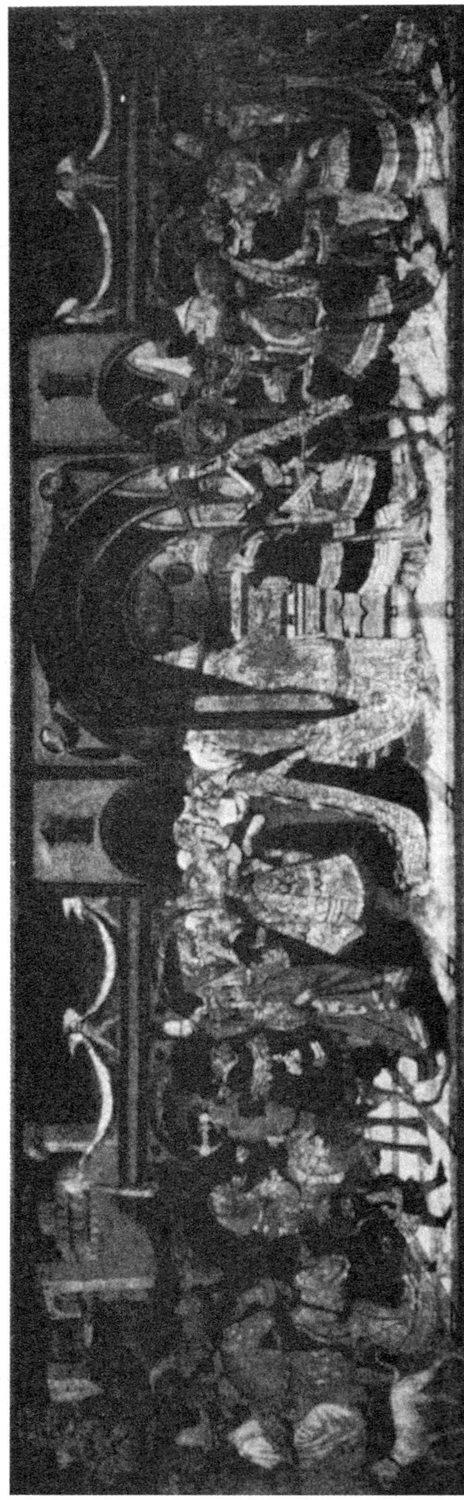

63. ·迪·乔瓦尼画坊：示巴女王与所罗门的会面，箱柜嵌板画。
New Haven, Conn., Yale University Art Gallery, Jarves Collection

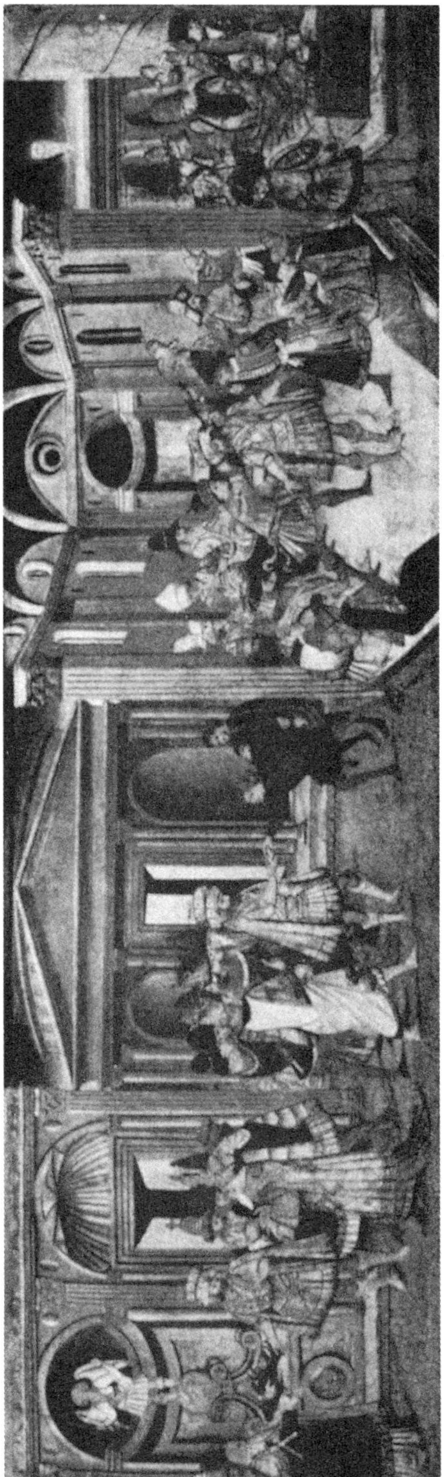

64.阿波罗尼奥·迪·乔瓦尼画坊：凯撒遇刺，箱柜嵌板画。Oxford, Ashmolean Museum

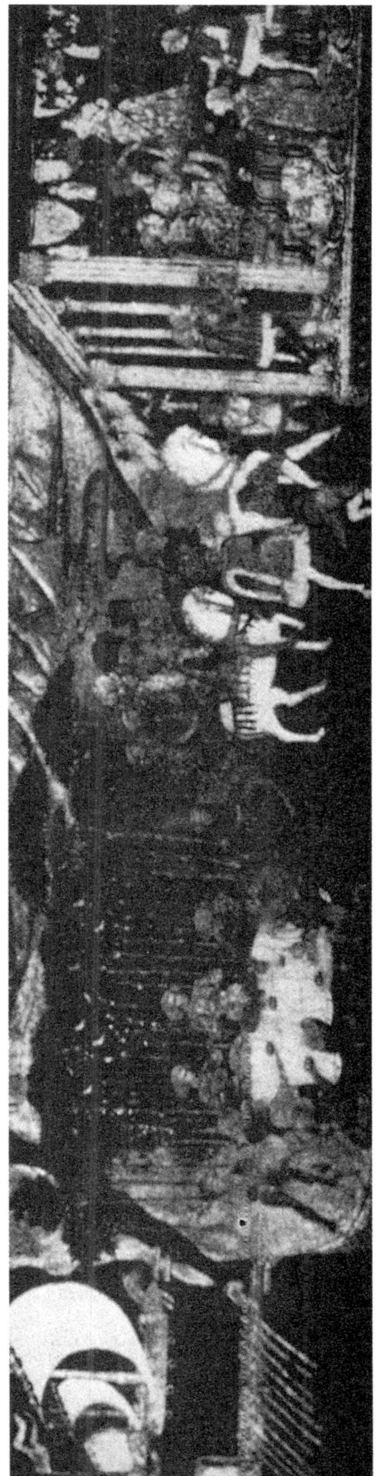

65.埃涅阿斯登陆拉丁姆，箱柜嵌板画。Formerly Holford Collection

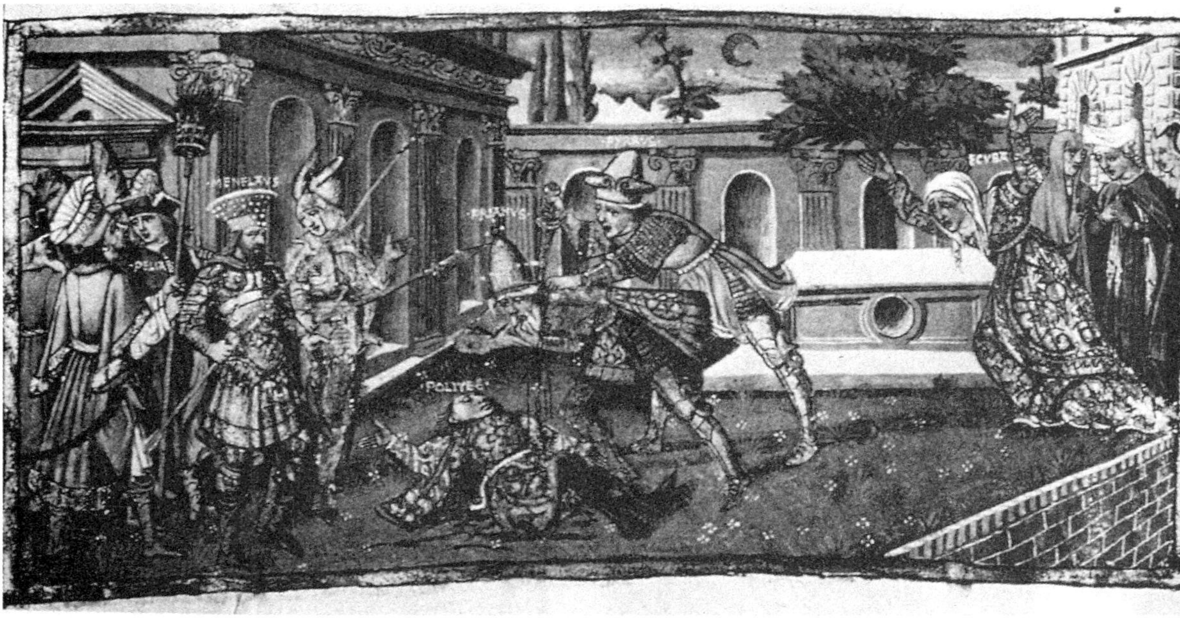

66. 阿波罗尼奥·迪·乔瓦尼：比鲁斯刺杀普利安，细密画。
出自 Cod. Ricc. 492, fol. 86v. Florence, Biblioteca Riccardiana

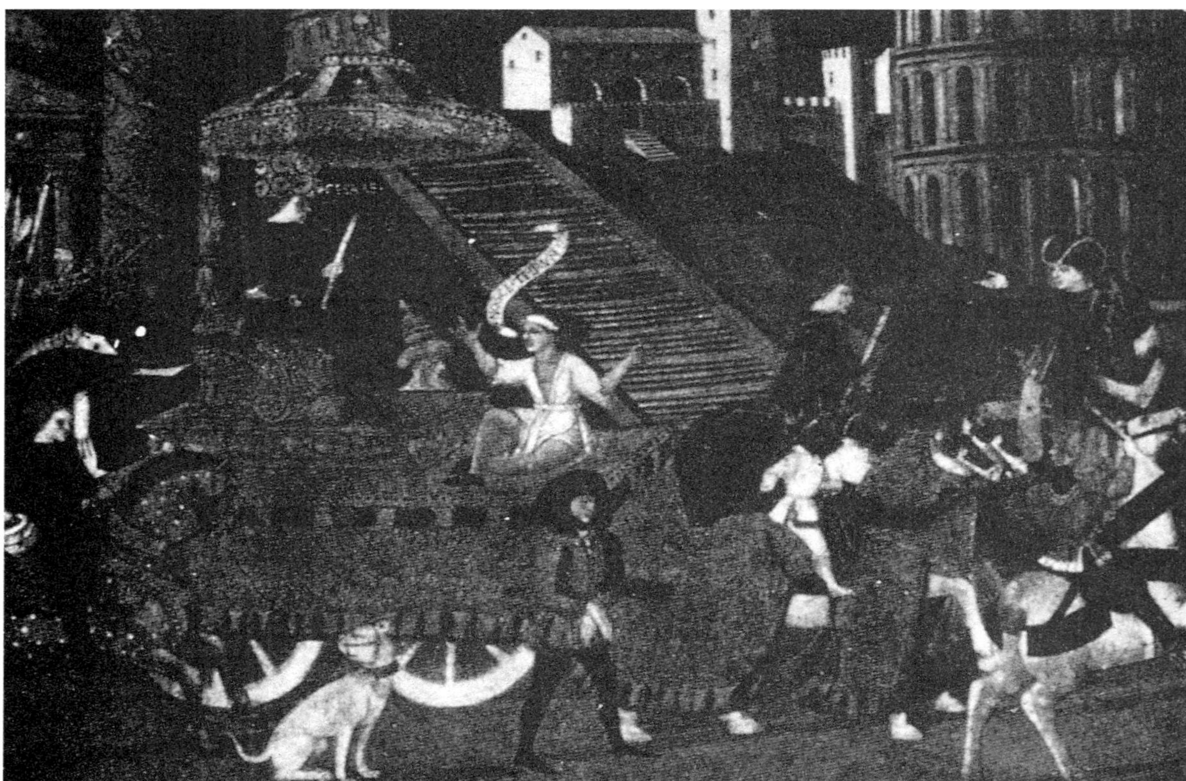

67. 阿波罗尼奥·迪·乔瓦尼画坊：凯撒的凯旋，箱柜嵌板画片段。Formerly Chamberlin Collection

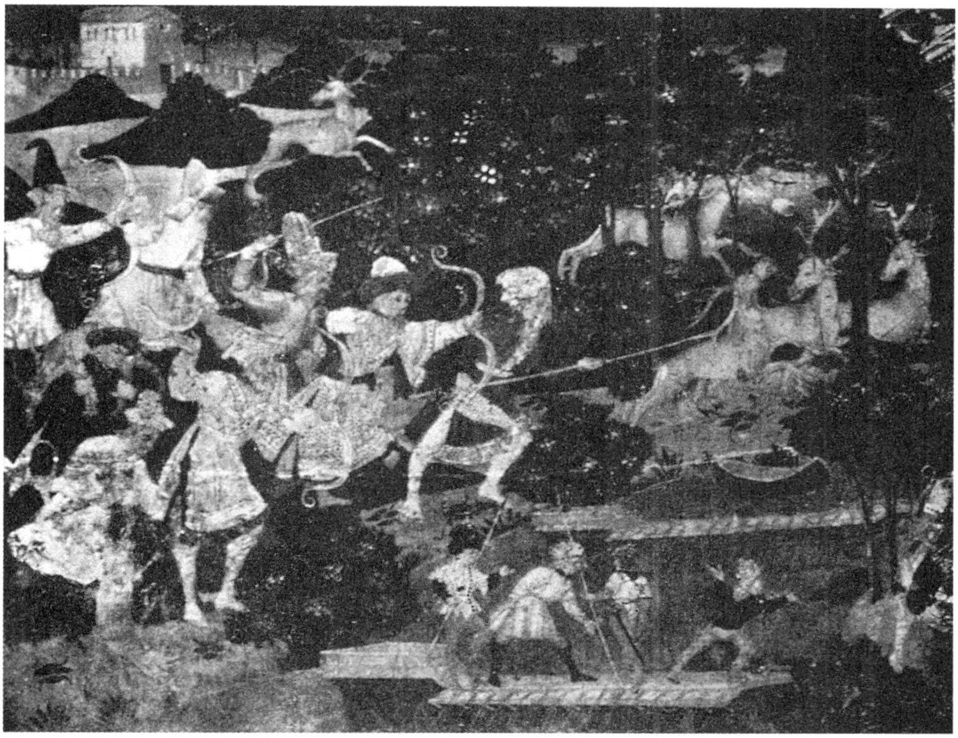

68. 阿波罗尼奥·迪·乔瓦尼：特洛伊人的狩猎，图 57 细部

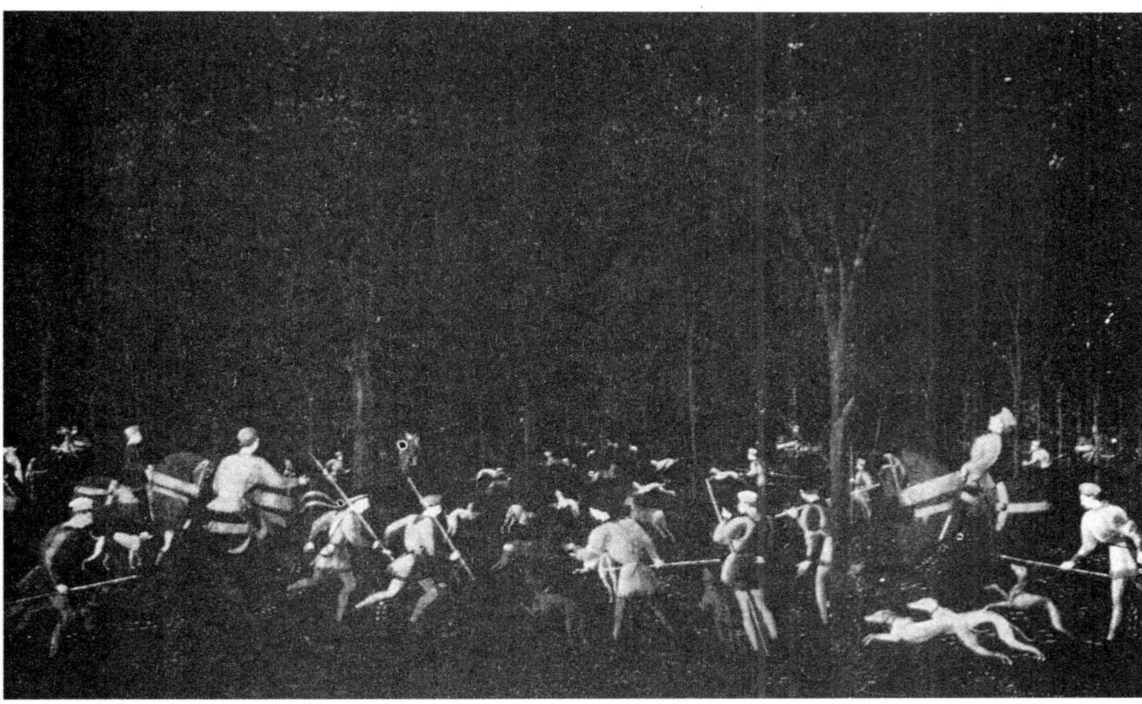

69. 帕奥洛·乌切洛：狩猎(细部)，15 世纪中后期。Oxford, Ashmolean Museum

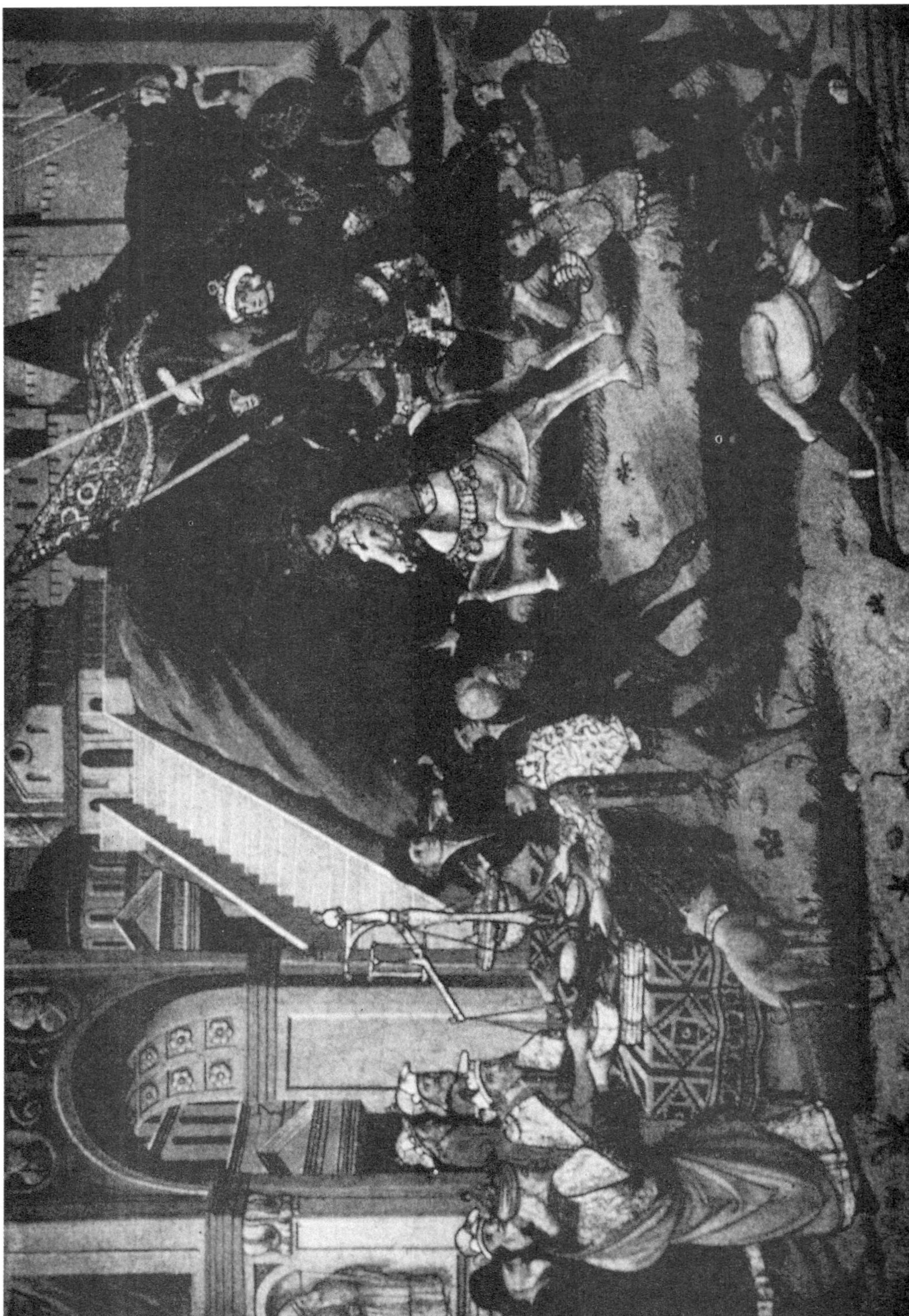

70. 布伦努斯在罗马，箱柜嵌板画细部。London, Courtauld Institute Galleries

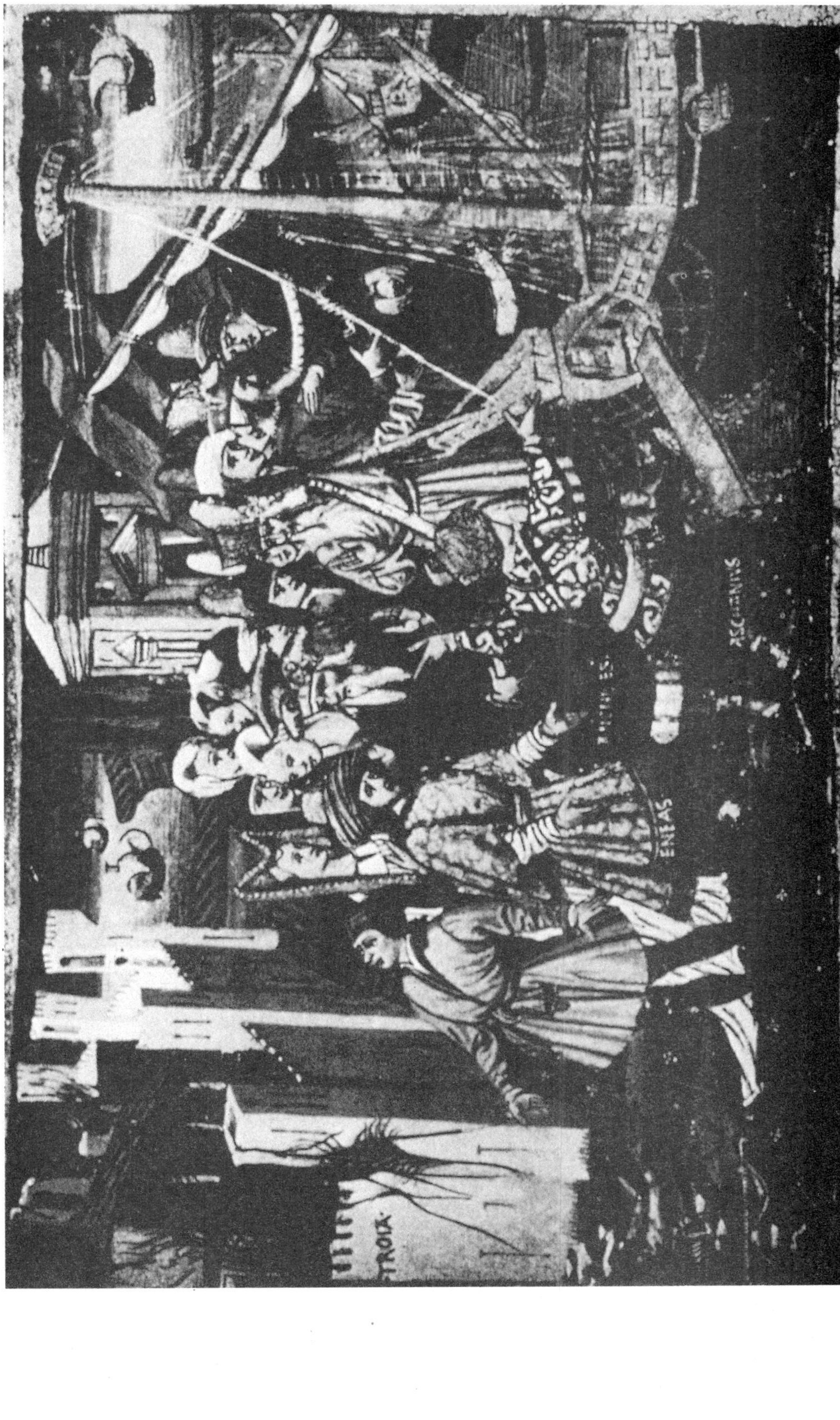

71.阿波罗尼奥·迪·乔瓦尼：阿斯卡尼依斯从特洛伊登船，细密画。
出自 Cod. Ricc. 492, fol. 91r. Florence, Biblioteca Riccardiana

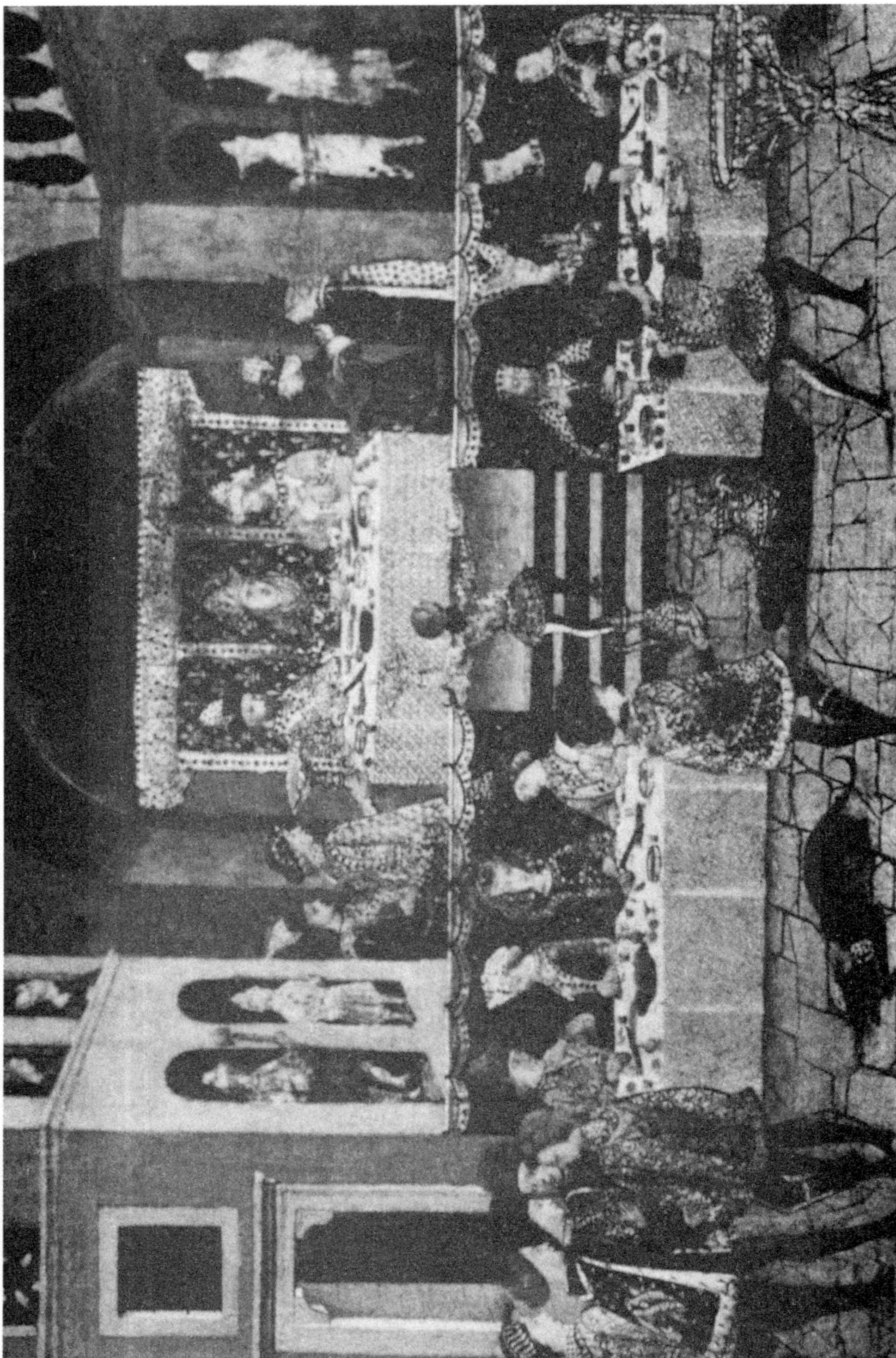

72. 狄多的筵席，箱柜嵌板画细部。Hanover, Landesgalerie

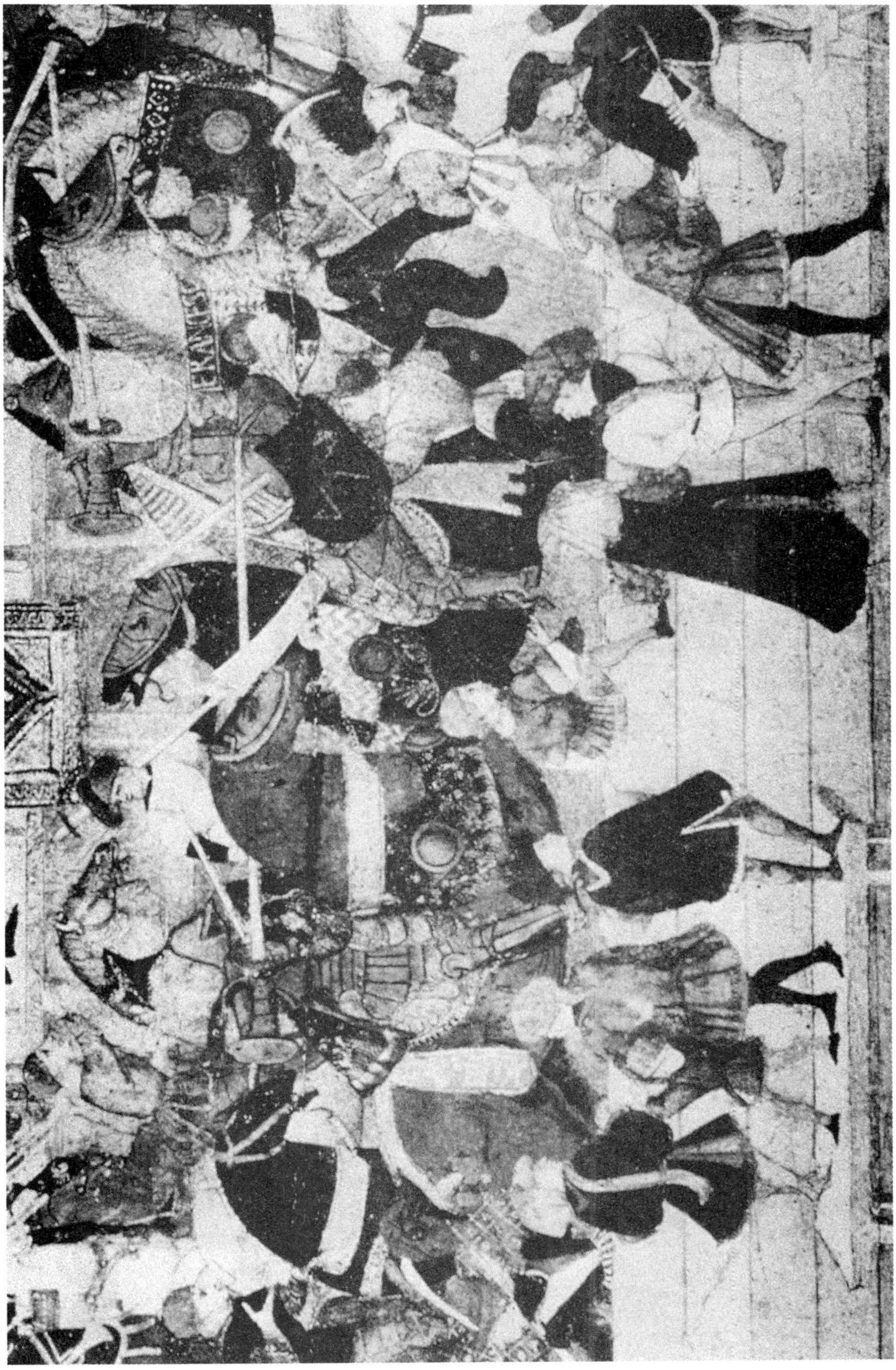

73. 马上比武大会的观众，图62细部

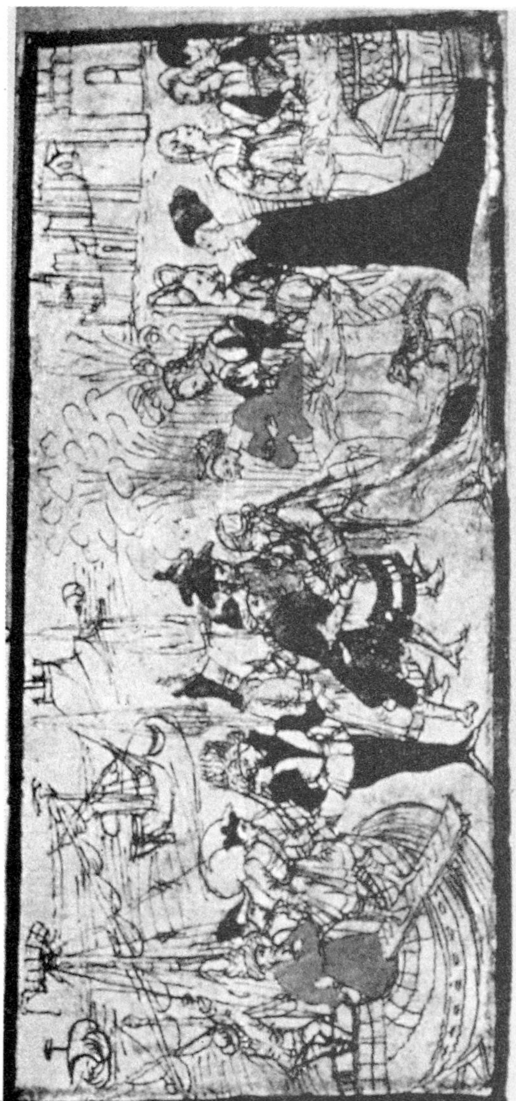

74. 阿波罗尼奥·迪·乔瓦尼：埃涅阿斯与安德洛玛克的会面，未完成的细密画。
出自Cod. Ricc. 492, fol. 97r. Florence, Biblioteca Riccardiana

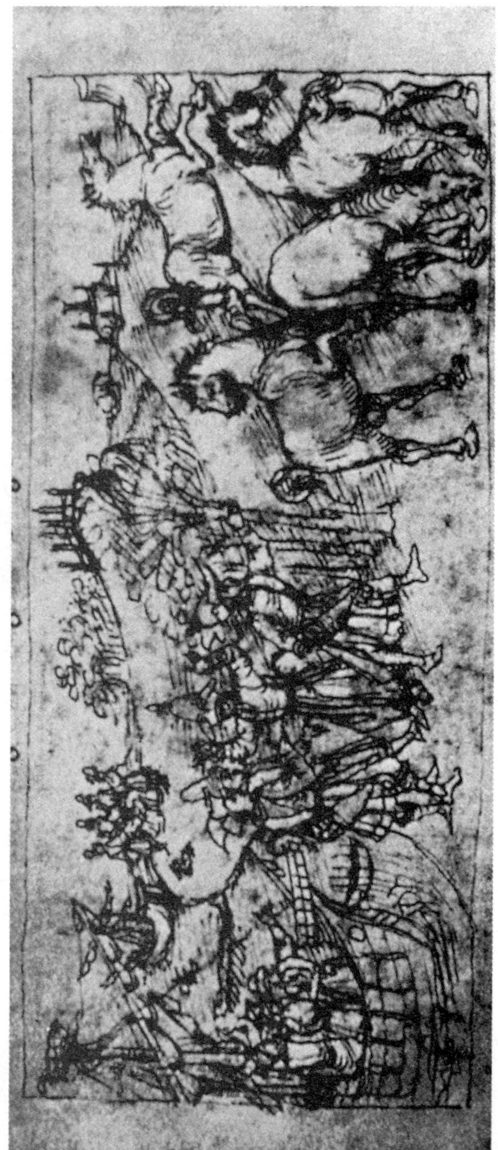

75. 阿波罗尼奥·迪·乔瓦尼：安喀塞斯看到四匹北马，未完成的细密画。
出自Cod. Ricc. 492. fol. 101v. Florence. Biblioteca Riccardiana

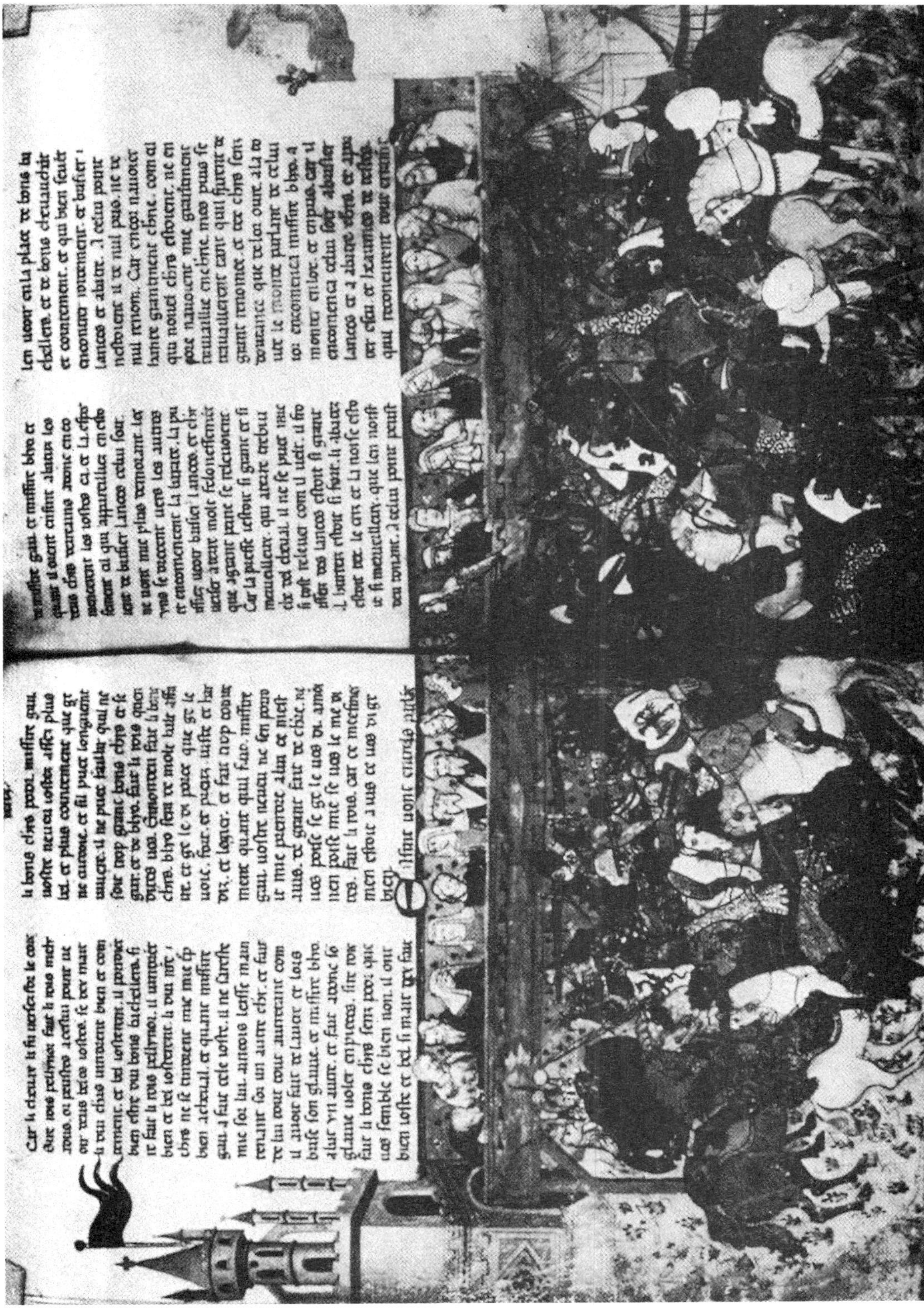

76. 马上比武大会，细密画。出自 Le Roman de roi Meliadus de Leonnoys, 约 1355—60 年。London, British Museum, Ms. Add. 12228

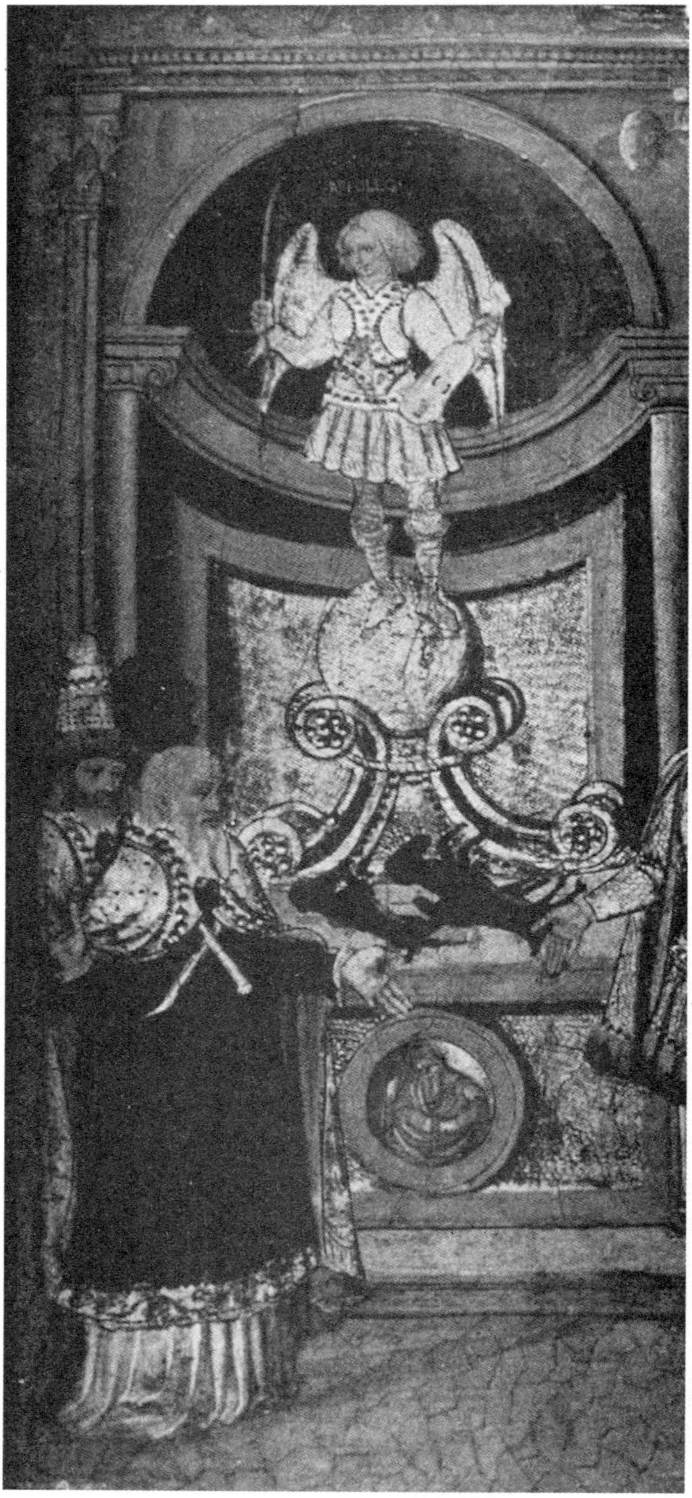

77. 阿波罗祭坛，图 64 细部

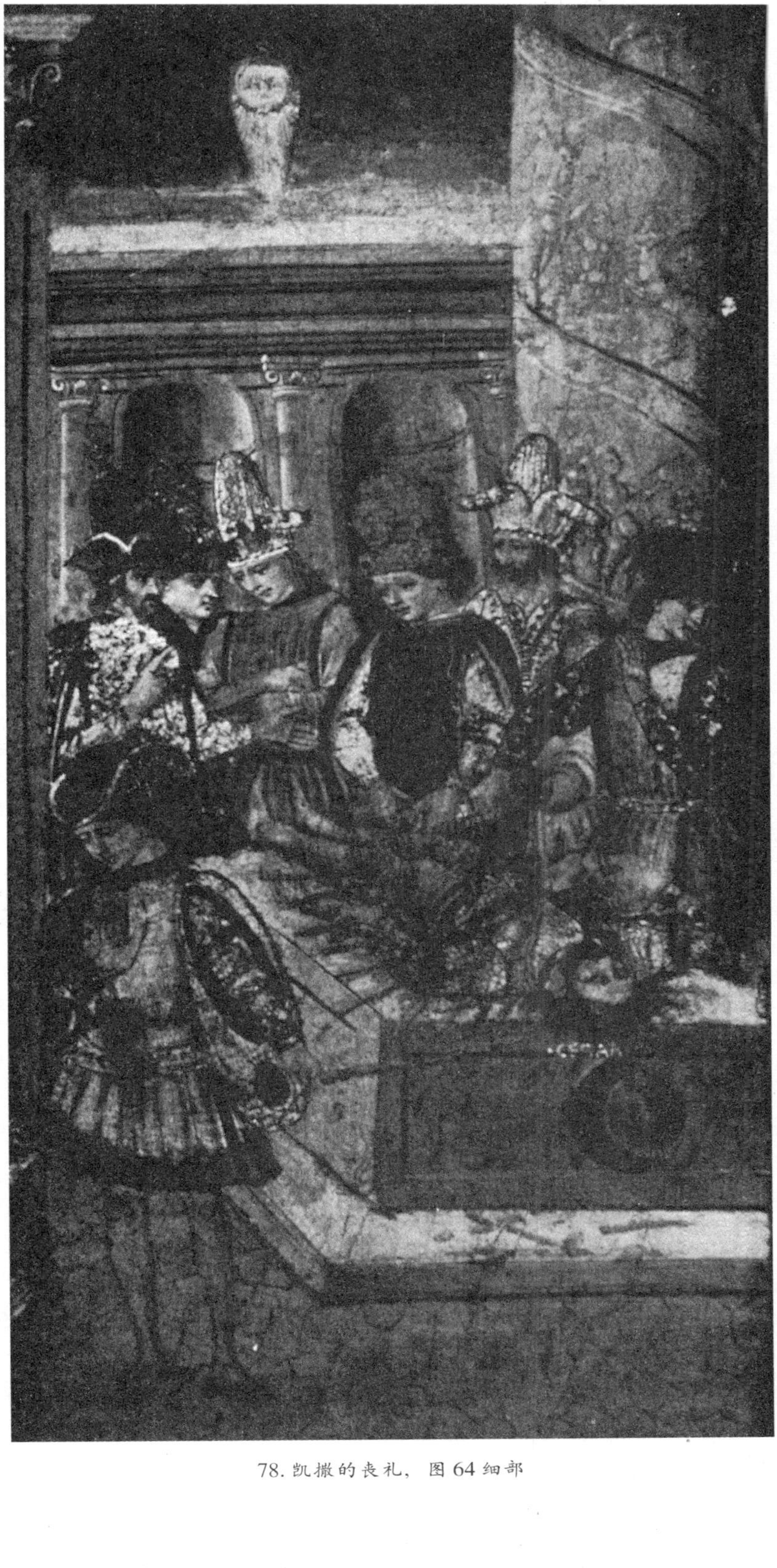

78. 凯撒的丧礼，图 64 细部

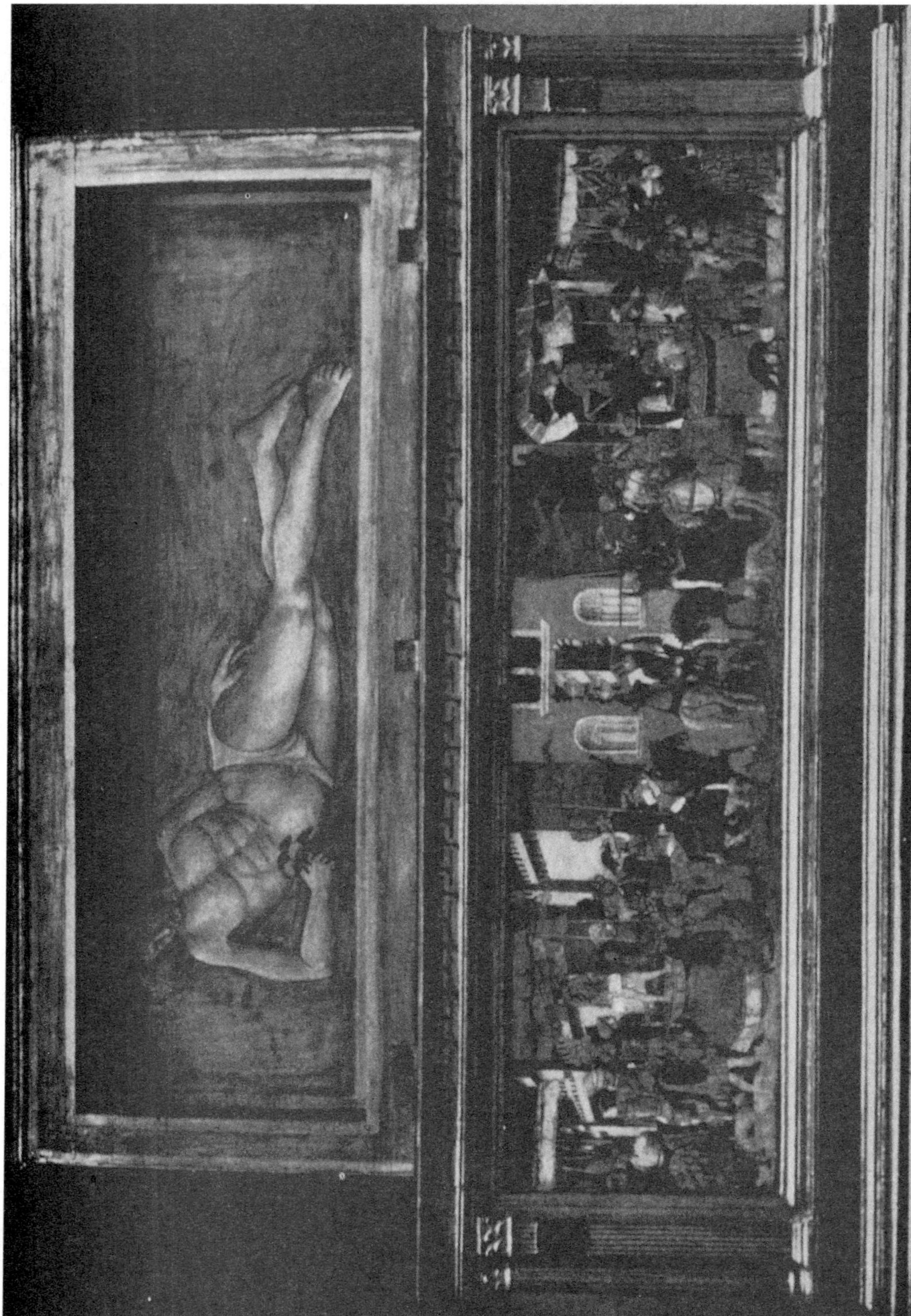

79. 顶盖绘有男裸像的箱柜。Copenhagen, Royal Museum of Fine Arts

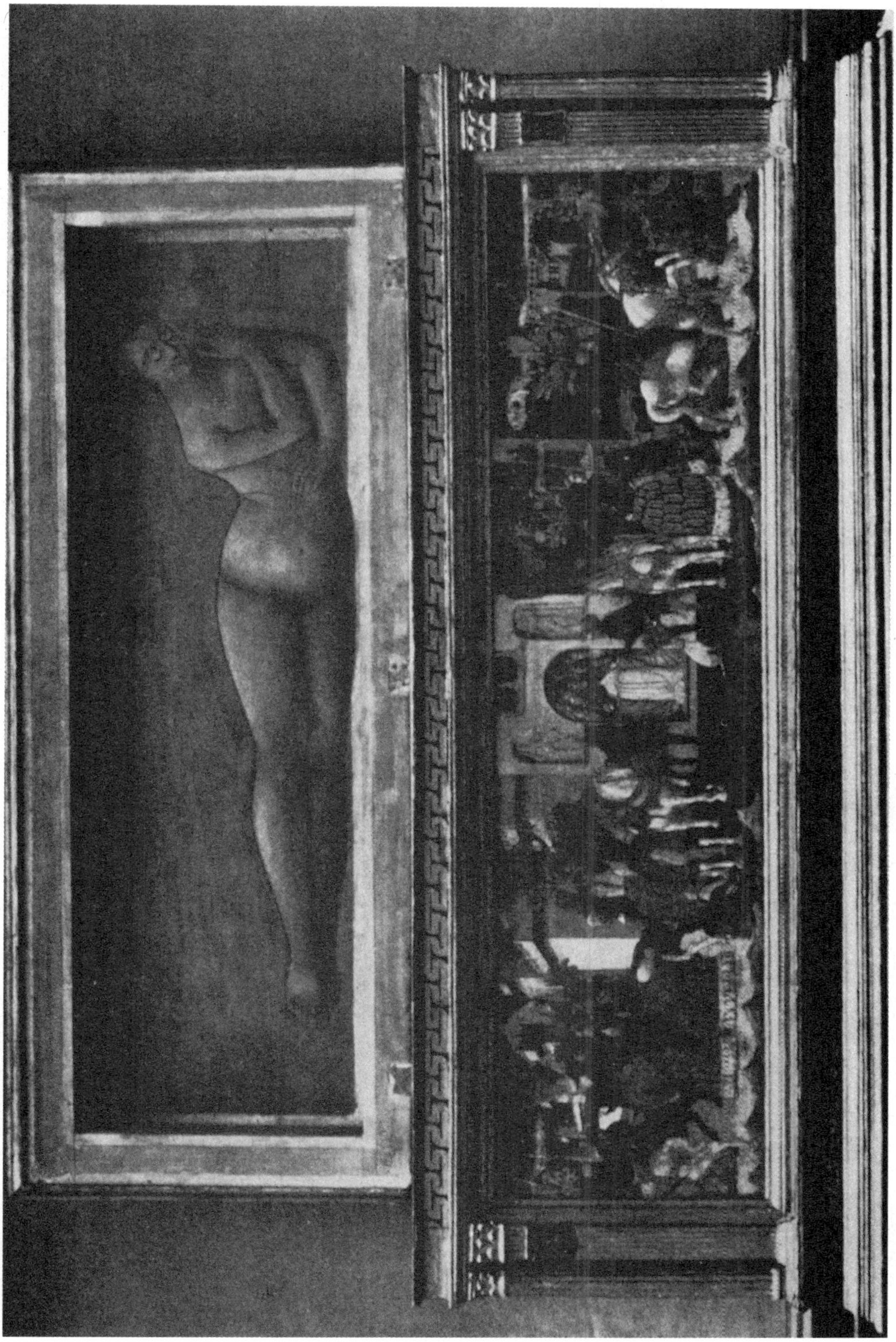

80. 顶盖绘有女裸像的箱柜。Copenhagen, Royal Museum of Fine Arts

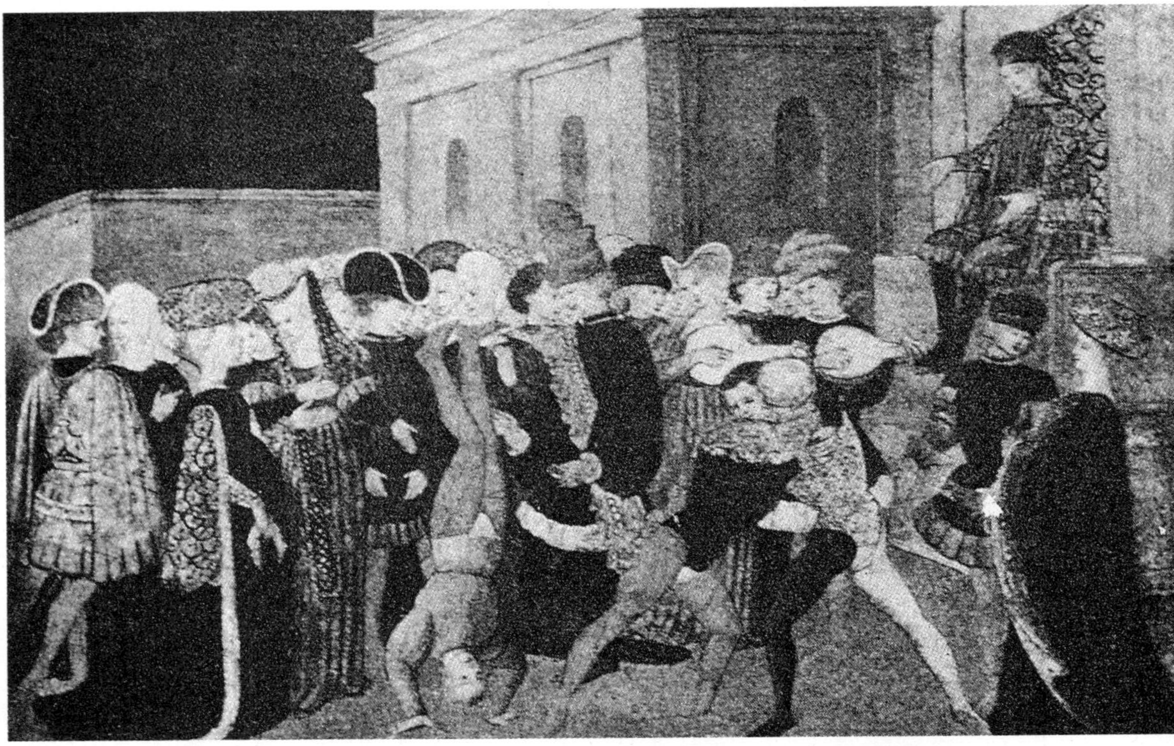

81. 阿波罗尼奥·迪·乔瓦尼画坊：罗马人款待萨宾人，箱柜嵌板画片段。
Oxford, Ashmolean Museum

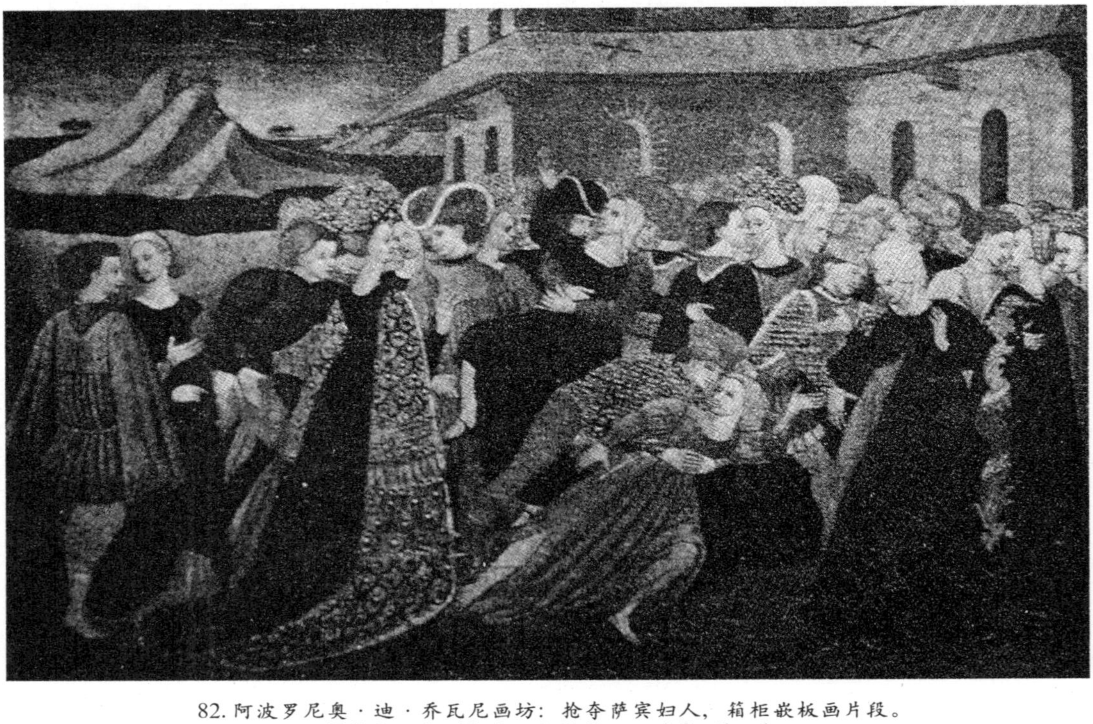

82. 阿波罗尼奥·迪·乔瓦尼画坊：抢夺萨宾妇人，箱柜嵌板画片段。
Edinburgh, National Gallery of Scotland

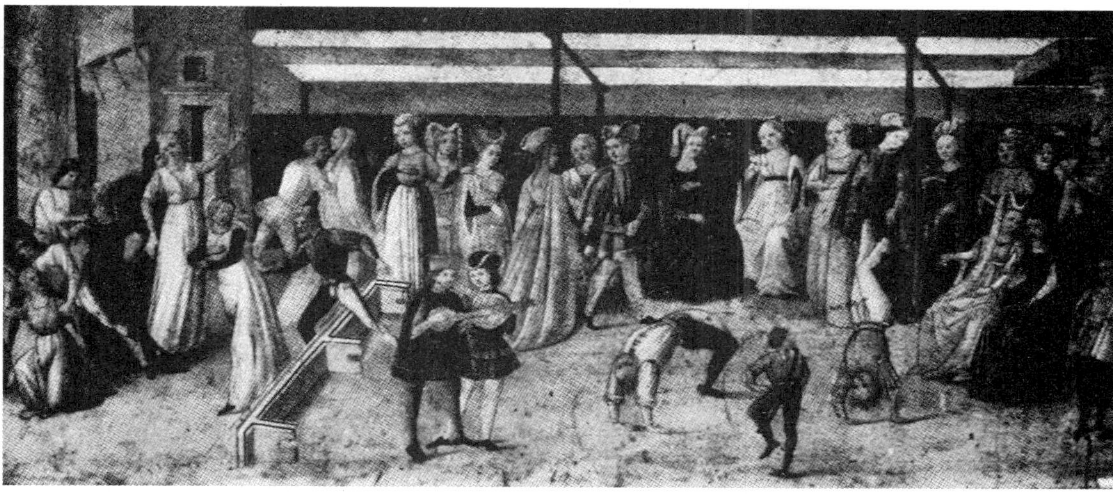

83. 杂技演员与观众，抢夺萨宾妇人箱柜嵌板画的细部。
Collection of the Earl of Harewood

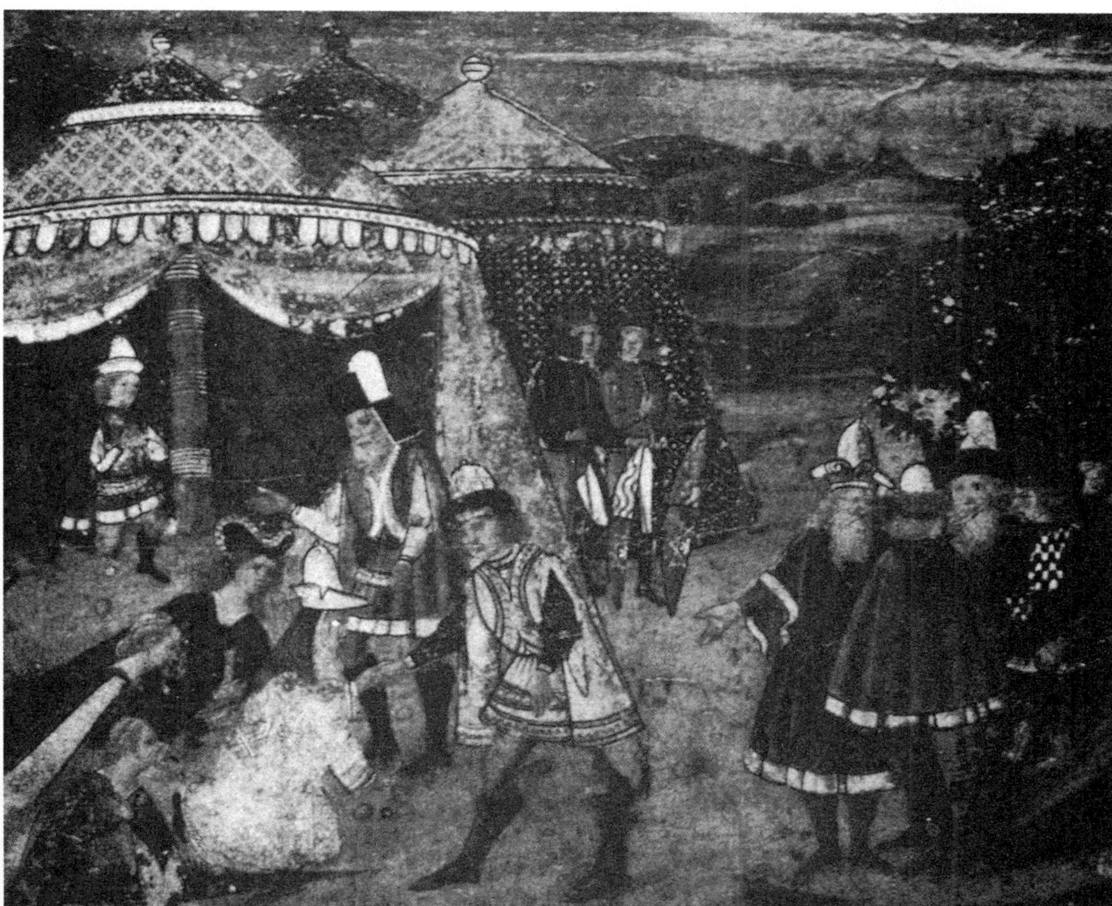

84. 阿波罗尼奥·迪·乔瓦尼画坊：亚历山大接见大流士一家，箱柜嵌板画细部。
London, British Museum

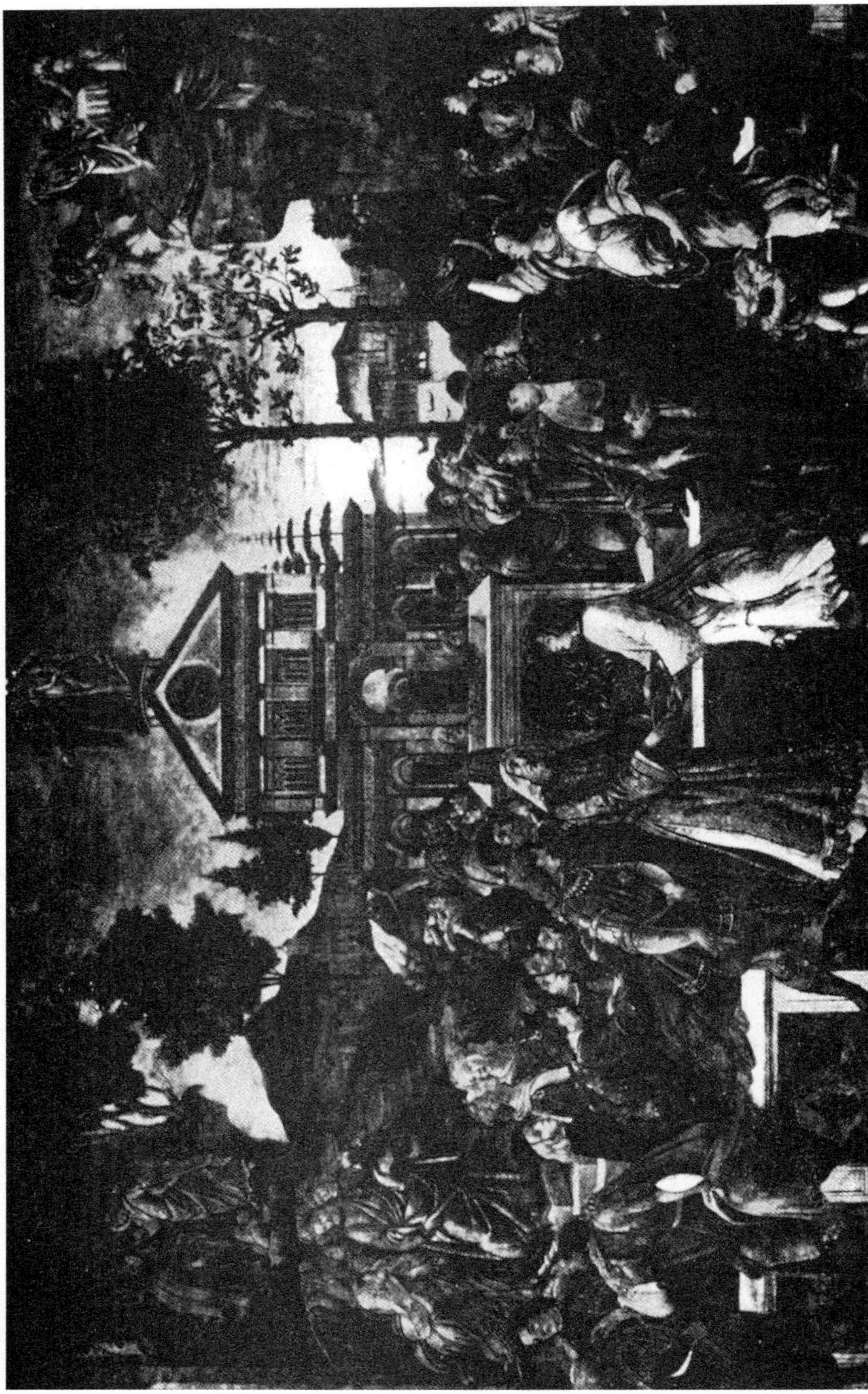

85.波蒂切利：1481/2年。Rome, Sistine Chapel

作为艺术赞助人的早期梅迪奇家族

THE EARLY MEDICI AS PATRONS OF ART. *Italian Renaissance Studies. A tribute to the Cecilia M. Ady*, ed. E. F. Jacob Faber, London, 1960, pp. 279—311.

Aliud est laudatio, *aliud historia* [赞美是一回事，历史是另一回事]。研究意大利文艺复兴的史学者最好记住这一区别。它是莱奥纳尔多·布鲁尼 [Leonardo Bruni] 提出的。当米兰的一位人文主义者指责布鲁尼对佛罗伦萨的赞美对该市的美丽和宏伟作了夸张时，他提出了这种区别为自己辩护。[1]*amplificatio* [夸张] 是一种合理的修饰手法。[2]出于明显的原因，艺术赞助是特别适合于这种修辞练习的题目。甚至我们自己的感谢信和“科林斯语”〈Collinses，来访客人回去后给主人写的致谢信——译注〉，也难得像警察的调查报告一样准确。这些不断变化的赞颂和奉承的形式本身构成了一个有趣的研究课题，[3]但它们不是本文关心的。本文的目标是 *historia* [历史]，而非 *laudatio* [赞美] ——我得赶紧说明，这并不是为了“揭穿”一个辉煌灿烂的传说，而是为了让我们以我们想要的方式来看过去，即从人的方面而非神话的方面来看过去。

这种需要在早期梅迪奇家族的史话中比在别的任何地方表现得更为紧迫。通过无数的肖像和叙述，我们似乎已对他们非常了解，然而，他们作为凡人的一面却躲避着我们。自从这个家族的后代在欧洲诸皇室中的地位显赫之后，各种惯用的赞美之言便向他们纷至沓来，但这些却没能保留住他们的本来面目，那些诋毁谩骂的陈词滥调也没能做到这一点。我们必须一步步地摸索，退回到原始的材料，并尽力把他们看成在各种事件的压力下行动的凡人。有时在与他们以前的行为创造的形象抗争，有时又向这种形象屈服。只有这样，我们才能把他们作为艺术赞助人来看待。

《牛津英语词典》对赞助人 [patron] 下的定义是：“提供具有影响力的支持以

促进某人、某项事业、某种艺术……等的利益的人，另外，在商业用语中指某位常客。”在梅迪奇家族自己创立的，并由怀旧之情的宣传舆论所加强了的形象中，这些意思融合成一种仁慈博爱的视象。这毫不奇怪，因为在梅迪奇家族没有正式官衔的那一百年中，赞助确实是梅迪奇家族政治中的一个主要手段。从他们的通信记录[4]中可以看出，人们总是指望他们“提供具有影响力的支持以促进某人的利益”，而他们也很少拒绝为那些可能被争取到他们阵营里来的人排忧解难。谁也不会觉得自己太低微，没资格请求他们出面斡旋。当贝诺佐·戈佐利［Benozzo Gozzoli］的学徒，因为偷窃修道院的三套旧铺盖而惹上麻烦时，这位画家向洛伦佐求助，洛伦佐使这件事得到顺利解决。[5]为了报答梅迪奇家族，人们得在无数的同业公会和市政委员会中为他们家的利益而投票。我们看到，金匠琴尼尼［Cennini］之子在写给洛伦佐的一封信中，谦卑地向洛伦佐道歉，因为羊毛技艺行会［arte della lana］中有一次投票违反了他的赞助人的意愿。[6]行会中有些支持洛伦佐的理事出城了，尽管他恳求与会者不要把*Patronum artis Laurentium*［行会赞助人洛伦佐］当成敌人，但却没有奏效。*Patronum artis* 当然是指行会的赞助人，因为这位写信者从人的方面和团体规则的方面想问题。洛伦佐竟然就这样为“art”［双关语，行会或艺术］事业提供支持——这种支持曾对后世的许多代人产生如此大的吸引力——这很可能会使他被世人冷眼相看。的确，他是否能够很容易地用自己的语言来表达这种支持，是值得怀疑的。他们对学术研究和对缪斯的支持很容易被人理解，而且，梅迪奇家族对这些事业的慷慨赞助不断受到赞扬。但关键正在于，当时人们并不认为缪斯九姐妹把她们的监护延伸到了建筑师、雕刻家和画家身上。[7]对“art”有意识的赞助——这是瓦萨里歌颂过的——在没有“art”观念的情况下是不可能出现的。这种重点是如何转变的仍然有待于研究，我们可以用科西莫、皮耶罗和洛伦佐·德·梅迪奇［Cosimo，Piero and Lorenzo de' Medici］所提供的三种不同类型的赞助来例证这种转变。进行这种解释所用的材料是大家熟悉的，它们是由罗斯科［Roscoe］、盖伊［Gaye］、[8]罗伊蒙特［Reumont］[9]和尤金·明茨［Eugene Muentz］[10]等先驱们收集的。最后，马丁·瓦克纳格尔［Martin Wackernagel］在他的论十五世纪佛罗伦萨艺术环境的书中以一典范性的方法对这种材料作出了概论。[11]该书在许多地方只不过进一步探查了材料，并扩展了他的涉及面，看看它们能在多大程度上引出某种解释。

梅迪奇家族最初以赞助人的角色出现时，他们的活动仍然完全可以归入古老的社团宗教生活的传统。1418 年末，圣洛伦佐教堂的主持及教士会请求这位 *signoria*［阁下］允许拆除一些旧房子，因为他们想扩大教堂。[12]该方案显然是教堂主持制定的，钱则要教区中较富裕的成员负担。他们当中的八个负责这座建筑，每人负责一间礼拜堂。当然，这些礼拜堂将分配给每个家庭做丧事之用，并为他们的死者作弥撒。我们看到正是在这种时候，乔瓦尼·比奇·德·梅迪奇［Giovanni Bicci de' Medici］这位教区中的首富，在承担了一座小教堂的建筑之外，还出资建了圣器收藏室。对艺术史来说，这是一个极为重大的决定，因为这座建筑的部分设计委托给了布鲁内莱斯基（图 86）。乔瓦尼死时圣器室已经上拱。看来，他的儿子洛伦佐继续对这一工程提供了支持，以荣耀他本人的保护圣徒。〈因为这座教堂名为圣洛伦佐教堂，和洛伦佐·德·梅迪奇同名，故言——译注〉

乔瓦尼的长子科西莫也是在一项类似的社区事业中首次以赞助人的身份出现的。这项事业就是为佛罗伦萨诸行会的各保护圣徒建雕像。1419年，这项巨大的社区工程的进展使得富有的银行家行会觉得应该采取行动了。[13]他们申请修建原先指派给面包师行会的神龛。面包师们资金不足。银行家们获准了这项工程之后，便委派了一个由已卸任的执法官组成的委员会，由他们去订制一尊银行家的保护神征税员圣马太［St. Mathew the Publican］的雕像。这个四人委员会的成员之一便是科西莫·德·梅迪奇，因此，他也参与了把这件工作委派给吉贝尔蒂［Ghiberti］（图87）的决定。这次的费用同样是由集体负担，有趣的是，科西莫小心翼翼地通过他出资的数目表明，他既意识到自己富裕超人，又意识到他应该避免炫耀财富。别人出二弗洛林，他就出四个。在另一份单子上，别人出十六弗洛林，他则出二十。

梅迪奇兄弟在这些早期年代还赞助了另一笔虔诚的基金，这次赞助的记录偶然地留存了下来。吉贝尔蒂在1427年的税收申报单中说，他已经受到科西莫和洛伦佐委托，为许阿铿托斯［Hyacinthus］、涅墨西斯［Nemesius］和普罗托斯［Protus］等殉难者建一座神龛。[14]这件订制品在任何方面都没有出现梅迪奇家族的徽志或徽章，这在他们的订制品中是极少见的。不过，瓦萨里说，神龛上有一句铭文。

也许就在这期间，科西莫在他的家乡穆杰洛［Mugello］任地方治安官，并设法使圣弗朗西斯科·阿尔博斯科［San Francesco al Bosco］的圣弗朗西斯科教堂得到修复（图88）。这座教堂的设计是相当传统的，它具有吸引力正是因为它那乡间的简朴性。[15]但是，只是在科西莫从流放地回来之后，他的虔诚捐献的数额才大起来。

对这一发展最生动和最令人信服的叙述，是韦斯帕夏诺［Vespasiano］关于他敬爱的赞助人的优美回忆录。[16]韦斯帕夏诺有机会结识了科西莫，尽管他的回忆显然具有对一位“常客”的感激色彩，但是只要使用慎重，他的叙述仍然可以用作一篇原始材料。在他描述他十三岁那年发生的一件事时，这种慎重尤其必要。下面这段话是每一位科西莫传记作者都援引的段落：

> 科西莫必须照料他的城市的世俗事物，他有义务为这些事情操劳忙碌，就像大多数管辖国家并希望超越他人的人一样。但他意识到，假如要上帝宽恕他并让他保留对那些世俗财富的拥有，他就得把思想转向虔诚的事业，因为他非常清楚地知道，要不然这些财富就不会长久。就此而论，他好像认为自己有些钱，我不知道他的钱是从哪得来的，这钱来得并不干净。他急于要卸下肩上的这一重负，于是便和教皇尤金尼斯四世陛下［Holiness Pope Eugenius IV］商议。教皇告诉他……花一些弗洛林用于建筑。

韦斯帕夏诺就这样引出了那笔基金的故事，或者说，重建圣马可修道院的故事。这种赎罪方法当然是符合传统的，但是韦斯帕夏诺的叙述可能也不过是对这故事的一种重建。特别是他提到的那些“希望超越他人的人”，这可能是他擅自加上的。在政治家中，只有一位比科西莫更得韦斯帕夏诺的喜欢，这人就是帕拉·斯特罗齐［Palla Strozzi］，他是位较早的学术赞助人，后来被科西莫驱逐流放了。韦斯帕夏诺无疑会觉得，科西莫内心为他的政治报复行为而不安。科西莫的敌对者可能都会乐意认为，他那些虔诚的赞助资金表现了他对某些特定罪行的内疚。我们不能排除这一动机，但是，这不太可能是主要动机。对于一个虔诚者，一个像科西莫那样已经证明了自己是虔诚者的人来说，恼人的罪孽可能不是任何一项特定的罪行，而是自己的生活模式。他那些财富在谴责他。要做银行家，就必然要违反高利贷的戒律，不管他采取了什么避免高利贷的技术手段。[17]我们从艾里斯·奥里戈［Iris Origo］[18]如此清晰地整理出来的弗朗切斯科·达蒂尼［Francesco Datini］的书信中得知，银行业招致了多么强烈的宗教反感和社会反感。摆脱高利贷耻辱的唯一方法就是寻求“把它全部归还给穷人”，正如多梅尼科·迪·坎比奥［Domenico di Cambio］在一封给这位普拉托商人的信中所说的。[19]

有证据表明，这正是科西莫试图去做的。在一封尚未发表的写给他儿子皮耶罗的吊唁信中，写信者援引了科西莫常常开玩笑说的一句话：“只要对我耐心点，主啊，我将把一切都归还给你。”[20]这句话一定是他的欠债人来请求宽恕一段债期时，他常常听到的一句话〈Lord，主，又有“大人”之意——译注〉。这一点我们也从韦斯帕夏诺那里知道，他觉得自己是上帝的债务人，而且，也许完全是字义上的债务人。这可能解释了他为什么注重在各种基金上花的那些确切数目的钱，这点我们在韦斯帕夏诺的书中可以看到，梅迪奇家族尽力让公众记住这些数目。大家知道，洛伦佐·德·梅迪奇在备忘录［*memorial*］中对他的儿子们写道：[21]

> 我发现我们在1434年至1471年间花了一大笔钱。正如那个时期的帐本所载，它显示了一笔令人难以置信的钱：总数达663，755弗洛林，这是花在建筑、慈善事业和纳税上的，不包括别的花费。我不会对此提出抱怨。虽然许多人希望他们的钱包里能有哪怕是那笔钱中的一部分，但我认为它给城邦带来了荣誉，这钱看来花得对，我感到非常满意。

这笔钱主要是科西莫在世时花费的。这个帐本会不会是在和最高债主［上帝］清帐呢？这笔钱和艺术赞助没有任何直接关系，洛伦佐把建筑和慈善事业、甚至和纳税——也就是说，任何不能使主人直接获益的事——一同列出的做法清楚地说明了这一点。

要弄清这些数目是困难的。韦斯帕夏诺好像更准确些，但他也一定是从某种单方面宣称中得到他的那些大概数目，加上据说科西莫花在了虔诚基金上的数目，总数达193，000弗洛林。根据一种推算，梅迪奇家族当时的财富大约超过200，000弗洛林，[22]并且韦斯帕夏诺的确说道，科西莫曾后悔没有早点开始这项活动。他还记述说，科西莫责骂建圣洛伦佐教堂的工匠，说他们花在这上面的钱少于花在大教堂［the Badia］上的钱。甚至科西莫的宫殿也被韦斯帕夏诺说成是他尽力花钱的一部分，因为这些钱都花在了城邦的经济之中。

这些经济的和道德的论证只不过强调了科西莫在行动时所屈从的种种压力。我们有幸获得一篇原典，它是专门为回答科西莫的敌人而作的。这些敌人没有立刻对这些虔诚的募捐感到满足。最后一位受惠于科西莫慷慨资助的人，菲耶索莱大教堂主持，韦罗纳的蒂莫泰奥·马费伊［Timoteo Maffei of Verona］写了一篇拉丁文的对话短文，题为“驳对科西莫·德·梅迪奇的慷慨进行诬蔑的人”。[23]

这位诬蔑者站在亚里士多德伦理学的立场上，认为像科西莫这样的慷慨是一种过度的大方，而任何过度的行为都是邪恶的。

这一论证很容易被驳斥。科西莫在修道院和教堂中都是用神性的美德［Divine excellence］来作为他的慷慨的模式的。在他的宫殿中，他想到了那些适合于佛罗伦萨城邦的事情。的确，假如他不是这么花钱如水，他就会显得对城邦缺乏感激。现在这位诬蔑者提出了一种惯用的抱怨，这种抱怨我们在其他反梅迪奇家族的原典中也可以看到。[24]科西莫资助的所有教会项目上展示的梅迪奇家族纹章，更多的具有渴望荣耀的味道，而不是敬神的味道，蒂莫泰奥自己不是常常反对这种世俗的抱负吗？这一指责被有保留地承认，但是，蒂莫泰奥求助于道德神学的种种区别，爱荣耀只在四种条件下成为道德罪，而科西莫没有触犯其中任何一条。他喜欢暗中行善。即使他在他［资助］的建筑物上安上了自己的徽章，以便后人能在祈祷中记住他，以便见到这些建筑的人受到鼓舞而去模仿他，这些动机有什么错吗？难道凯撒不是受到画里的亚历山大的掠夺物的激发而创造出伟大业绩的吗？难道西庇阿［Scipio］和非比乌斯［Quintus Fabius］不是受到过祖先遗像的激励吗？现在资助了那些奉献给神的教堂和基督仆人的修道院以及画成和雕成的形象的人，为什么不应该力求让后代为他们祈祷呢？我们不是被迫不露锋芒吗？让他的诬蔑者住嘴吧！

但是，这位反驳科西莫的人还有一支暗箭，而这箭是打算伤人的：

“你刚才这么连篇累牍地赞扬科西莫的话只会妨碍他在后人中的声望。”根据哲学家们所说，艺术意味着对各种理智的理论了解，不过慷慨［magnificence］（据词源的意义）是“创造大批东西”。因此，后人将在手工劳动者中，也就是说，在卑下的工匠中寻找慷慨的人。蒂莫泰奥对敌手的论证之精妙表示敬意，但他能够反驳它。人们应该寻找道德动机，因为是德行促使科西莫去建设的。而且，一句便当的西塞罗引言证明：慷慨是一种心理倾向。富人到处有，但他们太爱财，不愿花钱。科西莫贪财的目的只在于能把它们花掉，但是，这一道德论证没有被诬蔑者接受。慷慨是一种奇特的美德，因为只有富人才能行使。蒂莫泰奥不能承认这点，只有行使慷慨才算是财富的礼物。德行是灵魂固有的，穷人也可以具有它。这篇结论性的论证后面紧接着一篇惯用的赞美。这篇论证的弱点使我们看到，在一个基督教准则（科西莫完全分享这些准则）的世界里，科西莫的道德立场是摇摆不定的。如果连他的精神指导者都只能这样做，那么，他在孤寂的书房中又能靠自己悟出什么呢？

但是从某个方面说，这篇对话的有趣之处既在于它所删略的论证，也在于它所引用的论证。对话中没有提到艺术或艺术家，相反，科西莫本人被视为他的建筑的“制造者”[maker]（图 89）——对他的工匠们毫无感激。纹章或梅迪奇家族的 *palle*［圣爵盖］〈palle［圣爵盖］是梅迪奇家族纹章中的一个符号，由一个大圈和圈里的许多小圆组成。由于“梅迪奇”［medici］在意大利语中是“医生”的意思，所以有人把这些小圆解释成“梅迪奇”开的药——译注〉似乎是他的签名，他想通过这一签名为后世所铭记。这一论证中所包含的也许比我们愿意承认的要多。从科西莫资助的建筑中可以觉察出他的某种精神：他的含蓄和清醒，他的严肃和克制，这种感觉并不是凭空幻想。对十五世纪的人来说，这一定是很显然的，艺术作品属于捐款人所有。藏乌菲齐宫的菲利波·利皮［Filippo Lippi］的《圣母的加冕》中，有一位天使指着一位下跪的僧人，画面上写着 *iste perfecit opus*［此人制作该画］的字样。人们曾经认为，这是作者的自画像，但现在人们相信，这是意指捐助者。当然，这种情况在科西莫本人在世时就已经在缓缓地改变。我们知道，菲利波·维拉尼［Filippo Vilani］、阿尔贝蒂等人当时正在宣传绘画的“自由”地位。但是，艺术史家对这些问题的观察很容易被他知道的很少几篇被引来引去的原典所歪曲，和早期文艺复兴产生的大量文字材料相比，提及艺术的材料少得令人惊讶。人们翻阅了许多人文主义者的书信，可能会看不到信中提到他在 *Piazza*［广场］上肯定常常遇到的那些艺术家中的任何一位，而这些艺术家在我们描绘当时的图画中却显得如此巨大。我只知道有一位人文主义作者提到了两位受科西莫恩惠的艺术家。安东尼奥·贝尼韦尼［Antonio Benivieni］在他的《颂词》［*Encomium*］中写道：科西莫“把荣誉和无数报偿给于多纳太罗和德西代里奥［Desiderio］这两位高度知名的雕刻家”。[25]

尽管韦斯帕夏诺毕竟和许多艺术家同属于一个阶级，但连他也很少有机会提到建筑家、雕刻家或画家的名字。他提到过尼科洛·尼科利［Niccolo Niccoli］，说他是位艺术专家，是布鲁内莱斯基、多纳太罗、卢卡·德拉·罗比亚［Luca della Robbia］和吉贝尔蒂的好朋友。韦斯帕夏诺以同样的词句赞扬了科西莫的广泛兴趣：

> 他在和画家或雕刻家打交道时，他对此所知甚多，他家里藏有一些出自著名大师之手的作品。他对雕刻极内行，并非常宠爱雕刻家和一切有德才的艺术家。他是多纳太罗的好朋友，也是所有画家和雕刻家的朋友。在他的时代雕刻艺术无人问津。为了防止多纳太罗遭此命运，科西莫委托他制作圣洛伦佐教堂的一些铜雕布道坛，并且每周给他一笔钱，足够他和他的徒弟们用，他就这样养活他。由于多纳太罗的衣着是科西莫所不喜欢的，所以科西莫给了他一件带兜帽的红外套和一件穿在外套里的衬服，把他装扮一新。在一个节日的早晨，他把这些衣服送给他，让他穿上。他穿了一两次，然后把它们扔在一旁，再也不穿了，因为这些衣服对他来说太花哨了。科西莫对任何有某种 *Virtu*［特长］的人总是这么慷慨，因

为他爱这些人。再说建筑：他对建筑非常熟悉，这从他所建的许多建筑中可以看出，因为没有什么东西是在没请教他的意见和判断的情况下建成的。好几位要承建某座建筑的人都去征求他的意见。

通过瓦萨里的眼睛来看十五世纪意大利的现代艺术史学者，在读完这段文字后产生了一些疑问：为什么韦斯帕夏诺只提了多纳太罗从事的和教会有关的任务［ecclesiastical commissions］，而没有提及我们所知道的那两尊曾经耸立在梅迪奇宫殿的大铜像《大卫》［*David*］和《犹滴》［*Judith*］？难道是科西莫本人不愿让它们太引人注目吗？订制等身大的铜像来装饰私人宫殿当然会招来追慕虚荣的嫌疑。《犹滴》（图 91）上面展示的一行被归于科西莫之子皮耶罗［所写］的拉丁诗句看来的确是为了预示这种反应。这行诗句解释说，铜像的意义是为了反抗骄奢［Luxuria］这一罪孽的：

> Regna cadunt luxu，surgunt virtutibus urbes
> Caesa vides humili colla superba manu[26]
> ［帝国在骄奢中衰亡，城邦靠美德兴旺，
> 看那傲慢的头颅，被卑微的手斩断］

韦斯帕夏诺对这些雕像只字不提，这使艺术史学者困惑不解，但更使艺术史学者困惑的是，他没有提到建筑家米切洛佐［Michelozzo］，而我们已经知道，他是科西莫的心腹。据说他还陪他的主人渡过流浪时期，而主人也曾更偏爱他的宫殿设计图，而不是布鲁内莱斯基的，因为他的设计不那么炫耀。[27]（图 90）韦斯帕夏诺在详述科西莫的建筑工程时，大谈那些诈骗的承包人和那些过分自信的承包人，但他没有提到任何建筑师的名字。这种忽略决非仅有韦斯帕夏诺一人，菲拉雷特［Filarate］[28]对此同样缄默不语。那些形形色色的人文主义诗人也一样，尽管他们的赞词中列出了科西莫捐款修建的各种建筑。[29]

显然没有人质疑过这一点，即这些建筑的功劳，甚至发明它们的功劳，得归功于科西莫。但是，对史料的研究也许提示了另一个原因：科西莫对这些事情的介入，他对虔诚事业的捐献最初是一种即兴的和零碎的事情，比马基亚韦利［Machiavelli］或瓦萨里的记述使人想到的更要即兴，更零碎。

记述圣马可修道院［San Marco］的建筑史的各种材料相互矛盾（图 95），但它们却凑成了一幅对该修道院不断扩展、不断整修的画面。这座修道院原属丛林隐居者教会的教士［the Selvestrini］，后来被转给科西莫所宠爱的多米尼各修道会［the Dominican Observants］。[30]科西莫流放回来之后的第一项事业就这样在他的手下发展着，直到后来，拥有这座教堂中的礼拜堂的永久权［ancient rights］的家庭出面干涉，并拒不放弃这些礼拜堂，这项事业的发展才骤然中断。[31]菲拉雷特和韦斯帕夏诺两人都提到了科西莫这些较为雄心勃勃的计划所遭到的挫败。因此，1442 年刻的这一铭文可以清楚地标志着那一系列翻修到此为止，虽然后来可能又

添建了一些部分。顺便说一句，也正是在那一年，米切洛佐向 *catasto* [地籍注册登记处] 报告说，他一直没有而且依然没有在他的行业里找到活儿干，也没有得到收入。[32]谁都知道，税收申报对收入是尽量少报的，但是，假如那时有人知道米切洛佐正在从事一项像圣马可大教堂这么著名的梅迪奇工程，他一定会遭到当面的嘲笑。

科西莫当然不会强迫圣马可教堂主权拥有者放弃他们的葬礼举行地以及在那里为其死者所做的弥撒，因为这会引起对抗。但是，他把赞助的中心转向别处可能还出于另一个原因。他的兄弟洛伦佐死于1440年，因此，照顾教区主教堂的重建便成了他义不容辞的任务。我们有圣洛伦佐教士会1441年开会的纪要，其中记录了科西莫的这次调停。[33]根据上下文来读这份纪要，我们可察觉到一种道歉的调子。教士会中的许多成员也许更喜欢原来的集体安排，但这一安排却破产了，而且也没人采取任何措施去进一步修建二十年前冤枉拆毁的这座教堂。科西莫知道他有强大的影响力，因而他强加了他的条件。从他在订约时所要求的条件中可以听到圣马可教堂所面临的困难：

>……只要把教堂的唱诗厅和中堂，甚至原有的主祭坛，分派给他和他的儿子们，再加上现在已经建起的所有构架，他就会发誓在六年内完成那部分建筑，费用由他自己负担，从上帝赋予他的财富中支取，建筑得安上他本人的纹章和徽铭。当然，任何其他纹章、徽铭或墓碑不得置入上述唱诗厅和中堂，只有科西莫和教士会成员除外。

刚愎自用的历史学者创造的传说，跟真实事件那缓慢而又复杂的发展过程之间存在差别，说明这种差别的最显著例子莫过于韦基奥宫中的一幅壁画。这幅画由科西莫一世公爵 [Duke Cosimo I] 的宫廷画家乔治·瓦萨里所画。瓦萨里在画中赞美了这位赞助人的旁系祖先的声望（图92）。我们看到，科西莫以庄重有力的手势指着圣洛伦佐教堂，在他的面前跪着两个态度谦卑的人物，向他呈现根据已建成的教堂仿制的模型。他俩代表吉贝尔蒂及其合作者布鲁内莱斯基。瓦萨里之所以额外添画了吉贝尔蒂，也许是因为他记起了佛罗伦萨大教堂 [the Florentine Cathedral] 这件由他俩合作完成的工程。可是，不仅上文援引的史料与这一现成计划（后来在科西莫的命令下很快完工了）的戏剧性叙述不符，正如我们看到的，科西莫太小心慎重，不会发誓修建整座教堂，而且，以一个市民的身份单独做出这样的承诺确实会显得像是图虚荣的行为。也许正是为了遏制这种对立，科西莫才着手修复牧师住宅，如果我们可以相信韦斯帕夏诺的叙述的话。据传记作者援引科西莫的话说，总有些人想通过建教堂来获取荣耀，可他们却不理睬实用性的建筑物。

当然，在我们看来，正如在瓦萨里看来一样，圣洛伦佐教堂（图93）是布鲁内莱斯基思想的产物。但是史料表明，科西莫零碎的方法大大限制了这位建筑师的能力。大家知道，那位不知名的布鲁内莱斯基传作者责怪一位木匠建筑师没有执行布鲁内莱斯基的设计，[34]但是，他1446年死时果然留下了一个设计或一个模型吗？有一篇奇怪的史料反驳了这种假设，这篇史料记述了佛罗伦萨木匠之间的相互嫉妒和口角，他们都参与了建造圣洛伦佐教堂的工作，或者都想介入这项工程。[35]这些木匠中有一位名叫乔瓦尼·迪·多梅尼科［Giovanni di Domenico］，他向科西莫之子乔瓦尼抱怨，因为他的竞争对手安东尼奥·马内蒂［Antonio Manetti］的同僚们在街上揍了他。根据行业行为准则他可能是该打的。当科西莫视察并批评马内蒂设计的教堂塔楼圆顶的模型时，多梅尼科碰巧在场，科西莫怀疑该厅是否有足够的光线，圆顶是否"超重了二百万个重量单位"。不用说，多梅尼科同意科西莫说的一切，而且最后他还自己造了一个模型。他公开宣称他的模型"是按菲利波的方法制造的，轻巧、结实、明亮、比例合适"。当对方警告他别管闲事时，他狡辩道：他的生计多亏了科西莫，因此，有义务向他提供建议。在去科西莫家的路上他遭到了对手的报复。

对这段故事的解释关键在于 *nel modo di Filippo*［按菲利波的方法制造］。假如布鲁内莱斯基的打算当时已为人知，多梅尼科很可能会这样说，他为自己的圆顶所作的宣称不过是：它所依据的是布鲁内莱斯基的方法，这无疑是曾运用于大教堂上的方法。和他的竞争对手一样，多梅尼科也一直在为大教堂藏品馆［the Opera del Duomo］工作。

不管我们作何解释，韦斯帕夏诺的叙述都证实了科西莫在建筑问题上有实际经验。这一叙述表明，在他介入这件事之后的第十五年，圣洛伦佐的拱顶问题仍然悬而未决。要猜测其原因，也许不会得出什么结果，但我心里猛然想到了一种可能性：根据一种比瓦萨里更早——虽然我们不知道它究竟有多么早——的传说，科西莫最初委托布鲁内莱斯基设计他的新宫殿，但后来又拒绝了他的设计模型，说它太炫耀。[36]我们已经看到，对科西莫来说，在任何一件慷慨的行为中，慎重是多么必要，但对布鲁内莱斯基来说，这一拒绝可能是个沉重的打击。这事很可能发生在四十年代早期，[37]其结果可能是布鲁内莱斯基放弃了他从科西莫那里获得的赞助。如果韦斯帕夏诺获得的情报正确的话，这是否是［科西莫］开始修建牧师住宅的另一原因呢？

另一幢实用性的建筑物也是科西莫在四十年代修建的，这就是圣克罗切教堂［Sante Croce］的见习修士宿舍（图94）。[38]这里，史料同样是令人奇怪地模棱两可。盖伊重印了1448年的一条奇怪的禁止僧人改变或毁坏现在建筑的禁令：[39]

> 大家知道，佛罗伦萨社区的人们在圣克罗切教堂的修士修道院里建起了一幢大型、高尚而宽敞的宿舍，宿舍里配有单间和其他设施，修道院里还有别的建筑。上述的这些修士每天尽情地干各种新鲜有趣的事，戳穿墙壁，拆掉隔离两单间的门，新开窗户或加宽窗户……这些行为破坏了这座建筑的美、结实和宽敞。

这一举动是为了保留科西莫的计划或防止他的建筑师的不恰当行动吗？不管其目的如何，它都突出了建筑史家的困难。建筑史家永远也无法知道这些武断的修改在多大程度上被（或能够被）制止了。

本文当然不涉及这些建筑史问题，而只是要揭示科西莫对建筑的赞助是在什么条件下进行的。这种赞助决非仅是雇用布鲁内莱斯基或米切洛佐在此地设计一座教堂，在彼地设计一座宫殿的问题，甚至也不是简单地付给承包人一大笔钱的问题。这样大规模的私人赞助还得订契约和建立机构。瓦萨里说米切洛佐为科西莫建立了卡雷基宫［Careggi］和其他别墅，但这些肯定只不过是些偶尔需要改建的乡间住宅。市内宫殿的情况却不同，可是即使在这里我们的情报也是令人沮丧地不完整。我们所称的梅迪奇里卡尔迪宫［the Palazzo Medici Riccardi］可能仅仅是科西莫度过生命最后的四、五年的地方。他从前的宫殿在哪？它又是什么样的？

这些可能是无聊的问题，但非常奇怪的是，有一篇对科西莫宫殿的详尽描述和我们所知道的这座宫殿的情况毫无相符之处。这段描述见于阿尔贝托·阿伏伽德罗［Alberto Avogadro］写的一首奇怪的颂词，[40]遗憾的是阿伏伽德罗不是一位非常可信的见证人。根据他那令人讨厌的排律诗［elegiacs］记载，这幢建筑是用白色大理石和软沥青建成的：

> 但立面不是大理石；软沥青
> 覆盖不到之处，砌上了三色石，
> 顶部是闪光的雪花石膏，
> 右边为斑岩，
> 左边的石头被祖先们
> 用俗语称为蛇纹岩。[41]

阿伏伽德罗的描述具有这么多的幻想，人们或许可以把它全部当成十足的修辞练习而不予理睬，尤其是他当时住在离佛罗伦萨很远的韦尔切利［Vercelli］。唯一的麻烦是，在人文主义者的颂词中，像“蛇纹岩”［Serpentine］这类别扭的词若非出于迫切需要，一般不会使用。红、白和深绿色的配合完全符合佛罗伦萨的各种传统。阿伏伽德罗见过科西莫以前的宫殿吗？现存的这个立面上是否曾经有过一个彩饰立面？这是否完全出于他的奇思异想？

如果我们转向阿伏伽德罗对科西莫捐资修建的最后那幢建筑，菲耶索莱修道院［the Badia of Fiesole］（图 96），这个问题便变得更加引人注目。

史料记载了它从 1456 年获得最初几笔捐款到 1460 年的那些捐款单之间的进展，它们表明这座修道院是掀顶翻修的。[42]1462 年，有一份记载“科西莫单间”里的羊毛床单的登记单，它表明，菲耶索莱修道院里专门为科西莫准备了一间静修室，传说圣马可教堂里也有一间。在这里，实用性的建筑物无疑先于对教堂的修整——由于韦斯帕夏诺与该修道院图书馆的设备有关系，所以，他可能在报告科西莫关于圣洛伦佐的评论中把两座建筑物搞混了。

上文讨论了蒂莫泰奥·达·韦罗纳这位小修道院院长为科西莫的“慷慨”所作的辩护。曾和他见过面的菲拉雷特迫不及待地要证实科西莫的务实倾向：[43]

> 他告诉我教堂还得修整，就我的理解，他的意思是它将被搞得非常漂亮。简单说，他告诉我，每当有哪位贵客来参观这座教堂，他将首先被带去看那些通常不让人看的地方，如马厩、家禽栏、洗衣房、厨房和其他工作场地。

菲拉雷特对鱼池别出心裁的安排印象尤深，鱼塘四周果树环绕，这样树上的果子掉入池塘可以喂鱼——这是菲拉雷特《专论》[*Trattato*] 中让人怀疑他的智商的地方之一。

但是，如果我们有保留地相信这个故事，那么我们该怎样评论阿伏伽德罗那份又是向蒂莫泰奥·达·韦罗纳所作的描述呢？“您，蒂莫泰奥，是使这教堂得以建成的首要原因，您的话感动他去移平高山。”——因为在这位诗人的 amplificatio [夸张] 中，菲耶索莱那些平缓的小山丘变成了“险峻的高山和岩石林立的荒野”。

虽然这位小修道院的院长给科西莫出了这个主意，但这次又是赞助人科西莫被当成了艺术家。当然，这次是一种赞美意义上的艺术家，不过，却说得格外明确：

> 科西莫：您遵循了一位技巧娴熟 [doctus] 的画家的榜样，这位画家希望永垂青史。他年轻时代整天钻研，技巧随着年龄的增加而增加。但是，当他年老了，觉得余年不多时，他宣称：“我是否应该创造一个出自脑子和心灵的图像，使我的名字为后人永记？”他刚说完就动手了。这位老人创造了一件值得青史留名的东西。您也一样，您在年轻时建立了富有朝气的建筑……[44]

科西莫现在“想找到一些办事利落、技巧娴熟并能够根据他的手法 [*more suo*] 建造教堂和宅第的大师”。这位技巧娴熟的艺术家把一切都记在了他的设计图上。他标出了宅第：这里是斑岩大门，那里是宽门廊，这里是大理石阶的第一阶梯。他标出了隐修院 [Cloisters] 将建成的台阶有多长，中间将植一棵树，但必须是柏树。他想让隐修院做成拱顶的，由两根柱子支撑，一根着色、另一根是雪白的大理石：“这里是裁缝的工作间，那里是教士集会地，那里是病房，在另一边，我想在这里建一座可以招待大公爵的厨房。”……[45]

接下来的建筑幻想几乎没有什么历史价值，不值得在这里分析。唯一值得指出的是，当描写的对象是“庄严富丽”这么一个极有吸引力的主题时，地理距离和时间距离一样，可以有助于夸张。不过，人们会注意到，这位建筑师是 *ille quidem doctus* [技巧娴熟] 的，他只不过是记下了科西莫的指示。在关于这座大教堂 [the Badia] 的众多史料中，始终没有出现这位建筑师的名字。传统上是把这一设计归功于布鲁内莱斯基的，可他死后的第十年这座大教堂开始动工兴建，现在的各种手册又把它归功于“一位不知名的布鲁内莱斯基追随者”。可是，那幢简朴建筑的风格真的不能被称为是“按照科西莫手法”吗？应该承认，这座教堂是在科西莫死后由皮耶罗指导迅速建成的，皮耶罗的名字记载在一位人文主义者撰写的铭文中。然而，这幢建筑的大部分都表现出另一个人的精神，这人到生命的最后还深深地挂念一件事：希望他的财富不要妨碍他的被拯救，而且他还坚决要求他死后葬在木棺里。

科西莫建筑的这种特征在他的儿子［皮耶罗］委托制作的作品的衬托下显得特别明显。在赞助问题上，科西莫和他的两个儿子之间似乎一开始就有一个清楚的分工。建筑这一宏大的艺术属于科西莫的保护范围，和一位铜铸大师打交道可能也是他的事。这位大师当时和多纳太罗齐名，技巧也同样地杰出（图 91）。画家当时的地位比雕刻家略低一等，所以，科西莫好像把和画家或装饰师谈判之事交给了皮耶罗和乔瓦尼。

早在 1438 年，当皮耶罗才 22 岁时，多梅尼科·韦内齐亚诺［Domenico Veneziano］就给他写了封请求绘制圣马可大教堂祭坛画的著名的信。[46]或许他不敢直接致函科西莫，因为即使他向皮耶罗这位年轻人接近时也是极为谦卑的："处于我这样的低微地位，本不敢给阁下您［gentiliezza］写信。"但是他知道，安杰利科修士和菲利波修士都很忙，所以他愿意承担这件工作，况且他听说科西莫喜欢宏伟的东西。当然，他没有得到这件任务，因为安杰利科修士竟然抽出时间为他的修道院的主祭坛画了第一幅真正的"圣谈图"［*sacra conversatione*］[47]（图 98）。有人以充足的证据提出，科西莫和他的兄弟为了打发掉前一幅祭坛画，便把它送给了科托纳［Cortona］的多梅尼科修士们，他们对此表示极大的感谢。[48]

一年之后，菲利波·利皮给皮耶罗写信。从信中我们知道，皮耶罗没有接受他画的一幅板上画［panel］[49]。这确实是一封用最纯正的恳求惯例写的催人泪下的信：

> 我是佛罗伦萨最穷的僧人之一。这就是我。上帝把六个侄子侄女留在了我的身边，而且全都多病，无用……您只要能从您家里拿出一点点米和酒给我，省得我买，这样来充帐将使我倍感高兴。想到身后可以把它们留给这些可怜的孩子，我不禁热泪盈眶。

难怪科西莫觉得他没时间来对付这种艺术家，不管布朗宁说了些什么。〈暗指英国诗人罗伯特·布朗宁［Robert Browning］约 1853 年写的一首诗"利波·利皮修士"［Fra Lippo Lippi］。该诗以第一人称写成。诗中的叙述人利皮修士说自己是科西莫·德·梅迪奇的朋友，住在梅迪奇宫殿内。开头几句是："我是可怜的利波修士……与三条街处的一位朋友住在一起——他是一位……老板，一位梅迪奇家族的科西莫。"当然，这纯属诗人的想象——译注〉

如果说，这两封信碰巧告诉了我们梅迪奇家族没有答应的委托请求，那么，两年后，即 1441 年写给皮耶罗的第三封信使我们得到了补偿。这封信使我们第一次窥见了他的趣味。信是由马泰奥·德·帕斯蒂［Matteo de Pasti］从威尼斯写来的，谈的是委托绘制彼得拉克凯旋仪式［the Trionfi of Petrarch］。这幅画注定会在后来成为装饰艺术中如此广为人知的作品（图 97）。[50]

> 我想告诉您，自从来到威尼斯之后，我学到了一些东西，特别适合完成您委托我做的工作，我学会了像使用其他颜色一样地使用金粉的技术。我已经开始用这种方法画凯旋仪式，它们将不同于您以前见过的任何东西。树叶的高光全用金色，而且我用了上千种方法来渲染这位小妇人的服饰。请您寄给我您关于第二幅凯旋画的指示，让我可以开始工作……我已经收到了您关于“传闻的凯旋”［the Triumph of Fame］的指示，但我不知道您想让坐在车里的那位女子穿简朴的衣服，还是像我打算的那样，让她披斗篷。其他的我都知道：要画四只大象，给她拉车，但是请告诉我，您想要她的随从中只有年轻人和女子呢？还是想同时画几个有名望的老头。

德·帕斯蒂显然知道怎样打动皮耶罗：他对他讲关于金粉的故事和他对是否在画里包括老头的疑虑。

在梅迪奇家族的代理人弗鲁奥克西诺［Fruoxino］1448年从布鲁日写给皮耶罗兄弟乔瓦尼的信中，我们也可以看到这种对愉悦和宏伟效果的偏爱。[51]像上份史料一样，这封信也是瓦尔堡很珍爱的原典，他经常提到信的内容。这位代理人显然受到了指使，要他为梅迪奇家族找一些豪华的挂饰，他在安特卫普集市上没有找到合适的。唯一那套制作精巧的挂毯又太大，不适合要挂的房间。而且，挂毯上再现的是参孙的故事，里面有许多尸体，这不是人们喜欢在房间里看到的。另一套再现了水仙花神那耳喀索斯的故事的挂毯，大小倒合适，但是，“假如它做工更华丽浓艳些”，他就会买下来了。

关于1448年，我们最后还可看另一件存留的史料，它证实了同样的对华丽的热爱：山上圣米尼亚托教堂［San Miniato al Monte］里令人惊叹的十字架耶稣像上方的大理石神龛（图99）。[52]这方面的史料表明，又有一场类似的围绕梅迪奇家族纹章而进行的激战：1447年6月，羊毛商行会［the Guild of the Calimala］愿意修建这样一个华丽而又贵重的圣龛，但是，除非圣龛上只安置行会的纹章而不安装任何其他纹章，否则将不准许他建造。一年之后，这位*cittadino grande*［高贵的市民］如愿以偿了：皮耶罗被明令准许在行会的纹章中加上他自己的纹章。他没有选用具有冲犯性的圣爵盖，而选用了他私人的徽铭［impresa］：三支羽毛、一个钻石戒指和一句“永远”［semper］的徽征组成的图案。〈洛伦佐·梅迪奇和梅迪奇家族的两位教皇莱奥十世和克莱蒙特七世的徽铭也与此类似。这三支像驼鸟毛一样的羽毛分别象征信仰，希望和仁慈。戒指象征权力和团结——译注〉这类私人的纹章本身符合一种炫耀骑士风度的趣味。皮耶罗很可能是在和勃艮第顾客的交往中养成了这种趣味的。

也许是在同一年或者稍后一点，他又订制了置于另一幅令人惊叹的图像上方的另一只圣龛，这次是在圣母领报教堂［SS Annunziata］（图100）。在它那原来无疑是镀金的华丽结构上，有一句着实令人瞠目结舌的句子*Costo fior 4 mila el marmo solo*［仅大理石就花费了四千弗洛林］。[53]在那些仍然相信这种宣称是美国实业界巨头造出来的人来看，这是值得一提的。一般人猜测，这两座圣龛是米切洛佐——他也是科西莫的左右手——为梅迪奇家族设计的。如果这种猜测正确，那么我们甚至可以更清楚地看到，在多大程度上是赞助人而不是艺术家在这类作品中表现着自己。

还有一个著名的例子使我们能够推测皮耶罗的趣味对他所订制的艺术品的影响：这就是最为人们牢记的根据梅迪奇趣味建成的纪念碑式作品——梅迪奇小教堂里的戈佐利［Gozzoli］作的壁画。戈佐利1459年给皮耶罗的三封信留存至今，[54] 信中的语调不同于上文引述的那些信。这位艺术家称皮耶罗为 *Amico mio singholarissimo*［我的伟大朋友］。但信的主题却与德·帕斯蒂的信和弗鲁奥克西诺的信出奇地相似。尽管帕斯蒂担心的是要不要在画中包括老头，弗鲁奥克西诺疑虑的是那些尸体：

> 昨天我收到鲁贝尔托·马尔泰利［Ruberto Martali］转来阁下的信。我从中知道，您认为我画的六翼天使不合适，我只在靠角落的云端中画了一位。人们只能看见他翅膀的尖端，他被云层隐藏和覆盖得这么好，以致于他根本不会是丑，而会是美，……我在祭坛的另一边也画了一个六翼天使，也是以同样的方式隐藏着。鲁贝尔托·马尔泰利已经看过，他说用不着对他们大惊小怪。不过，我将按您的命令去做。只要加两朵小云，就能把他们盖掉……

同样，这三封信也报告了艺术家所需要的金色和佛青色颜料的数量。他希望能用便宜价钱买到这些颜料——如果皮耶罗及时把钱汇给他的话。

我们只要把这著名的博士朝拜马队（图101—103）和戈佐利的早期作品进行比较就能看出，赞助人的影响有多么远。真不知道年迈的科西莫对安杰利科修士的高足画的这幅作品有什么想法，并不是说它缺乏虔诚感。要真正欣赏作品的这个方面现在实为困难，因为大部分佛罗伦萨观光者的心里已经被一些毫无根据的传说占据，看不出作品的原有意义。十九世纪末的一本法语导游手册[55]传播了这样一个故事：博士的旅行在此表示拜占廷皇帝和最高主教［the Emperor and Patriarch of Byzantium］1493年到达佛罗伦萨，参加联合会议［Council of Union］，而最年轻的王侯（图112）是豪华者洛伦佐。旅游者，甚至史学家都迫不及待地想赋予过去那些朦胧的事件以生命和实质，所以他们都抓住这一解释不放，而没有想到这是不可能的。这一小礼拜堂开始作画的时候，离联合会议还有二十年之遥。当然，这次会议以失败告终。严格说来，皇帝和最高主教们是最不适合作为圣徒来描绘的，因为他们没能让教皇认可他们的议案。把一个十岁的小男孩，即年轻的洛伦佐挑出来作为这个家族唯一上画的成员，看来也同样不明智。这位迷人王子容光焕发的头像其实不是谁的肖像，它只不过是重复和发展了年青美丽的天使和青年头像的公式，戈佐利在这座小礼拜堂其他地方也用过这一公式。

这些概念化的头像实质上和戈佐利引入这一组画的真实肖像有很大不同——真实肖像所属的地方和我们期待他们出现的地方不是在画面中心，而是在旁边，在东方国王的随从队伍中。在那里，这队家庭随员虔诚地跟随在圣徒后面，这是适合捐献者及其朋友们的（图 104）。我们很容易从队伍中认出皮耶罗·德·梅迪奇的侧面像，他走在随从行列的最前面，骑着白马。它与警官宫［the Bargello］里米诺·达·菲耶索莱［Mino da Fiesole］所作的皮耶罗半身像如此相像，因而不会有任何疑问。但我们却不那么容易确定骑在他身边的老头是否如有些人认为的那样是科西莫（图 107）。他的头像显然和我们从纪念章上看到的那一罗马式侧面像对不上号。这枚在他死后制成的纪念章后来成为描绘这位 *Pater Patriae*［国父］的所有作品的原型（图 52）。但这枚纪念章可能有意识地使科西莫的特征接近罗马皇帝的类型——正如纪念章的反面利用了罗马帝国硬币上的母题一样。至少有一幅科西莫肖像证实了这种鉴定，这幅肖像出自一份手稿，它表现的是一位同样干瘪而又精明的老头（图 105）。而且，我们在这里确实有权力问：如果这不是科西莫，那会是谁呢？我们也许可以注意到，戈佐利聪明地把这个问题悬置起来。他的赞助人［皮耶罗］的脸孔出现在首位，可是这位老头也可以被看成骑在队伍的最前面。

一旦我们接受了这种确认，我们就很可以开始探问：与其他人肩并肩骑马的那两位年轻人是谁？除了皮耶罗的两个儿子之外，他们还可能是别的人吗？外面这个男孩和我们后来知道的洛伦佐实际上不是惊人地相像（图 106）？应当承认，他看上去比实际年龄要稍大些，但是，［要记住］，他父亲当时病魔缠身，他于是被训练尽早承担家庭的责任，而且，画家在这里给他安排的位置同样是和这种猜测相符的。谁都知道，洛伦佐不久就成了喜欢聚集在这座小礼拜堂中的这个家庭的家长。所以，给他安排这个显著的地位，让他比弟弟朱利亚诺［Giuliano］前出一步，便是很自然的。朱利亚诺的脸确实还太不成熟，没法和贝托尔多［Bertoldo］的纪念章上那位苗条、优雅、紧闭双唇的男人（图 106）相比较，但这至少不能排除这种猜测。

这里的关键倒不是确认的问题，而是得体的问题。因为在壁画的叙事部分中，寻找肖像，哪怕是寻找一个实际队列的习惯，都会把人们的注意力从小礼拜堂的宗教意义和历史意义上引开。用宗教术语来说，它再现了一个辉煌壮丽的 *adestes fideleds*［信徒朝拜］。〈这是一首拉丁文圣诞颂歌，原意为：信徒们快来朝拜圣婴基督——译注〉这是一个圣诞夜，星星在天空中闪现（图 113）。博士们早已从世界的三个角落启程，并且在伯利恒城会聚，就像我们在《贝里公爵的最美时祷书》［*Tres Riches Heures du duc de Berri*］（图 108）中著名的一页上看见的一样。我们知道，在意大利城市上演的一些神秘剧中，这三位博士也是从三边走上舞台的。[56]三博士公会［the Confraternity of the Magi］历来受梅迪奇家族宠爱，我们没有理由认为，这一神圣事件被［梅迪奇家族］当成描绘俗人和世俗事件的假托。

从历史方面说，这样的误读模糊了戈佐利的壁画和前梅迪奇时代佛罗伦萨一件著名艺术品之间的密切联系。这件著名艺术品是真蒂莱·达·法布里亚诺［Gentile da Fabriano］在圣三一教堂［S Trinita］作的祭坛画（图 109）。梅迪奇小礼拜堂里的装饰画竟然要回溯到他们最大的敌人帕拉·斯特罗齐订制的一幅作品，这真是奇特的讽刺。比较之下可以看出，戈佐利［从前一幅画中］承袭了整组整组的人物（图 114）。而且，较仔细地检查一下真蒂莱的三博士（它们传统上代表人的三个阶段）就会发现，被声称为这一肖像所独有的特征，包括头饰和皇冠，[57]其实都在更早的作品中有过预示（图 110，111—112）。

皮耶罗让戈佐利参照一件后期国际哥特式风格的杰作，这样完全符合我们所知道的佛罗伦萨富豪们在十五世纪中叶之后的趣味。他那一代人都在设法接触他们从勃艮第和法国的顾客们那里学来的贵族生活方式，正是为了这种生活方式的需要，皮耶罗才开始谋取艺术和艺术家的帮助。

菲拉雷特的专论中有一幅描绘皮耶罗的硬笔肖像，特别生动地展示了这种气氛。菲拉雷特知道，皮耶罗患有关节炎，所以，他告诉我们，皮耶罗向梅迪奇家族在米兰的代表尼科代米［Nicodemi］打听，患这种病的人整天能做些什么事。他的意思是：所有高尚的消遣，如打猎或战争，他都是被禁止做的。

> 他告诉我，皮耶罗非常乐意让人抬到他的工作室里打发时间……他看着那屋里的书，好像它们是一堆金子。……让我们且不谈他的读书活动。有时，他的消遣可能就是让眼睛扫过这些书，以此来消磨时光，为眼睛提供娱乐。第二天，据别人告诉我，他又搬出一些过去帝王名流的模拟像或雕像，有些是金的，有些是银的，有些是铜的，有些是宝石或大理石的，有些是其他材料的，它们看起来让人觉得妙极了。它们的价值如此之大，以致于它们能给眼睛带来最大的愉悦和快感……[58]

我们并非常常能进入久远时代人的快乐，哪怕在想象中进入。不过，菲拉雷特关于皮耶罗的书的叙述仍然可以转译成视觉术语。许多明确地注明专为皮耶罗撰写的或者专为他作插图的书现在仍然藏在洛伦佐图书馆［Laurenziana］，有西塞罗、普鲁塔克、约瑟夫斯［Josephus］、普林尼和亚里士多德的（图 115—118）著作的插图。[59]这些书为那些找出它们来的人“提供娱乐眼睛”的材料。当然，他的大多数珍宝都已经失传，但我们还可以跟着菲拉雷特，看他如何描述皮耶罗：

> 第二天，他会去看他的宝石和贵重石头，他有许多这类东西，价值连城。有些用各种各样的方法雕刻过，有些没雕刻过。他非常高兴和快活地看着它们，与人讨论它们的各种力量和美德。再过一天，他也许会查阅他的金瓶、银瓶和其他贵重材料，赞扬它们高尚的价值以及雕制它们的大师的技巧。在获取珍贵或奇异物品方面，他根本不看价钱……我听说他的财宝样数如此之多，如果他想每样看一遍，得花整整一个月，然后才能开始从头看第二遍，第二遍同样会给他带来快乐，因为自从他上一次看见它们起，已经过去一个月了。[60]

这种对金子和贵重宝石的沉迷有一种 *d'Annunzio*［故意炫耀］〈字义为：有一种达农齐奥的气质。达农齐奥［Gabriele d'Annunzio，1863—1938］，意大利著名小说家和冒险家，他特别喜欢具有强烈的感官气氛中的金子、丝绸和贵重宝石，这是1900年左右特有的文风——译注〉的味道。这一叙述不可能没作夸张。然而，在皮耶罗之前，北方也有一位迷恋宝石和硬币的人，菲拉雷特明确地提到了他，这人就是德·贝里公爵［Duc de Berri］。在有审美趣味的人当中，他是第一位把豪华奢侈的瑰宝变成对贵重物品的真正收藏的人。

在我们这个上下文中，著名的梅迪奇藏品只是作为他们的艺术赞助的比拟物才具有相关性。[61]有时人们太轻易地把两件事当作一件事。但是，当时和过去的历史却记载了许多例子，说明艺术家在抱怨收藏家：收藏家把所有的钱都花费在贵重的古董上，而不留下分文给活着的人。梅迪奇藏品目录中记载的贵重桌布和宝石的估价确实会令人惊叹不已。制订这份目录的抄写员或公证员可能不是一位大专家，但他一定知道正确地根据物品价值来排顺序。他对梅迪奇藏品中那些雕刻过的宝石的估价是，每块400到1000弗洛林，法尔内塞宝杯［Tazza Farnese］（图119）是10000弗洛林。菲利皮诺·利皮、波蒂切利或波拉尤洛那个档次的大师的画平均每幅50至100弗洛林，而像吉兰达约在新圣马利亚教堂［Santa Maria Novella］画的《圣约翰的故事》［*Story of St John*］这样一幅大型壁画系列竟然只值大约1000弗洛林。[62]

当我们在考虑梅迪奇家族中最著名但又是最不可捉摸的艺术赞助——豪华者洛伦佐的赞助时，想一想这些数字是特别有趣的。

小说家和传记作家让我们熟悉了这门望族的各代人之间典型的律动模式：老头挣下或保下家庭的财富，他精明、严谨、虔诚，儿子心安理得地继承财富，他知道该怎样享受果实。他热爱高雅的悠闲，不过仍然是个精于世故的人，而孙子却为先辈留下的名望和责任所压，他不满足于仅仅拥有钱财，他永无休止地追求更高级的东西。他是一位颇具天赋的艺术爱好者，他也许是三代人中最有趣的人，但也是最不可捉摸的人。

洛伦佐肯定是不可捉摸的：马基亚韦利在他的著名人物速写中说他是一个身子两个脑袋，就是我们今天所谓的分裂人格，这并不是没原因的。这位具有吸引力的人身上有许多相互矛盾之处，这对他的传记作者形成了永久的挑战，不管他们是抗拒他的魅力也好，屈从他的魅力也罢，研究他对艺术赞助的学者也遇到了同样的困窘。豪华者洛伦佐［Lorenzo the Magnificent］这个名字在后代人心目中已经成了王侯的豪华［princely magnificence］的象征。这名字确实完全盖过了其祖先的名望，所以，当我们看到，现存的艺术品中可以证明由洛伦佐委托制作的作品如此之少，不免大吃一惊。

历史的偶然性也许在这里起了作用，洛伦佐的主要计划显然都集中在佛罗伦萨城外，因而更容易被毁坏。瓦萨里为我们描述过圣加洛［San Gallo］修道院的辉煌，但是该修道院在佛罗伦萨被困时夷为平地。[63]洛伦佐在阿雷佐附近的乡间别墅“小医院”［the Spedaletto］——据记载菲利皮诺·利皮，吉兰达约和波蒂切利都在这里面工作过——已荡然无存。[64]他最喜欢的乡间隐修院，波焦阿卡亚诺［Poggio a Cajano］是由他的后继者完成并修改过的，而菲利皮诺·利皮画在正厅入口处的那幅神秘难解的壁画已经脱落得无法辨认了。假如这些作品都保存下来，我们对洛伦佐形象的描绘也许就不会是现在这个样子，但是，史学家得根据现存的史料着手工作，而这些史料奇怪地说着一种模棱两可的语言。

由科西莫开工，由皮耶罗奉献的大教堂礼拜堂［the Church of the Badia］的立面是中世纪式的，可它却没完工。今天它仍然保留着皮耶罗留下来的样子，这是因为，该礼拜堂主持请求洛伦佐履行艺术赞助人责任的热情呼吁没有受到注意。尽管这篇史料有表面性的赞扬，但却流露出恼怒和不赞许的语调。这篇呼吁把世俗奢侈的虚荣和科西莫、皮耶罗通过捐助所获得的永恒利益进行了对比：

> 我们很容易相信，并且坚信，您早就渴望同样的东西……但是我们看到，时间和环境原来一直阻碍着您的希望。可是现在，最大的成功有利于您……着手工作，在仁慈之星的照耀下，在我们的恩主耶稣基督的帮助下，去完成我们的建筑。[65]

提到以前的逆境是很重要的。谁都知道，把洛伦佐和科西莫进行比较毫无益处。因为洛伦佐有时得奋力保住他的权力和偿付能力，而科西莫则只考虑怎样花掉剩余的钱。看来皮耶罗逝世两周年之后，洛伦佐便打算结束父亲及祖父和上帝之间一直持续的交易，因为他提到的数目只开支到 1471 年。

洛伦佐有时肯定觉得，他的家族享受的无限度慷慨的声望是一种负担。可是，他的职位恰恰又建立在这种名望上。

“撰写希腊文书籍的工程和您赐给学者们的恩惠给您带来了如此众多的名望，赢得了世人对您的一致好感，这是许许多多年中没人享受过的。”[66]这话出自安杰罗・波利齐亚诺 1491 年从威尼斯寄来的信。但是，从纯金钱的方面说，希腊文书籍是便宜的，人文主义学者也只要一点点小费就满足了。可大型艺术品却不同，特别是建筑和铜雕作品。

梅迪奇家族被流放之后，韦罗基奥的兄弟向佛罗伦萨当局提供了一份这位雕刻家为梅迪奇家族制作的清单，这意思是说，他从没得到过报酬，他要求从被没收了的梅迪奇财产中得到赔偿。[67]清单中包括为圣洛伦佐教堂中的科西莫和皮耶罗制作的墓碑，为卡雷基宫制作的两件作品（可能是《男孩与海豚》［*Boy with the Dolphin*］和《基督复活浮雕》［*Relief of the Resurrection*］），为《武功篇》［*Giostra*］制作的各种作品，卢克雷齐娅・多纳蒂［Lucrezia Donati］的肖像以及最令人惊讶的《大卫》铜像（图 121）。最后这尊铜像实际上被洛伦佐和朱利亚诺在 1475 年以一百五十弗洛林卖给了执政官［the signoria］。当然，这位雕刻家的兄弟很可能只不过是想在当局面前碰碰运气，因为他知道，在梅迪奇家族的帐目中，不太可能记载这类付款，但他至少肯定想到，他的故事是可信的。

不管我们用什么方法解释这份史料，它似乎都表明，并不仅仅是缺钱才导致了所记载的洛伦佐委托项目的停工。过分讲究的赞助者总是很难对付的人，洛伦佐已把他自己看成趣味的裁判者，别人也总是这么看他。[68]

当皮斯托亚［Pistoia］的圣雅各布教堂［S Jacopo］的 *operai*［监督人］拿不定主意到底应该把福尔泰圭里［Forteguerri］墓碑（图 122）委派给弓罗基奥还是皮耶罗·德尔·波拉尤奥洛［Piero del Pollaiuolo］时，他们把这两个人的设计模型送给洛伦佐，“因为您对这类事和所有其他事都非常精通”。[69]在就圣灵教堂［S Spirito］圣器收藏室所进行的争吵中，人们请他出面仲裁；[70]当市区的人在 1483 年把一幅祭坛画分派给吉兰达约时，他们硬性规定这画的制作“应该根据……洛伦佐可能觉得好的和满意的标准手法和形式”。[71]

外国的赞助者也向他讨教并请求他推荐艺术家。他曾派菲利皮诺·利皮去罗马，[72]而且可能还派过安东尼奥·波拉尤洛［Antonio Pollaiuolo］去米兰。[73]他把朱利亚诺·达·马雅诺［Giuliano da Majano］推荐给卡拉布里亚公爵［Duke of Calabria］并以此而骄傲，他还义不容辞地在朱利亚诺死后为他找了一位继承者。[74]

他确实对他那个时期的伟大建筑成就感兴趣，这在当时的门外汉中是独一无二的。1481 年，他要求看一看乌尔比诺［Urbino］公爵府［Palazzo Ducale］的方案，[75]1485 年，他询问阿尔贝蒂为曼图瓦［Mantua］的圣塞巴斯蒂亚诺［San Sebastiano］教堂所做的设计。[76]他很不情愿把阿尔贝蒂论建筑的专论借给费拉拉公爵［Duke of Ferrara］，因为这是他常读的书。[77]

我们已经看到，他这种对建筑的兴趣是从祖先科西莫那里继承的。不过到了他身上，这种兴趣更多地是在理论方面。韦斯帕夏诺赞扬科西莫的专长的措词和菲利波·雷迪蒂［Filippo Reditti］为洛伦佐写的颂词两者之间有一种细腻但却是重要的不同，雷迪蒂的这份颂词是献给年轻的皮耶罗的：

> 他在建筑方面是多么杰出啊！在私人建筑和公共建筑方面，我们都采用他的发明和他的和谐风格。他用最高级的几何理性使建筑理论生色，并使之达到完美。所以，他在我们时代著名的几何学家中占有绝不低微的地位，几何学肯定是和王侯身份相配的，因为我们的心灵和智性受它的力量的感动和影响。[78]

瓦洛里［Varoli］详细例证了这一赞扬，他说“许多”人按照洛伦佐的忠告“建起了许多宏伟的结构”。他还特别提到菲利波·斯特罗齐［Filippo Strozzi］建的斯特罗齐宫［Palazzo Strozzi］（图 120），斯特罗齐就该宫的比例［de modulo］向洛伦佐讨教过。[79]也许是为了驳斥瓦洛里的这种说法，菲利波的儿子才到处传播他自己对这事的叙述，说他父亲如何在梅迪奇家族的眼皮底下利用了洛伦佐的弱点——如果这是弱点的话——设法把他引以为豪的宫殿建起来了。我们看到，[80]菲利波·斯特罗齐更渴望名声而不是金钱，由于他喜欢建筑，所以他希望留下一幢豪华的宫殿，作为对他的名字的纪念。不过有一个困难：“那位裁决者”可能会嫉妒他的名声。但菲利波是佛罗伦萨人，知道怎样和那些当权的人周旋。他不但不隐瞒他的工程，而且和每个工匠谈论它，并且总是拒绝他们雄心勃勃的设计，说他是重实用，而不是浮夸虚饰。他被告知，“‘裁决者’希望城市的各方面都得到修饰和颂扬，因为每件好事坏事都由他定，所以，好的东西和丑的东西也都应该归属于他”。换言之，洛伦佐想控制这一建筑。这一诱饵生效了。洛伦佐想看看方案，而且，他还建议修一个堂皇粗朴的立面。菲利波假装反对，说这样炫耀对一个城邦是不合适的。他宁可在底楼建许多店铺和售货摊，并转租出去，好挣点外快。他最后让自己不情愿地被洛伦佐说服，放弃了这一小气的做法，同意建那幢他正希望建的宫殿。

在梅迪奇家族和斯特罗齐之间并没有多少输赢可言，这个故事也不一定很合情理。不过，有一个不可否认的证据说明，洛伦佐对他自己的建筑知识有着很高傲的评价：他在1491年呈交了自己的佛罗伦萨大教堂立面设计图。后来的情形不无幽默之处。[81]这次参加竞争的总共有29个方案，设计者有菲利皮诺·利皮、韦罗基奥、佩鲁吉诺、波蒂切利和吉兰达约等人。但是，这次佛罗伦萨人伟大的外交传统同样没有使这些佛罗伦萨人丢脸，他们选择了一个完美的策略：请洛伦佐自己决定哪个设计最佳。洛伦佐当然也不是这么容易摆布的，他对每一个设计都夸了一番，并建议他们先把这个问题搁起来，他无疑希望他们能领会他的暗示。后来像是出现了僵局。我们知道，这座大教堂在三百五十年间只好没有立面。

不管这件事的真正解释是怎样的，洛伦佐在这件事中并没有以我们在科西莫，甚至皮耶罗身上发现的那种赞助人的身份出现。我们怀疑他花在艺术上的钱都用来买贵重古典珍品了。洛伦佐当然知道这些珍品在社会生活中的价值。当乔瓦尼[Giovanni]，即后来的莱奥十世，作为最年轻的红衣主教进驻罗马时，洛伦佐写信给他说：“像你这样身份的人在使用丝绸和珍宝方面要谨慎，宁可收藏一些精雅的古董和漂亮的书籍［*qualche gentilezza di cose antiche*］。”[82]

这种欲望必然影响了洛伦佐对当时艺术家的态度。他像众多的收藏家一样，以一种怀旧之情来看待过去。他竭力怀念过去那些艺术家，他为乔托和菲利波·利皮建了纪念碑。[83]但是，他可能认为，作为赞助人，他的作用不应该是一位“常客”，而应该是——这也许是历史上第一次——施加有影响力的支持去推动他认为的艺术的利益，而不是单个艺术家的利益。比如，已经有人提出，他有意识地打算复兴传统的镶嵌工艺，这种工艺后来在佛罗伦萨大教堂派上了用场。[84]他对贵重宝石雕刻这门艰难艺术的赞助甚至更实在：1477年，彼得罗·迪·内里·拉扎蒂[Pietro di Neri Razzati]被允许免交税款，条件是他把这种失传的手艺传授给城里的年轻人。[85]

这条不太有分量的证据通过一位艺术家的作品而获得了实质和意义，这位艺术家就是贝托尔多·迪·乔瓦尼［Bertoldo di Giovanni］，我们知道他和洛伦佐有密切联系。是威廉·冯·博德［Wilhelm von Bode］第一个指出，这位大师的小铜雕作品反映了洛伦佐的“艺术政策”［artistic policy］。[86]贝托尔多住在梅迪奇宫内，可能是做随从。我们看到他写的一封信里满是莫名其妙的对烹调的暗示（或者是暗示怕人下毒?），洛伦佐有一次去温泉浴场，他是随从的一员，他生病时，洛伦佐还写信为他请医生。[87]

我们也许很难认识到贝托尔多作品的新颖性。就我们所知，他并不从事传统的教堂订制品或纪念碑的制作。他的艺术专为收藏家服务，从特定的意义上说，这确实可以被称为“为艺术而艺术”的起源。梅迪奇藏品目录中有他制作的作品，其中最令人惊讶的——从历史的观点来看——是一件著名的表现战争的铜浮雕，它重复并完成了比萨的一件罗马浮雕（图 123）。就我们所知，它没有主题，它不是某个宗教故事或道德故事的图解。这只是“一场”仿古的战斗，一种对古代艺术的唤起。假如洛伦佐一心想复兴这种艺术概念——这得自于他对古典作者的阅读和对希腊罗马作品的沉思——那么，他对当时的大师们就没什么用处，因为这些大师们都沉浸在行会传统和教会传统之中。他对艺术的赞助必须不同于科西莫或皮耶罗，后两个人都接受他们生活于其中的那个艺术世界。

当然，传统上一直把贝托尔多和洛伦佐与这样一项工程联系在一起：这项工程就是据说洛伦佐在他的花园里创立的艺术家学校。遗憾的是，这些花园就和它们的主人一样，不可捉摸。我们不知道他们坐落何处，里面有些什么，当时没有任何记录提到这所学校，虽然后来瓦萨里对它大谈特谈。[88]更有甚者，瓦萨里《名人传》第一版里关于米开朗琪罗如何转到那所学校的详尽叙述，受到了这位年迈大师本人的异议。米开朗琪罗告诉康迪维［Condivi］，他只是被格拉纳奇［Granacci］领进过梅迪奇花园。贝托尔多没有被提及，我们听到的倒是这么一件非常有可能发生的事：“豪华者洛伦佐正在那地方请人制作和整理一些大理石作品，用以装饰他和祖先们收集的那座最高尚的图书馆……这些大理石正在被制作……米开朗琪罗请求大师们让一件给他，并从他们那里借了凿子。”[89]康迪维接下来叙述了洛伦佐如何发现米开朗琪罗在仿制一尊古典的浮努斯［Faun］的著名故事。这个故事太棒了，瓦萨里没法不收入，他维妙维肖地把这个故事记述在第二版中，说洛伦佐视察的不是一座建筑工地，而是一所学校，并发现了这位大有前途的学生。

这里，事实可能又不像传说那样有条不紊，那么富有戏剧性，尽管史学家一路摸索着穿过修辞夸张是多么艰难。但是有一个证据确凿的事实证明，一种新的种子和新的艺术概念确实在洛伦佐的花园里种下了，是米开朗琪罗首先从根基上向古典文化提出了挑战。他那没有实现的新大理石类型的幻想，他对绘画的鄙视，他拒不屈从教会委托的任务，这些都反映了一种新的态度，他很可能把这种态度并入了洛伦佐的氛围。如果这种解释可以得到证实，那么，*historia*［历史］将变得比传统因袭的 *laudatio*［赞美］更有趣。

附　录

贡布里希教授在1984年9月为《规范和形式》[本文选自该书]第四版写的"参考书目说明"中，对本文作了下面的长篇补充：

"作为艺术赞助人的早期梅迪奇家族"于1960年发表，目的在于把原来的各种叙述搁置一边，而只注重我们从原始资料、从同时代人的叙述以及从档案史料中可能得出的东西。我试图这样来概括约二十五年前我们的知识所处的状态，但在这样做时我意识到，这一状态可能会随着研究的深入而改变。我幸运地发现，史学家同行卡罗琳·伊拉姆博士[Dr Caroline Elam]在[整理]佛罗伦萨档案方面做了许多基本的工作，她以其典范性的慷慨助人精神，通读了我的这篇论文并提醒我注意过去一段时间内围绕着我讨论的题目而增加的丰富参考书目。当然，她用不着对我提出来讨论的那些问题负责，因为我当时想把那些问题限制在实有的信息之内。假如可能的话，我会把这篇论文改写一遍，对它作重新安排，下面我就按我想改写的秩序逐一列出这些条目。所标的页码指本书〈即《规范和形式》第四版——译注〉的页码。

第36页　马丁·瓦克纳格尔[Martin Wackernagel]的重要著作现在有了A.卢克斯[A. Luchs]的英文译本，《佛罗伦萨文艺复兴艺术家的世界》[*The World of the Florentine Renaissance Artist*]（普林斯顿，1981年)，译文中附了一篇有用的参考书目并改正了原著作者的一些错误。现在我们可以得到更多一些关于科西莫的父亲乔瓦尼·迪·比奇[Giovanni di Bicci]的情况：

斯庭格[C. Stinger]："安布罗乔·特拉佛萨里和天使圣马利亚教堂中的信徒礼拜堂"[Ambrogio Traversari and the Tempio Scolari at S. Maria degli Angeli]，《献给迈伦·P. 吉尔摩的论文》[*Essays presented to Myron P. Gilmore*]，由贝特利[S. Bertelli]和拉马库斯[G. Ramakus]编辑，佛罗伦萨，1978年，第271－286页。(乔瓦尼·迪·比奇捐献了一百弗洛林，在天使圣马利亚教堂里修一幢新宿舍。)

巴蒂斯蒂[E. Battisti]，《布鲁内莱斯基全集》[*Brunelleschi, The Complete Work*]，伦敦，1981年，第352页注释1列出了1417/18年间乔瓦尼·迪·比奇住宅中财产的清单（日期错印成1471年)，包括"一成不变地用于宗教"的艺术品。

科西莫

又有一些关于科西莫与艺术家关系的零星的论述发表：

德·鲁佛尔［R. de Roover］，《梅迪奇银行的兴衰》［*Rise and Decline of the Medici Bank*］，麻省坎布里奇，1963年，第62页及其注释46，第421页和461页，注116，引证了1426年的一份史料，其中提到，科西莫·德·梅迪奇用比萨他侄子银行里的钱支付多纳太罗的小笔预付款，用于购买一些卡拉拉［Carrara］大理石和一双统袜。另见第229—230页。

佛雷泽—詹金斯［A. D. Frazer-Jenkins］，“科西莫·德·梅迪奇对建筑的赞助以及豪华的理论”［Cosimo de' Medici's patronage of architecture and the theory of Magnificence］《瓦尔堡和考陶尔德研究院院刊》，第XXXIII期，1970年，第162—170页，援引在威尼斯的佛罗伦萨人公会1437年写给科西莫和洛伦佐·德·梅迪奇的一封信，信中请求他们出钱帮助在佛拉里教堂［the Frari］里修建一座礼拜堂。(N. B. 多纳太罗在佛拉里教堂作的木刻施洗者圣约翰像最近被标明为1438年作，见埃姆斯·刘易斯［F. Ames Lewis］的《艺术史》［*Art History*］，II，2，1979年。)

第42页　关于圣马可修道院的修建，看来韦斯帕夏诺并非完全靠得住，不过最近的调查表明，米切洛佐的发明具有逐步完成的特征(见汉斯·托伊布纳［Hans Teubner］“佛罗伦萨的圣马可修道院：1500年之前的修建”［San Marco in Florenz: Umbauten vor 1500］，《佛罗伦萨艺术史学院通报》［*Mitteilungen des Kunsthistorischen Instituts in Florenz*］，第XXIII期，1979年，第240—271页)。这种逐步完成的特征在科西莫资助的圣洛伦佐教堂的建筑中也得到了充分的证实(没有现存的史料可以证实科西莫的兄弟洛伦佐参与了建筑)。他从没有负担整座教堂的重建(赫茨纳［V. Herzner］，“关于佛罗伦萨圣洛伦佐教堂的建筑史”［Zur Baugeschichte von S Lorenzo in Florenz］，《艺术史杂志》［*Zeitschrift fur Kunstgeschichte*］，第XXXVII卷，第2期，1973年，第89—115页，以及罗塞利［P. Roselli］和苏佩尔齐［O. Superchi］的《圣洛伦佐大教堂的修建》［*L'Edificazione della Basilica di S. Lorenzo*］，佛罗伦萨，1980年)。

第44页　这里提到的“令人奇怪地模棱两可”的史料和科西莫毫不相干，它们涉及的是教士们和城邦指定的监督人［operai］之间的冲突。科西莫确实资助修建了圣克罗切教堂中的见习修士修道堂，但不是寝室。

第44—45页　且不顾这里援引的对梅迪奇宫的想象性描述，我们必须提到对这幢建筑所作的一系列新研究：伊莎贝尔·海曼［Isabelle Hyman］《十五世纪的佛罗伦萨研究：梅迪奇宫和圣洛伦佐教堂的分类帐》［*Fifteenth Century Florentine Studies: The Palazzo Medici and a Ledger for the Church of San Lorenzo*］，纽约，

1976年；D. V. 肯特和F. W. 肯特［D. V. and F. W. Kent］的“1445年3月对梅迪奇宫的两份评论”［Two Comments of March 1445 on the Medici Palace］，《伯林顿杂志》［*Burlington Magazine*］，第CXXI期，1979年；另有哈特菲尔德［Rad Hatfield］的“1459年一些不为人知的描述梅迪奇宫的文字”［Some unknown descriptions of the Medici Palace in 1459］，《艺术通报》［*Art Bulletin*］，第LII期，1970年9月，第246—248页。关于较早的那幢宫殿，见第36页下面谈及乔瓦尼·迪·比奇时提到的那份清单。

第45页　关于菲耶索莱大教堂［the Badia of Fiesole］，现在可参见普罗卡奇［U. Procacci］的“科西莫·德·梅迪奇和菲耶索莱大教堂的修建”［Cosimo de' medici e la construzione della Badia Fiesolana］，《评注新编》［*Commentari N. S*］，1968年，和博尔西［F. Borsi］、莫罗利［G. Morolli］、兰杜奇［S. Landucci］、巴尔杜奇［E. Balducci］等人的《菲耶索莱大教堂》［*La Badia Fiesolana*］，佛罗伦萨，1976年。

皮耶罗

第45页　这里应该补充三份不太重要的关于皮耶罗在1451—1455年间的活动的史料。1451年，他委托阿杜伊诺·达·拜西奥［Arduino da Baisio］装饰梅迪奇宫中一间厅室的天顶，这证实了他对内部装饰的关心（布尔斯特［W. A. Bulst］，“佛罗伦萨梅迪奇宫最初的内部划分”［Die ursprungliche innere Aufteilung des Palazzo Medici in Florenz］，《佛罗伦萨艺术史学院通报》，1970年12月，第369—392页；P. 福斯特［P. Foster］的“梅迪奇家族书信中有关多纳太罗的消息”［Donatello notices in Medici Letters］，《艺术通报》，第LXII期，1980年，第148—160页记载道，皮耶罗在1454年把多纳太罗的一些财产运到佛罗伦萨，并在次年以他兄弟乔瓦尼的名义付款给多纳太罗，以支付他为菲耶索莱别墅的一间书房［*scrittorio*］制作的一些大理石作品和一些圣母像）。

第50页　伊拉姆博士［Dr Elam］正确地提出，我描述为“星星”的那个天顶上的图形是圣贝尔纳迪诺［S Bernardino］的徽铭，但我仍然怀疑，这个前后关系是否不暗示这是一颗向导星。

第52页　现在有许多新的关于著名的梅迪奇藏品的材料。我只不过附带地提到这些藏品。对这些藏品的最透彻评价见艾尔索普［Joseph Alsop］的《稀有的艺术传统》［*The Rare Art Traditions*］（纽约，1982年。我在《纽约书评》［*New York Review of Books*］，1982年12月2日，对该书作了评论）的第XI章和第XII章。在那里，该书作者呼吁人们根据各种清单里列出的价格表对这一证据作重新估价。另见：

贝斯基［Luigi Beschi］的“豪华者洛伦佐的古董：特征和交换”［Le antichita

di Lorenzo il Magnifico：caratteri e vicende]，《乌菲齐，国际研讨大会》[*Gli Uffizi，Convegno Internazionale di Studi*]，佛罗伦萨，1982 年，1983 年在佛罗伦萨出版，第 I 卷，第 161—176 页。达科斯 [Nicole Dacos]、朱利亚诺 [Antonio Giuliano] 和潘努蒂 [Ulrico Pannuti] 合著：《豪华者洛伦佐的珍品：宝石》[*Il Tesoro di Lorenzo il Magnifico：Le Gemme*]，佛罗伦萨，1973 年。

海坎普 [Detlef Heikamp] 和格罗泰 [Andreas Grote]：《豪华者洛伦佐的珍品：宝瓶》[*Il Tesoro di Lorenzo il Magnifico；I Vasi*]，佛罗伦萨，1974 年（有新的参考文献）。

庞帕洛尼 [G. Pampaloni] 编辑："梅迪奇家族的弗朗切斯科·迪·阿戈斯蒂诺·切贾医生的秘密记录" [I ricordi segreti del mediceo Francesco di Agostino Cegia]，《意大利史档案》[*Archivio Storico Italiano*]，第 CXV 期，1957 年，第 188—234 页。

洛伦佐

第 52 页 可以理解的是，人们对洛伦佐这位杰出人物进行了大量研究。他的书信全集正由一组史学家编辑，总指导是尼科莱·鲁宾斯坦[Nicolai Rubinstein]。巴弗奇[Enrico Barfucci]的《洛伦佐·德·梅迪奇和当时的艺术家团体》[*Lorenzo de'Medici e la societa artistica del suo tempo*]（佛罗伦萨，1964 年）一书，现在已经有了一个大家所需的修订本（由贝切鲁齐 [Luisa Beccherucci] 修订，佛罗伦萨，1964 年）。另见沙泰尔 [Andre Chastel] 在《豪华者洛伦佐时期佛罗伦萨的艺术和人文主义》[*Art et Humanisme a Florence au temp de Laurent le Magnifique*] 第三版（巴黎，1982 年）中概述最近的文献资料的导论，以及弗赖德 [Edmund Fryde] 的"洛伦佐·德·梅迪奇的财政及其对他的艺术赞助的影响"[Lorenzo de' Medici's finances and their influence on his patronage of art]，载《纪念费代里戈·梅利斯的论文集》[*Studi in memoria de Federigo Melis*]（佛罗伦萨，1978 年），第 3 卷，第 453—467 页。我在本书第 52 页简述了他委托的任务，这一简述可能需要进一步的注释和修正：见肯特 [F. W. Kent] 的"对洛伦佐·德·梅迪奇在圣加洛城门的女修道院的新见解"[New Light on Lorenzo de' Medici's Convent at Porta San Gallo]，《伯林顿杂志》第 CXIV 期，1982 年，第 292—294 页，和莱特鲍恩 [R. Lightbown]，《波蒂切利》[*Botticelli*]（伦敦，1978 年），第 97 页起；顺便说一句，"小医院" [Spedaletto] 的壁画并不在阿雷佐 [Arezzo] 附近，而在埃拉河山谷 [the Val d'Era] 中的沃尔泰拉地区 [the Volterrano] 的边沿。不过，关于洛伦佐在波焦阿卡亚诺的建筑活动，最近又有最重要的新见解。他的农场建筑由 P. 福斯特作了讨论，见"洛伦佐·德·梅迪奇在波焦阿卡亚诺的牛奶场" [Lorenzo de' Medici's Cascina at Poggio a Caiano]，载《佛罗伦萨艺术史学院通报》1969 年 6 月，第 47—66 页。我在本文中说波焦阿卡亚诺的别墅"是由洛伦佐的后继者们完成和改建的"，这话必须根据 P. 福斯特的《对洛伦佐·德·梅迪奇的波焦阿卡亚诺别墅的研究》[*A Study of Lorenzo de' Medici's Villa at Poggio a*

Caiano]（纽黑文，1978年）来作限定，这本书证明，梅迪奇家族1495年的税收申报单清楚地表明，曾经有一个这座别墅的完整模型。朱利亚诺·达·桑加洛[Giuliano da Sangallo]在此之前两次提到过这个模型，其中的一次说到，建筑师应洛多维科·伊尔·莫罗[Lodovico il Moro]的请求，把模型带到了米兰（海登赖希[L. H. Heydenreich]，"朱利亚诺·达·桑加洛在维杰瓦诺"[Giuliano da Sangallo in Vigevano]，载《献给乌戈·普罗卡奇论文集》[*Scritti in onore di Ugo Procacci*]，米兰，1977年，II，第321—323页，另见马泰利[M. Martelli]的"豪华者洛伦佐的建筑观"[I Pensieri Architettonici del Magnifico]，《评注》[*Commentari*]，1966年，第107—111页）。另一篇出自洛伦佐购买庄园时期的史料既有启发性又令人迷惑不解。关于这篇史料，见F. W. 肯特的"洛伦佐·德·梅迪奇如何获得波焦阿卡亚诺及一篇较早提到他的建筑技能的文献"[Lorenzo de' Medici's acquistition of Poggio a Caiano and an early reference to his architectural expertise]，载《瓦尔堡和考陶尔德研究院院刊》，第XLII期，1979年，第250—256页。

第54页　上面提到的论文，有两篇还证实了我对洛伦佐作为建筑仲裁人的声望的讨论。马泰利载于《评注》[*Commentari*]的文章中发表了一封信，信中表明了洛伦佐怎样焦急地等待着出版商送来阿尔贝蒂《论建筑》[*De Architectura*]的样书；肯特则证明洛伦佐和波焦阿卡亚诺别墅的前主人讨论建筑细节。莫塞利[Piero Morselli]和科尔蒂[Gino Corti]合著的《普拉托的卡切里圣马利亚教堂：洛伦佐·德·梅迪奇和朱利亚诺·达·桑加洛对其设计的贡献》[*La Chiesa di Santa Maria delle Carceri in Prato: Contributo di Lorenzo de' Medici e Giuliano da Sangallo alla progettazione*]（佛罗伦萨，1982年）提供史料证明了洛伦佐对这一设计的影响。顺便说一句，正如我说的，圣灵教堂[S. Spirito]的建筑确实征求了洛伦佐的意见，但却是关于它的立面（应该做三扇门还是四扇门），而不是关于圣器收藏室。

洛伦佐另一次（不成功的）对建筑的介入见布塞利[Franco Buselli]的"萨扎纳修士与萨扎内洛"[Fra Sarzana e Sarzanello]，载《大茔墓》[*Necropoli*]，6—7，1969—1970年，第61—68页，该文提出证据说明，洛伦佐支持了朱利亚诺和安东尼奥·达·桑加洛在萨扎纳修建要塞的方案，但这一方案没能实施。

第55页　我得收回或者修正我在这一页上的一个不慎重的说法。我重复了洛伦佐在1491年提交了他自己为佛罗伦萨大教堂立面设计的方案并试图用诡计使别人接受这一设计的故事。然而，P. 福斯特的"洛伦佐·德·梅迪奇和佛罗伦萨大教堂的立面"[Lorenzo de' Medici and the Florence Canthedral Facade]，载《艺术通报》第XXIII期，1981年9月，第495—500页，重新查证了史料，证明对这些史料的解释是后人的诽谤。洛伦佐无可否认地用了计谋，但他可能是为了保证能把这项工程委托给他最宠爱的人（这人很可能在满足他的愿望方面最灵活）。

这个书目单很长，但是，扪心自问，我不认为应该把我原来写的这篇文章撕掉，因为我认为我对梅迪奇三代人的性格描述经受了时间的考验。我希望对本书〈指《规范和形式》——译注〉中的其他文章也可以这么说。

［朱淳译　杨思梁校］

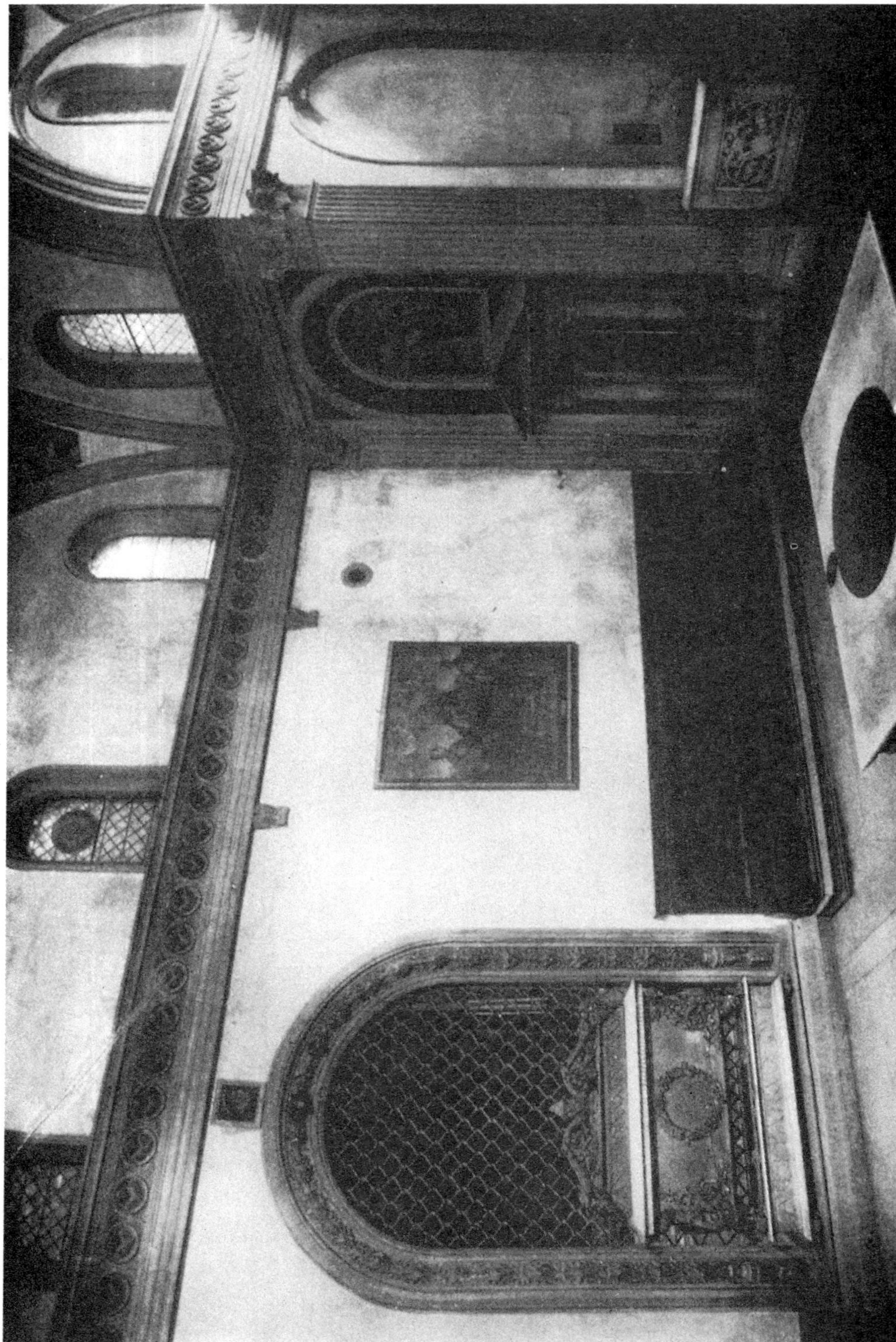

86. 布鲁内莱斯基：圣洛伦佐教堂的圣器收藏室，佛罗伦萨，1418—28年

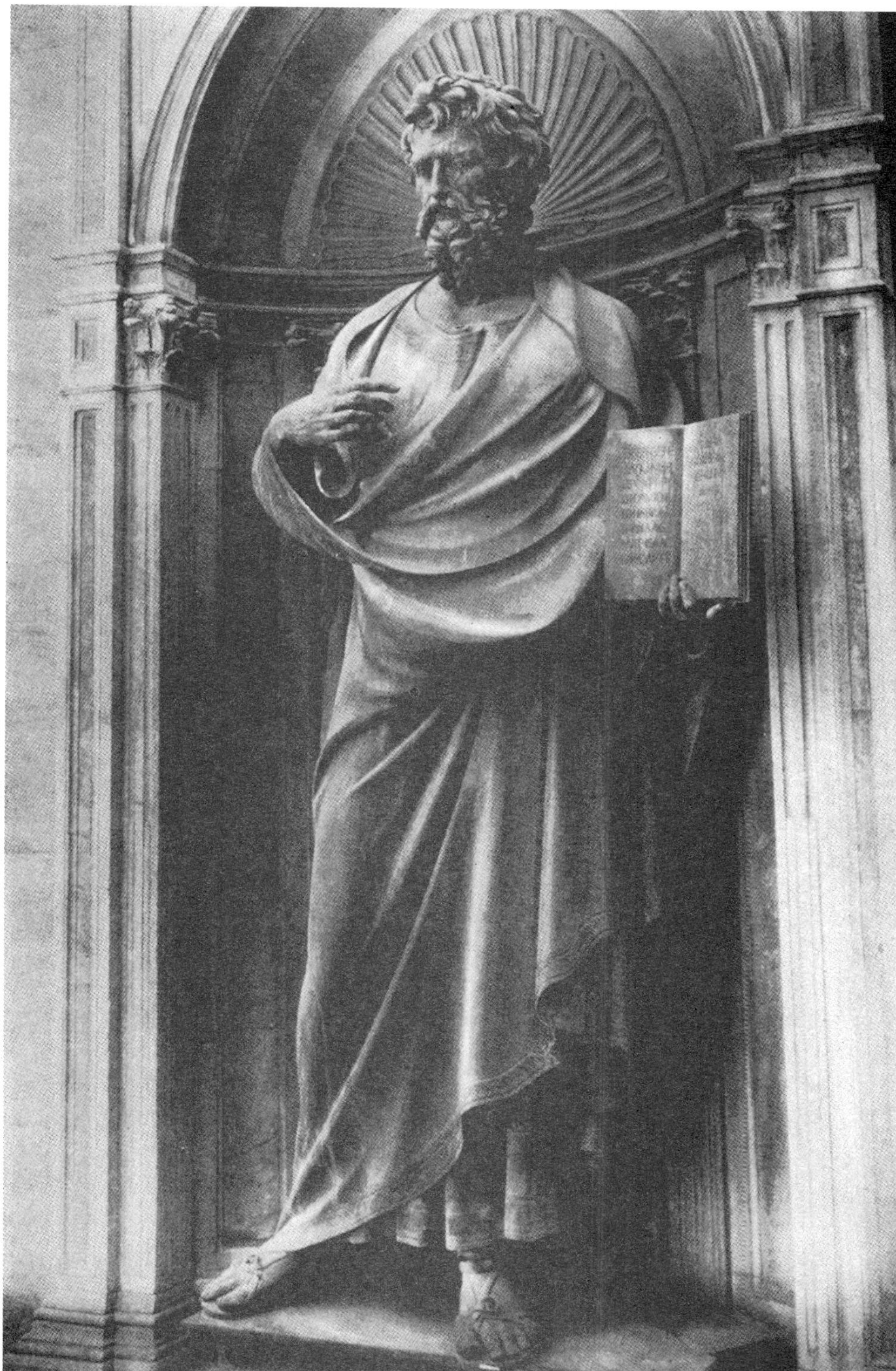

87. 吉贝尔蒂：圣马太，1419—22年。Florence, Or San Michele

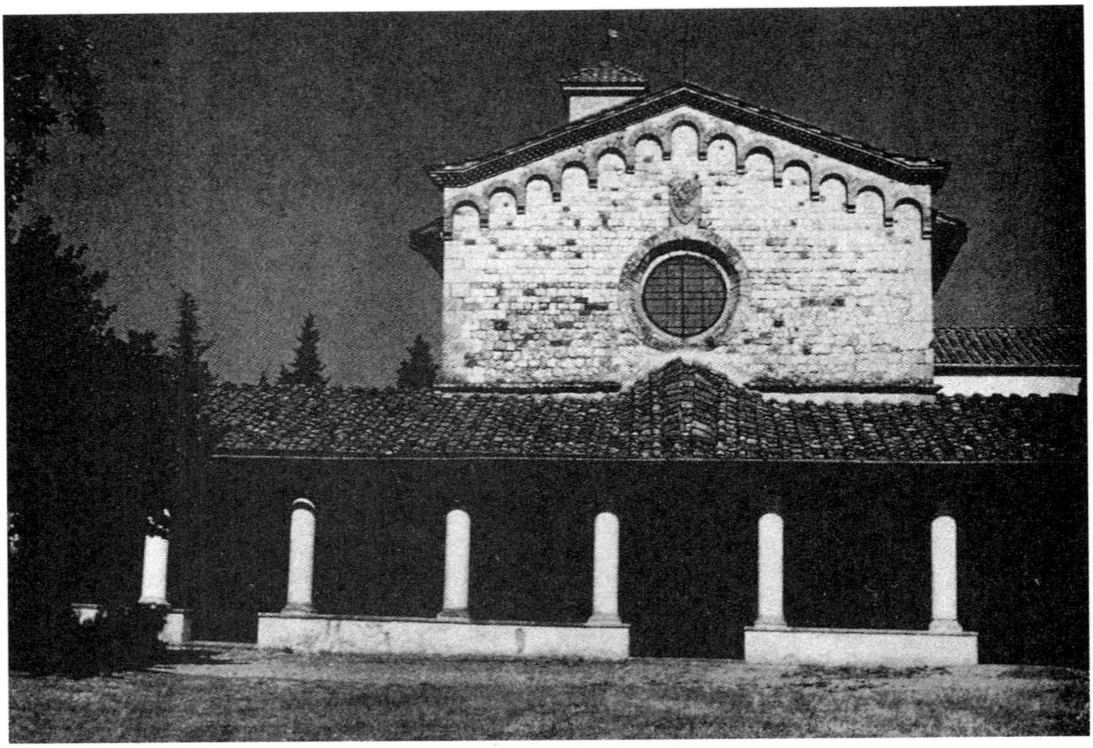

88. 米切洛佐：圣弗朗西斯科教堂，Mugello, 约 1427 年

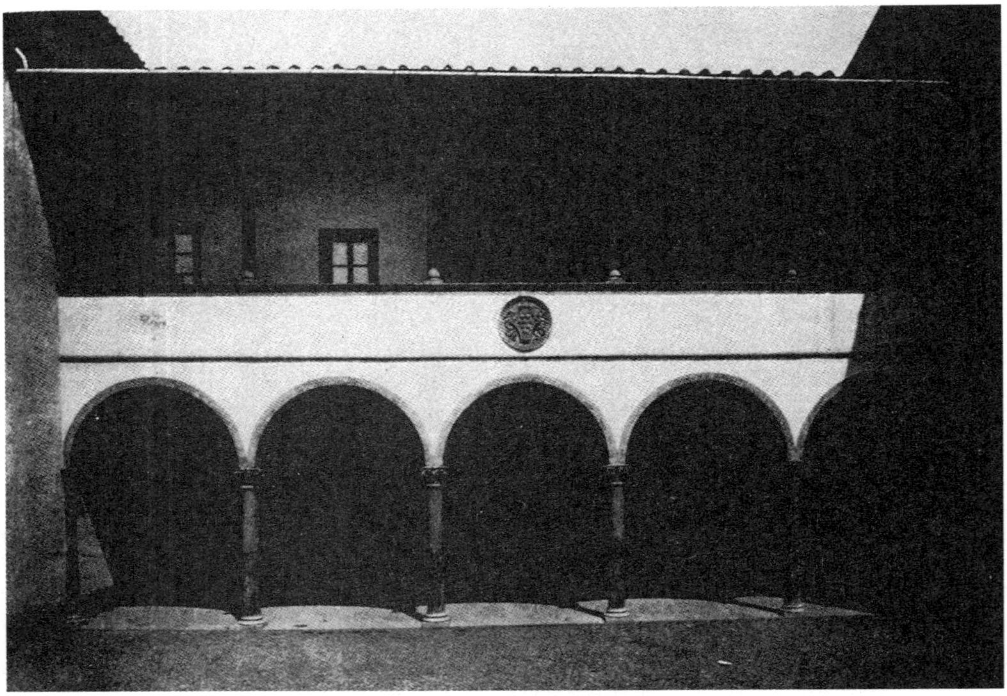

89. 菲耶索莱修道院的凉廊，15 世纪中期

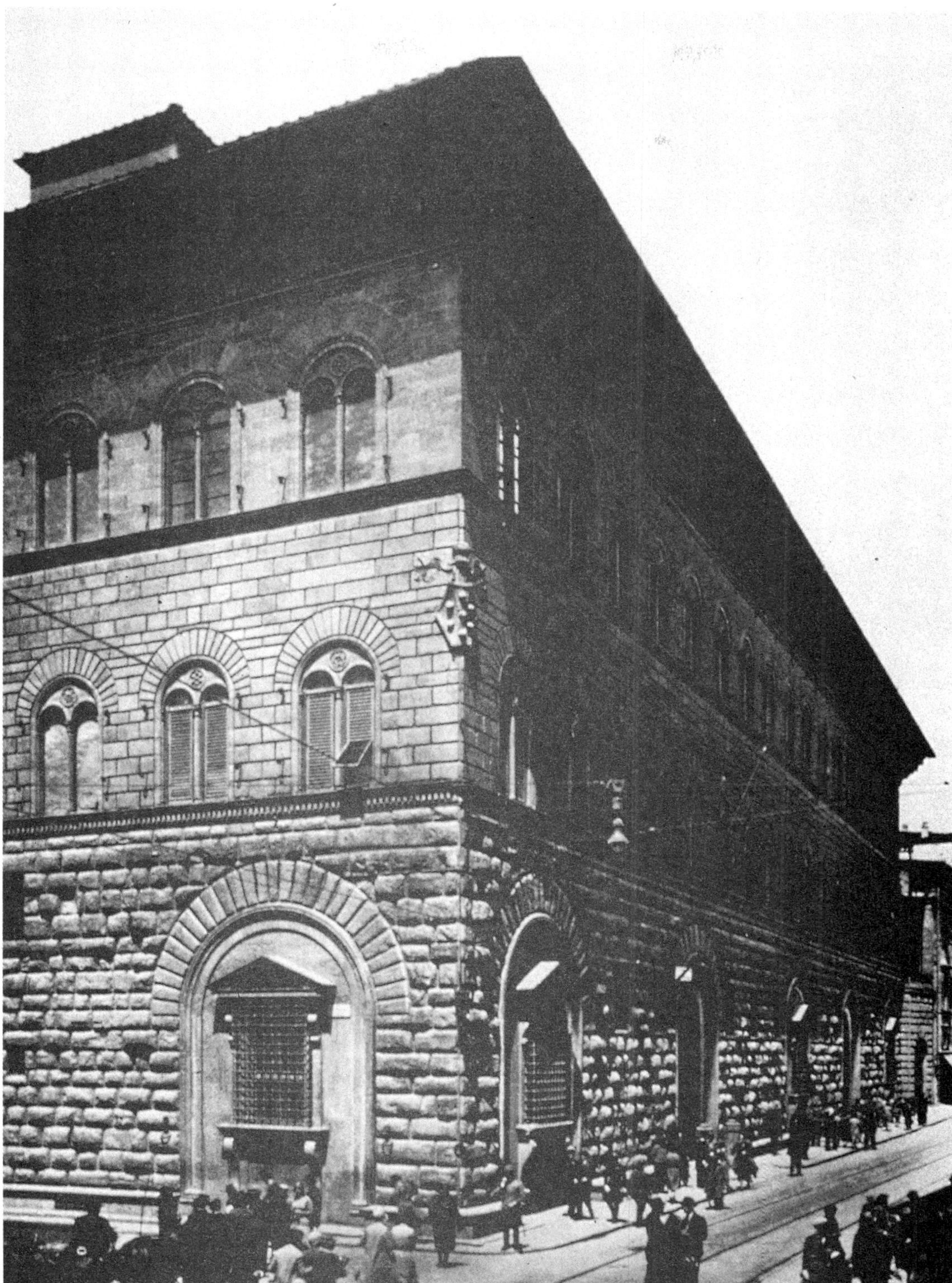

90. 米切洛佐：里卡迪·梅迪奇宫，佛罗伦萨，约1440年

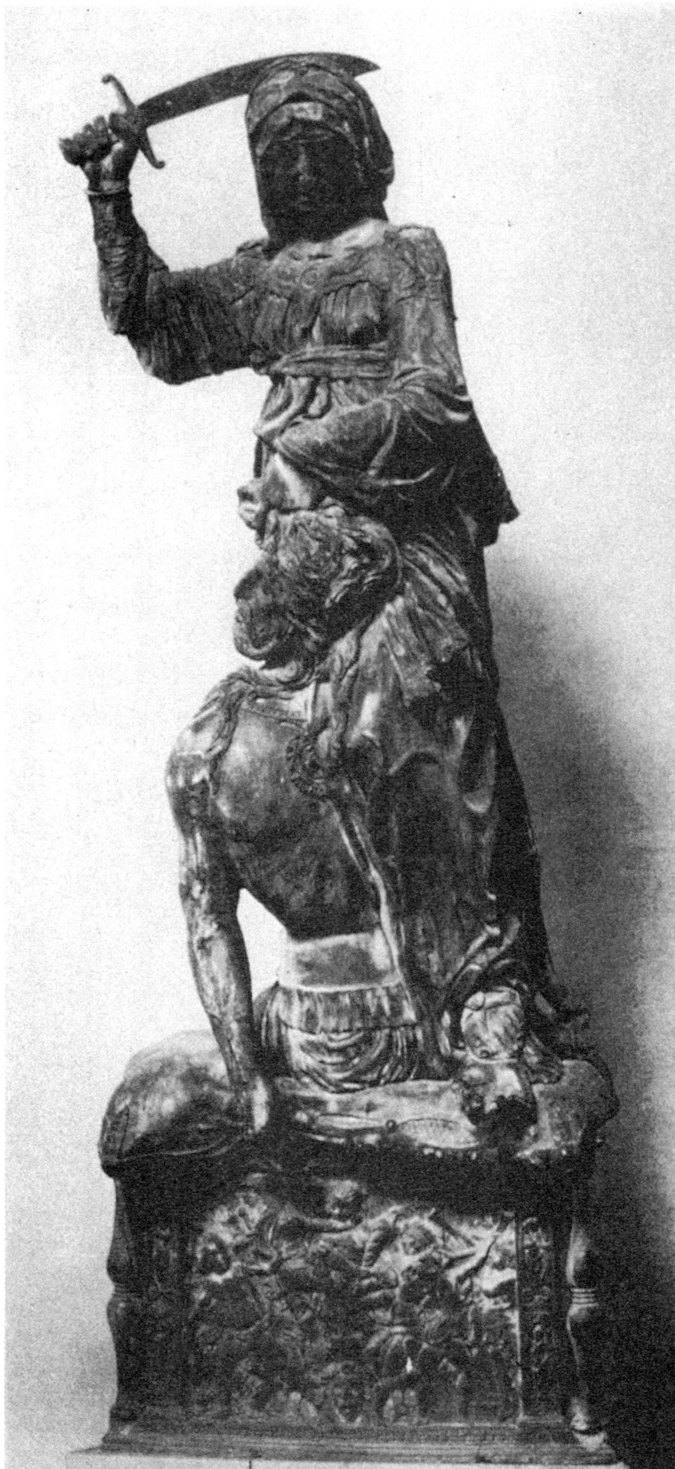

91. 多纳太罗：犹滴，约 1456—57 年。Florence,
Museo National del Bargello

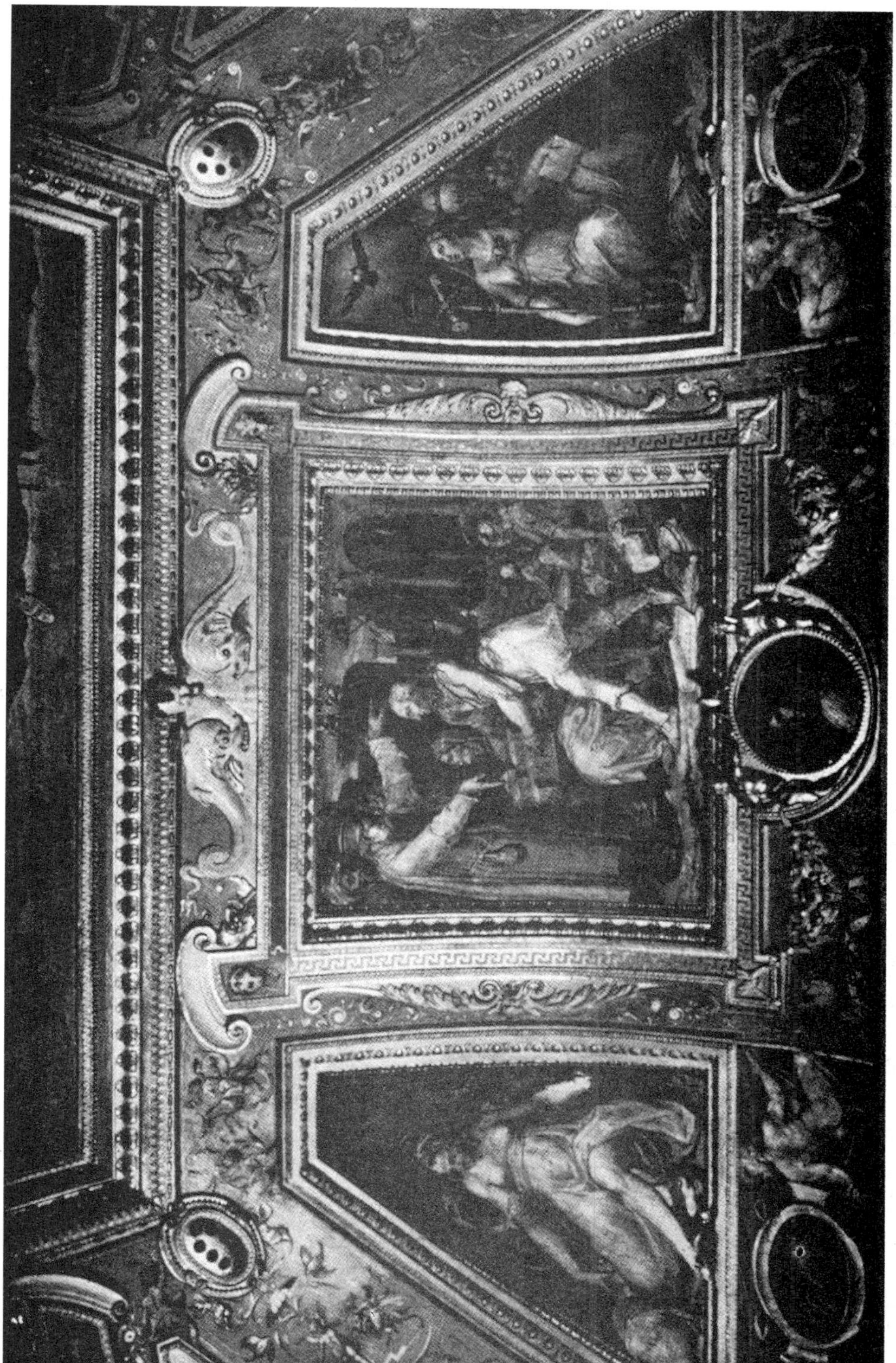

92. 乔吉奥·瓦萨里　科西莫·德·梅迪奇接受圣洛伦佐教堂模型，约1555—58年。Florence, Palazzo Vecchio

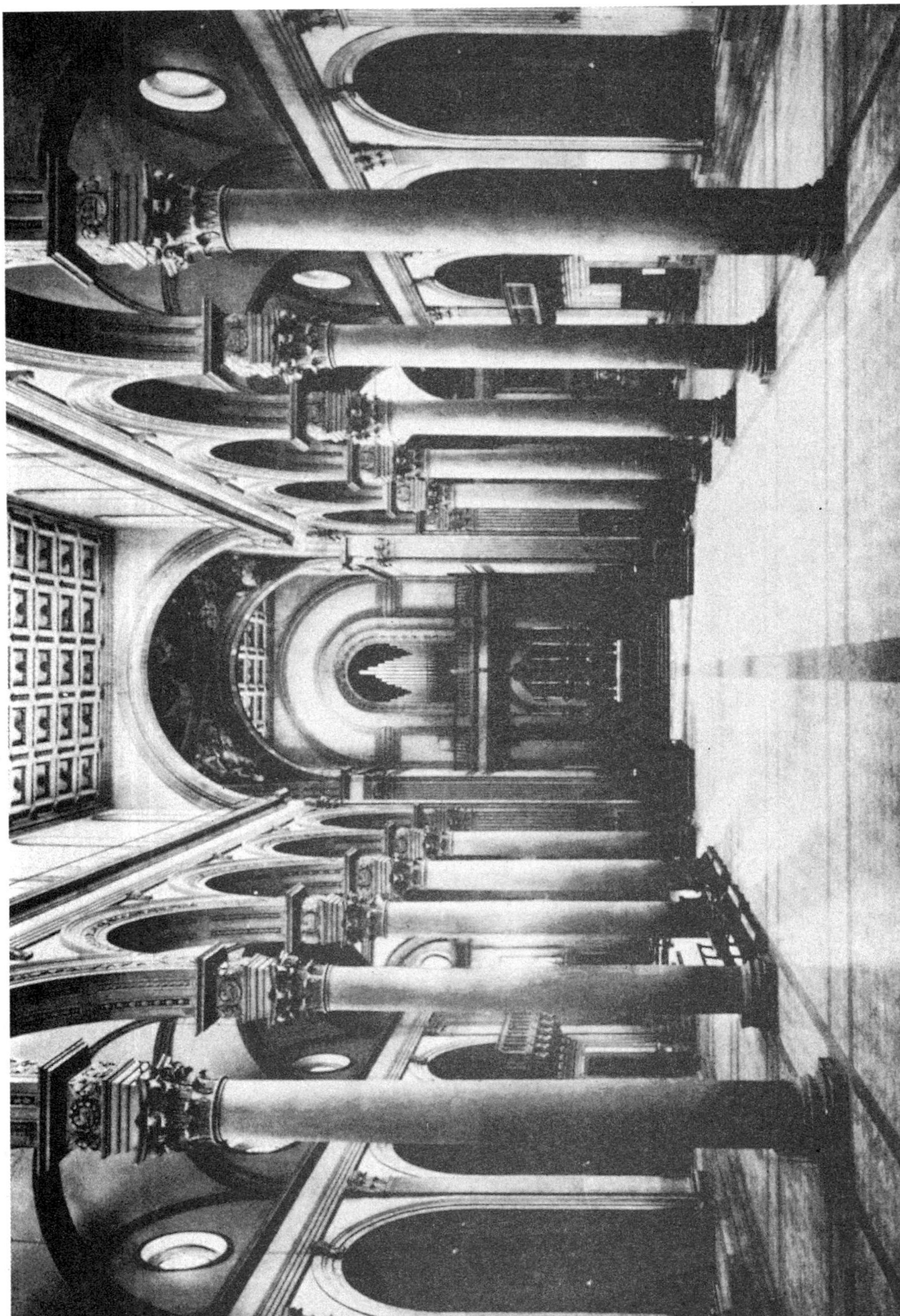

93. 圣洛伦佐教堂，佛罗伦萨，始建于1418年

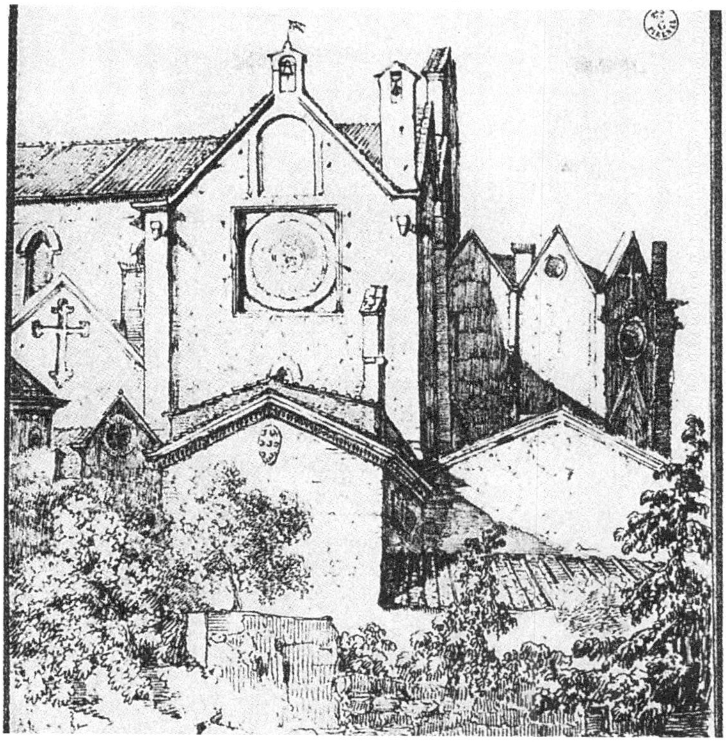

94. 圣克罗切教堂与见习修士宿舍，钢笔素描，艾米利奥·博西(1811—77)绘。Florence, Uffizi

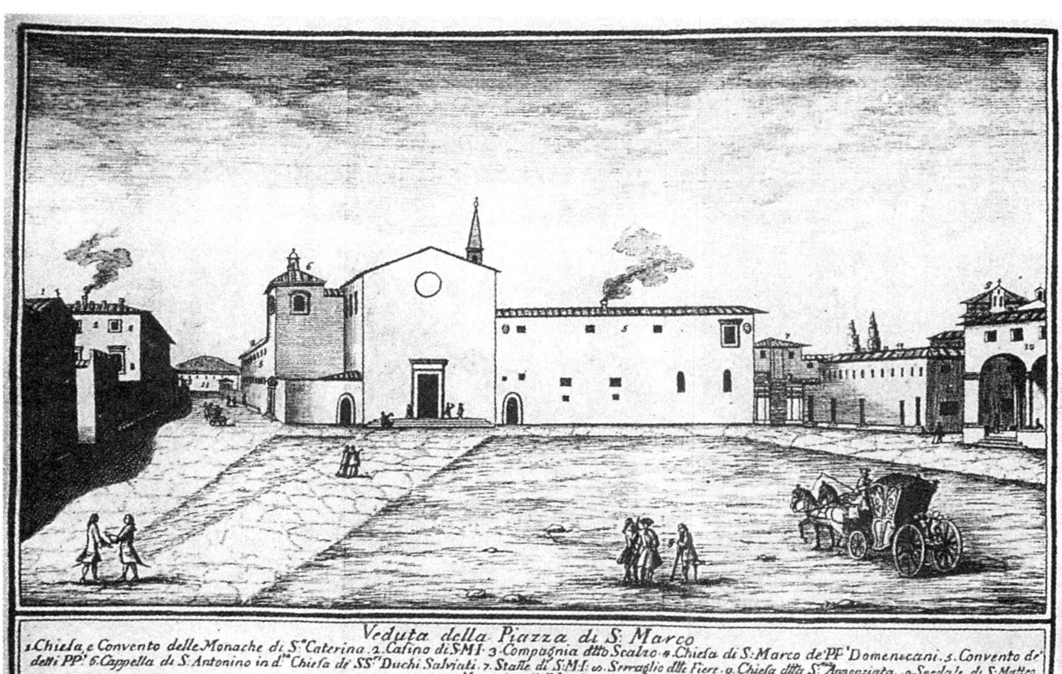

95. 圣马可修道院，佛罗伦萨，版画。出自 Giuseppe Richa,《佛罗伦萨教会史》。
Notizie istoriche delle chiese fiorentine, 1758

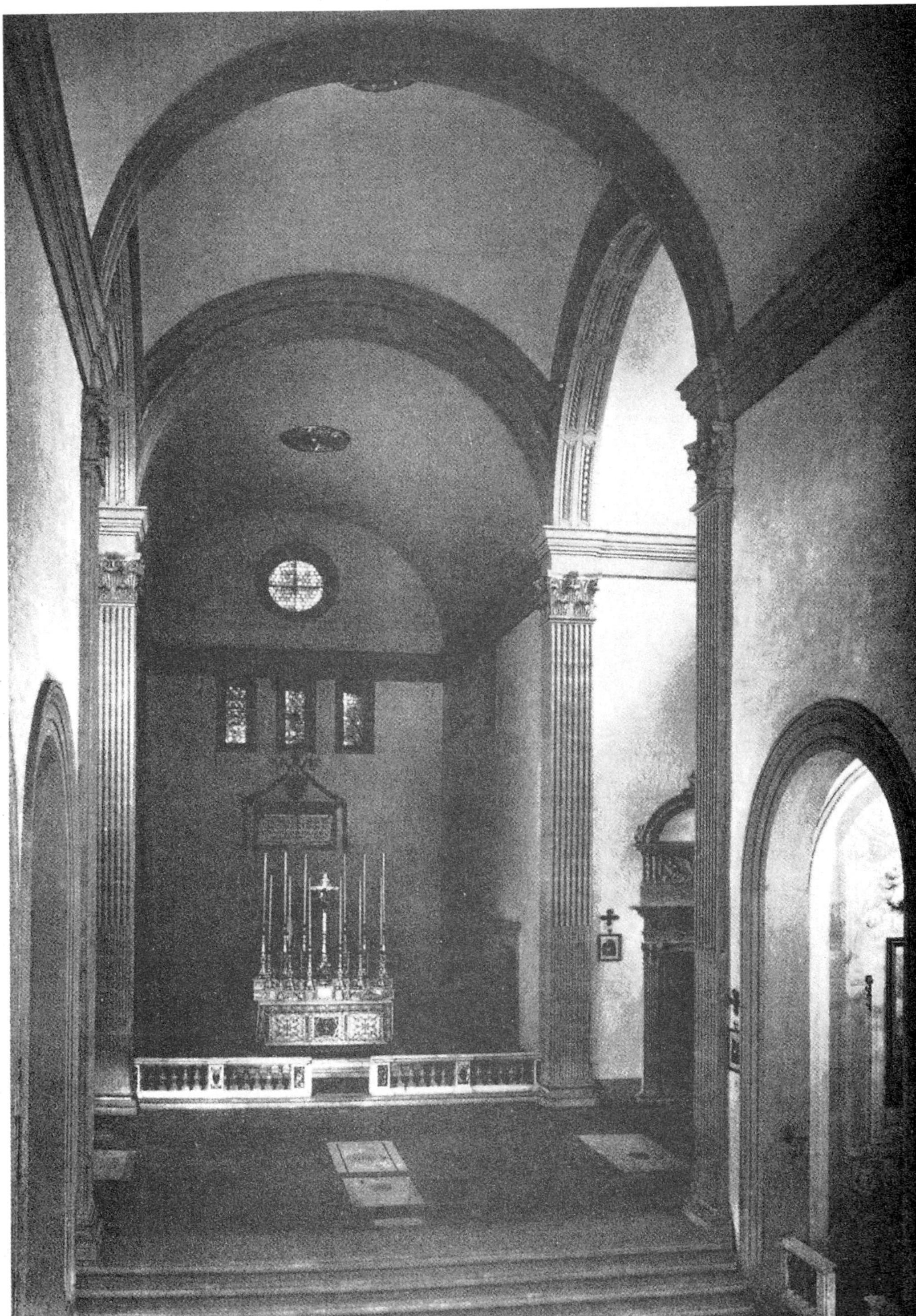

96. 菲耶索莱修道院，1460—67 年

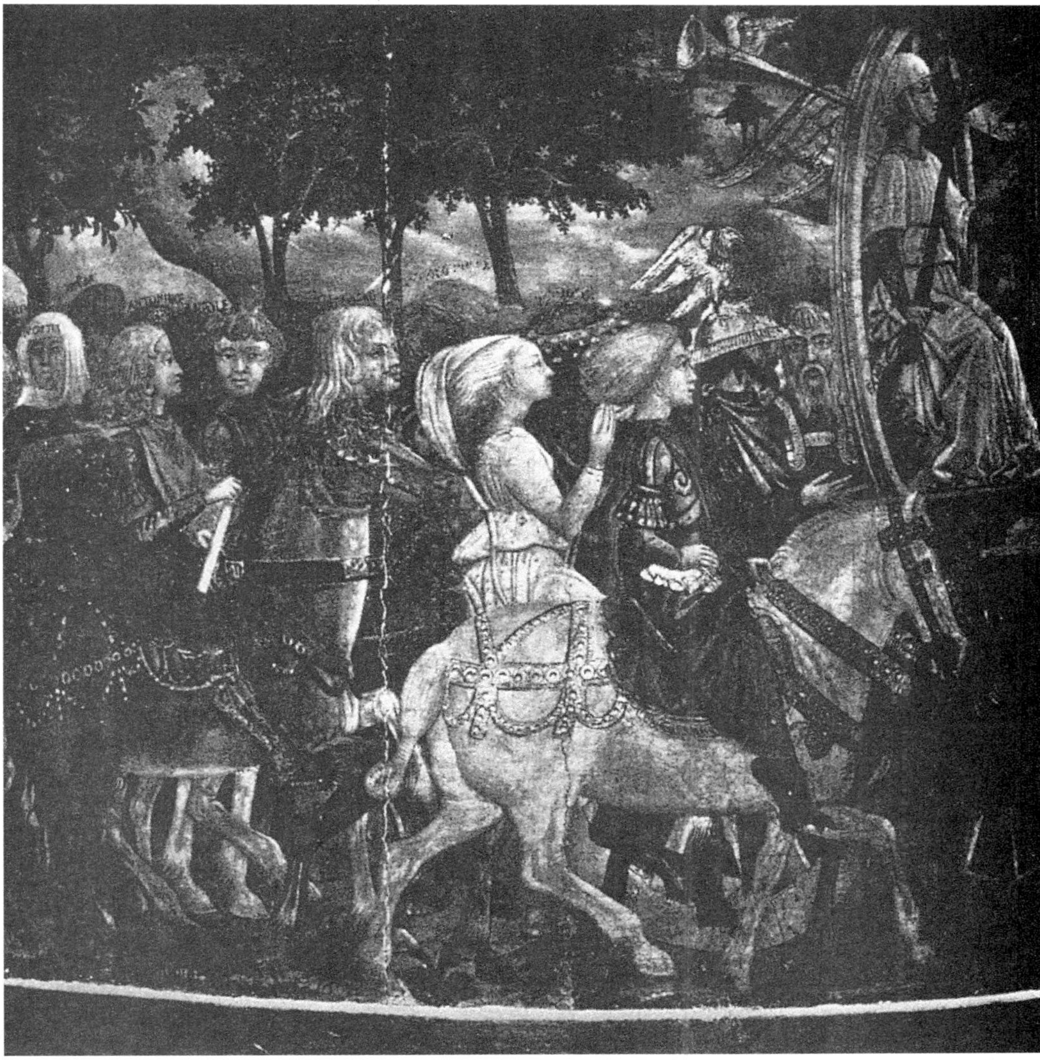

97. 名誉的凯旋(或彼得拉克的凯旋)，圆柜装饰画，约1450年。Florence，Uffizi

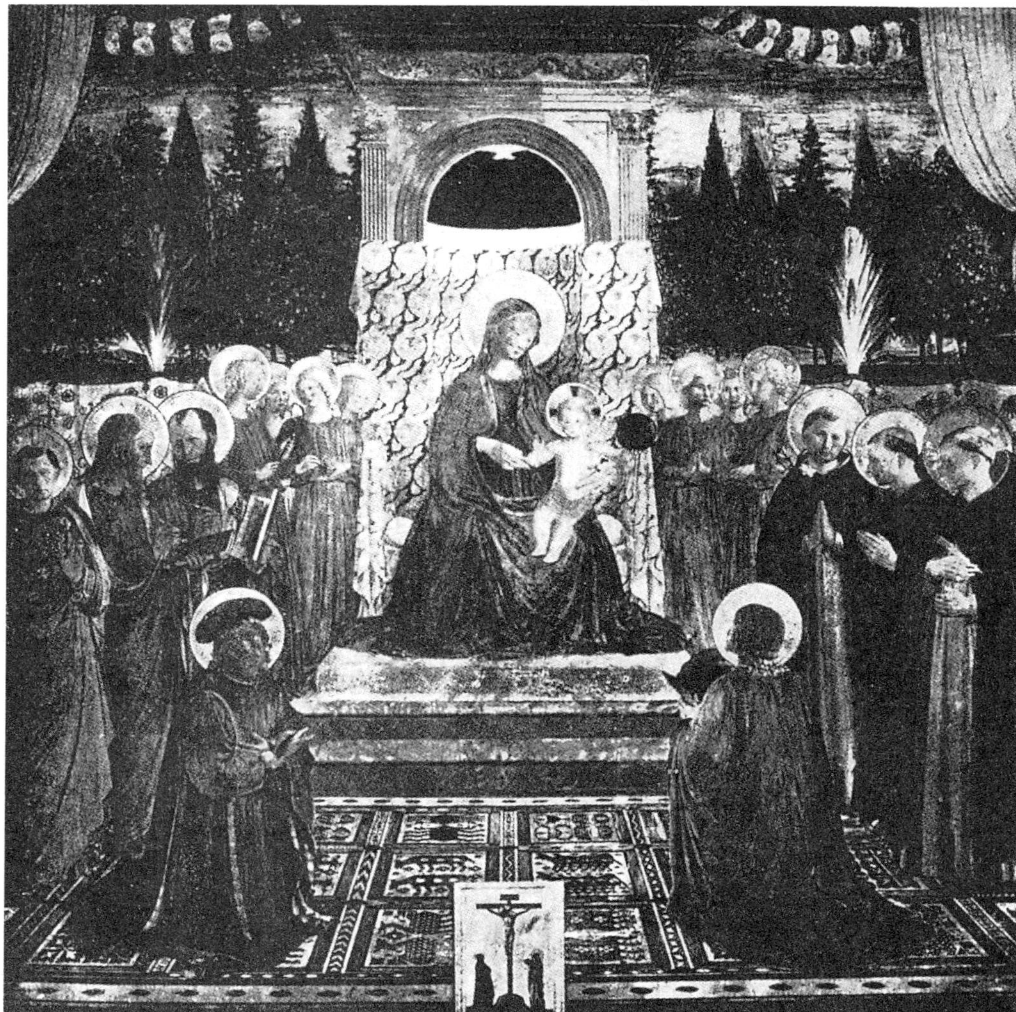

98. 安杰利科修士：圣母子接受圣徒与天使的崇拜(圣谈图)，约1440年。
Florence, Museo di San Marco

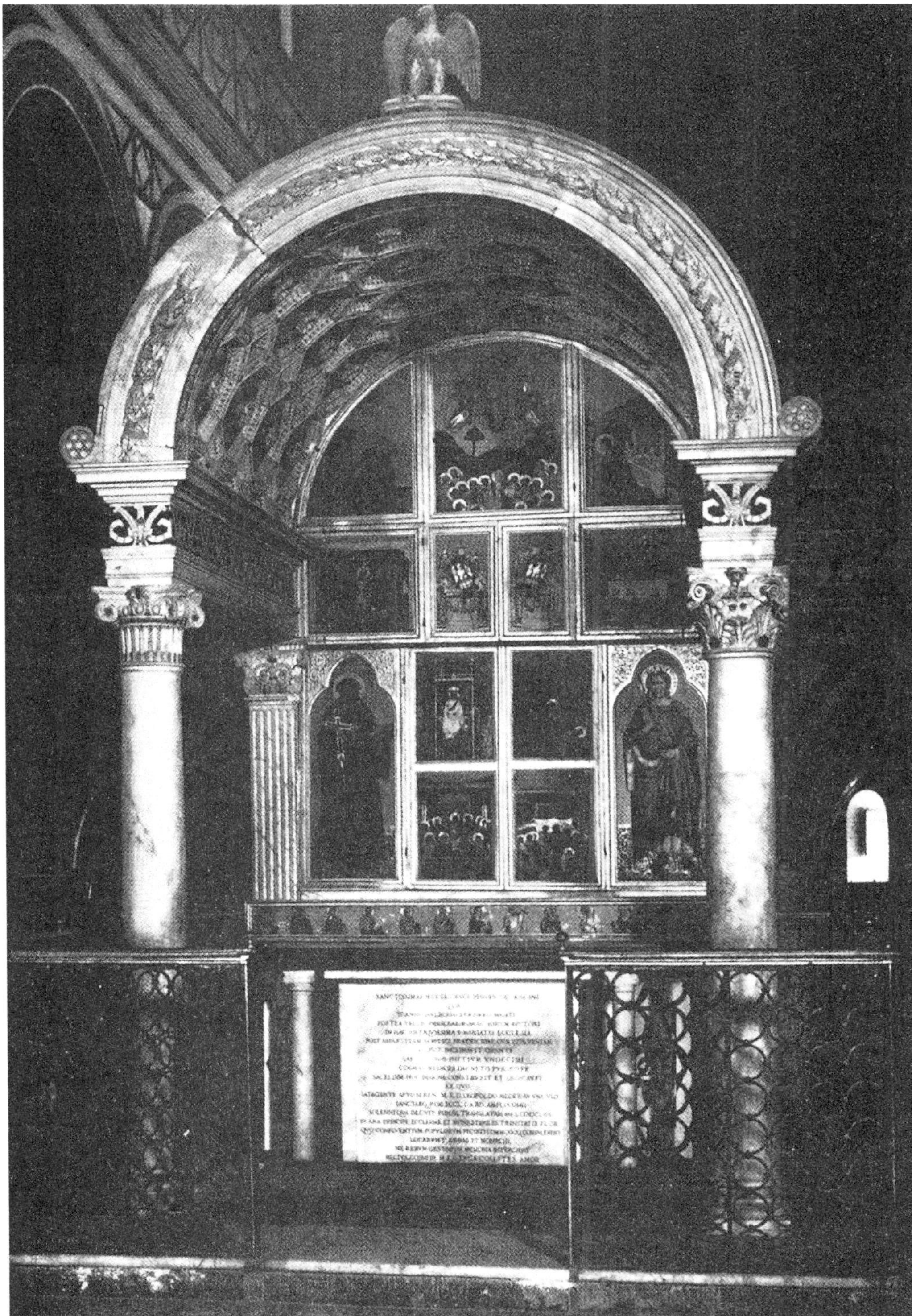

99. 山上圣米尼亚托教堂的神龛，佛罗伦萨，1448 年

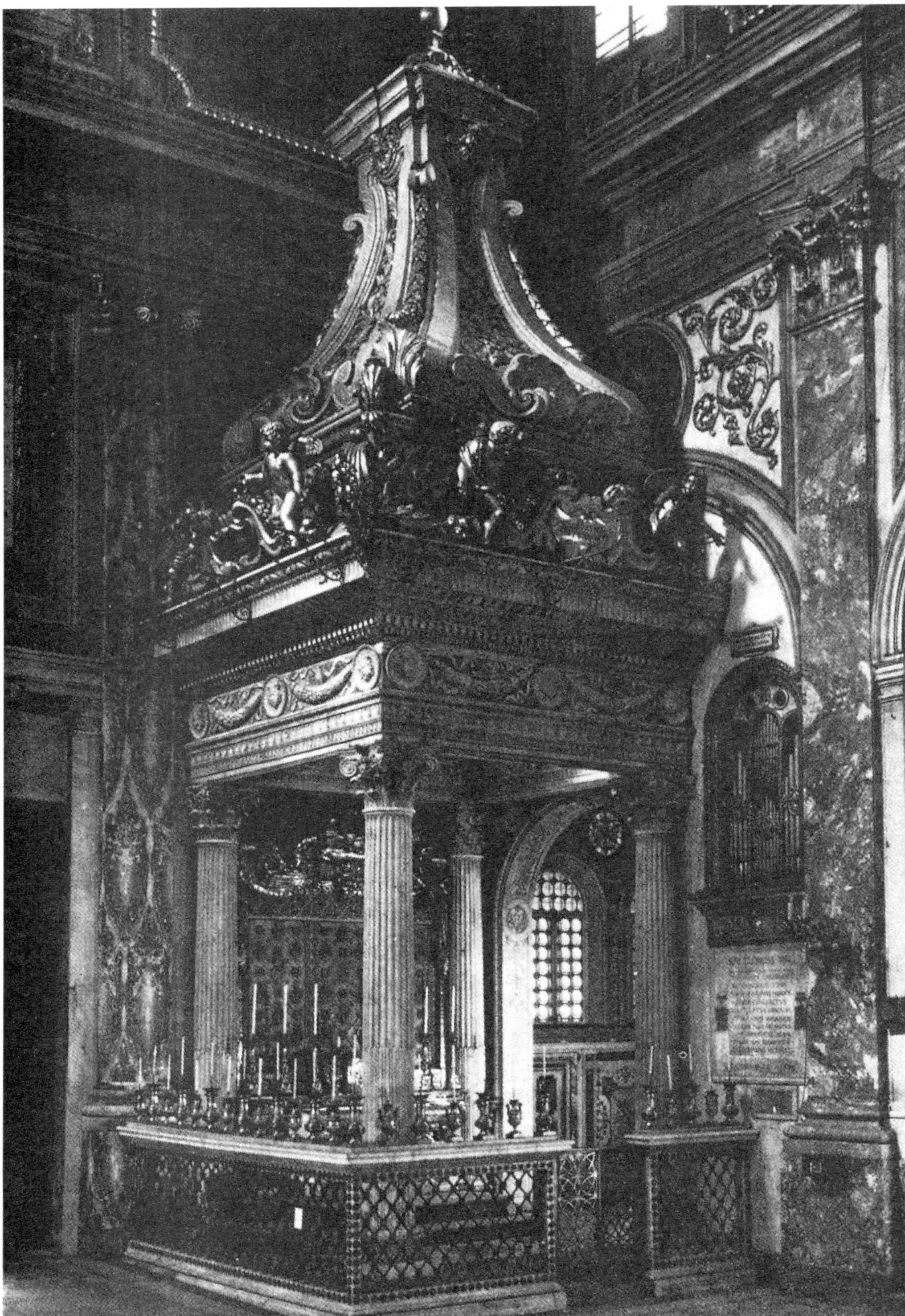

100. 圣母领报教堂的大理石神龛，佛罗伦萨，约1450年

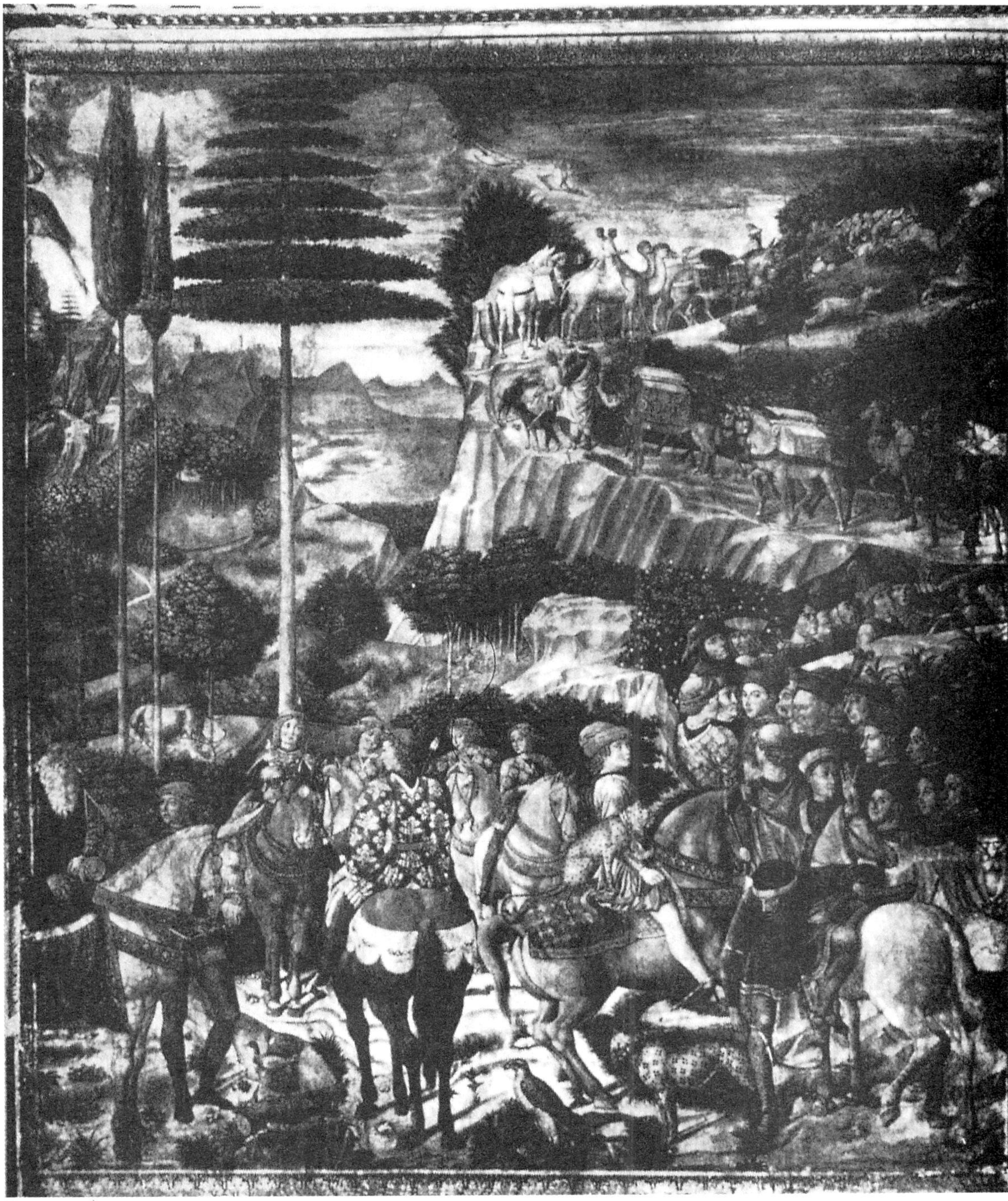

101. 本诺佐・戈佐利：博士的朝拜，1459—61年。Florence, Pallazzo Medici Riccardi, Cappela Medici, 左壁

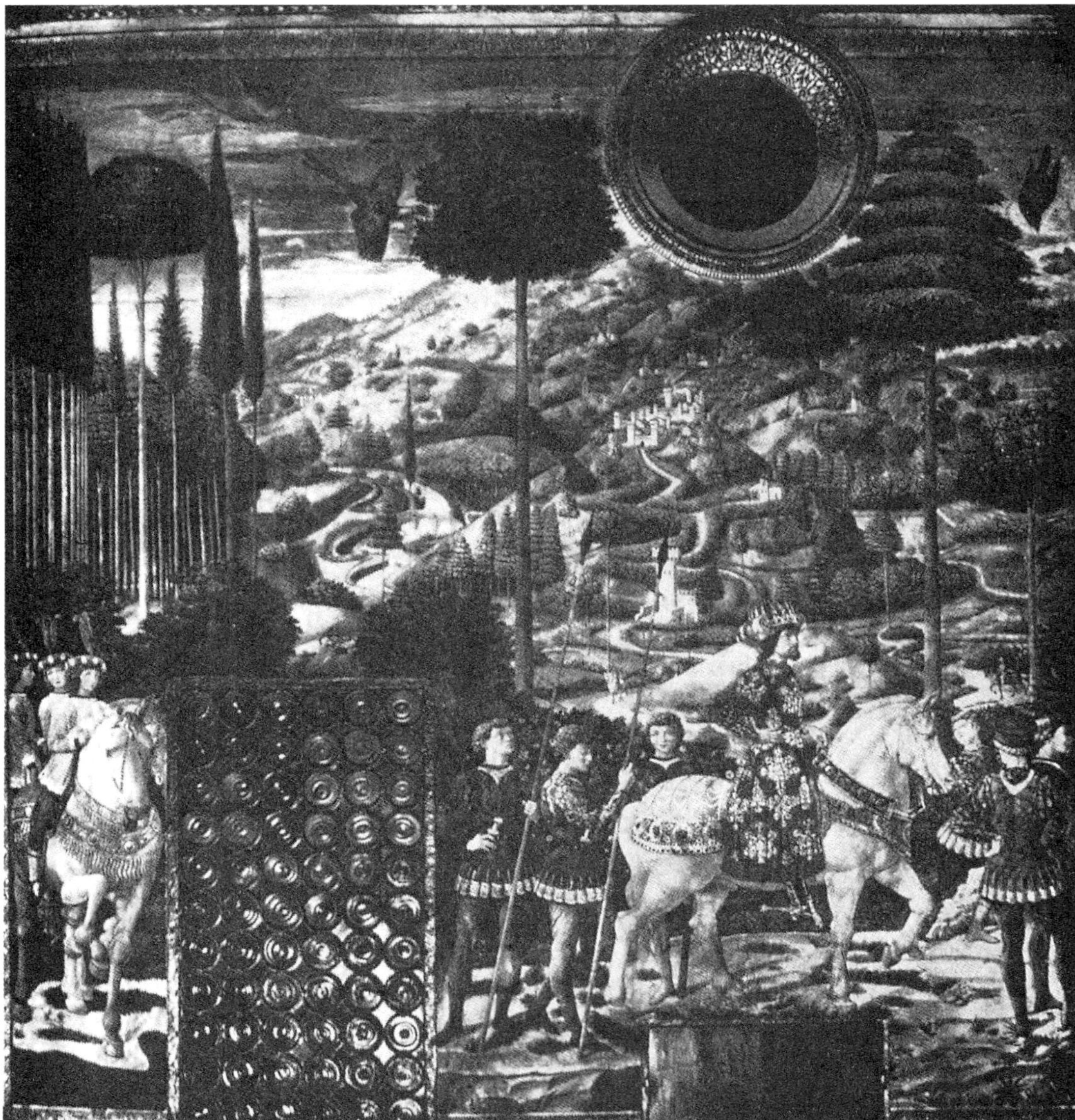

102. 本诺佐 · 戈佐利：博士的朝拜，1459—61 年。Florence, Pallazzo Medici Riccardi, Cappela Medici，中壁

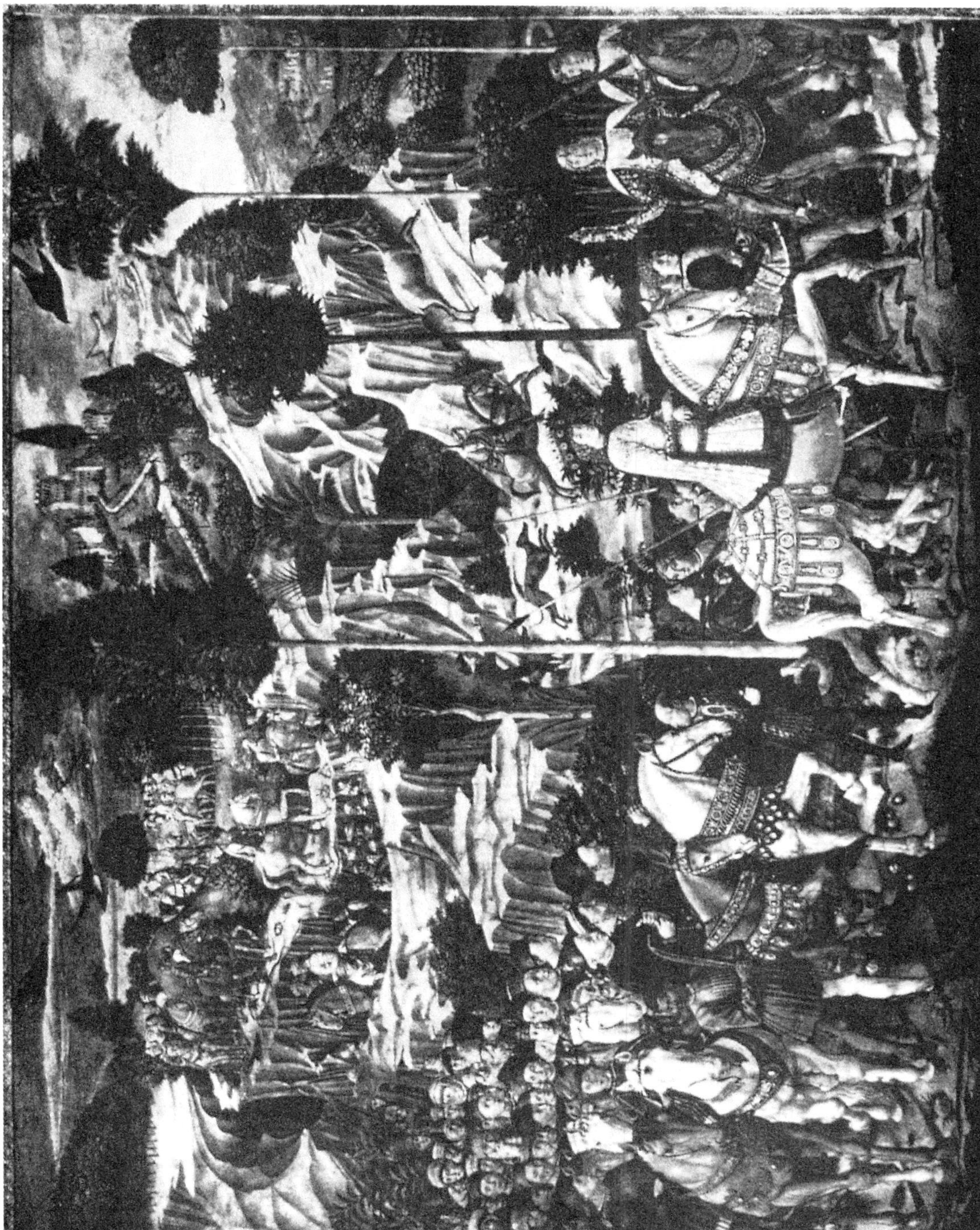

103. 本诺佐·戈佐利：博士的朝拜，1459—61年。Florence, Palazzo Medici Riccardi, Cappela Medici. 右壁

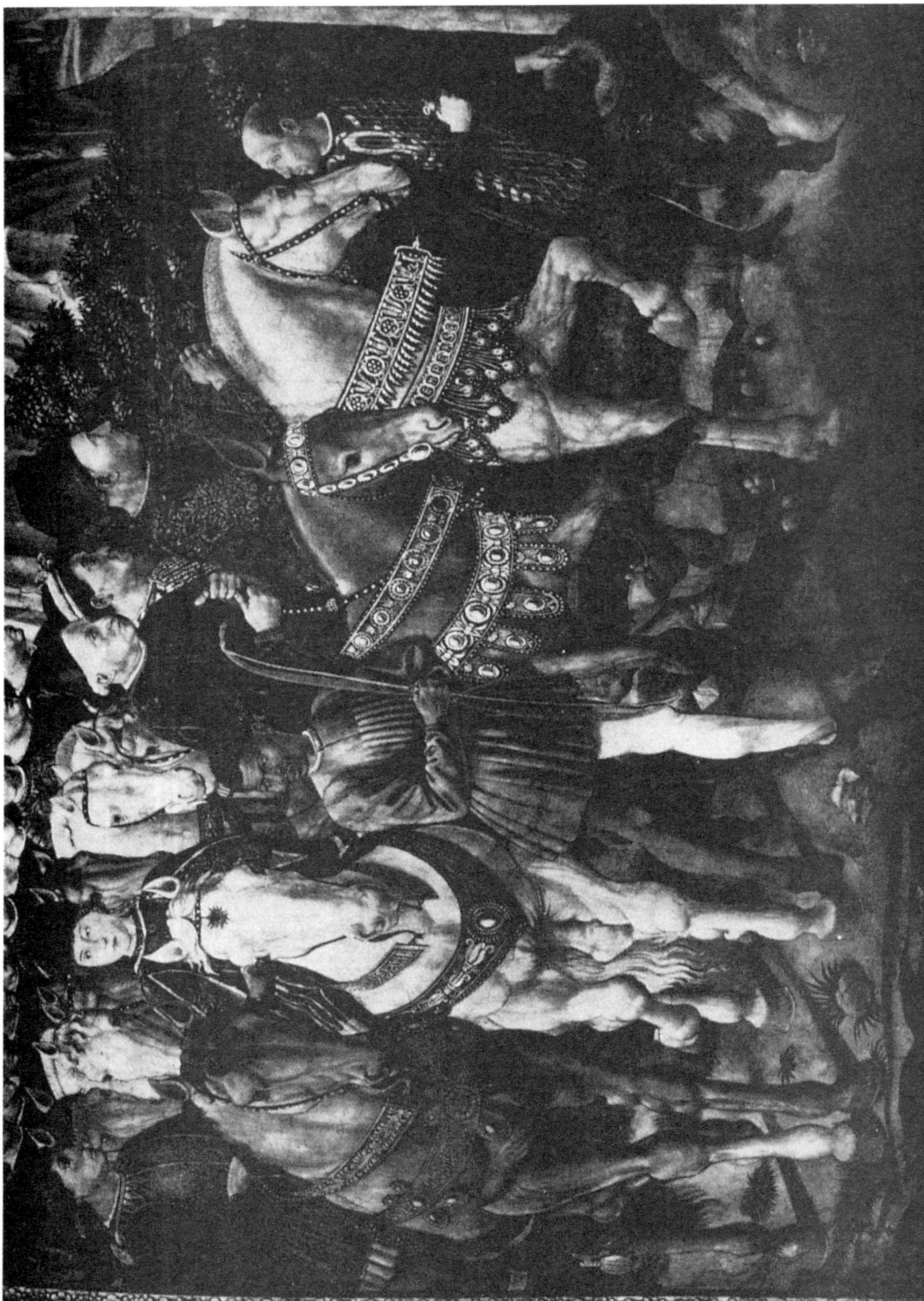

104. 本诺佐·戈佐利：博士的行列，图 103 细部

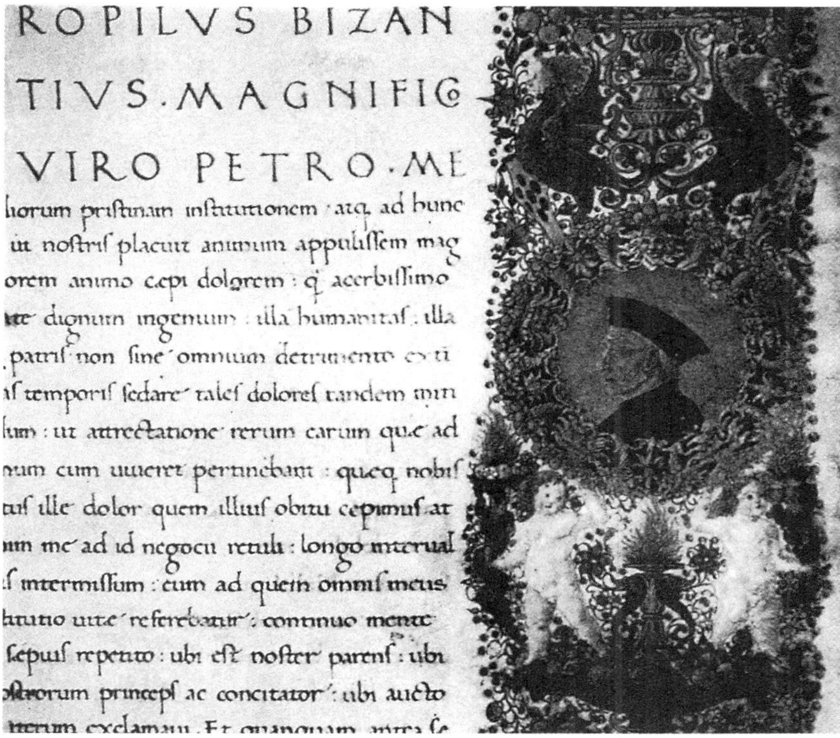

105. 手抄本亚里士多德《作品集》中的科西莫·德·梅迪奇头像，15世纪中后期。
Florence, Biblioteca Laurenziana, Plut. 84. I, fol.2r.

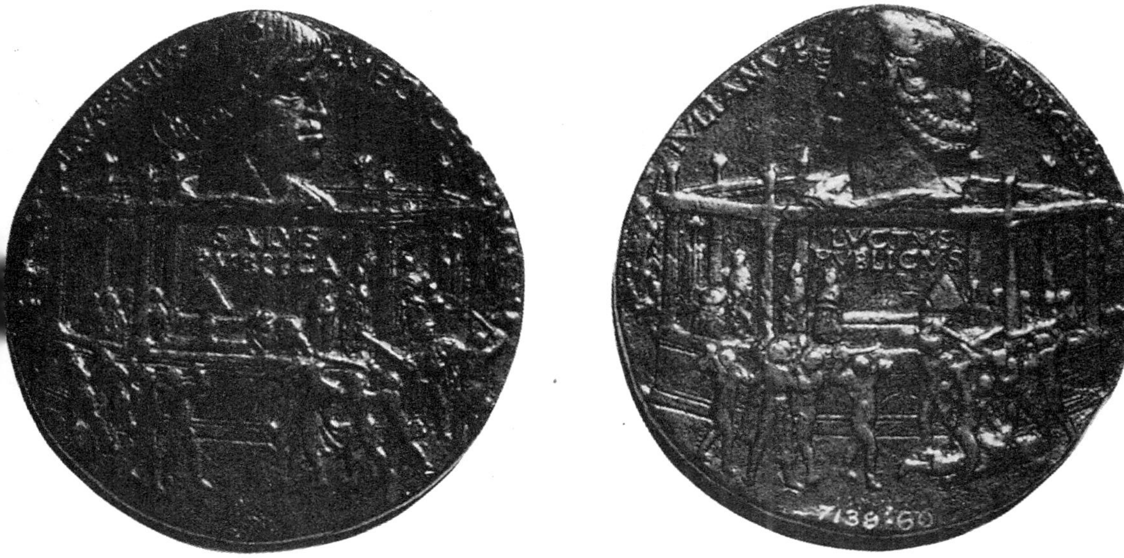

106. 贝托尔多·迪·乔瓦尼：帕齐阴谋纪念章，洛伦佐·迪·梅迪奇居正面，
朱利亚诺·迪·梅迪奇居背面，1478年。London, British Museum

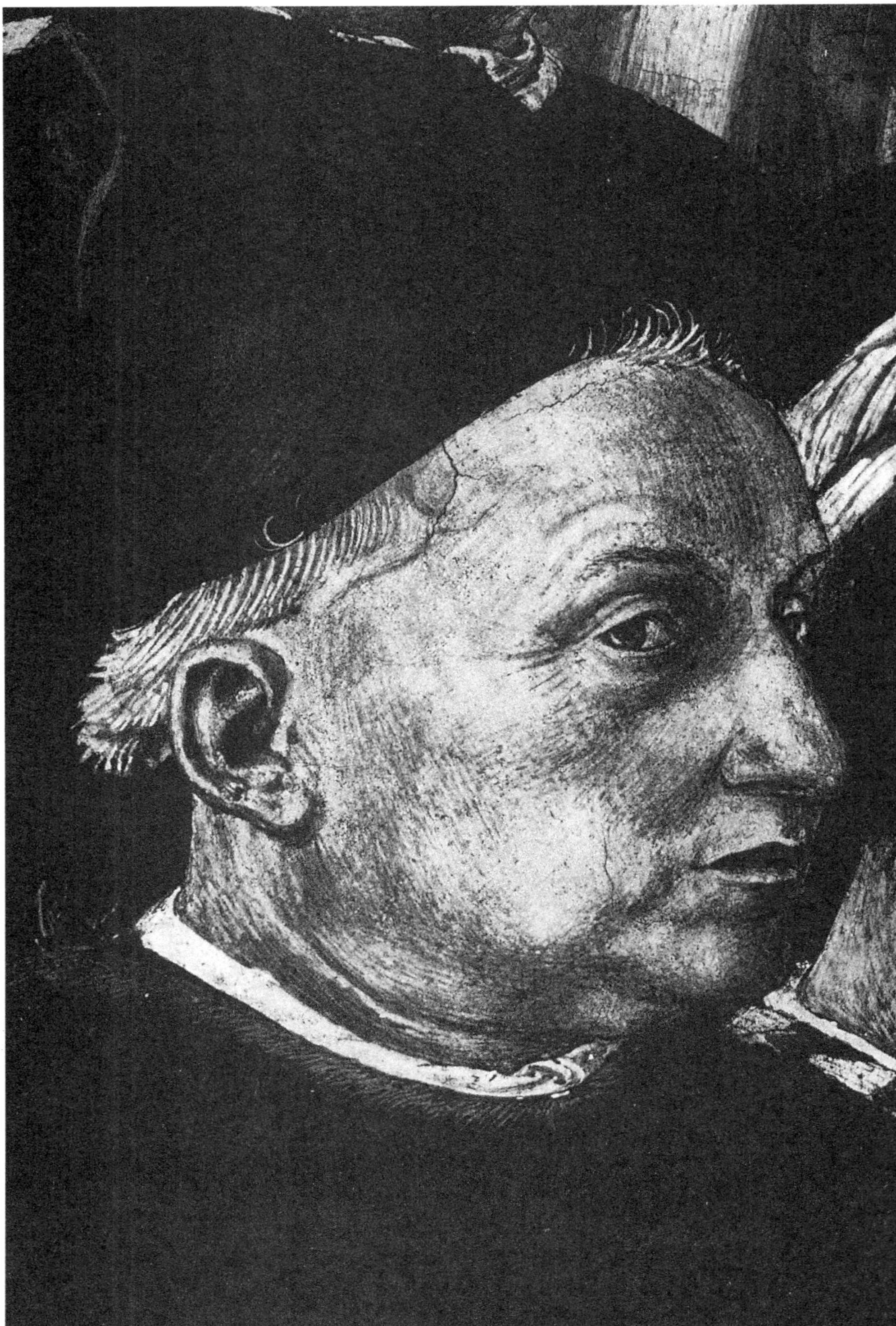

107. 科西莫·迪·梅迪奇头像，图 103 细部

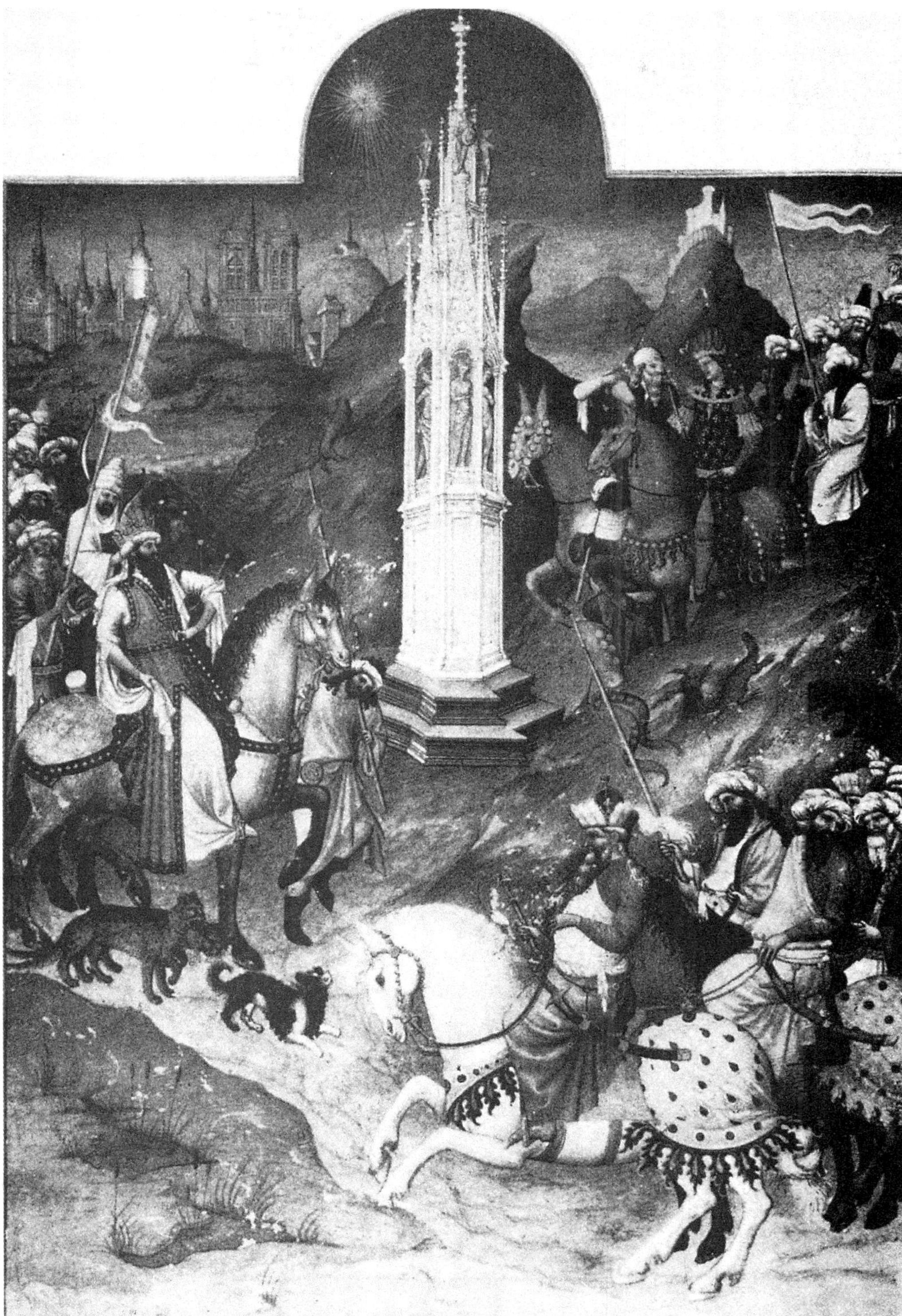

108. 细密画。出自《见里公爵的时祷书》，
[Tr è s Riches Heures du duc de Berri]，约1411—15年。Chantilly, Mus é e Cond é

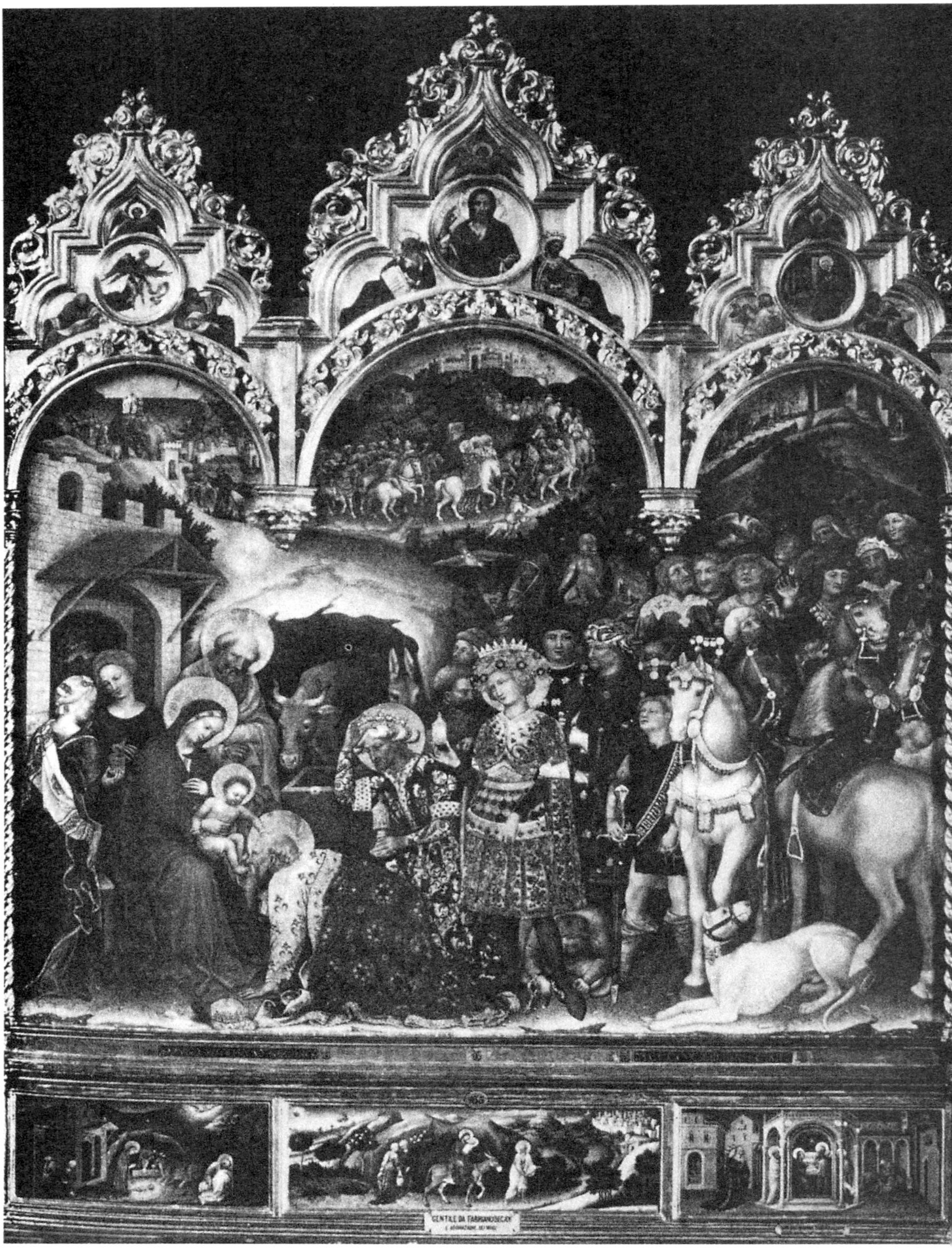

109. 真蒂莱·达·法布里亚诺：博士的朝拜，1423年。Florence, Uffizi

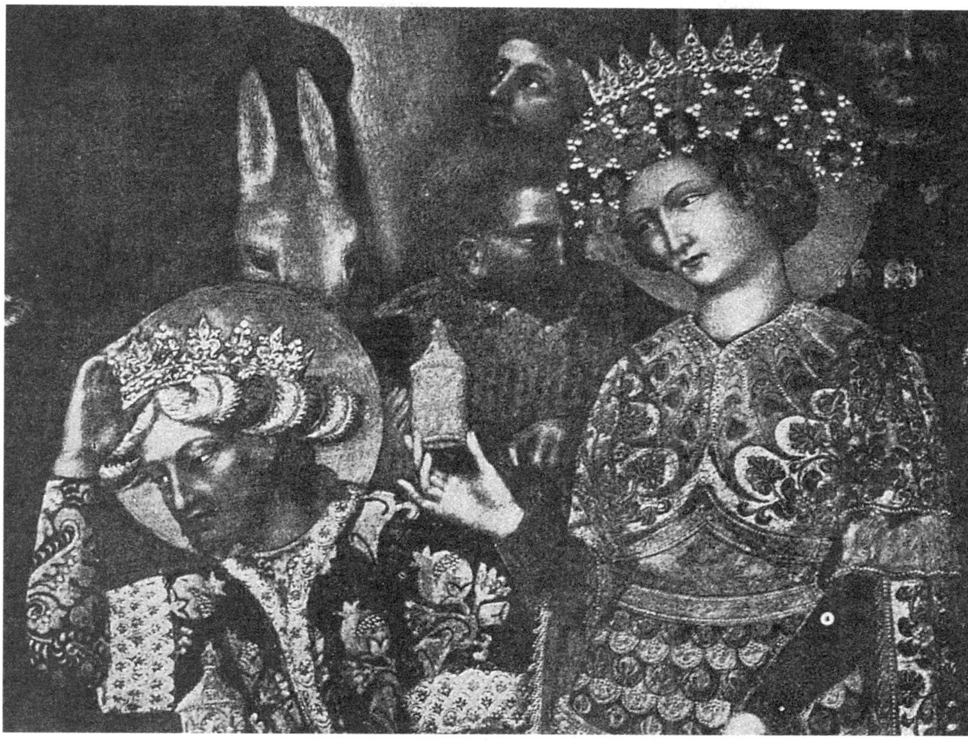

110. 真蒂莱·达·法布里亚诺：两位博士的头部，图109细部

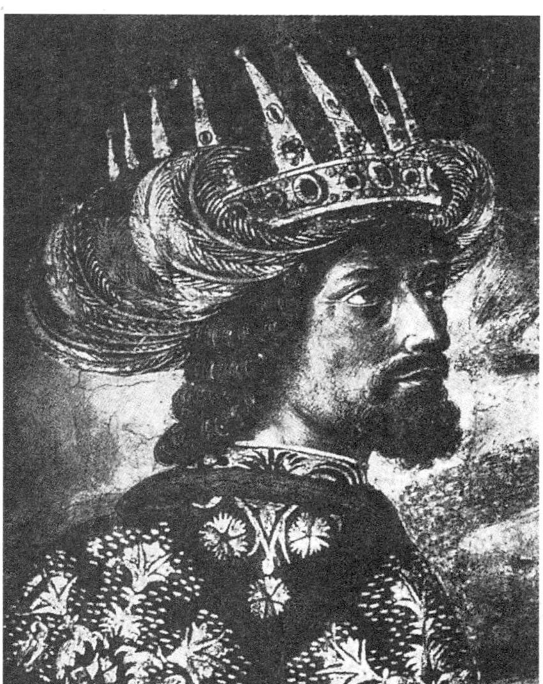

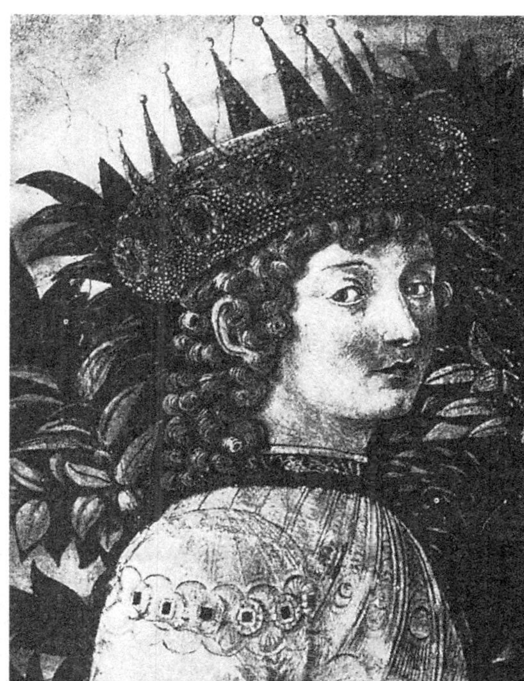

111—112. 本诺佐·戈佐利：两位博士的头部，图102、103细部

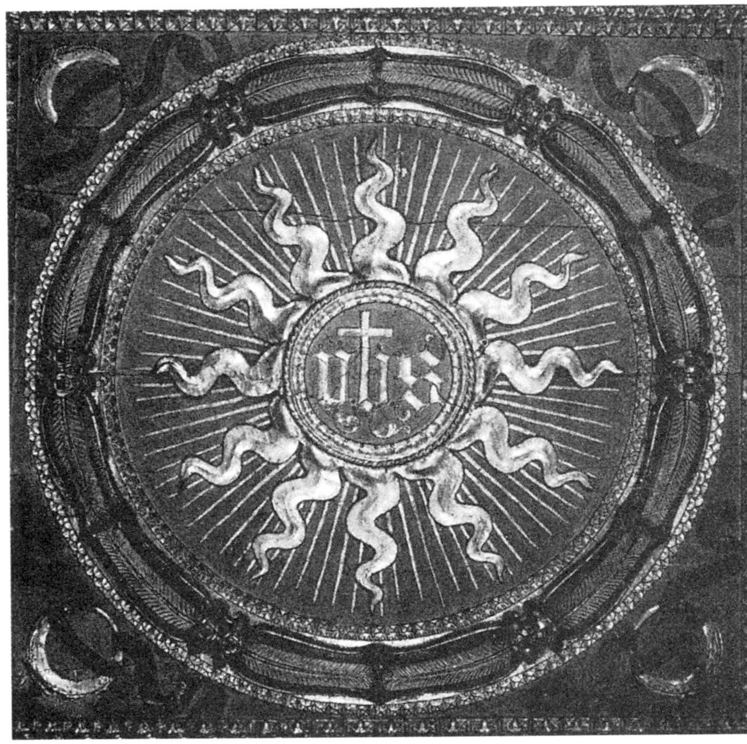

113. 梅迪奇小教堂的天顶画细部。Florence, Palazzo Medici Riccardi

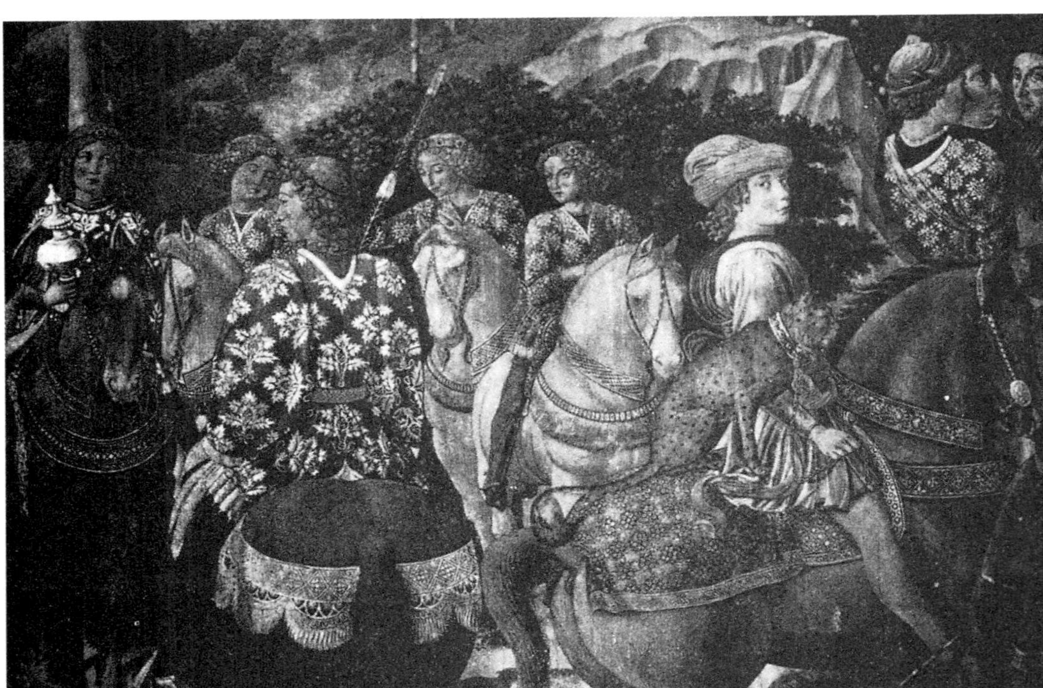

114. 图 101 细部

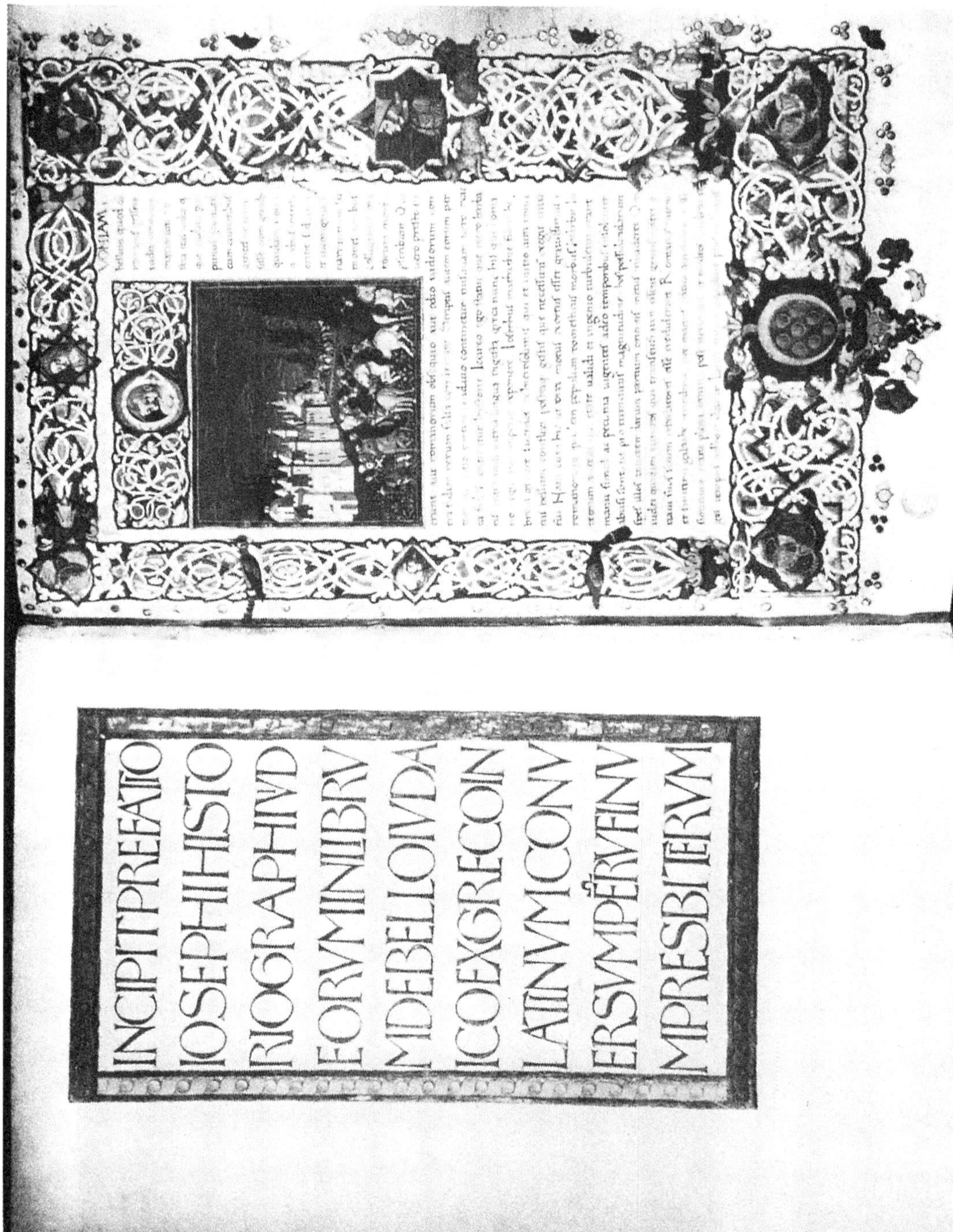

115. 约瑟夫斯《论犹太战争》[De bello iudaico] 的书名页，15世纪中后期。Florence, Biblioteca Laurenziana, Plut. 66,8

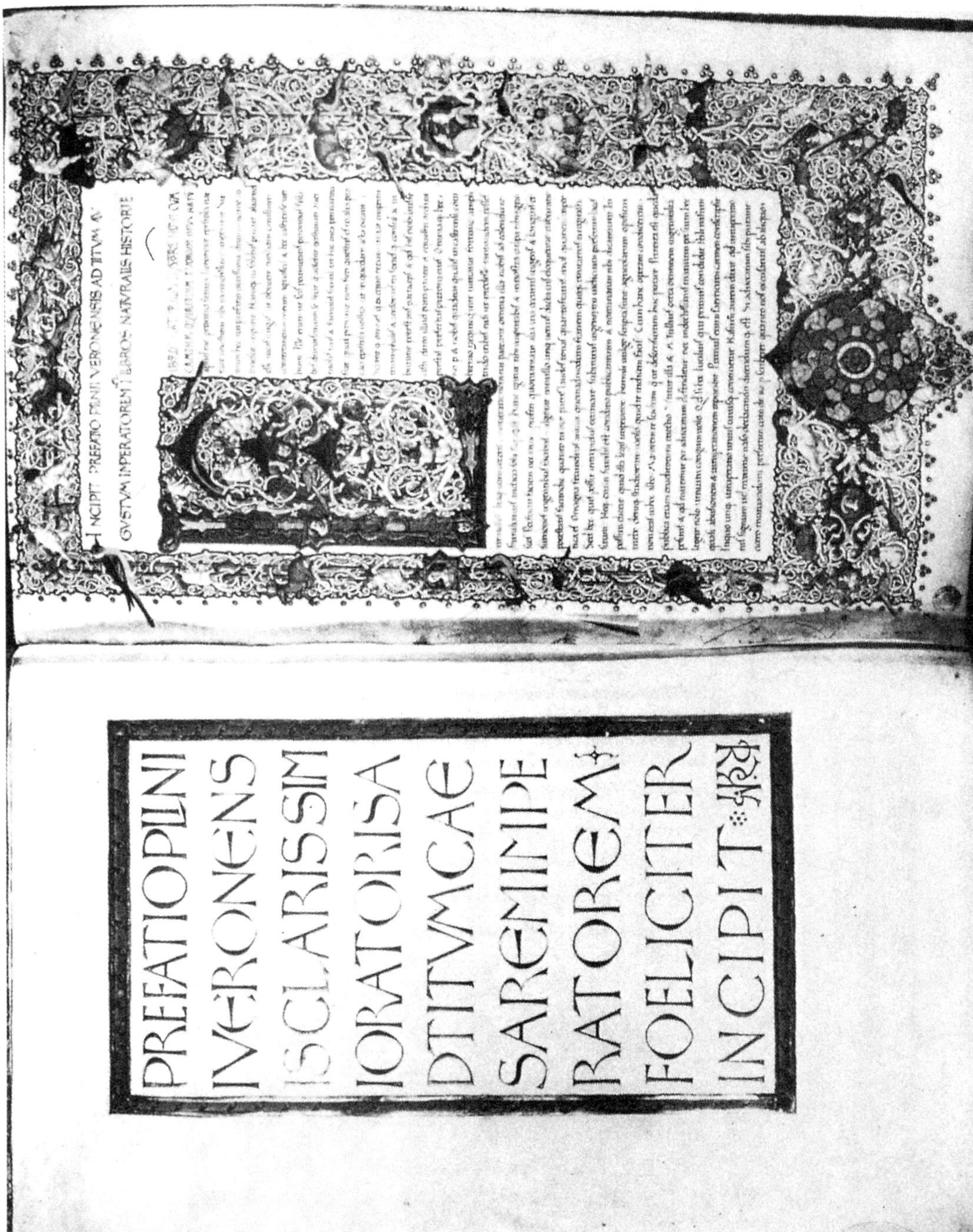

116. 普林尼《博物志》的书名页，15世纪中后期。Florence, Biblioteca Laurenziana, Plut. 82,3

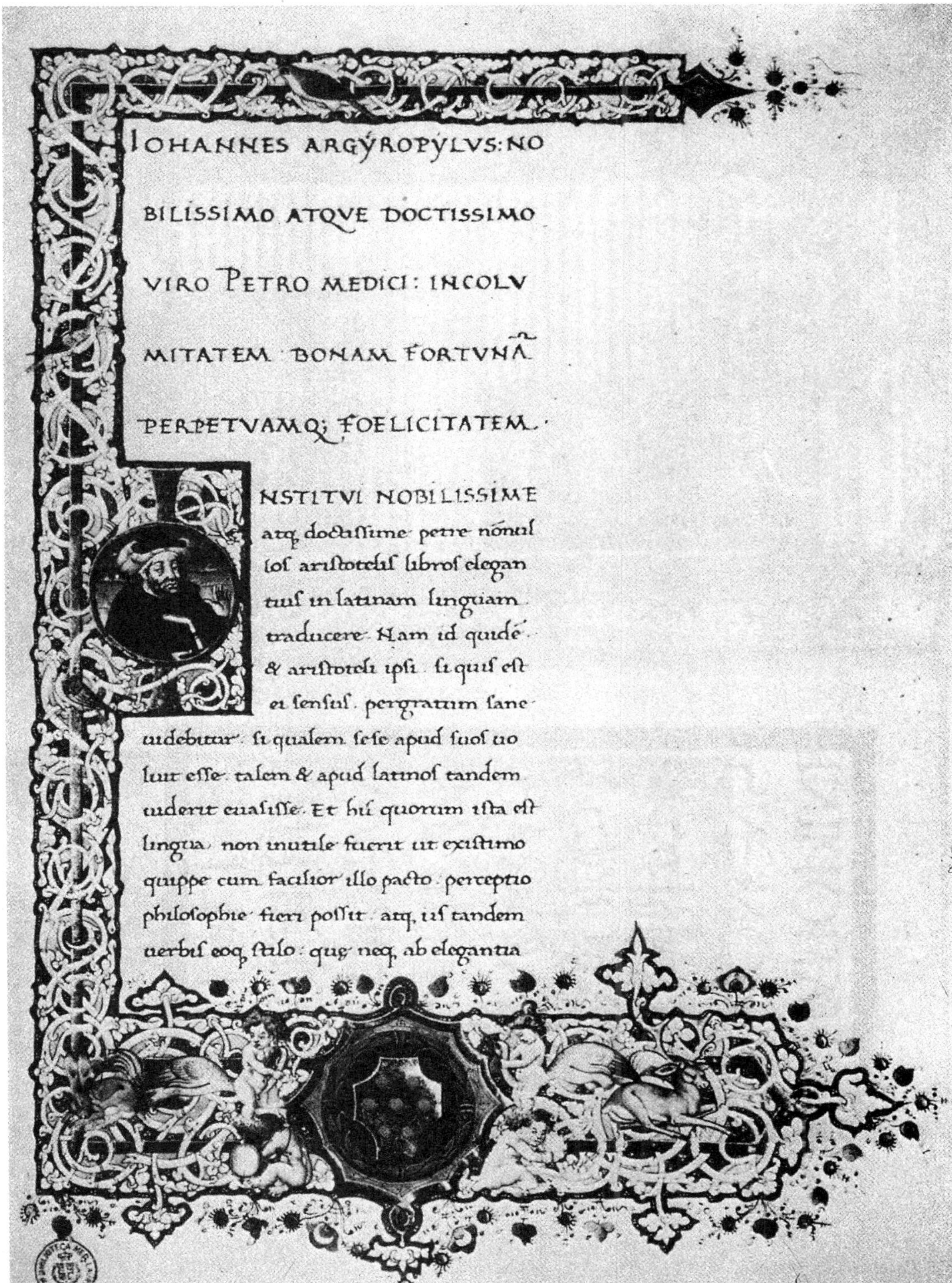

IOHANNES ARGYROPYLVS: NO
BILISSIMO ATQVE DOCTISSIMO
VIRO PETRO MEDICI: INCOLV
MITATEM BONAM FORTVNĀ
PERPETVAMQ; FOELICITATEM.

INSTITVI NOBILISSIME
atq; doctissime petre nōnul
los aristotelis libros elegan
tius in latinam linguam
traducere. Nam id quidē
& aristoteli ipsi si quis est
ei sensus. pergratum sane
uidebitur. si qualem sese apud suos uo
luit esse. talem & apud latinos tandem
uiderit euasisse. Et his quorum ista est
lingua non inutile fuerit ut existimo
quippe cum facilior illo pacto perceptio
philosophie fieri possit. atq; iis tandem
uerbis eoq; stilo: que neq; ab elegantia

117. 亚里士多德《论解释》中的一页，15世纪中后期。Florence, Biblioteca Laurenziana, Plut. 71,18

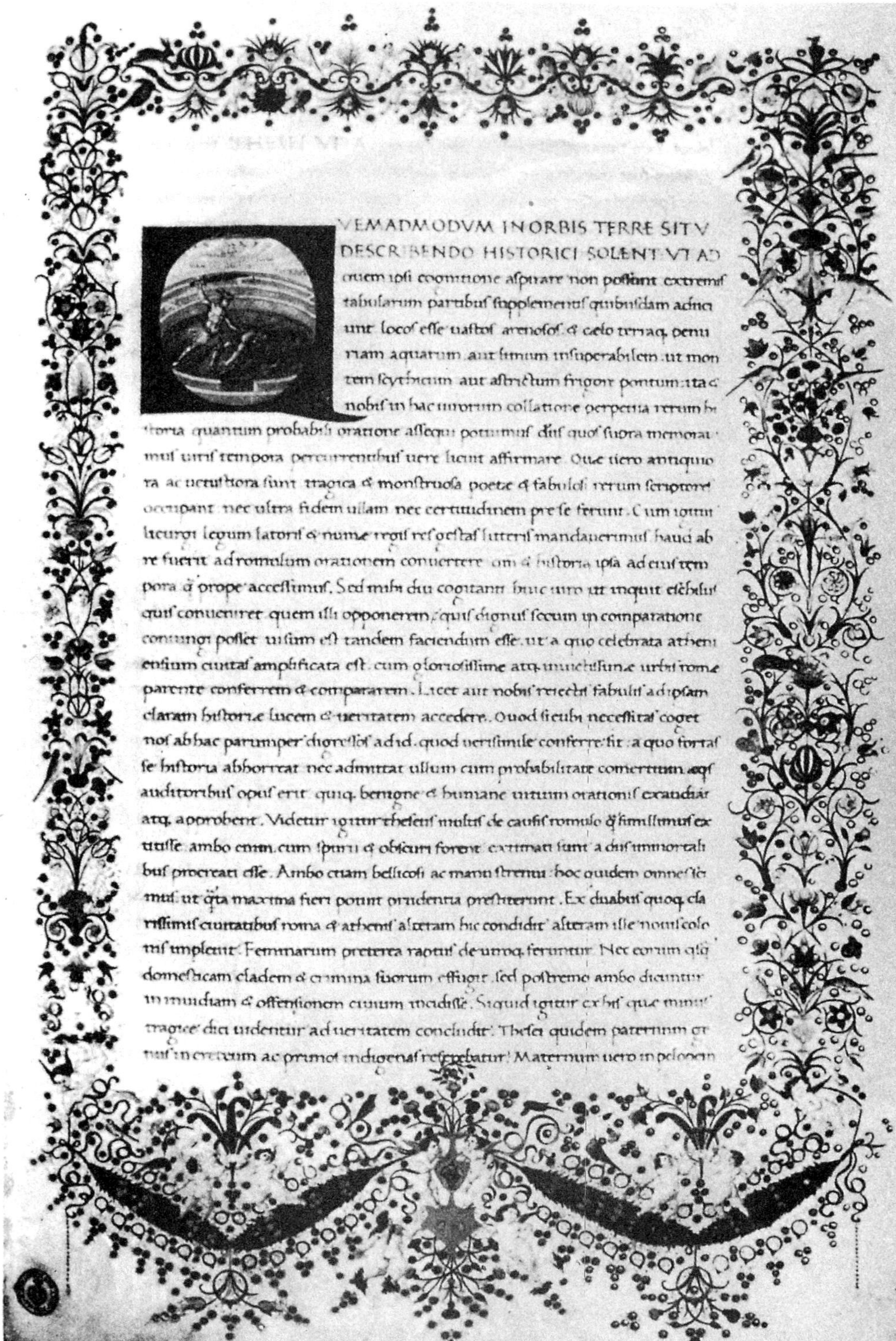

VEMADMODVM IN ORBIS TERRE SITV
DESCRIBENDO HISTORICI SOLENT VT AD
quem ipsi cognitione aspirare non possint extremis
tabularum partibus supplementis quibusdam adnec
tunt locos esse vastos arenosos & celo terraq. penu
riam aquarum aut limum insuperabilem ut mon
tem scythicum aut astrictum frigore pontum: ita &
nobis in hac virorum collatione perpetua rerum hi
storia quantum probabili oratione assequi potuimus dies quos supra memora
mus veris tempora percurrentibus vere licuit affirmare. Que vero antiquio
ra ac vetustiora sunt tragica & monstruosa poete & fabulosi rerum scriptores
occupant nec ultra fidem ullam nec certitudinem pre se ferunt. Cum igitur
licurgi legum latoris & nume regis res gestas litteris mandaverimus haud ab
re fuerit ad romulum orationem convertere cum & historia ipsa ad eius tem
pora q. prope accessimus. Sed mihi diu cogitanti huic viro ut inquit eschilus
quis conveniret quem illi opponerem, quis dignus secum in comparatione
coniungi posset visum est tandem faciendum esse, ut a quo celebrata atheni
ensium civitas amplificata est, cum gloriosissime atq. invictissime urbi rome
parente conferrem & compararem. Licet aut nobis reiectis fabulis ad ipsam
claram historie lucem & veritatem accedere. Quod sicubi necessitas coget
nos ab hac parumper digressos ad id. quod verisimile conferre: sit: a quo fortas
se historia abhorreat nec admittat ullum cum probabilitate comertium. eqs
auditoribus opus erit quiq. benigne & humane vetustam orationis exaudiat
atq. approbent. Videtur igitur theseus multis de causis romulo q. simillimus ex
titisse. ambo enim cum spurii & obscuri forent existimati sunt a diis immortali
bus procreati esse. Ambo etiam bellicosi ac manu strenui: hoc quidem omnes sci
mus. ut q̃ta maxima fieri potuit prudentia prestiterunt. Ex duabus quoq. cla
rissimis civitatibus roma & athenis alteram hic condidit alteram ille novis colo
nis implevit. Feminarum preterea raptus de utroq. feruntur. Nec eorum q.q.
domesticam cladem & crimina suorum effugit. sed postremo ambo dicuntur
in invidiam & offensionem civium incidisse. Siquid igitur ex his que minus
tragice dici videntur ad veritatem concludit. Thesei quidem paternum ge
nus in erecteum ac primos indigenas refergebatur. Maternum vero in pelopem

118. 普鲁塔克《名人传》中的一页，15世纪中后期。
Florence, Biblioteca Laurenziana, Plut. 65,26

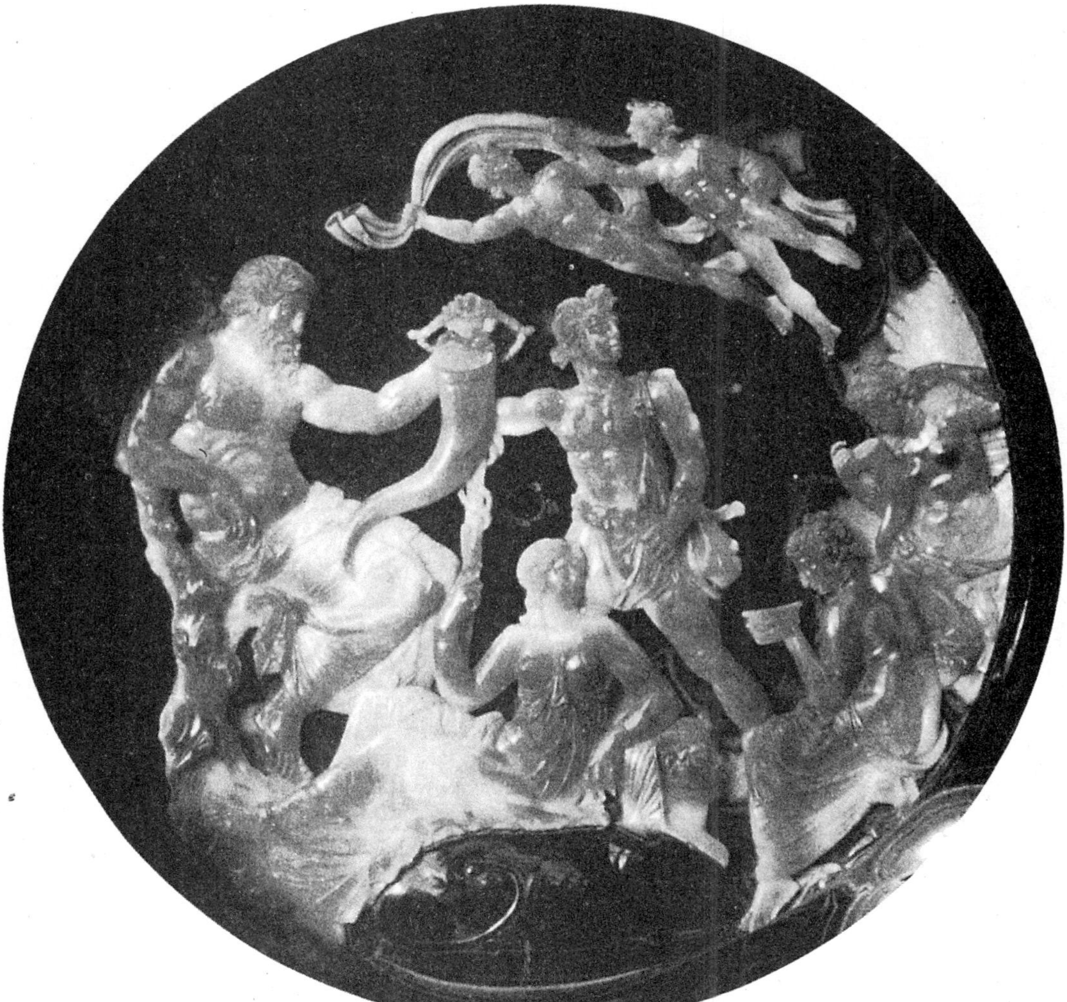

119. 法尔内塞宝杯，古代宝石浮雕。Naples, Museo Nazionale

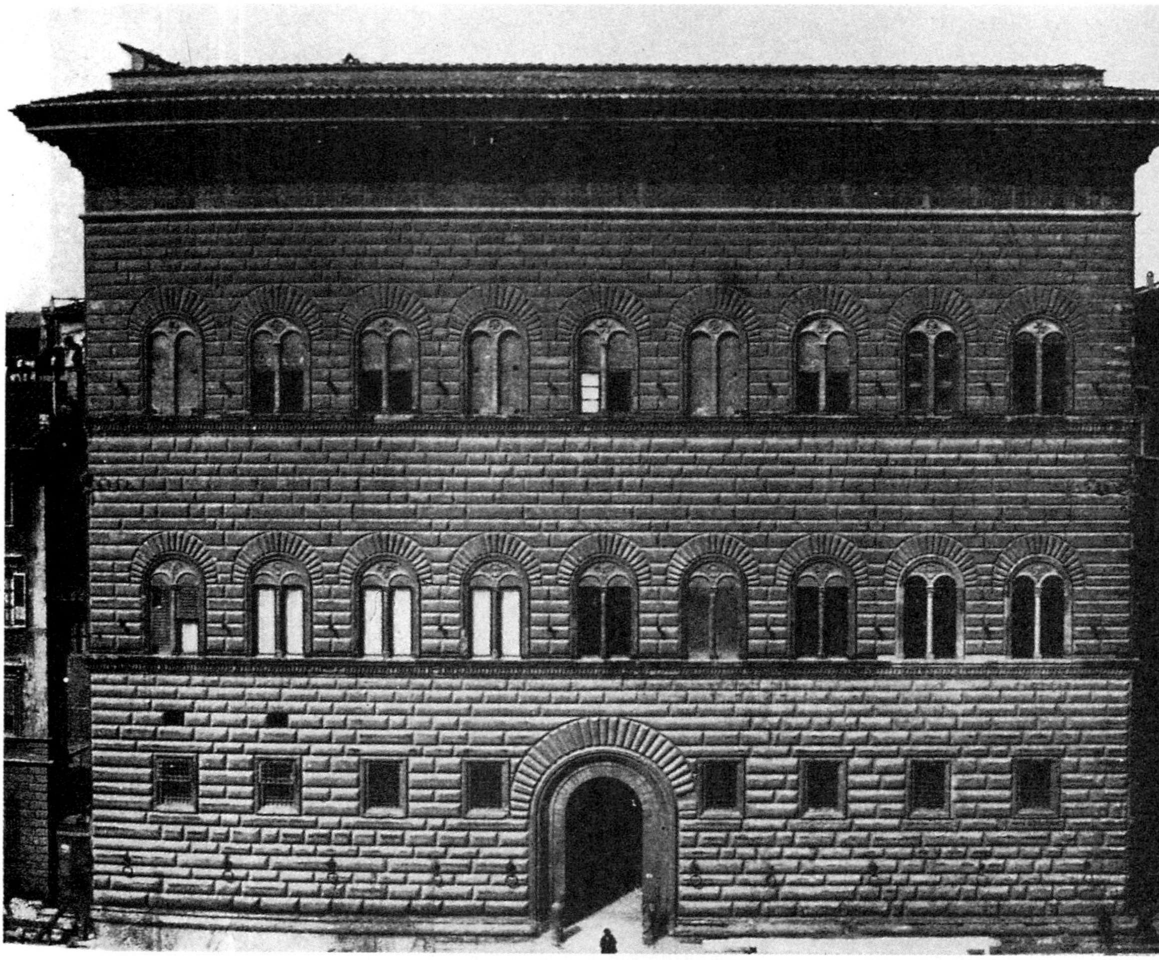

120. 斯特罗齐宫，佛罗伦萨，始建于1489年

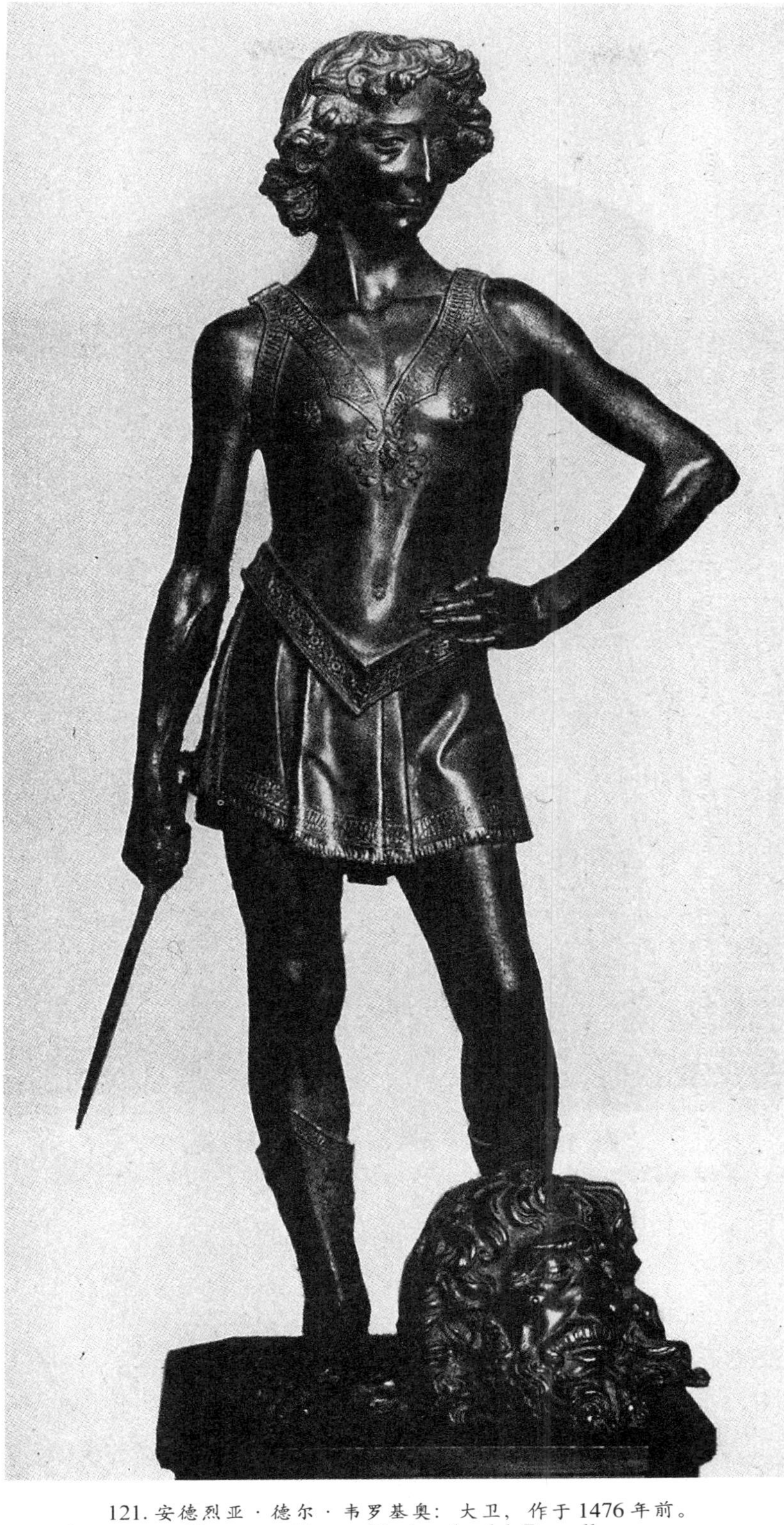

121. 安德烈亚 · 德尔 · 韦罗基奥: 大卫, 作于1476年前。
Florence, Museo Nazionale del Bargello

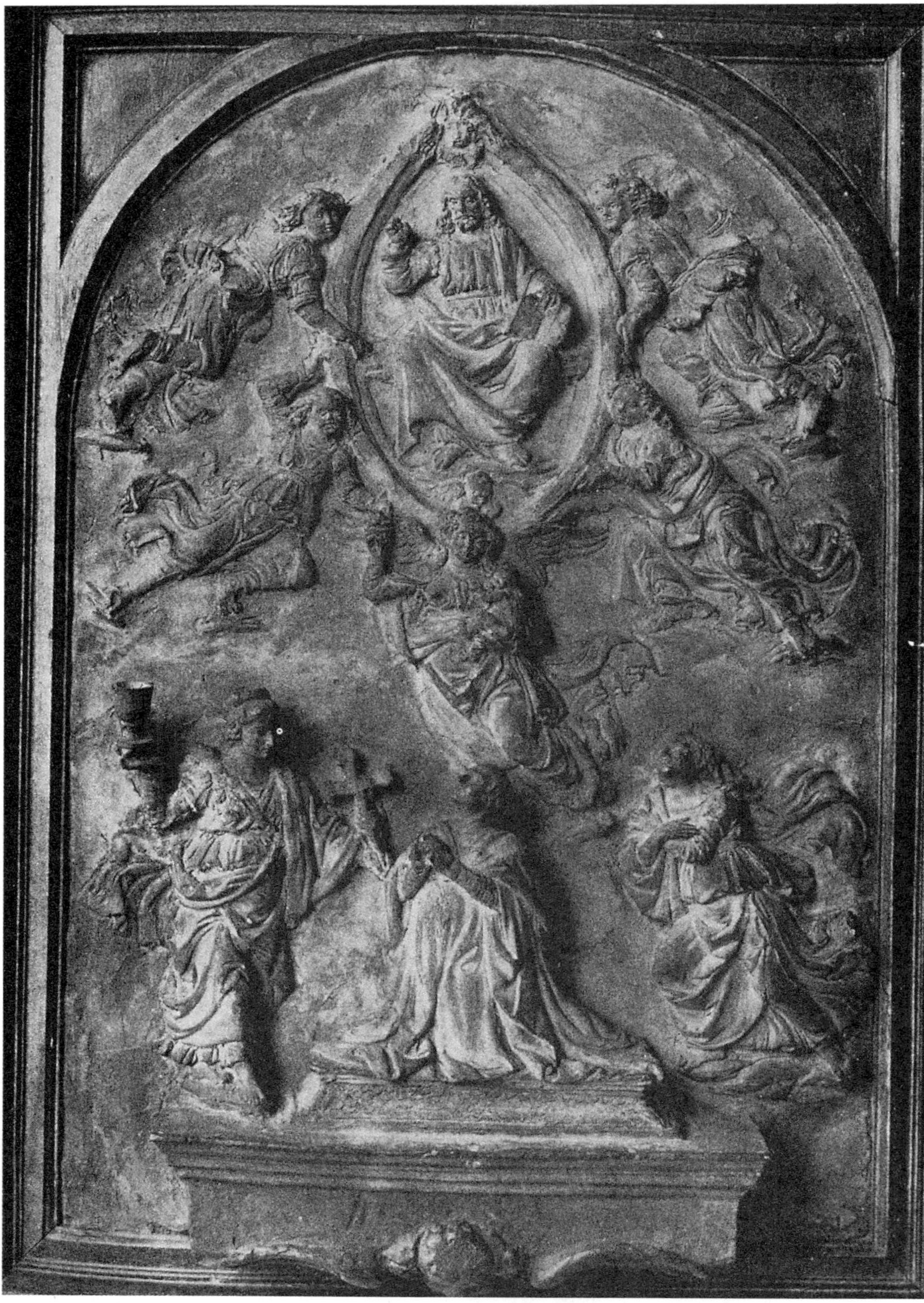

122. 安德烈亚·德尔·韦罗基奥：福尔泰圭里墓碑的草图模型，1476年。
London, Victoria and Albert Museum

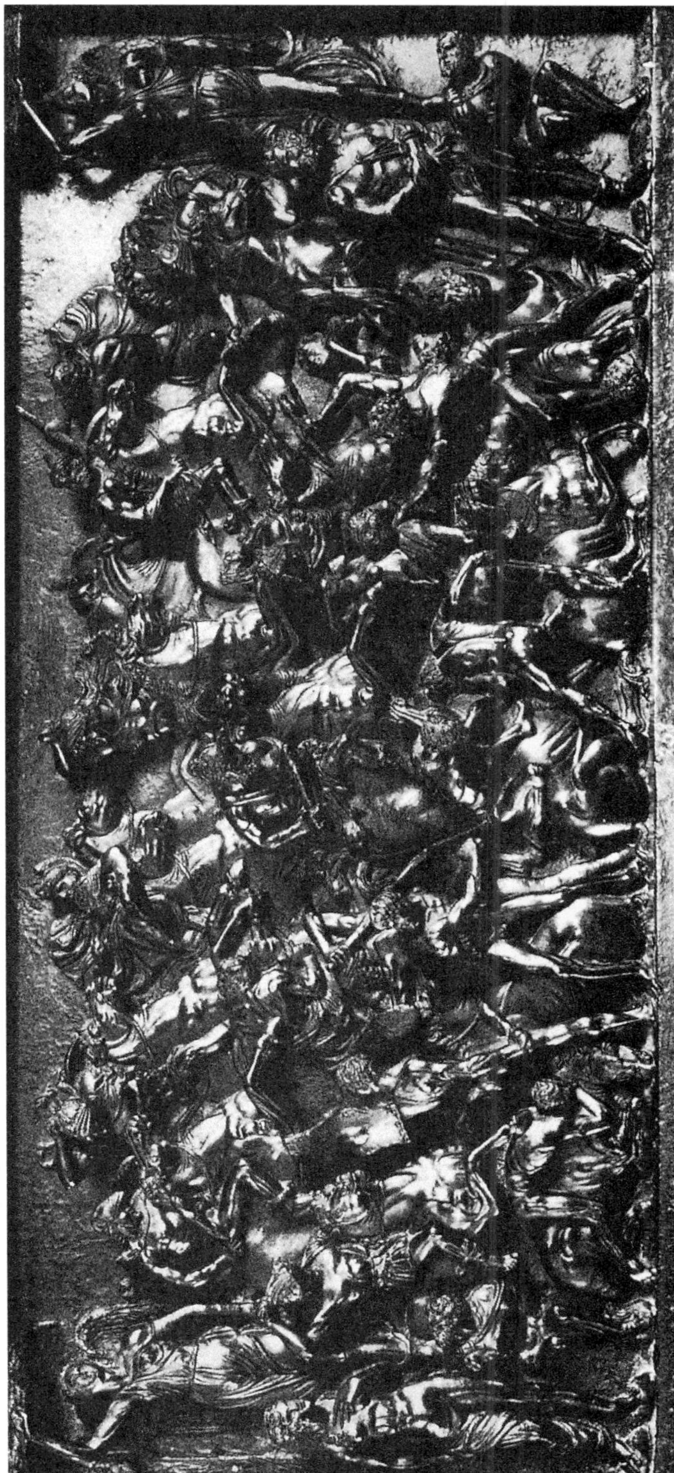

123. 贝托尔多·迪·乔凡尼(1491年去世) 战争浮雕。Florence, Museo Nazionale del Bargello

莱奥纳尔多·达·芬奇

PREFACE to *Leonardo da Vinci*. Hayward Gallery, London, 1989, South Bank Center.

莱奥纳尔多的巨人般的身影永远可望而不可即。
雅各布·布克哈特（1860年）

作为一名杰出的艺术家，莱奥纳尔多·达·芬奇和比他年轻一些的米开朗琪罗、拉斐尔和提香等大师一起，将盛期文艺复兴的艺术成就推向了高峰。作为一名工程师，他在建造一架飞行器上作出了理性努力，罗马机场被命名为“莱奥纳尔多·达·芬奇”就是为了纪念他的这种努力。他不仅是整个艺术史上两幅最著名的绘画《蒙娜丽莎》和《最后的晚餐》的创造者，而且也是一位雕刻家，建筑师，宴会主持人，军事工程师，水道营造家，在他的一生中，人们不断邀请他去从事这些工作。确实，他早年就以我们奇妙地称之为“完美主义者”而闻名，他总是对自己的作品精益求精。此外，在他的同代人中也有传闻，说他是怀疑正统宗教，不幸地把精力耗费在各种深奥研究上的怪人，然而他那研究范围和创见却鲜人为知。随着他的手稿抄本，后来还有笔记原本，一部接一部地问世，揭示了这位智慧巨人的不可思议的多样知识，我们才对他在艺术领域以外的各项成就的真正重要性有所认识。他似乎在各个领域都作出了自己的贡献：解剖学，生理学，机械学，水力学，植物学和光学。凡他神奇涉足之处，都无不为之改观。无怪乎人们说他是天才，说他超越了人性逃脱不了的种种限制，是一位走在时代前面的先知，他仿佛扫除了蒙蔽着以往数世纪人的一切错误。但是，莱奥纳尔多并不是一位神话人物，他是有血有肉的凡人，他毕生追求真理，由于他所写下的东西，使我们能够摈弃传说，用他自己能够理解和接受的语言来谈论他。

因此，如果我们听人赞扬他（而且是以一种相当公正的方式），说他这个人把我们所谓的“艺术”和“科学”这两个人类创造活动中根本不同的方面独特地结合了起来，那么，我们最好想一想，他是不会理解这种奉承的；的确，若用他所处时代的语言，是无法表示这种奉承的，因为在他的同代人看来，“艺术”即*arte*，意指技巧，很像我们如今仍在“战争的艺术”或“爱的艺术”中使用的概念，而“科学”即*scientia*，意指知识。莱奥纳尔多在著作中再三强调绘画艺术必须以知识为基础。他认为，他所选择的职业常常受到轻视，其原因在于人们对没有科学就没有艺术这一基本真理普遍无知。绘画不单单是技艺，应当把它归入所谓的文科[Liberal Arts]，即奠基于知识的学科。莱奥纳尔多强调艺术创作过程中的理性作用，在他的观点中，也许没有别的方面比这跟我们时代的偏见相距更远了。倘若艺术家不能深刻领悟自然法则，他就永远不可能成为莱奥纳尔多自己成为的那种创造之神［Creator］的敌手。

莱奥纳尔多在追求这个目标时经常要求画家必须“博通”。也就是说，画家的研究范围应当无所不包，他的兴趣应当无限广泛，这种要求也引出了另一陈词滥调，只要提到莱奥纳尔多的名字，这种论调常会冒出来，即“通人”［universal man］的公式——那个时代的真实或宣称的理想，雅各布·布克哈特［Jacob Burckhardt］在其经典著作《意大利文艺复兴时期的文化》［*The Civilization of the Italian Renaissance*］中赞颂了这种理想。文艺复兴期间的人们到底是否可能知道他们想知道的一切，特别是古人著作，圣经，基督教最初五世纪圣师著作，还有七艺［Seven Liberal Arts］，仍然是个悬而未决的问题。重要的仅仅在于，他们自己对“博通”所下的定义并不包括莱奥纳尔多的成就。大体而言，假如不懂拉丁文这种古典语言和教会语言，当然就不配称作文化人。莱奥纳尔多强烈意识到这个事实。诚然，他在研究一篇有关战争艺术的论文时，试图自学拉丁文，但是，他尽管可以应付某些科学原典，却从不奢望自己写出漂亮的拉丁语句，而在这个国家里，几代人以前，人们毕竟依然期望文雅之士能写出这样的语句。莱奥纳尔多自称是个“目不识丁”的人，我们切不可因此误以为他不会或没有使用书本。我们有几份书单，记录着他在不同时期所拥有的大量书籍以及他自己没有但常借阅的书籍。把莱奥纳尔多想象成是一位富于灵感的自学者，一位完全仰仗自己观察的自学者，早已被证明是全然错误的。他将自己渴求的那种知识跟人文主义者和*Letterati*［文人］的知识加以比较，希望揭露那类学者，他们只依赖权威而非理性批评。他对相信鬼神和占星术这类流行迷信无法容忍，对于神学辩论和形而上学的辩论同样如此。他认为，最后的仲裁者只能是经验。

即使阅读他的挑战性言词，也必须提防落入某些语言陷阱，莱奥纳尔多不像现代科学家那样，把“经验”［experience］和“实验”［experiment］明确区别开来，现代所说的“实验”是一种将理论付诸检验的仔细受控方法。无庸置疑，莱奥纳尔多主张从事这类受控实验，但对于他实际上建立实验以便在对立假说中间抉择的方式仍有辩论的余地。正如他的“艺术”概念跟我们大不相同一样，我们逐渐认识到他的“科学”概念亦然。

倘若这个展览不能促使参观者思考这些问题，那就没有达到它的目的。倘若我们试图更加贴切地理解莱奥纳尔多那丰富多彩，错综复杂的思想，正如我所指出的那样，它首先应当清除我们的简单化和概要词，因为这些会妨碍我们正确对待这样一个人的毕生事业：他终归是生活在五百多年以前，处在与我们截然不同的时代和社会里。莱奥纳尔多本人也会热烈赞同这一提示。他的笔记中有一段激烈的言辞，抨击了他所谓的“缩写者”［abbreviator］，那些缩写者出版了重要作家的著作的概要或摘要。他写道："这些缩写者既损害了知识又损害了爱。"他解释道，"爱"必须以真正的知识为基础，概要仅仅是"迎合了急躁这一愚蠢之母"。莱奥纳尔多把缩写作者比作是剥落美丽之树的枝叶花果让它变成木板的人。如果有人要求细节加细节，以免歪曲事实的话，那他就是这样一个人。

我们阅读莱奥纳尔多的笔记，或者欣赏他的素描，只能感到惊奇：大师对细节的爱好真是永不餍足！他的活动范围，他对知识的永无止境的渴求，从未与他那令人敬畏的专注力发生冲突，而正是这种专注力使他去研究一株树，一块肌肉，一只袖子乃至一个几何问题。仿佛此时其他东西都与他无关。归根到底，也许正是由于这种对细微末节的不懈探求，导致了他那么多艺术或科学设计的流产。对他来说，一天同样不过 24 个小时，然而人们也许有理由纳闷，他是否睡觉，他的完美标准确实使他的毕生事业注定是个未完成工作。

无可否认，莱奥纳尔多的成就中幸存至今的只不过是他的未完成工作中的一部分，对此无论怎么经常提醒都不过分。他的艺术作品屡遭不幸，许多素描和笔记也已失踪。我们不能不特别感激已经保存下来的东西——当然，它们远远超过这一展览上展出的东西。这个展览的目的仅在于让参观者一瞥大师的无穷创造力。

为弥补展品的不足，参观者如有可能应去找些优秀的文集来读，即不看"缩写本"，那些文集精选了大量莱奥纳尔多的著作。对莱奥纳尔多思想的最好介绍可见 J. P·里克特［J. P. Richter］的双语两卷本，题为《莱奥纳尔多·达·芬奇文集》［*The Literary Works of Leonardo da Vinci*］（卡洛·佩德雷蒂［Carlo Pedretti］对此作了极有价值的评论），以及爱德华·麦柯迪［Edward MacCurdy］的更为易懂的译本《莱奥纳尔多·达·芬奇的笔记》［*The Notebooks of Leonardo da Vinci*］。这些书还教我们把莱奥纳尔多看作是一位作家，他的一些想法中所包含的诗意热情不亚于他的讽刺才智和论辩技巧。然而，就连细读这些必不可少的文集也有其危险之处。第一个危险是与这些文集的主要优点不可分隔的。在这些文集里，大师的笔记是根据题材编排的，这是一种有效的编排方法，莱奥纳尔多本人就想到过，并让他的学生梅尔齐［Melzi］继续这样做。但是，尽管这能让读者极为方便地找到莱奥纳尔多对某个特殊问题所作的全部论述的纲要，可这一特点也决定了它们必须不顾年代顺序，把那些可能是分属三个年代的笔记和短札印在一起，根本不考虑莱奥纳尔多思想的发展。他习惯于一再回到同一个问题上，进行修正，重新作有系统的表述，有时甚至与最初的想法相抵触。正是他与自己材料的英勇斗争，使我们在使用这些文集时，不可避免地会常常误入歧途。

不过，也许还存在着另一种甚至更难克服的危险：莱奥纳尔多为自己而记笔记，他总是随意地将读书摘录和观察结论跟纯粹的设计和计划掺在一起。他的智力抱负永无止境。有时候，他在写作中仿佛想要包容人类的全部知识，探测自然的一切奥秘。然而，即使他有过这种梦想，但很快就认识到这样一种事业心带有乌托邦性质，而这种事业心会随着知识的日益增长而不断减退。无论如何，莱奥纳尔多当时显然没有大部分科学仪器和智能工具。特别是在今天，我们知道，他尽管赞扬数学的准确性，但他自己却不是一位出色的数学家，而是一个观察家，有些史学家仔细检验过他的计算，已经发现了不少差错。

正如人们也许期待于我们这样一个反对偶像崇拜的时代那样，史学家们已经作了种种尝试，去“还其本来面目”。我们确信这个展览将证明这种尝试是徒劳无益的。他并不是一个无所不知的人，甚至也不是“通人”，而且他从来没有这样宣称过。他在第一米兰时期，写过一段话，那是他起草的一篇序言，即 *proemio* 的一个部分，这段话极好地反映了他初踏征途时对自己事业的看法：

> 我知道，我不可能找到很有用或很喜欢的东西，因为前人已经占有了全部有用的或必不可少的东西，我只能像一个最后来到市场的可怜人儿那样取物；因为这个可怜人得不到其他任何东西，只得捡起人家觉得没啥价值的摈弃之物。我要把许多买主看不上眼而挑剩的这些货物装上我那虚弱的毛驴，不是把它驮到都市去，而是驮到贫穷的村庄，在那儿按质论价出售。

参观海沃德美术馆［Hayward Gallery］的人们将能发觉，什么是莱奥纳尔多以前的饱学之士已经摈弃的，什么是莱奥纳尔多在集市的货摊上给我们留下的。

［曹意强译　范景中校］

莱奥纳尔多论绘画科学
评《绘画论》

LEONARDO ON THE SCIENCE OF PAINTING: TOWARDS A COMMENTARY ON *THE TRATTATO DELLA PITTURA*. Expanded version of a contribution to *Leonardo e l'eta della Ragione*, eds. Enrico Bellone and Paolo Rossi, Milan, 1982, pp. 141－54, delivered at the Congress of that name on 29 September 1982.

莱奥纳尔多·达·芬奇的《绘画论》[*Trattato della Pittura*]初刊于1651年，是根据这位大师笔记的一部不完整选本编辑而成的。刊行以后一直享有盛名。[1]但是，一直到最好的抄本，即《乌尔比诺拉丁文抄本1270》[*Codex Urbinas Latinus 1270*]的影印本连同A. 菲利普·麦克马洪[A. Philip McMahon]的英译本于1956年问世后，才可以说真正开始对这部画论作系统的研究。[2]路德维希. H. 海登赖希[Ludwig H. Heydenreich]为这个标准本写了详尽的导论，提出了有哪些原因使得我们产生如下看法：乌尔比诺抄本是一部由莱奥纳尔多的真挚朋友和学生弗朗切斯科·梅尔齐[Francesco Melzi]依据他的手稿而成的忠实编本。这些原稿虽然只有一小部分流传下来，但卡洛·佩德雷蒂[Carlo Pedretti]所作的进一步重要研究业已表明，梅尔齐的说明至少还可以让我们据此设想出莱奥纳尔多本人的另一部笔记本（笔记本A），[3]这一笔记本曾是这部珍贵选本的一个底本。如今，我们掌握着这些工具，重新评价莱奥纳尔多思想的时刻已经来临，而这些思想，记录和体现在这部珍贵的文献中。当然，如果宣称这项工作前人从未做过，未免大言不惭。不过，我们必须承认，这部《绘画论》是很难读的。尽管这位大师的不少个别言论经常为人引用，以证实对他的艺术和思想所作的某一特殊解释，但是，他的全部言论的宗旨就不那么容易概括。其中一个困难是，这部编本内容重复，编排十分随意，这一性质已促使各位编辑去改进梅尔齐的编排法，尝试更加系统化的序列——但是，这些尝试有时反而搞混了莱奥纳尔多的思想，而不是阐明他的思想。

此外，这些简短的笔记跟充满诗意的修辞学操练和费力的几何证明紧挨在一起，其中某些断简残篇已引出各种不同的解释。在十九世纪，有人认为莱奥纳尔多这位艺术家还是一位现代科学的先驱，一位富有独创性的天才，他与当时日益衰微的中世纪经院哲学的专权主义彻底决裂，宣告了一个不带偏见从事观察和实验的新时代的到来。一段时间以来，我们已经认识到，这套陈词滥调来源于弗朗西斯·培根［Francis Bacon］的思想体系，而不是对莱奥纳尔多的论著所作的周密研究。凡是潜心研究莱奥纳尔多有关机械学、水利学和解剖学的人，谁都不会将他的素描和示意图跟没有偏见亦即天真的观察结果相提并论。我们知道，这位自称是“*omo sanza lettere*”［目不识丁的人］有大批藏书，同时富有成效地研究过前人的成果，其目的当然不是要重复前人的研究成果，而是要检验这些成果的确实性。他经常修正它们，但总不能彻底摆脱其影响。[4]只有在研究《绘画论》时，这位把自己所谓的“绘画科学”建立在用眼睛观察这一新的基础上的艺术家的形象才显得感人至深，以致不能被一种更加复杂的评价所轻易取代。较早的那种解释，甚至在路德维希·海登赖希为《绘画论》标准本而写的导论中迁延未消。这位作者不仅抬高了莱奥纳尔多的“惊人的观察力”——这是谁都不会否认的评价——而且声称从莱奥纳尔多的原典中发现了一个“观看与理解的等式”［equation of seeing with comprehending］（第 xxxiii 页），他的这一评价，我是决不能同意的。

实际上，我没有忘记三十多年以前，我跟已故的海登赖希教授在一家伦敦饭店进行的一次谈话。当时，他强调眼睛在莱奥纳尔多的科学和艺术成就上所起的作用，于是这促使我问他，他是否真的发现窗外的景象在哪个方面跟莱奥纳尔多的作品中的哪个景象相似？假如我们谈论的是卡米耶·毕沙罗［Camille Pissarro］，我就不会提出这样的问题。提出这样一种问题，进行这样一种比较只会显得不正统，而且几乎法所难容，原因是大多数艺术史家都是在一种相对主义教义中成长起来的。即使他们被迫承认，窗外的世界在他们看来更像一幅毕沙罗的画，而不像莱奥纳尔多的画，但他们也许依然认为，不论是两位画家中的哪一位，他之所画完全就是他之所“见”。我认为，在研究再现理论中，就是这种不愿接受客观标准的态度阻碍了艺术史提出若干关键问题。我如果没有采纳一位客观论者的观点，那么，无论如何也不可能写出《艺术与错觉》这部著作。当我提出“先制作后匹配”以及通过“图式与矫正”推进这个过程的理论时，我当然暗示过，我们有资格说对自然的模仿是一种成就，这种成就可以用客观标准来判断，可以给出历史的说明。[5]我利用莱奥纳尔多的艺术及其至关重要的观点确实不是出于偶然，因为它们能够证实这个解释。

我尤其认为，莱奥纳尔多要用科学的准确性复现自然形相的真实愿望更加明显地说明他的风格有赖于他从老师韦罗基奥［Verrocchio］的画坊里所吸取的传统。在本书的另一篇论文中〈指“意大利文艺复兴绘画中的理想和类型”——译注〉，我重新论述了他的老师画的面部类型对他的艺术的影响，对他在自己所谓的漫画［caricature］中破除它们的符咒所作的努力的影响。我在以前的一篇论文中也暗示过，莱奥纳尔多顽固地恪守了描绘山峦岩石的传统公式。[6]

正如我不会说现实中没有一个人的头会跟莱奥纳尔多笔下的某些怪诞头像相像那样，我不想怀疑现实中有些山峦确实呈现出莱奥纳尔多喜欢描绘的那种特征。

但是，这个事实并不与他的表现语汇极其有限这一评论相抵触。我的确认为，只有在这个背景下，我们才能够理解他在《绘画论》中把对自然形相的分析建立在一个崭新的科学基础上所付出的巨大努力。他决不主张只有观察才是一种达到这个目标的手段，因而他不厌其烦地强调推理在这个过程中的重要性。

我们可以从《绘画论》中的一节笔记推断，上述方案遭到了这位大师的一部分同行，也就是他那个时代的一些画家的强烈反对。在乌尔比诺抄本（221v－222r；麦克马洪 686）中，他以若干复杂的几何示意图表示一只外光下的球体，对该球体的光照度［illumination］作了一系列的详细说明（图 124）。他可能感到有点儿把握不住光照度的复杂关系，有必要进行辩护，因此他就插进了这样一段话："这里有反对者说，他不需要这么多的科学，因为对他来说，有根据自然画对象的实践就足够了；对这个意见的回答是：现实中没有什么东西比不加进一步推理，便一味相信我们自己的判断更能欺骗我们。"接着，莱奥纳尔多在此例举了炼金术士和巫师们藉以蒙骗"简单的头脑"的幻术为证。关于这节笔记，我在本卷书的下一篇论文中还会提到。

莱奥纳尔多在其他的一些言论中强调，艺术家需要测量和推理，而不单是依赖观察。[7]如果要从各个方面分析他的作画程序，就需要充分评论他的《绘画论》。本文所要尝试的只是举例证明莱奥纳尔多采用这种方法的目的就是要克服眼睛的局限性，获得他所谓的"数学证明的确切性" ［the certainty of mathematical demonstrations］（乌尔比诺抄本，240v；麦克马洪 872）——换言之，亦即要达到欧氏几何［Euclidean geometry］的标准。

正巧，在《绘画论》的一个段落中，有一段泄露底细的话，为我要挑出讨论的问题提供了理想的开场白。这段话讨论明暗中的色彩变化，并介绍了一种方法，风景画家藉此可以借助匹配手段克服这种变化。

当你希望模仿一种色彩时，应当记住，如果你站在荫蔽处，就不应企图模仿某种阳光下的母题，因为这种模仿会把你欺骗。如果你想采用数学证明所具有的确切性来进行模仿，那么在这种情况下，你必须做的事就是在同样的光线下调配你所要模仿的全部颜色，并将模仿之色跟被模仿的对象进行比较，以使你配制的色彩跟你视线中的自然色彩一致。

莱奥纳尔多在这里画了幅简要的示意图（图 125）［乌尔比诺抄本复制了此图］，然后，解释他的要求：

比方说，你想模仿阳光照耀的区域上的一座山，你应当把你的颜料放在阳光下，在那里调配你想使用的色彩，然后在同样的阳光下将它们比较一番，并将它们跟被模仿的色彩进行匹配。假定太阳位于南方，我画西面的一座山，这山半明半暗，但假定我在这儿想模仿受光的一面，我就取一小张纸，涂上我认为与母题色彩相似的颜色，并比较两者，务使母题的色彩和仿制之色没有差距，因此，我把纸片置于阳光下，加上各种颜色，直到每种颜色的色调都逼真为止，对于每一种暗的或亮的色彩，我将如法调制。（乌尔比诺抄本，240v—214r；麦克马洪872）

尽管这段话相当复杂，但是，莱奥纳尔多提出的如何“以数学证明所具有的确切性”完美地匹配现实的建议基本上是简单的，不过相当奇怪的是，这个建议也是全然不现实的。当然，艺术家调色板上的颜料在光线的照射下确实会改变色相，可是，艺术家把颜料使用到画板或画布上去时，色相同样会变。严格地说，每一幅画的色相在不同的光线下都会发生根本的变化。假如这一事实阻碍了艺术家对现实的匹配，那么绘画艺术家就不可能存在。它之所以能够存在，仅仅是因为我们从绘画和自然这两者中感知到的是色彩关系，而不是绝对的色彩。这一点正如我在《艺术与错觉》中引用的拉斯金的一段话所说的那样：“形状是绝对的，所以在你画任何线条的时候都可以说它是正确的或是错误的，色彩却全然是相对的。”[8]

现在，我回到莱奥纳尔多的例子，即画家希望匹配一座半面向阳，半面背阴的山的色彩——为了讨论方便起见，不妨假设此山完全覆盖着白雪。依据莱奥纳尔多的要求，我们就应当把手头的白色颜料拿到阳光下去匹配阳光照耀的雪山山坡，然而，为了取得一致，我们接着应当把颜料拿到荫蔽处调制，以描绘背阴的那一面山坡。这种方法显然不中用。就是按照莱奥纳尔多自己的规则行事，让这幅画永远展示于半明半暗中，可是，画中的山仍旧看起来不会像现实中的山。

看到莱奥纳尔多犯这种错误，格外叫人迷惑不解，因为他比其他任何人都更多地研究过自然色彩在空气和光线中所发生的变化，甚至能够用素描手段描绘这些变化，而这种能力是过去无人超越的。即便如此，我们发现，在《绘画论》中，莱奥纳尔多醉心于他第一个叫作“空气透视”[aerial perspective]的效果，这有时往往使他对个人的观察得出过于笼统的结论。

在《绘画论》中，有若干别的关于描绘远山的示意图和论述。对我来说，它们似乎都是恰当的例子。抄本中提出“为什么远山山顶的山色显得比山脚更深”的问题不下十三节。[9]在一幅示意图（图126）中，莱奥纳尔多令人信服地将这种现象归因于他所谓的空气厚度的递减，亦即归因于平原上的雾：

群山山顶的山色总比山脚显得深，根据第一书论述的第二命题，出现这种情况的原因是，群山山顶处于一种比较稀薄的空气中：这个空气层离水面和地面愈远，它就愈透明，愈稀薄。由此可以推断，进入这个稀薄空气层的群山山顶比其较低部分更加显示出它们固有的深色，而那些较低部分，正如已证明的那样，空气比之稠密得多。（乌尔比诺抄本，232r；麦克马洪825）

正如在《绘画论》的其他许多笔记中一样，莱奥纳尔多在此提到了一系列命题或公理（这些命题或公理都没有收入我们拥有的抄本中），而他对自己讨论的现象所作出的解释正是来源于这些公理。换言之，他 *more geometrico*［以几何学的方式］从事解释，仿效欧几里德进行证明，以使这种证明具有数学证明的确切性，这是他终身为之奋斗的目标。

抄本中的下面一段笔记附有三幅示意图（图 127），这段笔记充分说明了某些解释的抽象的 *a priori*［先验］特征。他继续讨论山愈高，山色愈深的问题。他首先画出一幅示意图，图中的三座山彼此距离相等，高度不同，这样它们的明度就不同。假定正如第二幅示意图所显示的那样，三座山的高度都相同，那么它们的距离和色彩的比例就会完全相同，但是，正如莱奥纳尔多补充说明的那样，“不可能向眼睛展示这样一种布局，因为如果眼睛和山顶处于同等高度，那么第一座山就会挡住其他两座”，因此，正如他接着所说的那样，“这种证明是徒劳的”——他尽管得出这样一个结论，但并没有阻止他借助带文字的示意图详细说明上述证明，以便让读者相信“那种看不到的距离和色彩”。

抄本的编者虽然很可能收入了莱奥纳尔多本人重复的若干段落，不过，莱奥纳尔多强调这个问题依然是值得注意的：“为什么远山的山顶显得比其较低部分山色更深”（乌尔比诺抄本，234；麦克马洪 827），还有“为什么远眺群山，山顶的颜色会比山脚深”（图 128）。紧接着下一幅示意图的标题是“论群山以及应当如何在绘画中改变它们”（图 129）：“我断定，处于眼睛和山之间的空气在 p 点显得比在 a 点更加透明，这起因于各种原因，首先是眼睛到 p 点之间的空气量大于眼睛到 a 点之间的空气量，因而更加透明，其次是 p 点山凹的空气比 a 点即一座山顶的空气更加稠密”（乌尔比诺抄本，235v；麦克马洪 830）。

显然，莱奥纳尔多在此还考虑到雾，而这只能够解释他的观察结果，即 p 点的雾多于 a 点，因此跟他的空气量愈大，山色愈深的观念是相抵触的。

接着，莱奥纳尔多甚至试图用量表示他对空气透视的观察结果（图 130）：

> 论山：在不同的距离看山，看到的山顶比山上的任何东西都多，出现这种现象的原因是，在各座山离东望的眼睛的各段距离中，空气或者白色的清晰度会不断地消失，从 f 到 b 的明度正好是从 f 到 a 的两倍。（乌尔比诺抄本，237v；麦克马洪 829）

此外，莱奥纳尔多一定对雾的白度作了说明，他认为，随着朝东望的眼睛的距离拉远，雾的白度就会加倍（大概是在早晨）。

然而，当我们单凭自己对自然现象的看法，试图对莱奥纳尔多的和种说明作出解释时，不能不谨慎从事。这些笔记中要紧的不仅是他所观察到的东西，而且是他从自己研究过的古代和中世纪论文中的光学［Science of optics］里所得到的东西。这种跟伊壁鸠鲁派的视觉学说［Epicurean doctrine of vision］的联系在另一篇笔记中变得尤为明显，莱奥纳尔多在那儿提到了充满空气的视觉图像——这个学说的依据是视觉可以根据嗅觉类比来理解。正如物体的微粒充满空气，并部分地被鼻子所闻到那样，在视觉中，视觉图像的无限细小的部分充满空气，并渗透进眼睛。[10]

在下引笔记中（图 131），莱奥纳尔多讲的就是这个学说，由于这条笔记区分了从上和从下看山峰的景象变化，便引出了更加复杂的问题：

> 从上方俯视一座座山峰，各座山峰并不会依各山峰彼此的间距而相应变亮，依照第四书第七命题证明：从上俯视大地，大地越是向前延伸，越接近地平线，就越暗，因而这些山峰不那么会变亮，而从下朝上看那些山峰（跟前面处于相同的距离观看），它们总会越来越亮。（乌尔比诺抄本，231v—232r；麦克马洪 824）

从莱奥纳尔多在别处强调山峰的颜色看上去更深这种情况来看，上述观察真有点不可思议，不过，在下一节笔记中，正如所暗示的那样，他准备以传统的视觉为基础对此作出解释：

> 依据第九书的第三命题，就会出现这种现象，这一命题证明：从下方看到的稠密的空气比从上方看到的要明亮得多，而且更加灿烂；这可以用下述事实加以解释：从上方看的空气多少已被来自下方地面的黑色视觉图像所渗透，这就是从上方看的空气在眼睛看来显得比从下朝上看到的为阳光所渗透的空气更暗的原因，后者带着非常明亮的空气进入眼睛。因而，在下述视觉图像前面的群山和大地也会发现相同的现象。这些视觉图像穿过该空气，并根据空气的暗度和明度，其自身要么显得暗，要么显得亮。（乌尔比诺抄本，232r；麦克马洪 825）

人们不禁会问，莱奥纳尔多在此试图如此精确解释的种种现象果真会那么有规律地出现吗？莱奥纳尔多曾经攀登过罗莎峰［Monte Rosa］，不管他当时可能看到过什么现象，但我们在飞机上眺望窗外时，大多数人都有不少机会可以从高空俯瞰地面的风景，甚至拍下这类壮观美景。我们的记忆和我们拍摄的照片都不能证实向地平线延伸的风景会渐渐变暗。看来，莱奥纳尔多的先验推理好像并非是以观察为基础的，而这次却是奠基于他的强大的工匠传统，他跟其他任何画家一样，大大地受惠于这种传统。

事实上，我们发现，琴尼诺·琴尼尼［Cennino Cennini］在其著名的《艺术家手册》［*Il libro dell' arte*］中提出了以下规则："假如你必须画似乎远退的群山，就将色彩画得暗一些；假如你希望画出较近的群山，就将色彩画得亮一些。"[11]琴尼诺·琴尼尼时代的某些训练有素的十五世纪早期的意大利画家的做法可以具体说明他那不可思议的规则，毫无疑问，这条规则来源于我在别处[12]讨论过的那种传统，根据这一传统，正像描绘衣褶一样，暗的色彩后退，亮的色彩前突。真蒂莱·达·法布里亚诺［Gentile da Fabriano］这样一位大师虽没有机械地使用琴尼尼的规则，但在他画的乌菲齐宫的《博士的朝拜》［*Adoration*］（图 132，彩图 3）中，背景里有一个场面，近处的一座山画得非常明亮，而远处的山脉画得很暗。

据我所知，研究这种惯例在意大利绘画中为一种更加写实的描绘远景的方法所取代的详尽专题论文一篇也没有，而这些取代方法则为莱奥纳尔多研究空气透视奠定了基础。莱奥纳尔多本人在描绘背景中的风景时，例如《蒙娜丽莎》[*Mona Lisa*] 和《圣安妮》[*St Anne*]（图 133，彩图 5）的背景风景，当然没有运用他在《绘画论》中提出的各条规则，在这些风景中，他呈现出光的闪动以及薄雾笼罩岩顶的效果。即便如此，《绘画论》也表明，他仍然觉得有必要对自己提出的山顶的山色应当显得更深的规则进行辩护，并加以解释。他撇开视觉，在另一幅示意图（图 135）中提出另一种解释。这一解释与岩山重叠的山峰无关，讲的是树木繁茂的丘陵："群山山峰和丘陵顶部之所以显得更暗，那是因为许许多多的树木一株紧挨着一株，人们难以看见其间的地面，而这种地面是比较亮的，正如我们能够从海滩上看见的那样，群山丘陵的斜坡中部区域看起来比较暗，也是出于同一原因。"（乌尔比诺抄本，237v；麦克马洪 835）

这一节转向了对人们朝山顶攀登时山间草木所发生的变化的精彩描述：

> 滋润草木的土壤愈贫瘠干燥，草木的色彩愈苍白……愈近丘顶，树木愈细小……因此，画家应当画出岩石构成的山顶，其间大部分不覆盖泥土，画出山顶上生长着的稀疏、细弱的草儿，这些草儿大部分都苍白枯萎……画出矮小的灌木林，它们矮小、苍老、细弱，枝条又粗又短，叶子零落无几，枯朽的树根大半暴露于外，与风吹日晒所造成的岩石的错综缝隙交缠在一起……当你越往山脚下走，树林越葱茏，枝叶越茂密，树木里的植物有多少种，它们的绿色就有多少种……（乌尔比诺抄本，236v，237v；麦克马洪 839）

当然，我们在这儿遇到了自然主义者的莱奥纳尔多，观察千姿百态的自然的莱奥纳尔多。我们不能怀疑，他在登山探险时记下了草木变化的情况。但是，恰恰是在阅读这些详尽的描述时，人们碰到了莱奥纳尔多的观察方法和他的再现方法以及演示方法这两方面的奇特差异。我们难以想象，莱奥纳尔多的一幅风景画是像他描述的那样巨细无遗地画出了高山之巅的枯草残木。

在这里，我们正好再次把莱奥纳尔多作为一名画家的实践和他《绘画论》中的观察之间的差异说成是令人惊讶的。题为 *Di li Alberi et verdure* [论青枝绿叶] 的抄本的第六部分中大约有五十页对树和树叶的形相作了分析，其分析是迄今为止最详尽的，至少不逊于拉斯金的《现代画家》[*Modern Painters*][13]中的有关章节。收入抄本的笔记一般都是写于 1505 年以后，莱奥纳尔多第二次逗留米兰期间，这些笔记都无比深奥微妙。这里所能尝试的只是分析他为了建立一门绘画科学的基础而赖以前进的各种原理。毫无疑问，莱奥纳尔多在作出这种努力的过程中，首先设法修正和取代的是特别支配着南方艺术传统的画坊惯例。在这一点上我们从琴尼尼确立的规则着手，可以说是建立了一种理解莱奥纳尔多的论述的背景，也许确实是有益的：

> 假如你想在上述群山上装点树木和植物，首先用纯黑色画上树干……然后画

上一层深绿的树叶，亦即蓝绿色的树叶，……务必厚涂。然后将绿色与黄色调和，以使色彩更加明亮，接着画出较少的树叶，并开始向树冠减少它们。然后再用更亮的黄色修润明亮的树冠，于是你会看到那些树木和植物恰如浮雕般地显现出来。但是，当你画这些树的时候，首先应画出树根和几条树枝，继而在那里铺上树叶，然后再画上果实，最后在绿叶上点缀几朵花，画上几只小鸟（LXXXVI）。

琴尼尼所略述的作画程序还是建立在下述信念上：明亮的色彩在较深的色调衬托之下会像浮雕般地突现出来，因此，他画的树顶和几片孤零零的树叶都是受光的，而成团的树叶则被画成深色。真蒂莱·达·法布里亚诺又为此提供了一个杰出的实例，那是他画的圣母两侧的树（图 134），不过树上的天使代替了琴尼尼所说的鸟和果实（彩图 2）。

在《艺术与错觉》（第五章，第 3 节）中，我以莱奥纳尔多对树的结构所作的分析为例，说明他通过对树木生长的先验的考虑，以及这种考虑对树木的最终形状的影响（图 136b），取代传统程序所采用的方法。他认为树枝的分杈跟河流的三角洲颇为相似。支流越发达，每条支流中的水就越少。这种想法使他断定，把分叉出来的树枝或者细枝的粗细加起来以后，总数必定等于树干或者下部枝干的粗细。“每一根分出杈来的树干，若将它们合拢来，等于它们所交汇的枝干的粗细”（乌尔比诺抄本，234v，麦克马洪 874）——这个原理在一幅出自莱奥纳尔多的笔记的示意图中得到清楚的解释，而这幅示意图也复制在《绘画论》中。

正如我们在 246r（麦克马洪 900）节中读到的那样，这个原理的一个结果是：一棵树的每年生长情况在这些分枝中得到反映，而这些分枝每年生长的每层树枝加起来总是等于树干的粗细（图 136a）。这是一个非常简单而严密的假说，然而它依然是一种经由抽象推理而非测量所形成的先验结构。我的纸夹里有一封信，来自园艺学会的东马林研究站［East Malling Research Station of the Horticultural Society］，跟我商榷有关问题。该信作者对莱奥纳尔多的“生物测定学”［biometrics］训练——他就是这样称呼的——留下深刻印象，但是，他不能证实莱奥纳尔多的观念。他测量过八棵苹果树，可没有一棵跟莱奥纳尔多的预言相符，实际上，枝干的直径总数大大地超过树干的直径，尽管比较靠近第一分杈的较低部分，差异并不怎么明显。这是一种我愿意正视的为评论《绘画论》而作出的观察，而这样一篇评论得由整整一个委员会的专家们才能写出。这并不是说这些科学的研究结果使莱奥纳尔多的结构全然失效。因为即使这一图式运用于自然会经受各种变异和变化——莱奥纳尔多本人承认其中的某些变异和变化，但它能引起人们对树木生长原理的注意，而这一原理可以成为任何一棵树的形状基础，从而使画家可以凭借心灵，用双手创造出一棵树，而这棵树比依照琴尼尼的告诫所创造的树要令人信服得多。

无论琴尼尼的方法也许是多么图式化，但这种方法试图解决绘画中一个最棘手、最复杂的问题——即描绘有树叶的树。在画家的任务中，几乎没有什么任务能像描绘一片风景中的一棵棵树木那样，迫使他如此坚韧不拔地面对并克服现实

[reality] 和形相 [appearance]，事物的本来面貌 [things as they are in themselves] 和事物在某些环境中所呈现的面貌 [things as they look in certain conditions]之间的基本差别。众所周知，我们不可能画出每棵树上的每片叶子，这不仅是因为我们的耐心和手段不可能让我们做到这一点，而且是因为绝大多数的树叶是我们的肉眼看不见的。因此，一棵树吸引艺术家去再现的是一般的形相 [general appearance]：他必须采用我们所谓的概括的处理手法 [summary treatment]，才能传达出这种一般的形相，这种概括的处理手法几乎是极其难以捉摸的细节的结果。假定这项任务具有典型特征，假定各个时期的画家们都不得不经常与之搏斗，那么艺术史文献没有记载处理这个难题的系统方法，不免又叫人诧异。回顾画出每棵树上的每片叶子的拜占廷传统中那些简化的方法 [reductive methods]（图 137）以及乔托 [Giotto] 画树所采用的球形公式（图 138），不仅引起我们对凡·艾克兄弟 [Van Eycks] 描绘树叶上的光和反射光的方法的赞美（图 139），而且也使我们获得一把衡量反映在《绘画论》的非凡篇章中的莱奥纳尔多的成就的尺子，其目标就是要为一切可能性制定科学的表格。

就是在这个上下文中，莱奥纳尔多提出了准确匹配的观念，然而各位编者都把这段非凡的笔记放到了那个部分的末尾，而不是它本来可能属于的开头：

在模仿树叶的真实色彩时，那些不愿意完全信赖自己的判断的人，应当从自己想要模仿的树上摘片叶子，然后在叶尖上调配色彩，如果调制之色跟那片树叶的色彩不存在着差异，那么你就能肯定，各种色彩全然模仿了树叶的色彩，因此你可以用同样的方法处理你希望模仿的其他事物。（乌尔比诺抄本，268r；麦克马洪 981）

真奇怪，莱奥纳尔多竟然会提出这样的建议；他必定知道，准确无误的匹配充其量是有限的。如果有人对于树叶的表面色彩在自然环境中所经历的无穷变化感兴趣的话，他就是，这个部分的大多数笔记恰恰都是处理这个问题的。他依旧有系统地处理这个问题，列出四个影响树叶形相的要素，他称之为反射光 [lustre]，光 [light]，透射光 [transparency] 和阴影 [shadow]。对这四个要素所进行的至关重要的论述见诸一个受人怀疑的段落，这一论述给解释者带来了某种困难，实际上也把各位译者引入歧途，但是，把它放到上下文中，其含义就变得清楚了：

如果眼睛俯视这种树叶，看到的受光部分将多于阴影部分，出现这种现象的原因是受光的部分大于阴影部分，而且这一部分包含着光、反射光和透射光。我首先将树叶的透射光撇在一边，而叙述描绘树叶的受光部分，这一部分是通过我们能够在物体表面观察到的四个色调层次 [tonal scale]，即中间色调表现出来的。我所说的中间色调指的是这个受光部分并不是主要的亮部，而是中间的亮部，后面跟着第四个层次〈指最暗的层次——译注〉，即是说，它不是主要的阴影部，而是中间的阴影部，所以中间的受光部分处于反射光和中间阴影部分这两者之间。(乌尔比诺抄本，251v—252r；麦克马洪 910)

莱奥纳尔多在此运用异常艰涩的术语想表达的是，每一种色彩都能为画家呈现出四个层次 [a four-point scale]（图 140）。它们的两极是阴影的暗部和反射光的亮部。处于这两极之间的是中间色调 [middle quality]，这是一个琴尼尼也使用过的术语。然而，莱奥纳尔多急于将这种中间色调一分为二，一是邻接阴影的较暗部分，二是邻接反射光的较亮部分，而他正是想将这个较亮的部分运用到那缺乏光泽或反射光的受光的树叶上去。换言之，他在这儿坚持认为，传统的从暗部到亮部的三个梯度对于完成手中的任务是不够的。但是，他对画坊惯例作出这一小小的修正以后，在一节似乎从未引起人们足够注意的笔记中，又一次转向论述透射光的性质。他相当明白地说，透射光决不会出现在不透明的物体上。他补充说："不过，由于我眼下正谈到树叶，所以我必须描述这一点，它是描绘植物时的另一个重要的偶然性质，尽管在我之前从来没有被人使用过。"在《绘画论》的其他节笔记中，莱奥纳尔多都没有像这样提到他自己的艺术实践，声称对描绘事物形相作出了一项极其重要的革新。虽然关于艺术与科学在莱奥纳尔多这个人身上交汇的文章已经写出许多篇，但莱奥纳尔多声称对绘画科学作出的这个贡献一直尚未被人论述。由于这种疏忽必定是误读原典所致，[14]所以将乌尔比诺抄本中的一页原页复印在此（图 141）。

由于缺乏这种我说的令人满意的描绘树木的艺术方法的历史，我们就很难说莱奥纳尔多自称是他首先使用透射光这一点能够得到证实。他本人也许会勉强承认，皮耶罗·德拉·弗朗切斯卡 [Piero della Francesca] 的那幅现藏于伦敦国立美术馆 [National Gallery] 的《基督洗礼》[*Baptism of Christ*]（图 142）差不多已经接近描绘出透射光，不过，跟他自己的努力相比，这只不过仍是暗示而已。我认为，现藏卢浮宫的《岩间圣母》[*Madonna of the Rocks*]（图 143，彩图 1）一画中的那些生长在洞穴上方，在天空衬托之下的树叶完全可以证实大师的说法，在此已描绘出一种使阿尔卑斯山南北两地画家甚感为难的视觉效果。

翻阅《绘画论》中的许多有关章节，我们发现，莱奥纳尔多有系统地观察了处于明显不同的特定环境中的阴影、光、反射光和透射光这四个要素的特性，不过他在一篇令人费解的笔记中告诫画家不要描绘阳光透过的树叶，因为这种特性会导致混乱（乌尔比诺抄本，260r；麦克马洪 977）。

他起初大概急于说明三个变项及其相互影响这样一个体系。这三个变项是：1，光源的位置，主要是太阳的位置；2，观看者的位置，即眼睛的位置；3，观察点离母题的距离。

他先从一个简单的例子着手，在笔记 262v（麦克马洪 968）中画出一幅示意图（图 144）。假设三棵树排成一行，太阳位于左方，眼睛跟中间那棵树正对，我们理所当然就会看到中间那棵树处于半明半暗之中，右方的树的受光面朝向我们，左方的树似乎没入了阴影中。这些笔记和示意图大多数都选自手稿 E，在这本手稿中，莱奥纳尔多快速勾画出了这些树本身，不过，他显然对此不满意，于是涂掉了其中的一棵树（图 145a）。

另一幅画有一些圆圈的示意图（图 146）说明了一种与之不同但却同样简单的观点（乌尔比诺抄本，266r；麦克马洪 964）：视点对排成一行的树的间距形相的影响。从 a 到 b 的间距可被明确看出，但其后各圆圈的间距会渐渐缩短，直至完全重合，这种观察方法本身并不令人惊奇，但却是莱奥纳尔多的一个始终一贯的典型观察方法。

在下文中，我将大大地把自己限制在某些例子中，它们是《绘画论》中的插图，是莱奥纳尔多提出的几个更加复杂的组合和变化形式。笔记 255v（麦克马洪 914）的示意图（图 147）中画有一棵在天穹下的树，那天穹是漫射光 [diffused light] 或者莱奥纳尔多所谓的 *lume universale* [普射光] 的光源。我们知道，在这个例子中，树木朝向天空的部分会比朝向地面的部分更明亮，而这一切都是用字母来表示的。字母 o（接近树干之处）表示朝向地面（$p-c$）但从标着 $c-d$ 的天空部分接收一点光的那个部分，而树冠（a）这个最高部分则从天空的最高点，亦即 $b-c$ 得到光线，但是，如果树有浓密的树叶，那么黑色就会反射，因而这类树，尤其是月桂树、冷杉树和黄杨树，靠近中心的部分显得较暗。

另一幅示意图（麦克马洪 932）（图 148）图示的是从下面看的树，这种看树的视角的确是我们常用的。在左边的第一个图中，S 是光源（大概是太阳），而与之相对的接近地面的 R 表示眼睛的位置。左边的那棵树用字母 N，D 和 C 三点标出，可见它背着光，除掉以第二棵树的阴影部分为背景的较下面的一角之外，其大部分会出现透射光，但是，你一旦移到旁边那幅示意图上标着 F 的位置，你的眼睛就会看到树的左侧（$O-P$）部分在标着 $n-g$ 这棵受光的树那明亮的背景衬托之下，呈现出暗色。

我们有幸从一幅最著名的图画中看到同样是由莱奥纳尔多亲手做的这种演示，那幅画是温莎堡藏品 [Windsor collection]，是莱奥纳尔多用红色粉笔画的树木画（图 149，彩图 4）。这幅画稿的反面是一幅附有一段原文的素描（图 150），这段原文尽管在乌尔比诺抄本中有些切当的考虑，但曾使这位绘画论编者困惑：

> 以阴影为背景的树的那部分都呈现着一种色彩，凡是那些树，更确切地说是树枝愈密集之处，愈显得暗，因为那儿空气稀薄。但是，凡是高于其他树枝的树枝之处，受光的各个部分本身显得比较明亮，因而树叶更有光泽，因为太阳照耀着它们。（里克特，第 1 卷，第 456 页）

莱奥纳尔多在此微妙地提示出这种差别，甚至在那幅小树木素描（图 149）中更加微妙地揭示了这一点，对此人们只能表示惊奇。在那幅小树木素描中，他没有留下本来大概肯定想写上去的原文，如果他写上了这段原文，在那些正确地赞美这种感觉性奇迹的艺术史家们中间，也许会有更少的人想将这幅素描跟印象派的速写进行比较。无论这位大师是否面对母题画了这幅素描，他的目标并不在于用纯真之眼［innocent eye］表现事物，而是要系统地分析事物的形相。

如果他的目标真的是要用如此完美的素描图示《绘画论》全部段落，那么他的著作就会体现出比现在远为惊人的成就。几幅纯粹说明性的速写在他的笔记中保留了下来，并且复制在乌尔比诺抄本中，这几幅速写让我们了解到我们丧失的东西，因为，甚至是莱奥纳尔多，他在完成自己无数的设计中，能力也会受到局限。

研究一下笔记 253v（麦克马洪，911）（图 151），它仍旧是讨论背景的影响，不过这次讨论的是背景对单片树叶的形相的影响，当然，这一片片树叶的投影是互投的：

> 由第一层树叶投在叶枝上的第一批投影比起由那些带投影的树叶投在第三层树叶上的投影，并不显得更暗，这同样适用于第三层有投影的树叶投在第四层树叶上的投影，因此，那些以第三和第四层有投影的树叶为背景的受光的树叶似乎比那些以第一层有投影的树叶为背景的树叶更加鲜明突出。

莱奥纳尔多在这里强调看上去“突出”的树叶大概依然可使我们回想起琴尼尼所示范的传统方法。

在乌尔比诺抄本的较后几页中，莱奥纳尔多对描绘每一片单片树叶的关注达到了顶峰，他画出两幅标着字母的示意图（图 152 和 153a），第一幅又一次地解释了投影、反射光和透射光这三种性质；假设光线来自 N，并照在树叶 S 上，而眼睛处于 M，那么眼睛就会看到 B 处于阴影中，而 C 是透明的。然而，假设该树叶呈凹形，并从下方看它，它有时就会出现半是阴影，半为透明的现象。“假设 po 是树叶，N 是光源，M 是眼睛，这个眼睛就会看到标着 O（此字母在乌尔比诺抄本中因加阴影线而模糊不清）的部分处于阴影中，因为光没有从右侧，也没有从对面以等角照射它，假设 p 是受光线照明的右侧，光线就会透射到反面”（麦克马洪 939）。

对于一个非常简单的情境作这样费力的说明，可能会使读者不耐烦，不过，读到下一段笔记，读者可能会心平气和，这段笔记表明这位大师正处于全盛时期。飞速画出的一簇树叶，有三个照度层次（图 154*b*），他打算以此说明下述观察：“如果我们所见的树叶处于光源和眼睛之间，最靠近眼睛的树叶较暗，最远的最亮，只要树叶不是以空气为背景。这种现象出现在远离树木中心，亦即朝向光线的树叶中。”（麦克马洪 927）

虽然《绘画论》中的这些文字以及其他许多段落集中论述的是我上文提到的三个变项中的前两项，即太阳的位置和观察者的位置，换言之，亦即近距离研究树叶的形相，但莱奥纳尔多也关心第三个变项，即距离的影响。笔记 258v（麦克马洪 956）中的精美示意图（图 155a）简单明了地说明了他在别处叫作隐没透视［perspective of losses］即 *prospettiva de perdimenti* 这种现象；这种现象表明：树木离观察者愈远，个别的树枝就愈看不清楚，而树冠的整体轮廓就愈接近圆形。正如莱奥纳尔多在另一幅简单的示意图（图 155*b*）中所说明的那样，出现这种现象的原因是，在一个长方体中，四角所覆盖的较小区域将首先从视觉中消失。莱奥纳尔多把这种距离所造成的影响归之于空气的干预，这当然便是提出“空气透视”这个术语的原由，而我们今天仍然借用这一术语。尽管莱奥纳尔多认为空气中的蓝色是由光和暗色形成，但他将远处的蓝色调与这个事实相联系，不无道理（fol. 263v；麦克马洪 961）。他似乎并未充分意识到另一个变项，这个变项就是远方物体细节消失的原因，即眼睛的有限分辨力［the limited power of resolution of the eye］，这是一种我们借用双筒望远镜观察便能轻而易举地弥补的能力。

还有一个例子当然足以表明莱奥纳尔多是怎样看待这三个变项的相互影响的，这导致他陷入了日益复杂的问题中。他插入笔记 257v 中的示意图（图 156），意在说明俯视的眼睛对一排光线来自上方的树的影响。这种情境几何学［the geometry of the situation］总会导致人们期待看到距离较远的树有较多的阴影部分，于是，莱奥纳尔多首先会提醒我们，这些树因此就一定会看上去越来越暗。但是，他在此忍住没说，因为他想让我们记住，较远的树木也总是透过较厚的空气层才被看见的，而这层空气会减弱树木的暗色：“如果介于眼睛和第二棵树之间的空气量不是大于介于眼睛和第一棵树之间的空气量（空气量可以提亮暗色），色彩透视就会朝相反的方向消失。”这一节笔记（麦克马洪 918）有点儿令人费解，因为莱奥纳尔多在别处常常将色彩透视与空气的影响相提并论。

我们应当牢牢记住：本文从《绘画论》有关部分的丰富多采的描述中采撷的某些段落可能是些尝试性的简短札记，如果这位大师过去确定了自己的绘画论的最终的、有系统的形式，那么他本人可能会抛弃或者修订这些札记。但这并非说，我们可以轻而易举地想象那时他的努力怎样才能达到完美的境界。根据这样几个有限的变项来对树木和葱绿的草木的各个可以想到的方面进行分析，这一方案几乎不可能实施。但是，正如从莱奥纳尔多的解剖研究中所能见出的一样，我们可以从他的许多设计中，从他对水和空气的运动的研究中见出这种贯穿于他的毕生事业的乌托邦抱负［Utopian ambition］。不过，他在这些领域所付出的巨大努力，无一可被看成是徒劳的。凡是埋头研读《绘画论》第六部分的人都会发现有启发性的东西。人们开始带着新的清晰而强烈锐利的眼光注意树叶上的光和反射光的种种效果，注意不同距离和不同照度的树木形相。一旦我们的注意力由此而警觉，甚至对树木照片也会产生新的兴趣。吸引读者去研究克斯廷先生［Mr Kersting］拍摄的森林场景（彩图 6）中那光、阴影、反射光和透射光所产生的各种效果，它们相互辉映，变化无穷。莱奥纳尔多一定会怎样欢迎这种技术手段啊！这种技术手段能够以“数学的精确性”记录各种自然现象，为他所不及。的确，要对《绘画论》作出全面评论，就必须正视许多比较逼真的彩色插图，以证实甚或修正他的分析。莱奥纳尔多本人决不会理解忽视对自然形相的研究的态度，更不用说理解鄙视这种研究的态度了，而在本世纪，这种研究却受到了鄙视。

在目前的情况下，我们必须回溯到约翰·拉斯金——我上文提到过他的《现代画家》——以找到一位莱奥纳尔多的方案的真正追随者。他的著作旨在证明特纳［Turner］比其他任何艺术家都更正确地画出了每个自然外观，这点阻碍了人们对他的成就作出公正的评价。即使是拉斯金说得有理之处，我们也不愿意用他喜欢使用的激烈字眼批评往昔的画家，给他们不好的评分。但是，我们如果忘记他对加斯帕尔·普森［Gaspard Poussin］画的定型化的树的非难，我们依然会赞美他描述中的激情和诗意，他怀着这样的激情和诗意，希望反对这种理应受到责备的简单画法。他的描述使我们充分领会到，莱奥纳尔多自己肩负的任务是多么无穷无尽！拉斯金建议读者摘一枝绿叶茂盛的榆树枝，研究其形状的无穷变化，然后，他继续写道：

……在你跟前的桌上摆着一条树枝时，如果自然看上去已是如此千姿百态，那么，当她与你拉开一段距离，让你看到她那总体面貌时，她一定会呈现出什么姿态呢？那时，树梢上的叶儿变得宛如尘埃一般精细，在你和天空之间，但见那缤纷的点点线线，这种缤纷的点线，只有像画粒粒海沙那样才能画出它们来。在挨近树干的地方，这种缤纷的点线变得愈来愈密，但决不会不透明，它们永远晶莹透明，斑斑光点，散落其间，让你窥见天空；然后，一团团受光的树叶变得越来越密，除了树梢上那零零落落的一两片叶儿以外，一切都灿烂眩目，分辨不清；从这些树叶下，你能透过一片忽明忽暗，变化无常的朦胧景色，瞥见薄雾冥冥、绿光闪闪、山色透明的幽谷；树叶丛中偶尔现出弯弯曲曲的树干，灰暗惨淡，虬枝错节。一束束阳光自天而降，洒向一片片充满光泽的叶子，然后溜开，又落到某片绿茵茵的斜坡上，或者落到缠绕的树根上，在那儿忽隐忽现，还从一丛丛幽暗低垂的树叶下反射出微弱的白光，上面的树枝将阴影投向下面有光泽的树干，并在地面编织出静谧闪烁的网格；然而，除了那穿过令人目眩的光和如梦的阴影这个神秘之宫，靠近我们的是一条孤零零的小枝以及两三片不动的树叶组成的一个花环，一切都玲珑剔透，晶莹透明，不过，同样也难解难分，神秘莫测，它们是我们在别处能够感觉到，能够想象到，但却从来没有看到过的事物的典型和化身。[15]

莱奥纳尔多会对这个充满诗情的 *tour de force*［力作］有什么反映呢？他本人就是一位善于描写的散文大师，他的某些唤起了我们对自然现象感觉的描写，我将在另一篇文章中引用。但是，他也知道，文字描写不如视觉再现，总嫌贫乏。他在《比较论》［*Paragone*］中说到了这一点："当你尚未充分描写出画家用他的科学手段立刻就能演示的东西时，你的笔已经秃掉。同样，当你尚未用语言描述出画家即刻就能向你展示的东西时，你的舌头已因干燥而嗫嚅，你的身体已因饥饿而失神。"（乌尔比诺抄本，6r；麦克马洪 36）

总之，《绘画论》证明，建立绘画科学的基础需要的不是一双像拉斯金那样的观察敏锐的眼睛，而是一个以几何学方式分析事物形相的理性头脑。

［曹意强译　范景中校］

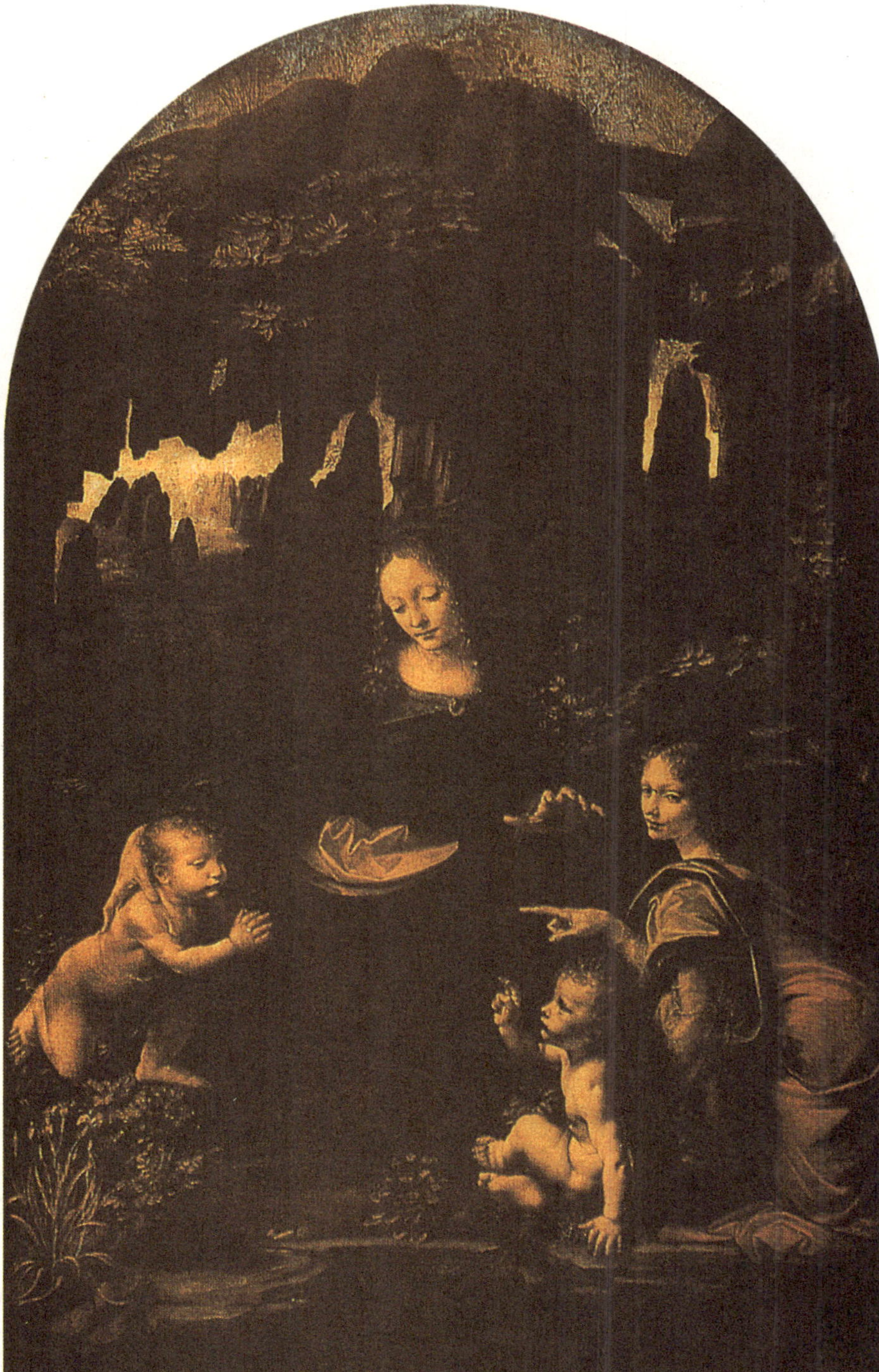

1. 莱奥纳尔多：岩间圣母，1483—6年。Paris, Louvre

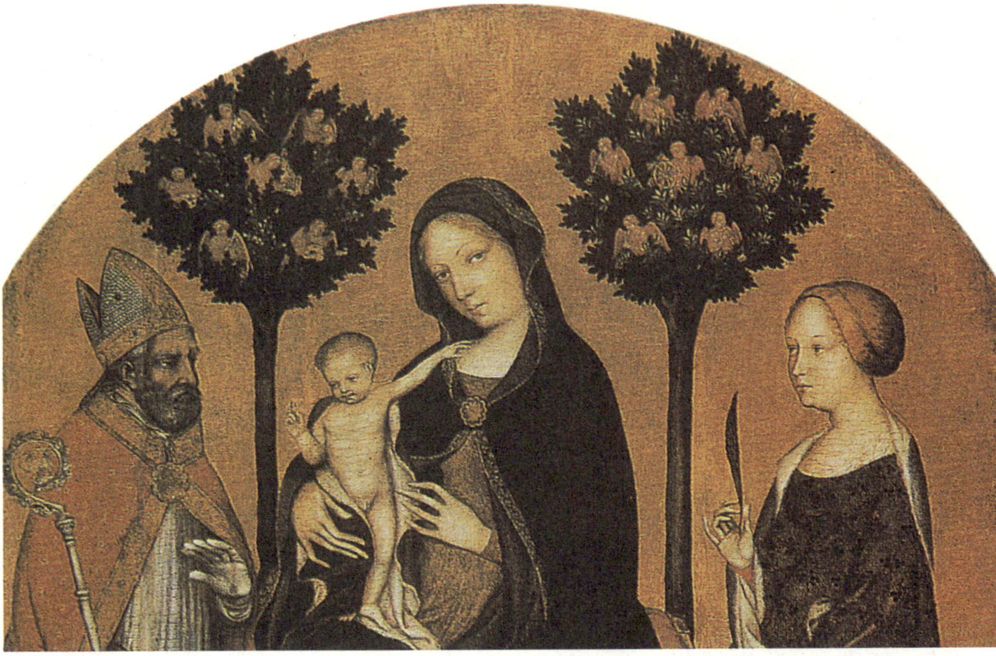

2. 真蒂莱·达·法布里亚诺：圣母子，收藏在柏林的一幅祭坛画(见图 134)的细部

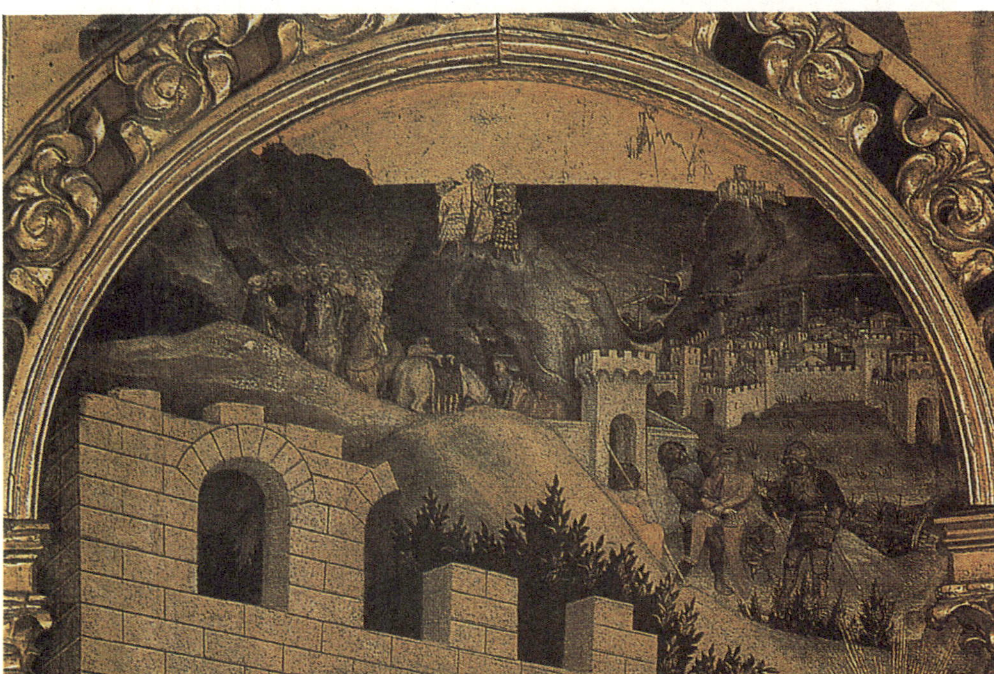

3. 真蒂莱·达·法布里亚诺：博士的朝拜(图 132)细部

4. 莱奥纳尔多：灌木林的研究草图，1498 年。Windsor Royal Library(见图 149)

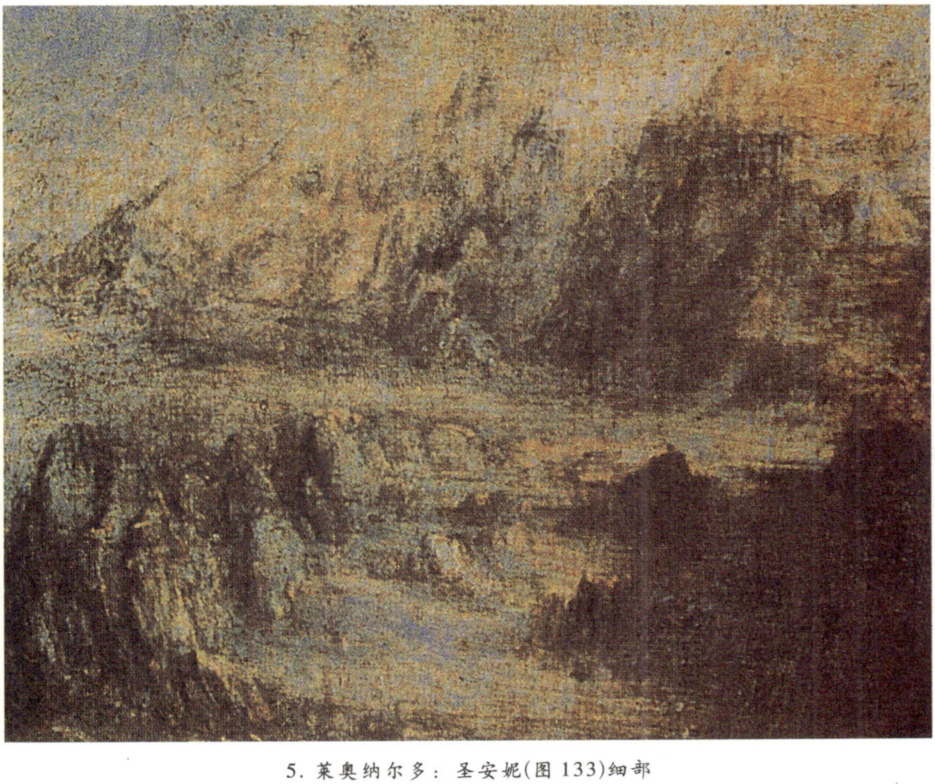

5. 莱奥纳尔多：圣安妮(图 133)细部

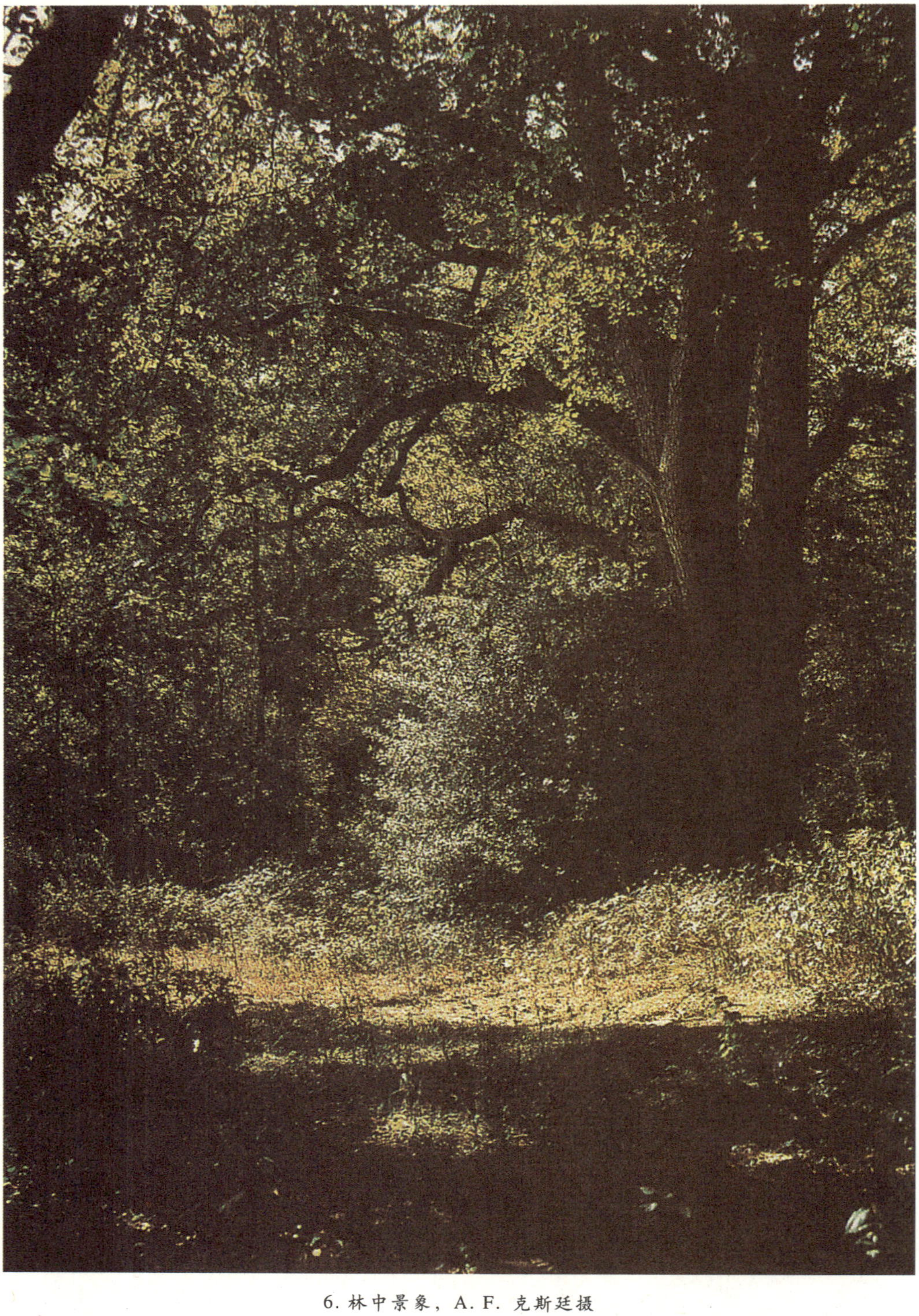

6. 林中景象，A. F. 克斯廷摄

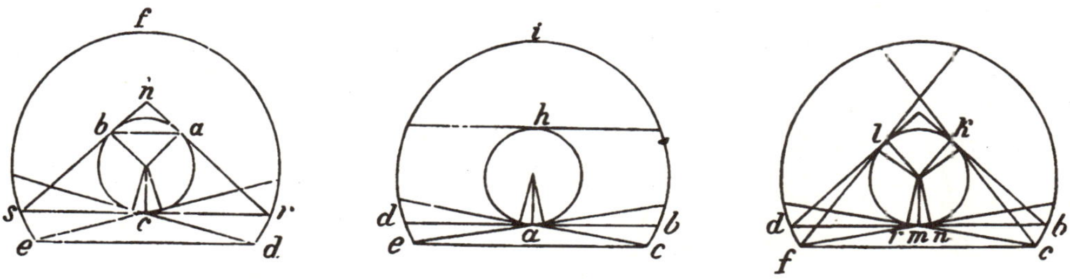

124. 光线照射图解，木刻，出自 Ludwig's edition of the Codex Urbinas of 1882

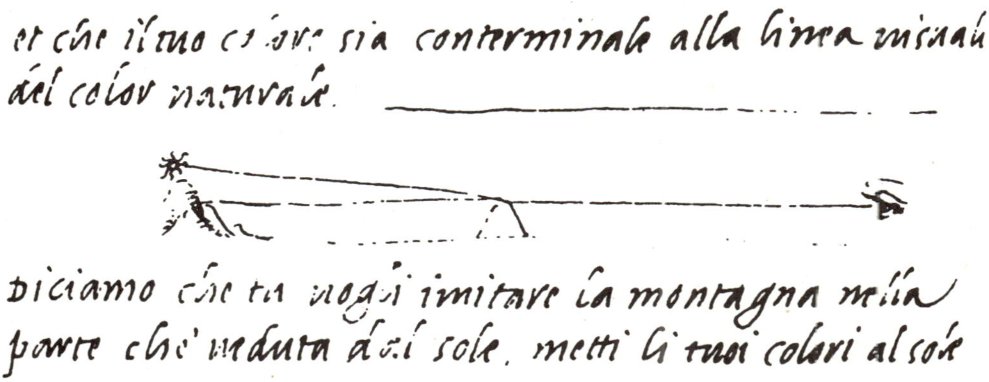

et che il tuo colore sia conterminale alla linea visuale
del color naturale.

Diciamo che tu vogli imitare la montagna nella
parte che veduta dal sole. metti li tuoi colori al sole

125. 乌尔比诺抄本 240v

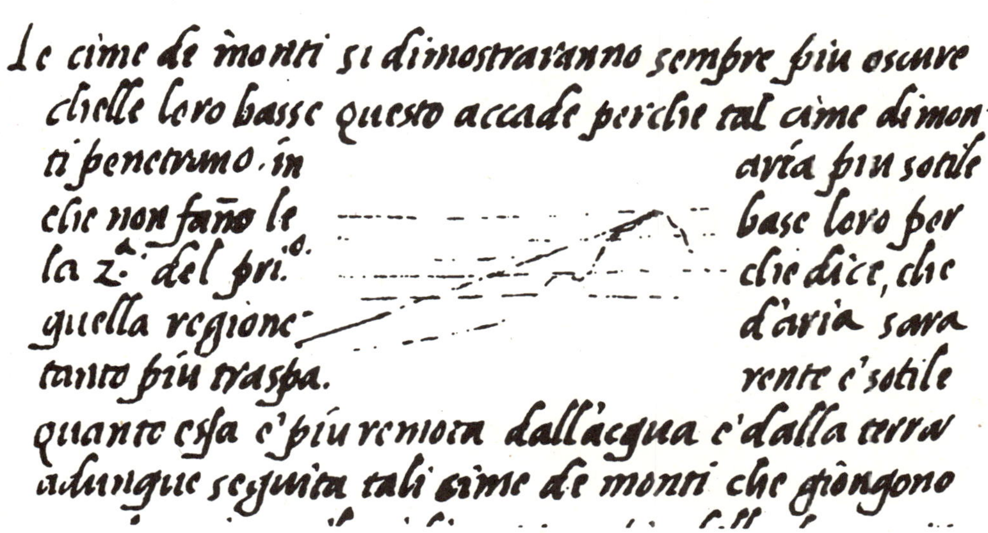

Le cime de monti si dimostraranno sempre piu oscure
che le loro basse questo accade perche tal cime di mon-
ti penetrano in aria piu sotile
che non fano le base loro per
la 2.a del pri.o che dice, che
quella regione d'aria sara
tanto piu traspa. rente e sotile
quanto essa e piu remota dall'acqua e dalla terra
adunque seguita tali cime de monti che giongono

126. 乌尔比诺抄本 232r

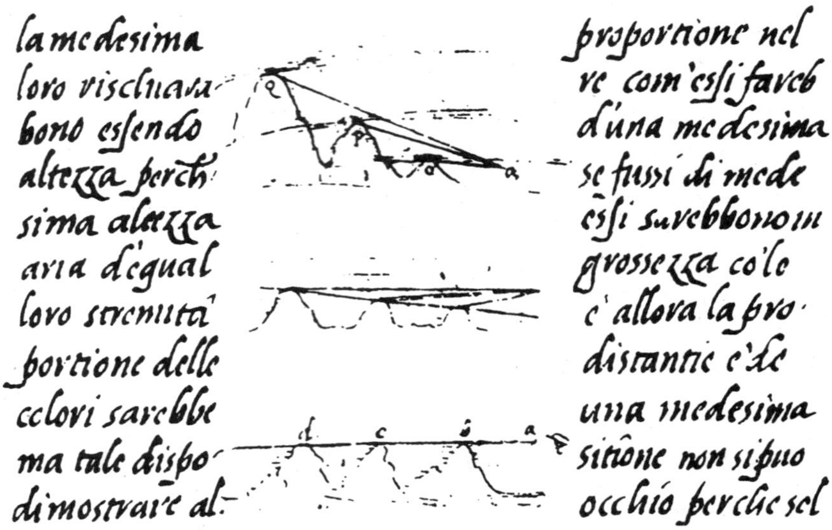

127. 乌尔比诺抄本 232v

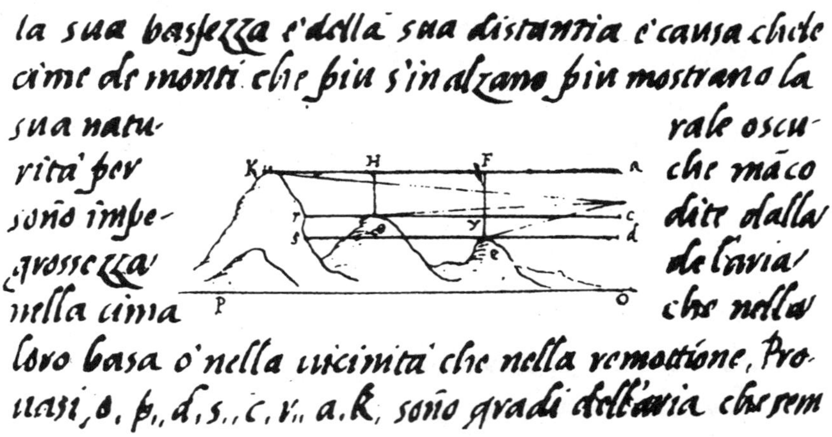

128. 乌尔比诺抄本 234r

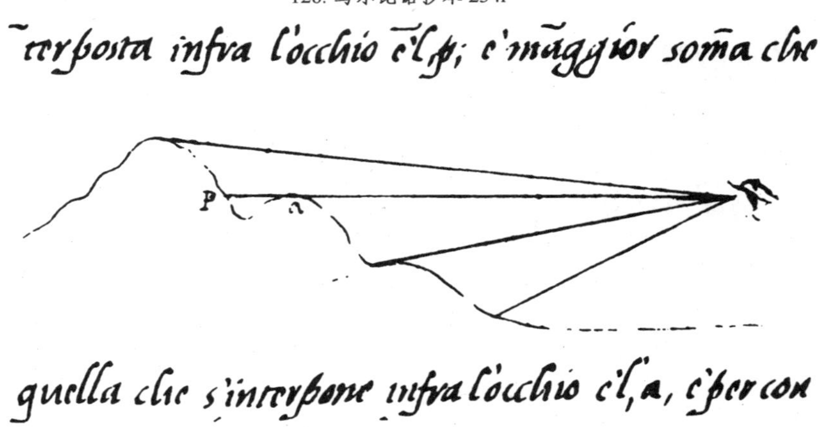

129. 乌尔比诺抄本 235v

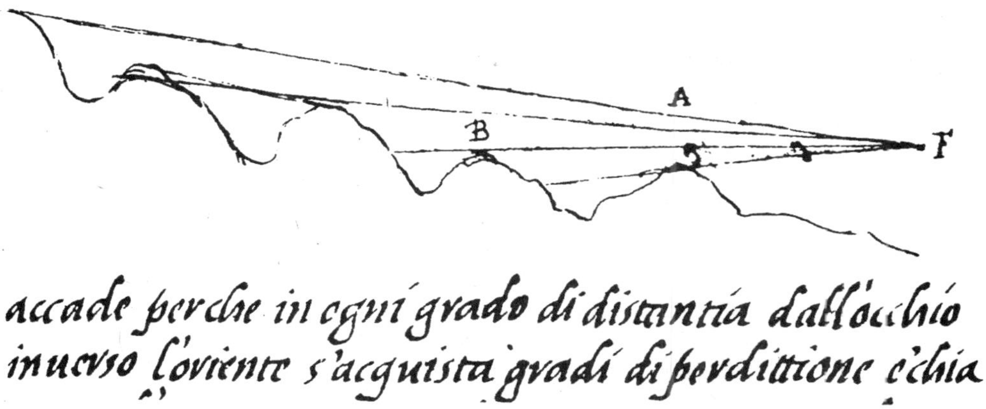

130. 乌尔比诺抄本 237v

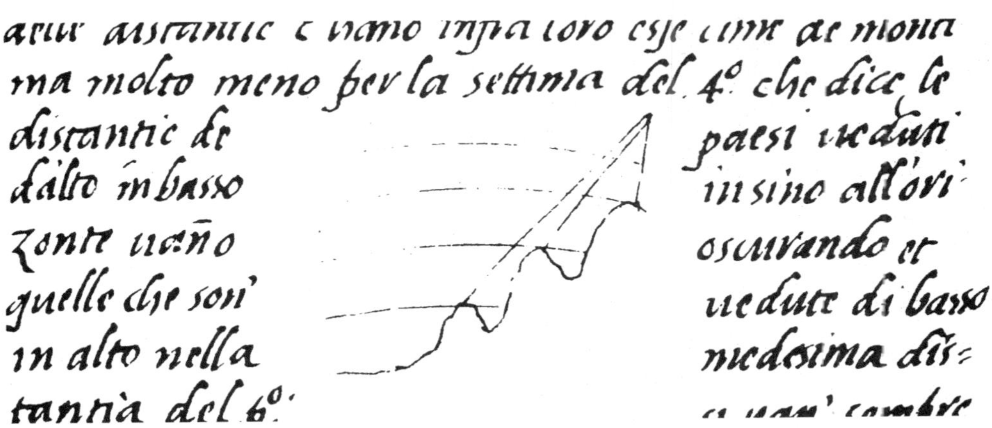

131. 乌尔比诺抄本 231v

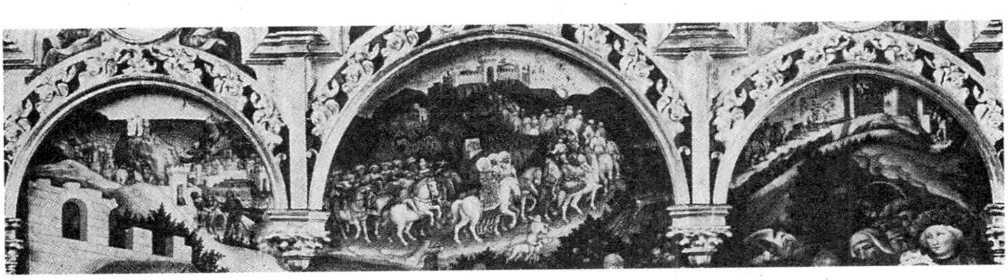

132. 真蒂莱 · 达 · 法布里亚诺：博士的朝拜，局部，1423 年。Florence Uffizi

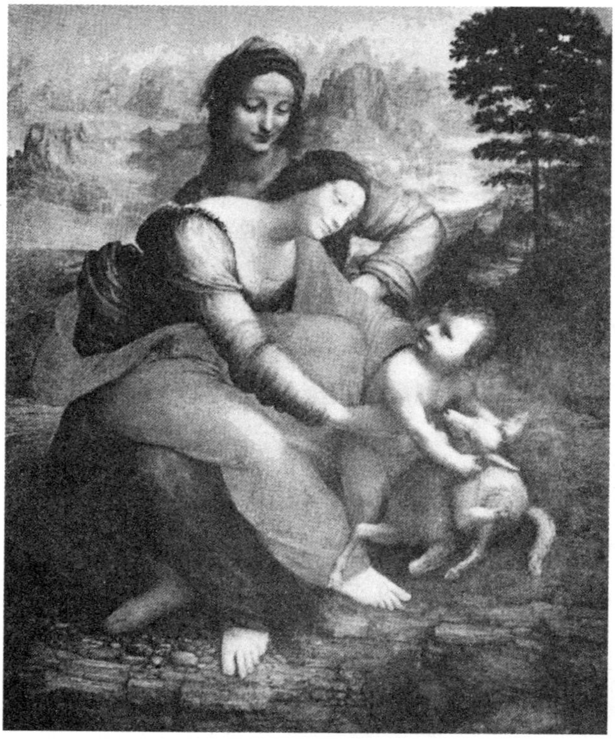

133. 莱奥纳尔多·达·芬奇：圣安妮，1510年。Paris, Louvre

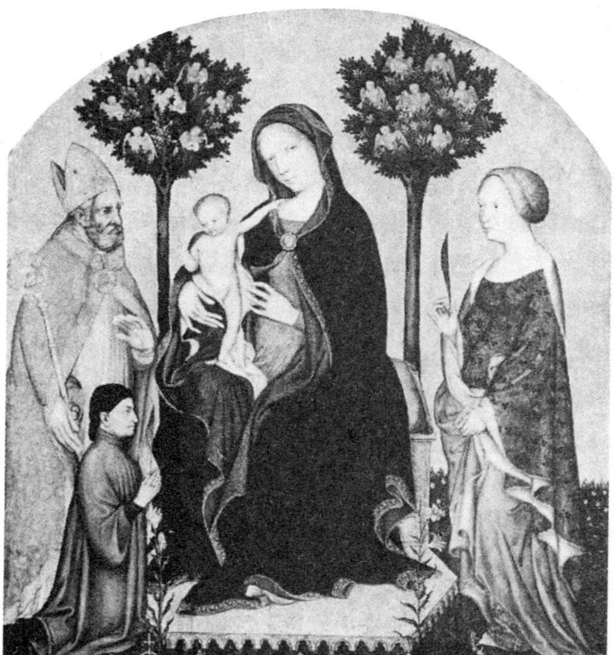

134. 真蒂莱·达·法布里亚诺：圣母子，1400年。
Berlin – Dahlem, Staatliche Museen

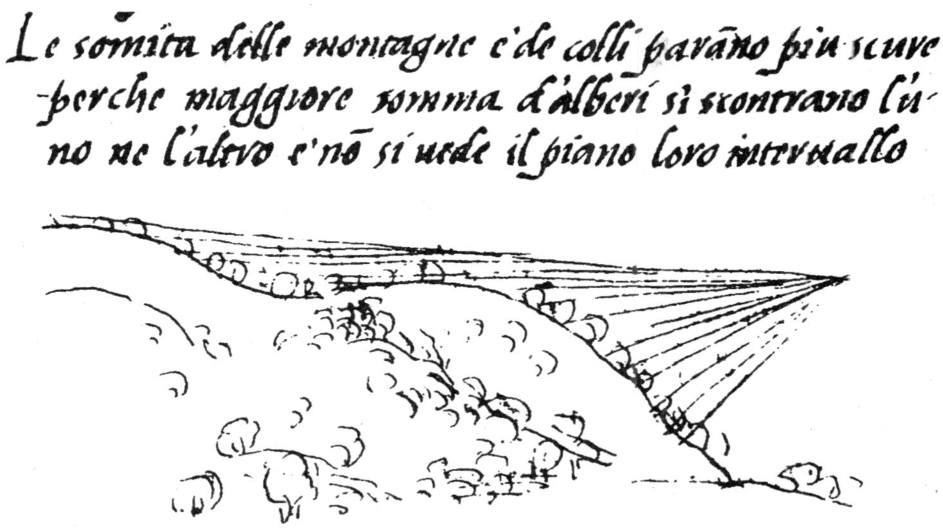

135. 乌尔比诺抄本 237v

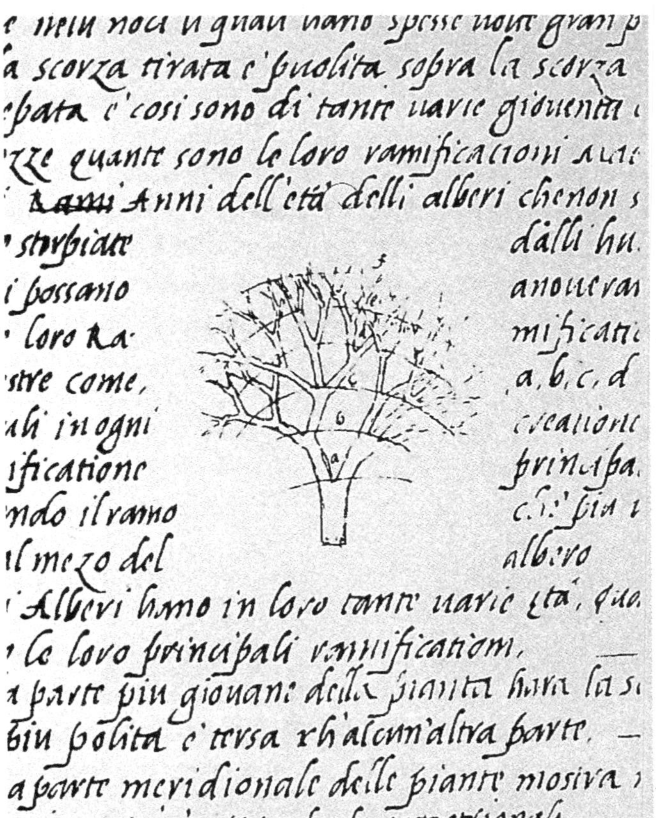

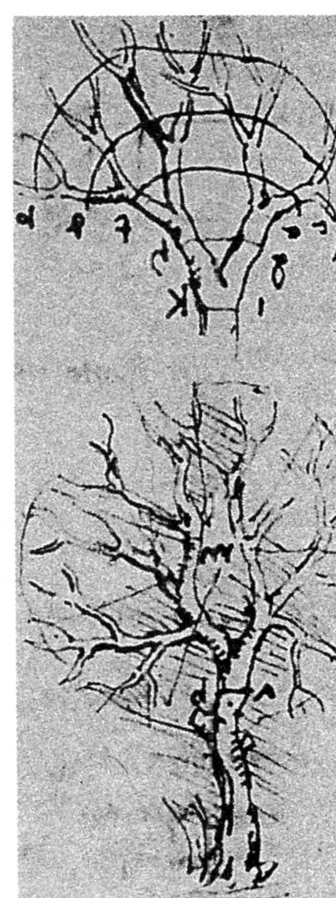

136a. 乌尔比诺抄本 246r
136b. 抄本 MSM78v; 早于 1500 年, Paris, Biblioth è que de l'Institut de France

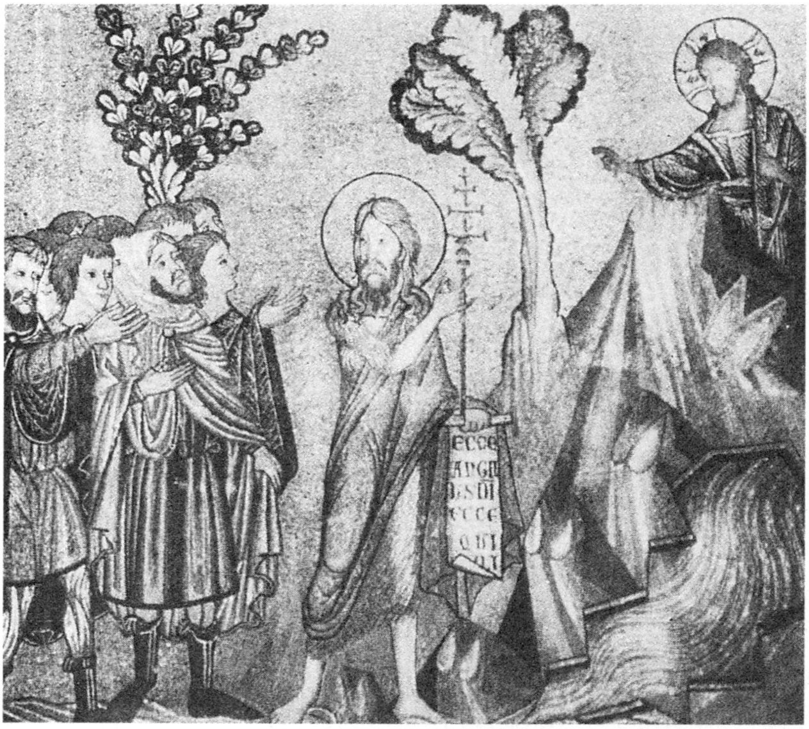

137. 施洗约翰，1330年，镶嵌画。Florence, Baptistery

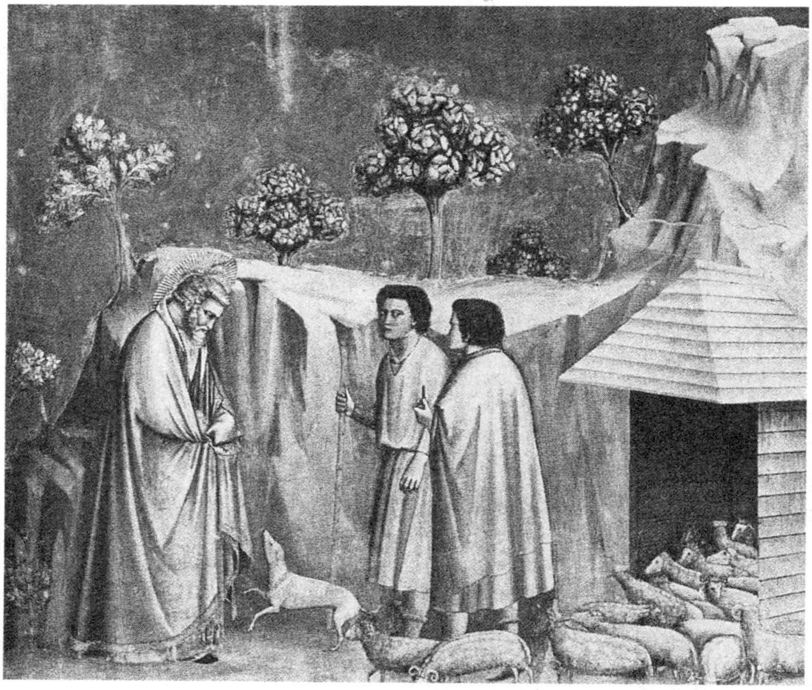

138. 乔托：乔吉姆与牧羊人，1304—6年。Padua, Scrovegni Chapel

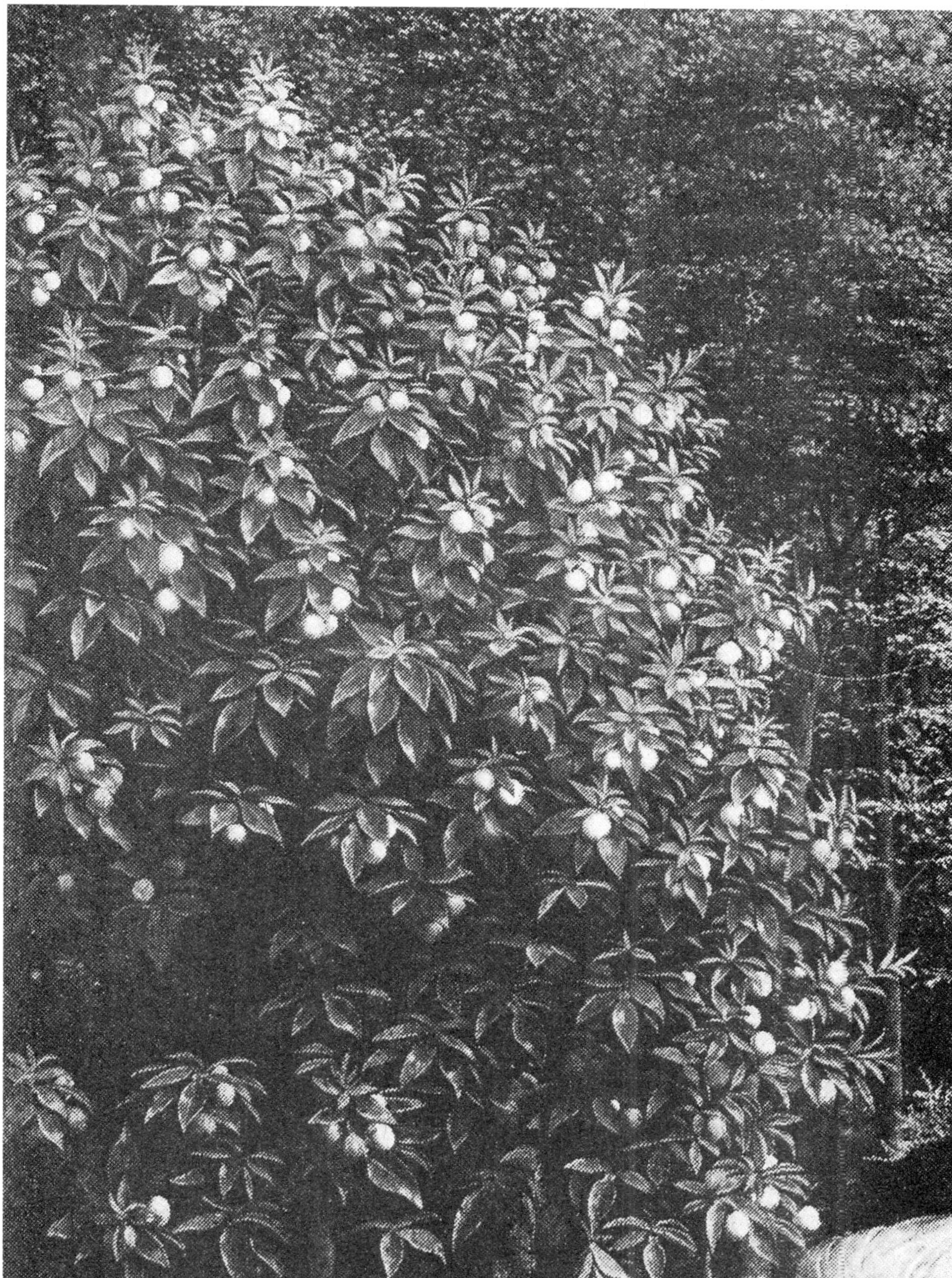

139. 胡伯特？与扬·凡·艾克：神圣羔羊祭坛画，细部，1426—32年。Ghent, St Bavo

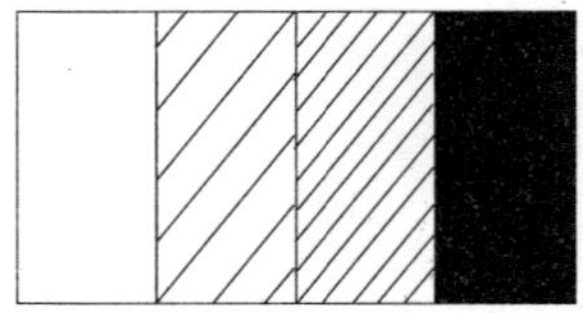

140. 阴影的层次图示

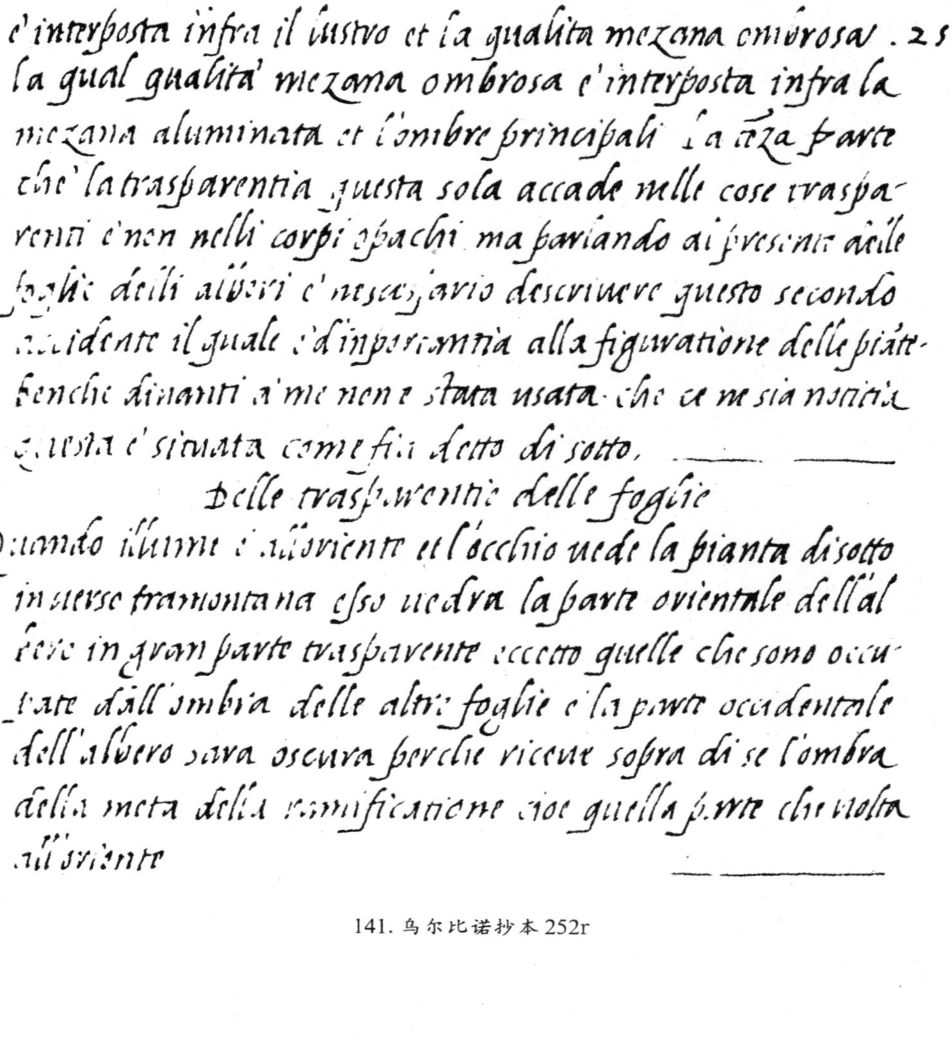

c'interposta infra il lustro et la qualita mezana ombrosa . 252
la qual qualita mezana ombrosa e'interposta infra la
mezana aluminata et l'ombre principali la terza parte
che' la trasparentia questa sola accade nelle cose traspa-
renti e non nelli corpi opachi ma parlando al presente delle
foglie delli alberi e' necessario descrivere questo secondo
accidente il quale e d'importantia alla figuratione delle piante
benche dinanti a me non e stata usata che ce ne sia notitia
questa e' situata come fia detto di sotto.

Delle trasparentie delle foglie

Quando il lume e all'oriente et l'occhio vede la pianta di sotto
in verso tramontana esso vedra la parte orientale dell'al
bero in gran parte trasparente eccetto quelle che sono occu-
pate dall'ombra delle altre foglie e la parte occidentale
dell'albero sara oscura perche riceve sopra di se l'ombra
della meta della ramificatione cioe quella parte che volta
all'oriente

141. 乌尔比诺抄本 252r

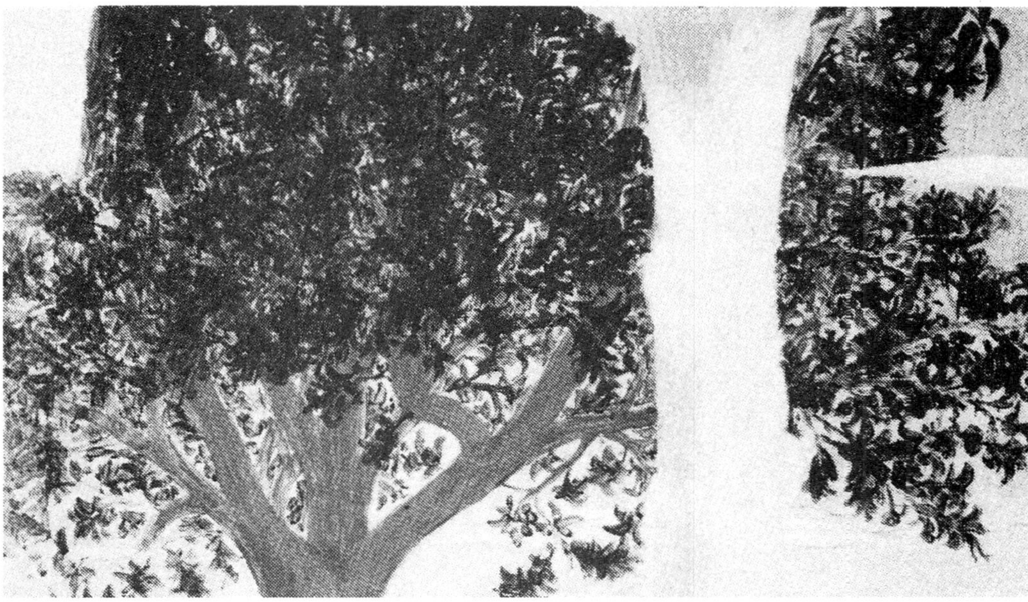

142. 皮耶罗·德拉·弗朗切斯卡：基督洗礼，细部，1450—5年。London, National Gallery

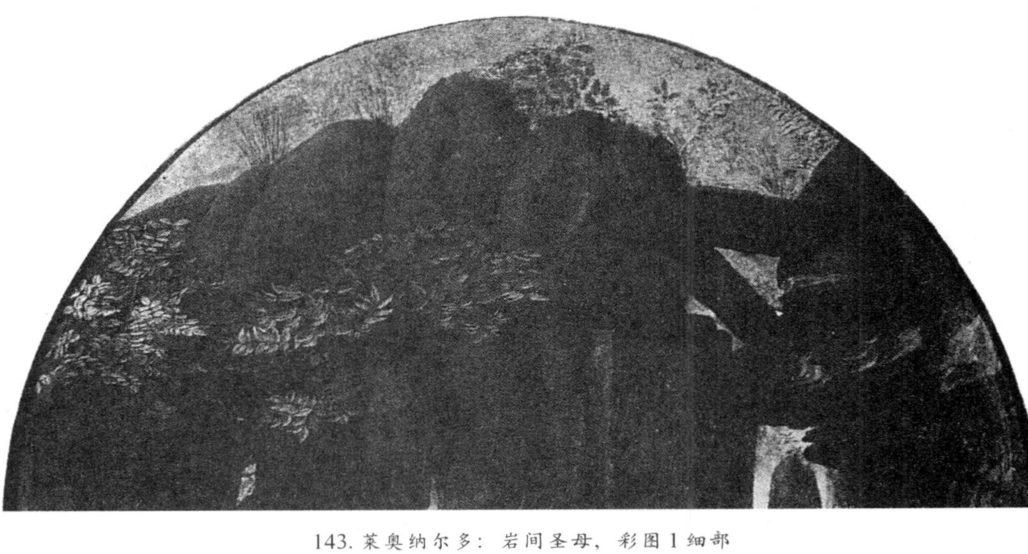

143. 莱奥纳尔多：岩间圣母，彩图1细部

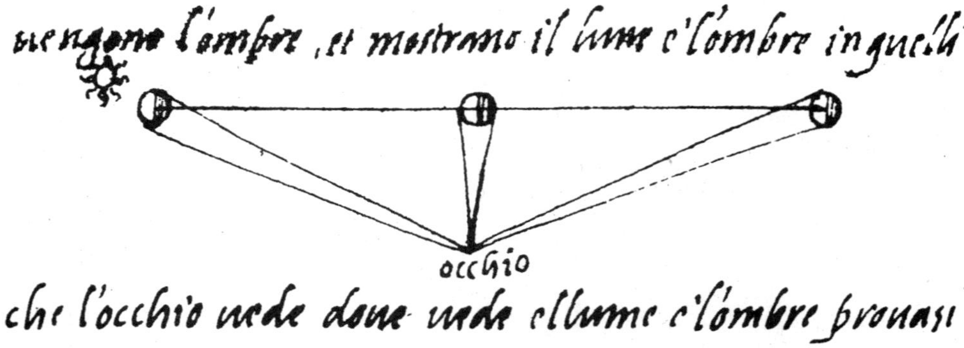

144. 乌尔比诺抄本 262v

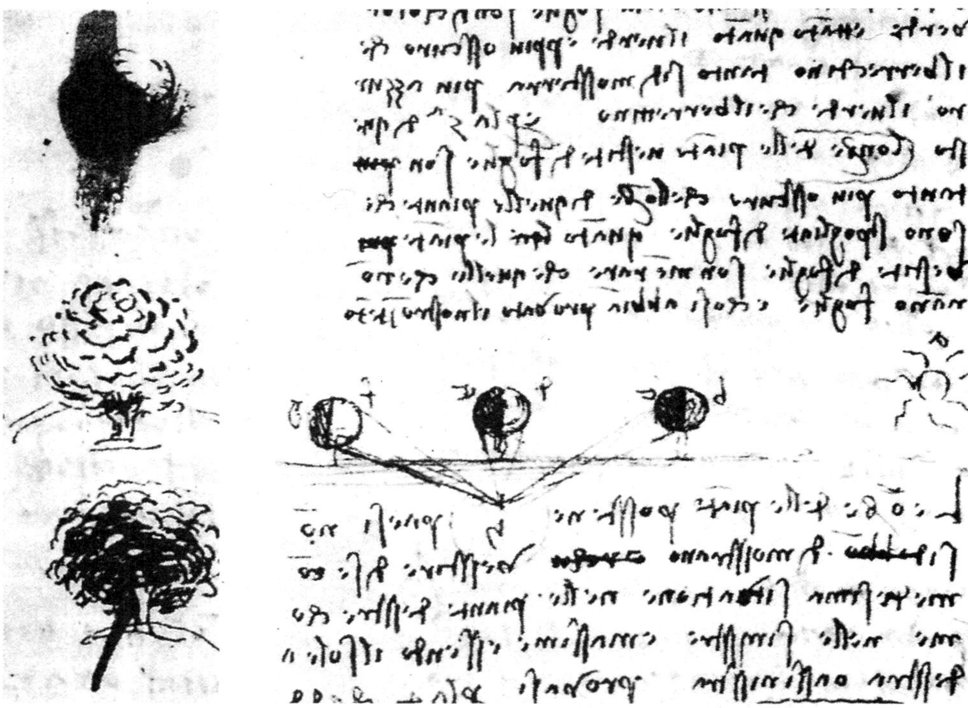

145a. 抄本 MSE18v 之细部，1513—14 年。Paris, Biblioth è que de l'Institut de France
145b. 抄本 MSE19r 之细部

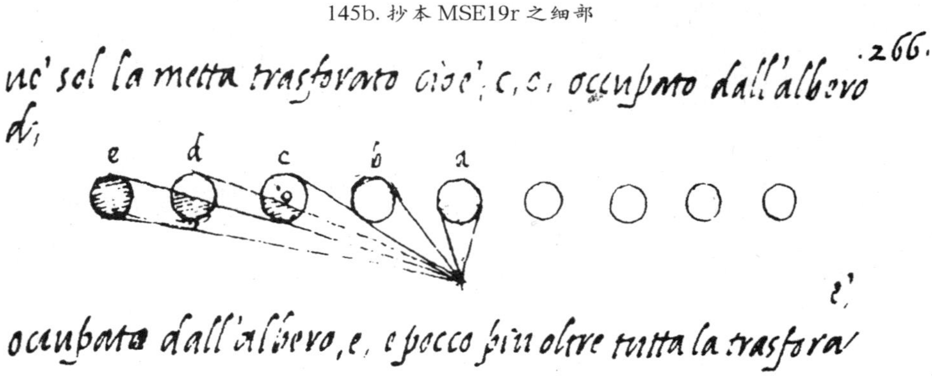

146. 乌尔比诺抄本 266r

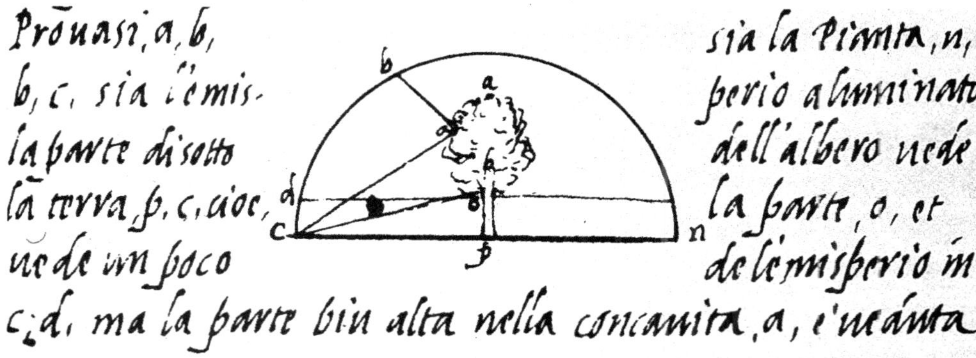

147. 乌尔比诺抄本 255v

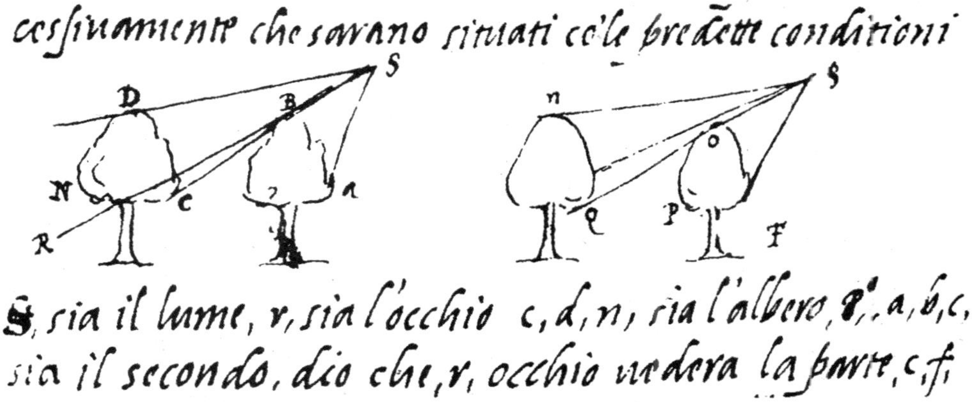

148. 乌尔比诺抄本 264r

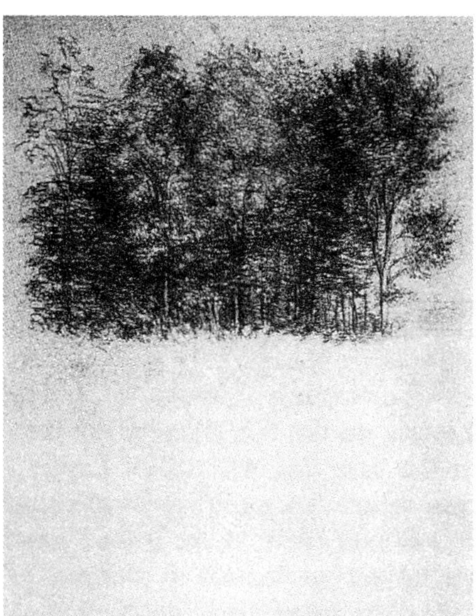

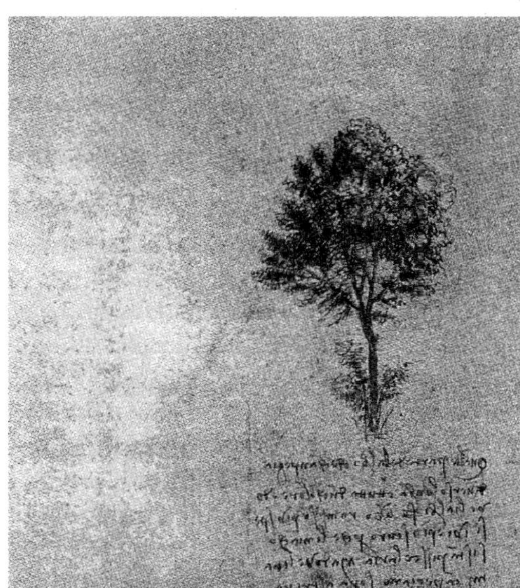

149. 莱奥纳尔多：对灌木林的研究草图，1498 年。Windsor, Royal Library 12431r

150. 莱奥纳尔多：对树的研究草图，1498 年。Windsor, Royal Library 12431v

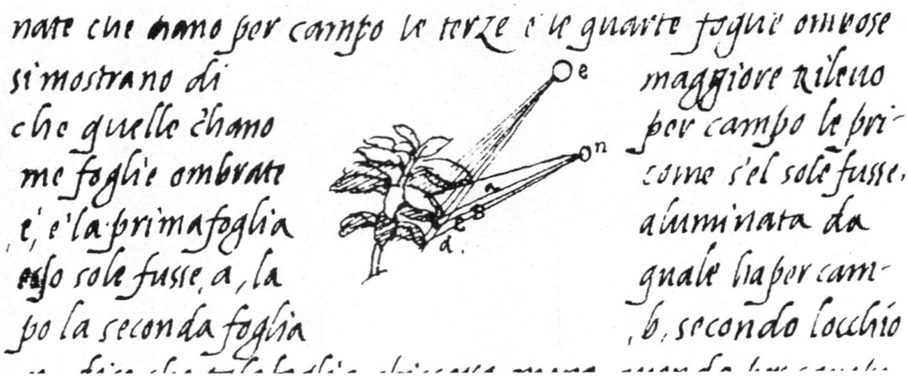

151. 乌尔比诺抄本 253v

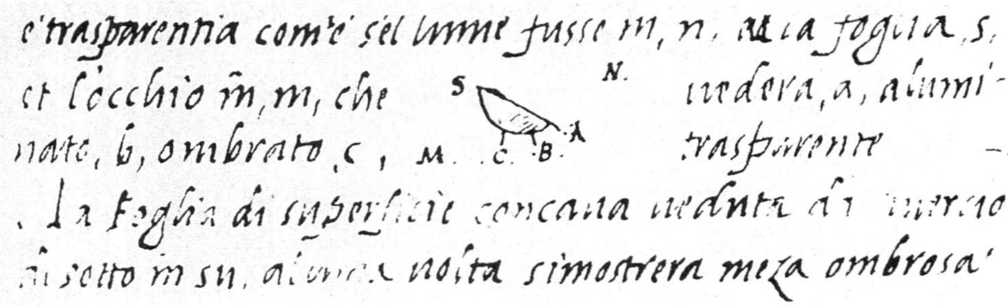

152. 乌尔比诺抄本 260r

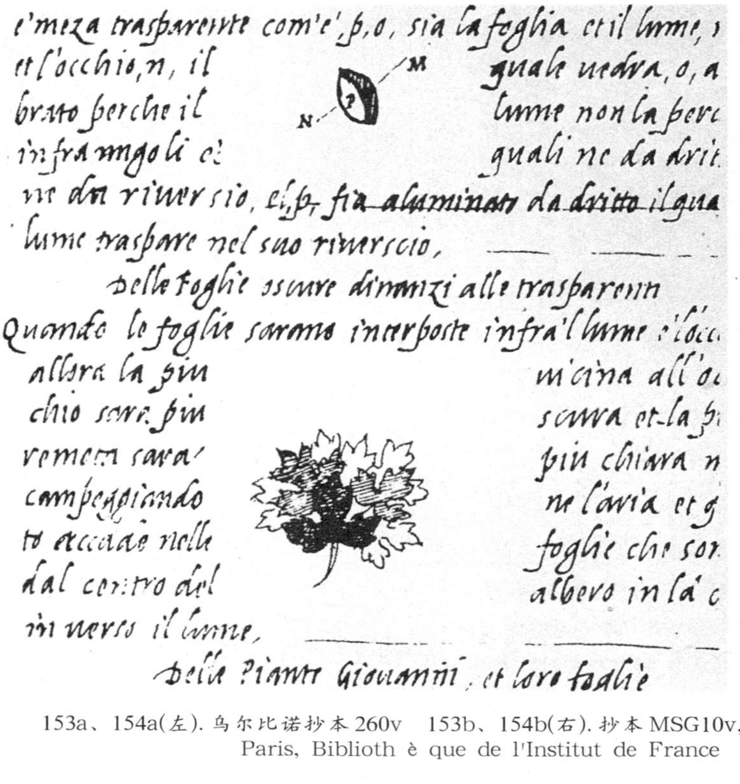

153a、154a(左). 乌尔比诺抄本 260v　153b、154b(右). 抄本 MSG10v, 约 1510—16 年。Paris, Biblioth è que de l'Institut de France

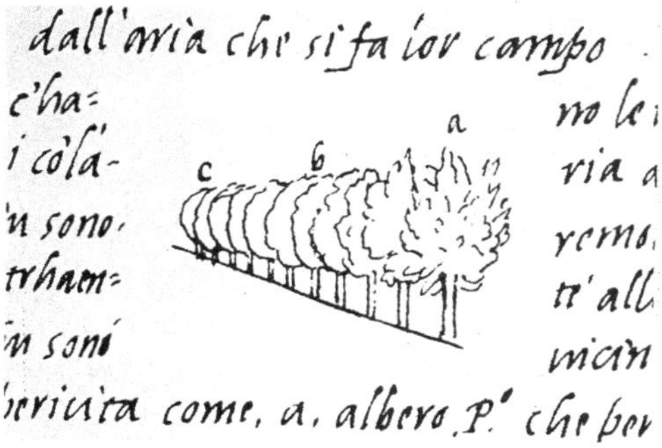

155a. 乌尔比诺抄本 258v

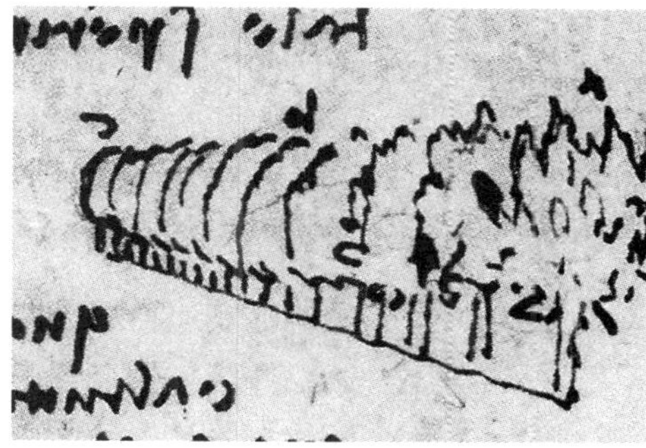

155b. MSG26v

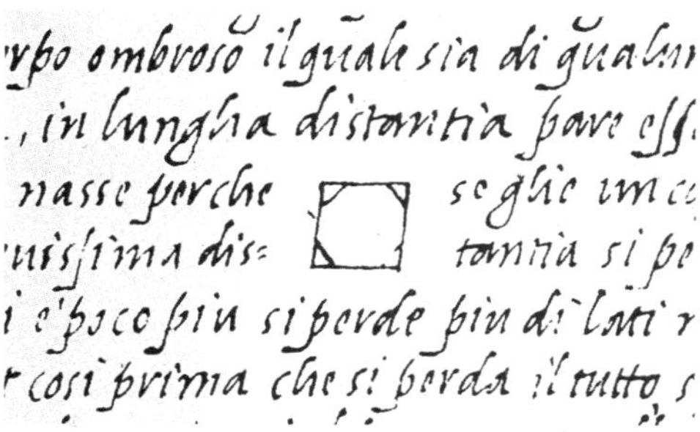

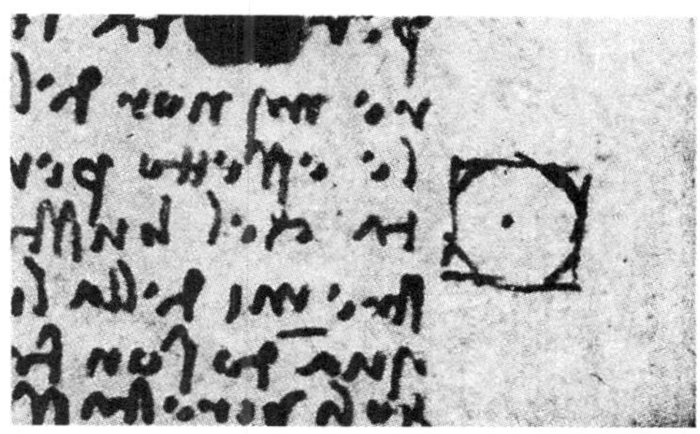

155c. 乌尔比诺抄本 259r　155d. 抄本 MSG26v，约 1510—16 年。
Paris Biblioth è que de l'Institut de France

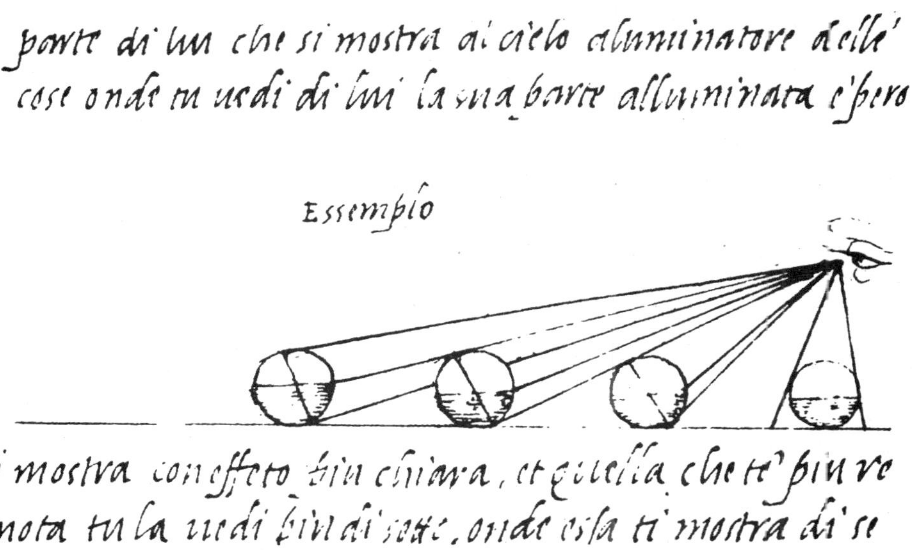

156. 乌尔比诺抄本 257v

水与空气中运动的形式[1]

THE FORM OF MOVEMENT IN WATER AND AIR. C. D. O'Malley (ed), *Leonardo's Legacy*. Berkeley and Los Angeles, University of California Press, 1969, pp. 171—204.

艺术史家在提议探讨——无论如何尝试性地探讨——远远延伸到科学史的题目时，可能需要提出辩解。一个人要讨论莱奥纳尔多作品中的任何东西，就必须成为莱奥纳尔多——而假如他成为莱奥纳尔多的话，他就会永无止境。我不想详述莱奥纳尔多知识的多面性的套话。问题倒是他的思想的一致性。他所探讨的每一个题目都似乎使他全神贯注，并且在他的专心凝视下大为扩展，以致我们得到这样的印象：在他一生中其他任何东西都无足轻重，甚至对于他的艺术也应当从这个角度来探讨。这无疑同样适用于他对光学和对明暗的持续不断的研究，适用于他对圆缺相等面积的几何学的研究，适用于他的解剖学研究，或者适用于他对重力平衡的强烈爱好。但是我认为那些题目中哪一个都不如水与空气中的运动这一题目持续不断地反复出现。单是他就这个题目所写的大量文章就足以证明它在他心灵中占据着主要位置。除去绘画的题目外，这是在莱奥纳尔多的笔记中进行系统探索的唯一题目，最后结集成十七世纪题为 *Del Moto e Misura dell' Acqua* [水的运动与测量] 的汇编，[2]把莱奥纳尔多的观察资料和简图汇集在总共有五百六十六个段落的九册书中。南多·德·托尼编辑的唯一一部莱奥纳尔多论水的文章的现代文集局限于法兰西研究院的手稿 A 至 M，而即使这部文选也多达九百九十篇笔记。[3]在莱斯特抄本[4]、亚特兰蒂斯抄本中，在温莎素描以及其他一些素描中还有许多篇幅专门探讨这个题目，这证实了我的见解，即这个题目在莱奥纳尔多的思想中是重要的。[5]作为工程师、物理学家、宇宙论学者和画家，这个题目都与他有关，这里和通常一样，把他的思想划为这些现代的区分是极不自然的。

以他在温莎的两幅最著名的素描为例，人们经常比较这些素描，而这是很正确的。一幅（图 158）属于大洪水的景象和世界末日的景象，这些景象在将近他的生命终结时迷住了他的心灵，[6]现在依然对二十世纪的艺术家和批评家具有如此强大的魅力，另一幅（图 157）是水冲击水的科学画稿。[7]这两幅素描无论在它们所图解的现象的规模上有多么大的差异，却都具有对涡旋运动与旋涡的兴趣，而这正是莱奥纳尔多的特点。在大洪水素描中我们注意到正是落水似乎在这些盘旋的运动中卷曲回来，而在科学素描中表现了水涌起并形成一圈圈上升的水泡周围的这些复杂的螺旋和旋涡，它们还环绕着小的旋涡。

即使对于漫不经心的观察者来说也显而易见，这幅素描所再现的不仅仅是偶然吸引了莱奥纳尔多的个别情景的印象。实际上，它属于关于水落到下面水池上的效果这同一个问题的十分庞大的一类素描。这类素描及其附加的解释早在手稿A中即从十五世纪九十年代初起就出现了（图159）[8]，至少到莱奥纳尔多尝试汇集他关于水的笔记的第二米兰时期一直反复出现（图160）。[9]

激励我着手研究这些令人惊讶的素描的是看见与知道的关系或者更确切地说是思维与知觉的关系的问题，我的《艺术与错觉》一书就专门论述了这个问题。[10]对于这个问题的研究者来说，不会有比莱奥纳尔多更重要的见证人。我们有些人对理论与观察的相互作用感兴趣并相信对自然的正确再现既依赖敏锐的观察也依赖理智的理解，他为这些人描述了一个判例。对于莱奥纳尔多，这会是老生常谈。假如他不相信画家必须不"仅仅是眼睛"的话，他就不会写《绘画论》及其全部科学观察资料。实际上十分清楚，他不得不回击如他们的某些后继者今天这样对这种唯理智论不满的画家同行以捍卫自己的见解。

> 这里［我们在《绘画论》中读到］有反对者说，他不需要这么多的*scienza*［科学］，因为对他来说，有根据自然画对象的实践就足够了。对这个意见的回答是：现实中没有什么东西比不加进一步推理，便一味相信我们自己的判断更能欺骗我们，因为经验总是表明，推理是炼金术士、巫术师和其他机敏而又愚蠢的人的敌人。[11]

这里，莱奥纳尔多的论点无疑是，这些骗子也求助于知觉，使易受骗者看到幽灵或黄金，因为他们不能把他们的判断力与理智结合起来。在科学史上，长期以来他都被描述为一位只是勤于观察因此知识超过所有同时代人的人，假如没有这个事实，也就无须强调莱奥纳尔多对于理智的偏爱了。必须承认，从他有时的言论看仿佛情况就是如此。尽管傲慢无知而学究气十足的教授们言过其实，他却反复强调过经验（*sperientia*）是他唯一的女主人与向导。难怪把他视为弗朗西斯·培根和归纳主义的先驱的科学观念，强调他的著作这种对观察的偏爱以赞扬他的现代性。我几乎无须说，这种解释是陈旧的。它在科学方法论中是陈旧的，人们已日益认识到科学的进步不是凭借观察而是凭借思考，凭借对理论的检验，而不是凭借对任意的观察资料的汇集。[12]它在莱奥纳尔多研究中也是陈旧的，我们日益学会看到并理解大师的著作中这种连续的成分，他的认识令人激动的进展，它像每个人的认识一样，始于历代积累下的思想，但继而根据*sperientia*［经验］检验和批判这些思想。[13]他的解剖学研究如此，他对水的研究无疑亦然。但是，尽管科学史家为我们艺术史家提供了理解莱奥纳尔多解剖学素描的极好的线索，迄今却没有水力学史家提供给我们对于他关于水的素描的类似的详细研究。在缺乏这种研究的情况下，艺术史家有时求助于赞扬莱奥纳尔多的永不衰竭的观察力和视觉直觉这种反射性的活动。但是，看一看我们的插图（图 157）就可以说明这种见解是不充分的。十分清楚，它不是水落在水上的快照，而是他关于这个题目的思想的精心绘制的简图。没有哪个瀑布或旋涡允许我们同样清楚地看到流水的线条，湍流的水中的气泡也从未分布得如此有条不紊。甚至那些不习惯于观看这些效果的人也无疑会同意 L. H. 海登赖希［L. H. Heydenreich］的看法，他认为这幅优美的素描是一幅抽象的、风格化的作品，[14]各种力量的形象化，而不是个别观察资料的记录。在莱奥纳尔多关于水的笔记中有无数这样的简图，包括从页边的小图画到对笔记内容的稍微形象化的表示。它们有的仅仅是重复正文的资料的象形文字，[15]还有许多像几何学或光学论文的传统中的插图一样为描述提供证据，让读者参照素描中的字母符号。“水 m，n，落入 b 中，撞击在岩石 b 下，c 返回，因此在 q 中旋转上升，f 中被由岩石 b 所撞击的水所猛冲的东西以相同的角度返回……”，[16]这种描述法的优点显然是使莱奥纳尔多能够如下面的笔记那样记录运动的顺序，“这里，接近表面的水如你所见的那样运动，在碰撞中向上、向后返回，向后返回和在水流的角部上方下落的水向下运动，如你在上面看到的那样以 a，b，c，d，e，f 的顺序运动”（图 161）。[17]

莱奥纳尔多无疑把他的《论水》想象为附有无数这样的简图。1490 年的手稿 C 中有一些篇幅（图 162）已表明了这样一本书可能采取的理想形式。他尤其在手稿 A 和 F 中（图 163 和 164）和莱斯特抄本的一些篇幅中又回到这种形式。卡鲁西和法瓦罗版本的巴贝里尼亚诺抄本［Codice Barberiniano］*Del Moto e Misura dell' Acqua*［水的运动与测量］的某些空白也许比任何以形象化优点为理由进行的选择都更清楚地说明了莱奥纳尔多希望给予这些简图的位置。

然而，如果在这些关于水的论文和笔记中有什么东西引人注目的话，那就是语词的优势和分配给语言的角色。无论他知道与否，在语词与图像的 *paragone*［竞争］中语词在这里常常领先。

在当代艺术批评和艺术教学中，关于所谓“语词类型”［verbal types］与“图像类型”［image types］的区分的问题，人们发表了大量言论。艺术家被说成“图像类型”，人们常常表示担心，艺术家的心灵会由于与语言学科过多接触而遭到败坏。凡是通读过莱奥纳尔多笔记的人都不能怀疑语言的清晰对于他具有的重要性。尤其他关于水的笔记表明了他力求掌握这种媒介：他十分系统地逐步建立了一套语词和概念的词汇用以捕捉和唤起那种种转瞬即逝的现象并把它们固定于头脑之中。

他对这些现象进行罗列、划分、细分的那种耐心很可能是这些笔记的现代研究者们望尘莫及的。甚至 A. E. 波帕姆［A. E. Popham］这样的莱奥纳尔多的赞赏者也宣称它们几乎是不可卒读的。[18]然而，如果人们费力读完了这大批笔记的话，它们就获得了异常的魅力。不知什么缘故，风格与内容似乎融为一体。像它们试图描述与捕捉的那些难以捉摸的现象一样，语言的溪流绕过障碍悠闲地蜿蜒流淌，结果一头扎入玄想沉思的深渊，在那里盘旋，久久不离，似乎被截在一个不可能存在的位置无法逃脱。突然一个新鲜的想法从深处喷涌而出，思想又起着旋涡，波澜起伏地流动起来，寻找着莱奥纳尔多关于宇宙的观点和诸元素在它的生与灭中注定要起的作用的观点的中心海洋。

我不想也不可能反复地描述，让读者经受这种折磨，但是，至少说明一下莱奥纳尔多为使他的语音柔顺得足以描述与分析水的运动而付出的这种惊人的努力，这对于我的题目来说还是必要的。在手稿I中有一篇笔记，人们认为属于约1479—1499年，它仅仅罗列了可用以描述水流的词汇，数目之多难以置信：*Risaltazione*［奔涌］，*circolazione*［环流］，*revoluzione*［旋转］，*ravvoltamento*［倾泻］，*raggiramento*［徘徊］，*sommergimento*［沉没］，*surgimento*［喷涌］，以及六十七种概念，例如*veemenzia*［猛烈］，*furiosita*［剧烈］，*impetuosita*［激烈］，*concorso*［汇合］，*declinazione*［倾斜］，*commistamento*［汇流］。[19]

这样，当莱奥纳尔多写他对大洪水的著名描述时就能够利用他自己搜集的语词和短语这个丰富的宝库。

但是，这里重要的不是语词，而是它们创造种种区分与建立种种范畴的能力。我认为莱奥纳尔多终生都遵循着系统的分析与排列的方法。他完全不是从观察入手，而是自问在一种既定现象中能够识别出哪些可变物，哪些组合与排列仿佛先验地可能。我们在论他的怪诞头像的一文中将看到这种方法在起作用。种种旋涡提出了更大的挑战。[20]属于约十年后的手稿F为制订波浪、水流与旋涡的全部可能性做的特别丰富多彩的尝试。

> 在表面的旋涡，在水的各种不同的深度产生的旋涡，占据那整个深度的旋涡，活动的旋涡和稳定的旋涡，椭圆形旋涡和圆形旋涡，不变的旋涡和分裂的旋涡，转变为它们会合处的旋涡的那些旋涡和与落下的与反射的水相混合并使那水旋转的旋涡。哪些种旋涡使轻物体在水面旋转而不淹没它们，哪些种旋涡确实把它们淹没，使它们在水底旋转而后留在那里，哪些种旋涡使物体离开水底，把它们抛上水面，哪些是椭圆形旋涡，哪些是垂直的旋涡，哪些是水平的旋涡。[21]

使这些段落更加令人敬畏的是，它们的形式与上下文揭示出它们是莱奥纳尔多称作“书”的更详细的章节的雏形。有时我们发现一页接一页地写满了这些章节的标题，把它们总合起来，可以构成关于水的和水流的种种形式的完整的百科全书。[22]无庸置疑，在这些方案中，莱奥纳尔多受到科学是世界的有系统的清单这种亚里士多德学派的概念的影响，他想如动物学家为动物种类分类一样为旋涡分类。

对旋涡或波浪进行这样一种分类对于现代科学家意义不大，我认为我这样说正确。科学家可能会说，把物体带到上边的旋涡和把物体拖到水底的旋涡间的区分是无效的，因为向下盘旋运动的同一个旋涡也把水抛到上面。此外，莱奥纳尔多用湍流的概念描述正常水流被搅乱时的状态，而这个概念含有个别微粒的路径变得完全不可预见的不规则化的意思。[23]不是他没有对波浪与旋涡所表现的形式也加以研究，而是令他感兴趣的是，这些形式乃是复杂的数学关系，其复杂常常使他认输。

莱奥纳尔多说过，力学是“数学的天堂”，人们常常引用这句精彩的格言。[24]看一下最基础的流体力学教科书，就会使我们多数人相信这个分科是数学的地狱。莱奥纳尔多起初怀着狂热的乐观的希望——希望彻底地制订并解释仍然难于做如此严格处理的一个物理学领域的任何偶然情况，而他所掌握的算术和几何学工具与他满足这种希望所需要的工具实在相差甚远。

亨特·劳斯［Hunter Rouse］和西蒙·英斯［Simon Ince］合著的《水力学史》［*History of Hydraulics*］（衣阿华，1957 年）在讲述十七世纪贝尔努利［Bernoulli］和十八世纪达朗伯［d'Alembert］的数学成就之前仅用几页篇幅讲述了莱奥纳尔多。但是著者们承认，应当认为莱奥纳尔多系统表达了现在称之为连续性原理的一个基本定律。这个定律是，“一条河流在其长度的每一部分在相等时间内流过等量的水，无论其宽度、长度、坡度、曲折度如何”。从这个定律可以推论，（如莱奥纳尔多在 1492 年的手稿 A 中所说）“一条深度一致的河流，较狭部分比较宽部分水流要迅疾，至较宽部分超过较狭部分的程度”。[25]

这个相互关系是思维的问题而不是观察的问题；它是莱奥纳尔多推论出的东西而不是他可以观察与测量的东西。[26]一旦假设水不能够压缩就可以得出这个原理，因为较狭的路段必须使水流加速才仿佛能与河流的较宽路段步调一致。

由于学会了在谈论时比被培根的归纳主义牢牢迷住的科学史家更着眼于演绎法，因此我们能够再次正确评价莱奥纳尔多使关于水的科学成为从像欧几里得的“原本”那样的最初原理入手的演绎科学的初始方案。莱奥纳尔多由其入手的这些原理是在亚里士多德科学的传统中发现的，它支配着他那个时代的思想，按照这个学说，月下世界［the sublunar world］——月亮下面的世界——由土、水、空气和火四种元素构成，它们各自在宇宙中有其“固有位置”。最重的元素土占据中心，其后依次是水、空气和火。这种描述中似乎没有任意的东西，因为，这些物质被移开划归的位置时，总是趋向那个位置，这难道不是一般经验吗？松开一块泥土，它就会朝中心的方向下落，除非被某个障碍物所阻遏。水自然会构成第二个领域，停留在坚固土地上的海洋或湖泊中。但是释放水中的一个气泡，它就要上升到自己的家园——大气层，最后，当你在我们的大气层中点燃一把火，就会看到它力图升得更高，升到自己的固有位置，就在构成繁星的第五种元素或“第五原质”［quintessence］，没有重量的以太的下面。

我们发现，在属于 1490 年的莱奥纳尔多的手稿 C 中重新陈述了对于所谓“自然运动”——元素趋向自己的家园的运动——的这种正统的亚里士多德学派的描述。

所有从其自然位置移开的元素都期望回归那个位置，尤其是火、土和水。越是以最短路径实现这种回归，那条路线便越笔直，而那条路线越是笔直，在它遭到抵抗时冲击力便越强大。[27]

这是可以凭借观察很容易证实的基本的相互关系，弯曲的河道和笔直的河道间的差异，在附图中对此作了图解。它是一种宇宙法则的例证。

我们知道莱奥纳尔多怀着怎样的敬畏心情观看这些定律的效力，又是怀着怎样的强烈爱好试图从它们的普遍正当性中推论出随之而来的结果。于是，他在同一册早期笔记本页码 23v 中设计了我们会称作具有纯粹演绎特点的理想实验的东西：

> 假如有一个没有入口和出口、不被风吹皱的宽广的湖泊，并且从湖岸水面下部分取出一小部分土，那么所有在那个切口上面的水都会经过这个切口，而不会使切口下的水运动。

莱奥纳尔多画了一瓶覆盖着薄薄一层油的水，这层油可以排去而不使水搅动（图 165）。“在这样的情况下，”我们读到，“生命为大自然注入法则，大自然受到其法则的条理的约束，结果，封闭的湖岸中所容纳的水的表面处处都与地心距离保持相等。”[28]

莱奥纳尔多不会知道这样产生的水流所造成的摩擦力。但是，构想我们会称作“理想流体”的东西的理想情况这种尝试本身比据称他的观察力的精确更有力地证实了他的科学天才。

莱奥纳尔多在他对运动的讨论中还应用了第二条一般定律——他在 1492 年的手稿 A 中所利用的反射或弹回的定律：

> 把球抛到墙上，它们就以和冲击角度相似的角度反射回来，击到对面墙上。人们清楚地看到的，而且众所周知，拍击河岸的水，其运动和抛到墙上的球一样（图 166）。[29]

莱奥纳尔多作为水力工程师尤其对这个效果感兴趣，它向他暗示了预言遭受侵蚀的主要位置的可能性。他不断地回到水在一岸受阻造成弹回损坏对岸这类情况[30]（图 167）。但是作为理论物理学家，弹起的球与水的反射的比较给予他更大的希望。因为他认为，球的这种运动不仅其形态而且其经过路径的长度都遵循着严格的定律。我们从手稿 A 中知悉，他相信，如果把球倾斜地抛到地上，它在各次弹跳之间经过的弯曲的路径长度恰恰相等，完成每次弹跳所用的时间也恰恰相等，仿佛通过空气把球水平抛出一样（图 168）。

无须说，这是莱奥纳尔多被经验所驳倒的先验的推论之一：他又没有考虑任何碰撞都会产生的摩擦力，它会削弱投掷的动量。现在我们知道，由于这个摩擦力，投掷的能量有一些转换成热散发了。换言之，我们也坚持这样的思想，即有一条定律支配着这两种事情的关系，而这里我们也谈到能量守恒定律。

尽管莱奥纳尔多不知道这些关系的复杂性，他却想象到了这个假设的定律极端重要：

> 啊，你的正义女神，原动力，多么令人不可思议！你不想剥夺任何力量所必然造成的顺序与均等！[31]

实际上，莱奥纳尔多从亚里士多德的另一个前提中得出了这个一般定律，正是这条思路最终有助于说明莱奥纳尔多潜心研究旋涡的原因：

> 十分普遍［我们在同一册早期笔记本中读到］一切事物都希望把自己保持在原始状态，因此，水流根据导致它的力量保持自己的路程。当它发现障碍物时，就通过迂回和旋转的运动完成开始的路程的长度。[32]

这些运动也要"在相同的时间内经过相同的长度，仿佛路是笔直的一样"。[33]把这个定律与连续性原理结合在一起，就可以得到对莱奥纳尔多如此喜欢描画的旋涡的解释，当水道变宽时它们向外卷曲。因为河床变宽一定使水的流速减慢，因此对以更高速度奔腾而来的水造成阻碍，必须由旋转运动给予补偿[34]（图 169）。

我们已看到，这些运动会与造成这些运动的冲力恰恰成比例。因此，瀑布需要长度大得多的旋涡运动——如果摩擦力没有把它的大量能量转换成热的话，情况的确会如此。

我相信，如果我们如当初的意图那样把莱奥纳尔多关于水的简图读解为这种公理连锁系统的图解，这些简图就会清楚得多，也会更漂亮。温莎堡素描第 12663r 号中的展开的螺旋形旋涡（图 170）就是一个恰当的实例，它们既不是风格化的也不是观察到的；它们是对消耗在这些螺旋运动中的水的冲击力量的表示。

但是，这幅素描也说明了在处理这些定律上莱奥纳尔多的思想所达到的复杂性，因为十分清楚，几乎在每一个既定的例子中，他看到起作用的各种不同的因素或原理都结合在一起形成观察到的运动。连续性的原理，遵循水寻求它离地心最近的位置这种倾向的河水的运动，遇到障碍时的反射与旋涡，瀑布导致的特大动量——在说明实际的运动时这一切都必须予以考虑。

莱奥纳尔多最著名的关于水的附有插图的笔记之一（图 171）就是打算证明这样的结合。它是温莎堡素描 12579r 号所附的笔记：

> 请观察一下水的表面的运动，它和头发的表面相似，头发的表面有两种运动，一种取决于头发的重量，另一种取决于鬈曲的方向，因此水形成旋转的旋涡，一种旋涡跟随主要河道的动力，另一种跟随入射和反射的动力。[35]

莱奥纳尔多在这里希望说明的论点实际上相当简单。他只想提醒我们两个因素，旋涡的螺旋形运动和河流向前的拉力。[36]莱奥纳尔多有时把结果形成的东西称之为圆柱形波浪。[37]在《论水》中他也要把这些波浪的相遇与交叉和结果形成的旋涡系统化（图 164）。

我再一次想提一下这个方案令人惊愕的大胆与乐观，莱奥纳尔多为这个方案付出了如此多的时间与努力。他知道波浪现象在原则上不同于水流现象。莱奥纳尔多在一段著名文字中描述并分析了把石头抛入不流动的水池中，涟漪一圈圈向外扩展的效果，[38]又说，波浪的运动并不使水的本体移动，因为他曾经观察到漂浮在池塘上的物体在一个地点上下跳动。莱奥纳尔多杰出的直觉也抓住了这种摇摆的运动与似乎驰过一片麦田而个别的主茎并不移动位置的麦浪的比较。[39]他也知道当结果形成的圆圈变成拉长的卵形时可以在运动的水中观察到这种冲力的传播，[40]如果我正确地解释另一段文字，那么他看到水与动力的两种运动可以互相抵消，结果形成停滞的波浪。[41]

我曾试图向著名的水力学专家请教在湍流的河中这些力量相互作用方式的问题，但他们只是摇摇头或者耸耸肩。可变物实在太多；各种起作用的力即使应用现代化手段也无法计算。但是，莱奥纳尔多最初希望说明每一个旋涡，而这忽视了这样的事实，他不得不进一步考虑水与其他成分相互作用所造成的复杂情况。河床和河岸的泥土产生摩擦力，减慢近处水的运动速度。[42]观看一下在与岸边不同距离的地方设置的棍子导致的不同高度的旋涡，他就能观察到这种情况。[43]湍流的水中所携带的泥土增加了水的重量，因此也增加了它的冲击力。[44]

另外，还有空气的成分，它被截在落水中，希望回到其固有位置。在研究这种逆向运动对于旋涡的影响的温莎堡素描中（图 170），我们发现了独特的题目 *opera e materia nuova non piu detta*［先前未处理过的新的工作与问题］。它与这样的想法有关，即，阻碍一些水顺河道向下流淌的是呈泡沫形式的被捕获的空气。正是这个气垫使以不同方向旋转的旋涡不能互相干扰和互相抵消。[45]

我希望，甚至从莱奥纳尔多的诸想法中挑选出的这个想法[46]也会使我们能以新的眼光回到我们第一个例子，温莎堡素描 12660v 号（图 157），也能够正确评价这段文字：

落水进入水池后的运动分为三种，而且必须加上第四种。被水吸入水中的空气的运动，这是第一种，就让它第一个得到界定；第二种是吸入水中的空气的运动；第三种是把压缩的空气释放给其他空气后的反射水的运动；当水以大水泡的形式升起后，它在空气中获得了重量，因此又落回那水面上，穿过水面一直深入池底，撞击、侵蚀池底。第四种是由于位于落水与反射水之间的较低水平而返回到冲击处的水在水池表面的旋转运动。还要加上称作喷涌运动的第五种运动，即反射水在把空气带到被它淹没的水面时的运动。

我在观看船只冲击水时看到，水面下的水比暴露于空气的水旋转得更完全，其原因是，水在水中没有重量，而水在空气中却具有重量。因此，在不流动的水中运动的水具有与运动物体给予它的动力相同的力，这个动力就在上述旋转中自我消耗了。

然而，处于空气与其他的水之间的那一部分激荡的水不能进行这样多［的旋转]，因为它的重量妨碍了它的灵活，因此不能完成整个的旋转。[47]

我冒昧地引用了这段冗长而且在这个词的一切意义上是曲折的文字，这是因为它无疑十分透彻地说明了下面的观点：像这样的素描必须被读解为把莱奥纳尔多的理论命题形象化的简图，而不是一双非凡的眼睛获得的快照，显然这些命题有的是正确的，有的却不会以这种形式被现代科学家们所接受。

例如，请注意一下，尽管我们看到莱奥纳尔多在波浪运动和流动之间做了区分，然而在这里他似乎把波浪与不完全的旋涡相等同，即与一种流动模式相等同。就波浪中的个别微粒倾向于在车轮样运动中上下移动而论，他甚至是部分正确的，但是在这里，莱奥纳尔多不完全的洞察力有时错误地导致他描画向后卷曲的波浪，仿佛波动本身力图完成循环。[48]

然而，强调莱奥纳尔多的许多简图这种“演绎的”和理论的特点不一定意味着他所图解的形成物本质上不会真的出现。正如托勒密的天文学体系能够“保全”在夜空中观察到的“现象”一样，莱奥纳尔多主要属于亚里士多德学派的力学也常常可以塑造得可以适应他看到的情况。现代高速照相机所见更多，而且偶尔见到的是另一种样子，这样说不是非难他的天才。照相机经常记录下的运动形式中有一些莱奥纳尔多的任何一幅习作都不能与之相符，但是有一些却能够。在紧靠障碍物的后面产生的旋涡，水或空气逆障碍物两侧的流向盘旋或向后卷曲，莱奥纳尔多画的这类素描有许多幅都与类似格局的某些照片极其相像（图 172 和图 173）。是否有必要把这种相似归因于莱奥纳尔多迅捷而敏锐的视觉，这也许是另一回事。[49]实际上理想的旋涡可以导致一个几乎静止的模式因此可以从容不迫地观看。[50]假如他能够看到照相机记录下的东西，还有更多漂亮的水中运动会受到莱奥纳尔多的喜爱（图 174）。

但是我们已看到，推断莱奥纳尔多以和现代科学家相同的观点看待这些旋涡，那仍然是危险的。有证据表明，他对这整个现象的兴趣是被另一种希腊科学遗产所激发的，它占据人类的心灵达数世纪之久。它是这样一种思想：大自然憎恶真空，因此液体中发生的像要造成这种真空的任何移位都即刻由填充这个空白的逆向运动所补偿。关于这种循环运动的最早的详细描述出现在柏拉图的《蒂迈欧篇》[*Timaeus*] 中，书中讨论了呼吸造成的结果：

因为不存在任何运动物体都可以进入的真空，而我们呼出的气息是向外运动的，那么随即发生的情况大家都很清楚，即，呼出的气息不是进入真空而是推动毗邻物体移开原位；被移位的物体又依次逐出下一个物体；按照这种必然性的定律，每一个这样的物体被循环地逐向气息消失的地方，进入其中，把它填满，追随着气息；所有这一切都是作为同时的过程发生的，犹如一个旋转的轮子，因为不存在任何真空。[51]

柏拉图把这种循环运动与宇宙中元素的循环联系起来。没有证据表明莱奥纳尔多知道这段特定的文字，但是在手稿F中有一段著名的文字关于几何学的元素理论批判地提到柏拉图的《蒂迈欧篇》。[52]无疑有许多例子可以说明这种推论影响了莱奥纳尔多的思想。他在手稿A中假定，水面上的运动一定由沿水底的逆向运动予以补偿，也把这种运动归于海的深处。[53]甚至他关于抵制月球吸引力的潮汐的理论也依赖于流入海洋的河水造成的逆向运动这种思想[54]（图175）。

但是，起最重要作用的还是亚里士多德物理学中的这种逆流理论，在那里称之为*antiperistasis*［逆蠕动］的理论。[55]这个颇多争议的理论产生于对亚里士多德运动理论导致的一种明显的困难的回答，他认为，在地球上，更确切地说在月下的区域，静止是处于固有位置的事物的正常状态。只要它们受到推动，运动只能使它们与固有趋向相逆地移位。因此一旦与推力失去联系，它们应当返回固有位置。遗憾的是，这种推论不能与这个简单的事实相符：投掷的石头在离手以后继续向上飞去，箭在离弦以后也继续向上飞去。要避免理论的失败，必须在石头与箭穿行的媒介的行为中寻找一种解释。接受了推力的空气的每一个微粒会推动下一个微粒，如柏拉图所说，填充结果形成的真空的需要导致循环运动。逆蠕动是如何解决“强制”运动所提出的问题的，对此亚里士多德本人——他对这种解释有些疑虑——和似乎接受了这种解释的那些中世纪评论家都没有讲清。结果形成的波浪是为抛射体开辟路径，把它带向前方，还是在它后面闭合，因而推动它前进呢？

无论如何，莱奥纳尔多在他的第一米兰时期接受了媒介是造成这种运动的原因这种亚里士多德学派思想。[56]在手稿A中对这些现象做了详细说明，莱奥纳尔多描述了媒介的“循环运动”，把抛射体的运动与穿水而行的船只的运动做了比较：“……由于任何地方都不可能是真空，因此船离开的那个地方期望闭合。于是产生了这种力，如手指间紧压的樱桃核一样，由于产生了这种力，它就紧压并挤住那只船。”[57]

在笔记页边上附加的媒介的行动与使光滑的樱桃核向前射出的手指的行动的比较，不可能再清楚也不可能再似乎有理了。

在亚特兰蒂斯抄本中有一段类似的说明，意欲解释鱼在水中的游动速度比鸟在空气中的飞行速度快的原因，尽管由于空气比水密度小，人们的预期会与此相悖。我决非确信莱奥纳尔多的观察是正确的，但是他的解释又利用了亚里士多德的物理学：

> 所以发生这种情况，是因为水本身比空气的密度大，故也比空气重，由于这个缘故，它重新填充鱼身后留下的真空的速度也更快。而且，它在前面撞击的水不像鸟前面的空气那样被压缩，而是产生波浪，凭借其运动为鱼的运动开道并增大这个运动。[58]

这些思想有一些实际上是莱奥纳尔多终身信奉的。因此，我们在属于1510年后的晚期手稿G中发现了鱼体与制做精良的船体的著名比较，人们有时援引它说明莱奥纳尔多预言了流线型原理（图176）。但是这是事情的一个方面。这段文字写道：

> 大小相同、长度相等、吃水深度一致、由同样的力推动的这三只船将以不同的速度行进，因为宽端向前的那只船要快一些，这是由于它类似鸟和鱼的形状。这样的船把大量的水在前面和两侧分开，这分开的水以其旋转从它靠后的三分之二的长度推动船前进。……[59]

当然，莱奥纳尔多认为后端的形状会使水推动船前进，这是错误的，但是就这种形状防止了阻力、便利了向前的运动而言他是正确的。

我们知道，到此时，莱奥纳尔多已明确摒弃了逆蠕动的思想，至少就空气的运动而言是如此。在莱斯特抄本中他对这种观念的不可能性做了长篇讨论，这说明这个论点是毫无疑问的。[60]但是思维习惯不是那样容易抛弃的，五十岁后最不容易。这种理论已经把他的注意力集中于既引人注目又普遍的那些现象——流体的向后的旋转——这些运动又继续使他终生感兴趣。于是，他解释了由血液的旋转运动造成的心脏瓣膜的闭合，[61]有人曾提出他这个推测很可能是正确的。无论如何，这一时期他的水力学思想在他的解剖学研究中的应用使他不可思议地接近了对于能量转换的理解。此时他考虑到血液的旋涡和摩擦是血液发热的原因这种可能性，并记下如下一段话以备将来参考："观察一下在炼制黄油时用搅乳器搅拌牛乳是否产生热。"[62]

然而无庸置疑，这些新鲜的见识和先进的修正也含有一种理智上的牺牲。很难在亚里士多德的力学中挑毛病。因为它虽然有许多明显的荒谬之处，却具有一个最大的优点，使它难遭抛弃。这个优点就是它的简明性，使它可以把大部分根本不同的自然现象归入一个单一的定律。现今物理学家们对这样一个事实感到困惑：在自然界中可以辨别出两种显然独立的引力，即重力和说明了物质内聚性的电磁力。这两种力亚里士多德都不知道，但是他有一个便利的公式，似乎对解释观察到的运动很有帮助。他教导说，一切事物都期望保持自己的本性。在日常生活中这种期望表现为我们称作物体的弹性的东西，尽管亚里士多德和莱奥纳尔多都没有单独的语词表示这个重要的概念，只是到了十七世纪罗伯特·博伊尔[Robert Boyle]才给这个概念杜撰了新词予以命名。变形后弹回的弓或者发条是这个定律的最显而易见的例证。作为工程师，莱奥纳尔多只能关注这种储存与转换能量的方法。上紧发条装置，就把能量储存起来，发条放松，能量便释放出来，除去诸如水流和气流之类自然能源之外，莱奥纳尔多的时代没有什么产生"力"的其他方法，因此，莱奥纳尔多非常注意作为动力的发条或者缠绕的绳索（图 177）。确实，它们的能量很快就消耗了，因此，看一看他是如何尝试把一系列发条连结在一起以延长它们的效力，从而保证连续的运动，这是饶有趣味的。[63]

当发现他按亚里士多德对这个弹性定律的说法向他的画家同行们解释织物的形状时（图 178），我们又一次对莱奥纳尔多思想的一致性产生深刻的印象：

一切事物本性都期望保持自己的特质。织物由于两面密度和厚度相等，因此期望保持平直；所以，当它受到某种褶或裥的约束而背离那种平坦状态时，你可以在它最受约束的部分观察到那个力的性质。[64]

我认为，按照这些见解，属于莱奥纳尔多第一米兰时期并被大量引用的关于"力"的笔记就变得有条不紊了。如果我们设想莱奥纳尔多在写和修改这些草稿时在想松开发条或者放开弹弓，它们听上去就不那样不可思议了：

力彻头彻尾、在其各个部分都是完全而完整的。力是一种非物质的（*spirituale*）力量，一种无形的潜力，由偶然的暴力从外部给予所有失去其自然倾向的物体……由生物给予无生物，使这些无生物似乎有了生命……它迅猛地奔向毁灭，延迟使它增强，而迅速却使它削弱。它靠暴力而生，通过释放而亡……强大的力量给予它死亡的强烈愿望。它狂暴地驱开妨碍它走向毁灭的一切……它栖居在处于它们的自然进程和习惯之外的物体之中……没有它任何物体都不能运动……没有它就听不到任何声音。[65]

激励莱奥纳尔多探索这些庄严词句的一定是这样一种认识，考虑到亚里士多德的物理学，在这个月下世界的一切力最终都是由于"偶然的"位移。没有从外部施加暴力，所有的元素都会静止于它们的"固有位置"，正是它们达到这种自然状态的愿望解释了所有观察到的运动。这尤其适用于抛射体的理论，用现代的话说，是关于媒介的弹性的理论。物体穿之而行的媒介不得不让路，结果却弹了回来，在弹回时把抛射体载向前进或推向前进。因此，可以看到空气或水的上紧或松开，与盘卷的发条并无两样，莱奥纳尔多正是常常把它们的运动描画得像盘卷的发条一般。

此外我们已看到，按照亚里士多德的说法，所谓"自然的"（与"强制的"不同）运动来源于同一个基本定律，即一切事物都期望保持其自然位置与形式，抬起一块石头再让它落下来，或者释放水中的气泡，与拉紧橡皮筋再让它绷回在原则上并无不同。

以这种方式来看，宇宙就像一座上紧发条的巨钟，我们在其中观察到的力归因于先前的剧烈行动，这些行动产生了运动。假如热先前没有把它汲取上来，我们这个世界上就不会有河道和雨，[66]它倾泻而下时的力和狂暴是它期望回归固有位置的结果。[67]

莱奥纳尔多设想，对"大宇宙"适用的东西也适用于"小宇宙"即人类有机体。无论如何，在关于感觉生理学的早期笔记中，他把"印象"想象为由于撞击而产生。[68]在他的一篇最富有诗意的笔记中，莱奥纳尔多把灵魂的希冀和愿望与对自己的毁灭即发条的释放的愿望相等同。

现在请看一下期望探寻家园、回到原始浑沌状态的希冀和愿望，它的行为就像那趋光的飞蛾，又像人，他怀着坚定的渴望总是欣喜地等待新的春天，新的夏天，总是等待下个月和下一年——在他看来，似乎当他渴望的东西来临时，它们已姗姗来迟；他看不到他期望的是自己的毁灭。但是这个愿望内在于第五原质即元素的精神，它作为人体的灵魂被禁锢起来，总是期望回归把它送到那里的人身边；我希望你知道这同一个愿望是那第五原质，大自然的伴侣，而人是世界的模型。[69]

莱奥纳尔多的研究者们已意识到，一种逐渐的变化在晚年影响了他的哲学观点。详细的观察和批评日益迫使他修正和斟酌他的一贯性的理论。我们已经看到，他已逐渐地摒弃亚里士多德的传统，但是没有什么东西取代它的位置。我们在属于这最后一个时期的一些笔记中发现了怀疑和失望的口气；我们在属于约 1507 年的手稿 K 中读到：

在河中流淌的水或者被呼唤，或者被追逐，或者独立地运动。如果它被呼唤，更确切地说，被命令，那么是什么命令它？如果它被追逐，那么是什么追逐它？如果他自行运动，那么它就表明自己具有理智，但是不断变形的物体无论如何不会具有理智，因为在这种物体中没有判断力。[70]

甚至在与这些变化的形状有关的地方，在最后期的一本笔记手稿 G 中也对水流中“无数运动”的无限多样性和无法预言性有了新的意识，并对被汹涌的波浪所负载的漂浮物做了奇异的描述：

……运动时疾时缓，时左时右，忽上忽下，时而这样时而那样地旋转和自行反转，服从所有的动力，在这些动力间发生的争斗中总是成为胜者的牺牲品。[71]

在关于卷成旋涡的水的一幅温莎堡素描上的笔记中对人类知识的局限有着类似的意识：

航行不是一门完善的科学，因为如果完善的话，就会拯救［我们］脱离一切危险，如鸟在急速流动的空气构成的风暴和鱼在海上和泛滥的河流的风暴中能够做的那样，在那些地方，它们并不灭亡。[72]

难道莱奥纳尔多放弃了他详细制订水与空气中所有运动形式的抱负吗？难道他放弃了建造“鸟”的计划吗？我们知道，就在这些年，他也摒弃了大宇宙与小宇宙间的类比，这种类比曾指导着他关于水的循环与血液循环的思想。但是，尽管这些统一的思想在他的手中破裂了，他却仍旧使用着它们的碎片，如果他不完全放弃探索，就不得不这样做。在他关于空气与风的研究中，尽管他已放弃逆蠕动的观念，却继续极其重视媒介的弹性。正是对于空气压缩性的依赖使莱奥纳尔多对于飞行的研究区别于现代空气动力学，在现代空气动力学中，如果速度低于声速，这个特性便略而不计。[73]莱奥纳尔多一直确信是鸟拍动的双翼下的空气的压缩在试图恢复正常密度时提供了发条一般的升力（图 179）。他也过高估计了运动物体前的空气被压缩和尾流的空气变稀薄的程度。他正是把穿过空气下落物体的旋转运动归因于这个事实。下落的板压缩了空气，因此压缩的空气把它推向变稀薄的空气，使它旋转起来（图 180）。[74]

我认为，正是这种理论说明了莱奥纳尔多的所谓大洪水素描最显著的特征，落水仿佛在空气中形成旋涡一样卷曲回来的样子。宇宙的放松不是简单的崩溃；它导致新的旋涡，把它们的狂暴消耗于空气之中，造成风和旋风。

莱奥纳尔多专心于这些盘旋的和螺旋形的运动不完全是审美偏爱的问题，这一点我希望是显而易见的。并不是他的艺术感对这些形式的美没有反应。在此我们无需推测，因为他曾这样说过。在莱奥纳尔多所有对自然现象细致入微的描述中，只有很少的一些描述，他允许自己表达出快乐之情。在出自他第二米兰时期的关于水的笔记中，至少有一篇讨论了由热导致的那种元素互相贯穿的情况。他提出了一种用沸水进行的实验，可以把几粒小米加到沸水之中：

> 通过这些小米粒的运动你可以迅速地了解负载这些小米粒的水的运动，依靠这个实验你能够研究在一种元素渗透入另一种元素时所发生的许多美的运动。[75]

请想象一下热爱错综和交织状况的莱奥纳尔多看到波浪的交叉与再交叉时所感到的愉悦吧。

我在开头曾谈到莱奥纳尔多的思想的一致性，我相信他所形成的关于共同产生水的多样化形状的冲力和反冲的作用方式的概念在莱奥纳尔多的构图中也有反映。

《最后的晚餐》除了是关于人们看到一句话对于一群正在反冲和回应的人物造成的冲力这样一幅习作又能是别的什么呢（图 181）？我知道这听上去很牵强，然而这个隐喻并不会使莱奥纳尔多感到惊讶。在莱斯特抄本的最后一页他援引了出自但丁的《天堂篇》（第十四歌，1—3 行）中的美的形象，它说明了站在圈外的圣托马斯的话对位于中心的俾德丽采［Beatrice］产生影响，然后又从她回到周围：

> *Dal centro al cerchio, e si dal cerchio al centro*
> *Movesi l' acqua in un ritondo vaso*
> *Secondo ch'e percossa fuori o dentro.*
> ［盛在一只圆形器皿里的水，若从外
> 受到打击，水波从周围振荡到中心，
> 若从内受到打击，则从中心到周围。］

我们可以把这个图像与莱奥纳尔多一篇关于冲力的传播的更难以理解的笔记

联系起来：

论灵魂：土与土相对运动碰在一起，撞击时不会产生运动。水击水会在冲击点周围产生圆圈。声音在空气中会沿更长的距离产生同样的圆圈；在火中产生的圆圈会更大，而思想在宇宙中传播的距离更长，但是既然宇宙是有限的，冲击就不会扩展到无限。[76]

我并不佯装十分懂得这种神秘莫测的思索，但是我认为，它说明我们把具有理性的生物的行动看作由与支配水与空气的流程的定律相似的动力学定律所驱使是有道理的。

一旦采取这种方针，我们也可以把《安吉亚里之战》的中心一组人物与在旋涡中互相渗透的诸种力的冲突相比较。我不会坚持这些比较，因为要证明莱奥纳尔多的作品中关于水的习作向他的艺术创作间毫不费力的过渡，并不需要它们。如我们已看到的，关于世界末日的描绘和素描是不能与莱奥纳尔多的科学的简图与笔记分离开的（图 182）。

这些令人震惊的作品在二十世纪时乖运蹇的气氛中得到如此活跃的反响，[77]对于它们除了已写的之外，我已不能再多写什么了。我只想说明一个论点，而这是高度推测性的论点。人们通常设想那些素描代表了这位年迈艺术家的个人冥想。在这些草图中确实有每当我们试图洞察大师的宇宙时似乎偷听到的那种永恒独白的成分。然而我不明白为什么与他的其他笔记与计划相比这更适用于大洪水和世界末日素描。难道他也许没有计划画这样一幅作品，一幅把他关于诸元素的作用方式和自然现象的洞察力体现至最细微效果的作品吗？

尽管这些只是推测，然而如果人们把这个方案的具体化与他和米开朗琪罗的竞争联系起来，那也不会与莱奥纳尔多的性格相悖。他于 1513 年 12 月抵罗马，此后至 1516 年止就断断续续地呆在那里，因此一定看到了西斯廷的天顶画，在那里会发现他从前的对手在表现人体上又取得了进展，但是在表现空气效果上却又有退步，而在莱奥纳尔多看来，表现空气效果构成了绘画的荣耀。尤其是看一眼米开朗琪罗表现的大洪水（图 183)，就会使莱奥纳尔多相信这位大师不是 *universale* [通才]，他和“我们的波蒂切利”一样，而波蒂切利画的风景实在糟糕。[78]

莱奥纳尔多仍然可以在那里击败他。甘特纳 [Gantner] 已注意到米开朗琪罗的大洪水的构图和莱奥纳尔多的温莎堡素描 12376 号依稀相似（图 184)，但是他比我要谨慎，没有由此得出什么结论。[79]难道莱奥纳尔多着手工作不会是为示范一下如何作为宇宙的大灾难来表现大洪水或者世界末日吗？难道他不会梦想过这样一项任务吗？

我无疑不能证明这样的假设，也不能使它似乎可信：莱奥纳尔多希望用罗马的一幅作品完成他对水和空气的运动的研究，这幅作品将向米开朗琪罗提出挑战，并提供关于宇宙放松的有条不紊的图解。但是，我们也许仍能捕捉住这样的计划的最后回荡，他的思想的冲击在其他人的思想上留下的涟漪。

我们记得，在瓦萨里谈到米开朗琪罗的艺术对拉斐尔的影响时，他认为年轻的大师拉斐尔具有像我认为莱奥纳尔多所具有的那些动机。他使自己故意避免与米开朗琪罗对裸体的精通直接竞争，而是集中于他的对手忽略了的那些绘画区域，包括“火，湍流的和平静的空气，云，雨，闪电”。[80]

当然，瓦萨里可能虚构出这种解释，如他虚构了其他的解释一样。他可能只是把他见到的拉斐尔的第二阶段与他的第一阶段间的对比合理化了。但是也有可能他的叙述包括了一点儿重要的事实。他毕竟有一个很好的资料来源：他仍然认识拉斐尔的得意门生朱利奥·罗马诺[Giulio Romano]，他在大师谢世约二十年后曾在曼图瓦到罗马诺那里做客。

我一直觉得，在拉斐尔的作品中有很浓重的莱奥纳尔多的幽影，我们应当设想二人曾有过个人接触，地点也许既在佛罗伦萨也在罗马。这是一个广阔的领域，但是无需对它进行探索就至少可以承认朱利奥·罗马诺可能仍然知道莱奥纳尔多的谈话甚至他要大大超过米开朗琪罗的计划的一些情况。因为这会解释说是朱利奥·罗马诺在那幅轰动一时的名作 *Sala dei Giganti* [巨人厅] 壁画中既保留了又诋毁了这样一项规划（图 185），肯尼思·克拉克 [Kenneth Clark] 曾如此不可思议然而又如此正确地把它与莱奥纳尔多的艺术概念联系起来。[81]人们不愿把两幅画相并列，但是莱奥纳尔多的草图不仅包括刮风的风神和崩溃的山峰，他的描绘甚至还包括那样一些人的母题，他们“不满足于用自己的双手把眼合上，而是把双手重叠到一起蒙上眼睛，以便看不到人类被神谴所残杀”。[82]

但是，如果有关于莱奥纳尔多的方案的这样缠绵不逝的记忆的话，它最终也被比他长命的对手抹掉了。米开朗琪罗的《最后审判》使我们怀疑，甚至莱奥纳尔多是否能够唤起关于“神谴之日”的更加令人惊骇的形象。到绘制这幅画时，科学与艺术已经开始分道扬镳。

[李本正译　范景中校]

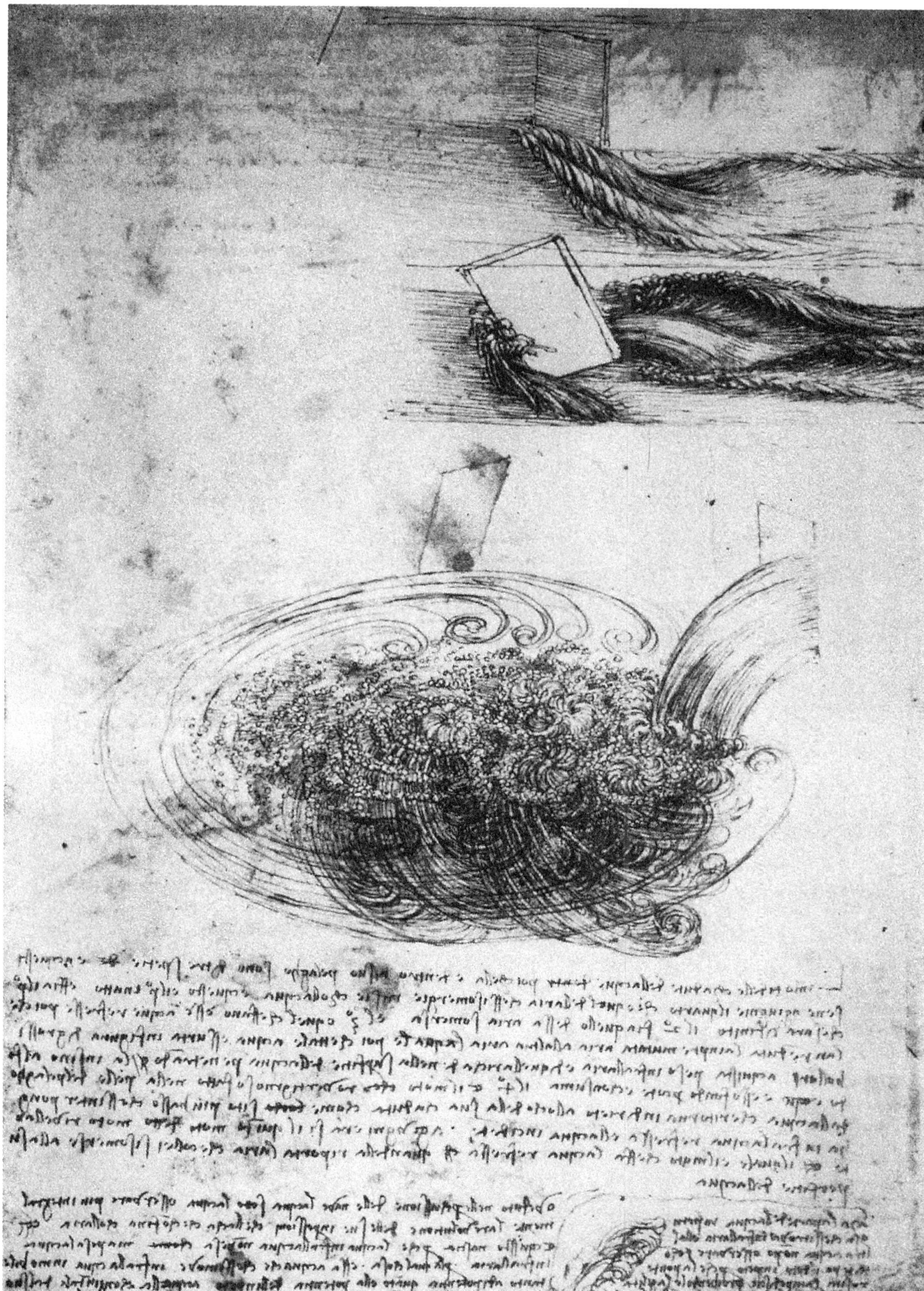

157. 水冲击水的画稿，1507—9年。Windsor, Royal Library, 12660v

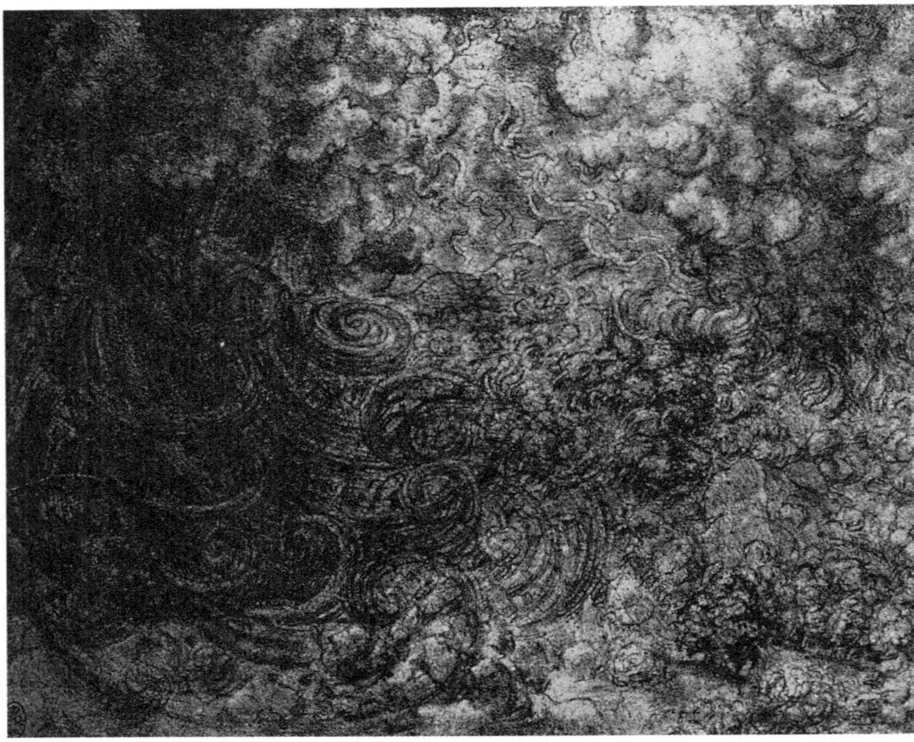

158. 大洪水，约1512—16年。Windsor, Royal Library, 12384

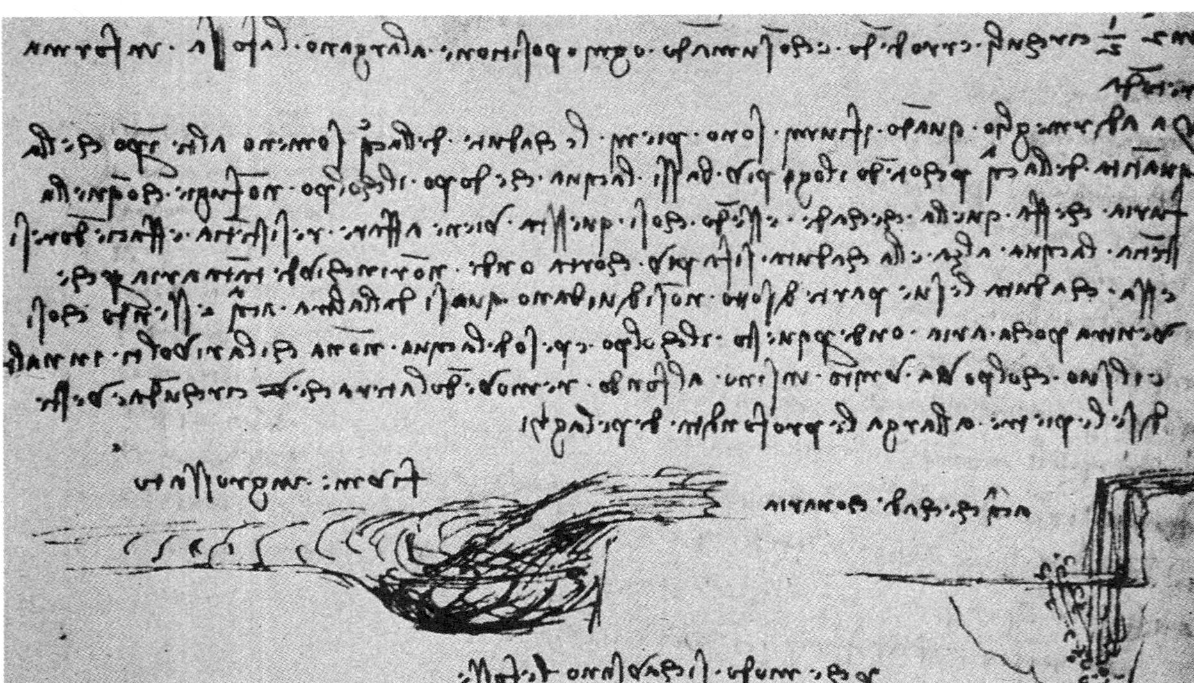

159. 瀑布速写，约1492年。Paris, MS.A, fol. 59v

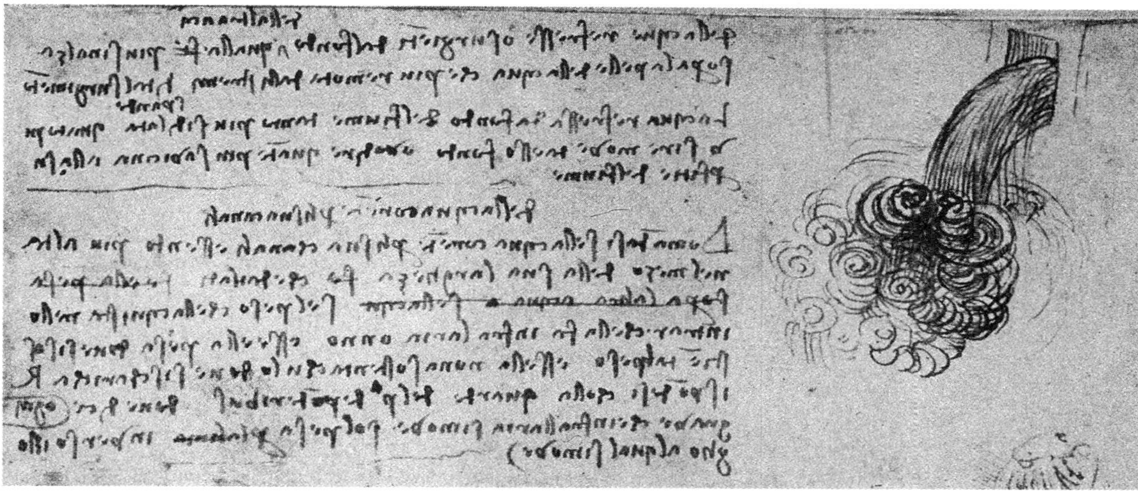

160. 瀑布速写，约 1507—10 年。Windsor, Royal Library, 12659r

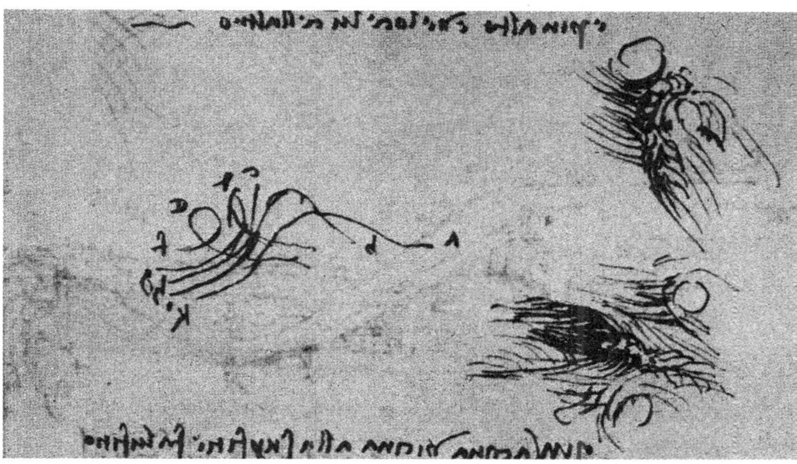

161. 水的运动，约 1501—9 年。Paris, MS.F, fol. 20v

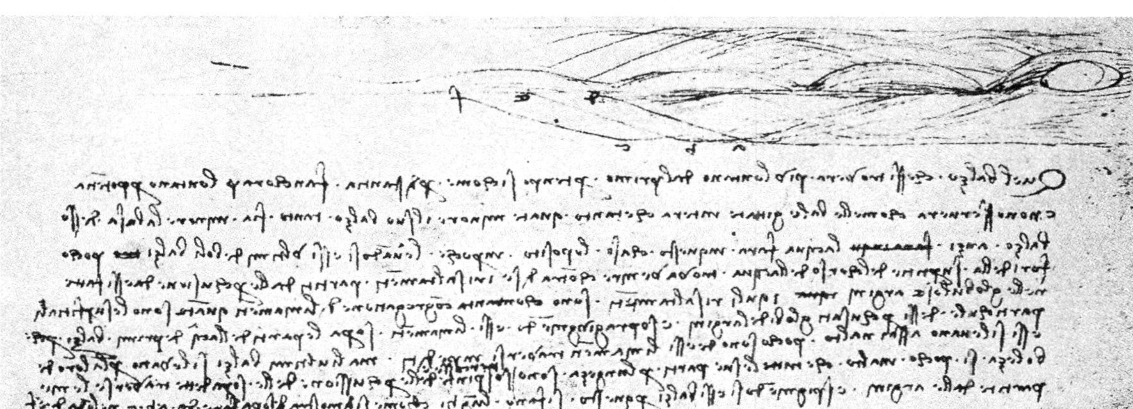

162. 水的运动，约 1490 年。Paris, MS.C, fol. 26r

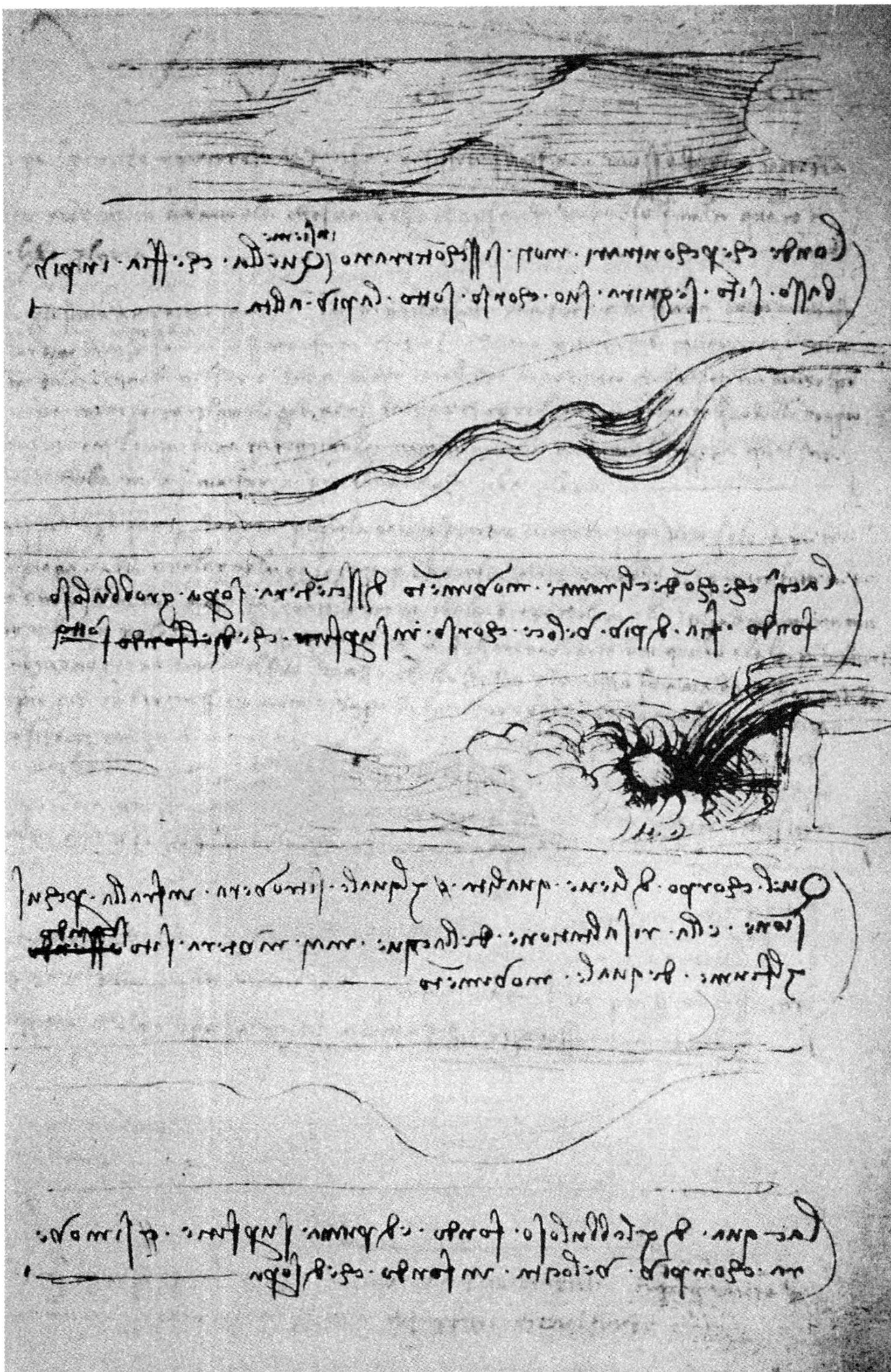

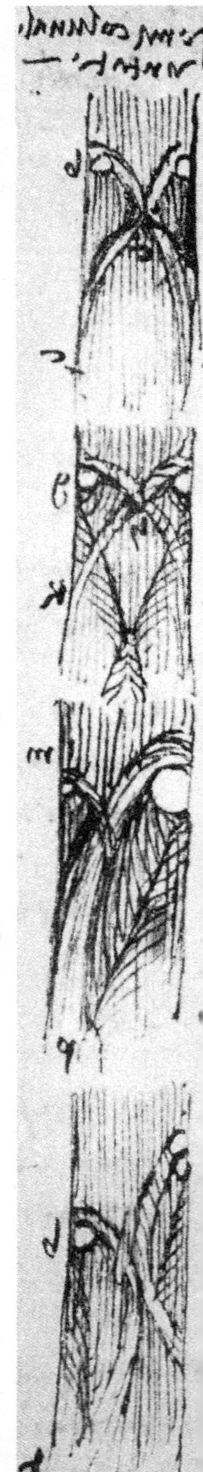

163. 水的运动，约1492年。Paris, MS.A, fol. 24v
164. 水的运动，约1508　9年。Paris, MS.F, fol. 93v

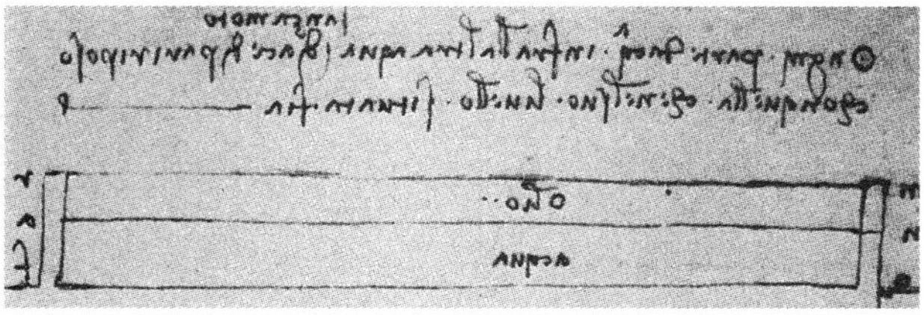

165. 油浮在水上的图解，约 1508—9 年。
Paris, MS.C, fol. 23v

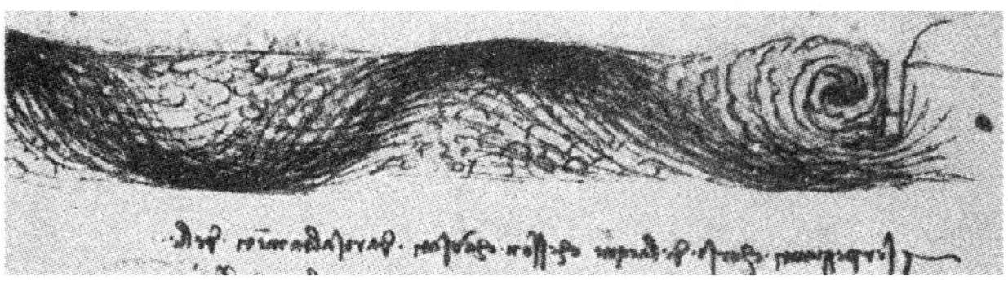

166. 回漩浪图解，约 1492 年。Paris, MS.A, fol. 63v

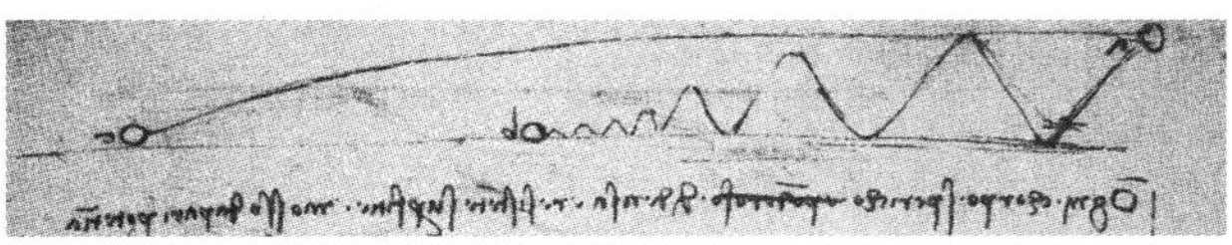

168. 回流的规律示意图，约 1492 年。Paris, MS.A, fol. 24r

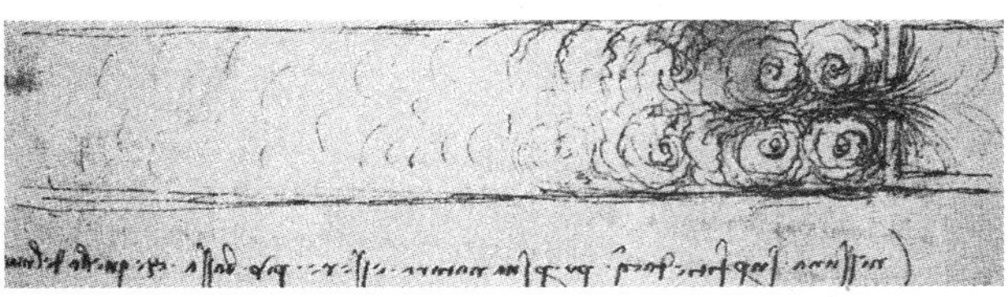

169. 水回流时的漩涡，约 1492 年。Paris, MS.A, fol. 60v

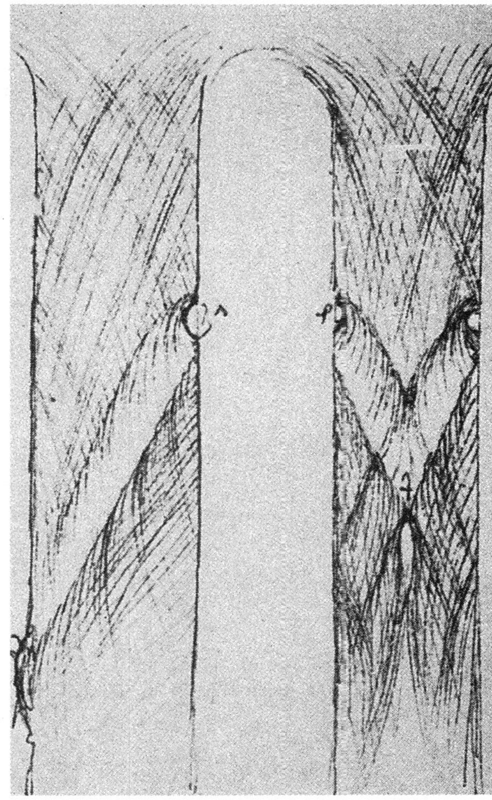

167. 水的侵蚀作用图解，约 1508—9 年。
Paris, MS.C, fol. 23v

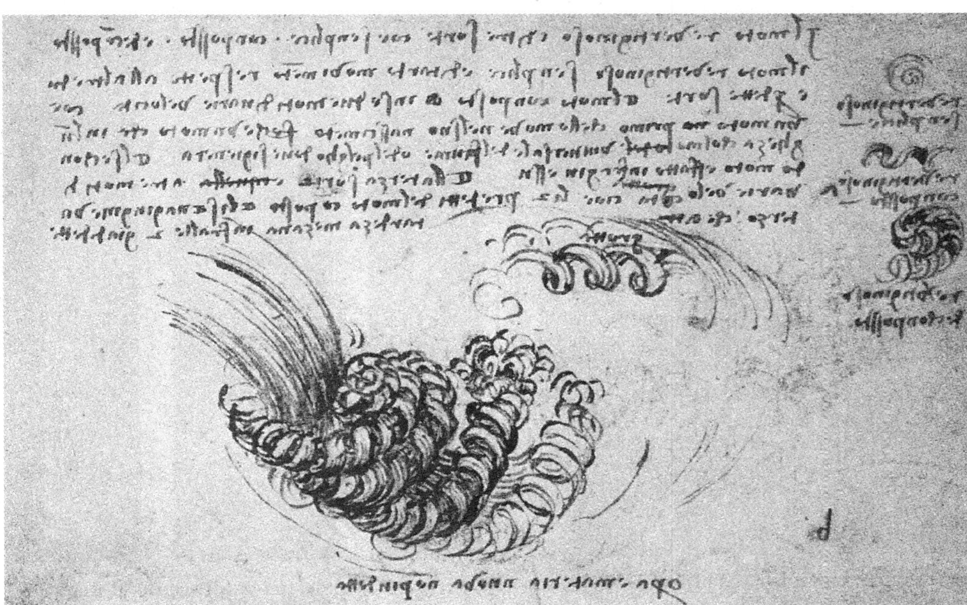

170. 瀑布与螺漩浪，约 1507—10 年。Windsor, Royal Library, 12663r

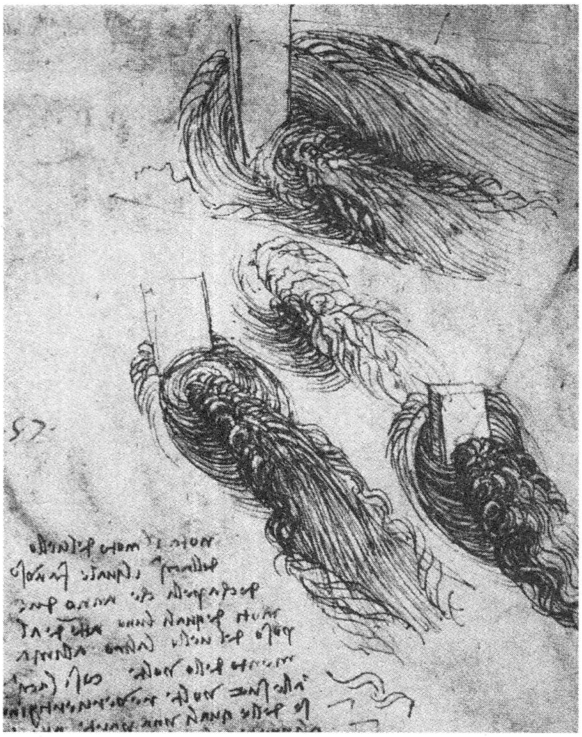

171. 卷发与波浪，约1513年。
Windsor, Royal Library, 12579r

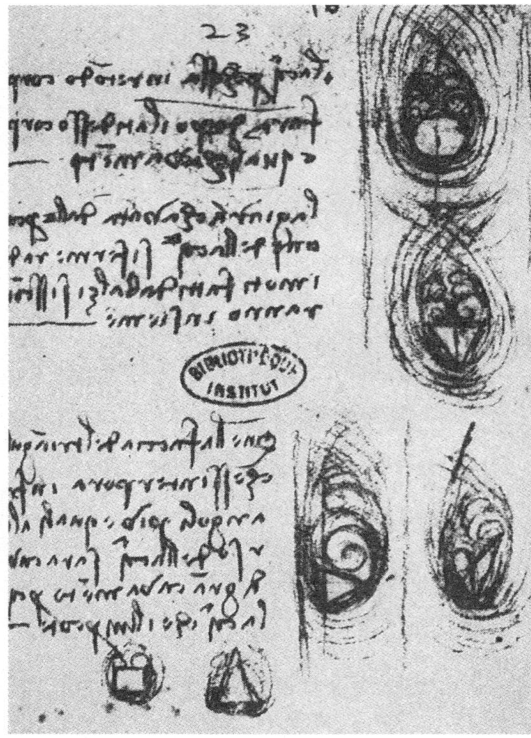

172. 漩涡示意图，约1493—4年。
Paris, MS.H, fol. 64(16n)

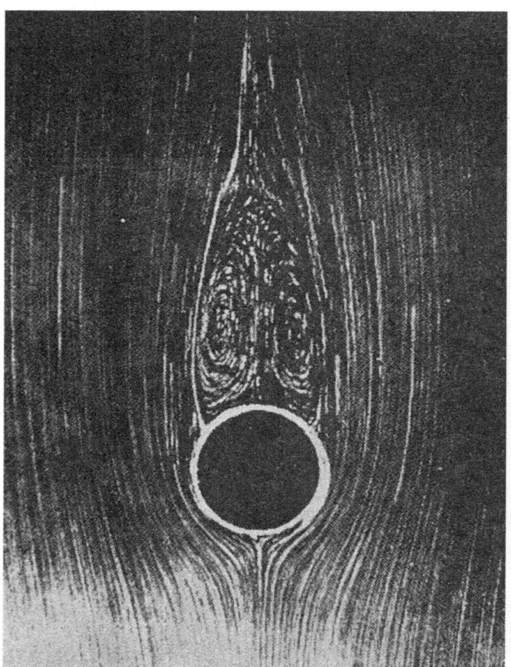

173. 现代所表示的气体在柱形物后的流动状态

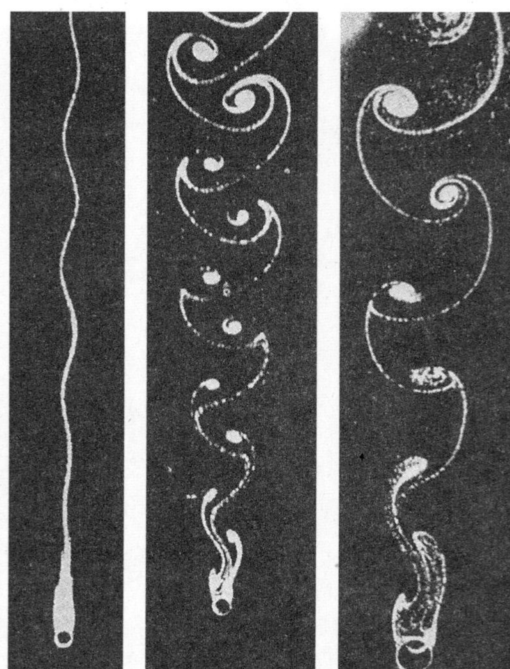

174. 水运动的照片

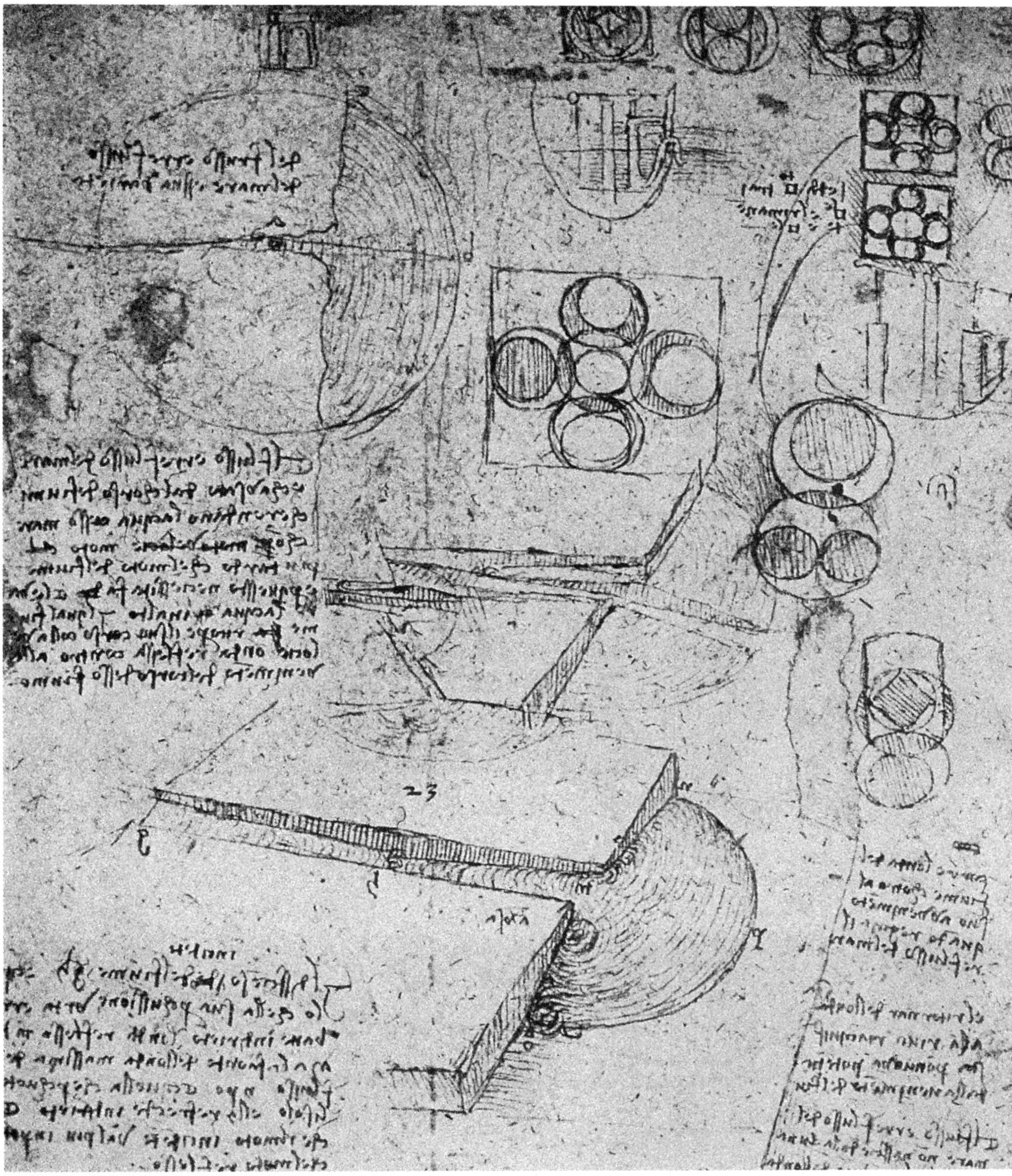

175. 对潮汐理论的说明，1516—17年。Codex Atlanticus, fol. 281r.a

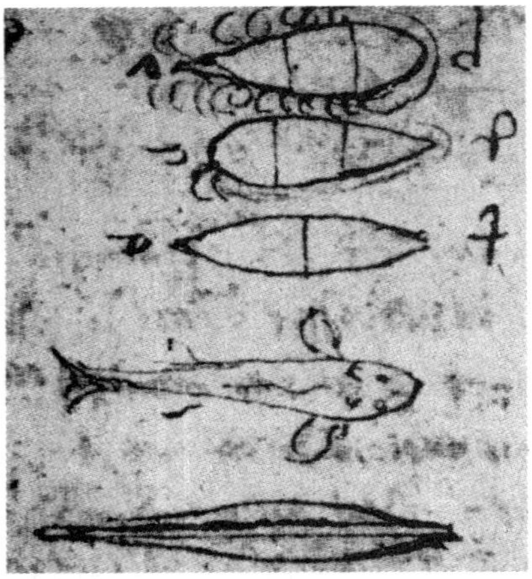

176. 鱼和船的形状，1510—15 年。
Paris, MS.G, fol. 50v

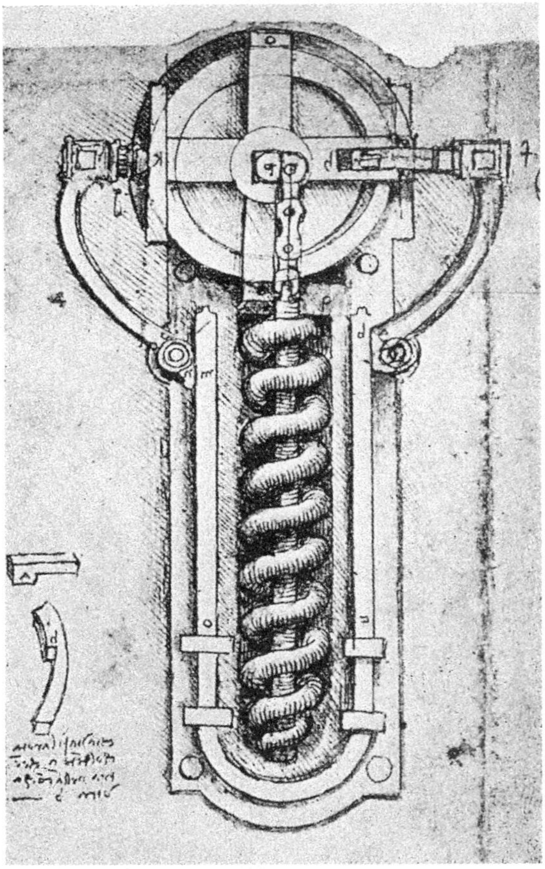

177. 弹子锁示意图，约 1500 年。
Codex Atlanticus, fol. 56v. b

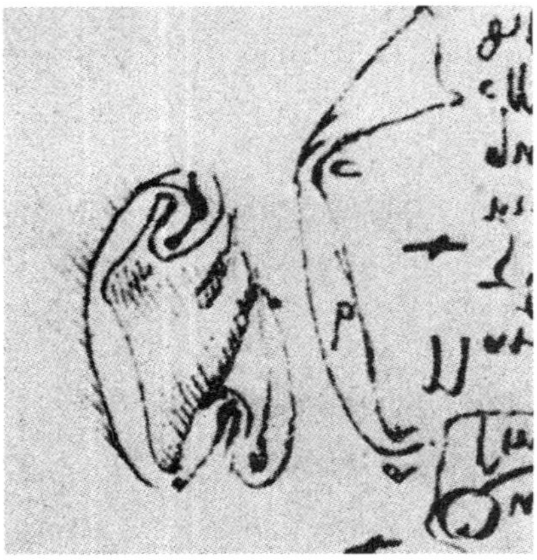

178. 织物的弹性示意图，约 1492 年。
Paris, MS.A, fol. 4r

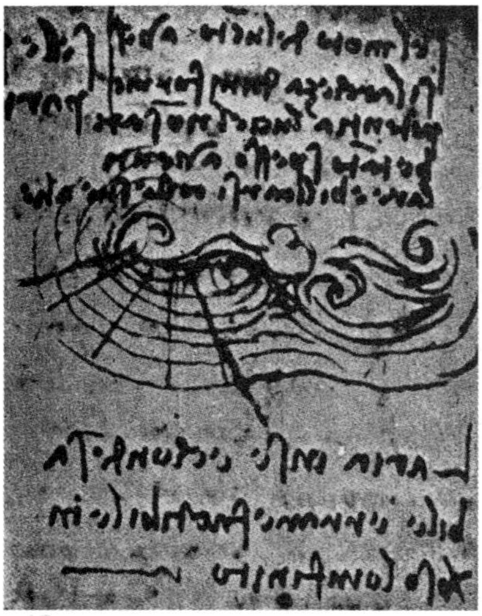

179. 鸟翼下空气被压缩的示意图，
1513—14 年。Paris, MS.E, fol. 47v

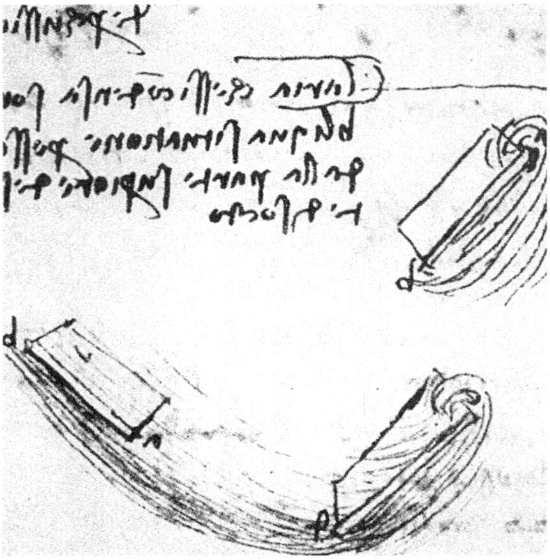

180. 空气压力示意图，1513 14 年。
Paris, MS.E, fol. 70v

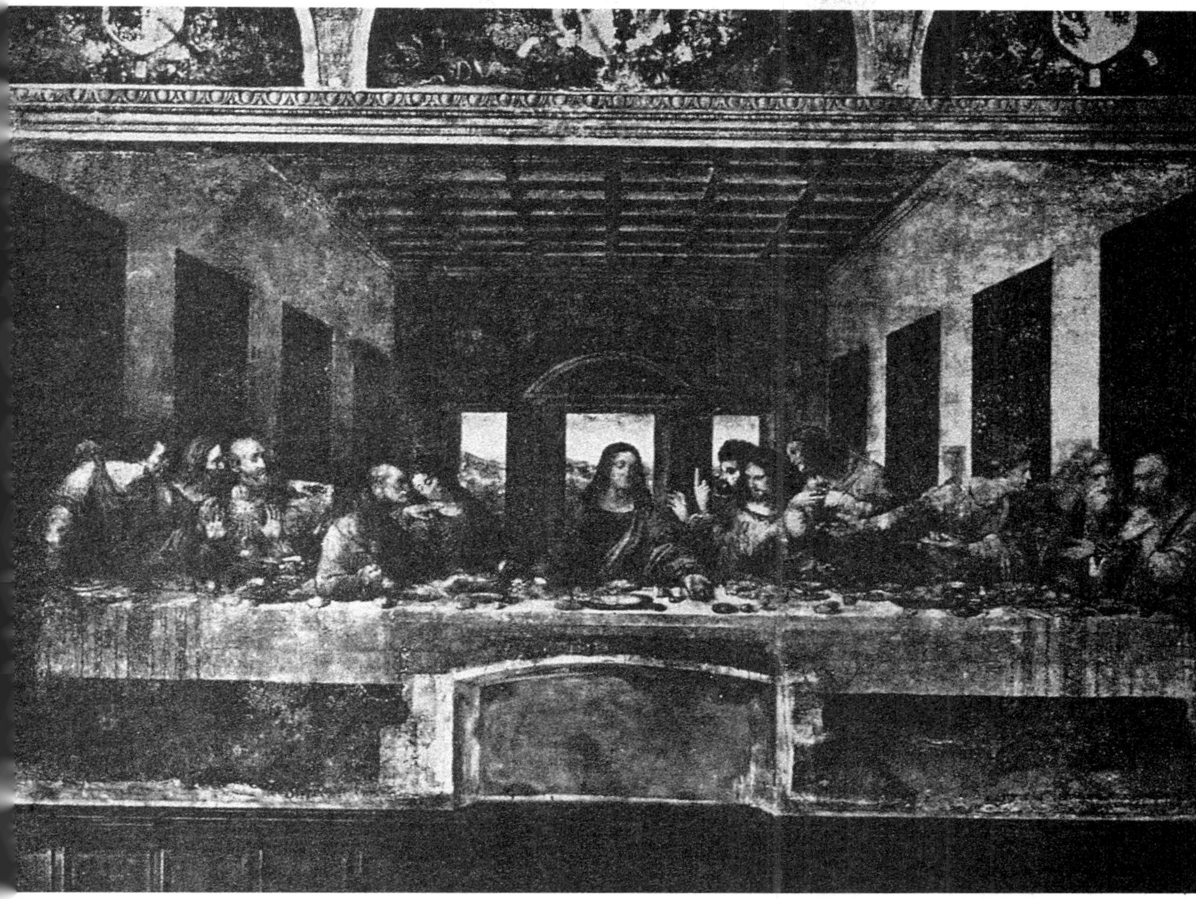

181. 莱奥纳尔多·达·芬奇：最后的晚餐，1497年。Milan, S.Maria delle Grazie

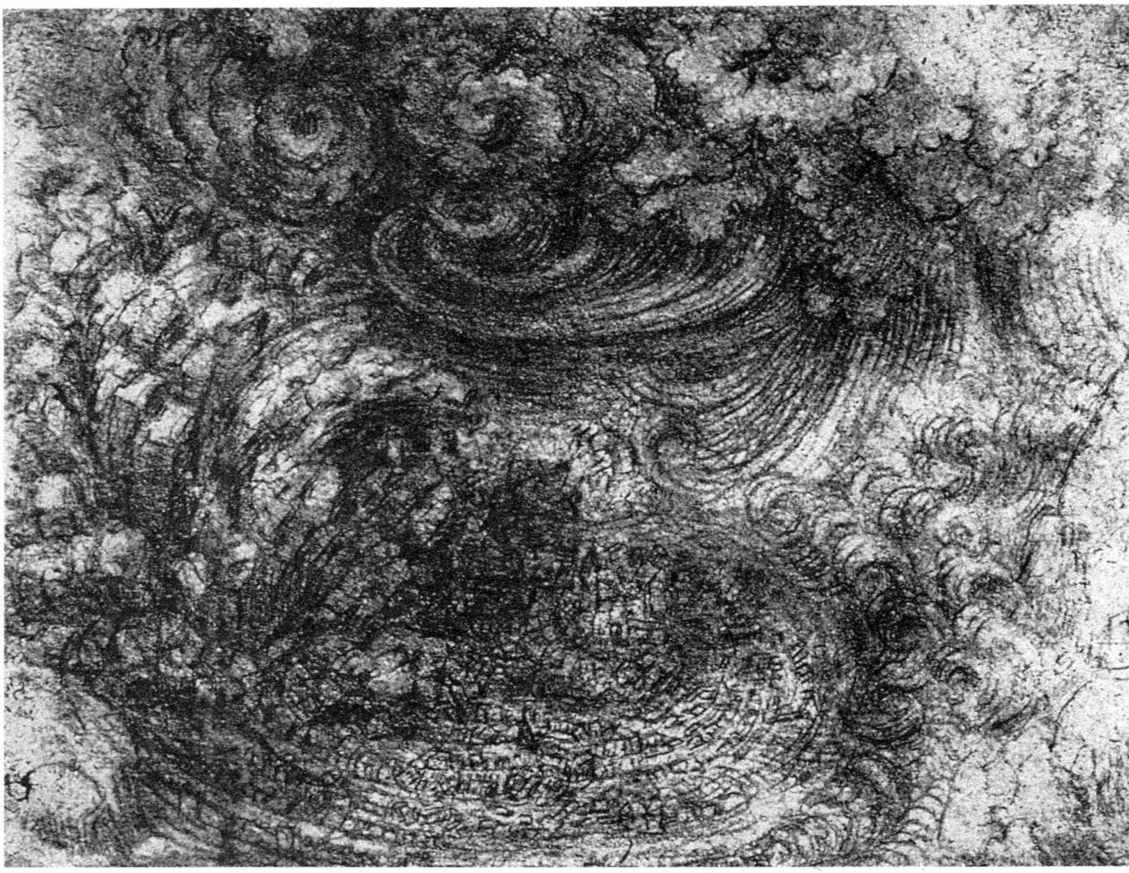

182. 莱奥纳尔多·达·芬奇：大洪水，约1512—16年。Windsor, Royal Library, 12378

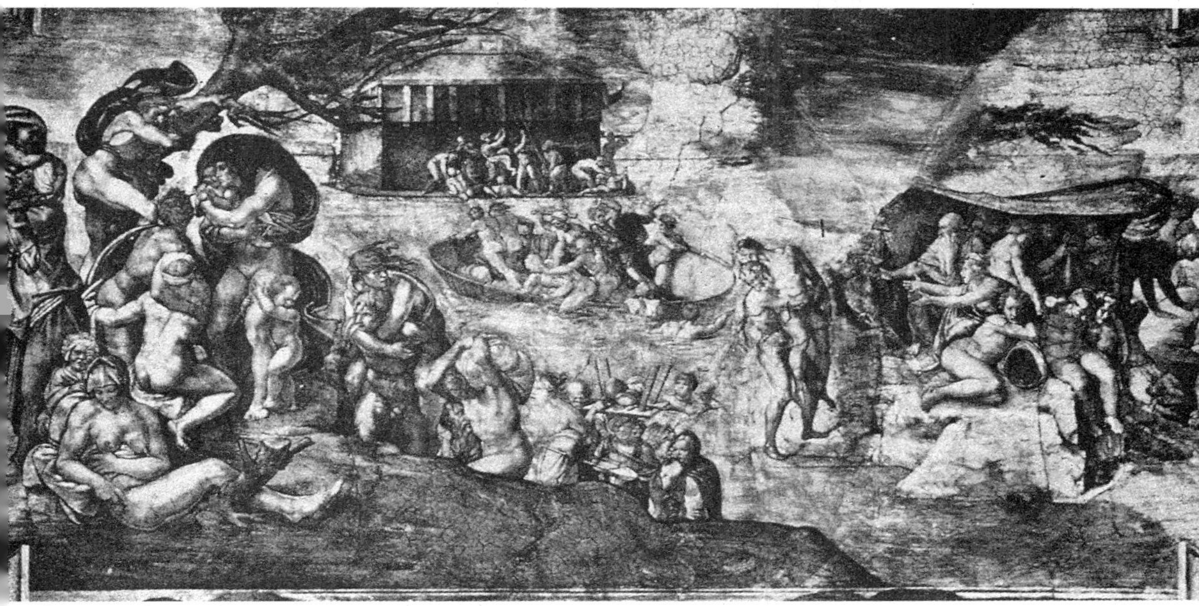

183. 米开朗琪罗：大洪水，天顶画，1508—12年。Rome, Vatican, Sistine Chapel

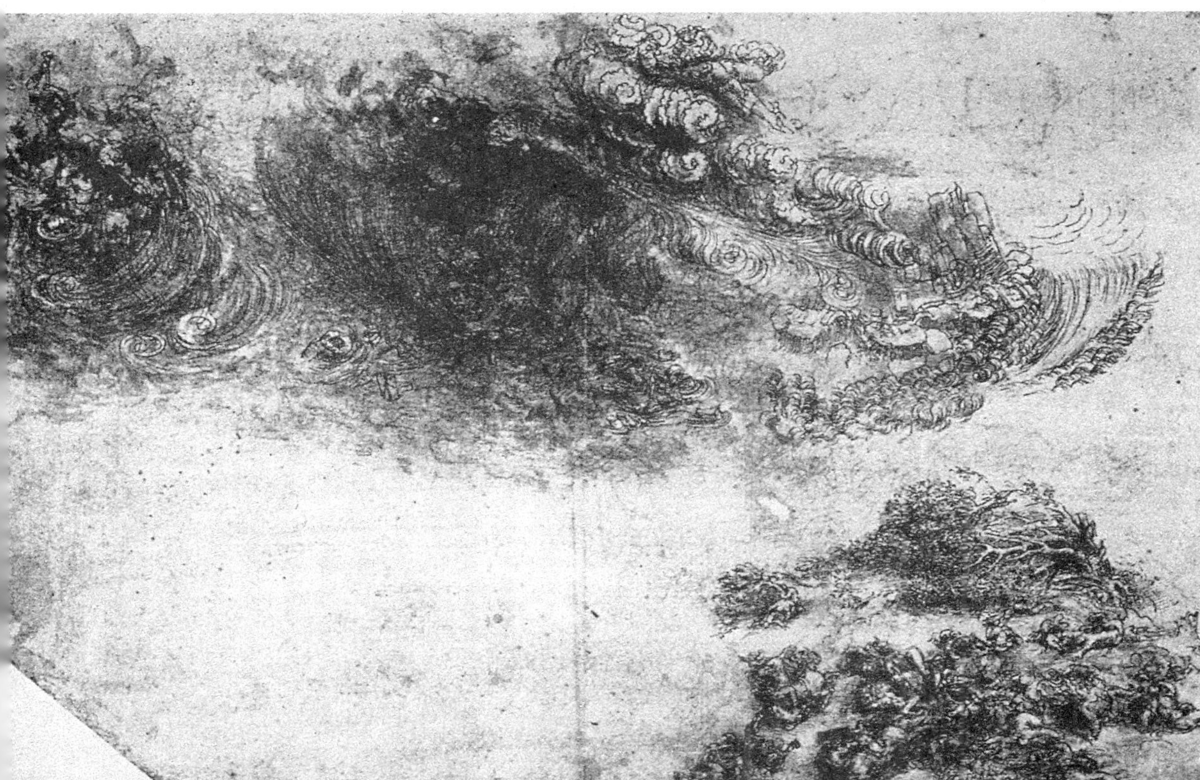

184. 莱奥纳尔多·达·芬奇： 约1512—16年。Windsor, Royal Library, 12376

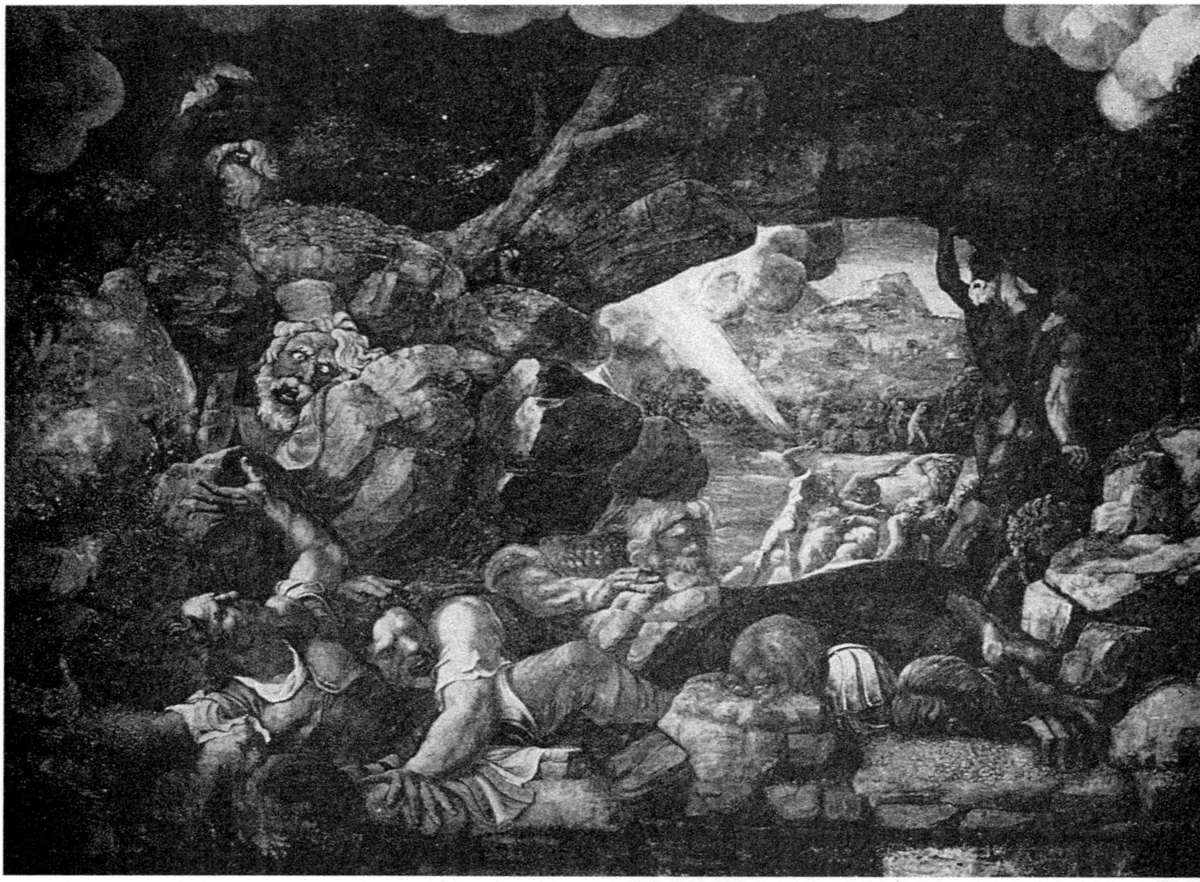

185. 朱利奥·罗马诺：巨人的毁灭，1532年。Mantua, Palazzo del Te

莱奥纳尔多与魔法师
攻击与竞争

LEONARDO AND THE MAGICIANS: POLEMICS AND RIVALRY. A lecture delivered in Italian on 16 April 1983 at Vinci during the annual celebrations of Leonardo's birthday and published as *Lettura Vinciana*XXIII by Giunti Barbera, Florence.

莱奥纳尔多·达·芬奇的所谓“预言”属于他活跃不息的头脑的最奇异的产物。这些预言是和他的谜语与寓言具有同样情趣的幽默的创造，其中有一些，人们起初也许感到和小学生的笑话差不多。例如，“在这个国家的很大一部分土地上会看到人是走在大牲畜的皮上”，莱奥纳尔多把它解释为是指用牛皮制做的鞋底(C. A. 1033r; R. II, p. 295)。[1]

莱奥纳尔多做事情从不半途而废，因此我们发现，在现藏于米兰的安布罗乔图书馆［Ambrosiana of Milan］的亚特兰蒂斯抄本［Codice Atlantico］中的两页上(1033r 和 v)(图 186 和 187)，他汇集了这样的预言多达七十四条；[2]在他的笔记本的其他页上还可以发现几乎一百条。它们的幽默常常具有讽刺的锋芒。他在嘲弄当时的预言家和占卜者。[3]在他附加在其中一段文字中的一种舞台说明中，这个目的变得十分明确：“要发狂地或像神经不正常的狂热者一样讲这句话。”他希望以这种方式朗读的预言是另一个人们熟知的难题，叫做：“关于壕沟：许多人将忙于减损一个依其减小的比例而增大的事物(C. A. 1033r; R. II, p. 294)。”

仿佛他为了自己使用而汇集了这些谜语，并进行表演以使他的同时代人感到乐趣。他很可能擅长模仿当时某些著名的预言家，他们预言世界的末日或敌基督［Antichrist］的到来，及伴随这些灾难而来的怪事，令人毛骨悚然。正是这个方面一定给予了他特殊的乐趣，因为他乐于表明可以使某件十分平常甚至琐屑的事物看上去神秘而险恶：“关于城墙在护城河中的倒影——人们会看到，大城市的高墙在护城河中是颠倒的(C. A. 1033; R. II, p. 298)。”又是语调把这句话从自然的转换为表面上超自然的。莱奥纳尔多有时非常成功地进行这种滑稽模仿式的转换，说明一些任何人都会认为十分明显的事情：“人的繁衍会导致彼此语言的不通，即，一个德国人和一个土耳其人（法兰西学院，Cod. I；R. II，p. 305）。”在这句话中，首先讲了预言，然后作了通俗的解释，的确，在后文中我将采用莱奥纳尔多在几部手稿中所使用的另一种顺序。在这种顺序中，“预言”揭示了即使不是它与谜语的同一的话，也是它与谜语的近似，[4]即莱奥纳尔多也以 *rebus*［字谜］的形式发展了的永远流行的游戏：“通过兽皮的风会使人们跳跃——即，使人们翩翩起舞的风笛（法兰西学院，Cod. I；R. II，p. 306）。”确实，莱奥纳尔多的一些笔记重复了像下面这样一句历史悠久的谜语：“许多人会成为这样的猎手，动物越少，捕获的会越多；反之，动物越多，捕获的会越少（C. A. 1033；R. II，p. 294）。”谜底是“捉虱子”。莱奥纳尔多的笔记是关于那句无聊的谜语的改写——而非改进。据古代文献中所说，当荷马向一群渔夫打听他们的捕获量时，他们回答说：“我们把捉到的丢下，而把未捉到的带走。”这句无聊的谜语使年老的荷马疯狂而死。

亚里士多德在他的《诗学》［*Poetics*］[5]中把谜语或谜界定为“把一些不可能联缀在一起的字联缀起来，以形容一桩真事”。在他看来，这种效果依赖于例如“我曾见一人用火将铜粘在另一人身上”之类的隐喻手段。这个谜语的谜底应该是用加热后的拔火罐从人体中吸血。实际上，莱奥纳尔多很少使用隐喻，但有时用起来效果颇佳，如当他把“烤炉的口”用于烤面包时：“在每个城市、地方、城堡、别墅和宅邸，都会看到人们由于缺乏食物而从别人的口中取出食物，而他们是决不能反抗的（C. A. 1033；R. II，p. 296）。”这个谜语或预言展示了莱奥纳尔多的笑话的最频繁的倾向之一，通过以表面上可怕的方式描述一个丝毫无害的事物而令人讨厌或令人震惊的愿望：“哦！多么讨厌的事情，我们竟然在另一个动物的肠中看到一个动物的舌头——关于香肠皮中的猪和小牛的口条（C. A. 1033；R. II，p. 294）。”在把普通事物描述为可怕事物时，莱奥纳尔多从幽默的讽刺几乎难以觉察地转移到谴责，使我们猜测他希望我们对于被屠宰的小山羊的命运是嘲笑还是哭泣：“希律［Herod］的时代将再次来临，因为无辜的幼童将被拖出保育室，将死于那些残忍的人们给予他们的可怕创伤（福斯特抄本 II，9v；R. II，p. 308）。”从这里到最著名、最可怕的预言，即莱奥纳尔多对人的残忍的谴责，只有一步之遥，这种谴责无疑是发自内心的：

> 在世界上，会看到动物总是互相厮杀，双方都遭到最惨重的损失，遭受频繁的死亡。它们的怨恨将无休止；在整个世界，在它们强壮的肢体旁，我们会看到在广阔的森林中，有很大一部分树木被毁掉；它们填饱肚子之时，对它们欲望的满足是给予每个生物以死亡、不幸、劳累、恐惧与逃遁；出于过分的傲慢，它们将希望升上天宇，但过重的肢体使它们无法飞升。地上，地下，或水中，万物无一不会遭到残害、搅扰和糟蹋，一个国家的东西会被移到另一个国家。它们的身体将成为所有它们所杀害的生灵的坟墓和通路。大地啊，你为什么不裂开，把它们深深吞入你巨大的洞穴和深渊，使这样残酷可怕的妖怪不复得见天日？（C. A. 1033；R. II，p. 302）

正由于它充满激情，这段文字或许也向我们表明是什么把莱奥纳尔多吸引到这种文字游戏上；它说明了词语的力量和对有理解力的人摆脱普通语言导致的思维习惯的需要。惟其如此，他才能达到使他能如实看待事物的超然态度。有几句预言利用了语言的纯粹常规的特点，每个具有科学头脑的人都一定或应当意识到这一点："所有的人都会突然被转移到对面的半球上——世界可以在任何一点被划分为两个半球（C. A. 1033；R. II，p. 299）。"

几何学家和地理学家的线条如此（他可以任意画这些线条），语言本身显然也如此。我们在生活中所遇到的许多骗人的东西不过是源自语言的特点，它可以使普通事情听上去神秘而复杂："分割的事物常常是结合的原因；即，把纱线结合在一起的用劈开的竹料制成的梳子（法兰西学院，Cod. I. 65r；R. II，p. 305）。"有的使用了更科学的语调："海洋很大一部分将升向天空，很长一段时间不再返回；即在云中（阿伦德尔抄本，42v；R. II，p. 303）。"或者，他凭着对阴影的艺术上的兴趣写道："将出现巨大的人形的形象，你越接近它们，它们那庞大的身材就越缩小——关于夜晚人在灯下投下的阴影（法兰西学院，Cod. I，50v；R. II，p. 307）。"最后是对普通宗教习俗做的许多莫明其妙的描述的一个例子："不幸的女人们将出于自愿地向一个男人泄露她们的一切罪过与不体面的和极隐秘的行为——关于做忏悔神父的男修道士（C. A. 1033；R. II，p. 301）。"未必出于敌意，这些简洁陈述显露了由莱奥纳尔多为教堂内部所做的完全非常规性设计所表现出的同样一种超然态度，那些教堂内部有众所周知的铭文："*logo dove si predicha*"（布道场）（图 188）和"*teatri per uldire messa*"（聆听弥撒的会场）（法兰西学院，Cod. B，55r 和 52r；R. II，p. 44）。

但是，无论莱奥纳尔多多么喜欢这些智力体操，假如他未打算嘲弄从希伯来预言家和西卜林神谕集［Sibylline oracles］的时代起的几个世纪以来不断被仿效的神秘的预言和告诫，他几乎不会收集如此之多的意义不明之语。我在本文将近结尾之处将不得不回到莱奥纳尔多心中是否想着更具体的事物的问题，但是这些预言无疑在他与假充内行者的断言和荒谬主张的战斗中对他有用。尽管莱奥纳尔多对于各种各样巫术的见解众所周知，我仍想提一提他的一些话，尤其是由于其中一句话在形式上类似于我们刚刚例示的一些预言。那是在 MS F 中的一句话："许多人用欺骗和虚假的奇迹进行交易，欺骗愚昧的大众（法兰西学院，Cod. F，5v；R. II，p. 250）。"

莱奥纳尔多很少抵御谴责这些神秘的开业者有发财欲望的诱惑，如在他计划的解剖学论文开头一段中所说：

大自然似乎向那些想创造奇迹的人报复，结果，他们所拥有的要少于其他更稳重的人。那些想在一日之内成为富翁的人却长久贫困潦倒，那些试图炼出金银的术士，那些要让死水给自己以动力、产生永恒运动的工程师，那些最大的傻瓜，即巫术师和巫士，也常常如此，并将永远如此。（温莎堡，19070v；

R. II，p. 85）

莱奥纳尔多一定在他所处的社会中常常遇到这些开业者中此处所未提到的一类，以致觉得需要为他的观点进行辩解。在《比较论》［*Paragone*］中他阐明绘画是一门科学的人们熟知的主张的一段文字中，由于透视知识对于艺术家像它对于天文学家一样是必不可少的，他又说道："我所说的是数学的星体学，而非虚妄的观星占卜；让那些因此靠受愚弄者为生的人原谅我这样说吧（Cod. Urb. 13v；R. I，p. 63）。"

在莱奥纳尔多看来，伪科学所宣扬的胡言有程度之别。因此他在《绘画论》［*Trattato*］题为"关于观相术与手相术"的一个段落中说道："我将不详细讨论荒谬的观相术与手相术，因为其中没有真理，这是显而易见的，因为这些妄想没有科学根据。确实，面孔表现出了人们性情、缺点和气质的某种迹像。"然后，他接着概述了后来称作病征学［Pathognomics］的观念，即，习惯性面部表情将在相貌上留下痕迹，结果"在双眉间有明显皱纹的人性情暴躁"——那是频繁皱眉的痕迹。"但是手又如何呢？"莱奥纳尔多继续说道，"你会发现，在浩大的军队中，许多士兵同时被战刀杀死，沉船时许多人同时丧生，而这些人中，谁的手相也不同任何其他人相似"（Cod. Urb. 109r 和 v；McM 425）。在古代，怀疑论者曾用同样的论据反驳占星学的断言和类似的预言。

对伪科学家的遣责程度的区分也是莱奥纳尔多另一段抨击的特点，在那段抨击中，他希望不对炼金术士进行最苛刻的责难，因为炼金术士的目的毕竟是用手处理简单的自然产物，就像用这种手段制造出玻璃等的人们所做的那样；[6]但是，对于相信他所称的巫术的人们来说，就没有这种情有可原的情况了：

> 在微风中飘舞的那面旗或旗帜，集合起愚昧的大众，他们总是用自己的行为表明这种法术的无限效果；有许多详尽的书籍，宣称魔怪和幽灵没有舌头和发声器官（没有这些是不可能说话的）也能工作和说话，能提起最沉重的物体，能呼风唤雨，能把人变为猫、狼和其他野兽，尽管实际上正是那些断言这些事情的人首先变成了野兽。（温莎堡，19048v；R. III，pp. 252—253）

我们会问，愚昧的大众怎么能被这些欺骗性的结果所骗住呢？莱奥纳尔多在《绘画论》的另一段文字中做了回答，我曾作为他的科学信念的一个重要部分引用过这段文字。凭借几何学的证明详细讨论了在不反光球面上光的照射与阴影的分布之后（图 124），他又插进了这样一番话：

> 这里有反对者说，他不需要这么多的科学，因为对他来说，有根据自然画对象的实践就足够了。对这个意见的回答是：现实中没有什么东西比不加进一步推理，便一味相信我们自己的判断更能欺骗我们，因为经验总是表明，推理是炼金术士、巫术师和其他机敏而又愚蠢的人的敌人。[7]（Cod. Urb. 222r；McM 686）

要点无疑是我们的感觉能够受骗而且常常受骗，但我们的理智却仍是可靠的向导。如我们已看到的，莱奥纳尔多是运用理智作为他反对巫术师们的断言的主要助手，而巫术师们暗示，鬼和幽灵能够说话。他在许多草稿中反复讲，既然我们知道，语音是人的器官发出的，而无躯体的幽灵不可能有语音，它们怎么能说话呢？

我已引用过一段的最著名、最有说服力的猛烈抨击很长，无法全部引用，但是在此我必须给出几段决定性的文字，以让读者领略一下这种慷慨激昂的猛烈抨击的味道：[8]

> 确实，倘若如愚蠢的人所相信的那样，这种巫术的确存在，世界上就不会有什么事物对于人类如此利害攸关了。倘若在这样的法术中确实存在一种力量，可以搅乱空气的宁静，把它变得漆黑一片，令狂风大作，惊雷闪电掠过夜空，猛烈的风暴刮倒高大的楼房，把一片片树木连根拔起；从而抵御军队，击溃并歼灭他们；除此之外，还掀起可怕的风暴，将夺去农民辛勤劳动的报偿。哪种战争对敌人的伤害到了剥夺他的收获的程度了呢？什么海战可与能支配风、掀起可使任何舰队葬身海底的毁灭性大风的人的海战相比呢？确实，能够支配这些狂暴力量的人会是国家的君主，任何人类的聪明才智都无法抗拒他压倒一切的力量。地下埋藏的珠宝玉石对于他都会显露无遗。任何锁或堡垒——尽管坚不可摧——都不能使任何人摆脱巫术师的意志。他会使自己在空中东西穿行，往来于宇宙四面八方。但是，我为什么还要进一步详述这些呢？还有什么事情不能用这种技巧做到呢？几乎没有，除去逃避死亡。（温莎堡，19048v；R. II，p. 253）

这段精彩的富有诗意的描述也使许多人想起了莎士比亚［Shakespeare］在《暴风雨》［*The Tempest*］中所写的普洛斯彼罗［Prospero］。普洛斯彼罗也支配着风，并能造成沉船，他也能念动咒语，使精灵爱丽儿［Ariel］为他效劳，服从他的意志。我认为这种重复不仅仅是偶然的。普洛斯彼罗毕竟是文艺复兴时期想象力的典型产物。最近，通过弗朗西丝·耶茨［Frances Yates］和 D. P. 沃克［D. P. Walker］的研究，我们越来越明显地意识到文艺复兴思想的这个方面和它在梅迪奇家族统治下的佛罗伦萨［Medicean Florence］的根源。[9]

是新柏拉图主义［Neo-Platonism］的复兴带来了这样的观念，即宇宙是来自诸行星的充满整个自然界的种种力量的和谐的相互作用，这种观念有利于人们相信巫术的可能性。在这样的宇宙中，超距运动本身并不是神奇的事件，就像当在另一种乐器上击下适当的琴键时诗琴的琴弦产生共鸣并非神奇的事件一样。因此，尽管在对魔法和巫术的传统信仰中人们以即使不是恶魔也是魔鬼的襄助为先决条件，新柏拉图主义却传播对于其高超的洞察力使其成为奇迹创造者的哲学家的信仰，从而抹煞了魔法与科学的区别。他的能力不依赖于与恶魔的契约——他就是魔术家，普洛斯彼罗是其如此令人难忘的体现。

珀金·沃克［Perkin Walker］已表明，马尔西利奥·菲奇诺［Marsilio Ficino］在什么程度上为了他的草药方、宝石、有护符般效力的图像和占星术音乐中心理学的，更不用说医学的效果而专心于实践这种新柏拉图主义的魔法。弗朗西丝·耶茨也强调了新发现的秘义书［hermetic writings］所产生的影响，人们认为这些著作系古埃及占星家，"三倍伟大的"赫耳墨斯［Hermes］所作。在莱奥纳尔多的手稿M（法兰西学院，R. II，p. 356）中简短地提到了"*Ermete filosofo*"［深奥的哲学］，可能写于米兰时期，但是我们说不清为什么莱奥纳尔多草草记下它。可以想像，他也许甚至想记住这个名称，以用于一篇辩论之中。

推究像莱奥纳尔多这样一位杰出人物的心理决不是有把握的，但是倘若他年轻时未曾感到普洛斯彼罗的这个梦幻的诱惑力，他会写得这样充满激情，这样富于诗意吗？

莱奥纳尔多曾致信洛多维科·伊尔·莫罗［Lodovico il Moro］，主动要求担任军事工程师，在那篇著名的信件草稿中，现实的主张与近似奇迹的允诺不可思议地融为一体：

> 如果由于堤岸的高度，或地基的坚固及其位置，在围攻某个地方时不可能进行轰炸，那么，即使是建在岩石等等之上，我也有办法炸毁每一块岩石或其他堡垒（见图189）。
>
> 而且，我拥有各种各样的迫击炮；极其便利，易于搬运；我能用这些迫击炮射出小石块，势如风暴；我用这些迫击炮造成的烟尘，可以使敌人魂飞魄散，给他造成巨大伤害和混乱。(C. A. 1082；R. II，p. 326)

回首他想入非非的年代的这些梦想，莱奥纳尔多不能不考虑他的主张是无聊的。假如他能实现这些军事上的奇迹，斯福尔扎家族［the Sforzas］就会终身是米兰公爵，或者切萨雷·博尔吉亚［Cesare Borgia］终身是全意大利的主人。

但在同时，是理智，推理力，指明了他步入魔法师的虚幻的奇迹可以实现的王国可走的道路——想象力的王国，在那里绘画效果可以毫无约束地发挥作用。这里援引一下《绘画论》中有特色地题为"画家的乐趣"的情彩段落，就足以认识到它与上文引用的对巫术师的攻击的密切关系了。

> 属于绘画科学的神奇力量使画家的心灵变得类似于神的心灵。用不受约束的能力，他可以推论不同种类的各式各样的动物、植物、水果、风景、田野、山崩、使观看者恐怖的可怕而骇人的地方的产生；也有令人愉快的场所，它柔和而可爱，一片片草地上五彩缤纷的花朵竞相开放，在微风柔和的吹拂下轻轻地摇曳，透过吹过它们的风眺望远方，河水以大洪水的力量从高山倾泻而下，拖走连根拔起的植物，它们与石块、树根、泥土和泡沫混杂在一起，并卷走了反抗自己毁灭的一切。还有大海和风暴，它们与和大海搏斗的风搏击与较量；大海掀起巨浪，然后落下，击碎攻击波浪底部的风，把它围裹和囿囚在自己的下面，劈裂它，撕扯它，

把它与满是泥土的泡沫搅混（见图190）。有时愤怒的大海发泄怒气，它被风征服后，逃离海底，冲过相邻岬角的高岸，越过山巅，跌入山那边的山谷。有一部分海水化为浪花，被狂怒的风暴攫走；有一部分避开了风，在雨中落回大海；有一部分跌落下来，从高高的岬角传播毁灭，带走反抗自身毁灭的一切。它常常遇到另一个迎面拍来的波浪，猛撞在一起，腾上天空，让空中弥漫着混浊、布满泡沫的雾霭，遭到岬角各边吹来的风的攻击，产生乌云，成为征服一切的风的猎物。(Cod. Urb. 36r 和 v；McM 280)

这里和通常一样，莱奥纳尔多想详述他最喜爱的主题，暴风雨和洪水的力量，巫术师宣称能够发动的那些可怕的风暴。诚然，画家的力量不能使他击沉敌方舰队，但是他能提醒我们它们的后果，从而使我们毛骨悚然。实际上不仅仅是提醒而已。因为尽管画中的风暴可能只是想像的，心理的效果却非常真实。菲奇诺赋予其神秘性的那种支配心灵的无法抵御的力量，莱奥纳尔多希望用理性的手段获得。除了是证明这种效果确实能由绘画科学获得的尝试外，《比较论》——构成他的《绘画论》第一节的对各种不同艺术的比较——还会是什么呢？重复一下我在文章中频繁引用的那段文字[10]“画家是所有人和万物的主人”：

倘若画家想看到能使他倾心爱慕的美人，他就有能力创造她们，倘若他想看骇人心魄的怪物，或愚昧可笑的东西，或动人恻隐之心的事物（见图191），他就是它们的主宰与上帝；倘若他希望显现有人居住的地区或沙漠，希望在溽暑时节显现荫凉之处，在寒冷天气显现温暖场所，他便造出这些地方来。(Cod. Urb. 5r；R. I，p. 54)

画家是创造者的宣称是夸张的说法，极其动人，但仍然是夸张的说法。非夸张的是这样的信念，当他如愿以偿地幻化出炎热与寒冷的时候，他能通过艺术达到自然的效果。为达到他的技巧和奇迹的效果，

画家的心灵必须把自己转换为自然的心灵，以便充当在自然与艺术间作翻译的人，它必须能够阐明她的法则的表现形式的原因，和眼睛周围的物体的外观与它们在瞳孔中的映像会合的方式。(Cod. Urb. 24v；R. I，p. 97)

在亚特兰蒂斯抄本的一篇笔记中，莱奥纳尔多详述了这一点：

在这里，形状、颜色、宇宙各部分的特征会聚于一点；而那一点是如此不可思议的事物。啊，不可思议，啊，惊人的必然性，按你的法则，你迫使每种效果以最短的捷径成为它的原因的直接结果。这些就是奇迹。(C. A. 949v；R. II，p. 120)

绘画正是凭借这些真正的奇迹而非巫术师的骗人的奇迹取得了莱奥纳尔多在《比较论》中所赞美的效果。传统上把这种关于心理的力量的概念与音乐的力量相联系，对音乐的力量柏拉图既赞扬又惧怕，古代文献和菲奇诺都反复提到音乐的力量。如我们所知，莱奥纳尔多也是一名音乐家，他以适当的尊重态度谈论音乐，它以其和谐的节奏“愉悦人的内心灵魂”(Cod. Urb. 16v；R. I，p. 77)，但是，倘若他过分详述这种传统的赞美，那不会适合他的目的。他的目的是要证明，绘画也应被称作人文学科，因为它不仅平等于而且高于音乐，在这里他超出了古代作家们的传统。在古代，习惯上绘画因其不仅使人而且使动物产生错觉的能力而受到赞扬——如鸟儿前来啄食宙克西斯[Zeuxis]画的水果的故事及类似的轶事所例示的那样。

莱奥纳尔多没有忽视这个证据，[11]例如他写道：“我曾见到一只狗，受到主人肖像的欺骗，快活地迎接他；我还曾见到燕子飞来到仿照从建筑物窗户伸出的格子架画的铁棍上栖息(Cod. Urb. 5v；R. I，p. 56)。”

在这里，“自然魔法”与绘画的“魔法”间有着密切关系，因为在这些情况中，艺术家能设法产生与自然物体本身产生的同样的效果。但对于莱奥纳尔多最重要的是画家能超越模仿自然而通过他的技巧与洞察力达到他所称的“自然的效果”这个事实。在《比较论》的重要的一节中，他讨论了透过玻璃或透明纸描摹物体的外观并填上明暗来模仿自然的机械方法。但是在他看来，这种捷径不应成为懒惰的托词。它们只是就也能凭借想像制造种种自然效果(*che sanno fare di fantasia li effetti di natura*——Cod. Urb. 24r 和 v)的艺术家而言才偶尔有道理。无论如何，要描绘虚构的故事，它们就无能为力了，而那毕竟是绘画科学的目的。

思考过他的艺术的现代画家决不会相信模仿自然是他的艺术的开始与终结。他接受的委托毕竟大都是宗教绘画，而这些需要其他的技巧。莱奥纳尔多大胆地提到图像在宗教中的角色，并津津有味地描述了人们对神圣图像的崇敬态度：

> 难道我们没有看到，再现神明的图画被永久隐藏在极贵重的覆盖物下，在揭去它们的覆盖物之前，人们要合着乐器的旋律歌唱，举行盛大的基督教会的仪式；在揭开幕布的时刻，聚集在那里的一大群人都匍匐在地，为恢复他们的健康，为了他们永久得救，向其形像被再现的神明礼拜和祷告，仿佛神明本人在场一般。(Cod. Urb. 3r 和 v；R. I，p. 360)

他接着谈到朝圣，朝圣证明了独一无二的图像的吸引力，和它对于单纯词语的优势，最后提出这样的断言，似乎“神明喜欢这样的画，喜欢那样崇拜和尊敬它的人……并依据那些聚集在这样的场所的人的信仰通过它给予恩典和解救”。这个简洁陈述十分含混，没有说明莱奥纳尔多自己想的什么，除非我们回忆一下一段预言，题目是：“关于崇拜圣者的图画：人们将向听不到声音的人们讲话；他们眼睛睁着，却看不到东西；人们将向这些人讲话，却不会得到回答。他们将乞求有耳但听不到声音的人的恩惠；他们将为盲目者照亮……(C. A. 1033；R. II，

p. 295)。”这里，宗教图像的效果是毫无疑问的，但是祈祷的灵验却值得怀疑。

也毫无疑问的是画家激起爱甚至色欲的能力。画家

能把心爱的人的真实图像摆到情人面前，他常常吻它，向它讲话，而对于一段描述，他就不会这样去做……画家支配男人心灵的力量更强大，因为他能诱使他们喜爱并爱上一幅并未描绘任何真的女人的图画。我曾经画过一幅再现神圣主题的画，被一个人买下，他喜欢它，后来又希望去掉神的标志，以便可以无忧无虑地吻她。最后，他的良心压倒了他的叹息与欲望，然而他还是不得不把画从屋子里拿出去。(Cod. Urb. 13v；R. I，p. 64)

《比较论》十分明显是一篇文学练习，也许这个事实诱使莱奥纳尔多思想的研究者不像应有的那样认真对待它。因为我们无论是否需要按字面意义去看待他讲述来证实他的论文的那些轶事，我们不能也不可忽视他对他所认为的他的艺术的真正目的的强调。他在《绘画论》其他地方用不那样夸张的词句对它作了描述：

叙事画的诸成分应以故事中的人物的同样方式感动那些观看或凝视这些画的人。即，如果绘画再现了恐怖、惧怕、逃遁、悲伤、哭泣和悲哀；或者快活、欢乐、笑及类似情况，观画者的心灵应当使自己的肢体产生动作，结果，他们似乎处于和画中人物所表现的相同的情境中。如果他们不这样，画家的技巧就徒劳了。(Cod. Urb. 61v；McM 267)

在这个不寻常的要求中值得注意的是，它实际上超出了在《比较论》中对绘画的断言。在那里，他也谈论了绘画能够产生的感染力量。“一位艺术家画了一幅画，谁看到都立刻打呵欠，而且，只要目光停在画上，就要呵欠不止，那幅画再现了一个也在打呵欠的人”(Cod. Urb. 14r；R. I，p. 64)。但是在同一个段落中，他向诗人承认，诗人能使听众哭和笑，“但是画家会使你笑而不会使你哭，因为哭是比笑更强烈的效果”。

鉴于刚刚援引自《绘画论》的莱奥纳尔多的信念，这种承认一定使他比他所认可的更加不快。在逐渐使他——用同时代人的话说——“对画笔感到极不耐烦”的许多原因中，这可能就是其中之一。[12]

还记得瓦萨里的莱奥纳尔多传记的人会发现，他所讲的这位大师的轶事与我们所了解的关于莱奥纳尔多对于最强烈的心理效果的探索的情况惊人地一致。他们会想起其中第一篇故事，他父亲要莱奥纳尔多在一块圆木头上画一幅画，他决定画美杜莎［Medusa］的头，他为此收集各种各样十分令人不快的生物，构成一个可怕怪物的形像。[13]可以预知，父亲见到这幅画就仓皇逃遁了，而这位艺术家说，由于它产生了预期效果，符合它的目的。我们也读到，在逗留罗马期间，他放弃了画笔而使用了更强有力的方法。“在观景楼［Belvedere］栽培和修剪葡萄树的人所发现的一只非常奇怪的蜥蜴身上，他系上了取自其他蜥蜴身上、在水银中浸过

的鳞片，这些鳞片随着它的移动而抖动，他给它安上眼、一只角和一绺胡须，然后驯服它，把它养在一只盒子里。他把这只蜥蜴拿给朋友们看，凡是看到的，都吓得逃开了。”[14]为进一步说明莱奥纳尔多喜欢通过表面上神奇的效果恐吓人们，瓦萨里又说，莱奥纳尔多常常

> 晾干和清洗阉羊的内脏，把它们弄得很小，可以持在手掌中。在另一个房间，他放着一只铁匠用的风箱，他常用这只风箱为其中一件内脏充气，直到它占满整个房间，这个房间很大，迫使凡是房间里的人都躲到角落里，这样来表明起初只占据很小空间的这些透明的、充气的皮现在如何占满了这样大的空间，而他把这比作 *virtù* [力量]。[15]

例示了他的预言中的几分莱奥纳尔多式的幽默后，我们很可能相信这些故事。确实不难想像莱奥纳尔多在进行那种古怪的演示时可能讲了那番关于 *virtù*（力量或威力）的话。

毫无疑问，瓦萨里在他的《传记》的撩人的几页中对莱奥纳尔多的生动描绘是肤浅的，但是我认为它并不完全是歪曲的。例如，他写道："那时，法兰西国王来到米兰，由于莱奥纳尔多被要求做点古怪的东西，他制作了一只狮子，它向前走了几步，然后胸膛裂开，人们看到里面装满了百合花。"[16]我相信他讲的是真事。人们期待莱奥纳尔多做的确实常常是"*una cosa bizarra*"[古怪的东西]，换言之，制造人们通常认为属于魔法师的法术的效果。

对他艺术个性的这个方面，我们不如他的同时代人那样能够欣赏。雇用他的那些王孙贵族一定尊重他安排露天表演和舞台表演的技巧和创造性。这些表演中唯一流传给我们的撩人的瞥视无疑表明莱奥纳尔多一定了解如何制造心理效果。要记住那篇关于一次舞台演出的莫明其妙的笔记，它在研究莱奥纳尔多的学者中引起了如此之多的评论：[17]"当冥王普路托 [Pluto] 的乐园打开时，可以把魔鬼布置到十二个点，就像进入地狱的通道。这里是死神 [Death]、复仇三女神 [Furies]、冥府守门狗 [Cerberus]、许多哭泣的裸体儿童，这里是由各种颜色组成的火（阿伦德尔抄本 231v；R. I，p. 386）。"[18]

人们又想起了《比较论》："如果你说：我要为你描述地狱、天堂或任何其他令人愉快或令人恐怖的事物，画家也比你强，因为他会把那些尽管无声却表现出使你惊心动魄的快乐或恐怖的事物摆到你面前（Cod. Urb. 13v；R. I，p. 64）。"

如果对于地狱的绘画再现可以这样说，那么它多么更适用于配有哭泣儿童的声音效果的舞台上的形像？确实，如果莱奥纳尔多在《绘画论》中所写下的话确实是——至少有时是——认真的，即，不能使人们哭泣，"艺术家的技巧就徒劳了"，我们就可以思索他偶然步入文学虚构领域的原因了。在这样检验词语的力量的过程中，他表明自己是制造强烈效果的大师，在求助于我们的想像时，他总是毫不迟疑地走向极端。甚至对大洪水"和如何在画中再现它"的著名描述在其词语绘画上也比画家的画笔能做到的成功得多（图 192）：

> 啊！狂怒的雷电在幽暗的天空中发出多么可怕的声响……啊！多少人在恸哭！多少人在惊恐中摔下岩礁！……啊！多少母亲为她们被淹死的儿子哀哭，把他们抱在膝上，举臂伸向天空，用哭泣和哀号报怨神的天罚……。（温莎堡，12665v；R. I，pp. 353—354）

莱奥纳尔多在以冷静的科学推理力分析这些大灾难的自然结果时是否真的考虑一幅画，这总是难以确定的："山坍塌在城镇上会扬起灰尘，呈现云的形状，但这种灰尘的颜色不同于云的颜色。在雨最浓的地方，要让灰尘的颜色不太明显，在灰尘最浓的地方要让雨不太明显（见图 184 和 193-194）（C. A. 79a；R. II，p. 357）。"

关于对我们的不安的年代如此有吸引力的莱奥纳尔多的启示异像（图 195 和 196）人们无论写过多少文章，视觉再现与词语描述在这些幻想中的各自份额仍然难以确定。应如何传达这些素描与描述——如果是想这样做的话？莱奥纳尔多是否曾设想过附有插图的关于想象力的著作？

至少有一份文献特别突出地提出这个问题——我是指亚特兰蒂斯抄本中画有山峰和旋转的洪水的草图的几页，它们也包括了莱奥纳尔多关于黎凡特［Levant］〈从前地中海东部诸国的通称——译注〉的灾难的众所周知的莫明其妙的笔记（图 197 和 198）。[19]这些描写非常生动，地理细节也非常丰富，以致里克特［Richter］相信它们证明莱奥纳尔多曾游历过这些地区。必须放弃这种想法；十分清楚，此处莱奥纳尔多也是在自由发挥想象力。确实，他似乎是从写着只能解释为幻想故事的东西的计划的那一页开始的。[20]

> 本书的划分：布道与改变信仰。——突如其来的洪水，至结束。——城市的毁灭。——人们的死亡及他们的绝望。——寻觅传道者，他的救济与善行。——对这次山的坍塌原因的描写。——山的坍塌造成的伤害。——大雪造成的毁灭。——预言家的发现。——他的预言。——亚美尼亚东部洼地的洪水，通过开挖托罗斯山脉［the Taurus Mountains］把洪水排出。新的预言家如何说明这场灾难如他所说的那样发生。对托罗斯山和幼发拉底河［the river Euphrates］的描写。（C. A. 393v；R. II，319—320）

与这个目录相接的文字表明，莱奥纳尔多很可能以虚构的、向一名东方官员的报告的形式想像他的故事："致叙利亚的财务官，巴比伦的神圣苏丹的代理大臣。"

在最初的草稿中，他无法抵御先对那场灾难作一番描述的诱惑，它显然是故事的核心："我确信，在我们的北部地区最近发生的灾难不仅会使您，而且会使全世界感到惊恐，关于这场灾难，我将按适当的顺序向您讲述，首先说明结果，然后再说明原因……"——"首先说明结果，然后再说明原因"——让我们记住这个允诺，不过莱奥纳尔多一定觉得对于致一位长官的信件来说，正文开始得太突兀，因此他又重新开始，这次先描写托罗斯山，而在草稿中，这段描写要构成故事的结尾；但是它没有涉及对结果的描写和对原因的解释，结果是据说似乎改变形状的一颗彗星的形相，原因是阳光照射在高得无法置信的山峰上，而下面的山谷仍隐没在夜色之中：

到了亚美尼亚的这个地区，为以适当的热爱和谨慎的态度执行您派遣我来完成的任务，为了在一个在我看来最适合我们的目的的地方开始，我进入了距我们边境不远的卡林德拉城［Calindra］。这座城位于托罗斯山脉与幼发拉底河那相分离的部分的河岸上，向西可遥遥望见巍峨的托罗斯山的山峰。这些山峰巍然高耸，似乎直达天际，在全世界，没有一个地方高过它的山顶，阳光总是在白昼到来的四小时前照射到它的东面；它是用最白的石头构成的，因此光芒四射，对这些亚美尼亚人起着明亮的月光在黑暗中所起的作用；它耸入云霄，比云的最高处还垂直地高出四英里。在西面的许多地方都可以看到，夕阳在西下后把这座山峰照亮，直至夜晚的最后三分之一。当在更幸福的时刻我们和您在一起时，我们正是把它猜想为一颗彗星，在漆黑的夜晚，它似乎改变形状，有时分为两或三部分，有时长，有时短。这是地平线上的云造成的，它夹在这座山的一部分和太阳中间，由于切断阳光，山上的光被各种各样的云层阻挡，因此，它的光亮的形状千变万化。(C. A. 393v；R. II，pp. 317—319)

在梗概中也预先写出了分析与解释：

为什么山顶从夜晚的一半到三分之一灿灿发光，夕阳西下后对于西面的居民，天明前对于东面的居民看上去像一颗彗星。

为什么这颗彗星呈现各种不同的形状，时而圆，时而长，时而又分为两或三部分，时而是一个，时而消失，时而又出现。(C. A. 393v；R. II，p. 320)

在草图与文字各半的另一页上又重新开始，莱奥纳尔多重写了草稿，在那封虚构的信上加上“关于托罗斯山的形状”的标题，在为未早些写信又做了些道歉之后，又返回到报告的第一个目的：“勤奋、周密地调查如此巨大而惊人的结果的原因。”如他在两篇草稿中所说，这次任务使他有必要描写一下当地的风光。

以只有莱奥纳尔多能够鼓起并维持的不知疲倦的执着精神，他又以一段新的文字重新开始：*Qualità e Quantità del Monte Tauro*［托罗斯山的质与量］(C. A. 393v)，而这段文字我必须略去。

里克特设想（佩德雷蒂［Pedretti］的评论亦赞成）另一段文字即亚特兰蒂斯抄本 573r（R. II，p. 323），一定属于同一个计划。这篇文字也是以信件的形式表达的。在两次假拟的开始之后，莱奥纳尔多就着手撰写报告，返回到令他着迷的对自然灾害的描写。它与梗概中的标题相一致：“突如其来的洪水，至结束，城市的毁灭，人们的死亡及他们的绝望。”

……首先，我们遭到狂风的猛烈袭击；接着，大雪山坍塌，填满整个山谷，毁灭了我们城市很大一部分。还不满足于此，大风暴又造成洪水暴发，淹没这个城市的整个低洼地区；接着，突然降雨，更确切地说，是毁灭性的水、沙、泥和石头的洪流，混杂着各种树木的树根、树干和碎片；腾空飞起的各种东西落到我们身上。最后起了大火，不是风造成的，而似乎是三万个魔鬼送来的，把周围的一切烧光，然而仍未熄灭。少数未被烧死的人，十分沮丧与恐怖，我们几乎没有勇气彼此讲话，仿佛吓昏了一般。一切事都无法去做，我们一起呆在一些教堂的废墟中，男女混杂，大小相混，就像一群群山羊。邻近地区的人们出于怜悯救济我们，提供给我们食物，而他们先前曾是我们的敌人。倘若没有人救济我们食物，所有的人都会饿死。现在您看到了我们的惨状。而与不久预示给我们的那些不幸相比，这一切灾难都微不足道了。

莱奥纳尔多在这里所提到的这些可怕的预示或预言是什么?我们不要忘记，在这个梗概中，在“大雪造成的毁灭”一行之后，我们看到：“预言家的发现，他的预言。”莱奥纳尔多不相信预言，但是他喜欢取笑它们。在这里我们能发现对我开始所提到的“*profetie*”［预言家］的暗指吗？就在梗概之下，莱奥纳尔多写了他的一句模拟的预言：“关于葬仪，行进，灯，铃和随从：将为人们举行最隆重的礼仪和仪式，而他们本人却一无所知（C. A. 393v；R. II，p. 294)。”当人们认识到这一点时，就难以抵御看到这种联系的诱惑了。在纸的背面出现了许多预言，还有对托罗斯山的描写，它也包括亚美尼亚的略图和一座山峰，标着莱奥纳尔多显然取自对黎凡特的说明的三个名称，第三栏——可能是莱奥纳尔多的最后一栏——结尾是标有“这个预言的划分”的标题的段落，暗示出从理性的到无理性的动物，到植物和仪式等等的系统，如果我们考虑到这一点，这种联系就更有启发性了。

前面的笔记与安排不一致，这种安排显然是事后的想法，但是，他这里所谈的是这个预言而不是种种预言，这仍然是意味深长的。我按莱奥纳尔多草草记下它们的顺序引用一下前六段：

关于蚂蚁：它们会形成许多社会，会把自己、小蚂蚁和食物隐藏在黑暗的洞穴中，它们有许多个月在无任何光——无论自然光还是人工光——的幽暗处喂养自己和家庭。

关于蜜蜂：其他许多蜜蜂会被剥夺它们的贮存品和食物，会被人们毫无理由地、残酷地淹在水中溺死。天哪！你为何不醒一醒，看看你的创造物受到这样的虐待？

关于绵羊、母牛、山羊等：无数这样的生物，其幼子会被夺走，割开，杀死，极残暴地屠宰。

关于坚果、橄榄、橡果、栗子等：许多后代将被残酷地击打，从母亲的怀抱中夺走，抛在地上压碎。

关于襁褓中的婴儿：啊，海边的城市，我在你们之中看到你们的公民——既有男又有女——被人们用结实的柔枝紧紧缚住手臂和腿，那些人不懂你们的语言，你们只能用在自己中间的悲哀的抱怨、叹息和恸哭减轻你们的悲伤和失去的自由；因为束缚你的人们不会听懂你的话，你也不会听懂他们的话。

关于食鼠的猫〈下面的话指句中的鼠——译注〉：非洲的城市啊，在你们之中，会看到你们的孩子被你们国家极残忍而贪婪的野兽困在自己的家中。(C. A. 393; R. II, pp. 292—293)

为什么提到这些地理名称，海边的城市和非洲的城市？它们只是要以一般的方式创造一种气氛，还是莱奥纳尔多把它们想像为在更明确的异国环境中？把有异国风俗和异国信念的遥远的地方当作他的寓言的背景，这可能适合于他的总的讽刺目的，因为这使他更易于讽刺他的同胞甚至他们的宗教信仰，而不过于明显地冒犯他们。我们不要忘记，草稿开头的一行是“布道和改变信仰”。

确实，很难想像莱奥纳尔多会如何把他的讽刺笑话与他关于毁灭与破坏的故事结为一体，让我们记住，这个故事要包括一段莫明其妙的情节——“寻觅传道者，他的救济和善行”——也许是暗指这场灾难的受害者们从敌对的邻近地区的人们那里体验到的仁慈。无论如何，莱奥纳尔多在这里区分了“传道者”和“预言家的发现”，他是或者也许是将近结尾时所提到的同一个人：“新的预言家如何说明这场灾难如他所说的那样发生。”他预见到这场灾难了吗？是他看出亚美尼亚被淹没的洼地可以通过开通托罗斯山把水排掉吗？这会是我们能了解其原因的另一个惊人的结果吗？

我不知道这些问题的答案，很可能我们永远也不会知道，除非一个侥幸的发现提供给我们另一个线索。我们从卡斯泰尔弗兰科［Castelfranco］那里了解到，在莱奥纳尔多对托罗斯山的描写中有对约翰·曼德维尔爵士［Sir John Mandeville］和塞维利亚的伊西多尔［Isidore］的仿效。[21]他们描写了山峰的高峻和它投下的阴影的漫长。会不会是莱奥纳尔多受到这些描写的激励，才思索这样的山在夜间的外貌，思索人们把它的山巅当作改变形状的彗星的可能性；是否这又会首先使他想到描写一下远方的这样一种怪事，而可以给它完全合理的解释，然后想到把它与预言中所描述的表面上的怪事联系起来？也许，他一旦设想这个梗概，就忍不住引进他特别喜爱的话题，对自然灾害的描写，打算解释真正原因和可能用人的真正力量即理智的力量补救它的办法。无可否认，这个假设仍未证实，对于它可以断言的只是它与证据毫无抵触，并会使这个莫明其妙的片断符合他的一般哲学。也许他希望把预言家们与他们的故事和一个幻想中的慈善的 *predicatore*［传道者］相对比，而那个幻想也是一篇道德寓言。

莱奥纳尔多鄙视各种各样的对具有超自然力的宣称，他知道，只是在虚构中他才能支配自然力，但是他也渴望了解自然规律，它们可以使人驾驭自然力，使其不再那样凶险和具有破坏性。在他作为工程师的生涯中，他多么经常地未被要求作的恰恰是这样的事情。[22] “每天”，瓦萨里夸张地说，而这是可以谅解的，“他都制作模型和进行设计，要轻而易举地移山，并在山上穿洞，以从一地逼到另一地。”[23]确实，现在我们通过马德里抄本［Codex Madrid］了解到，他改变阿尔诺河道的计划比我们认识到的要更先进。

假充内行者宣称他们能制造种种结果，但是由于对它们的原因一无所知，只能求助于欺骗。莱奥纳尔多认识到，只有知识即 *scientia*，才能够创造出无知者徒劳地梦想的奇迹。当他的思想转向人类的飞行的千年梦想时，他曾两次求助于预言的语言，我相信这是意味深长的。一次是用悲观的语气，出现在我已援引的对人类的谴责中，——“出于过分的傲慢，它们将希望升上天宇，但过重的肢体使它们无法飞升”。但后来在一条预言中预示飞行的奇迹的那段名言中，使用了乐观的语气，而那句预言即使不是极其准确的，也被历史证明是正确的（图 199 和 200）：

从以那只大鸟命名的山上，那只将名扬天下的巨鸟就要起飞。（都灵，雷亚莱图书馆 18v；R. II，p. 357）

若想解开这个谜语，请去罗马的机场，它恰当地写着莱奥纳尔多·达·芬奇的名字。

［陈海燕译　李本正校］

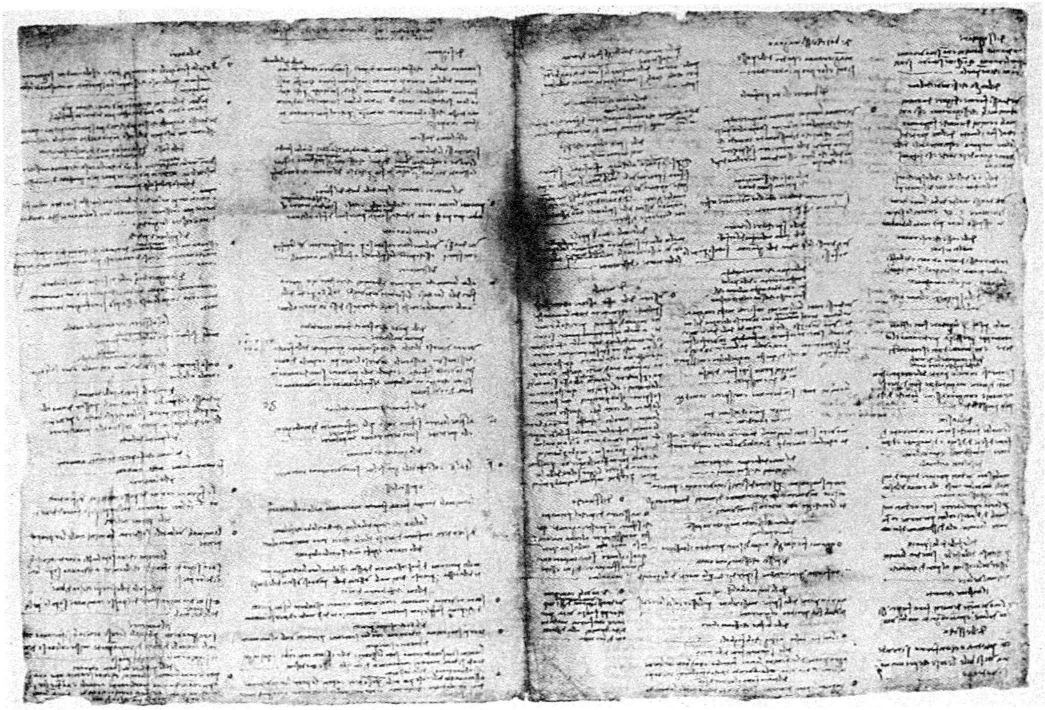

186. 预言，Codex Atlantico 1033r. Milan, Biblioteca Ambrosiana

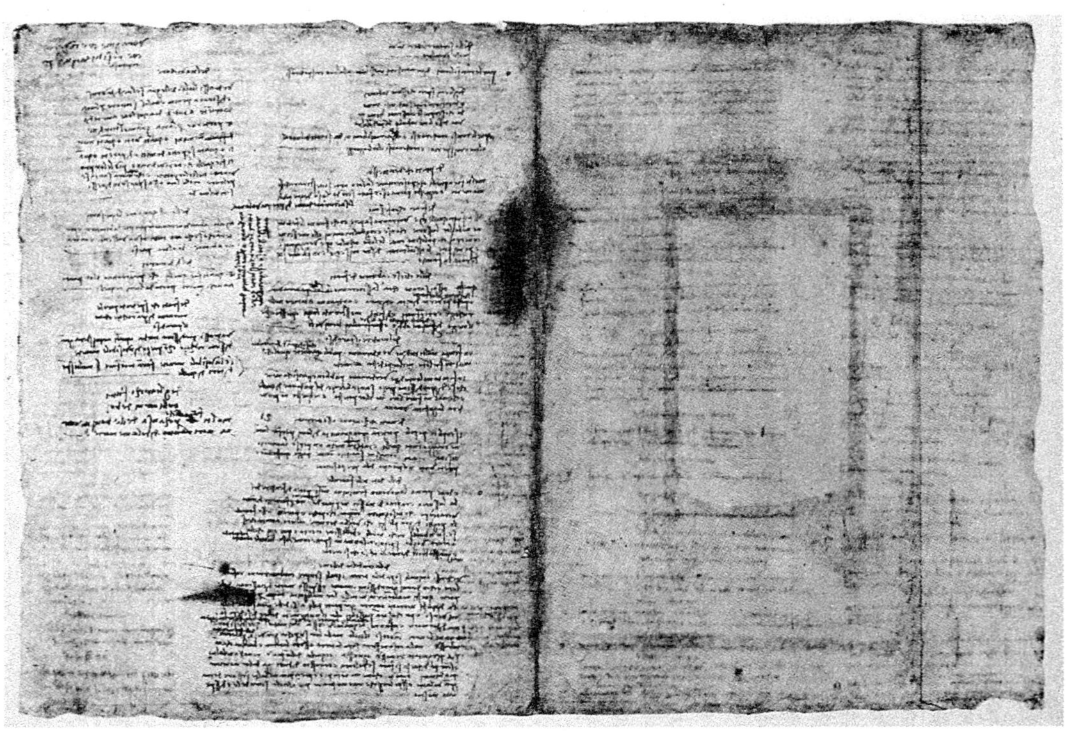

187. 预言，Codex Atlantico 1033v. Milan, Biblioteca Ambrosiana

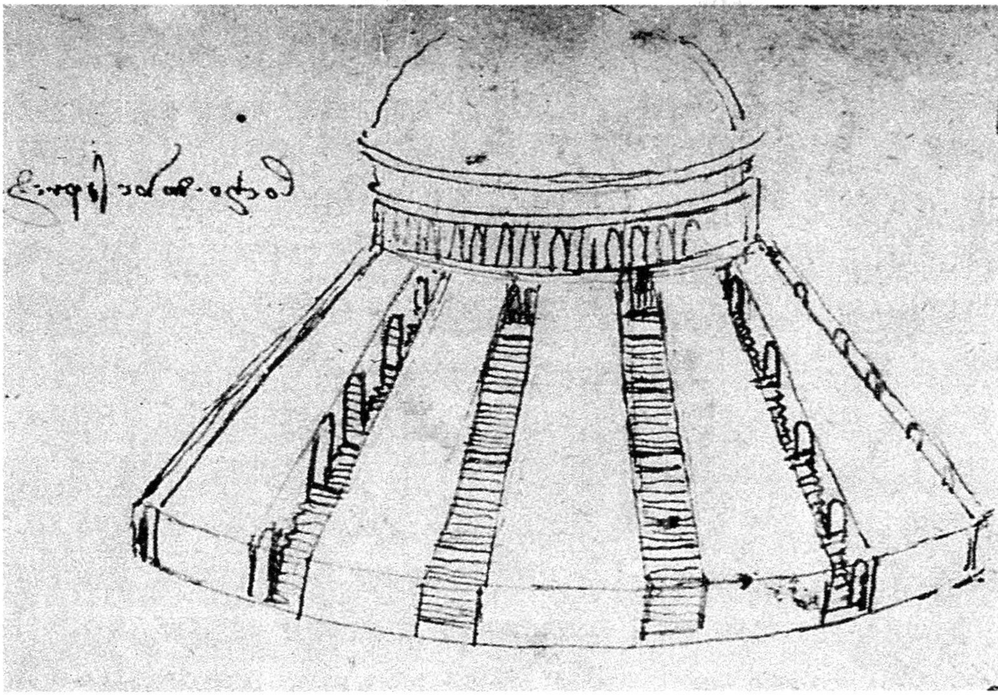

188. 布道场，MSB55r，1488—9年。Paris, Biblioth è que del l'Institut de France

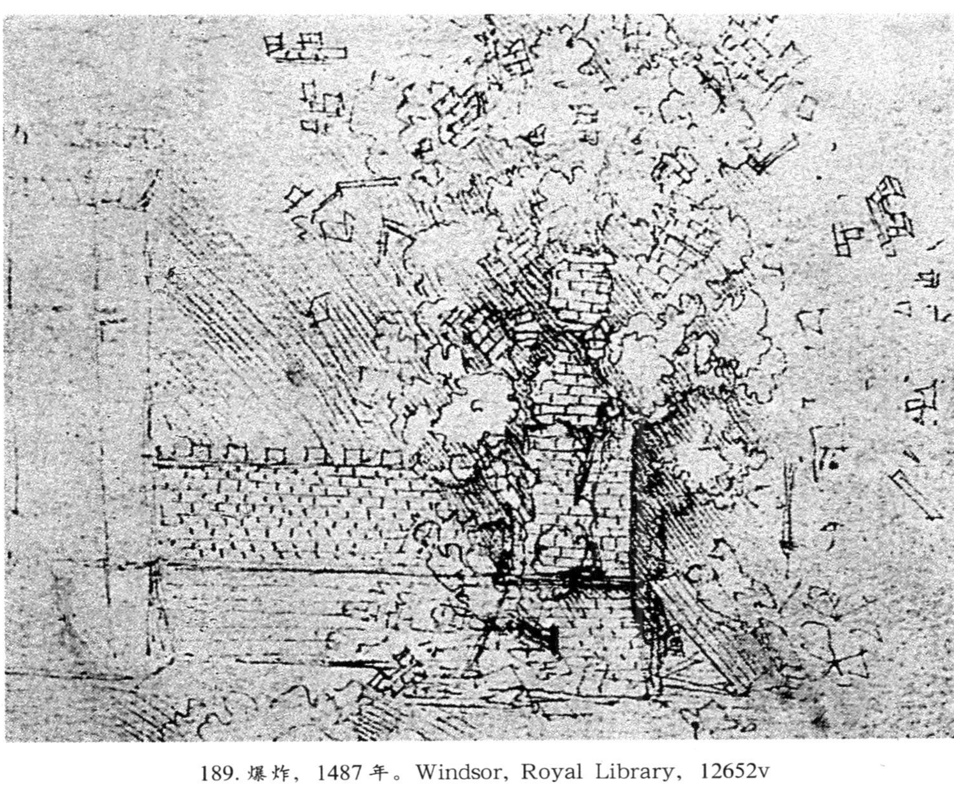

189. 爆炸，1487年。Windsor, Royal Library, 12652v

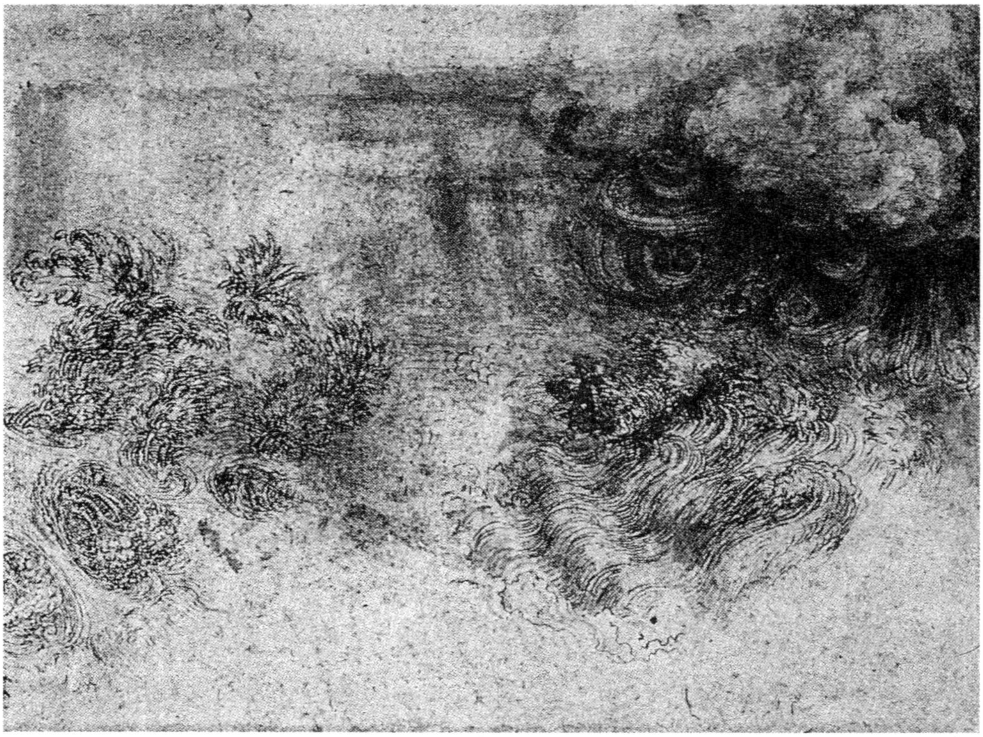

190. 大洪水，1514年。Windsor, Royal Library, 12379

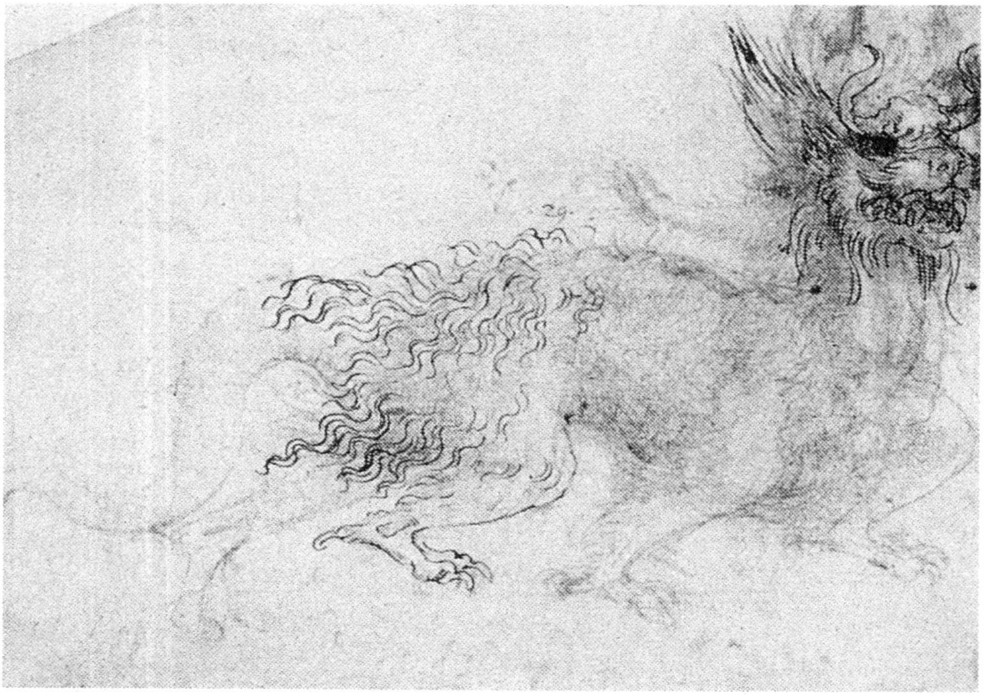

191. 龙，1503—6年。Windsor, Royal Library, 12369

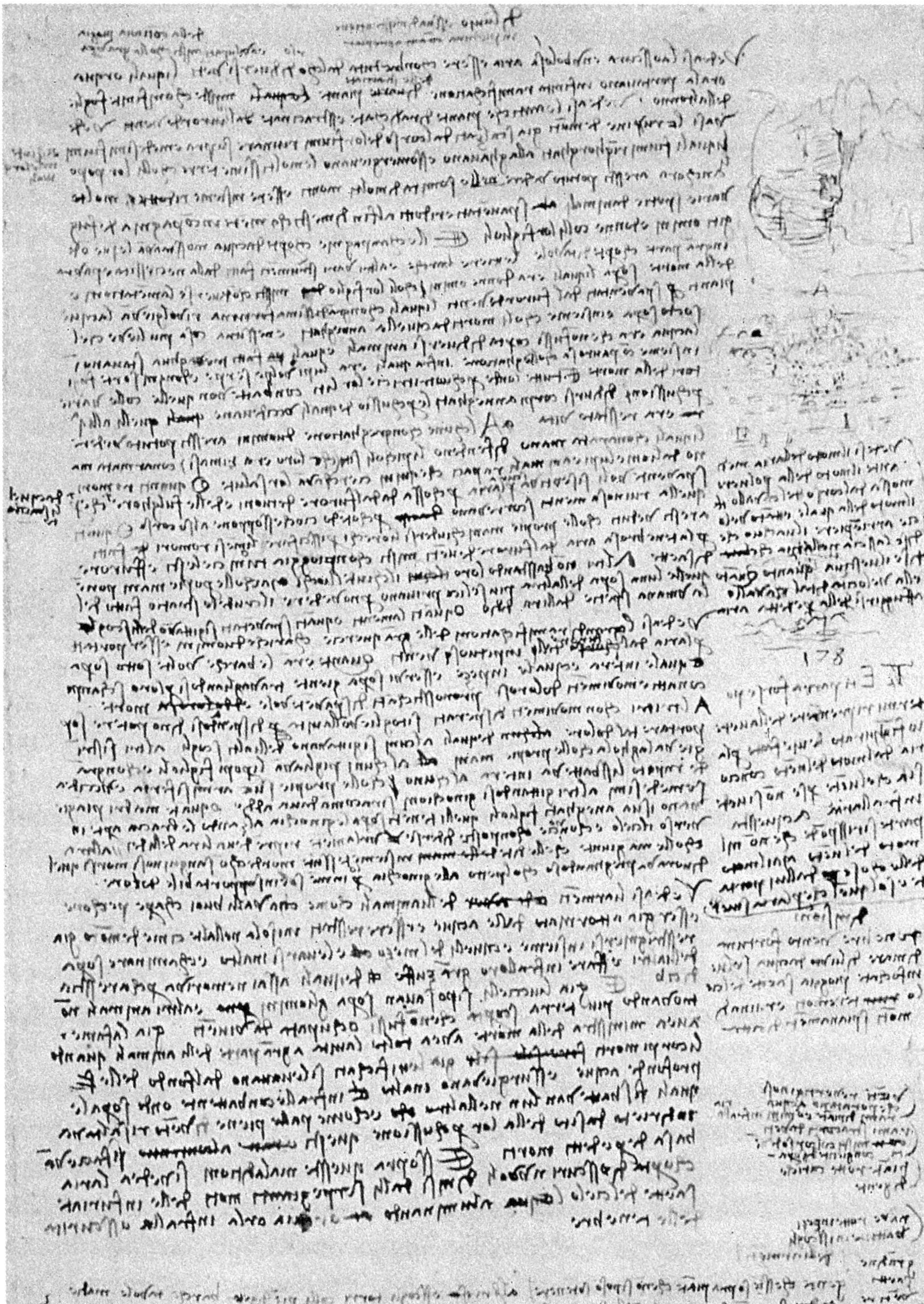

192. 关于大洪水的笔记，1512—16 年。Windsor, Royal Library，12665v

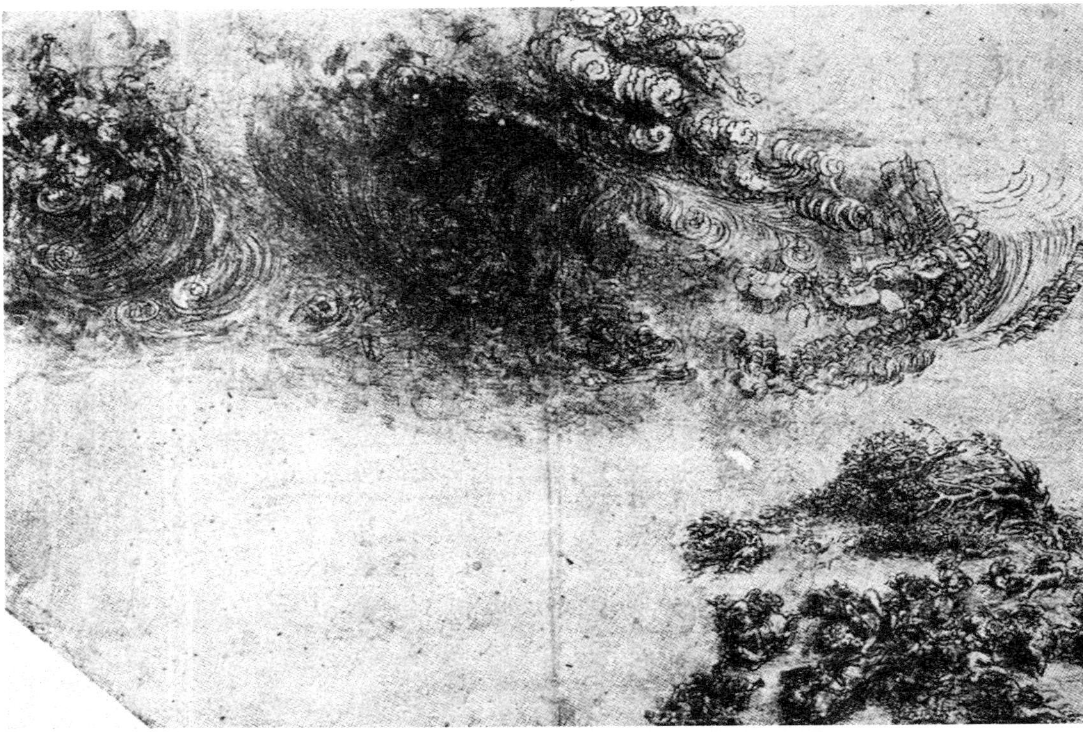

193. 图 184 细部

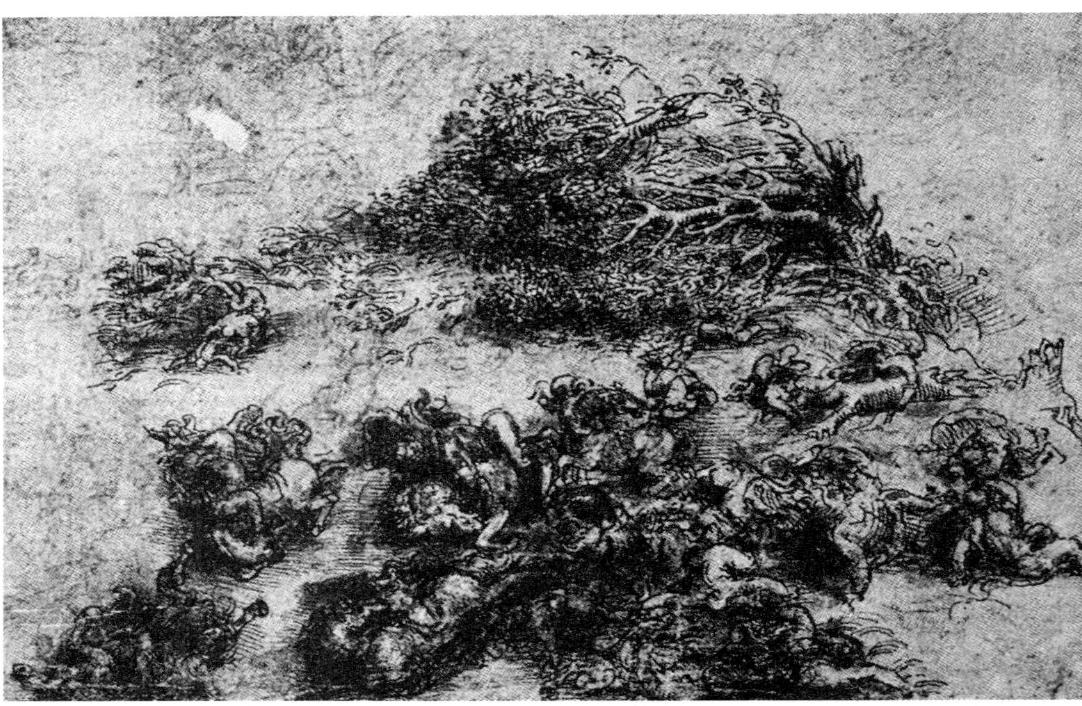

194. 图 193 细部

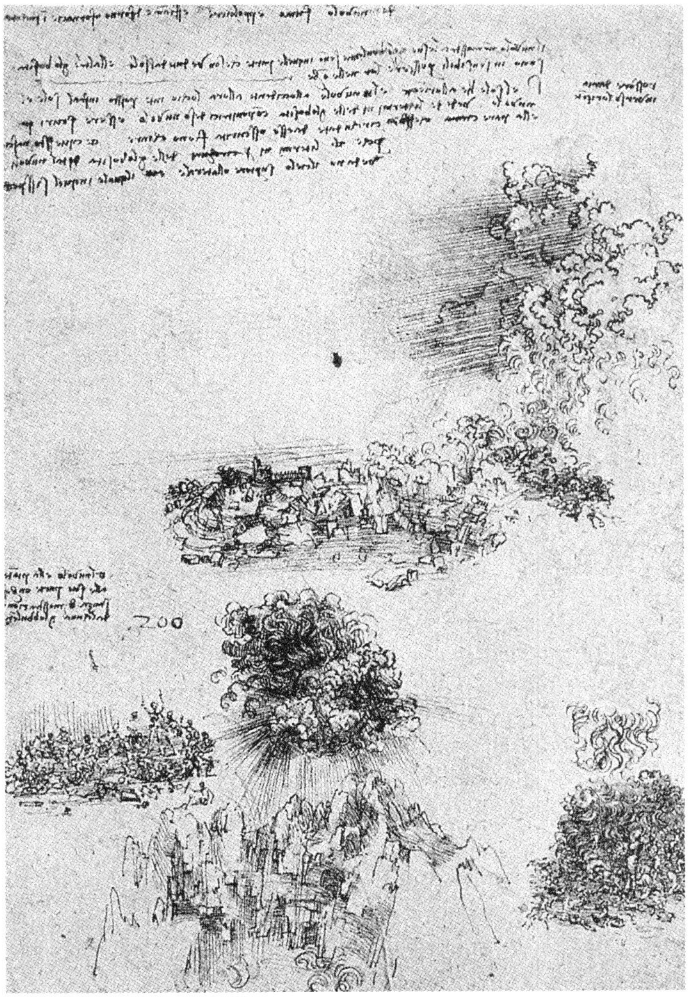

195. 启示异象，1512—16年。Windsor, Royal Library, 12388

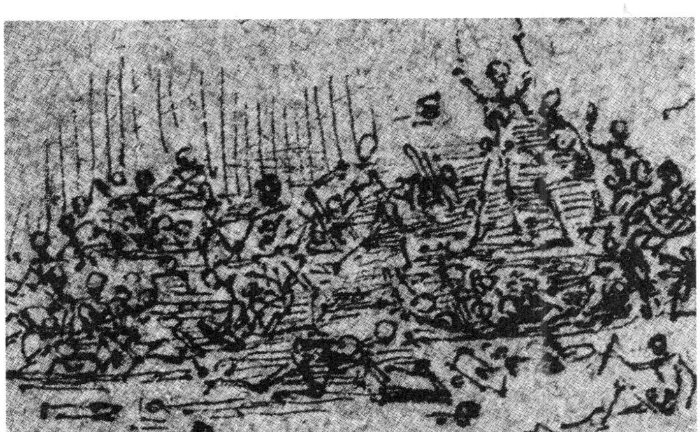

196. 图195细部

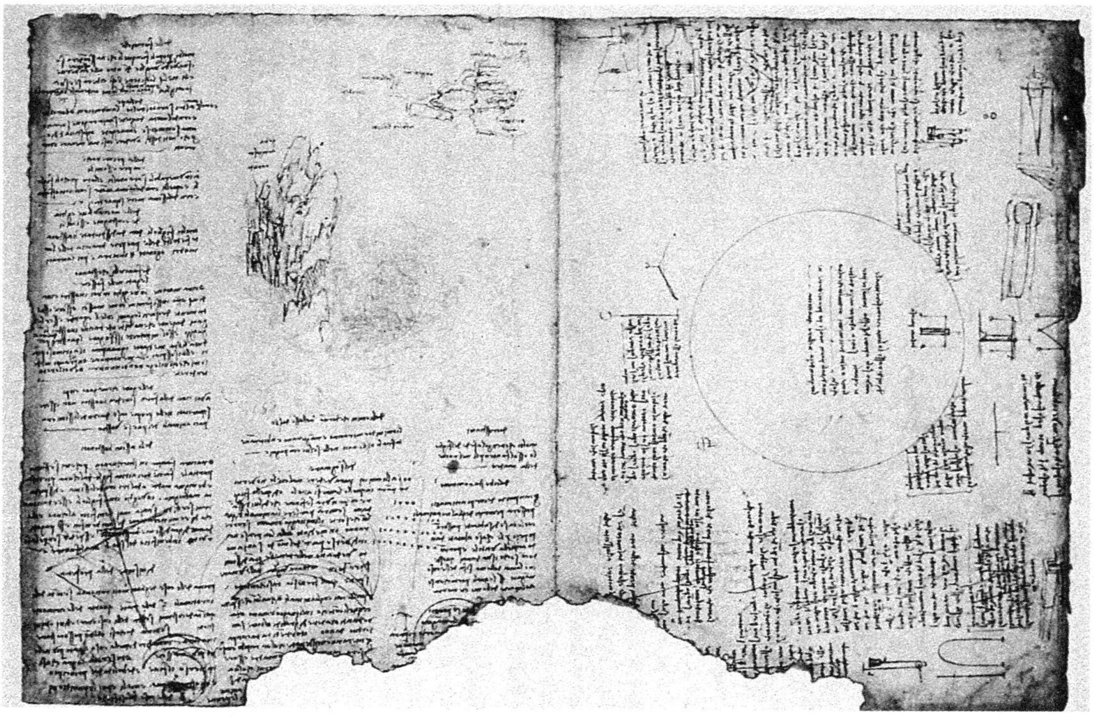

197. 亚美尼亚的山峰。Codex Atlantico393r. Milan, Biblioteca Ambrosiana

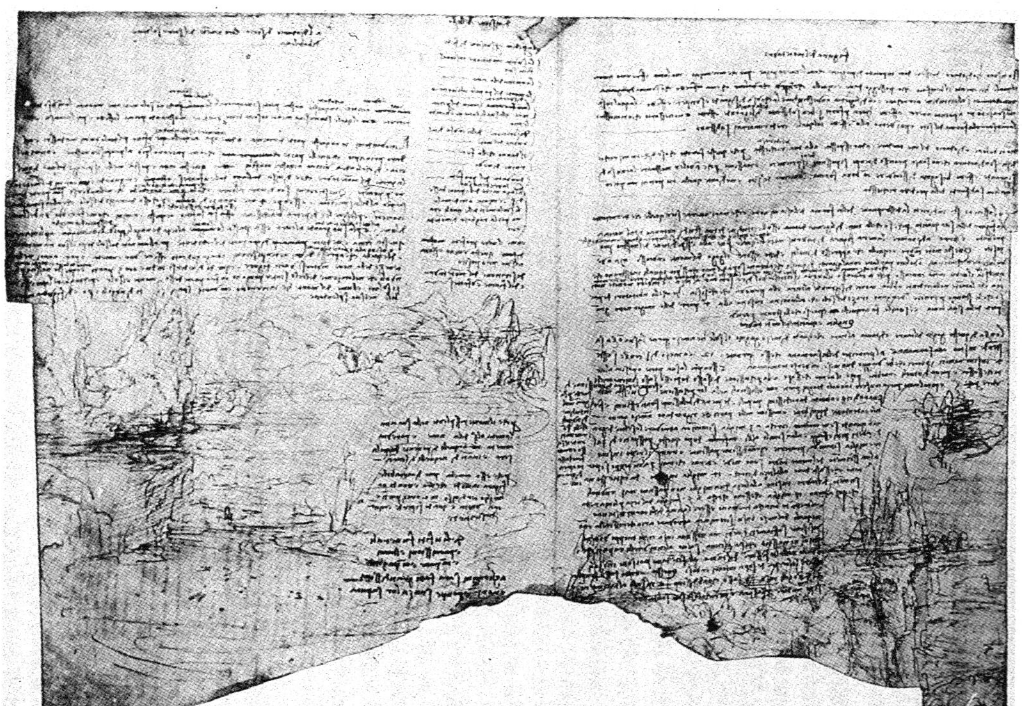

198. 托罗斯山与给“叙利亚总督”的报告。Codex Atlantico393v. Milan, Biblioteca Ambrosiana

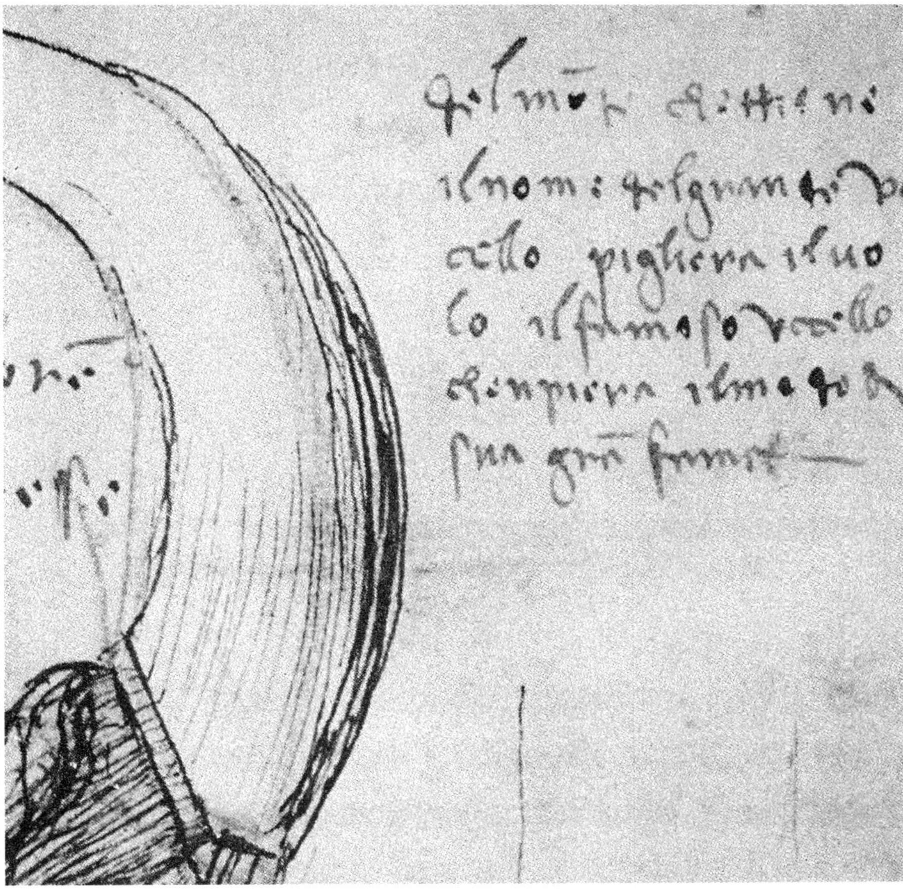

199. 飞行的预言，细部，出自抄本《论鸟的飞翔》
[Codice sul volo degli uccelli] 18v. 1505年。Turin, Biblioteca Reale

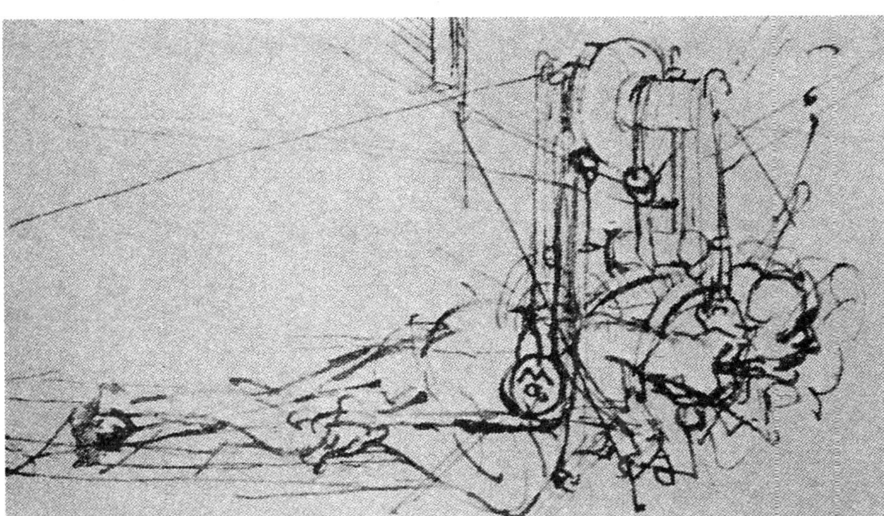

200. 飞行器，1488—9年。出自MSB79r. Paris, Bibliothèque de l'Institut de France

莱奥纳尔多同时代的复制品《最后的晚餐》

A CONTEMPORARY COPY OF LEONARDO'S LAST SUPPER FOR OXFORD.

莱奥纳尔多·达·芬奇很可能不会同意我对谈论他的作品及其复制品所作的尝试。归根到底，他是所谓的《比较论》的作者。在这部对各类艺术所作的比较或干脆说竞争中，莱奥纳尔多坚决反对他那个时代占统治地位的文学胜于他所钟爱的艺术——“绘画科学”。为此，他提醒我们：在试图用言语描述画家可以再现在人们眼前的景象时，诗人显得多么无能为力：

在尚未充分描述出画家可以运用其科学即刻向你展现的东西之前，诗人的笔已枯竭，在用言语表现出画家可以立刻展示的东西之前，诗人的喉舌便会感到干燥，他的身体疲惫不堪，饥肠辘辘。在这样一幅画中，除了被画物的灵魂之外，其余都一一俱在。在每一个躯体中，各部分所构成的整体是从单个角度来表现的。如果用诗来描绘所有画面上人物的动作的话，将是一种耗时乏味的工作。……然而，画家却能做到这一点，并且快速而真实地把它呈现在你面前。

这里，莱奥纳尔多谈到的是一幅战争画面，但这些话完全可用于他所作的《最后的晚餐》（图 181）。

尽管如此，历代作家对他的警告置若罔闻，总是试图用语言来表达他们对绘画的反应，我本人在《艺术的故事》中也如此尝试过。当然，更为重要的是，我们拥有两部专著，即分别由肯尼斯·克拉克（1939）和马丁·肯普（1981）所著的《莱奥纳尔多·达·芬奇》，这两部书是用英语论述这位艺术家的专著中最出色的。

肯尼斯·克拉克具有无与伦比的写作技巧，他也可以帮助我解释我们碰到这个老话题所要面对的第二个困难：

正是在这一点上，研究莱奥纳多的学者肯定会迟疑，为这幅杰作所引发的大量评论文章所吓倒，为这幅杰作本身无可置疑的权威性所吓倒。它的这种权威性几乎令人麻木不仁的是它已家喻户晓。我们怎么能批评一幅自孩童时代就熟悉的作品呢？我们已把莱奥纳尔多的《最后的晚餐》视作自然的造物，而非人的作品。我们不愿对它的形状提出任何疑问，正如我们不会对地图上不列颠群岛的形状产生疑问一样。在这样一幅图画前面，我们的困难并不在于如何分析我们的感受，而是我们到底有何感受。但是，除了直接的审美感受，尚有其他途径。我们可以想象一下《最后的晚餐》没有问世的日子，莱奥纳尔多是如何面对一堵白墙，如何对付一名苛求的订画人的，这样也许更有收获。

当然，克拉克言之有理。我猜想，地理学家可以观察不列颠群岛的形状，思考它们的起源和随着时间而发生的变迁；同样，艺术史家在研究任何伟大绘画作品的时候也可以试着这样做。但是，遗憾的是，关于这幅作品的来源和演化，几乎没有文献存世。我们只能推断，大约在1494年，莱奥纳尔多受委托，为米兰的圣马利亚慈悲修道院的餐厅绘制此画。这家修道院颇受到当时的米兰公爵路得威可·热佛萨的恩惠。我们也知道，大约在四年之后，即1498年，该画完工。

关于其他许多信息，我们只能依靠猜测了。有一件事是肯定的，那就是同任何其他处于相同处境的艺术家一样，莱奥纳尔多有两种可以依赖的资源：一是他的艺术传统，二是福音书的内容，当然，后者本身便是这个传统的组成部分。在这四部福音书中，人们历来偏爱《约翰福音》中的故事，尽管《约翰福音》没有提到我们常常与最后的晚餐相联系的圣餐的设立，这是令人惊奇的。但在画家一方，这种偏爱自有原因，这也许可以从下面一段描述圣餐参加者的动作和姿势的生动情节中找到。我们可以看到，这段描述同样赋予了莱奥纳尔多以灵感：

耶稣说了这话，心里忧愁，就明说，我实实在在地告诉你们，你们中的有一个人要出卖我了。门徒彼此对看，猜不透所说的是谁。有一个门徒是耶稣所爱的，侧身挨近耶稣的怀里。西门彼得点头对他说，你告诉我们，主是指着谁说的。那门徒便就势靠着耶稣的胸膛，问他说，主啊，是谁呢。耶稣回答说，我蘸一点饼给谁，就是谁。耶稣就蘸了一点饼，递给加略人西门的儿子犹大。他吃了以后，撒旦就入他的心。耶稣便对他说，你所作的快作吧。同席的人，没有人知道是为什么对他说这话。有人因犹大带着钱囊，以为耶稣是对他说，你去买我们过节所应用的东西。或是叫他拿什么周济穷人。犹大受了那点饼，立刻就出去。那时候是夜间了。

众所周知，古代人用餐时倚在卧榻上，这种习惯解释了对于使徒圣约翰“斜靠在耶稣胸口上”这一段经文的描述。而这种古老习惯大都已被忘却，由此，使徒通常是被描绘成坐在桌旁。但是传统上圣约翰依然总是斜靠着基督。存世的唯一一幅莱奥纳尔多为该构图而作的速写草图表明，他原先打算采用这个传统做法和基督伸手穿过桌子把面包递给犹大的动作，而犹大一般都被置于那个位置，与其他使徒隔开。

但是，莱奥纳尔多最终放弃了这一传统，他这样做，也许是受了以共同观点叙述的福音书的激励。在《马太福音》中，我们读到，耶稣在宣布有人背叛他之后，说道："他，那个与我在同一盏碟子里浸过手的人将出卖我。"在《马可福音》中，我们读到，耶稣说："在与我共进晚餐的人中，有一个将背叛我。他是这十二个人之一，与我在同一个盘子中浸过手。"而在《路加福音》中，他说："看，那个出卖我的人，他的手与我同在一张桌子上。"

莱奥纳尔多似乎可能从这一版本中得到启示，因为在他的画面上，犹大的手非常明显地出现在桌面，离耶稣的手很近，而其他使徒的手显然不在桌面上。

莱奥纳尔多肯定是回忆起了《马可福音》中最为生动的原典，在那里，对门徒的质疑反复重复，造成了戏剧性效果："当他们坐在那儿吃晚餐时，耶稣说，我可以肯定地告诉你们，同我一道吃饭的人中有一人将出卖我。这时，门徒们感到悲伤，一个接一个地问耶稣：'是我吗？是我吗？'"

在马太和马可福音书中，圣餐惯例，即面包和酒的分发，沿袭这一场面。但这就引发了犹大是否接受了圣餐礼的问题。在路加福音中，圣餐礼先于对背叛的预言。不过，应该注意到，在莱奥纳尔多的《最后的晚餐》之中，没有暗示这一主要情景：使徒得到了面包和酒；桌上没有面包和圣餐杯。

在艺术史上，人们通常将莱奥纳尔多构图中使徒的生动姿态与更为宁静、确切地说更为呆板的晚餐概念作对比。你们可以在佛罗伦萨艺术中找到后者的例证，例如尚存的吉兰达约的湿壁画。我自己也曾做过这样的比较。但也许 传统经文旨在体现圣餐这一时刻。事实上，有些绘画，例如萨赛塔所作的那一幅，在桌上只画一只大圣餐杯，别无他物。

的确，甚至在这个传统中，人物动作的主要成分大多取自《约翰福音》。在这本书中，圣餐没有举行，但值得注意且与莱奥纳尔多相关的是，在这里宣告背叛发生于耶稣为众使徒洗脚和彼得抗议这段插曲之后。这一场面在西方拉丁语文化中不常被描述，它要求大量的动作与姿势，而莱奥纳尔多很可能已经在威尼斯圣马可广场的一幅拜占廷镶嵌画中看到过这样一种戏剧化变体。

不论如何，关于这种不同的表现姿态，还有一个重要的先例，对此莱奥纳尔多肯定有所认识。他肯定读过莱奥那·巴蒂斯塔·阿尔伯蒂所著的《论绘画》。此书约在 1430 年间问世，是明显地影响了莱奥纳尔多艺术观的为数不多的著作之一。阿尔伯蒂在书里特别赞美了一幅乔托的作品，闻名天下的艺术复兴的本源，即罗马拉威赛拉的镶嵌画。画面表现耶稣在水上行走，正如阿尔伯蒂所言，他让十一名使徒坐在小船上，当然这些使徒看见自己的一位同伴行于水面无不感到恐惧不安，他们每个人的脸上和姿势上都显示出困惑心灵的明显特征，以致流露出各自不同的情感和心态。从这点上说，《最后的晚餐》几乎可与乔托的杰作相媲美。

莱奥纳尔多非常重视通过动作表现激情的技巧，这一点在他所谓的《绘画论》一书的许多段落中可以得到明证，《绘画论》之所以冠以"所谓的"，是因为我们所见到的只不过是由后人汇集成书的笔记而已。下面援引的是这些段落中最著名的一节：

> 真正的画家必须描绘两种主要的东西，即人及其内心意向。前者容易，后者困难，因为后者必须借助姿势和四肢运动来表现——这一点可以从哑巴那儿学到，哑巴总是比其他任何一类人都善于使用手势，不要嘲笑我这个说法，因为我在向你们推荐一位不用言语的老师，他将教你们一门他自身并未意识到的艺术。他的教学效果将比别人更好，因为他是通过实际所做而非言语来教学。请不要藐视这个建议。因为哑巴是动作语言的大师，他们可以理解人们在远距离以手势代替言词时想表达的意思。

“请不要嘲笑我，”他写道，“如果我想让一位画家去演一幕哑剧并期望他能从聋哑人那儿学到东西的话。”这里有一则笔记，莱奥纳尔多写于创作《最后的晚餐》的那段时期。显然，那时他希望把使徒们的动作化为视觉形象。当我们阅读这段笔记时，大家可以作一比较：“那个喝酒的使徒把他的酒杯放回原处，把头转向说话人。”请注意，莱奥纳尔多在此说“说话人”［il proponitore］而非基督。

第二人拧着自己的手指，眉头紧皱，转向同伴。第三个人，双手张开，手心向外，双肩高耸，嘴巴呈惊讶状。

第四个人在跟他身边的同伴作耳语，听者扭转身躯朝向他，竖耳细听，一手握刀，一手抓着小刀半切的面包。第五个人手执小刀，在转身中碰翻了桌上的一只杯子（在最后完成的绘画中，是犹大打翻了盐瓶）。第六个人双手放在桌上，两眼凝视。第七个人对着他面前的食物嚷嚷。第八个人倾身以便看清说话人，并用一手遮掩双眼。第九个人抽身退到那位倾身向前的人之后，从墙面和前倾者之间看到了那位说话人。

如果计算一下莱奥纳尔多笔记中的动态人物，大家发现他只提到了十个，而不是十二个。为什么？我确信这不是由于莱奥纳尔多已穷思竭虑，若你仔细想想这个问题就会明白，使徒中有两人的姿势或位置已由我已提到的传统惯例固定下来：圣约翰斜靠在耶稣的胸膛，而犹大接受主递给他的面包并紧握着那只钱袋。尽管如此，我相信莱奥纳尔多可能确实做过实验，以便描绘出某种震惊的消息在一群人身上所产生的效果。他的追随者们（例如罗马佐）讲述了这类轶闻趣事。而用“il proponitore”［说话人］一词替代“christ”［基督］本身至少不会与这种猜想相悖。

事实上，并非猜想的是，莱奥纳尔多曾在他周围的人中为画面上每一人找到合适的模特儿。在对基督受难的沉思中，信徒们有时被建议采纳这样一种做法：根据自己周围的环境，他们可以在视觉上复现或在心里想象《圣经》上所述的事件。无论如何，我们在莱奥纳尔多的笔记中发现一些略记，诸如亚历山大·卡洛·西摩达帕马可用作画基督双手的参考，另一个人（乔凡尼公爵）可用作基督本人的模特儿，或只记“某某有一个好头像”。因此，我认为，我们可以相信一位见证人（安东尼奥·俾第斯）的话。他说，在这幅1517年的作品完成大约二十年后，有人告诉他，这幅作品画的是米兰人和热佛萨宫成员的肖像。

以上所述，给有关莱奥纳尔多作画的其他一些轶事提供了更多的凭证。我们得知，他为画基督而寻找合适的头像，最终甚感绝望而半途中废。我们还知道，他常常去米兰的贫民窟，为的是在那些罪犯类型中找出一个犹大的模特儿。瓦萨里也讲过同类的故事。圣马利亚慈悲修道院院长在公爵面前抱怨莱奥纳尔多拖延作品的完工。据说，莱奥纳尔多对此解释道，他依然在为描绘犹大寻找一个模特儿，但如果院长如此急切，他将十分高兴地选择院长作为这一模特儿。然而，甚至瓦萨里也不想让我们完全相信这个故事——除非当作一个笑话。不过，碰巧它含有某些真实的成分。那位院长，名叫班德罗，当然是一位伟大的虔诚之士，深受大公的信赖，无人会把他看成犹大这类人，不过，他究竟是否从未抱怨过莱奥纳尔多工作进展缓慢却是另一回事。事实上，他很可能抱怨过，因为他的侄子（也叫班德罗）给我们留下了对莱奥纳尔多工作所做的最珍贵的描述，在此我也不能略去不提。班德罗曾与他叔父同住过，那位画家的古怪行为很可能是他们餐桌上常谈的话题。无论怎样，他在自己的一部中篇小说中这样告诉我们：

> 我不止一次地看到莱奥纳尔多在凌晨上工，站在《最后的晚餐》前的平台上作画，从日出到日落，他整日站在那里，挥笔不止，连续作画，不吃也不喝。然后，在三、四天中，一笔不画。但他每天都要花上好几个小时检查这幅画，挑剔所画人物中的不足之处，我还曾见到，一旦他产生了幻想，他就会丢下他在卡特·梵契亚塑造的那匹粘土制的马，冒着八月中午似火的骄阳直接赶到慈悲修道院。到了那儿，他便爬上平台，拿起画笔，在其中一个人物上添加几笔，然后他会突然离开，到别处去。

我们有理由相信，正是这种非正统的工作方法最终导致了作品的迅速剥落与破损。对于一位希望能再三思考，能修改和润饰自己作品的艺术家来说，传统的湿壁画技巧实在是不适合的。

正像“湿壁画”这个名称所意味的那样，颜料必须在石灰墙面“未干”时就被涂上以便让它慢慢变干变硬。因此，在不少文艺复兴时期的湿壁画上，我们至今仍然可以明确地辨认出哪一块是在同一天里画的。这种迅速作画要求有一份固定计划，如果可能的话，还要准备一份精心制作的素描大样，然后通过刺孔和木炭灰把这种大样转摹到墙面上。

莱奥纳尔多从未想放弃过不断修改的可能性，我们从他的素描稿上可以看出这一点。他发明了一种自己的技术，间于蛋清与油质颜料的画法。这种方法后来被证明并不像他所期望的那样耐久。虽然不够耐久，但只要它存在，显然可以画出最细腻的笔触，我们推断，这笔触不同于传统湿壁画技术那种比较粗犷的笔触。也许，我们这幅复制品在某些方面反映出了这种对于物体表现和质感的关注。在这一方面，尼德兰画家闻名于世，他们赢得这一名声，而莱奥纳尔多当然希望达到这种效果。

在关于这幅湿壁画的那些最早的报道中，有一篇是由一位曾陪同过弗朗西斯一世的法国人所写的。他挑选出画中的这一特色，并且称它是一幅“绝世之作”。他说：“因为人们可以看到桌上的面包，会说这面包是真的，而非假的，那酒、那些器皿杯盏、桌布、食物和人物也都如此。”

三十年之后，瓦萨里看到这幅作品，由于他对此从不同的秩序作出了类似的反应，瓦萨里有时被讥讽为艺术的门外汉。

> 莱奥纳尔多捕捉住了使徒们急于想发现谁将出卖他们的主的那一瞬间。所有使徒们的脸上无不富有表情：爱和恨、恐惧和对无法领会基督的话的含义的悲哀。这些表情与犹大的顽固、可恶和叛逆构成了强烈的对比。整幅作品，直至最细微之处，都表现出了作者那令人难以置信的勤奋，甚至那块台布的质地也绘制得如此清楚，以致比真正的麻纱看上去更真实。

可能令现代读者困惑甚至吃惊的是，十六世纪对这幅画所做的反应中并没有提到该画的构图：将十三个人物安排在一个戏剧场景中，他们各自的动态却丝毫没有损坏整个作品的井然秩序的奇妙艺术技艺。而这是当代艺术史家或艺术欣赏教师面对此画时会首先挑出加以评论的。但是，事实上，在文艺复兴时期，你们是难以找到这类评论的。那时人们并不讨论我们所谓的“构图”，即形体之间的平衡。

显然，画家们并未忽视这一问题。从这幅作品问世的那一刻起，它便成了我们所谓的“经典”，即完美的典范。如需证明，莱奥纳尔多的构图对以后各代描绘场面的强大影响便是证据。这种影响一直持续到鲁本斯和伦勃朗，但他们仅仅从粗制滥造的铜版画中了解这一构图。但这些也许被看作是绘画行业的妙诀，画家们常常秘而不宣。

即使大家研究莱奥纳尔多论绘画的大量著作，也难以发现他详细论述他所极感兴趣且特别擅长的人物的几何形式分布排列。在他的著作中，他所关注的是他所谓的“绘画的科学”，运用解剖学、光学、流体动力学和机械学去创造现代术语所说的“有效真实”。莱奥纳尔多在自己的笔记中清楚地谈到了这种做法的目的：希望我们对他的绘画作出我们会对真实的景象所作的同样反应，那就是通过移情和同情。他这样写道：

> 包含在叙述性绘画中的东西应该以故事中的主人公被感动的同样方式来使观看、欣赏它们的人们感动。因此，如果故事表达了恐惧、害怕，或逃亡，或悲痛、哭泣和恸哭，或喜悦、快乐和欢笑等类似状态，那么观赏者的心灵应该激励他们的肢体，使它们仿佛与故事中所描绘之物的命运紧密相联。如果不能做到这一点，那么画家的能力也就无济于事了。

我不清楚，也不敢期望，你们中是否有人被发现在那儿模仿画中人的动态。但在这儿，我们的复制品显然缺乏莱奥纳尔多那个赖以强化作品现实感的最重要的手段，我指的是具有透视功能的背景。这点一直是近年来众多评论和分析的焦点，而它也为莱奥纳尔多的哑剧创造了富有错觉感的舞台。

他当然意识到这一切都只是无声的，从而感到遗憾。事实上，这是莱奥纳尔多在我一开始便引用的他的《比较论》中向诗人作出的唯一的让步。

诗人唯一的真正职责是为互相交谈的人们发明词汇。他可以自然而然地向听觉奉献的只是词语而已，因为这些词语本身乃是自然之物，由人声所创造。但是，在其他所有方面，画家优于诗人。

幸运的是，有一位诗人接受了莱奥纳尔多含蓄的挑战。——不过，他肯定不知道这种挑战。我说的是约翰·沃尔夫冈·冯·歌德。在一段著名的描述中，歌德为莱奥纳尔多的戏剧提供了语词。

1787 年，在从罗马返回德国的途中，歌德见到了《最后的晚餐》。在一封信中，他称之为“所有艺术的顶峰之作”。1817 年，歌德得到了一本由波西写的关于这幅画的意大利语小册子。其后，歌德在他的刊物发表了一篇题为《论艺术与古代》的长篇评论。这篇文章于 1821 年被诺依赖顿译成英文。一般人们引用的就是这个英语本，由于歌德本人对该文态度谦恭，这样做也无可非议了。

然而，如果你们听到下文，并不会感到惊讶。虽然我充分认识到散文中那高贵庄严的韵味和遣词造句的极度精确性都是无法用另一种语言来匹配，我忍不住想要再次用原文来校那译文。即使如此，我希望大家能允许我引用英译文来结束这一粗略考察，以便把大家的注意力再次集中到莱奥纳尔多的作品上去。

现在，我们将注意力转移到一个特殊的对象，那就是米兰圣马利亚慈悲修道院墙上由莱奥纳尔多绘制的《最后的晚餐》……首先应该考虑的是这幅画所处的位置，因为正是在这里，艺术的智慧得以最充分的体现。对于一座修道院的餐厅来说，有什么主题比往后世代皆称为神圣的临别晚餐更合适的呢？

正对着入口，厅堂的狭窄的一边摆着院长的桌子。如同院长的桌子，两侧沿墙的僧侣们的桌子比地面高出一个台阶。当陌生人走进房间，转身就可以看见在第四面墙上，略高于门处画着第四张桌子，基督和使徒们坐在那里，仿佛他们也是修道士中的成员。在进餐时，看到院长的桌子和基督的桌子面对面相对，修道士们夹于其间，这种场景一定会给人留下深刻的印象！因此，把僧侣用的桌子作为画中桌子的原型也与绘画智慧相和谐。毫无疑问，画面上那餐布，餐布上的褶折、条纹和图案，甚至其角落的结团都是修道院实景的写照。而那些碟盘餐杯和其他器皿也都很可能是模仿修道士所用的物品。

因此，模仿某种古代的、不为人知的惯例是不会成问题的。但让这些神圣的人们都躺在椅子上，在此极不得体；相反，这一惯例被融进了现代做法。基督坐在米兰多米尼信徒中间进他的最后晚餐。

在其他诸方面，这幅画也旨在创造出强烈的效果。画面十三个人物离地面约十英尺高，比真人几乎高一半，占据了长度为二十八巴黎式英尺的整个空间。只有两个坐在桌子两端的人物显出全身，其余的都是半身像。但就在这儿，画家得益于下述认识，即每一个道德情感的表现都体现在了身体的上半部，人的脚在这种情况下一般有碍于这种表情。画家画出了十一个半身像，他们的侧身和膝盖都被桌子和桌布所遮盖，其下的脚几乎难以被人察觉。

现在把你自己放入这个世界，在你的心中勾画一幅笼罩着合适而不受世俗干扰的宁静气氛的修道院餐厅的图画。这时你就会钦佩这位画家，他知道如何在自己的作品中注入强烈的情感，在创造尽可能逼真的画面的同时，使其与周围的真实对象形成对比。

画家藉以打破晚餐神圣的宁静而创造出激动气氛的手段是耶稣的那句话——“我实实在在地告诉你们，你们中有一人要出卖我了。”

然而，在我们继续下去之前，我们必须考虑一下莱奥纳尔多的一次主要用来增加他的图画的生命感的重要手段——手的动作，但只有意大利人才能觉察到这一点。在他的国家，整个身体都富有生气，每个部位，每个肢体都参与表达激情和思想。通过双手不同的位置和动作，他可以表达不同的含义：我不在乎——来吧——这是个流氓；提防点——他不会活得太长——问题就是这样——请特别注意这点，我的听众们。

这样一个民族特征当然会吸引莱奥纳尔多那双探索之眼。他总是对一切富有特征的事物保持最高度的敏感。我们面前这幅画完全独具一格，人们永远无法穷尽对它的思考。面部表情和姿势完美协调，四肢的和谐和冲突的动作都画得清晰易辨，令人叹为观止。

耶稣两旁的人物三个一组，其中每个人都在其小组内并与邻组构成一个统一体。紧挨耶稣右边的是约翰、犹大和彼得。

彼得坐得最远，听到耶稣的话后，他从犹大身后迅速站了起来，动作与他那暴烈的性格相吻合。而此时，犹大内心恐惧，双眼向上看，他斜靠在桌子上，右手紧握钱袋，同时左手却做了一个不自觉的痉挛动作，仿佛在问：“这话是什么意思？会发生什么事呢？”彼得一面用左手抓住向自己斜靠过的右肩，一面指向耶稣，向那位受主宠爱的门徒表示，要他询问谁是叛徒。彼得右手握着一把小刀，他偶然地，无意识地用小刀捅犹大的肋部，犹大惊恐向前猛扑，打翻盐瓶——这是一个极具独创性的效果。这组人物可以被看作是第一组，也是最完美的一组。

在耶稣的右边，温和的动作预示着即临的复仇，其左边的人物则流露出对背叛的恐惧和憎恶。老雅各向后退缩，双臂以恐惧的动作展开，目光凝视，俯首向下，仿佛双眼目睹着他用耳所听到的令人震惊的事件。老雅各的肩后是多马。他向耶稣探着身子，在额前竖起右手食指。这组中的第三个人物是腓力。他极为可爱地转过身子倾向耶稣，他双手放在胸前，仿佛在表白："主啊，不是我——你知道——你看得见我纯洁的心——决不是我！"

这边最后三个人物给我们的沉思提供了新的素材。他们正在谈论刚刚听到的可怕消息。马太带着一副急切的表情转过脸去看他左边的两位同伴。同时，他朝耶稣急速地伸出手。在画家绝妙的设计下，这组人物同前面的人物联为一体。圣达太表现出极度的震惊、怀疑和猜测。他的左手平放在桌上，举起右手仿佛正要用手背打击左边的人——这个动作在日常生活中有时会遇到，当意料之外的事发生时，人们会说："我没告诉你这事吗？难道我不总是想到这事的发生吗？"西门带着极度的尊严坐在桌子的尽头，因此他的整个身子都能看到。他是众使徒中年纪最大的，身披长袍。他的面部表情和动作表明他的困惑，正在沉思但并不震惊，几乎不为所动。

如果我们将视线立刻转向桌子的另一端，我们会见到巴多罗买。他右脚单立，左脚交叉于右脚上，身体前倾；双手扶桌，稳稳地支撑着身躯，他仿佛在听约翰从主那儿得到的回答，因为向耶稣宠爱的使徒发出的请求似乎都来自于这边。靠近巴多罗买身后的是小雅各，他的左手放在彼得的肩上，动作与彼得的手放在约翰肩上相似。不同的是小雅各显得温和些，因为他只是在听消息；而彼得似乎想要复仇。而且，正如彼得位于犹大身后，小雅各也从安德烈身后伸出手。安德烈也是画中最重要的人物之一。他那半举的手臂，向上的手心，最明白不过地表示了他的恐惧。尽管这一表情在这幅画中只出现过一次，但遗憾的是，这在缺乏思想、浮浅的作品中被再三使用。

［郭培建　葛晓玲译　曹意强校］

拉斐尔
五百周年纪念演说

RAPHAEL：A QUINCENTENNIAL ADDRESS. A shortened Italian version of this address was delivered on 14 April 1983 on the Capitol in Rome at the inaugural ceremony of the quincentenary of Raphael's birth and published without notes in *Accademie e Biblioteche d'Italia*，LI，4—5，1983，pp. 250—8. The English version was first published in *Art History*，VII，June 1984，pp. 164—75.

当我完全出乎意外、极其荣幸地收到阿尔冈教授［Professor Argan］的信件，询问我是否愿意接受邀请，向这些杰出的听众发表演说时，我诚恳地回答：“*Non sum dignus*［我不适合］。”但是，我冒昧地补充说，如果对这位绘画王子［Prince of Painters］的真诚崇敬构成担任这一角色的充分资格，我就会自豪地接受邀请。一个来自英国的、甚至并非这一领域的专家的维也纳人的选择可以恰如其分地反映出这样的事实：拉斐尔［Raphael］属于全世界，他的声望和他的重要性远远超出了一国的边界，远远超出了一门学科的范围。想到这些，我勇气倍增。这个出生于五百年前的人物，在无数颂词中被称作“神”，的确，他在我们文化的奥林匹斯山上占有一席之地，在我们的思想中，与异教神明，也许与圣者，并居于那里。

让我用文献证明一下这个断言，援引弗朗切斯科·阿尔加罗蒂伯爵［Count Francesco Algarotti］的《绘画评论》［*Saggio Sopra la Pittura*］中的一页。[1]此书由那位受人欢迎的批评家于1762年出版，几乎立刻被译为英文、法文和德文，因此，它代表了整个欧洲的舆论。

现在，人们普遍承认拉斐尔达到了那种程度的完美，而凡人要想超越，那几乎是不合法的。在某种程度上，由于契马布埃［Cimabue］的努力而在我们当中复兴的绘画，将近十三世纪末，由于乔托［Giotto］、马萨乔［Masaccio］等人的天才而得到了很大的改进；以致在不到二百年中，它在吉兰达约［Ghirlandaio］、吉安·贝利诺［Gian Bellino］、曼泰尼亚［Mantegna］、彼得罗·佩鲁吉诺［Pietro

Perugino]、莱奥纳尔多·达·芬奇[Leonardo da Vinci]的作品中开始大放异彩，而莱奥纳尔多·达·芬奇在其中基础最雄厚，是学识渊博的人和最先设法改善绘画处境的人。但是，无论艺术可能从意大利不同地区的这些不同的大师那里得到了什么样的改进，他们仍然几乎毫无例外地缺乏独创性地遵循同一种风格，他们都多少具有那种生硬和枯燥的特征，在一个仍是哥特式的年代，绘画从它的复苏者契马布埃的手中获得了这种生硬和枯燥的特征，直至最后出自佩鲁吉诺画派[Perugian school]、研究了希腊人的作品、从不忽略自然的拉斐尔在某种程度上使艺术臻于最高程度的完美。这位伟人即使不是完全地也是在很大程度上达到了一个画家应永远对自己提出的那些目标：欺骗视觉，满足理解力和动人心弦。他的作品十分出色，以致观赏者非但不赞扬他的笔法，反而有时似乎忘记了在他面前的是笔法所创造的功绩；只是全神贯注于并且仿佛被带到行动的场面，他几乎相信自己是其中的参与者。确实，他的表现优美而广泛，他的构图恰当而壮丽，他的设计高雅，形式优雅，而这些形式总是带有天然的独创性，依据这些，他完全应当得到神的称号；但首先依据的是那种不可言状的优美，它比美的本身还要美，他设法以这种美为他的所有作品增添趣味。

人们几乎会忌妒伯爵在讲述和解释拉斐尔在画家中出类拔萃时的那种骄傲而自信的语气。坦率地说，我们的爱变得不那样排外了。无论我们多么赞美拉斐尔，也不会准备宣称他比乔托更完美，或者凡人要想超越他是不合法的。令我们不安的是这样的主张，即艺术中只有一种完美，只有一位大师能够声称达到了凡人所能达到的完美。但是，在批评这种学院派观点的狭隘之前，让我们看一看它的涵义。阿尔加罗蒂极其明晰地阐述了他的理由。他说，拉斐尔“至少在很大程度上……达到了一个画家应永远对自己提出的那些目标”。在阿尔加罗蒂看来，这些目标是什么？——“欺骗视觉，满足理解力和动人心弦”。换言之，可以把他的艺术观描述为工具的艺术观，一旦你采取了这个观点，你也可以谈论对这些目标的不太完美或更完美的实现。我们不要争论拉斐尔的画是否常常欺骗视觉的问题；承认《雅典学院》[*School of Athens*]的宏伟的大厅（图 201）比乔托画的背景（图 202）更近于制造空间错觉，乌菲齐美术馆[Uffizi]中的群像中的利奥十世[Leo X]前的静物（图 203）在质地与光的表现上是上述任何其他画家所不可匹敌的，这就足够了。在阿尔加罗蒂看来，欺骗视觉只是绘画的第一个和最低的目标。第二个目标是满足理解力，而他可能觉得不难把这个理性的要求应用于前辈作家们曾十分频繁地评论过的拉斐尔的伟大的寓言或历史构图。

但是——他含有这样的意思——甚至这些也仍要列在艺术的第三个和最高的目标——“动人心弦”之下。就拉斐尔来说，这些效果十分强有力，以致用伯爵的话说，当我们屈服于它的魅力的时候，有时忘记了工具。就像剧场中的观众（我们可以解释一下他的话），他看得心醉神迷，几乎忘记了如此深深感动他的不过是背诵台词的演员，我们也被拉斐尔带到行动的场面，几乎认为自己就是参与者，当天使干预对赫利奥多罗斯[Heliodorus]的惩罚时觉得宽慰（图 204），或者听到了圣保罗［St Paul］在阿雷奥帕古斯的布道，仿佛我们也置身于聚集在那里的听众之中。

阿尔加罗蒂的*elogio*［颂词］是在拉斐尔之后的几乎两个半世纪撰写的；但是，这位艺术家未必不会对他的赞颂感到高兴，他的同时代人未必不会认为他的赞颂是正当的。至少可以认为，他们也持有这个既定片断中提出的艺术目标的观点。毕竟，阿尔加罗蒂只是把他在瓦萨里和后来许多作家那里发现的对于拉斐尔的艺术及地位的观点精练地表达在不多的几段话中。是瓦萨里在他的《名人传》［*Vite*］的初版中赞扬了这位大师的艺术的完美，人们很快发现，给予这种观念更富哲学性的解释既诱人又可能。始终有拉斐尔致卡斯蒂廖内［Castiglione］的一封信，他谈到了他在画一个美女时心中出现的“理念”，这是源自新柏拉图主义的措辞，可以很容易地用来对拉斐尔达到神奇之美提供玄学的解释。[2]引用阿尔加罗蒂的话说，就是达到那种“不可言状的优美，它比美的本身还要美”，换言之——柏拉图哲学的理想。

然而，完美的理念在应用于艺术时必然向它的解释者提出一个问题：它是静态的理想。柏拉图的理念所在的天上的那个地方只存在一种完美。我希望表明完美理念的这种静态特征带来了崩溃的种子，正确地看，甚至在阿尔加罗蒂和瓦萨里所一起依赖的它的亚里士多德的变体中也是如此。我把它称作亚里士多德的，是因为我描述为工具的艺术观的东西是亚里士多德在《诗学》［*Poetics*］中讨论悲剧的进化时所阐述的观点。[3]悲剧也和任何工具一样，必须发展，直至能充分符合动人心弦或者更确切地说通过恐怖与怜悯而净化感情的目的。但是，一旦把时间要素引进艺术批评，你就有失掉静态的、固定不变的柏拉图式理想的确实性的危险。诚然，工具可以改进，但是我们如何能证明在哪一时刻它达到完美了呢？亚里士多德承认他不知道在诸如索福克勒斯［Sophocles］的《俄狄浦斯王》［*Oedipus Tyrannos*］之类的杰作中悲剧是否达到了极终目标。因为尽管在讨论实现某些目标的手段的进化时工具的观点是完全合理的，然而颁布一种用阿尔加罗蒂的话说“凡人要想超越几乎是不合法的”绝对，则必然是不合理性的。非理性主义导致教条主义，正是学院信条的教条往往损害它所要赞扬的拉斐尔的形像。我们倾听一下它的最后的拥护者之一，伟大的法国批评家卡特勒梅尔·德·昆西［Quatremère de Quincy］的话，他于1824年写道：[4]“无数具有不同趣味和风格的艺术家又探索了新的方法，或多或少成功地为自己开辟了各种各样的道路，但是他们都只有助于使我们通过这种比较理解拉斐尔的优越。”这位批评家会证明伦勃朗［Rembrandt］不像拉斐尔那样也动人心弦吗？

如果人们没有即刻认识到证实这个主张的困难，那么其解释在于亚里士多德的观点提出的一个隐喻的流行，艺术的发展是成长与衰退的过程的隐喻，瓦萨里在他的《名人传》第一部分的序言中明确介绍了这个隐喻，他说，艺术“和人体一样都具有这样一个事实，它们出生，成长，衰老和死亡”。这个隐喻解释了在诸如拉斐尔之类大师那里所目睹的艺术完美的观念并使之显得生动，但是它未解释在历史可以出色地例证的成长时期之后，导致死亡的不可避免的衰退如何随之而来。一般提供的回答——又是根据古人——是这样的衰退或衰落只能从道德方面进行解释。达到完美后，雄心和对新奇的追求使人们放弃作为伟大艺术的标志的手段和目标间的那种平衡。对耸人听闻的手法的追求和通过粗劣的捷径达到的效果的夸张控制着场面。因此，在任何艺术的历史中，在成熟与过熟之间，在适当与过分之间，显然一定有一条纤细但十分重要的界线，甚至在欺骗视觉，满足理解力或动人心弦中亦然。在第一种情况下我们会得到不恰当的 *trompe l'oeil* [乱真之作]，在第二种情况下会得到不可思议的寓意画，在第三种情况下会得到故作多情，而非感情。

也许在各种不同的艺术的历史中有过种种发展可以用这些准道德的字眼适当地予以解释，但是我在此所关心的只是，一旦对一位艺术家的臻于完美用我们所称的亚里士多德哲学的字眼予以描述，这样做的诱惑力是十分明显的。如果确实可以把拉斐尔看作历史链条中的一环，如果由于艺术在他那里并通过他臻于成熟因此他的艺术是完美的，那么在把完美看作实现了柏拉图的理念的静态观点和我刚才概述的有机观点间就存在某种矛盾。这个矛盾显而易见，因为拉斐尔的艺术绝非静态的。瓦萨里的每位读者都能描述他的风格的三个时期，他年轻时模仿佩鲁吉诺的手法，在佛罗伦萨时期仿效莱奥纳尔多和巴尔托洛梅奥修士 [Fra Bartolomeo]，在看到西斯廷天顶画后又采用了米开朗琪罗 [Michelangelo] 的高贵风格。我们应当在这条轨线的哪一点上寻找完全的完美呢？米开朗琪罗一方的拥护者瓦萨里毫不怀疑，拉斐尔最完美的成就是圣母马利亚和平教堂 [Santa Maria della Pace] 中的女预言家和预言家（图 205），它们表明他从他的伟大对手那里学到了多少东西。这个观点没有被普遍接受。然而，拉斐尔的作品越是被看作学生们临摹和模仿的唯一适宜的范本，关于它们的差异的这个问题就越具有实际的意义。因此，当歌德 [Goethe] 的朋友海因里希·迈尔 [Heinrich Meyer] 在 1798、1799 和 1800 年的《柱廊》[*Propyläen*] 中发表了三篇文章，[5]详细描述和评价拉斐尔的作品尤其在梵蒂冈的作品时，他与其说愤懑地不如说悲伤地提到，鉴赏家和艺术家们常常喜欢拉斐尔的所谓第二风格的绘画——即他抵达罗马前不久和在那里的最初几年画的那些画——而不喜欢所谓第三风格的绘画：

> 这是由于在只应允许理智来判断的事情上让我们的同情心做出决定。在较早时期的作品中，艺术家用他的年轻心灵的优美，他的单纯和坦率和他对自然的描绘的逼真和忠实令我们陶醉，而在较后期的创作中一种更高尚的精神，一种隐蔽的智慧在起作用：在较早时期他希望愉悦每一个人，而后来他只想给大众留下深刻印象，而只想向朋友揭示自己。

这种区分不很容易理解，因此它并不能令人信服，我们不会感到吃惊。的确我们知道，就在迈尔这样为晚期作品辩护时，集合在罗马的艺术家国际团体已经做出决定。迈尔在其他地方告诉我们，这些画家公开否认拉斐尔向着完美的连续的进步，他们普遍把注意力集中在《基督入葬》 [*Entombment*] 和《争辩》

[*Disputa*]，他们最喜欢临摹这两幅画。[6]

这些是我们与浪漫主义的兴起和所谓“信仰时代”的崇拜相联系的反学院的反抗的最初骚动。如果说较早的几代人曾把注意力集中在艺术的兴起至完美，那么法国革命后时期的青年则为败坏的危险所困扰，即在*ancien régime*[旧制度]的艺术中和导致这种低劣的几个世纪中纵欲和浮华的邪恶统治。如迈尔所感到的那样，他们所寻求的是单纯，是朴素和虔诚的感情的外流，因此他们不仅摒弃了巴罗克艺术风格，而且摒弃了为艺术准备了它的衰落的盛期文艺复兴的光荣。

1811 年，一位于克斯屈尔伯爵 [Count Uexküll] 从罗马写道：

> 一批具有杰出天赋的艺术家在这里联合起来，以便几乎只描绘神圣的和传奇的主题。一切都必须是纯朴的。只有乔托和拉斐尔之间的早期艺术家才是真正的艺术能手。他们觉得 1520 年前的早期德国人是可接受的，但是，甚至放弃了佩鲁吉诺的风格之后的拉斐尔的绘画风格被看作是这位伟人的过失。[7]

要注意愈益增加的激进主义。迈尔观察到的是喜欢第二风格而不喜欢第三风格，现在只有第一种风格似乎具备完美的资格。

这些德国艺术家之一彼得·科内利乌斯[Peter Cornelius]翌年写的一封信不仅证实了于克斯屈尔的记述，而且说明了这种趣味逆转后面的心理。他向一位朋友承认，在技术问题上在罗马有许多东西可学，但是，他又说道：“在这旦也有许多诱惑，最阴险的在拉斐尔本身。这里有最烈性的毒药……当人们看到这样一位曾像上帝宝座旁的那位非凡的天使一样见到主的人物会堕落时，真想流出血泪。”[8]拉斐尔，堕落的天使，诱惑者！你可以和但丁 [Dante] 一起说：“*non ragioniam di lor, ma guarda e passa* [我们不要谈论他们，而是看着，走过去]。”但我不能这样做，因为这种趣味的转变不仅在以“前拉斐尔派”的挑战性名称自称的英国画派中仍强有力，不仅那位伟大的、不稳定的批评家约翰·拉斯金 [John Ruskin]加入了对拉斐尔的杰作的谴责，[9]甚至在今天，这场反抗的后果也只是在一步一步地消退。

并非我需要花费许多时间来反驳对拉斐尔已屈服于时代的败坏的道德上的指责。雅各布·布克哈特 [Jakob Burckhardt] 在他的 1855 年的《艺术指南》[*Cicerone*] 中针对这个指责所说的杰出词句是再好不过的了。讨论《基督变容》[*Transfiguration*] 时（参见图 211），他说，它表明了拉斐尔直至生命终结如何尝试掌握艺术再现的新手段。“作为有良心的艺术家，他不会不这样做……谈论他堕落的人们从未领会他的灵魂深处。”对布克哈特来说，拉斐尔的最高尚的人品

> 不是美学的而是道德的，总是赋予他的斗争以活力的伟大的诚实和坚定的决心……他从不依靠他的征服物，并把它们用作舒适的财产。正是这种道德品质他无疑会保持终生。想到他最后几年的真正巨大的创造力，我们开始认识到由于他的早逝永远失去了什么。[10]

我们中有些人可能喜欢布克哈特的优美颂辞，而不喜欢我开头所引用的阿尔加罗蒂伯爵的颂辞。无论如何，它提醒我们这样一个事实，十九世纪不得不与拉斐尔的新形象相妥协。学院传统在它的完美的观念中所依赖的那些绝对[absolutes]已被哲学上的怀疑所侵蚀。柏拉图关于永久不变的美的理想的幻想和亚里士多德关于艺术的有机成长和衰退的观念对于十九世纪的艺术理论和历史理论来说都不再是可接受的了。当关于艺术复兴的传统看法被认为天真而遭到抛弃时，人们习惯于把拉斐尔的形象放于其中的框架就失去了。不仅是历史背景性的框架。在十九世纪所发生的是全新的艺术概念对于阿尔加罗蒂曾认为理所当然的艺术概念的胜利。简言之，艺术的本质不再在它的戏剧性唤起的力量中看到，而是在它的抒情表现的性质中看到。

这种新的观念，在贝内代托·克罗齐[Benedetto Croce]的哲学中尤其引人注目；克罗齐（如果我可以附带说一下的话）是我的尊敬的老师尤利乌斯·冯·施洛塞尔-马尼诺[Julius von Schlosser-Magnino]的精神良师和挚友。是克罗齐提倡在他所称的修辞学与他看作纯粹表现的事物间的最基本的区分。修辞学服务于实用的目的，因此他会把在阿尔加罗蒂那里发现的工具的艺术观归类为修辞学的观念。"欺骗视觉，满足理解力，动人心弦"，这些是戏剧性或修辞学绘画的目标。不但对于克罗齐，而且对于大多数十九世纪批评家来说，错觉的标准似乎是幼稚的，理智质量的标准是不适当的，最重要的是，艺术家应当动人心弦的观念应被他必须从内心说话的要求所取代。像"戏剧性的"，"修辞学的"一类词语被等同于虚假，甚至技巧当不是用来为个人表现服务时也成为可疑的。

无疑存在一种危险，会允许拉斐尔的艺术的光芒四射的太阳落到这个新的地平线的下面，因为简言之，他和他的同时代人在修辞学中可能看不到有什么错，它在古代世界，又在文艺复兴时期，为艺术理论提供了典型。但是他的创作如此丰富而有力，人们也发现它们符合新的标准。的确，艺术概念的这场革命允许我们以新的眼光看待他的伟大。如果现在重要的是个人的风格，自发姿态的直接性，那么，人们在此发现拉斐尔也显示出完美，尤其在他的素描中。因此，不得不信服这位大师伟大的艺术爱好者们从他完成的作品被导向他的草图和最初想法。外在情况有助于这种转变。不可否认，这位大师的完成的作品，他的油画和湿壁画，在几个世纪中通过朽坏和不慎重的修复而遭到严重损害。素描远远更像脱手时的状况。况且，它们甚至比巨幅绘画更容易地幸免于复制时的失真，不那样需要缩小尺寸，依靠线条而非色彩（图208）。最后但并不是最不重要的一点是，它们是对大师的无限的优雅和创造力，他的姿态的旋律性和他的笔触的精致的更本质的证明。

我们的确必须感谢这笔财富，它构成了我们的艺术遗产的非常宝贵的一部分，人们希望，纪念他诞辰五百周年的许多展览和出版物向越来越多的公众介绍了拉斐尔素描的奇迹。但是，如果我可以这样说的话，人们希望对他的起作用的思想的瞥视会增强一种普遍的愿望，即也要意识到制作它们的目的，换言之，他想实现的完成的作品。

但是我有时认为，正是在这里，新的艺术概念导致了鉴赏大师的作品的意外的和异常的困难。我是指把他自己的个人笔触与他的助手的手工和他的画坊的参与相区分的艰难尝试。无须说，这些艰难尝试导致了许多新的见识，谁也不想阻拦。但是，如果它们导致这样的观念，即我们想看到的只是这位艺术家的笔触，它们就容易遭到误解。对任何大师的笔迹的笔迹学特征的这种强调当然构成了乔瓦尼·莫雷利［Giovanni Morelli］的方法的特点，对全世界的艺术鉴赏家具有持久的影响。鉴赏家的见解彼此很少一致，但是他们能够对任何一件他们认为仅仅是画坊产品的艺术作品提出的怀疑对公众的反应会产生破坏性的影响。“不要费神观看了，这不是他的真迹。”

人们有时说，有两种鉴赏家，扩张主义者和限制主义者。作为仅有的一个局外人，我认为我观察到限制主义者常常在学术界享有更高的声望。怀疑一件艺术作品的真实性毕竟表明你是极有辨别力的、爱挑剔的鉴赏家，不容易被标签或传统所欺骗，而只依靠他自己的高度敏感的反应的地震仪。相反，扩张主义者会更受到收藏家和商人的欢迎，因为他们更乐于授予任何作品以伟大的名字的奖赏。

我冒昧地自称为这场游戏中的局外人，在我们周围，无可置疑地正直和有权威的人们正在做这种游戏。我仍是一个局外人，无疑这部分是由于我缺乏能力，但是部分也由于这样一种信念，就拉斐尔而言，人们期待鉴赏家们回答的问题提得有些不正确。

作为历史学家，我已确信，如果你问罗马时期的拉斐尔是否有画坊的参与，回答一定是“嗯，当然有”。但是作为批评家，我也确信不应把这理解为该作品不是拉斐尔所作。我认为，正是在这里，对于我刚提到的艺术创作的不同概念的意识会有助于澄清问题。对于依赖于作品通过求助于他的理解力，触动他的心弦而对观者产生的影响的概念，谁实际上动笔作画的问题比起整体效果要不相关得多。在拉斐尔的时期，最重要的用修辞学术语说是*invenzione*［发明］。现在十分确定，甚至在他在罗马度过的短暂的十一年中，尤其在利奥十世教皇任期的最后六年中出自拉斐尔画室的创作，其数量和变化之多令人吃惊。学者们认为一个人参与如此众多的事业是不可能的，这是可以理解的。毕竟，拉斐尔被委任为圣彼得大教堂［St Peter's］的建筑师，他负责保管古代遗物，他发起了一项雄心勃勃的计划，要把古罗马的建筑记录下来并视觉化，这项计划强烈吸引了他的人文主义的朋友们；他并未不屑于去描绘大象或者为阿里奥斯托［Ariosto］的一部喜剧提供布景，这已成为街谈巷议的话题。人们争议说，他完成了第三个厅，设计了为最终在西斯廷礼拜堂［Sistine Chapel］陈列而在佛兰德斯织的挂毯的草图，设计了*Loggie*［凉廊］，用普绪喀［Psyche］的故事装饰了齐吉礼拜堂［Chigi Chapel］，红衣主教比比恩纳［Cardinal Bibbiena］的浴室和阿戈斯蒂诺·齐吉别墅［Villa of Agostino Chigi］的穹顶，而又从未停止画肖像画和祭坛画，例如为法国国王画的两幅巨大的板上画，圣米迦勒［St Michael］和圣家族［Holy Family］，*Spasimo di Sicilia*［西西里亚的痛苦］，并着手画他的《基督变容》，这是与米开朗琪罗的委托人塞巴斯蒂亚诺·德尔·皮翁博［Sebastiano del Piombo］公开较量而绘制的，他能同时做这些事情吗？

我相信对这个疑问的回答完全可以是他能够这样做而且是这样做的。没有理由对一位伟人的可能的多产施加任意的限制。学音乐的学生们知道，诸如巴赫［Bach］、莫扎特［Mozart］和舒伯特［Schubert］一类大师在相似的六年期间，尽管不得不亲手写出乐谱，会创作出什么来。拉斐尔的富有创造力的心灵无疑是同样活跃的。

如果我们漠视致卡斯蒂廖内的信，因为这封信几乎不可能是他亲自起草的，那么我们仅有一篇他谈论他的艺术的可靠的言论。它是由费拉拉公爵［Duke of Ferrara］的恼怒的使者所转述的，人们指责他请求拉斐尔完成已于1517年3月委托的巴克斯的一个凯旋门。在用空洞的诺言搪塞公爵两年后，拉斐尔于1519年3月安慰这位使者说，在三个月前他是不会希望完成它的，“因为在最近这三个月中我比以前看到了更多的透视法的例子”。换言之，他又学到了许多东西，他的工作会更出色。[11]人们令人信服地猜想，这是指拉斐尔的重建古罗马的计划，若是如此，那么它不仅表明这位艺术家如何一直意识到要改进他的艺术，而且表明他如何由一件事业为另一件事业获益。诚然，他从未送出为阿方索公爵［Duke Alfonso］所作的作品，的确那封令人灰心的信使人产生这样的想法，拉斐尔负担过重，什么也无法完成，但是如果你读一下这封信，就会发现是公爵最初没有遵守合同，大师显然看不出他为什么要卖力。

简言之，我要申明，我们不可否认在拉斐尔最后几年中委派给他的，顺便说，他也得到了非常可观的报酬的作品，系拉斐尔所作。

然而，任何熟悉关于拉斐尔的文献的人都会认识到，甚至最具权威性的批评家们也多么经常地毫不内疚地对这位大师进行这种含蓄的指责。实际上，在关于被称作火灾厅［Stanza dell'Incendio］的第三厅的湿壁画这一点上，几乎存在一致的看法。据文件记载，大师在那里工作了三年，1514年至1517年，与他在第一和第二厅工作的时间恰恰一样长。即使如此，却只有《博尔戈火灾》［*Fire in the Borgo*］（图206）受到批评家的青睐，而另外三幅壁画令观看者们如此迷惑，以致大部分人宁可断言拉斐尔不会与它们有很大关系。[12]我欣然承认，对我们所有人来说，在签字厅［Stanza della Segnatura］的平静和埃里奥多罗厅［Stanza d'Eliodoro］的叙事性杰作之后，这些壁画是令人惊讶的。尤其《奥斯蒂亚之战》［*Battle of Ostia*］（图207）是令人迷惑的构图。它是对俘虏们从一只小船上登陆的相当残忍的叙述，表现了一团扭曲的人体，它们被压缩为缠结的结，很难看出在发生什么事情。效果与我们最终想像为神圣、优雅的拉斐尔的精神的事物截然不同，以致人们普遍感到，不得不免去他的罪过，而完全归罪于他的助手朱利奥·罗马诺［Giulio Romano］，他后来表明他自己的确是性情较粗鲁的艺术家。但是这个假定遇到了两个困难。第一个是湿壁画中所使用的两个裸体模特尔的用红粉笔画的那幅素描（图209）提出的。[13]上面有阿尔布雷希特·丢勒［Albrecht Dürer］的亲笔题字：“在罗马教廷备受尊重的乌尔比诺的拉斐尔画了这些裸体人物，在纽伦堡赠送给我，以展示他的才华，1515 年。”限制主义者们如此不愿意承认这个证据的明显性，他们提出了完全无法置信的假定，即拉斐尔没有把自己的一幅素描赠送给丢勒——丢勒曾把自己的自画像赠送给他——而是他的助手的作品，这只能是一个玩笑或一种侮辱。[14]但是这里出现了第二个困难，这种困难人们甚至更少遇到：朱利奥当时很可能是十六岁的少年，他能够发明和准备这样异常复杂的构图吗？在那个时期以前的意大利艺术中的确没有什么东西能给他充当先例。想起了西斯廷礼拜堂中米开朗琪罗的青铜大蛇弦月窗，但它的构图原则却迥然不同。人体的结的最近的相似物可以在莱奥纳尔多的《安吉亚里之战》［*Battle of Anghiari*］的设计中（图 210）发现，因为在这里地上的透视缩短的人物也被更显著的一组人物所掩盖。拉斐尔可能在佛罗伦萨看到过这幅设计或几幅设计，但是我们也不可忘记就在那个 1515 年莱奥纳尔多生活在梵蒂冈。我们可以随心所欲地想像他与拉斐尔的关系，因为关于这段诱人的情节我们绝对一无所知。无论拉斐尔是否知道莱奥纳尔多反复的忠告“尽可能多变”，我们真的能怀疑这是拉斐尔所孜孜以求的吗？尽管在《查理曼的加冕》［*Coronation of Charlemagne*］中复杂性采取了另一种形式，《利奥三世的宣誓》［*Oath of Leo III*］相比之下却似乎故意地简单。无论如何，大师把这样一项委托的设计仅仅留给 *garzoni*［学徒］，这是可以相信的吗？让我们回忆一下，训练学徒做的是模仿师傅的风格，越令人信服越好。因此，如果可允许我提出一个悖论的话，那么，如果这一时期的任何东西看来很像拉斐尔的手工，它就很可能是他的助手们完成的，但是它看上去越是不像拉斐尔任何其他的创作，它就越是一定归于大师自己。

并非我想表明甚至在这些相当古怪的作品中他不能雇用助手，让他们在他指导下绘画。我相信，我们必须承认，这里是在艺术史研究中很难填充的 *lacuna*［空白］。对于成为和睦的画坊的特性的集体配合我们所知不多。显然，不是每位伟大的艺术家都适宜组织和激励这样的集体。莱奥纳尔多似乎没有这样做，而米开朗琪罗的悲剧的一部分基于这样一个事实，他也想几乎单独地执行像尤里乌斯二世［Julius II］墓那样的事业。但是，人们一致公认，拉斐尔不是这样。

他具有这种可称作替代性创作的天赋，这是他在罗马的巨大成功的奥秘的一部分。这个术语也许使纯粹派艺术家不寒而栗，但是让我回忆一下，今天在我们时代的艺术生活中有许多这样的实例——剧作家，电影导演和其他人必须能通过指导，引诱或说服与提供给他们的人力资源一起工作。在这种富有成效的相互作用中不可提问谁对产品的最终形式做出了什么贡献。但是，最有力的比较是与管弦乐队指挥的比较，他从不触摸乐器，通过在排练时的解释和最后通过他的指挥，领导和激励演奏者们如他在心灵中听到的那样再创作出那首交响曲或歌剧。有时，当观看这样的艺术大师工作时，你会看到一个单纯的暗示就足以向演奏者传达他们应演奏得稍微更响亮或更微弱些，通过这种微妙的但是十分重要的细微差异，演奏采取了它的难忘的形式，如在托斯卡尼尼［Toscanini］指挥下那样。

我们多么渴望看到拉斐尔在他的画坊和他的助手们排练一件作品的情景！他也许要他们让一个画室伙伴充当模特儿，比如正在说 *Pasce Oves Meas*［牧我的羊］的基督形像的模特儿。甚至手中连一支蜡笔或吸水笔也未拿，他也许说把手臂再放低些，或仅仅亲自演示一下这个姿态。如果我可以继续这个历史虚构，他也许后来从 *fabrica di San Pietro*〈译者按：此语双关，此处似指没完没了的工作〉的会议归来，对照模特儿检查一下素描，选出一张加以改进，结果与他的眼光一致。显然，没有一个这样的改进仅仅是形式的或者内容的问题。动作的形式旋律也必须传达 *storia*［故事］中彼此相爱或敌视，在共同默祷或祈祷的所有人物彼此的相互作用。正是这样统一的基调从开始就标志着拉斐尔的构图，除去指导他的集体的大师自己外，谁又能这样统一它呢？

我要强调的是这个过程的灵活性，它允许艺术家在这个过程的任何阶段都可干预。也许在 *Loggie*［凉廊］的装饰中这种干预确实很轻微，尽管他无疑会向集体的成员表示他的认可或不满，并鼓励他们尽最大努力。就普绪喀宫［Sala di Psiche］而言，他也许确实交给朱利奥·罗马诺实际去画这件离奇的作品，但是这不会妨碍他的艺术概念，这种概念主要强调程式而不是执行。拉斐尔一生都是孜孜不倦的学习者，具有吸收和改造别人的发明，把它们变为自己的东西的极好天赋。因此，难道他不十分可能也是孜孜不倦和富有灵感的老师，能诱使他的助手们对他的常新的思想做出反应吗？[15]

毕竟，这正是瓦萨里在他的拉斐尔传中所强调的，这部传记尽管有不准确之处，却应尊为原始资料。它是大师去世仅三十年后发表的，如果他还在世，那时仅有六十七岁。此外，1531 年，瓦萨里在罗马度过了重要的紧张学习时期，他在那里一定遇到了拉斐尔的许多同时代人，只要他们未因罗马的洗劫而分散，而且他在曼图瓦拜访了拉斐尔的继承人朱利奥·罗马诺。在赞扬拉斐尔的和蔼可亲和管理人的能力时，瓦萨里写道："他总是使众多的人工作，以一般不是倾注在工匠身上而是倾注在自己孩子身上的爱帮助和教导他们。"人们曾阅读这段记述来证实拉斐尔自己很少动笔的想法。他的同时代人却不那样看待他的创作。在记载 1519 年 6 月 *Loggie*［凉廊］竣工时，判断力无疑很强的巴尔达萨雷·卡斯蒂廖内致信伊莎贝拉·德斯特［Isabella d'Este］说："现在彩绘的凉廊已经装饰，以古代风格饰有拉毛粉饰［Stuccos］，这是拉斐尔的作品，要多么美有多么美，比今天能看到的现代人做的任何东西都美。"在那一年的年底，大师去世前不到四个月，当 *arazzi*［挂毯］由佛兰芒工匠按拉斐尔的设计织好后从佛兰德斯归来时，主教仪典的主持人帕里德·德·格拉西［Paride de Grassi］在官方日记中写道："礼拜堂的全体会众都对它们的外观感到震惊；普遍的意见是全世界再没有比这些更好的东西了。"[16]那时谁也不怀疑对这些惊人之作的称赞应归于导致了它们的创作和生产的大师。我们为什么要怀疑呢？

幸而在最近几年出现了对我谈到的限制主义的反抗。[17]我们又得到允许和鼓励，在文献和传统归于他的所有名作中欣赏他的天才的表现。我们纪念他诞辰五百周年，这为这种重定方向提供了极好的机会，这种重定方向只能使我们更加感激共同构成他的独特天才的许多个别的天赋。"但是"——引用一位十六世纪作家用来结束他对大师的颂扬的话说——"我为什么还要说下去？我能用谈话赞扬这样一位伟人吗？我要通过沉默赞扬他，我知道这种赞扬远远更适宜他的优点，人们一致用世上的一切语言给予他这种赞扬。”[18]

［陈海燕译　李本正校］

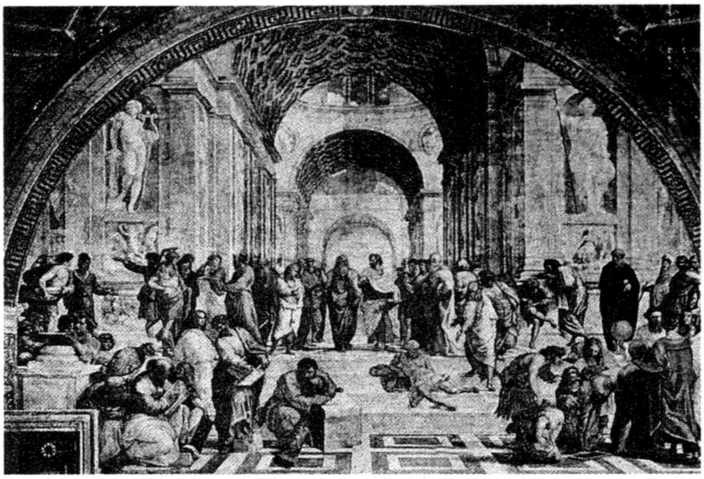

201. 拉斐尔：雅典学院，1511年。Vatican City, Stanza della Segnatura

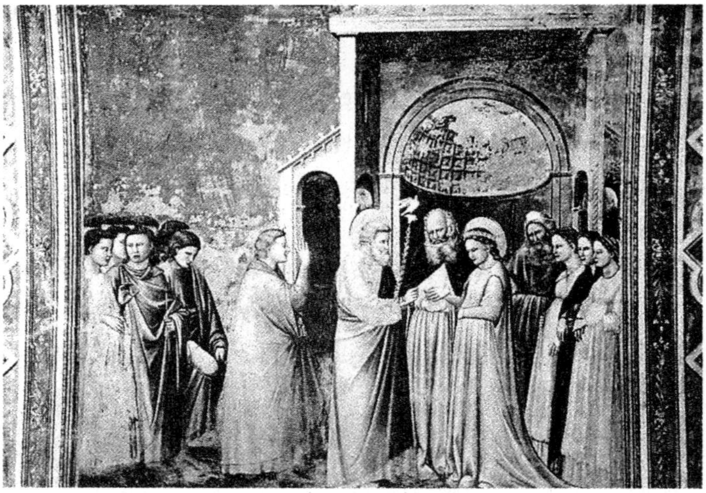

202. 乔托：玛丽亚的婚礼，1304—6年。Padua, Scrovegni Chapel

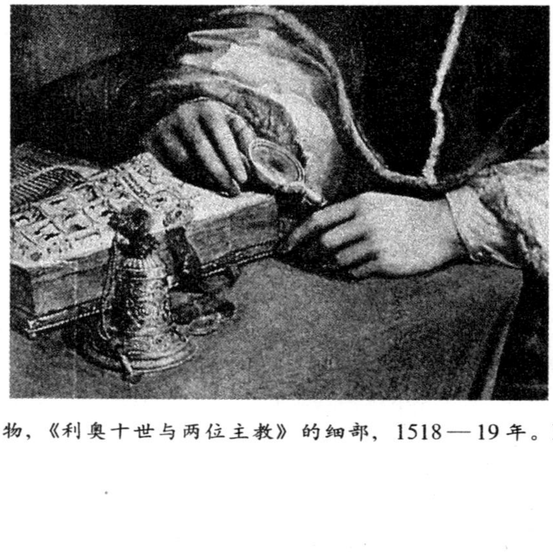

203. 拉斐尔：静物，《利奥十世与两位主教》的细部，1518—19年。Florence, Uffizi

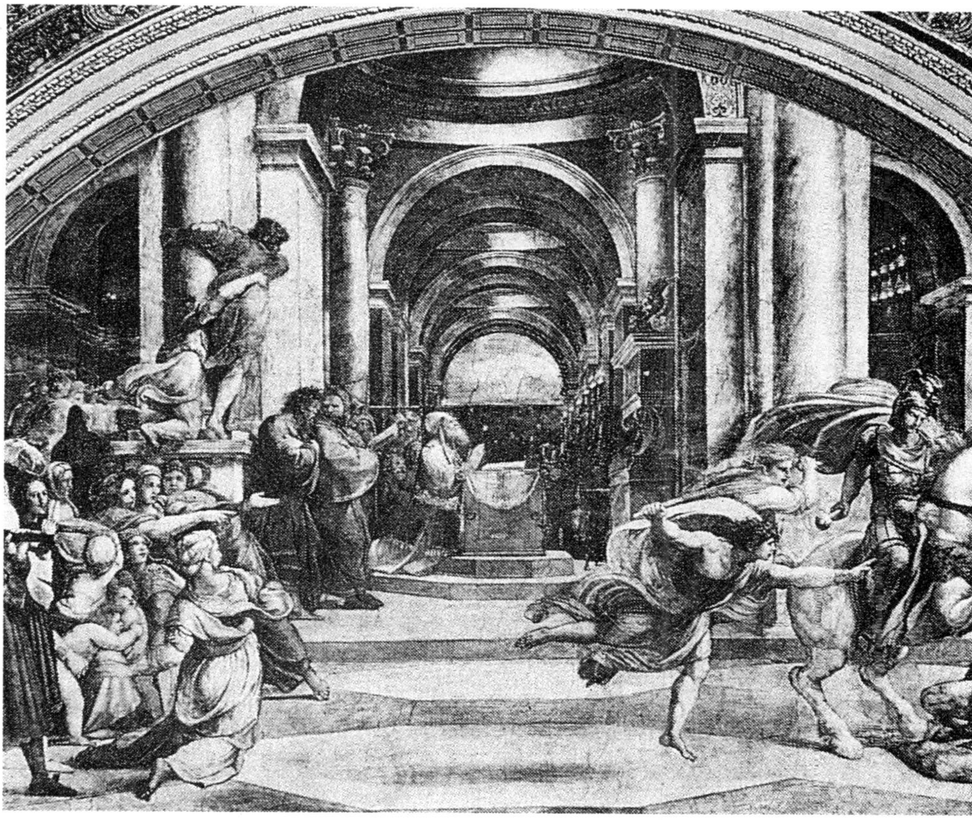

204. 拉斐尔：驱逐赫利奥多罗斯，1511—12年。Vatican City, Stanza d'Eliodoro

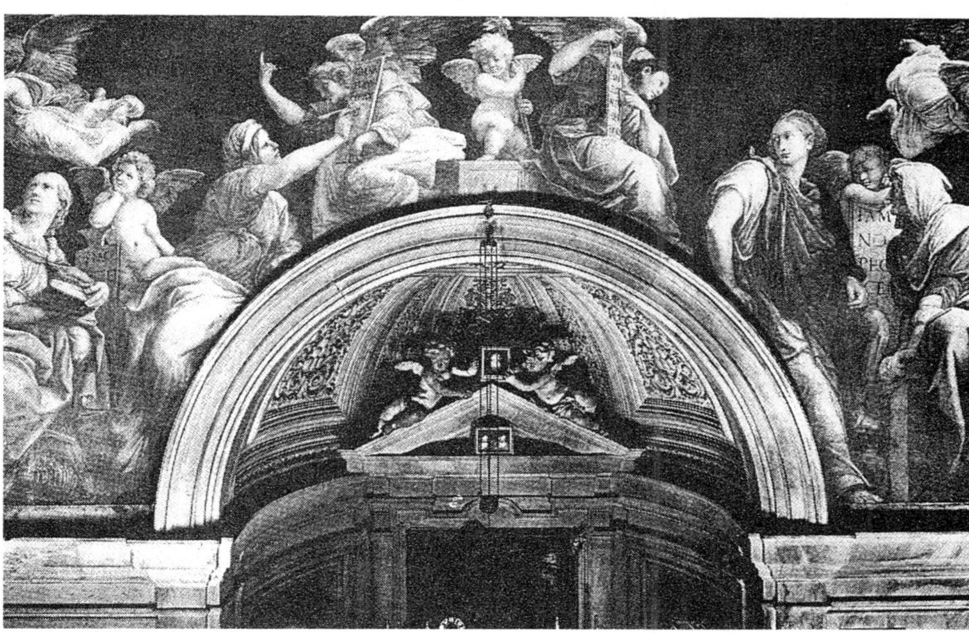

205. 拉斐尔：四位女预言家，1514年。Rome, Santa Maria della Pace

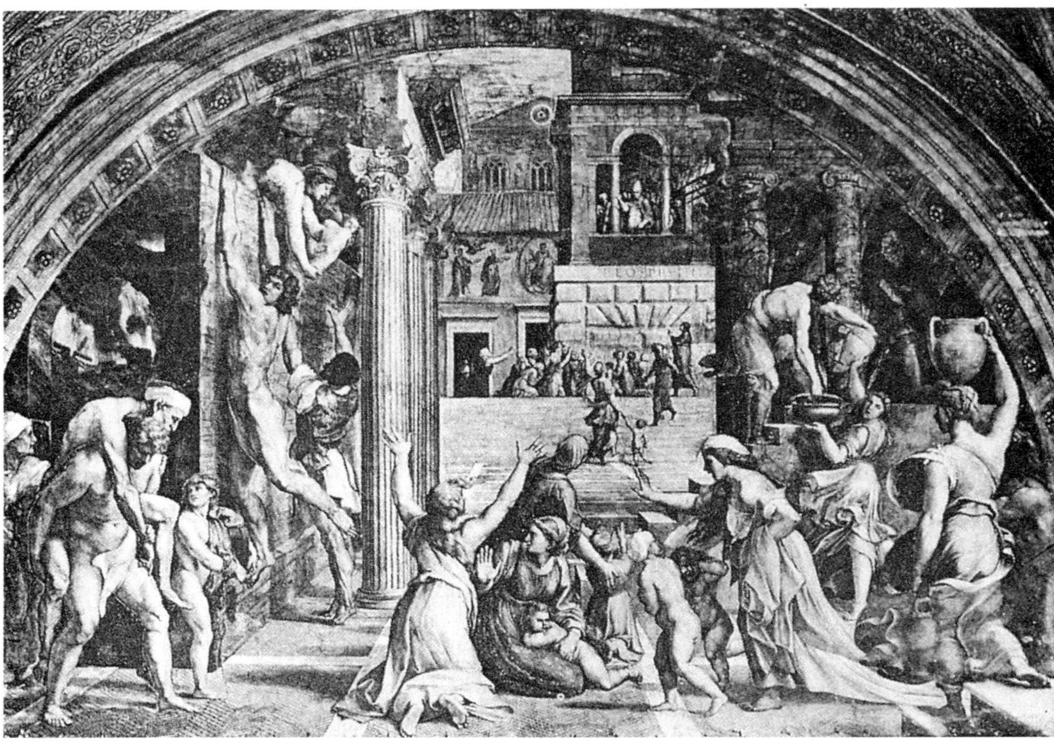

206. 拉斐尔：博尔戈火灾，1514年。
Vatican City, Stanza dell'Incendio

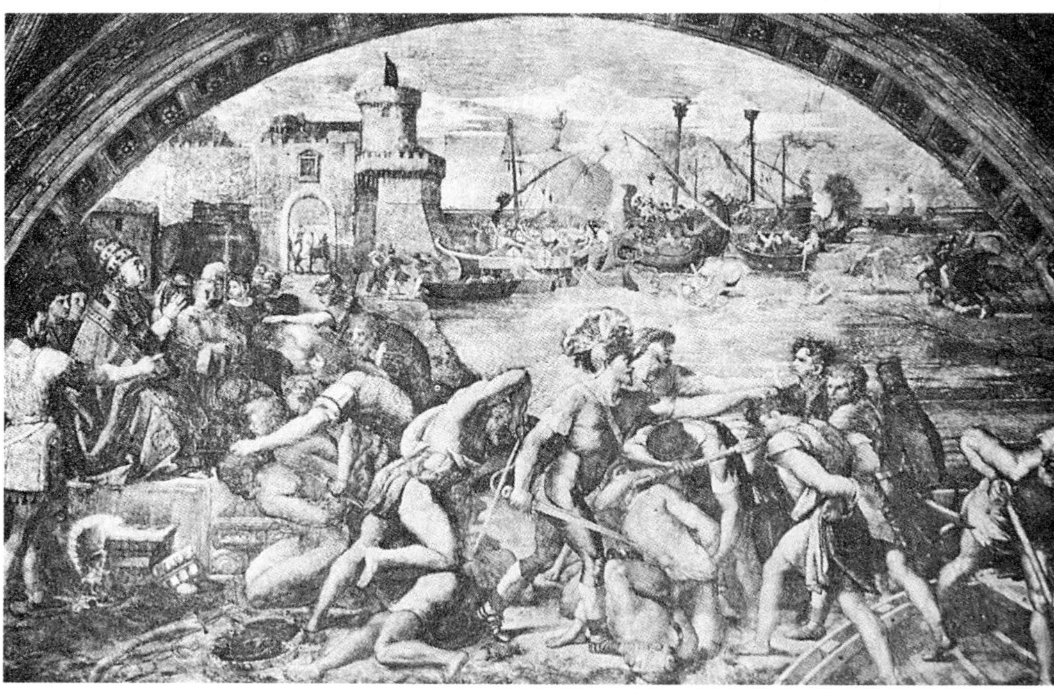

207. 拉斐尔：奥斯蒂亚之战，1514—15年。Vatican City, Stanza dell'Incendio

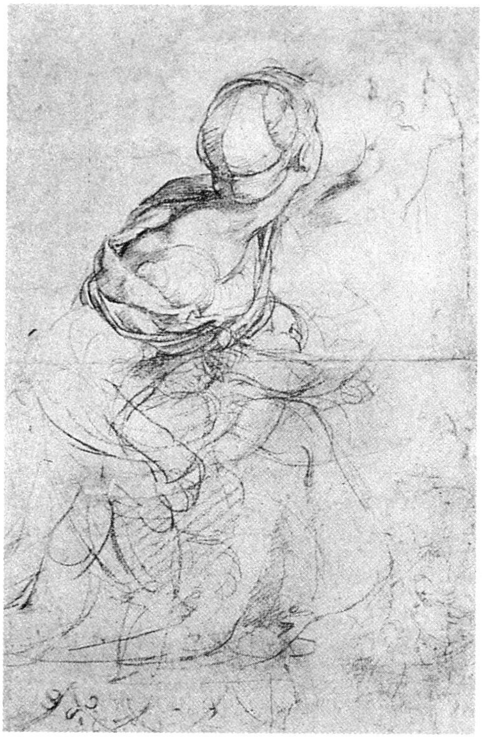

208. 拉斐尔：妇人与两个小孩，1512年。Oxford, Ashmolean

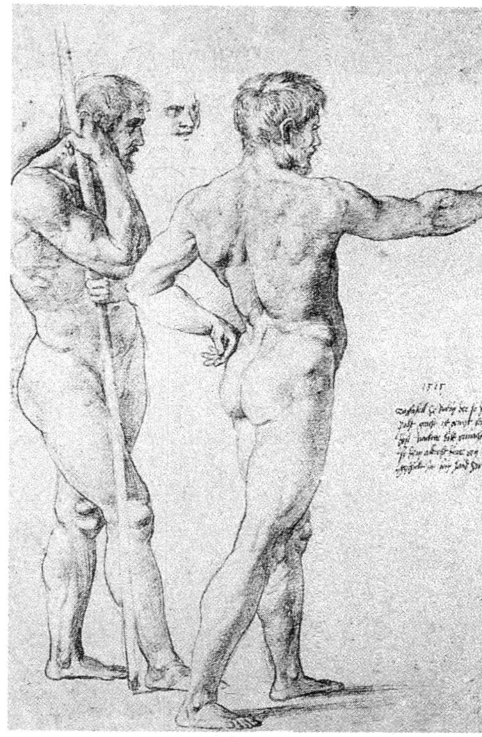

209. 拉斐尔：两位裸男像，1515年(为图207作的画稿)。Vienna, Albertina

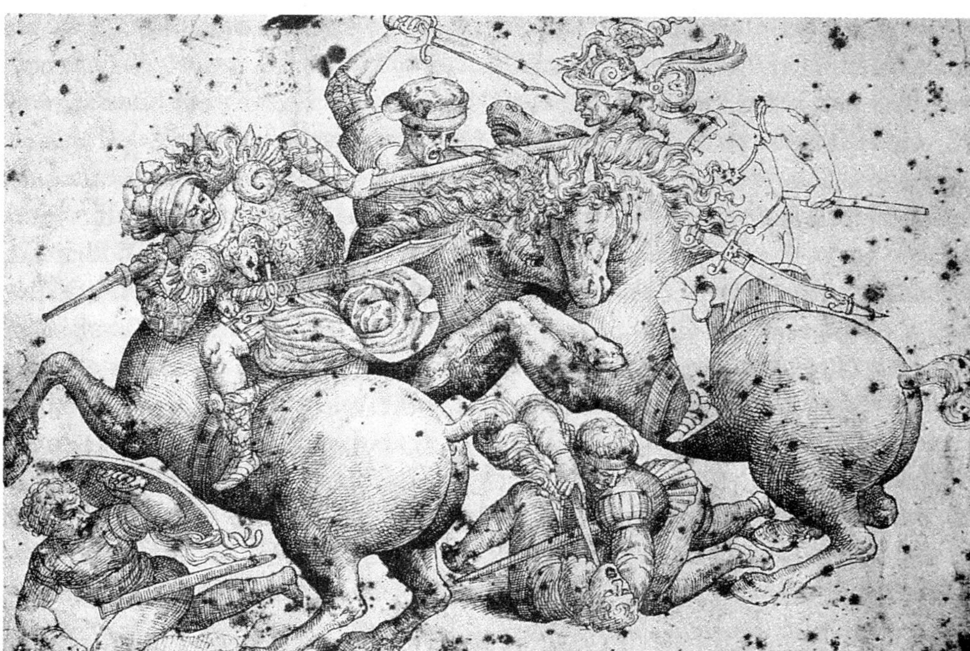

210. 仿莱奥纳尔多《安吉里亚之战》的素描，16世纪初。Florence, Palazzo Rucellai

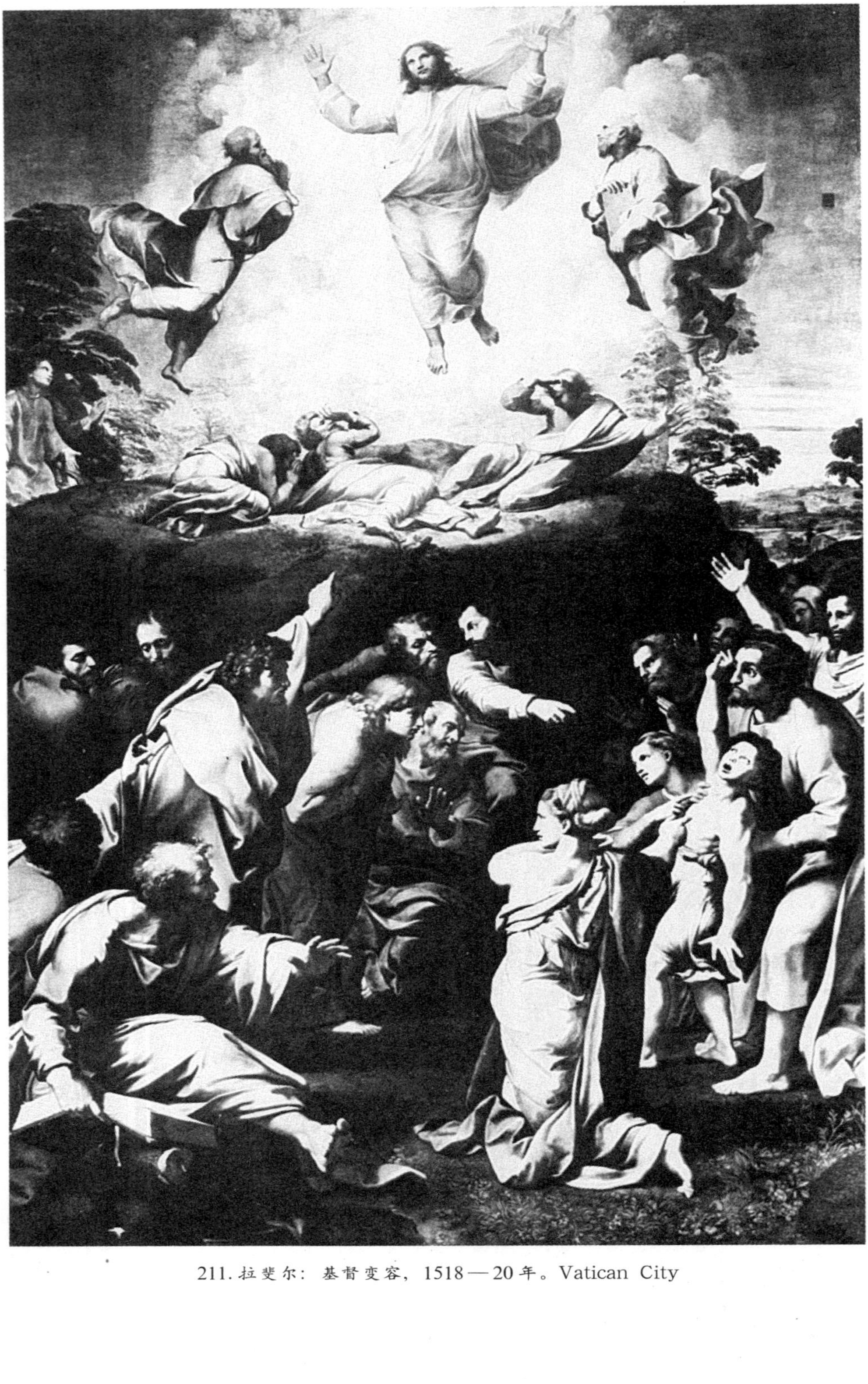

211. 拉斐尔：基督变容，1518—20年。Vatican City

意大利名师朱利奥·罗马诺
宫廷建筑师、画家和指挥

'THAT RARE ITALIAN MASTER…' GIULIO ROMANO, COURT ARCHITECT, PAINTER AND IMPRESARIO. First published in *Splendours of the Gonzaga*, eds. David Chambers and Jane Martineau, Catalogue of an exhibition at the Victoria and Albert Museum, London, 1981, pp. 76—85.

不加渲染地列举事实有时比更雄心勃勃的概括能更清楚地说明人们频繁讨论的话题，社会艺术史。由于贡扎加档案的丰富，人们对朱利奥·罗马诺[Giulio Romano]在效力于费代里戈·贡扎加[Federico Gonzaga]的十五年中的日常活动比对任何其他文艺复兴大师的日常活动有了更多的了解。[1]弗雷德里克·哈特[Frederick Hartt]关于这位艺术家的权威的专论[2]的附录（在此简称为H.）列出并概述了二百四十七份文件，其中大部分涉及这一时期。埃贡·费尔希延[Egon Verheyen][3]最近写的关于泰宫[Palazzo del Te]的著作也列出和增补了其中约九十份文件，它们涉及了泰宫——朱利奥的保存最完好的、最著名的作品——的建造和装饰。在纪念这位艺术家抵达曼图瓦四百五十周年的一本书中发表了涉及其他事业的进一步的搜集到的档案。[4]因此，再次审查这个证据将是多余的工作；这里要做的只是表达对一位艺术家的生活的外在环境的印象，他在同时代人中享有非凡的声望，并得到在本文题目中引用并在结论中讨论的在莎士比亚[Shakespeare]的《冬天的故事》[*The Winter's Tale*]中提及的最终嘉奖。

关于这种声望有几件早期证据，尤其是瓦萨里在他的1550年的《名人传》第一版中包括的朱利奥的传记，它是非常珍贵的原始资料，因为瓦萨里1541年在曼图瓦曾是这位艺术家家中的座上客，因此是作为目击者说话的。在彼得罗·阿雷蒂诺[Pietro Aretino]的信件中，在他的一部剧作中，在塞巴斯蒂亚诺·塞利奥[Sebastiano Serlio]的建筑学著作中，在本韦努托·切利尼[Benvenuto Cellini]的自传中，我们也发现了对朱利奥的崇高声望的几宗反映。[5]

朱利奥无疑具有光辉的生活起点，在罗马做拉斐尔的助手，也许是最中意的

合作者。不注意年代但在其他事情上更可靠些的瓦萨里说，朱利奥生于1492年，*da putto*即还是小孩时，就来到拉斐尔的画坊，由于拉斐尔在梵蒂冈宫室的活动仅始于约1509年，按瓦萨里的计算当时朱利奥十七岁，无疑不是“小孩”。幸运的是，我们无需为这个矛盾伤脑筋，因为朱利奥于1546年逝世时的年龄在曼图瓦已表明为四十七岁，这就是说，他生于1499年，拉斐尔开始在罗马工作时他只有十岁。这几年也是年轻的费代里戈·贡扎加作为人质留在尤里乌斯二世［Julius II］宫廷的年代，推测当拉斐尔画这位王子时两人是否晤过面，这是十分诱人的。[6]他们的年龄大抵相同。恰巧，朱利奥学徒年代的年龄的问题不仅与传记相关。对于他——像大部分画家一样——孩提时就开始工作的了解也与对拉斐尔自己的发展的估定有关。以往有过多的依赖瓦萨里的资料的批评家和艺术史家把拉斐尔作品的任何与他们关于这位神圣的乌尔比诺人的先入之见不符的特征都归咎于朱利奥。朱利奥无论多么早慧，在拉斐尔生涯的最后几年之前也不会在画坊中充当如此活跃的角色。无论如何，朱利奥的名字只是在1520年复活节拉斐尔去世后才开始见诸文件，那时开始了关于继承权的斗争、阴谋和争论。拉斐尔似乎曾能够把这一大批人团结在一起——朱利奥后来表明他得益于这个教训——但是早在1520年6月17日，我们获悉朱利奥和乔瓦尼·达·乌迪内［Giovanni da Udine］“像疯子一样”对罗马的夫人别墅［Villa Madama］的完成争吵不休（H. 23）。同时，塞巴斯蒂亚诺·德尔·皮翁博［Sebastiano del Piombo］在米开朗琪罗［Michelangelo］的支持下试图把主要的委托即康斯坦丁宫［Sala di Costantino］的装饰弄到手，但是朱利奥和彭尼［Penni］最终获胜，他们声称——可能是正确地声称——他们拥有拉斐尔为这项工程所作的草图。

无庸置疑，朱利奥有权声称与拉斐尔的特殊关系，拉斐尔使他成为他的继承人。记载着洛伦泽托［Lorenzetto］（来自拉斐尔的圈子的雕塑家）和朱利奥的妹妹吉罗拉玛［Girolama］的婚姻的文件提到这宗婚姻曾是拉斐尔的愿望（H. 34，35）。

然而，对朱利奥的未来具有决定性的是这个事实，拉斐尔的赞助人和朋友巴尔达萨雷·卡斯蒂廖内［Baldassare Castiglione］对大师的继承者们感兴趣。他设法使仍欠拉斐尔的最后一件委托《基督变容》［*Transfiguration*］的款项支付给朱利奥和他的伙伴弗朗切斯科·彭尼（H. 30）。早在1521年，他也向费代里戈·贡扎加报告说，这两位画家在完成康斯坦丁宫的工作后愿意为他效力（H. 29）。约十五个月后，朱利奥为他应侯爵的要求而为马米罗洛［Marmirolo］城堡的新的侧翼（现已不复存在）送到曼图瓦的模型获得了报酬（H. 36），而这种联系从未中断。然而，移居曼图瓦的进一步延迟未必不利于朱利奥。他一定相当成功地利用他的时间继续拉斐尔的记录罗马的古代珍宝的活动。他本人拥有相当多的藏品，他把这些藏品送给了费代里戈；他也作为关于古代雕塑和雕刻宝石的权威被人们所请教，他后来在曼图瓦的工作充分证明了他掌握与吸收罗马艺术的特色的程度。

在切利尼的自传中有关于朱利奥在罗马的生活的令人愉快的一瞥，[7]在那里向我们讲述了一次宴会以每人都携一美丽的高级妓女为条件，一个艺术家圈子的每个成员都得到邀请；切利尼获得了奖赏，他把一名青年男子装扮成少女。据记载，参加宴会的朱利奥与米开朗琪罗·达·谢纳［Michelangelo da Siena］就一些严肃的和深奥的话题进行了深谈。没有理由怀疑这个事实，即朱利奥在罗马的存在由于一个声名狼藉的丑闻而受到危害。他画了一系列春画，表现了形形色色的性交，马克·安东尼奥·拉伊蒙迪［Marc Antonio Raimondi］把它们雕刻出来，连同彼得罗·阿雷蒂诺作的一系列描述性十四行诗一并出版。阿雷蒂诺可能是发起者，尽管他后来声称他仅仅评论了朱利奥的发明。[8]按瓦萨里所说，[9]只是雕刻师大受攻击，但是朱利奥可能发现离开这个场面是精明的，因为有人允诺在曼图瓦为他提供一个安全的避难所。

当他于1524年二十五岁抵达那里时，洛伦佐·莱翁布鲁诺［Lorenzo Leonbruno］占据着贡扎加宫廷主要艺术家的地位。是他指导着马米罗洛城堡的建造与装饰，而侯爵曾就此请教过这位罗马艺术家。莱翁布鲁诺有一封感伤的信表明他有理由畏惧这样一个对手。[10]在谦恭地求助于费代里戈时，他写道，得到这种帮助会“给予我新的生命，会极大地启迪我的智慧，以致我将创造出前所未见的新的奇迹（*bizarrie*）”。很遗憾，谈到为了宫廷的乐趣与消遣创造的*bizarrie*［奇迹］，很可能谁也不能与朱利奥·罗马诺相匹敌。

然而，文件没有告诉我们在他逗留那里的最初几年中朱利奥是如何被雇用的。第一份记载是在他抵达那里的一年多以后（1525年11月22日），它提到了为一个银的*saliera*［盐碟］所做的设计（H. 58）。两个月后（1526年1月23日）我们获悉朱利奥为伊莎贝拉·德斯特［Isabella d'Este］作了三幅素描（H. 63）。1526年2月，我们第一次获悉装饰泰宫［Palazzo del Te］的工作正在进行（H. 65）。

那年的3月16日，费代里戈·贡扎加在（最近才发表）一封信中[11]请*Julio Romano, Vicario della corte nostra*［朱利奥·罗马诺，我们宫廷的代理人］与另一名官员共同照料比加雷洛城堡［castle of Bigarello］毁坏的墙壁的修复工作。但是，他只是在那年的6月5日就收到侯爵的使他成为曼图瓦公民的特许函（H. 68）。因此我们可以设想，朱利奥为泰宫提出的设计和他在组织建筑工程中所表现的才能是导致他飞黄腾达的原因。他被确定为公民的一周后，被配给了一所房子，文件把他描述为著名画家（H. 69）。8月31日，即他抵达曼图瓦约两年后，费代里戈签署了一封特许函，授予朱利奥以宫廷代理人和曼图瓦内外所有贡扎加家族建筑的总长［Superior General］的虚职，因为“我们对于最敬爱的公民和画家的能力和诚实已有充分的体验”（H. 70）。此后不久，朱利奥从国家锯木厂取得收入，其他特权也接踵而至。11月20日他又被任命为“曼图瓦街道长官”，换言之，城市建筑师，据说他已表明自己在建筑上也和在绘画上一样杰出（H. 73）。大约在那时（1526年10月15日），侯爵寄给朱利奥一封短简：“朱利奥先生，我的一只母犬在产仔时死去，我们想把她安葬在刻有墓志铭的美丽的大理石墓中。因此，我们希望你做出两项用大理石制作出来会十分美丽的设计，一旦你完成了设计，请尽快把它们寄给我或带给我。*Bene valete*［再会］（H. 72）。”

在那卷帙浩繁的通信中，这是向我们提供了关于这位大师的地位和雇主的性格和期望的完美画面的第一封短简。侯爵无论多么喜爱艺术和豪华，这也只是他的兴趣或爱好之一。他无疑是眼光敏锐的和难以取悦的绘画赞助人，总是强调要得到能够得到的最好的东西。即使如此，对他来说，很可能这种追求及随之而来的一切所意味的不仅是艺术。他的著名的马群，他的无数杰出的猎犬和犬，他的猎鹰，在猎鹰中有和在马和犬中同样多的心爱之物，这些对于他来说十分重要。为后代记录下这些心爱之物，在他的城堡墙壁上画它们的肖像，为它们设计坟墓，在他看来是艺术的一种有价值的用途。现在迷住这位不耐烦的王子的泰宫最初是永久纪念的马厩，这也不是偶然的。费代里戈发现朱利奥是（用瓦萨里的话说）"人们只要对他叙述一种想法，他就会理解并画出来"的艺术家。

当本韦努托·切利尼在罗马遭洗劫后"通过充满战争和瘟疫的世界"来到曼图瓦的时候，他发现在那里朱利奥"像领主一样生活，正为他的主人建造一项辉煌的工程"。[12]在朱利奥的指导下聚集起来的一大批艺术家、工匠和工人执行他的计划和想法并由他支付报酬。文件详细解释了各个不同的助手间的分工，像马埃斯特罗·巴蒂斯塔［Maestro Battista］（他后来接替了朱利奥的职务）那样的建筑工人，画家里纳尔多·曼图瓦诺［Rinaldo Mantuano］（他给朱利奥造成许多麻烦），贝内代托·帕尼［Benedetto Pagni］，费尔莫·达·卡拉瓦焦［Fermo da Caravaggio］，普里马蒂乔［Primaticcio］（他在曼图瓦以拉毛粉饰闻名，后在法国成名），和雷卡纳蒂［Recanati］（贴金工）；由于使用了真的金叶，贴金是费钱的事情，侯爵的司库不总乐于供应。1528年，朱利奥在罗马的先前的合作者詹弗朗切斯科·彭尼也出现在文件中（H. 95），但是他似乎不喜欢他的从属地位，不久就离开了。

但是，这一大批人尽管干个不停，却从未满足侯爵的渴望。他敦促和催逼画家完成工作的方式证明了他的兴趣。我们拥有的出自朱利奥之手的许多信件大都是对这些不断的威胁和笼络的反应。它们表明他是完美的受宠遇者：总是十分温顺，机智地寻找托辞，做出新的许诺。"如果这会使您满意，请让人把我锁在那个大厅中直至它完工，"他曾经写道，"但是我不能做任何违背上帝意志的事情（1528年8月31日，H. 108）。"

可以看到，艺术家的工作条件随着他接受的委托的数量增多而每况愈下。1530年，由于查理五世［Charles V］对曼图瓦的访问，必须对豪华的露天表演进行设计，[13]1531年，费代里戈在被封为公爵后要与卡萨莱的玛格丽塔·帕莱奥洛加［Margherita Paleologa］结婚时，对她的接待又需要付出巨大的努力和耗费大量资金，这一定极度滥用了宫廷的资源。负责这些五花八门的事业的官员常常向他们的漫不经心的主人表达他们的绝望和悲观。"我只能敦促和抓紧，我也敦促朱利奥·罗马诺先生，"大管家卡兰德拉［Calandra］于10月3日写道，"但是我确实看到了混乱。"[14]他建议公爵给朱利奥写些措辞猛烈的信。他应当招更多的工人，付给他们更高的报酬，因为否则工作就不能及时完成。"朱利奥·罗马诺回答我说会干完，会及时圆满地完成，他处于他的位置能够这样说，但是我看不出什么条理（1531年10月6日，H. 117）。"朱利奥又不得不找到新的方式使他的主人安心。

“侯爵夫人阁下”——伊莎贝拉·德斯特——视察了全部工程并喜欢它，人们不会觉得他本人不称职，但是他缺乏金钱，缺乏石灰，缺乏工人，缺乏木料，缺乏马车，尤其缺乏干爽的天气。

即使如此，与城堡相邻为新的公爵夫人特别建立的、有带顶的桥与之相连的带庭园的小楼房（图 212 和 213）也莫名其妙地及时完工了，富丽堂皇地装饰着纹章和湿壁画。或许它的匆匆完工也说明了它最终被拆毁的原因；人们认为这座被遗弃的建筑不安全，于 1899 年拆毁。[15]关于在这种压力下准备的精致内景的唯一现存的记录是当时拍摄的几张不充分的照片（图 214 和图 215）；一些保存得较完好的房间——不都是建立于朱利奥的时代——被拆毁，随后又在宫中重建。哈特只为其中的一间做了图解，它们在文献中被忽略了。不能说它们有很高的艺术价值，但是像朱利奥接触过的一切事物一样，它们证明了他的丰富想象力和他指导这样的事业的技巧。

当然，同时泰宫的工作（图 216）必须继续进行，的确只是一两年后它在著名的或臭名昭彰的巨人宫 [Sala dei Giganti] 中达到了可怕的顶点，这是今天应得到“X 级证书”的房间（图 217）。约 1536 年，改造宫中各种不同的套间的计划已就绪，特别是特罗亚套房 [Appartamento di Troia]，这个套房除其他用处外还要用来收藏委托提香 [Titian] 画的一系列《凯撒》[*Caesars*]。文件讲述了关于挫折与耽搁的同样的故事，但也讲述了最终完成的故事。朱利奥不仅必须应付他的苛刻的雇主的奇想与野心，而且必须应付恶劣的气候条件。由于曼图瓦作为守卫波山谷 [Po Valley] 的要塞位于湖泊和沼泽之间，它不得不以地方性疟疾为它的相对安全付出代价。

当本韦努托·切利尼在抵达后不久患上这种热病的时候，他诅咒“曼图瓦，它的主人和任何想要在那里逗留的人”，这种情绪的迸发没有被很好地接受。[16]尽管朱利奥一直患病，他的助手和仆人也患了热病，他却继续留下。他不得不与公爵的司库进行令人厌倦的斗争，以为更多的贴金提供资金，他不得不在水灾和阴雨连绵期间指导未受过训练的和不情愿的劳动力，而助手们有时偷窃他的草图或者把他的想法执行得一塌糊涂，以致他完全失去了工作的乐趣。然而，他不厌其烦地提出新的想法，为公爵在曼图瓦内外的宅邸准备新的房间，为城堡、花园、挂毡、花饰陶器、餐具、服装、舞台布景和节日与葬礼的露天表演做出设计，并仍找到时间致力于他的绘画和为雕刻师和雕塑家画草图。

在此可以全文援引他的涉及在城堡的工作的至少一封信，来说明他作为指挥的尝试和成功。[17]

最卓越最杰出的主人：

布鲁诺罗伯爵[Count Brunoro]责备我疏忽了向阁下报告建筑工程的进展。迄今为止我把这件工作留给了扎法尔多先生 [Messer Zaffardo]，他告诉我阁下已委托他不时向您报告工程的进展情况。我的确不愿意，因为情况不像我所希望的那样发展，因为第一周我缺乏来自金币的金，缺乏石灰，而管理人不愿借给我。然而，他最终给了我一些，于是，我使城堡的工作秩序井然。阿戈斯蒂诺先生[Messer Agostino]下周将给两个房间盖上圆顶，那是一楼，他也将完成花园的墙壁，我许诺他用我自己的钱付给他报酬，以便他能抓紧干，阁下能够满意并在两周内发现花园绿意葱葱。

在下面由于水平面的高度我不能在壕沟上工作，即使如此，他们也开始盖圆顶，工作将继续下去。

至于彩饰的房间，安塞尔莫[Anselmo]将在十天内完成彩绘，然后将着手贴金，每周用五百片黄金，因为卡罗先生[Messer Carlo]已答应我一定为这样大的数目提供金币。与这个房间比邻的小房间已经贴金，但尚未画鹰隼。有六间尚未完成，一旦有了金币，我就会完成。我已向镶木细工工人，德·拉·莫拉[de la Mola]和其他从事嵌木板的师傅发出指令开始安装胡桃木护壁板。两个通向房间的上楣的木工活已干完，我已完成了一个，我要在这里放正在制作的马匹，因为仍缺少其中要放在较小地方的三个，我已准备了框子和画布。

如果建议和指示应当画哪些马匹和哪些鹰隼会令阁下高兴的话，它们很快会完成，但是我认为马不应太大，并应色彩鲜艳，如果不缺少必需品的话。

然而，除去将用于圆顶和下面以与圆顶的美相称的大量黄金外，什么也不会使我拖延。

我也准备好两个安置灯的地方，以便它们不会冒烟，我已委托他们开始制作石头壁炉台，它将是迄今最美丽的。

另一个白色小房间将在十日内完成，然后他们将即刻去完成下一个房间。至于储藏室，它将在一周内完成，但是必须在烟囱上花些钱，否则老鼠会把它用作进入鸽房的梯子。然而，我已找到一个良好的补救办法，倘若不是下雨和得不到木料，它本会更早些完成的。

至于马米罗洛城堡，如果领班没有离开，本可以完成更多的工作；由于无人涂灰泥和支脚手架，马埃斯特罗·卢卡[Maestro Luca]在那里虚度了几天；后来我将领班找回，马埃斯特罗·卢卡完成了两幅美丽的风景画，我已把那里的东西整理好，因为那里有另一名画家同时在做上楣和装饰，我已指示他按照那个来自塞浦路斯的人的叙述画突尼斯战争。

至于两个花园中间的新房间，它们将于星期一动工，指示很明确，完成壁炉，建造房间，完成到夹层的两个天花板，制做门窗和装玻璃的框子；卡罗先生开始为此给我提供钱，在那个星期一我将派安塞尔莫为房间和大厅的镶板涂上清漆。我以比实际上所表现的更大的热情尽了最大的努力使阁下满意。在我看来，还是能够道歉更好一些，我将只说这样多，即如果我缺乏工作所需要的钱，我将慷慨地花费自己的钱，尽管我的钱很少。我这样做是为使阁下欢心，我谦恭地向您自荐，并吻您的手。

阁下恭顺的仆人，
朱利奥·罗马诺。

1536年6月10日于曼图瓦。

这封信的现代读者很难猜想到它的谦卑的作者当时是很出名的艺术家。费拉拉公爵［Duke of Ferrara］要求他帮忙，想听听“他的某些想法”（1537年4月7日，H. 195），但是费代里戈只是勉强许可。彼得罗·阿雷蒂诺请他去威尼斯（H. 239），博洛尼亚的圣彼得罗尼奥教堂［San Petronio］工程指挥者委托他为尚未完成的教堂设计正面（H. 241b），帕尔马的斯泰卡塔教堂［Church of the Steccata］的主教会议与他接洽（H. 224—233），维罗纳的主教也与他接洽，他于1534年为维罗纳的主教设计了大教堂半圆室的湿壁画。他在这些旅行中也为他的主人服务：他购买了印度孔雀，从雕塑家阿方索·隆巴尔多［Alfonso Lombardo］那里接手了费代里戈委托的半身塑像（H. 202）。

同时，他结了婚（1529年6月2日），生了三个孩子，两个女孩，克里塞德［Criseide］、维尔吉尼娅［Virginia］和一个男孩，仿照他的师傅命名，叫拉斐尔洛［Raffaello］；他居住在自己建造、现在仍局部保留下来的华丽的住宅中。他在那里招待了来访的瓦萨里，让他看了他的丰富的藏品，其中有一些——像丢勒［Dürer］的自画像——是他从拉斐尔那里所继承的。甚至公爵信件的语调在最后的几年都发生了显著的变化；*Maestro Julio nostro charissimo*［我们最亲爱的大师朱利奥］是现在称呼的形式（H. 222）。

在他生命的最后六年中，朱利奥是作为教堂建筑师而成名的，那时红衣主教埃尔科莱·贡扎加［Cardinal Ercole Gonzaga］于1540年在费代里戈去世后接替了对国家的管理。他委托朱利奥改造波利罗内的圣贝内代托修道院［San Benedetto al Polirone］的教堂，它的现存的部分激发了人们对朱利奥的建筑技巧与机智的极大尊重。[18]1545年初，朱利奥也被邀请为曼图瓦大教堂的翻修提出详细的计划。我们不清楚在朱利奥生命的余下的几个月中，他的计划有多少得到执行，但是几乎不能怀疑，把罗马式内景高度独创性地、成功地改造为华丽的文艺复兴建筑，这仍带有他的天才的痕迹。正是在这个时候朱利奥接到邀请，要他在安东尼奥·达·圣加洛［Antonio da Sangallo］去世后接手罗马的圣彼得大教堂［St Peter's］的建造。[19]谁知道如果他接受了邀请，在它的顶上是否会建起米开朗琪罗的小圆顶呢？他不愿肩负起这付重担，这是可以理解的。也许他的健康在这个决定中起了作用。早在1537年12月24日（H. 199），他在一封信中抱怨说，他的视力受到不断的出血和药物的极大伤害，以致他只能在烛光下艰难地工作。1545年2月，按阿雷蒂诺所说，谣传他已逝世。第二年夏天，我们听说他患了热病和胃痛，但是无需担心（H. 242）。然而，1546年9月15日，他致信费兰特·贡扎加［Ferrante Gonzaga］说，他预料他的病会恶化。[20]六个星期后，1546年11月1日，死亡登记簿有这样一条记载，“今日去世，朱利奥·罗马诺·迪·皮皮先生，公爵的建筑的监工……死于热病……享年四十七岁”（H. 244）。

红衣主教注明日期为11月7日的致他的兄弟费兰特的信（H. 245）作为适当的纪念物值得全文重印。

我们的朱利奥·罗马诺的去世是最重大的损失，使我十分痛心，我似乎失去了右手。如果我不是认为人们听到这个损失愈晚愈糟，尤其由于他从事水的净化，我本来不愿这样快就通知阁下。

像那些总是力图从任何不幸中引出好事的人一样，我告诉自己，这位罕见的人物的去世至少会帮助我摆脱对建筑、对银器、对绘画等的嗜好，因为实际上没有那位高尚人物的设计，我将没有勇气委托制作任何这类事物；因此，一旦我手中拥有他的设计的几件东西完成后，我想把我的一切愿望随他一起埋葬；如我过去所说。愿上帝让他安息，我希望他无疑会这样做，因为就世间而言，我希望也在上帝的眼中，我知道他是善良的、十分纯洁的人。我热泪盈眶，决不会对谈论他的成就感到厌烦，然而，由于结束他的生命已使主宰一切的上帝感到满意，我必须到此为止。

众所周知，朱利奥·罗马诺是名字见于莎士比亚作品中的唯一的文艺复兴艺术家。在此以首版对开本的拼写法重印《冬天的故事》第五幕第二场中的这段文字：

公主听见宝丽娜家里藏着一座她母亲的雕像，那是意大利名师朱利奥·罗马诺费了几年辛苦新近才完成的作品，那真是巧夺天工，简直就像她活了过来的模样；人家说谁只要一见这座雕像，都会向她说话而等着她的回答的。

人们早就看到，这里对朱利奥作为自然的对手的颂扬很可能源自瓦萨里的一位人文主义的助手对这个公式的利用，他向瓦萨里提供了 1550 年版《名人传》结尾的这位大师的虚构的墓志铭[21]：“朱庇特看到，通过朱利奥·罗马诺的技巧，雕塑的和画的人体在呼吸，凡人的住宅抵得上天堂。于是他怒不可遏，召集了众神的会议后，把他带离人间，因为他不能容忍被世俗的人所征服或相匹敌……”

无论谁写了这几句话，他都巧妙地融合了适宜于这位艺术家的两个主题。第一个源自罗马万神殿中朱利奥的师傅拉斐尔的真的墓志铭，为本博［Bembo］所撰写：“此乃拉斐尔之墓，自然之母当其在世时，深恐被其征服；当其谢世后，又恐随之云亡。”第二个当然暗指朱利奥的最著名的作品，巨人宫［Sala dei Giganti］，它毕竟再现了朱庇特召集众神会议为企图登天而惩罚巨人的主题。此外，如果莎士比亚看到了瓦萨里书中的墓志铭，他很可能从中推断，朱利奥是一位使其雕像栩栩如生的雕塑家（*Videbat Iuppiter corpora sculpta pictaque spirare*）。

因此，不必同意哈特的独出心裁的建议，即把莎士比亚所提及的人物与一份文件中提到的彩绘拉毛粉饰浮雕的大师相联系，他可能是与我们的朱利奥·罗马诺同姓名的人。[22]

人们似乎未注意到的是这个事实，《冬天的故事》不是大肆吹捧朱利奥·罗马诺的第一部剧本。[23]彼得罗·阿雷蒂诺的喜剧《御马长官》［*Il Marescalco*］开创了先例，它发表于朱利奥在世时的 1533 年。[24]阿雷蒂诺喜欢在舞台上提到他的朋友们，从而提高他们的声望。《御马长官》的背景被安排在曼图瓦，在它的 *dramatis personae*［登场人物］中突出表现了一个滑稽可笑的学究，有些令人想起《爱的徒劳》［*Love's Labour's Lost*］中的霍罗费尼斯［Holofernes］。在阿雷蒂诺的喜剧的第四幕第五场中，一个叫雅各布先生［Messer Jacopo］的人这样对学究说道："师傅，让我们去圣巴斯蒂亚诺［San Bastiano］，换言之去泰宫，看看朱利奥·罗马诺是否会把某幅绝妙的绘画公之于众。"学究说："我们出发吧。啊，产生自他的精致模型的建筑的那座宫殿的结构有多么精巧：他模仿了古代的透视家威特鲁威［Vitruvius］。"[25]显然这段文字以两种方式为阿雷蒂诺服务。他赞扬了他的朋友当时正在绘制的作品，而且大大嘲弄了学究在冒充建筑行家时使用的装模作样的行话。

在第五幕第三场中，学究也想炫耀他对画家和绘画的知识，又包括了朱利奥："如果（我们提到）画家的话，有提香，自然的对手甚至她的主人，无疑还有最非凡的威尼斯的塞巴斯蒂亚诺修士［塞巴斯蒂亚诺·德尔·皮翁博］。也许还有宫廷和乌尔比诺人拉斐尔精心培养的朱利奥·罗马诺。"[26]莎士比亚后来将使用的惯例性赞扬在这里被应用于提香而非朱利奥。

使这些先例特别富于暗示性的是这个事实，即《御马长官》于1588年由勤勉的伊丽莎白女王时代的印刷商约翰·沃尔夫［John Wolf］连同阿雷蒂诺的另外三部喜剧在伦敦再版。[27]因此，那一版和约1609/10年莎士比亚戏剧的首次演出之间相隔了不多于二十三年的时间。被阿雷蒂诺的几次提及激起好奇心的戏剧界的任何一员都可能发现了瓦萨里的1550年版本中的颂扬，并把它们融合进"意大利名师"的形象中——或者那会是莎士比亚自己吗？

［李本正译　范景中校］

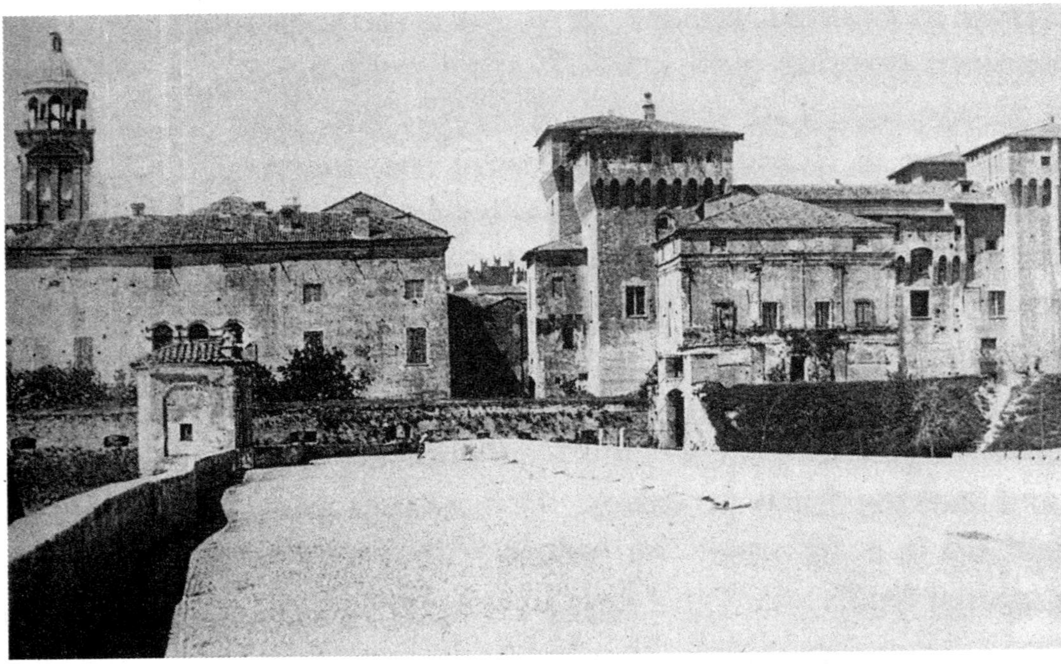

212. 城堡与圣焦吉奥桥，展现出佩利奥罗加宫，Mantua

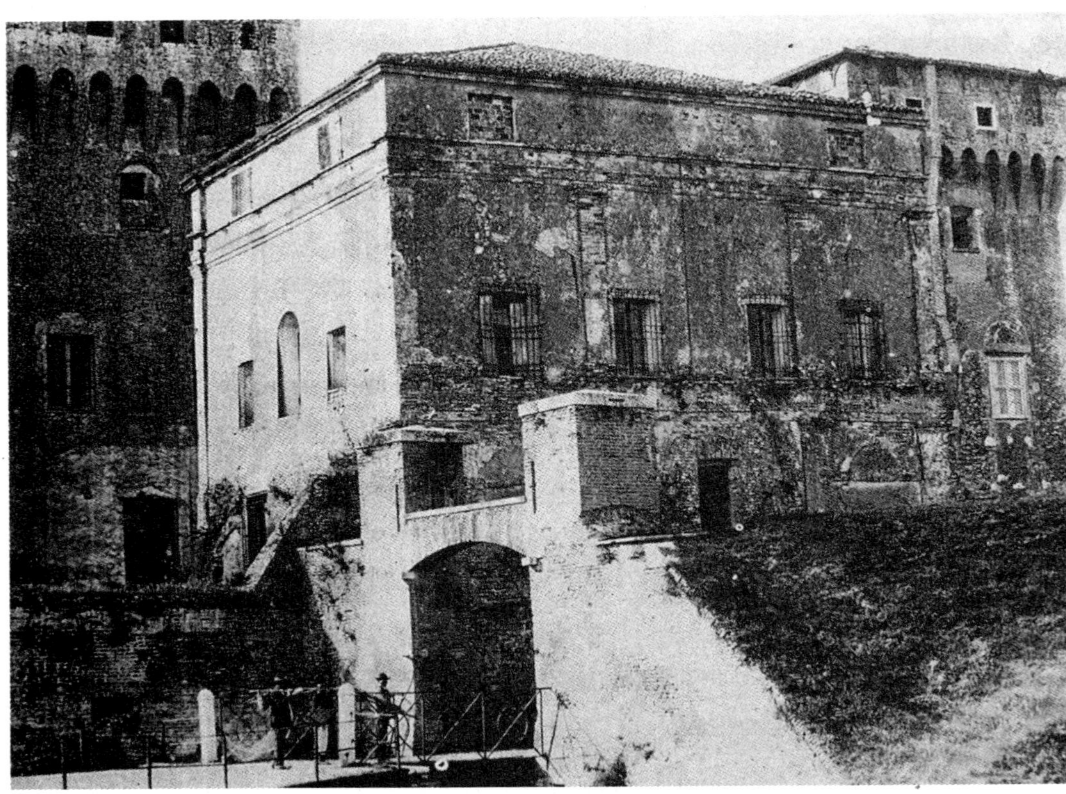

213. 以前的佩利奥罗加宫，1531—2年，Mantua

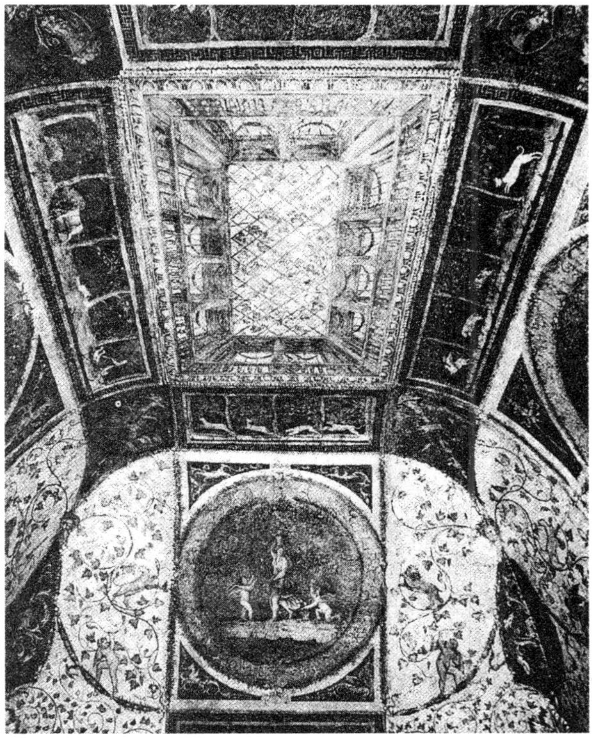

214. 四季厅 [Sala delle Quattro Stagioni], 1531—2 年。former Palazzina Paleologa, Mantua

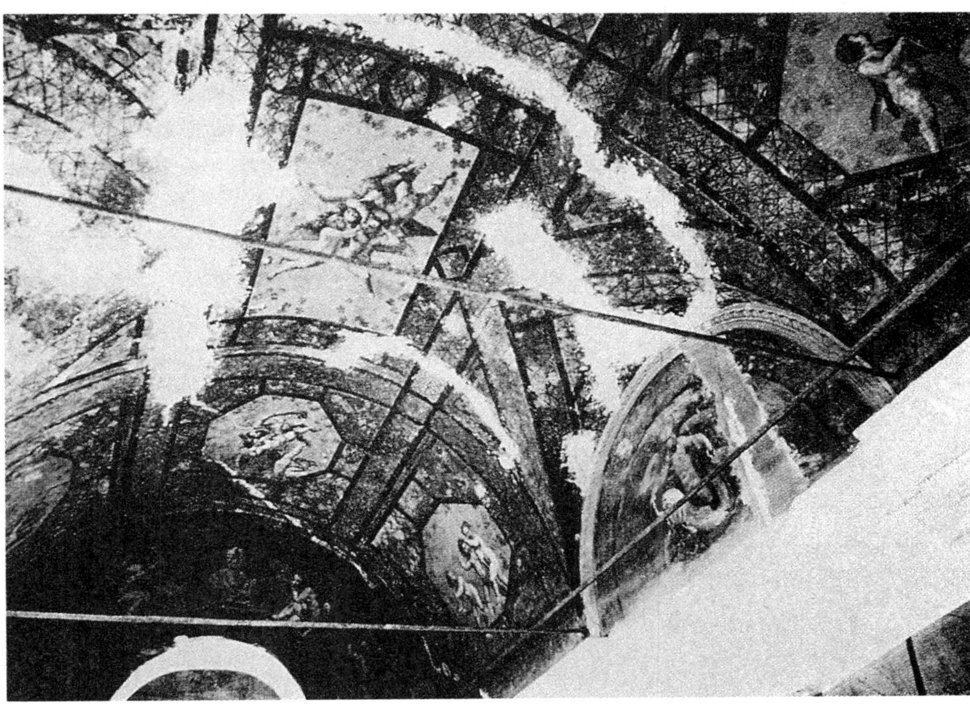

215. 敞廊的天顶画，1531—2 年。former Palazzina Paleologa, Mantua

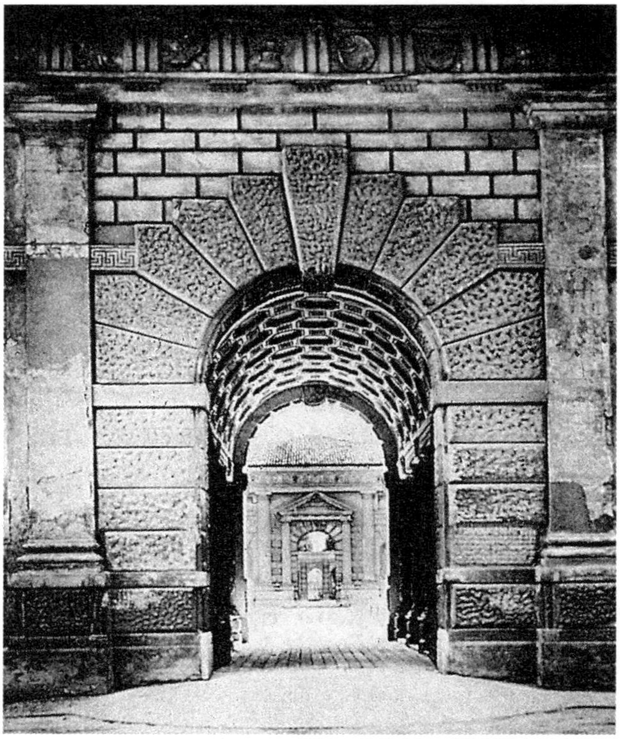

216. 北面入口，约 1527 年。Palazzo del Te, Mantua

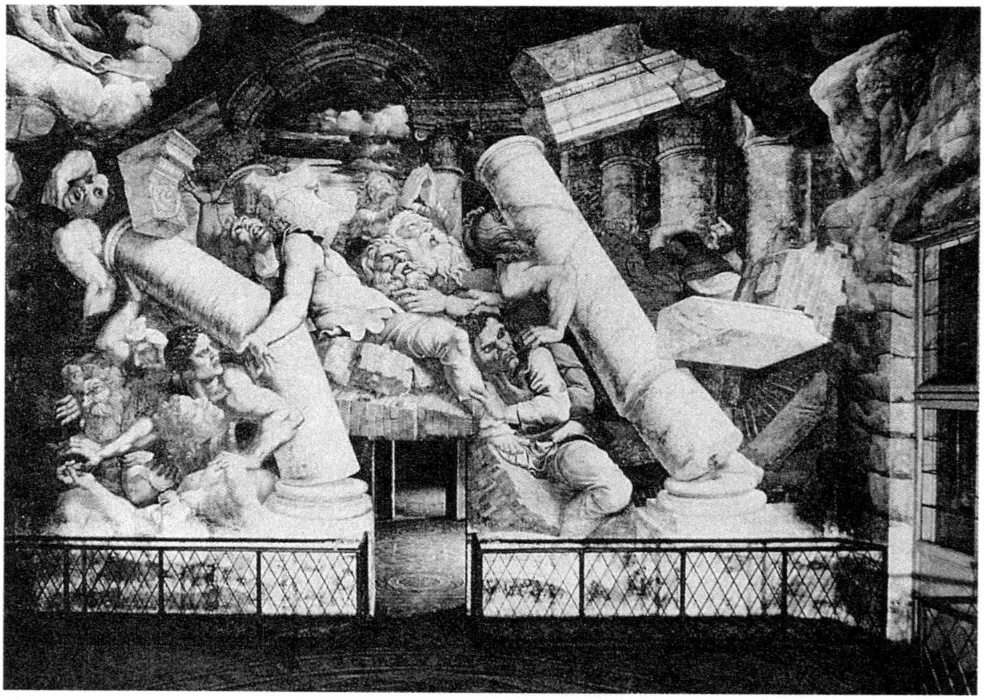

217. 巨人宫，1532—4 年。Palazzo del Te, Mantua

乔托画的但丁肖像？

纪念基思·罗伯茨［1937—1979］

GIOTTO'S PORTRAIT OF DANTE? *The Burlington Magazine* Sixth Annual Lecture delivered on 23 April 1979 at the National Portrait Gallery, London, and published in the *Burlington Magazine*, CXXI, August 1979, pp. 471—81.

几年前，本尼迪克特·尼科尔森［Benedict Nicolson］和基思·罗伯茨［Keith Roberts］向我谈了他们举办的这个年度系列讲座的想法，打算每次讲座都专门讨论一幅肖像画。在《伯林顿杂志》［*The Burlington Magazine*］因本尼迪克特·尼科尔森溘然长逝而失去了自己的一员之后，是基思·罗伯茨邀请我举办这次讲座，甚至同意变通一下规定，迁就一幅后面拖着一个大问号的肖像画（图 218）。他立刻对这次讲座产生了强烈的兴趣，这是他这种朋友的特点——就在他凄惨而意外地去世的几周前，他给我带来了一次展览的目录，如他正确地认为的那样，这份目录对我迟早会有用，那次展览是在马尔巴勒美术馆［Marlborough Gallery］举办的汤姆·菲利普斯［Tom Phillips］作品展。[1]

最近的这些作品（图 219）确实可以提醒人们注意存在于西方传统中的但丁［Dante］形象的持续的生命力。这位艺术家将其主要的变体建立在奥尔维耶托的西尼奥雷利［Signorelli］所作肖像的基础上，但是他也探索了这些熟悉的特征的新颖的视觉，仿佛立体地看到它们。因为，我认为，这是决定性的一点。几乎一千年来，但丁是第一位这样的人物，一提到他的名字，即刻会在人们的心灵中唤起他的外貌的生动形象。并非他是古典时期之后留下肖像的第一个人甚至第一位诗人，但是要了解把中世纪肖像画与我们的但丁形象区分开的整个世界，我们只需看一下所谓马内斯抄本［Manesse Codex］，[2] 它是令人喜爱的德意志 *Minnesänger*［宫廷抒情诗人］作品集，大约可追溯到但丁的生活年代。以表现瓦尔特·冯·德·福格尔魏德［Walter von der Vogelweide］的著名一项为例（图 220），其姿势如他所描写的那样，双腿交叉，手托着手，坐在石头上。这幅画显然并不试图描绘瓦尔特的真实容貌；其容貌与采用来表现海因里希·冯·费尔德克［Heinrich von Veldecke］的那种程式非常相似。当然这位细密画家既无法尝试也没有尝试弄清这些人曾是什么模样。他用他们的姿态或服装来标志他们；坦霍伊泽［Tannhäuser］穿着法学家般的衣服，而乌尔里希·冯·利希滕施泰因［Ulrich von Lichtenstein］仅仅被表现为身穿甲胄的骑士，纹章取代了相貌。

重复一下，但丁的肖像并不是这种纯粹的符号或标志。它有着自己的生命。并非它出现时就羽翼丰满。由彼得·布里格［Peter Brieger］、米拉尔德·迈斯［Millard Meiss］和查尔斯·辛格尔顿［Charles Singleton］收集并讨论的《神曲》［*Divine Comedy*］彩饰抄本，[3] 最初并没有我们所想象的但丁，身穿红衣、戴着人们熟悉的头罩、瘦削的侧面形象。但是，最迟到十五世纪，插图画家们倾向于使用这个类型［type］，如波蒂切利［Botticelli］在他令人难忘的素描中所做的那样。

本讲座的目的是尝试探索这个形象的象征，而这种尝试决非是第一次。我的意思并不是它是否使我们能在但丁年轻时和成年时走在佛罗伦萨街头和他一生的最后二十年走在放逐途中时辨认出他来的问题；我认为这个问题决不会得到答案。我想知道的倒是，是否有这些但丁肖像来源的原型。如果我没有见解可提，我就不会提议返回到一个曾是诸多书籍和文章的主题的问题了，[4] 但是我对于自己的假设提供不出证明，而这无论如何也需要大量扼要地重述别人说过的话。

像这样的历史问题很像拼板玩具。我们有许多片断、许多原典和文献，必须使其调和，但是，除非我们使它们相互协调，否则就做不到这一点。

进行此事之难解释了我的讲座题目后面的问号。在这个拼板游戏中最著名的片断当然是警官宫［the Bargello］中的礼拜堂墙壁上的形象，它仍然作为乔托［Giotto］画的但丁肖像供游客观赏（图 218），尽管自从瓦萨里［Vasari］著作的编辑者加埃塔诺·米拉内西［Gaetano Milanesi］指出很难使它与另一个证据相符以来，至今已有一百多年。[5]

瓦萨里不是第一个然而是最有影响的传播这一鉴定的作者，他在乔托传的第二版中传播了这个鉴定；[6] 他对这个鉴定的介绍十分巧妙而富有说服力，使我们有必要从他的记述入手。对瓦萨里来说，乔托的 *Vita*［传记］是关于艺术摆脱拜占廷风格的卑劣束缚走向对自然的研究中决定性的一步的故事。因此，他在传记中首先写了源自吉贝尔蒂［Ghiberti］的一个传说，讲的是牧羊人之子乔托如何被契马布埃［Cimabue］发现正用尖石在岩石上按照实物画一只羊的情景。他成为契马布埃的学生后很快就超过了师傅，摒弃了那种拙劣的希腊手法，复苏了良好的现代绘画手法，采用对真人的肖像的描绘，如瓦萨里十分离奇地说的那样，这种描绘已有二百年的时间不曾见到了。瓦萨里继续说道，无论如何，即使别人曾进行过尝试，也没有人像乔托那样取得成功，如仍可以在佛罗伦萨的市长宫［Palazzo of the Podestà］——即警官宫——的礼拜堂中看到的那样，除其他人外，他还画了他的同时代人和最伟大的朋友但丁·阿利吉耶里的肖像，而但丁作为诗人的名望毫不亚于当时乔托作为画家的名望。在简短地提到薄伽丘［Boccaccio］对乔托模仿自然的技巧的赞扬后，瓦萨里又说，在同一个礼拜堂中，乔托也画了他自己的肖像以及但丁的老师布鲁内托·拉蒂尼［Brunetto Latini］和当时的一位伟大公民科尔索·多纳蒂先生［Messer Corso Donati］的肖像。

因此，瓦萨里把这件作品置于《名人传》的开头，其目的十分明显，它所包含的历史真实的成分亦然。乔托的艺术确实标志着向自然的转变[7]，这种转变能够而且确实包含一种前所未知的描绘。但是事实真相又如何呢？乔托是否在石头上画了一只羊，他是否画了但丁的肖像呢？

我们在接受或摒弃这种事情的可能性之前，必须在当我们谈论肖像画时意味着什么的问题上取得一致的见解。乔托画的羊会是写生画，但是除非那只羊是这个少年想铭记在心的宠物，否则我们不会称之为肖像画。马内斯抄本中身穿纹章式甲胄的乌尔里希·冯·利希滕施泰因是一幅肖像画，但不是写生画，在这两个极端之间有无数的变体。

瓦萨里无疑正确地看到，乔托笔下的形象不再是类型，它们是或常常是令人信服的个人。我们没有理由怀疑，在帕多瓦的阿雷那礼拜堂［Arena Chapel］入口墙壁上的湿壁画《最后的审判》中，供养人恩里科·斯克罗维尼［Enrico Scrovegni］的形象就是要被承认为令人信服的个人的肖像。很难相信搀扶他的教士不也是按照个人描绘的，但我们说不清其意图是否是传播和纪念他的肖像。至于这一群群在天国享福的或打入地狱的人，我们可能更说不清他们的状况。他们被个性化的程度可能出于避免单调和使他们作为人令人可信的艺术愿望。在乔托的画室中，也许人们知道，其中的一个像某个学徒或某个难对付的家伙，因为关于其他作品，瓦萨里的著作中讲过许多这样的故事，但是这种相像也许有意，也许只是偶然。对此我们无法说清。

瓦萨里著作的较早期的读者并不那么受到这些顾虑和令人困惑的事物的烦扰。人们常常讲述关于瓦萨里的描述如何在1839年使一群意大利的艺术爱好者请求当局允许他们在石灰粉下寻找所描述的肖像的故事。[8]他们在入口墙壁上发现的是损害严重的一组湿壁画，描绘着地狱的景象，在对面的祭坛墙壁上发现的是天堂的景象，基督在窗子上方，威严地坐在宝座上，天使军被安排在下面（图221）。前面，在地面上，有一群身穿当时服装的公民，在涂漆的台阶附近，祭坛的旁边，有两个跪着的形象，我们必须把它们看作供养人（图222和223）。最初的发现者毫不怀疑他们发现了瓦萨里所描述的群像，严重损坏的形象中有一个是乔托画的但丁肖像。不幸的是，有一只钉子钉在眼睛上，损毁了这个侧面像，后来这只眼睛是以最任意的方式修复的（图224和225）。但是有几位画家似乎在原来颜色的最后一点痕迹被马里尼［Marini］擦掉之前曾进入过这座礼拜堂。据说英国艺术家S. 柯卡普［S. Kirkup］曾画过一个摹本，它至今犹存，并充当了阿伦德尔学会［Arundel Society］出版的那幅著名版画的基础。

更鲜为人知、实际上尚未发现的是瑞士画家弗朗茨·阿道夫·冯·施蒂尔勒［Franz Adolf von Stürler］[9]所画的摹本（图226），已故的库尔茨教授［Professor Kurz］使我注意到这些摹本。它们现存伯尔尼的博物馆，为施蒂尔勒充当了也藏于该馆的两幅颇不相同的绘画的基础。像那位意大利的修复者一样，施蒂尔勒后来调整了形象的嘴部，把嘴角稍微向下拉，可能为着与但丁著名的 *sdegno*［蔑视］即他对世界的蔑视相一致。那么，这就是要我们承认为其他一切肖像的原型的那幅肖像。为什么它使史学家们愈益感到不舒服呢？如我所说，答案是尽管瓦萨里具有把事实连成整体的技巧，然而那些片断却决不能吻合。

首先是认为这幅肖像系乔托所画。无可否认，这不是瓦萨里凭空想出的；在吉贝尔蒂的《回忆录》［*Commentarii*］中，这些湿壁画是列在这位大师的作品中提到的，而人们一般认为《回忆录》是严肃可靠的。[10]它们会不会是乔托所画当然取决于它们的年代。[11]礼拜堂有一段题词表明 *hoc opus*［这件作品］是在维拉诺［Verano］的菲德米尼市长［Podestà Fidemini］治下绘制的，这位市长在 1336 到 1338 年任职。乔托卒于 1336 年，这就留下了这样一种理论上的可能性，即他可能仍参与了设计。这种可能性对于风格批评家并没有吸引力，因为有些壁画无疑与乔托的风格相去甚远，但是已故的米拉尔德·迈斯在我曾提到的那部著作中[12]指出，那些湿壁画并不一致，礼拜堂两端的壁画不同于两侧的壁画。廷托里先生［Signor Tintori］应他的要求进行的研究表明，两端的壁画，包括有人们所说的那幅肖像的祭坛壁画，画得早一些，因此不应否定这种可能性，即它们可能由乔托的画室设计，无论在实际上这意味着什么。

面对退色壁画的糟糕的照片，很难争论这些问题，但是我个人倾向于接受伊塞梅耶［Isermeyer］的结论，[13]他论证说，这些壁画的设计当然表明对乔托的方案十分熟悉，但代表了对他的装饰思想的草率的简化。

无论如何，乔托在他当佛罗伦萨 Capomaestro［市政建设监察官］的最后几年对于这个装饰有所控制这一微小的可能性，对于任何希望坚持瓦萨里对礼拜堂中的肖像的说明的人都不会有任何帮助。毕竟瓦萨里的记述的整个目的是要表明乔托能够用写生的方式画人物，而要确立这个事实，他需要把这些湿壁画放到乔托生涯的很早时期——不仅要使这种创新戏剧化，而且因为这位大师只是在早期才能有机会用写生的方式描绘布鲁内托·拉蒂尼，他卒于 1294 年，科尔索·多纳蒂，他于 1308 年被杀，尤其是但丁本人，他于 1301 年被永远逐出佛罗伦萨。但是，如果但丁真的在这样早的时期被描绘在警官宫礼拜堂的祭坛墙壁上，那就出现了他当时的名望是否足应得到这种荣誉的问题。诚然，他写了《新生》［*Vita Nuova*］，但是《神曲》在那时可能尚无撰写的打算。为摆脱这一困境，卡瓦尔卡塞莱［Cavalcaselle］提出，[14]但丁不是作为诗人而是作为政治家在这幅湿壁画中占有一席之地。他指的是阿夸斯帕塔枢机主教［Cardinal Aquasparta］所调停的黑党［Blacks］和白党［Whites］之间可怕冲突的短暂中止，但丁在其中充当了代表。这是一个颇具吸引力的理论，但是史学家们告诉我们，停战为时太短，不应得到也没有得到在这种湿壁画中留芳不朽的纪念。

对于了解瓦萨里的方法的人来说，使他的故事能合乎情理的这些尝试的聪明才智似乎是滥用的。众所周知，和在其他事情上一样，瓦萨里在这些事情上也是粗心大意的。作为梅迪奇的宫廷画家，被要求在韦基奥宫［Palazzo Vecchio］的墙壁上绘制再现佛罗伦萨历史种种情节的湿壁画，他需要来自往昔的肖像，并倾向于设想更早的艺术家也感到同样的需要。因此，他没有随意创作历史人物的外貌，而是依自己之便为一些他发现被再现的人物命名。他对他的《名人传》也是这样做的。一个最突出的例子就是他决定把新圣马利亚教堂的牧师会礼堂［Chapter House of S. Maria Novella］中安德烈亚·达·菲伦泽［Andrea da Firenze］的湿壁画中的一个形象称作契马布埃，并在附有插图的第二版中把这个形象用作他的肖像。

假定那些坚持瓦萨里对警官宫湿壁画的描述的人可以辩护说，无论什么对瓦萨里对这组群像中的布鲁内托·拉蒂尼和但丁的敌人科尔索·多纳蒂的未必可靠的辨认是确实的,可在礼拜堂墙壁上但丁和乔托肖像的存在也不是瓦萨里的发明。菲利波·维拉尼［Filippo Villani］在写于约1396年的乔托传略的修订版中提到了这些肖像。[15]

如果像人们可能假定的那样，跪着的形象再现供养人，那么在祭坛墙壁上很可能有肖像。从另一方面说，聚集在中部的人物无疑是个性化的，但是如果认为画家打算画纪念性群体肖像，那么对于当时来说，那一定是令人惊讶的。即使可能，像现在舆论所认为的那样，它于约1336年画在某个地方，这个群像会包括一幅但丁的肖像吗？但丁于1301年被放逐，如果他未缴纳罚金进入佛罗伦萨，就会被判以火刑。1315年，又重提了这个判决，但丁明确地拒绝接受他返回的任何条件。把被判罪的叛逆者的形象安排得这样接近市长宫的祭坛，那堪称是惊人之举。通常，佛罗伦萨的叛逆者倒是画在市长宫的外墙上，画成捆住双脚吊着的样子。[16]仿佛这个论据还不足以排除对肖像的鉴别，但还有这样一个事实：它的证据与关于但丁外貌的文献传统相抵触，因为薄伽丘[17]在约于1363—1364年撰写的但丁传中对他做了如下描述：“我们的诗人中等身材，晚年走路时有些弯腰，迈着庄重而文雅的步子。总是穿着适合他的成年期的最得体的服装。他脸长、鼻子呈钩状，眼睛有些大。他颏部很大，下唇突出。”至此我们还不难把这些话与我们的形象相匹配——但薄伽丘继续写道：“他面色黧黑，头发和胡须是黑色的，浓而鬈曲，总是表情悒郁，若有所思。”

因此，但丁蓄着胡须，而且是在薄伽丘的一篇故事中出现的胡须，在那篇故事中，一名无知的妇女认为这位诗人一定真的游历过地狱，因为“人们可以看到他的胡须由于在那儿受烟熏火燎而弯曲了”。十四世纪的彩饰画有时确实画着但丁蓄着胡须，毕竟我们也许不会认出他来。但是警官宫肖像的捍卫者们争辩说在人的一生中可以几次蓄须和剃须，这是很正确的。但是不那样容易回避的是形象年龄的问题：它显然再现了一个青年，而如果我们承认这是乔托的作品，他为什么在1336年把但丁画成一名青年呢？传统的捍卫者们正是在这里使用了他们所认为的王牌：显而易见，乔托一定利用了他于大约四十年前所画的这位密友和伙伴的肖像，如瓦萨里称呼他的那样，*amico suo grandissimo*［他的密友］，或仅仅像另一位作家所宣称的，[18]复制了他一直存于内心的形象。

这个论点对较早的几代人来说显然是令人信服的，但是很遗憾，现在关于乔托与但丁之间这种友谊的故事也在批评的寒风下消亡了。大约五十年前，皮尔·利贝拉莱·兰巴尔迪［Pier Liberale Rambaldi］[19]在一篇高明的文章中表明，这个传说是如何逐渐形成的，它如何为瓦萨里充当了他的乔托传记的骨架。对史学家来说，这个传说的形成是一个原典如何可以通过如意的想法和误解变为它的对立物的客观教训。

在《炼狱篇》[*purgatorio*]的第十一歌中，但丁和维吉尔[Virgil]来到曾经极度虚荣的人们被涤除傲慢罪的岩礁。沉重的石头压弯他们高傲的脖颈，教给他们谦卑。但丁本人不得不低低俯身才能看到他们并与之交谈，他以这种姿态认出了一位细密画家奥代里西·达·古比奥[Oderisi da Gubbio]。当他用奉承的词句称他为古比奥的荣耀时，这位得到教训的装饰画家回答说，实际上佛朗哥·博洛涅塞[Franco Bolognese]的书页更绚丽。当他尚在人世之时，由于野心勃勃，是不会承认对手有这样卓越的，现在他为此付出了代价，倘若未及时忏悔，甚至也不会在炼狱之中。于是他开始了他那著名的艺术史的劝喻性故事：

> O vana gloria dell'umane posse,
> com'poco verde in su la cima dura,
> se non è giunta dall'etati grosse：
> Gredette Cimabue nella pittura
> tener lo campo，ed ora ha Giotto il grido,
> sì che la fama di colui è scura：
> così ha tolto i'uno all'altro Guido
> la gloria della lingua；e forse è nato
> chi l'uno e l'altro caccerà del nido.
> Non è il mondan romore altro ch'un fiato
> di vento，ch'or vien quinci e or vien quindi,
> e muta nome perchè muta lato.
> [人力所得的真是虚荣啊！
> 它的青春即使不被荒芜的年月取代，也不会在枝头常驻！
> 契马布埃认为他是画坛的巨擘，
> 可现在鹰扬的却是乔托，
> 而前者的声誉已被掩没。
> 同样，一位圭多从另一位圭多
> 夺取了文坛的荣耀，现在也许
> 已诞生一人，要从巢里逐出他俩的踪影。
> 人世的盛名不过是一阵风
> 一会儿向西一会儿向东，
> 改变了方向也就改变了姓名。]

因此奥代里西这样结束了他对但丁的说教：

要记住，假如你在年老时寿终
难道你的名声在千年之中就比在婴儿时鼎盛？
一千年又算什么呢，
对于永恒来说，如眼睛之一瞬
比天体之运行。

我认为，在这些情况下，它有助于把但丁的故事变换为现代的词语，甚至变换为我们自己的环境。请想象一个诗人遇到一位以充分发展的自我而闻名的艺术史家，如果我可以这样说而不冒犯别人的话，也许是约瑟夫·施特尔齐戈夫斯基[Joseph Strzygowski]。当我们大家都不得不在炼狱中以苦行赎罪时，他被但丁称作著名学者，但是他回答说："我亲爱的先生，阿洛伊斯·里格尔[Alois Riegl]的理论比我要高明得多，尽管我在世时决不会承认这一点，只在临终时刻才放弃我的傲慢。但是声望究竟是什么？它只持续于一个随后被忽视的领域。列奥·普拉尼西格[Leo Planiscig]曾经认为自己作为文艺复兴时期青铜制品的鉴赏家占据了这块领域，而现在公认的权威却是波普-亨尼西[Pope-Hennessy]，普拉尼西格的声望已经消失。"

当然，这个比较并不适当，但是它至少有助于阐明但丁关于契马布埃和乔托没有说出的话，他没有说契马布埃是个伟大的画家，只是说他认为自己伟大；当然，他没有说乔托是他的学生，只是说现在人们比谈论契马布埃更多地谈论他，无论如何，为世俗的成功而骄傲完全是罪孽深重的。

你们可以说，关于道德说教的无益，没有比但丁这些话的命运更令人沮丧的例子了。他想透彻地说明名望的空洞，他所得到的却是名望的传播。他写的关于艺术上的名望变幻无常的几行诗句成了现代的艺术史的 *fons et origo* [源泉]。是我的老师施洛塞尔[Schlosser][20]喜欢思考产生了他所认为的契马布埃的神话和关于但丁与乔托的友谊的传说的这个悖论。它们很快在对《神曲》的早期注解中被大肆渲染，加以发挥，并导致现代艺术文献最早的混乱，它们是大树的树根，瓦萨里是树冠，而《伯林顿杂志》是新近结出的果子。但是，正因为我们能够追溯这个传说的形成，我们才难于把它的诸要素看作历史事实。正是菲利波·维拉尼[21]在1380年后不久把乔托收入他的卓越的佛罗伦萨人的传略中——对于只谈论一名工匠不无歉意——并记述道，而这是可以预言的，乔托在市长宫礼拜堂的祭坛饰板即 *tabula altaris* 上，在一面镜子的帮助下画了但丁的肖像连同他自己的肖像。我们知道有这样一块祭坛饰板不久就失踪了，因此我们无法证明他是错误的。如果你想到供养人的形象的话，祭坛饰板上的肖像在十四世纪无疑十分常见，那些供养人的形象常常画得很小，画在饰板的下缘，而他们的真实身分不总是流传下来。在这方面最好记住，佛罗伦萨的十四世纪被黑死病[Black Death]的灾难一分为二，它把但丁和乔托的时期与菲利波·维拉尼的时期分隔开，维拉尼的伯父、著名的编年史家乔瓦尼·维拉尼[Giovanni Villani]就死于黑死病。也许口头传说不可避免的失传有助于关于这些事情的传说的形成。无论如何，当大约

1395—1396年菲利波·维拉尼着手改写他关于乔托的记述时，如我提到的那样，他说，乔托画的但丁肖像连同他的自画像都画在市长宫礼拜堂的墙壁上。他可能指我们仍然知道的群像，不过但丁附近的那一个形象是要再现乔托仍然是个未决的问题。

在所有这些事情上，怀疑论者们过去和现在都不难获胜，根据迄今所考虑过的证据，关于警官宫中乔托画的但丁肖像的故事很可能会被解释为新近的、十分可疑的传说。如果没有亚历山德罗·丹科纳［Alessandro d'Ancona］出版的一篇十四世纪的原典，[22]因它似乎把这幅但丁肖像描述为乔托的作品而使怀疑论者哑口无言的话，这的确几乎不值得担忧。他发现了诗人或蹩脚诗人安东尼奥·普奇［Antonio Pucci］一首十四行诗的手稿，普奇生于1300年后不久，将近1388年于某地年寿而终。[23]请注意，因此，乔托去世时普奇将近三十岁，他熬过了黑死病的灾难。此外，他曾担任公职，服务于佛罗伦萨城邦［Florentine Commune］，起初当召集会议的敲钟人，到敲不动钟的时候，又当了吹鼓手和街头传报人。因此，对他的证言不可轻易地不予考虑，因为他一定大半生都熟悉市长宫。必须把这篇关键而棘手的文献和人们与之相联系的湿壁画进行比较，它的原文如下：

Questi che veste di color sanguigno,
Posto seguente a le merite sante,
Dipinse Giotto in figura di Dante
Che di parole fe'sì bell'ordigno.
E come par ne l'abito benigno,
Così nel mondo fu con tutte quante
Quelle virtù ch'onoran chi davante
Le porta con effetto nello scrigno.
Diritto paragon fu di sentenze;
Col braccio manco avvinghia la Scrittura,
Perchè signoreggiò molte scienze.
E'l suo parlar fu con tanta misura.
Che 'ncoronò la città di Firenze
Di pregio ond'ancor fama le dura.
Perfetto di fattezze è qui dipinto.
Com'a sua vita fu di carne cinto.

［身着深红色衣服，位于圣德身后的这个人，是乔托按但丁的形象所绘，但丁把词句安排得这样优美。像他在这里作为宽厚的人物出现一样，他也曾在这个世界中具有那一切美德，这些美德给予这个把它们置于自己的神龛中的人以荣誉。他是遣词造句的公正的典范。他左臂紧抱书本，因为他掌握了许多门学问。他的词句都字斟句酌，他使佛罗伦萨城备受赞扬，而佛罗伦萨的名望仍然流传。在这里他的面孔画得尽善尽美，像他在世时一样。］

那么，被当作但丁的那个形象确实身穿深红色长袍，如当时众多市民一样。他也确实在左臂下夹着一部书，这首诗的其他许多诗行提到的是但丁的成就而非这幅肖像，只是说他被安排在圣德（*le merite sante*）后面，而圣德被认为是指值得称赞的、圣洁的女人，此外还不太讲得通。然而，尽管这篇原典与这幅湿壁画相关，在几乎不会是乔托所作的、但丁几乎不会出现的湿壁画中乔托画的但丁肖像的问题上，难关很可能仍未攻破。

1965 年，当我接到伦敦大学学院［University College，London］举办关于但丁的巴洛讲座［Barlow lecture］的邀请后初次研究这些问题时，又是我的朋友奥托·库尔茨建议我再看一下这段文字。我再看了一遍，我对是否必须认为它是指祭坛墙壁上的形象的怀疑加深了。我高兴地看到，后来米拉尔德·迈斯在他的书中也提出这些怀疑，实际上正是他鼓励我详细阐述我最终做出的这种替代性假设。这种假设从这个事实中选取了出发点，即，在市长宫还有另一组湿壁画被认为系乔托所作，不过已无可挽回地失传了，那是以其他市政厅壁画的风格画的道德寓言画，吉贝尔蒂在乔托的作品中提到它，称之为 *Il Comune rubato*，即被掠夺的城邦。[24]

在阿雷佐的塔尔拉蒂主教［Bishop Tarlati］墓上有一幅浮雕，作于约 1330 年，即乔托在世时，称作 *Il Comune pelato*，即被剥夺的城邦，它使我们了解到主题，因为它表现一个坐在宝座上的老人遭到七个人的袭击，他们试图掠夺他、剥夺他的权力和财产（图 227）。这似乎是乔托的壁画的中心主题，但不是唯一的主题，因为瓦萨里进行描述时，把它放到更广阔的背景中。

> 在佛罗伦萨市长大堂中，乔托画了城邦遭到许多人掠夺的情景。他把城邦再现为手持君王的节杖坐着的法官。他在他的头上方安置了调平了的天平，表明他制定的规则的公正，有四美德扶助他——勇德用勇气，智德用法则，义德用武器，节德用话语，这是一幅精美的绘画，恰当而似乎有理的构思。[25]

瓦萨里的描述未必以对这幅画的直接知识为基础，至少我认为他列举四俗德的方式表明它源自一首诗或铭文，而不是一个视觉资料。

尽管大小不同，乔托的组画一定与从十四世纪流传给我们的这些城市寓意画中最伟大的寓意画——锡耶纳的 Palazzo Pubblico［共和国宫］中洛伦采蒂［Lorenzetti］的画《好政府与坏政府》［Good and Bad Government］相像，在那里，我们也看到一个两侧有美德化身的、坐在宝座上的形象，在已擦得很模糊的另一面墙上，我们看到坏政府的引为鉴戒的例子，它们都由说教性题词予以解释。[26]

1933 年，萨洛莫内·莫普尔戈［Salomone Mopurgo］提出，在佛罗伦萨有一幅仍然可以看到的与乔托的壁画相似的画，不过游客无法看到，即羊毛行会厅［Arte della Lana］的接见室［Audience Chamber］终端墙壁上的壁画。正如塔尔拉蒂墓碑的浮雕反映了乔托构图的中间一组人物一样，接见室的壁画似乎也重复了瓦萨里所描述的其他成分，有四美德和其他形象分列两侧的正义法官（图228）。

你们会猜测，我正是想在市长宫中乔托所画的已失传的湿壁画中寻找安东尼奥·普奇描述为但丁肖像的那个形象，现在我的任务就是向你们表明，这样的推测既不像听上去那样轻率，也不像听上去那样无益。

它不是轻率的，因为我们知道，安东尼奥·普奇写的另外两首十四行诗确实描述了乔托的《被掠夺的城邦》，如果它们没有反映某些题词的话。第一首是致这些形象的挽歌：

> 啊，城邦，我怎会看到你既遭到异邦人又遭到邻国人、但主要是遭到在您身居高位时会颂扬您的您的公民的围攻。那些应最尊敬您的人最恶待您，没有一项法律他们不歪曲，他们使用钩子、锯、指甲，都力图从您身上扯下一块东西，您的头发已纤毫未剩；一个人抢劫君王节杖，一个人脱掉您的鞋子；另一个人撕扯您的衣服，把您的衣服剥光……

对这段挽歌，城邦回答说，如果大家都像喜欢掠夺一样遵守法律，佛罗伦萨现在本会比罗马任何时候都更威严。然而，复仇会随着命运之轮的转动而来临。[27]

翻阅一下从种种手稿收集起来的普奇的许多首十四行诗，人们发现其他一些十四行诗在乔托组画的范围内讲得通，值得注意的是致正义法官的一首，[28]也许还有沉思命运之轮和世间的邪恶的其他几首。[29]我不清楚是否有人真的问过普奇写这些说教诗打算做什么。其中几首似乎极适于作这样的湿壁组画上的题词。我的假设是，安东尼奥·普奇作的关于但丁的十四行诗最初服务于同样的目的，涉及到同样的组画，我想心存这种可能性来分析它的措辞。

以开头为例，“*Questi che veste di color sanguigno*…［身着深红色衣服的这个人……］”，这是在向谁讲话？礼拜堂的来客？是否期待着他携带这段描述的手稿，或者，难道这首诗不更有可能无论如何是打算放置于画附近的某个地方供大家阅读？“…*Posto seguente a le merite sante*［位于圣德身后］”。一个穿深红衣服的形象被安排在“*merite sante*”字义即圣德的后面。如我所说，把这些词句应用于礼拜堂祭坛墙壁上的形象总是牵强的；但是如果把它与圣洁的或神圣的美德并列画在一起，就会讲得通。是但丁自己在《炼狱篇》第一歌中把四美德即照亮卡托［Cato］面孔的星星说成“Li raggi delle quatro Luci sante［那四颗神圣的明星的光辉］”，[30]而锡耶纳共和国宫中的寓意组画的题词把和谐［Concordia］描述为“*Questa santa virtù*［这一圣德］”。[31]

在羊毛行会厅的湿壁画的题词中，恰巧甚至也使用了“*merito*［德；报酬］”这个词，不过这个“*merito*”是反面的而不是神圣的德行。是诱惑者，即贿赂者，对义德说，“*Io posso meritar ben chi mi serve*”，意为允诺为提供的不正当的效劳付给报酬。如果你们同意延长对可能情况的推测的话，你们可以想象，在乔托的组画中，与锡耶纳的组画相类似，这些恶德与“*merite sante*”即四美德构成明确的对比。正如在羊毛行会厅的壁画中站着诱惑者一样，某个告诫的形象也可能身穿相似的市会参议会的礼服站在圣德的近旁。

如果我们承认这种可能性，普奇十四行诗的第二节也稍微更讲得通了。

E com par ne l'a bito benigno,
Così nel mondo fu con tutte quante
Quelle virtù ch'onoran chi davante
Le porta con effetto [affetto] nello scrigno.

[像他在这里作为宽厚的人物出现一样，他也曾在这个世界中具有那一切美德，这些美德给予这个把它们置于自己的神龛中的人以荣誉。]

此处提到神龛，使霍尔布鲁克[Holbrook]迷惑不解，[32]我也不声称找到了完美的解答。我猜想普奇也许指的是心，他那样说是因为他需要另一个押"*igno*"韵的词。

但是无论如何，"*tutte quante quelle virtù* [那一切美德]"似乎十分适合寓意画的场合，甚至"*scrigno* [神龛]"也可能在画中得到了解释。

请注意，下面的几行暗指不同的美德，首先是智德：

Diritto paragon fu di sentenze;
Col braccio manco avvinghia la Scrittura
Perchè signoreggiò molte scienze.

[他是遣词造句（睿智的话语）的公正的典范。他左臂紧抱书本，因为他掌握了许多门学问。]

我认为，这未必只意味着他夹着一部书。我想像他持着一个上有题词的书卷或书板，而且我可以指明在普奇的诗中还有一行，其中"scrittura"明确地意味着题词。[33]

然后是节德：

E'l suo parlar fu con tanta misura,
Che 'incoronò la città di Firenze
Di pregio ond'ancor fama le dura.

[他的词句都字斟句酌，他使佛罗伦萨城备受赞扬，而佛罗伦萨的名望仍然流传。]

诚然，但丁在谈到佛罗伦萨时几乎没有自我节制，但是也许普奇强调另一方面是更适当的。因为他希望这个形象是真正的但丁，

Perfetto di fattezze è qui dipinto,
Com's sua vita fu di carne cinto.

[在这里他的面孔画得尽善尽美，像他在世时一样。]

我不希望过分强调羊毛行会厅的壁画和市长宫中乔托已失传的组画间推测的类似，在我看来，这套组画有助于我们也想象在法官和举起书卷告诫公民的美德旁的一个预言者的形象。人们可以把他想象为身穿但丁的红衣的瘦削的、堂皇的类型，他的侧面像十分严肃，形象威严，如我们仍然从卡斯塔尼奥［Castagno］的湿壁画和福格博物馆［Fogg Museum］中乔瓦尼·达尔·蓬特［Giovanni dalPonte］的板上画中认出他的那样。[34]

我承认，对这个提议我毫无证据。我能断言的不过是，把传统的怎么也不能吻合的但丁像放置一旁，而以另一幅不得不根据我们所想象的原型所构造的作品来重新开始，会便于我们摆好这个拼板玩具。

不过，因为我曾进行了相当详细的论证，否定了在撤消对他的判决之前把但丁的肖像放置在警官宫礼拜堂中的可能性，你们可能会说，难道我们没有重新开始吗？难道这不同样适用于警官宫任何其他房间吗？但是，让我回忆一下我曾说的关于肖像这个词的不确定意义的那些话。如果我们认为普奇的十四行诗适用于礼拜堂的壁画，那么要求我们相信的就是，人们把一名具有反抗精神的被放逐者的纪念性形象放置在代表城邦的多少有些隐名的城市名人中间，或者至少是普奇错误地认为情况就是如此。但是，在我们断定普奇决非正确之前，至少必须尝试一下使他的话与我们手中的任何其他证据相符。我认为，不加批判的怀疑和不加批判的轻信同样无益。史学家对于其资料的态度倒应当类似于试图“保全现象”的古代天文学家的态度。除非能证明相反的情况，否则我们就必须以那些文献为我们提供了某些情况的可能来进行工作。普奇描述了乔托“*in figura di Dante*［按但丁的形象］”画的一幅画。我们能排除他了解也许不是官方肖像而是私下暗指的一幅画的可能性吗？难道人们不会广泛地设想，正在告诫佛罗伦萨公民的那个预言家的形象（我想象在那个寓意组画中包括的）是令人想起但丁的形象？的确，我们能先验地断言乔托决不会有这样的意图吗？

在提出这个纯属假设的问题时，我并非要重提但丁与乔托间的友谊这个未必真实的故事。因为，尽管没有丝毫证据表明乔托曾会晤过但丁，然而，如果这位画家没有理由怀着敬畏和感激记住这位诗人，那是令人惊讶的。尽管但丁在《炼狱篇》中提到乔托的声望并非要做广告，然而，它对乔托其后生涯的影响几乎和故意要做广告一样富于戏剧性。俗话说，一事成功事事成功；这首诗很快给大家留下了印象，人们认为乔托有 *il grido*［名望］。[35]我不想被人们误解。我决不会断言，如果没有这首诗提到他，乔托就不会获得更大的声望。但是，至少有一份出自他的传记的文件，强烈地表明但丁的这段诗已经深入人心，也已给佛罗伦萨市的元老们留下了印象。我是指1334年4月记载任命乔托为佛罗伦萨城邦市政建设监察官的庄严文件。[36]它的语气的确非同寻常：

诸行会行政长官阁下，法官，以及十二善人委员会，希望佛罗伦萨市为佛罗伦萨城邦正在进行或应当进行的公共工程光荣、体面地进行，认识到，除非让一位内行的、著名的人物负责和掌管，担任这些工程的首领，否则，这些二程就不能便利地完成，而在这整个广袤的世界上，据说胜任这些和其他许多事情的莫过于佛罗伦萨的画家乔托·迪·邦多内大师，他应在他的故乡被看作了不起的大师，并在上述城市受到重视，应当有必要的资金让他在这里长期逗留，从这长期逗留中，尽可能多的人会得益于他的技巧和知识，莫大的光荣会归于上述城市……

一份城市任命书的前言并不常常使用这样的措辞。仿佛某些 *boni viri* [善人] 已开始担心在一首著名的诗篇中说他具有 *il grido* [名望] 的那位名人不是为城邦效力而是为那不勒斯国王或在别的地方工作。帕茨 [Paatz] 觉得 *accipiendus sit in patria sua velut magis magister* [他应在他的故乡被看作了不起的大师] 这个短语是暗指圣经的"*Nemo propheta in Patria* [没有人在自己的故乡里是先知]"，尽管可能是无意识地暗指，我确信他是正确的。让乔托是个例外，*carus reputandus in civitate* [在上述城市受到重视]，让我们尽力而为，*materiam habeat in ea moram continuam contrahendi* [应当有必要的资金让他在这里长期逗留]。因为，如果能说服他逗留下来，佛罗伦萨会受益；如果尽可能多的公民得益于他的 *scientia et doctrina* [技术和知识]，就越是 *decus non modicum resultabit in civitate* [莫大的光荣会归于上述城市]。也许我们听到了精明的资产者的声音，他们认识到佛罗伦萨的财富和地位全靠他的名匠的 *scientia et doctrina* [技术和知识]。但是，我相信这些前所未有的词句也流露出有些焦虑的心情：让这位预言家在他的祖国受到尊重，让我们从他在我们中间逗留中受益，换言之，我们的声誉经受不住另一名预言家遭到驱逐，就像我们驱逐和流放但丁那样。

这无疑是推测。还要过八年，但丁的儿子才得到了他父亲被没收的财产。无论在市元老们看来对但丁的定罪的是非曲直如何，他们中的一些人一定知道，这位诗人日益增长的声望不是增添了他们的 *decus* [荣誉]，而是增添了他们的耻辱。我相信，可以认为佛罗伦萨从未忘记她对她的民族诗人的处置，对但丁的负疚感只是增强了佛罗伦萨人对许多杰出的文人和艺术家日益增长的重视，他们是这个城市的光荣。

我不清楚人们是否能确定这种负疚感最初表现出的时刻，但是，如果我认为它对乔托的命运起了作用是正确的，那么，认为大师本人意识到了这些情况，就不是荒谬的了。我并不佯称这不仅仅是历史的虚构，但是，尽管我们不清楚乔托是否会不愿以我所假定的那种形象纪念但丁，我们也可以肯定普奇会毫无保留地欢迎它。他在许多诗篇中都表现了对但丁的尊敬，为了使他的偏见和他的爱国心相一致，他悍然写道，实际上但丁是归尔甫派 [Guelph，或译教皇派] 而非吉伯林派 [Ghibelline]。[37]

所有这些都不足以抹去我的讲座题目后的问号，但是，也许它能对问号本身提出轻微的怀疑。我们不必丝毫不相信普奇的十四行诗。毕竟，作为同时代人，他知道的一定多于我们。但是，我不想过分地相信。我不准备赞成他的最后一行诗，即乔托"*in figura di Dante* [按但丁的形象]"所画的形象正像他在世时一样与这位诗人十分相像“*Com'a sua vita*［像他在世时一样］”。我准备做的是要解释一下，为什么到他写这首诗的时候这已变得很重要了。

到这里我们终于能够从单纯的推测到本来或许可以发生的事情转到有更可靠的材料的事实上来了，而事实是，看到著名诗人的可靠肖像的愿望在十四世纪后半叶强烈地表现出来。彼得拉克［Petrarch］在写于1362年的一封信中感人而有趣地描述了这一要求的后果，我想十分详细地翻译一下这封信。[38]在某种意义上，可以把这篇文字看作我们的国立肖像画美术馆［National Portrait Gallery］的创办宪章。

彼得拉克向他的通信者弗朗切斯科·布鲁尼［Francesco Bruni］讲述了潘多尔福·马拉泰斯塔［Pandolfo Malatesta］令人感动的钦佩他的情况。“由于对我只久闻大名，”诗人写道：

> 他花费厚金派人从十分遥远的地方到我逗留之地为我画像。我不知道他保存下来这幅肖像，但是许多年后他来米兰时，他的第一件大事就是要会晤他至那时止只是从肖像上认识的那个人……在他返回之前，由于对我的第一幅肖像不甚满意，而且也发现我的相貌已有了变化，而这是很自然的，于是又派来一位画家。倘若在我们的世纪有这样的画家存在，他本会欣然派遣宙克西斯［Zeuxis］、普罗托格尼斯［Protogenes］、帕拉修斯［Parrhasius］或阿佩莱斯［Apelles］，但是由于人们必须满足于时代所产生的事物，因此他从现有的寥若晨星的画家中挑选了最佳者；那位画家的确非常出色，他来看我，而我并不知其来意，他是我的朋友，于是当我读书时就坐在我的后面，一言不发地开始画起我来。然而我却注意到了，尽管不情愿，却让他继续画下去，并允许他随心所欲地画。但是，无论他多么竭尽全力，专心致志，画得却不太成功，至少在我和其他人看来是这样。若问我原因何在，除去我们最希冀的事物却最难得到之外，我提不出其他任何理由……然而，这位了不起的人物仍希望我的肖像就保持原状，而且总是珍爱它，因为上面有我的名字。

这是关于我尚未提到的一类肖像的第一份文献，尽管它可能是最普遍的一类肖像——未能使被画者及其朋友们满意但因别无更好的东西仍一定充当了肖像的有意绘制的肖像。尽管如此，彼得拉克1362年的记述提到几年前，即十四世纪五十年代，人们首次需要他的肖像，而似乎只有这样设想才是合理的，即，如果人们希望见到他的形象，那时人们也一定希望见到但丁的肖像。在这些年代的范围内，我们确实在一个纪念碑底座中见到了最初的这样形象，它有充分的资格被当作诗人的肖像——纳尔多·迪·乔尼［Nardo di Cione］作的但丁式湿壁组画中的有福者之一。[39]

对我们来说更相关的是这个迹象，即对但丁肖像的日益增长的需要，导致了在人们不太确定地认为画于他那个时代的许多早期壁画中辨认他的容貌的倾向。没有藉以鉴别其他一些图像的某种原型或标准，这个过程就不能开始，但是，一旦进行这一过程，就有许多长着鹰钩鼻的威严的有头罩的形象可资选择，而警官宫礼拜堂墙壁上的形象不过是其中之一。吉贝尔蒂提到了另一个形象，他说，塔代奥·加迪［Taddeo Gaddi］在圣克罗切教堂［S. Croce］描绘了圣弗朗切斯科［St Francis］救活一名儿童的奇迹。吉贝尔蒂说道，“在这个故事中，也有乔托、但丁和画师本人——即塔代奥·加迪——的写生肖像”。[40]或许莱奥纳尔多·布鲁尼［Leonardo Bruni］在他的但丁传中提到的正是这幅人们所说的肖像。他写道：“当你走近主祭坛时，在圣克罗切教堂左边的中间可以看到他的肖像；这是当时一名娴熟的画家根据真人画的，画得非常出色。”[41]布鲁尼为什么没有提到这位艺术家，这很难说。他也许觉得不能断定他的身分，或者觉得提到他有失体面。但值得注意的是，他没有提到任何一幅乔托所画的肖像。

此时，在佛罗伦萨已有阅读和解释《神曲》的讲座，对这位伟大的佛罗伦萨人的肖像的需要一定成了官方的需要。例如，将近该世纪之末在韦基奥宫画的已佚失的一系列名人肖像一定需要它，科卢乔·萨卢塔蒂［Colluccio Salutati］为那一系列肖像写了题词，包括关于但丁的题词。[42]

我们也知道，在1396年，提出了一项官方方案，要在佛罗伦萨大教堂［Cathedral of Florence］建立一个诗人之角，一个安置但丁、彼得拉克、扎诺比·迪·斯特拉达［Zanobi di Strada］和薄伽丘遗骨的大理石联合纪念碑，[43]即使找不到他们的遗骨，在六年内也要把纪念碑建立起来。

众所周知，从拉韦纳寻获但丁遗骨的努力从未获得成功。纪念碑没有建立，但是在1413和1439年间，圣弗朗切斯科会修道士安东尼奥·内里［Antonio Neri］建成了一座绘画的纪念碑，“提醒公民们，他们应把但丁的遗骨运到佛罗伦萨，让人们向他表示他应得的敬意”。[44]显然这幅画不太耐久，也不太令人满意。1465年，在推测的但丁诞辰二百周年纪念之时，多梅尼科·米凯利诺［Domenico Michelino］[45]接受委托，根据阿莱西奥·巴尔多维内蒂［Alessio Baldovinetti］画的一个范本画那幅板上画，它现仍在佛罗伦萨大教堂。

我们应如何看待它？我们会把它归入哪一类肖像？也许最好不提这个问题，而回忆一下普林尼［Pliny］《博物志》［*Natural History*］中的一段优美文字，这位古代的百科全书编纂者在这段文字中谈到了在图书馆安放作者肖像的习惯。[46]他称将这些图像献给那些用他们的书籍来谈话的不朽人物为新发明，但是，他用这些令人难忘的词句称赞它道：“我们的愿望甚至使未流传给我们的那些图像也产生出来，荷马［Homer］的情况就是这样。*Quo maius ut equidem arbitror nullum est felicitatis specimen, quam semper scire cupere qualis fuerit aliquis*［因为我认为最大的愉快莫过于想了解某人是什么模样的永恒的愿望］。”

［陈海燕译　李本正校］

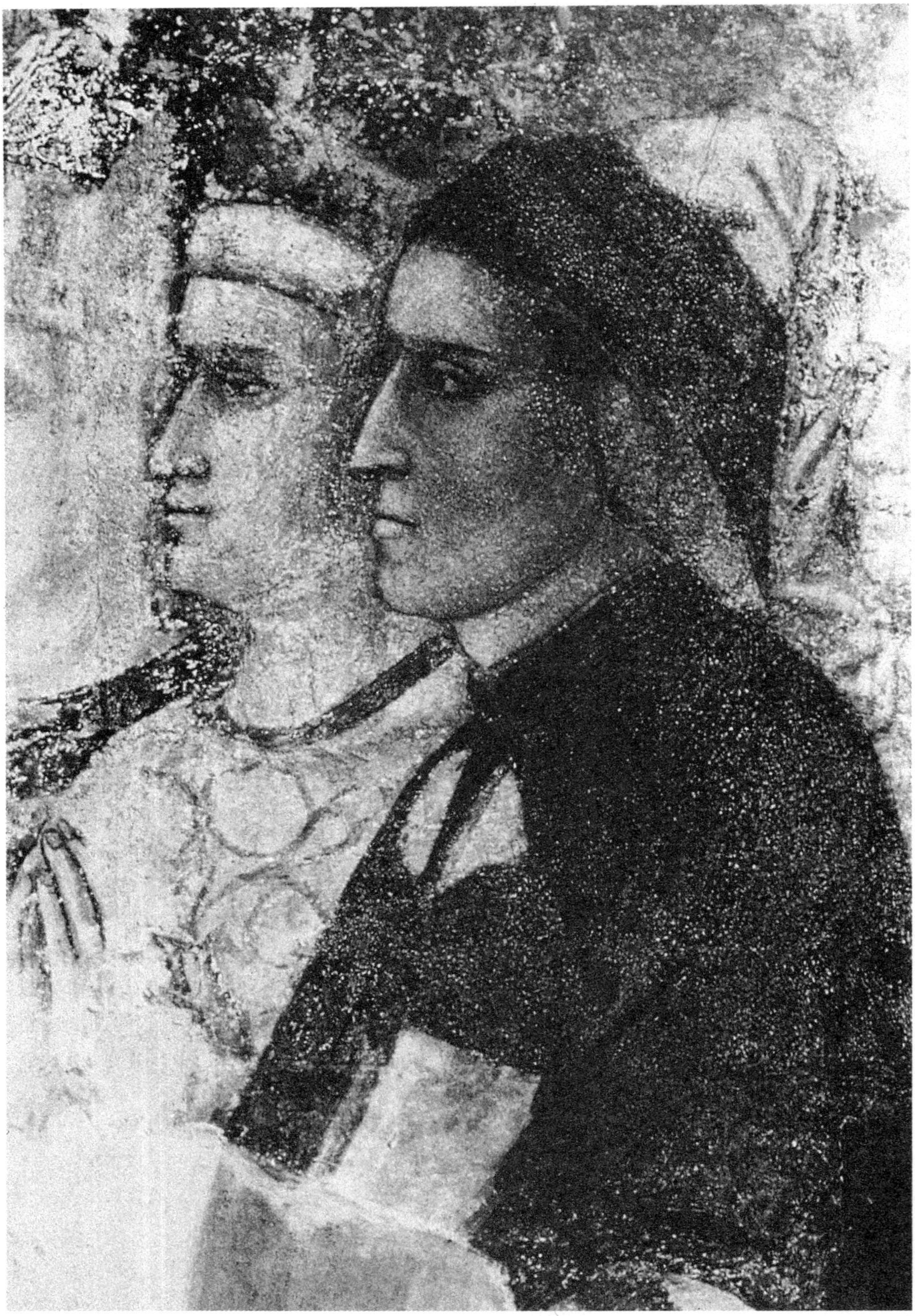

218. 但丁肖像，图223细部

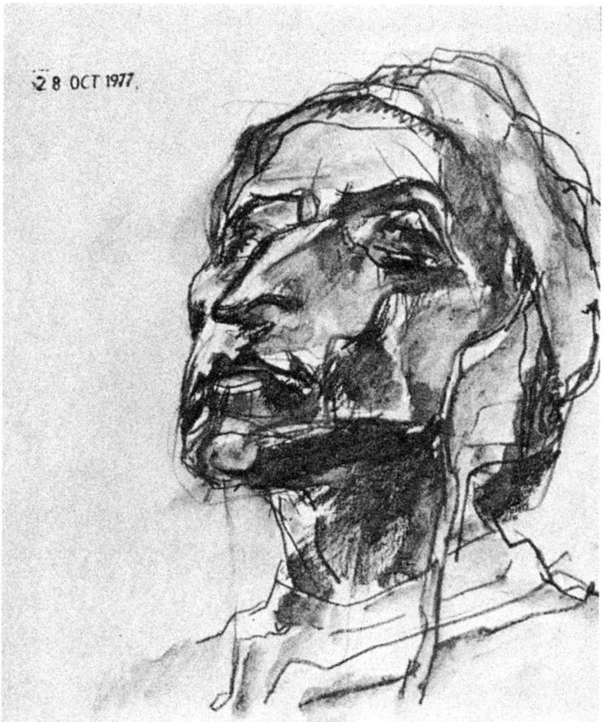

219. 汤姆·菲利浦斯：为一系列但丁形象画的速写，1977年。London, Marlborough Fine Art Ltd

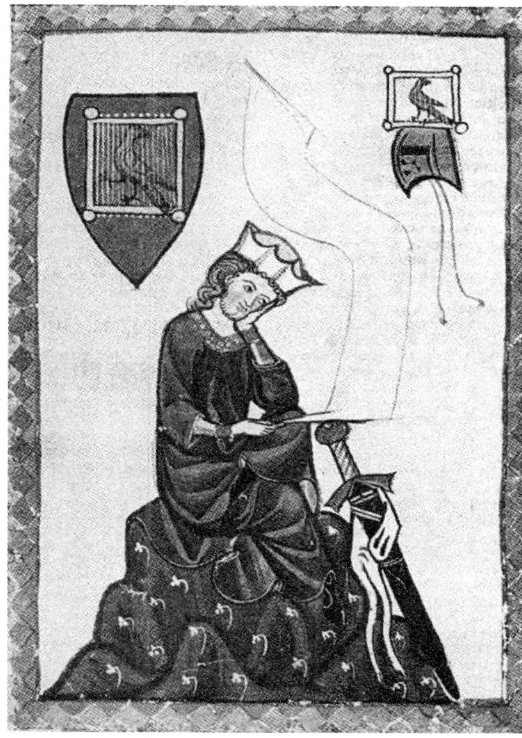

220. 瓦尔特·冯·德·福格尔魏德，出自玛尼塞抄本[Manesse Codex]，1314—30年。Heidelberg, University Library

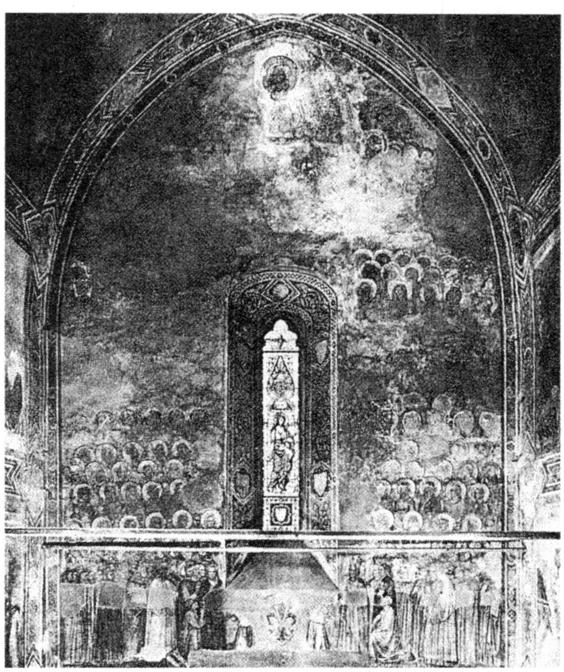

221. 绘有庄严基督的祭坛墙壁，约1336年？Florence, Chapel of the Palazzo del Podestà

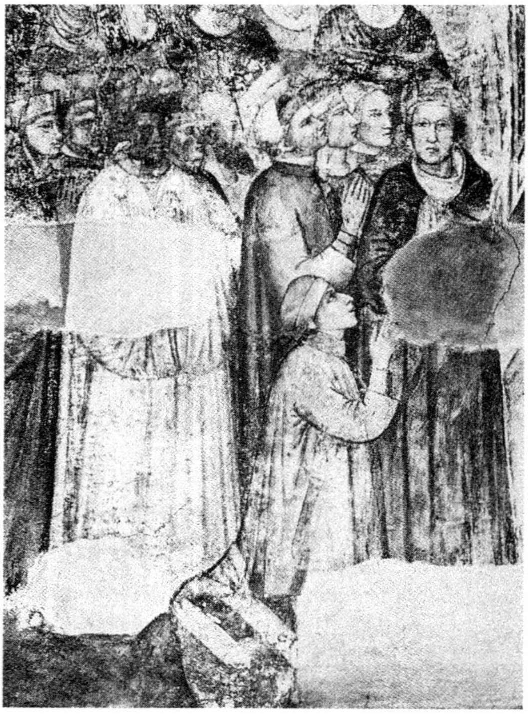

222. 图 221 细部

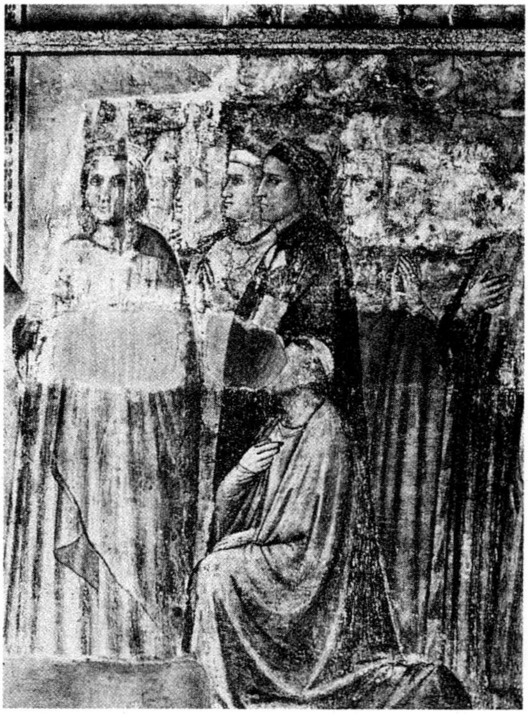

223. 图 221 细部

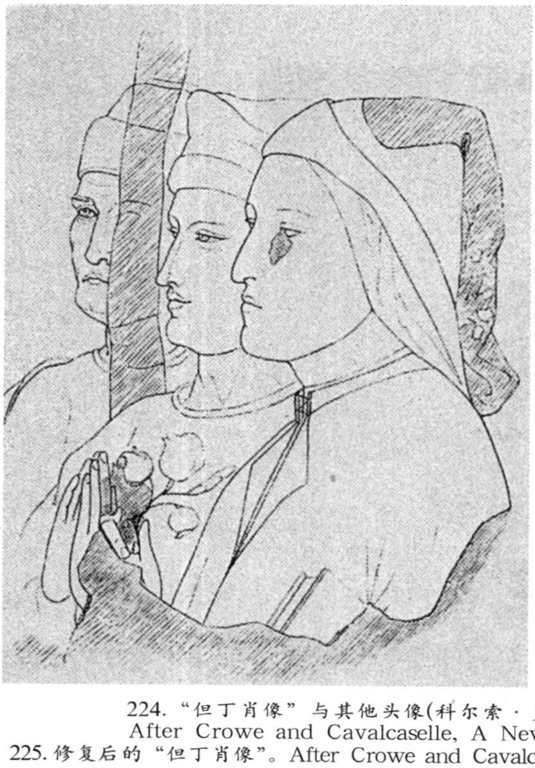

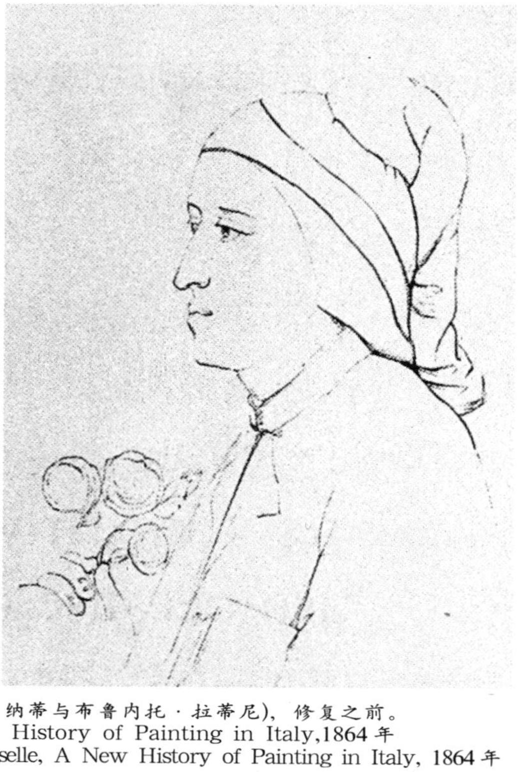

224.“但丁肖像”与其他头像(科尔索·多纳蒂与布鲁内托·拉蒂尼)，修复之前。After Crowe and Cavalcaselle, A New History of Painting in Italy,1864 年

225. 修复后的“但丁肖像”。After Crowe and Cavalcaselle, A New History of Painting in Italy, 1864 年

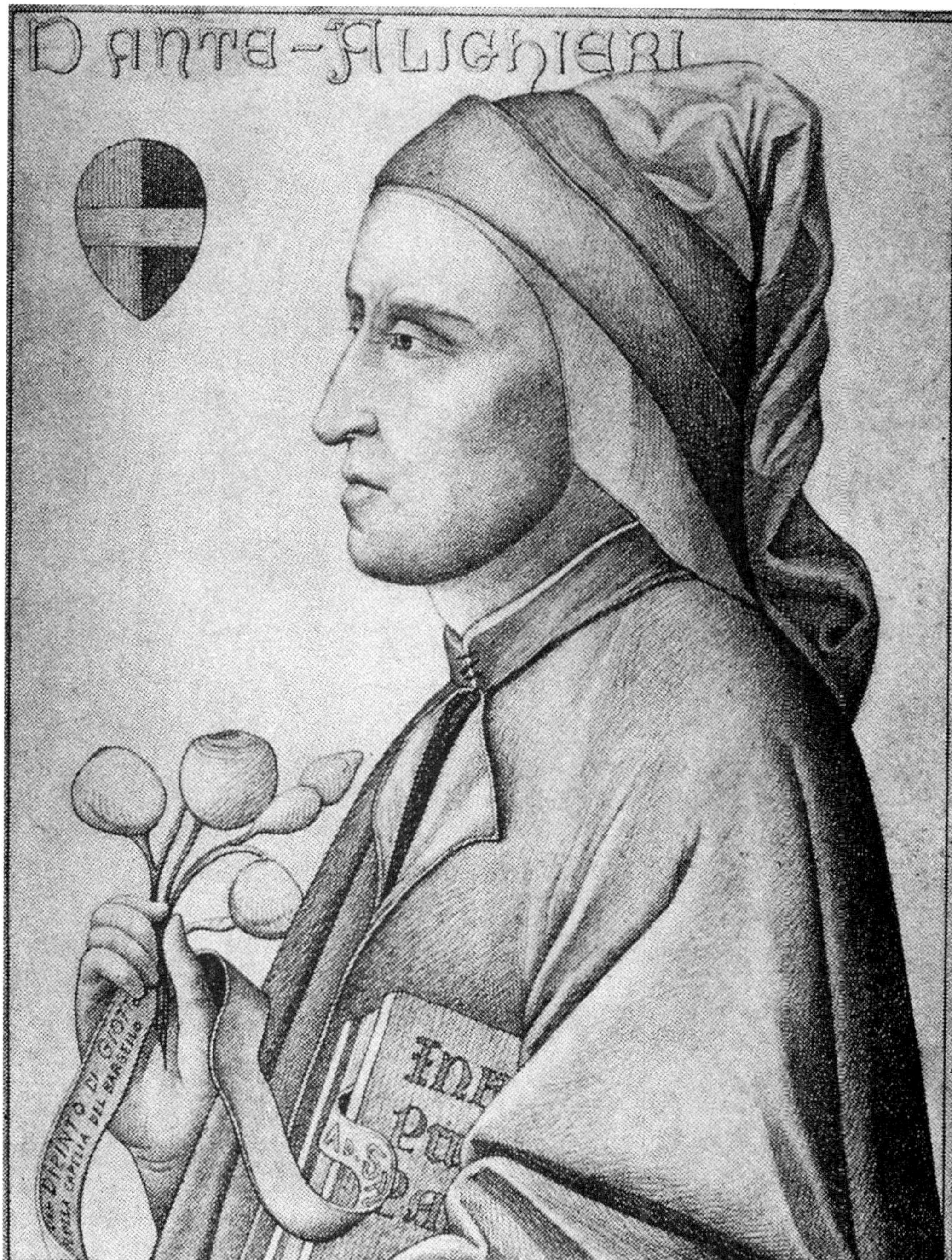

226. 弗朗茨·阿道夫·冯·施蒂尔勒:“但丁肖像”, 1850 年。Bern, Kunstmuseum

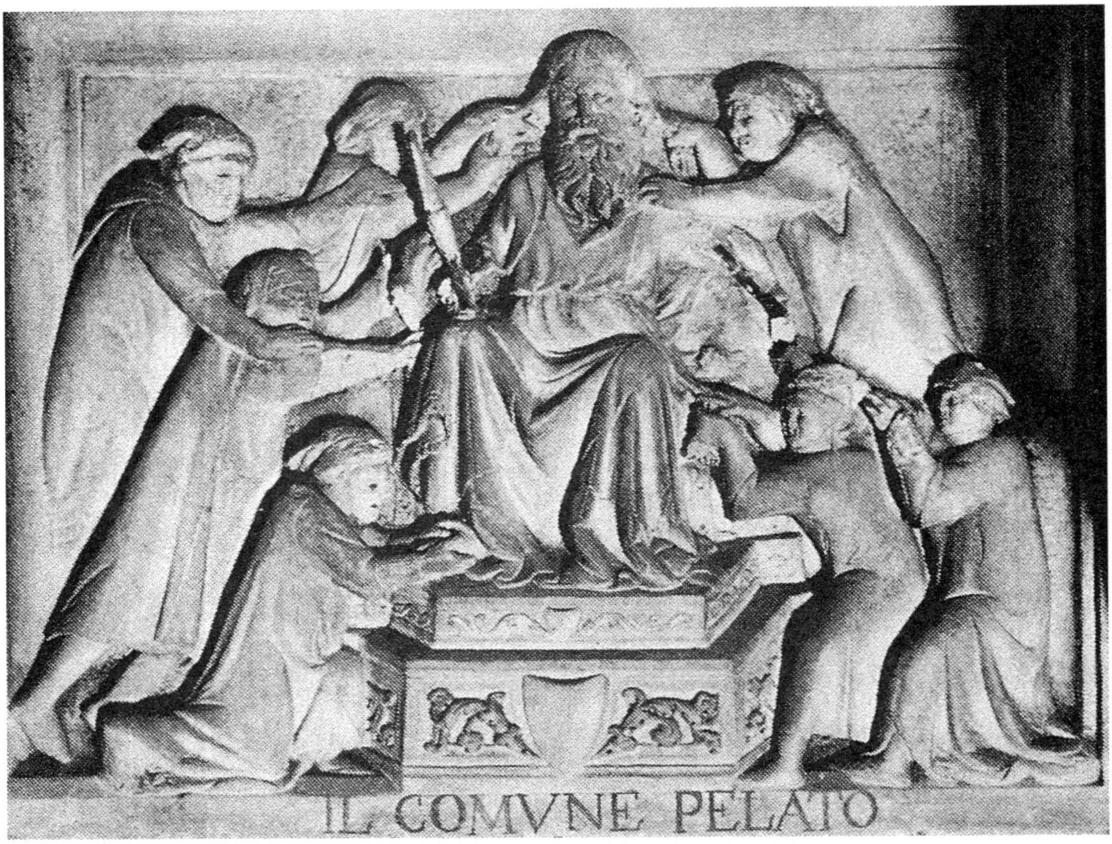

227. 奥古斯蒂诺·迪·乔瓦尼与艾格诺·迪·温塔洛：
出自 the tomb of Bishop Guido Tarlati, 约 1330 年。Arezzo, Cathedral

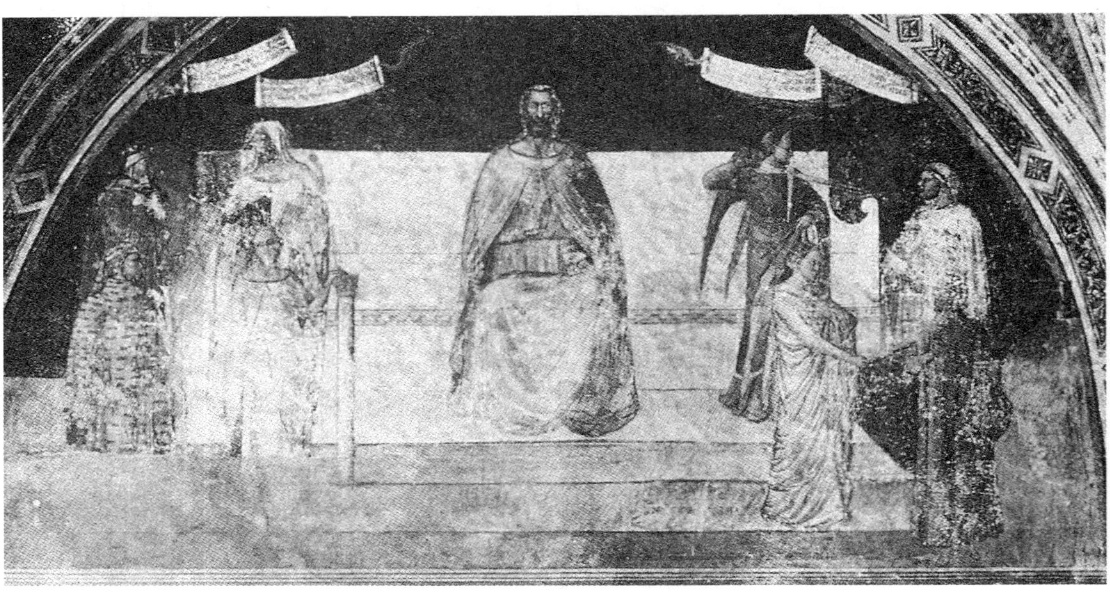

228. 四美德与正义法官，14 世纪早期。Florence, Palazzo dell'Arte della Lana

言过其实的鉴定术
一段告诫性的故事

THE RHETORIC OF ATTRIBUTION—A CAUTIONARY TALE. Originally published under the title 'Rhétorique de l'attribution (*Reductio ad absurdum*)' in *Revue de l'Art*, 42, October 1978. Reprinted in E. H. Gombrich, *Reflections on the History of Art*, edited by R. Woodfield, Oxford, 1987, pp. 91—96.

"*L'Art de deviner l'Auteur d'un tableau, en reconnaissant la main du maitre, est le plus fautif de tous les arts après la Médecine*[以认定画家手笔来猜测作品归属的技术，是除医学之外所有技术中最容易出错的]"我将杜博修道院院长[Abbédu Bos]的这些怀疑之词放在本文之首，并不意味着想贬低鉴赏家的地位。毕竟，自从他写了这段话以来，他认为更难免出错的医学已毫无疑问地取得了进展。值得在此稍停片刻的是，应问一问医学在它的发展中遇到过什么障碍，又是如何排除的。问题总是在于，被认为是医生们发明的那些治疗法往往缺乏客观准则。人是一种轻信易骗的动物，会对暗示作出惊人的反应。告诉他某种治疗法能产生作用，它就会在许多情况下产生作用。为了试验一种新药的功效，众所周知，医学往往借助于不关痛痒的骗术，即使用所谓的安慰剂。为了尝试一种新的处方，让一些病人使用真正的药物，另一些病人只是告诉他们已经用过药了，而实际上他们所用的是一些无害但也无治疗作用的药物。有时安慰剂也起"作用"，但有时真正的药剂更有效果。由此科学得出结论，治疗法并非纯粹的暗示。当然，人们也已经从中发现，那些下药的人，他们的知识也会影响病人的反应。于是，使下药人和病人"双方盲目"的方法便被用作一种防护措施。这样，就用客观性排除了暗示性。

无人怀疑，可暗示性也会在我们对艺术品的反应中起一定作用。像凡·梅格伦[Van Meegeren]的《在以马忤斯的门徒》[*Disciples at Emmaus*]那样的伪作已有人对之喝采。但和医学不同，我们不能使用安慰剂，更不用说"双方盲目"的方法，因为使我们感兴趣的作品是人人都看得见的。因此，通过检验在艺术史论著中常发现的各种论点的威胁来破除这种局限，其努力还不能当真。它只是用来指明一种无法达到的需要，即制定一种比巧言的修辞术更客观的准则的需要。

瓦萨里告诉我们，米开朗琪罗在去世前焚毁了大量的素描、速写和壁画样稿，他认为这位大师不想让后人看到他多么努力工作。但是难道没有其他原因吗?后人可能太容易接受米开朗琪罗拒绝雇用助手的传说，尤其是不加批评地接受了康迪韦［Condivi］和瓦萨里讲的故事：西斯廷教堂的天顶画完全是这位大师的亲笔大作。这样，前人的定论就使艺术史家们看不见这部作品的一些部分和其他部分在性质和特点上的明显不同。尤其是使人们没有对十二位男女先知的形象进行评论性的仔细研究，而我们对其他大师则常是这样研究的。现在，似乎明显的是，这类发明大多数都打上了这位大师的真正原作的印记。但正是由于这种前提，人们本来很早就应注意到先知以西结［Ezekiel］（图229）与他的同伴格格不入。

为了能记住米开朗琪罗风格的真正特征，我们只要看一下耶利米［Jeremiah］的形象（图230），它完美地展示了大师的特点。从中我们可以发现它是怎样简单的轮廓围而成形的，这种轮廓使人想到大理石块。在石块中这位雕刻家用削减即levar 的手段发现了“*concetto*”［观念］。它的四肢聚向身体，没有空隙，这种坚实的内聚性并不排除一种旋转式运动的扭力，洛马佐［Lomazzo］将此作为大师的原则之一记录在案。我们可以感到在衣饰下全身肌体的张力，并能领会到这种张力一直传递到手掌和手指。这种姿势的心理含义反映在这种自我聚拢的形式构图上。这一形象完全表现了在孤寂沉思中的自给自足。

要想在这一系列剩下的十个形象中也找到这些最基本的形式和心理特点，将是徒劳的。他们中的九位与周围无关是由他们专注于书卷标志。只有约拿［Jonah］扭身向上，似乎欲与上帝论战。但是，即使是他，也遵守米开朗琪罗的结构原理的法则。双臂紧贴躯体，形象上的扭力归结为聚拢式的旋转，关于这一点，以塞亚［Isaiah］和德尔菲女先知［Delphic Sibyl］提供了进一步的例证。米开朗琪罗总是否定图画平面［picture plane］，这是他的风格的根深蒂固的特征，约拿当然是这种空间创造和平面否定的想象力的最著名例证，这种想象力赢得了文艺复兴作家们的赞美。

根据所有这些被公认为确定米开朗琪罗的个性产物的准则，人们怎样能忽视以西结缺乏这些标志呢?这一形象远远没有否定而是强调了图画平面;实际上它以清楚的剪影似的构形十分显著地强调了图画平面，以致它在空间上很难聚合。如果注意到他的双腿相距较远，人们就会纳闷它们怎么能在衣饰下结合在一起，的确，衣饰没有暗示出任何躯干下部的存在。我们所看到的并不是我们在所有其他形象中发现的那种衣饰沉甸的下垂，而是散开而飘扬的披巾围在脖子上，一个承受着很小头颅的怪异粗壮的脖子。体积性的塑造这一米开朗琪罗不可缺少的风格特征，在这个躯干中是不具备的，更不用说那代表着左手的团块。但至少这形象的姿态能与大师创造性的想象力吻合。它不是自我聚拢，而是极力转向右侧，正与一位无形的伙伴对话，看来好像在激烈地争论。正是这种暗含的动作，使那种内聚力分崩离析，产生了一种强烈的戏剧性效果，这在其他的作品中绝无仅有，这一构图仅仅在表面上是米开朗琪罗式的。我们在此所发现的不是螺旋式的扭力，而是从头到左脚的对角线，并有将整个形体分割成两半的长长的不合理的衣饰来加强这一效果。如果艺术史家在其他任何地方而不是在西斯廷教堂天顶上看到这一发明，他们肯定马上就会明白这是一位艺术家试图以表面摹仿米开朗琪罗的特色来掩盖他自己的个性，但掩盖得颇不成功。

这位艺术家是谁?我认为，一旦我们把自己从传统的符咒中解放出来，我们就能轻而易举地认出：他是拉斐尔，尽管他处于伪装之中。

我们无从确切地知道拉斐尔何时来到罗马，为何而来，但是难道他没有可能作为一名有希望的助手被米开朗琪罗招募吗?米开朗琪罗在1508年5月开始这项工作,完全符合拉斐尔参加先知们系列画的设计这种假设。他对这一设计了如指掌的说法是成立的，当然无须提供任何佐证，因为罗马圣阿戈斯蒂诺教堂［S. Agostino］壁画中的先知以赛亚（图231）是胜于任何言词的最好证明。拉斐尔的这件作品中比他的以西结更加密切地遵循了米开朗琪罗的人物构图原理，这一点颇有意思，而且可能非常重要。这幅以赛亚像表面上更为自我聚拢，紧握手卷的手体现了某些由米开朗琪罗所发展的旋转式公式。可是进一步仔细分析,它与以西结像的密切关系开始突出。首先表现在这一形象的下半部,可以看到衣饰是掩盖而不是显示了右腿结构；两腿间下泻的褶叠和形成外形轮廓的曲折线条再次强调了图画平面;也请注意被安置在阴影之中的左脚和这位先知所顾及不到的卷曲的手卷。不过，最为重要的是它凝视的视线和头部的转向均为向外，比据认为更早的作品以西结像少了一些外冲的感觉，但是它与米开朗琪罗自己的那些心理上沉默自制的原则更为抵牾。甚至我们所注意到的从以西结的右肩直下到左脚尖的对角线也在以赛亚中得到了反响。这两个形象基本上都属于平面构图。

虽然不能说以西结严肃的脸相完全为拉斐尔式，但是难道不能说至少圣阿戈斯蒂诺教堂的以赛亚的面部类型完全是拉斐尔式的吗?肯定是如此。但是，以西结的头部与其余男女先知的大理石般的坚毅和自制却没有什么共同之处。换言之,这不是米开朗琪罗式而是莱奥纳尔多式的。高高的额头，鹰钩式的鼻子，凝视的双眸和浓须下外突的下颏立刻使人想起莱奥纳尔多心爱的脸型（图232），我们无须考虑拉斐尔是否知道它和赞赏它。因为众所皆知，他已在《雅典学院》［*School of Athens*］中借用了莱奥纳尔多的一位在认真观看的满脸胡须的老人来表现一位哲学家（图233），难道他不会从莱奥纳尔多那里为他的以西结借用另一位老人形象吗?我们只需提出这一可能性,就能认识到这种莱奥纳尔多式特征的整个构思。如果说以西结与圣马利亚慈悲修道院［S. Maria delle Grazie］的《最后的晚餐》［*The Last Supper*］中的一群门徒的形象相似，那是丝毫也不过分的。

拉斐尔最终是从莱奥纳尔多那里学会了以扩展式的姿势将一个形象与另一个形象循着图画平面联系起来的艺术的。如果说有任何人了解并吸收了莱奥纳尔多构图法中的精华，那就是拉斐尔。他的形象总是向外朝向他们的伙伴，不仅在心理上而且常常在形体上是这样。他已成了运用“会说话的姿势”的大师，在以西结像中,这一姿势把视线引入了苍茫之处并投向了空虚的无限。这样独树一帜的外向示意性姿势就可以从拉斐尔的《华盖圣母》［*Madonna del Baldacchino*］（图234）中得到证实,据说这是拉斐尔去罗马时留下的未完成作品。看看位于右面的圣奥古斯丁［St Augustine］向外伸展的手臂和手掌，它不是预示着以西结的姿势吗?尽管它采用的是更弱化的形式。正如我们了解的那样，不久拉斐尔就获得了一次机会，来施展他运用伸展的手臂和有力的双手运动来连接形象的技艺。“签字厅［Stanzadella Segnatura］”提供了更多类似的例证，以致我们在目前的上下文中无法进行讨论。但比这些壁画本身更为重要的是为这些构图所准备的素描。在这些素描中，我必须精选一幅保存于大英博物馆的作品(图235)。它不仅又一次证明拉斐尔对手臂语言的兴趣，而且还画了一只脚，我们注意一下便会受益。它与西斯廷教堂天顶画上的以西结的右脚如此相应，以致不可能认为这只是巧合。正是画了这只脚的拉斐尔，也设计了这位先知的形象。

拉斐尔把他的以姿势示意的外向的形象引进米开朗琪罗的那些自给自足的梦幻者们的庄重行列，由此引发的不和谐音调，他有所意识吗？如果一位艺术家，他的敏感没有对此感到遗憾的话，那将是令人惊异的。如果需要什么证明，就在他的“签字厅”中。事后来看这个问题，当他把米开朗琪罗的肖像引进《雅典学院》时，他的确强调了我已经专门讨论的这些形式和心理的特征。沉湎于自我交流的那种聚拢式形象的旋转，似乎在向这位竞争对手表达一种信息，用语言表达就是：“很抱歉，我设计以西结时还不懂你的意思，现在我理解了。”但米开朗琪罗似乎还未就此息怒，他仍对拉斐尔耿耿于怀，这是众所周知的。现在我们终于能猜测其中的原因了……

不管名称如何，安慰剂不会带来愉悦。它们是一些苦药，或者是包着糖衣的苦药。我并不声明知道它们的引进能给医学的进步带来多少真正的贡献。如果没有这样的骗术，治疗科学可能也会走上一条漫长的道路，就像鉴定术已经无疑地走过那样。我只希望掌握这一技术的大师们不至于觉得有所冒犯，希望米开朗琪罗和拉斐尔的灵魂将会宽恕我这一无害的编造。

［范景中译　杨思梁校］

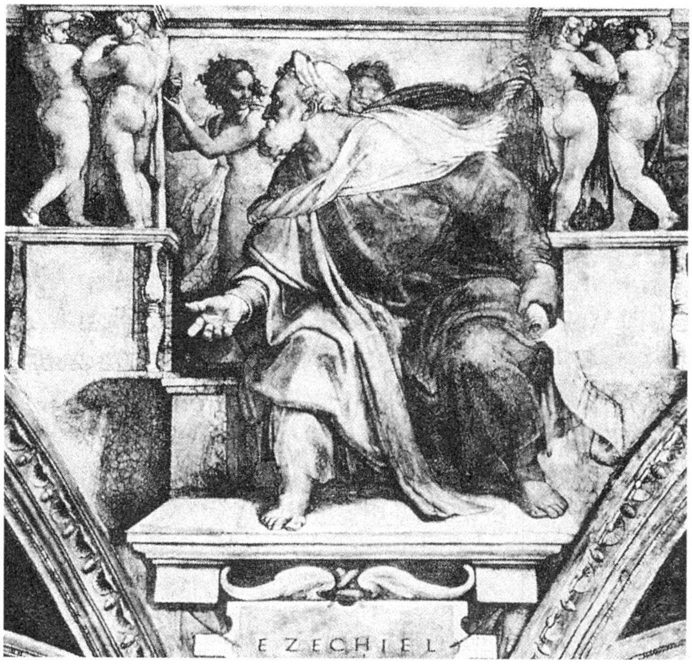

229. 米开朗琪罗：以西结，1509—10年。Vatican, Sistine Chapel ceiling

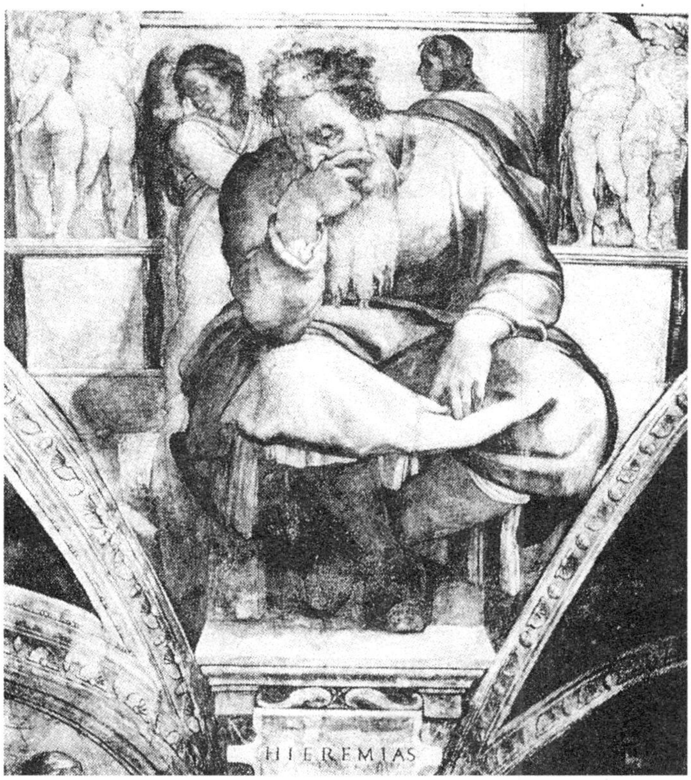

230. 米开朗琪罗：耶利米，1511年。Vatican, Sistine Chapel ceiling

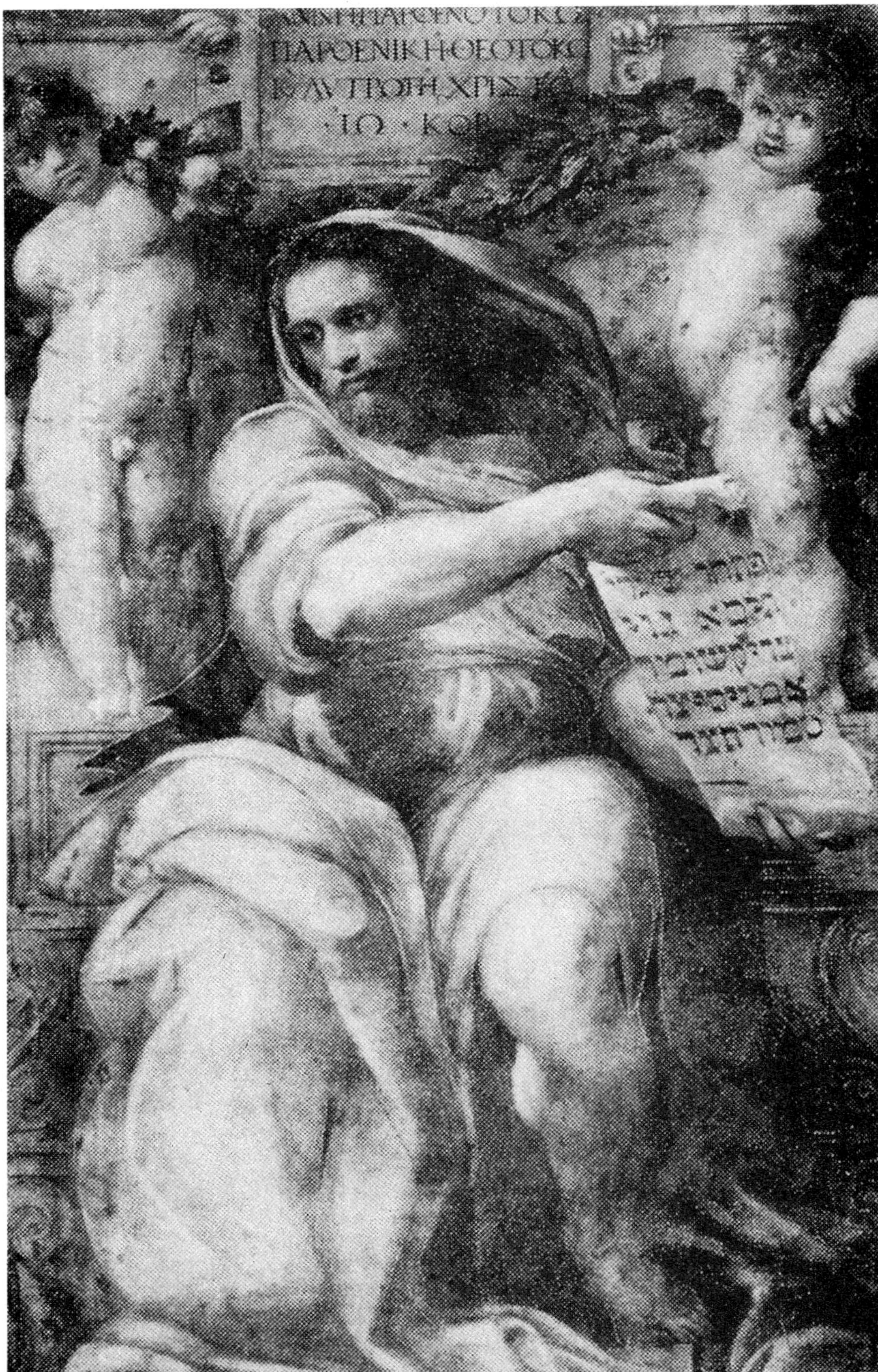

231. 拉斐尔：以赛亚，1512 年。Rome, Sant'Agostino

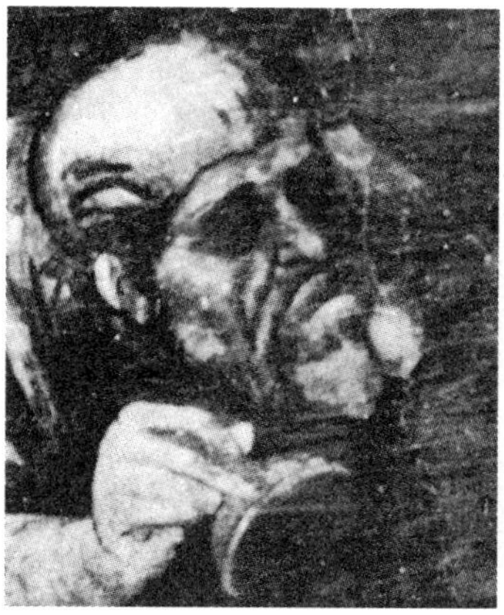
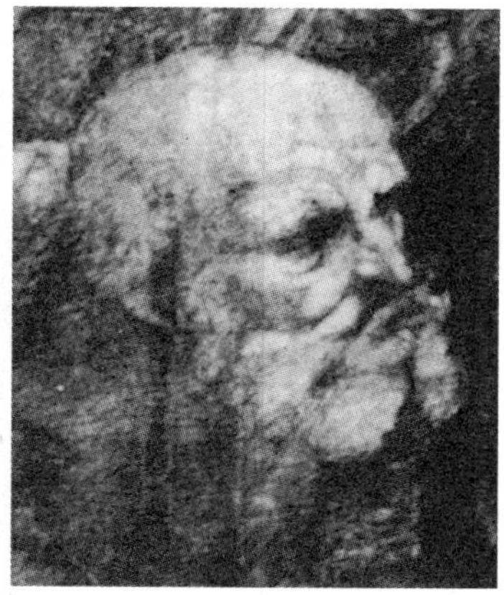

232. 莱奥纳尔多：三博士来拜，局部，约1481—2年。Florence, Uffizi
233. 拉斐尔：《雅典学院》壁画大样，局部，约1508—11年。Milan, Ambrosina

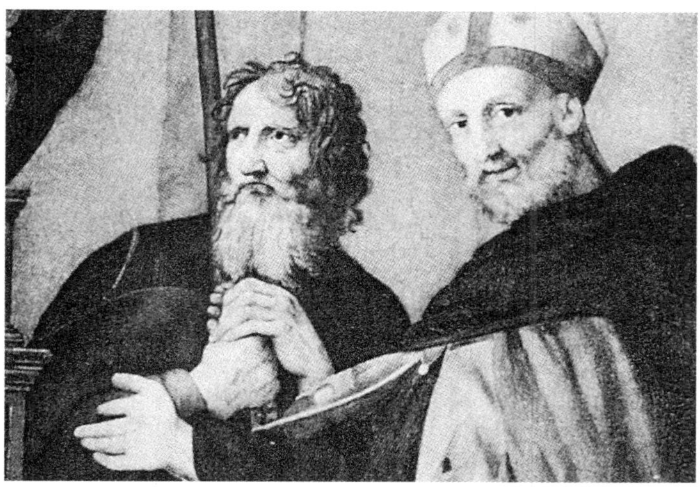

234. 拉斐尔：华盖圣母，局部，约1508年。Florence, Galleria Pitti

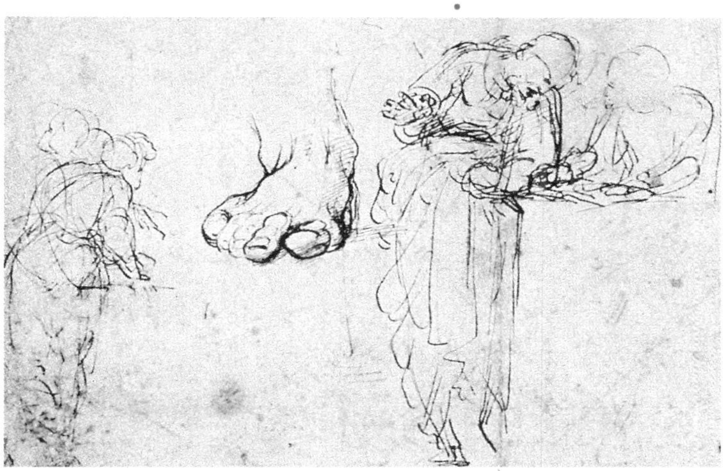

235. 拉斐尔：为《争辩》的前景右部群像所作的画稿，约1508—12年。London, British Museum

寻找解开莱奥纳尔多奥秘的钥匙[1]

SEEKING A KEY TO LEONARDO. Originally published under the title 'The Mystery of Leonardo' in the *New York Review of Books*, 11 February 1965, as a review of Carlo Pedretti, *Leonardo da Vinci on Painting: a Lost Book* (*Libro A*) and Sigmund Freud, *Leonardo da Vinci and a Memory of his Childhood*. Reprinted in E. H. Gombrich, *Reflections on the History of Art*, edited by R. Woodfield, Oxford, 1987, pp. 62—67.

在大英博物馆所藏莱奥纳尔多·达·芬奇的手稿中，有大师在他五十六岁时写的一篇著名而感人的笔记：

> 1508年3月22日，始于佛罗伦萨皮耶罗·德·布拉乔·马尔泰利[Piero de Braccio Martelli]的住宅。这是杂乱无序的收集品，选自我在这里抄录的许多论文，希望以后按照它们将论述的主题下的适当位置进行整理。我相信，在我完成这一工程以前，不得不把同一件事物重复几次。因此，请读者们不要诅咒我，因为主题繁多，记忆不能够容纳下它们，并且说："我不想写这一点，因为我以前曾经写过。"如果我不想陷入错误之中，那么在我抄写任何东西之前，总有必要把以前整理过的全部内部重读一遍，以避免重复，这尤其是因为一次书写与下一次书写要间隔很久。

大师的预言是正确的。他从未成功地将他搜集的浩如烟海的论文理出头绪，后人不得不费力地整理那令人敬畏的遗产：札记、随笔、草稿、摘录和备忘录，其中时而是个人琐事，时而是关于光学、地质学、解剖学、风与水的特性、滑轮的力学、相交圆的几何学、植物的生长或者建筑物的静力学的见解，它们都彼此拥挤在可能含有杰出的素描、漫不经心的涂抹、粗糙的寓言和细腻的散文诗的纸页上。

关于莱奥纳尔多自己在征服这种混乱的尝试中所采取的步骤和他的忠实的继承者为在他失败的地方获得成功而付出的努力，我们现在有了更多的了解，这是我们从佩德雷蒂［Pedretti］教授的新著中得到的永久的收获之一。人们一直很清楚，只是在莱奥纳尔多死后人们才进行了系统的尝试，试图从他遗留下的文稿中重新整理出至少一组连贯的笔记，那些直接或间接有关绘画问题的笔记。结果整理出的文集被称作梵蒂冈的《乌尔比诺抄本》[*Codex Urbinas*]，正是这个安排构成了最终被称作莱奥纳尔多的《绘画论》[*Treatise on Painting*] 的所有后来的出版物的基础。经过对这部手稿（1956年由 A. P. 麦克马洪 [A. P. MacMahon] 以复制和译文的形式出版）的细心研究，佩德雷蒂教授令人信服地说明了这部珍贵的汇编的作者归属。他认为作者不是别人，正是莱奥纳尔多的同伴和合法继承者弗朗切斯科·梅尔齐[Francesco Melzi]；而且他声明在这项艰苦的整理与抄写工作中梅尔齐采用了莱奥纳尔多自己所创始的步骤。原始的笔记上盖有各种不同的图章，一载入新的笔记中，便被删除了。光是表明这一点就大大增加了这篇以前有时被看作真伪不明而遭到忽视的论文的权威性。不仅如此，佩德雷蒂教授还通过这篇论文成功地重构了莱奥纳尔多的一本已不复存在的笔记本。尽管这项成就十分伟大，尽管它对形究莱奥纳尔多的专家产生的影响是令人兴奋的，然而，为了可能的购买者们，也许应当这样说，这篇宝贵的论文的题目容易遭到误解。《莱奥纳尔多·达·芬奇论绘画：失传的书》这一书名使尚未入门的读者预料这是大师的一篇前所未知的文字。遗憾的是，情况并非如此。我们所得到的只是以莱奥纳尔多当初可能写出它们的形式对这篇文字的各个部分所做的重新安排。这个安排本身是足够令人困惑的，这一点不会使我在开头所引用的那段文字的读者感到惊讶。关于光、运动、色彩的笔记和笼统的议论交替出现，看不出次序。人们实际上感到怀疑，莱奥纳尔多是否真的以这个顺序抄写，还是从书的末尾（因为他是左撇子），或者可能从两头开始抄写。有一件事情是可能的——笔记本的本身不过是打算作为走向有序的预备阶段。事实上，佩德雷蒂教授最辉煌的成就之一是表明莱奥纳尔多从中摘录了关于流体力学的笔记用于他后来的一部手稿。换言之，他是正如梅尔齐后来那样利用它的。

从这个分析中出现的是这样一个惊人的事实，我们在《绘画论》中发现的材料并非如一般设想的那样写于莱奥纳尔多的第一米兰时期，他那创作《最后的晚餐》[*The Last Supper*] 的时期，而是写于六十多岁时，即我们看到这位年老的画家试图收获的时期。这也许又需要对以前的观点做许多修正。无可否认，要意识到佩德雷蒂教授在他的枝节话、附录和注释中能够十分清楚地阐明许多关于莱奥纳尔多的问题，我们必须不仅阅读此书，而且要在所有有关书籍都伸手可取的设备良好的图书馆中研究它，最好是在作者教书和工作的加利福尼亚大学（洛杉矶）的埃尔默·贝尔特图书馆 [Elmer Belt Library] 里。而且，显而易见，这部论著是提供了迈向莱奥纳尔多著作的新版本的第一步，人们希望，新的版本最终会使他的著作作为人类的记载易于理解。

因为自相矛盾的是，按照莱奥纳尔多所探索的主题做出的安排，最终倾向于混淆和模糊我们关于莱奥纳尔多的研究的形象。尽管里克特 [Richter] 和麦柯迪 [MacCurdy] 编辑的选集在表明莱奥纳尔多对科学和技术的极其广泛的兴趣上功劳卓著，然而他们把他的有时持续了约三十年的摘录、错误的开端、修改与结论不加区别地罗列在一起，仿佛它们都是大师观点的有效凭证，实际上使人们不可能了解他的思维过程。想象一下对任何一位科学家或学者采用同样的方法，把他的笔记不顾时间顺序弄得混乱不堪刊印出来，情况会如何！难怪人们从偶然细读这些出版物中得出的莱奥纳尔多的形象竟是如此自相矛盾，以致有些人从他的随记中看到了对于科学后来将发现的实际上一切事物的神奇的预言，而有些人开始强调这些混杂的观察资料的自学者的和显然未受过训练的特征。因此，当今的一代研究莱奥纳尔多的学者们（佩德雷蒂教授为其杰出的代表）相信，在许多情况下，我们应当到这样的时候，即能够从他最初接受传统的错误到他最初的不成熟的猜测，和后来对那些可能不总是导致奇迹，但常常令人们尊敬和钦佩的方法和思想的精心改进逐步探索大师思想的发展时再作判断。直到这顶工作完成，莱奥纳尔多难解的随记被放到它们适当的年代顺序和事实上的上下文中为止，任何重构大师思想和精神生活的尝试现在看来都是为时过早。

因此，在这个背景下讨论由艾伦·泰森［Alan Tyson］译的弗洛伊德的著名精神分析学论文《莱奥纳尔多·达·芬奇和童年回忆》［*Leonardo da Vinci and a Memory of his Childhood*］的新译本几乎是不公正的，此文刚刚收入弗洛伊德著作标准版本中。1910年，当弗洛伊德的论文首次问世时，人们几乎没有想到这些问题。而且弗洛伊德不是依靠对手稿的研究，而是在很大程度上依靠由玛丽·赫茨菲尔德［Marie Herzfeld］出版的一本德文选集。现在众所周知，这本选集使他误入歧途。它让莱奥纳尔多回忆一件童年往事，一只秃鹫落在他的摇篮上，将它的尾巴伸进这个婴儿的嘴巴里。但是如果在佛罗伦萨周围有秃鹫，他却从未提起过。上面所说的这只鸟原来是只风筝。在此书前面的编者按中就承认了这些。然而，我们被要求对情况进行冷静的审查，从弗洛伊德的书中只删去那些直接来自这段误译的推论，尤其是弗洛伊德对于古埃及口头传说中关于秃鹫的神话的讨论和普菲斯特［Pfister］把莱奥纳尔多的《圣安妮》［*St Anne*］的衣饰理解为一只巨鸟的轮廓（那些很少在托斯卡纳的明媚山谷投下阴影的巨鸟）的异想天开的尝试。尽管必须感谢这个提示，然而人们感到奇怪，编者为什么不把注意力吸引到围绕弗洛伊德这篇最有争议的论文而出现的大量著作，特别是迈耶·夏皮罗［Meyer Schapiro］1956年在《观念史杂志》［*Journal for the History of Ideas*］中的文章和它所引出的1962年K. R. 艾斯勒［K. R. Eissler］的长篇专著。如果这样做了，编者就不会对这个“奇怪的事实”感到疑惑，即“到最近为止，没有一位这部著作的批评家”发现这个错误。四十多年前在1923年的《伯林顿杂志》［*Burlington Magazine*］上麦克拉根［Maclagan］就发现了这个错误。人们会期待读者被告知另一个事实上的错误，这归咎于弗洛伊德利月了对莱奥纳尔多一张解剖图的一份不精确的摹本。这个错误使他引用了对被宣称的错误的解释，而这个错误不是大师的，而是临摹者的。最后，这一点也许至少是可以争论的，人们发现的关于莱奥纳尔多童年故事的几件新的事实应当使读者能够了解默勒［Moller］1939年发现的关于他洗礼的记述。伦佐·钱基［Renzo Cianchi］最近出版了关于他的继父阿卡塔布里加［Accatabriga］的文件（艾斯勒博士是看不到它们的），这些文件告诉我们莱奥纳尔多母亲的丈夫是位乡村工匠，是经营一个窑的 *formaci-*

aio［窑主］。（这对于梦想照料窑，在作坊里进行实验的未来的科学家是多么可喜的机会呀！）

弗洛伊德喜欢犹太人的轶事，而把一个著名的犹太笑话应用于这种情况不是过于不敬的。这个故事讲的是塔尔诺波尔［Tarnopol］的一位受崇拜的神奇的犹太教教士在一个星期五的晚上凝视着远方，宣告他能看到利沃夫［Lwow］的犹太教会堂在燃烧，使聚集在那里的信徒感到敬畏。几天后一位来自利沃夫的旅行者听到了这个奇迹，对此无动于衷；那里没有发生火灾。然而，犹太教教士的信徒们的惊愕很快就让位于这样一种令人慰藉的想法，重要的不是这个小小的细节。他们的教士能看到利沃夫那么遥远的地方，这个事实才是伟大的奇迹。

言归正传，弗洛伊德能够看得很远。这篇论文在不幸的秃鹫出现前的前十六页描绘了莱奥纳尔多引人入胜的、一致的心理学肖像，这幅肖像是在弗洛伊德广泛阅读他能得到的著作的基础上形成的。诚然，他或许在某些事情上有些过于相信瓦萨里，却过于不相信其他人。遵循一位当代人的意见，他暗示莱奥纳尔多或多或少地放弃了艺术而从事科学——这是年代学研究坚持要修正的一点。而且，十分奇怪的是，他在这幅人物素描中没有包括莱奥纳尔多最莫名其妙的特点之一，他提倡原则上可称作"轻率的设计"的事物的那种乐观自信。瓦萨里讲述了他让阿尔诺河［Arno］改道使之不属于比萨的计划。由于土耳其档案中的一项令人惊讶的发现，我们现在知道在1503年左右他向苏丹建议横跨博斯普鲁斯海峡建一座大桥，"此桥颇高，无人会答应从桥上走过……以便使帆船能在下面航行"。

但是，难道莱奥纳尔多整个研究方案不是这种难以置信的乐观主义的证据吗？他一定相信他不仅能一口气读完整个大自然之书，而且能全文抄下，并公布他的无数观察与计算的结果。甚至他的艺术规划的规模也与此相似。难道他真的认为他关于描绘战争或洪水的教诲会有人听从吗？这些是弗洛伊德没有提出来的心理学问题的一部分。但是，即使这幅肖像需要修正，也没有人能否认，弄懂关于这位神秘天才的零散证据在心理学上的意思的这第一次尝试，此后一直指导着历史的想象，并使之结出硕果。

然而，在弗洛伊德继续通过描述他对莱奥纳尔多童年故事的重构来证明他的直觉形象有道理的地方，令史学家担心的就不只是语文学上的不幸了。弗洛伊德叙述的是这个私生子的悲惨故事，或者更确切说，在某种意义上是这个孩子的母亲的悲剧，对她来说那个私生子是唯一的慰藉，而且她通过过分溺爱，既引起了这位未来艺术家的性欲而且引起了他对性的好奇。正是结果产生的对他母亲的固恋使这个孩子成为同性恋者，但也正是结果产生的好奇心在他的研究中得到升华。知道自己被父亲遗弃后，他又遗弃了他自己的"孩子"——绘画。如果说这种态度有害于他的艺术，那么它却有益于他的科学，因为对父亲的反叛变成了对一切权威的抵制。然而，弗洛伊德真正的主人公仍然是莱奥纳尔多的母亲。他认为，是她的微笑继续萦绕着莱奥纳尔多的艺术，并重现于蒙娜丽莎和圣安妮的微笑。"从那时起，在意大利绘画中圣母玛利亚和贵妇们被描绘为谦卑地低着头，面带卡泰里纳［Caterina］奇怪的、幸福的微笑，这位可怜的农家姑娘生下了这个杰出的儿子，他注定要作画、要探求、要受苦。”这位“被迫把儿子让与比她出身高贵的对手，就像她曾经把孩子的父亲也让出去那样”的被蹂躏的妇女得到了胜利。

难道弗洛伊德真的是从“秃鹫”的故事和文件所提供的不充足的证据得出这种精心的重构的吗?他不会这样做也没有这样做。文件告诉我们的只是莱奥纳尔多是卡泰里纳的私生子，后来她和阿卡塔布里加结了婚，在他五岁的时候他住在父亲家，他的父亲婚后尚无子女。然而，众所周知，弗洛伊德把他得自他特别喜爱的一本书梅列日科夫斯基［Merezhkovsky］博士的历史小说《莱奥纳尔多·达·芬奇的传奇》［*The Romance of leonardo da Vinci*］中的形象带入了他对文件的理解。这本富有浪漫色彩的书的第十一章令持怀疑态度的历史学家想起比尔博姆［Beerbohm］的幽默故事《萨沃纳罗拉·布朗》［*Savonarola Brown*］，在这一章里，当莱奥纳尔多访问童年常去的那些地方时，出现了一段“倒叙”。艺术家多情地想起母亲温柔而神秘的微笑，回忆起他如何常常从父亲家中潜逃，来看望可怜的母亲，“她亲吻着他的脸，他的眼睛、嘴唇和头发”。然而是在下面的一段中弗洛伊德的学生将会仔细倾听，因为在这里我们读到梅列日科夫斯基关于这个孩子对母亲的夜访，他爬出窗子，以便不惊醒祖母，舒适地睡在母亲的床上，“在毯子下面暗中把自己的身体紧贴住母亲的身体”。难道不是对这样一种俄狄浦斯情境［Oecipus situation］的直言不讳的描述引起了弗洛伊德的想象，激发了他对莱奥纳尔多童年故事的兴趣吗?难道在他阅读“秃鹫”事件时，这个形象不是已经深深地植根于他的脑海吗?也许我们永远不会知道。但有一件事是确实的——弗洛伊德自己并不希望人们把他的重构看作绝对真实的东西。事实上，1914年当他把他的论文送给画家赫尔曼·斯特拉克［Hermann Struck］时，把它形容为半小说家的虚构（*Romandichtung*）。“我不希望你根据这个实例来判断我们的其他结果的确定性。”这篇论文本身的细心的读者可以发现夹杂在弗洛伊德更大胆的奇想中的许多类似的说明。这样他提醒艺术爱好者们他完全知道莱奥纳尔多那著名的微笑已被他的老师韦罗基奥［Verrocchio］预示出来。他尤其坚决声明他“丝毫也不企图使这位伟人的成就可以理解”，他从未把莱奥纳尔多看作精神病人，即使材料更充足，在“重要的两点”上，精神分析的探索也不能解释一个人的发展。他对早年性欲体验的压抑和它的升华为对知识的渴求都不能这样得到解释。“由于艺术天赋和能力与升华密切相关，因此我们必须承认我们也不能用精神分析的方法探索到艺术功能的本质。”弗洛伊德仍然相信遗传素质在这些事物中发挥着作用。

我们永远也不会知道莱奥纳尔多的母亲是否微笑过、哭泣过或愿意摆脱他。我们永远也不会知道莱奥纳尔多写下那个风筝的拜访的故事时是否是认真的还是仅仅是对预兆的信仰开一个玩笑。我们确实知道的是莱奥纳尔多具有非凡的天才。对于其他方面，很遗憾，我们还必须满足于现有证据。普德雷蒂教授已向我们表明，在重构莱奥纳尔多的故事的某些部分时如果细心注意细节，仍会有多少事情可做。如作者所承认的甚至他的书也“几乎完全建立在演绎、推论和假设的基础上”。人们也许相信，这些在被进一步的研究所检验时将证明它的价值。但是创造看到像利沃夫那样遥远的地方的真正奇迹不会是可能的吗？

［毛巍蓉译 李本正校］

科学史中的莱奥纳尔多[1]

LEONARDO IN THE HISTORY OF SCIENCE. Originally published under the title of 'In Search of Leonardo' in the *New York Review of Books*, 5 December 1968, as a review of V. P. Zubov, *Leonardo da Vinci*. Reprinted in E. H. Gombrich, *Reflections on the History of Art*, edited by R. Woodfield, Oxford, 1987, pp. 68—73

科学史学会［History of Science Society］的官方季刊《伊希斯》［*Isis*］1964年的一卷开篇就是赞扬瓦西里·帕夫洛维奇·祖博夫［Vassilii Pavlovich Zubov］的文章。他死后因对科学史的杰出贡献而获得了该学会1963年的乔治·萨尔顿奖章［George Sarton Medal］。祖博夫1899年诞生于莫斯科附近，因此，在革命前就一定受到了学校教育，他能讲和写流利的法语，并用熟练的德语与别人通信。在大学里学完历史和哲学后很快地被科学院聘用，三十二岁时成为科学院图书馆的主要科学顾问。他战前的主要著作涉及的是文艺复兴时期建筑学理论的历史，他把莱昂·巴蒂斯塔·阿尔贝蒂［Leon Battista Alberti］论建筑的伟大论文翻译成俄语，第一次对他探索了其古代和中世纪渊源的主要论文加上了详细的注解。对于十六世纪由帕拉迪奥［Palladio］的保护人亚里士多德派的哲学家达尼埃莱·巴尔巴罗［Daniele Barbaro］对威特鲁威［Vitruvius］论建筑的古代论文所作的注释亦加上了详尽的注解。很难想象比在最糟糕的斯大林主义恐怖时期出版的这种对注解的注解更具有“与世隔绝的学问”的特点的事业了。

反对实用的建筑风格而推崇古典的建筑风格的官方偏见可能有助于祖博夫得到这个平静的港湾，但是，据人们所知他从不实行“个人崇拜”。1940年，他作为一个建筑学理论专家参加了负责修复扎戈尔斯克［Zagorsk］的圣谢尔盖修道院［St Sergos］的小组，同年，成为科学院十分活跃的科学史研究所的成员，直到1963年4月去世。我们读到，他不仅在俄国的而且在西方的学术刊物上发表了二百篇论文和评论。他从研究建筑学理论的历史又进而研究数学、力学和哲学的历史，尤其研究了亚里士多德主义和伊壁鸠鲁的原子论及其对中世纪和文艺复兴时期科学的影响。他在晚年对十四世纪的经院哲学特别感兴趣，传闻他能像其他人读报一样毫不费力地阅读难懂的拉丁文原稿的缩微胶卷，尽管有许多缩写词。在参加西方举行的几次国际科学史会议时，他不仅赢得了许多同行的尊敬，也赢得了他们的友谊。尽管我与这位伟大而仁慈的学者相晤仅有短暂的一个小时，而且在这一小时的大部分时间他都有一位年轻些的俄国同事相陪，然而他的热情、他的谦虚和他全心治学的精神却一直给我留下深刻的印象。

1961 年（不是 1962 年，此书所述有误），祖博夫出版了一部论莱奥纳尔多·达·芬奇的著作，此前曾编辑了一部他的文选。这是他第一本不懂俄语的读者能够读到的书，它充分证实了作者的学识水平。有必要只说一句警告的话，以免人们感到失望。人们很可能预料一本名为《莱奥纳尔多·达·芬奇》（没有任何副标题）的书会论述他的一生中的两个方面，由于充分的原因，一般大众都众所周知，即他作为一名艺术家的成就和作为一名发明家的声望。祖博夫的著作把第一个方面看作是理所当然的，而且对第二个方面也未多涉及。为数不多的插图（在英文版中更少），只是用于说明文中的某些段落，它们的艺术价值遭到忽视，以致莱奥纳尔多的一些素描甚至是为被评论的版本“重画”的。读者也不可期待对莱奥纳尔多的机械发明和新奇装置的分析，它们几乎未出现于插图。甚至介绍莱奥纳尔多生平的一节也有些敷衍并且不无错误。（莱奥纳尔多从未参加过佛罗伦萨艺术家的“行会”，而是参加了他们的协会：作为私生子，他能否参加任何行会，这是令人怀疑的，而且他无资格加入行会与他迁至米兰宫廷有些关系，这是不无可能的。）此书的真正价值在于一位伟大的科学史专家试图明确莱奥纳尔多在科学思想史上的地位的几章。的确，熟悉那些集中在这个令人困惑的问题上的辩论的人们阅读并研究此书将获益匪浅。

吉尔摩［Gilmore］教授在为该版本所写的清楚明了的导言中提醒我们，这个问题是较近才出现的。一百年前，人们仍然主要是通过他的文艺复兴时期的传记作家瓦萨里的眼睛来看莱奥纳尔多，只是惋惜这位最伟大的艺术家把他的天赋浪费在异想天开的研究上。莱奥纳尔多的笔记本的出版（这些笔记本大部分直到 1883 年才能看到）使维多利亚女王时代的人们得以修正这个形象，并把他融入如他们所见的文艺复兴时期的画面：用布克哈特［Burckhardt］的话说，在中世纪教权主义的黑暗之后“发现了人，发现了世界”的时代。一位艺术家应当无视经院哲学家们强词夺理的诡辩和人文主义者们的形式主义，仅仅通过环视四周和观察自然导致了科学的兴起，这是十分适当的。莱奥纳尔多有一些孤立的言论使人们相信这种解释，而这种解释仍存在于通俗文学中。遗憾的是，这是行不通的，因为它既不能与科学史相一致也不能与莱奥纳尔多的大量笔记相一致。科学不仅仅是而且从不仅仅是环视与观察的问题。人们想起了萧伯纳［Bernard Shaw］的《圣女贞德》中的讥讽，剧中一位牧师犯了时代错误，把毕达哥拉斯［Pythagoras］说成相信地球绕着太阳转的人，结果只得到令人无言以对的回答：“傻瓜，难道他不会用自己的眼睛看吗？”莱奥纳尔多记下一句撩人的话，“太阳是静止不动的”，这不可能是通过自己的眼睛观察而得出的结论。还有其他无数的关于理论、思考、预言，换言之，关于科学的文字，这些系统阐述与被人轻视的古人的和著名的经院哲学家的传统相联系，这是不足为奇的。

于是，对莱奥纳尔多笔记的更仔细的研究导致了对这位靠自力成功的艺术家兼探索者观点的深刻反应。特别是伟大的法国科学史家皮埃尔·迪昂［Pierre Duhem］把莱奥纳尔多描述为一系列人物的最后一名，一系列沉思过自然的奥秘的伟大的经院哲学的思想家。对一位骄傲地自称为没有学问者的艺术家的这种解释也遭到了批评，这是可以理解的。难道莱奥纳尔多不太可能在谈话中而不是通过书籍获得了他似乎了解的许多传统的知识吗？难道他不是一个长期被聪明的历史学家所忽略的工匠传统的代表，难道我们不应当在米兰和佛罗伦萨的工作室里寻求对他的兴趣和嗜好的解释吗？但是如果我们把他看作是怀有永不知足的好奇心的多才多艺的技师，难道我们不应当把他的名字从记载着哥白尼、伽利略、开普勒、牛顿的光荣名单中删去吗？

确实，一位卓越的数学家被公众对莱奥纳尔多成就的赞扬所激怒，向他作为科学家的声望发起了排炮般的攻击。他发现了哪些定律？发明了哪条公式？由于不能领会复杂的数学关系，因此，他谈论了许多关于实验和测量的问题. 但他实际上测量了什么呢？

当然，祖博夫充分意识到他所称的“莱奥纳尔多的悲剧”，他对数学不够精通(p. 179)。但是，正如他在前言中所说的，我们既不可用古代的也不可用现代的眼光看问题。尽管他埋头研读中世纪晚期的科学，祖博夫在很大程度上却成功地穿行于这两个极端之间。他对迪昂从晚期经院主义哲学得出莱奥纳尔多的思想尤其感兴趣，但是，他权威性地、尖锐深刻地表明为什么迪昂的解释仍然是错误的。他所依据的是对莱奥纳尔多的陈述不够仔细的分析。诚然，莱奥纳尔多笔记中的许多主题与思想使人们想起早期的讨论。但是，祖博夫能够在许多重要事例中表明，莱奥纳尔多决非不加批判地援引他的根据，而是修改它们的系统阐述，有时从根本上变动，有时只作细微的改动。他也成功地为莱奥纳尔多辩护，反驳对他在科学解释中天真地依赖类比的指责。这些类比像他的前辈们的理论一样，为莱奥纳尔多充当了他自己的研究起点。祖博夫在穿插于引自莱奥纳尔多文章的许多文句的评论中，总是极力避免流行的对大师观点的过分简单化，这种过分简单化常常是不熟悉他的个人的术语所造成的。因此他表明，莱奥纳尔多在谈到“数学”时常常意味着我们所说的“物理”，他决非在字面意义上使用“眼睛”的概念。

即使在人们仍不相信一种特定解释的几点上，人们也必须钦佩祖博夫对细微差别的敏感。他有同样灵敏的听力，能欣赏莱奥纳尔多语言中音乐般的节奏，他的重复和变化的表现力。人们从《伊希斯》［*Isis*］中了解到不是别人而正是斯维亚托斯拉夫·李克特［Sviatoslav Richter］的老师诺伊豪斯［Neuhaus］称赞莱奥纳尔多是能作为演奏者获得成功的有才干的钢琴家，这是不足为奇的。

如果可以把祖博夫对于莱奥纳尔多的见解概括成一句话，那就是他的“思想是在传统的亚里士多德思想的氛围中发展的，但又走着一条对它们进行批判性驳斥的道路”。这个见解与最近对莱奥纳尔多著作的某些方面所做的其他一些研究完全一致，例如，基尔［Keele］博士关于莱奥纳尔多对心脏的研究的专论。这也可应用于一篇对大师艺术的分析。他显然从韦罗基奥［Verrocchio］的实践中袭用了许多类型和程式，但根据他的观察和成见对它们做了修改。把莱奥纳尔多看作仅仅依赖他的非凡的观察力的艺术家的观点是再荒谬不过的。可见世界和他在绘画中所创造的世界迥然不同。但他的绘画跟他在自己的笔记本中写下的、祖博夫在他的解释中有效地利用的那些寓言和幻想一样，都带有同一个心灵的特征，这个心灵不断地力争不仅领会独特的和个别的事物，而且理解支配着大自然的作用的一般规律。

在强调这两个目标间不可避免的张力时，祖博夫令人信服地反驳了卡西尔［Cassirer］对莱奥纳尔多和歌德［Goethe］所进行的比较。歌德陷入对不可能的基本现象的思考，莱奥纳尔多没有陷入这种思考，但他缺乏解释自然现象的手段。对看不见的事件的古典假说原子论仍然在他的研究范围之外。因此，出现于该书中的莱奥纳尔多在许多方面都是一个悲剧性人物，但是，祖博夫显然更喜欢以肯定的口气结束此书。他的动机也许不过是每个与这位智力巨人相接触的人所感到的那种赞美，但是，在这方面祖博夫的结论可能受到了他的环境的影响。甚至像祖博夫这样不偏不倚的学者也不能实践他的“既不可用古代的也不可用现代的眼光看问题”的方案。像一名现代的唯物主义者一样，他的莱奥纳尔多把宇宙看作一台机器，把人类看作它的一部分，但他仍然保持了对现实是可以改善的信仰。

> 莱奥纳尔多用 *homo faber*［制造工具的人］的概念，人是新工具的、自然中不存在的事物的创造者的概念克服了他自然主义和机械学的宿命论，那种宿命论使自然陷入无限循环。这不是某种英雄式的理想化，不是把人类和自然及其法则相对比，而是建立在这些法则的基础上的创造力……对莱奥纳尔多来说，技术和艺术的创造力冲开了顽强的大自然的第一个缺口……可以筑起大坝阻止河水泛滥，可以做出人类的翅膀把人类送上天空。

这是美妙的幻想，但不是每个记得莱奥纳尔多关于毁灭的预言的人都认为它令人信服。任何表述都不适合莱奥纳尔多。他的轮廓仍然像他的在神秘阴影中消失的人物的轮廓一样难以琢磨。但祖博夫无疑竭尽全力凝视这片黑暗，这部译本的发起人使我们能读到他的著作，因此，应得到我们的感谢。如果同其他专论一起研读，尤其是肯尼斯·克拉克爵士［Sir Kenneth Clark］的有关作为艺术家的莱奥纳尔多的发展过程的著作，那么祖博夫的著作对大学生和专家无疑将具有不可估量的价值。

令人遗憾的是英译本有两个不足之处，第一个不是任何人的过失，第二个却应受指责。像所有研究莱奥纳尔多的书籍一样，这部书由于最近在马德里皇家图书馆对更多的莱奥纳尔多笔记本的发现或重新发现而变得有些过时。并非它们的内容可能在实质上改变这幅画面的轮廓，而是像莱奥纳尔多所拥有的书籍的进一步清单等项目无疑会深深吸引祖博夫，也许使他对本书的某些章节作出修改或增补。

他的书不应当得到的和可以避免的是，它竟然落入那些简直不称职的编辑手中。我无力审查译文，它读起来很流畅，但我相信祖博夫没有把画家安德烈亚·德尔·萨尔托［Andrea del Sarto］和罗索·菲奥伦蒂诺［Rosso Fiorentino］称为

"科学家"(第 39 页)。不幸的是有许多其他迹象表明不会有任何熟悉这个主题的人看过校样。这种抱怨似乎更适宜于更专业化的刊物中的一篇评论，但在我看来，一位来自苏维埃俄国的伟大的人文主义者的著作在冠有庄严的版权标志"哈佛学院院长及校务委员"[the President and Fellows of Harvard College]的名下出版，而这一标志由于拙劣的语言错误遭到损坏，这却是一个值得普遍关注的问题。我们读到了 Pythagor*us*(两次)，a Pythagor*i*an concept，scholasticists，Anthe*a*s；de immortalitate anim*o*rum，botteghi。〈斜体所示均为拼写错误——译注〉

比正文中的这些疏漏更糟糕的是书目中的无知的迹象，这篇书目长达十八页。俄文版没有这样的书目。它使用了在书页下端加脚注的良好的旧方法，这些脚注总显得富有学究气而且实用。哈佛大学出版社更喜欢把附注移到后面，把它们和更详尽的书目说明分开。这是一种可行的方法，但如果要使读者真正得到帮助的话则需要细心。在本书中读者没有真正得到帮助。比如说，当祖博夫把莱奥纳尔多关于音乐和绘画的比较与莱辛[Lessing]在 1766 年的《拉奥孔》[*Lacoön*]中对时间艺术和空间艺术的经典性论述进行比较时，在脚注中引用了相关的文字以及论文的一些章节与段落，还附加了他手头恰巧有的一个版本的页数。英文版略去了引用的原文，而且不符合语言习惯地谈到戈特霍尔德·莱辛的拉奥孔(恰巧，应当或者像祖博夫的书中那样说"莱辛"，或者说戈特霍尔德·埃弗赖姆·莱辛)。如果你想在后面注释中追索参考资料，会在那里发现毫无意义的重复，"莱辛，拉奥孔"。确实，然后也许你会翻到书目，在那里列出了莱辛的全名，论文的题目也是正确的，但是在这里随意列出1922年的版本是毫无道理的，由于也给出了1855年英译本的题目，就更加令人困惑了。遗憾的是，人们也许会预料到，索引列出了《拉孔》[*Lacoön*]。

还有更糟糕的错误。在俄文字母表中没有 x，所以祖博夫参阅了库提乌斯[Curtius]的 Ale*k*sander the Great〈亚历山大大帝，正确拼写是 Alexander the Great——译注〉的传记。在哈佛大学出版社重复这种拼写和把祖博夫引用的狄德罗[Diderot]的 *Oeuvres*[作品集]改为 *Opera* 一样是不可原宥的。威特鲁威的《建筑十书》[*Ten Books on Architecture*]的初版被说成共有 *ten volumes*[十卷]，对1483年的出版物来说简直是一件伟绩！从第309页挑出来供鉴定家鉴定的最后一颗宝石是"米涅，雅克·保罗[Migne，Jacques Paul]。《教父学说大全》[*Patrologiae cursus completus*]。拉丁语丛书，一和二。巴黎，1844—1864年。221卷。祖博夫称之为《拉丁教父著作集》[*Patrologia latina*]"。无论是谁加上的这个附带说明，人们是否可以告诉他，祖博夫可能和有必要查阅这个标准文集的哈佛学院的院长和校务委员们一样也有这一习惯。

人们获得这样一种印象，出版社越来越多地把这种工作交给雇佣文人，或者更糟，交给计算机去完成。机械地应用书目规则即使不是以类似的不幸告终，也会导致许多冗长的资料。学术著作的出版者们越是早一些聚集一堂，制定出一种更明智、更灵活的体系，就越有益于他们，有益于他们的作者和读者。

[毛巍蓉译 李本正校]

莱奥纳尔多的奇迹[1]

THE MARVEL OF LEONARDO. Originally published under the title of 'Between Intellect and Imagination' in the *Times Literary Supplement*, 15 January 1982, as a review of Martin Kemp, *Leonardo da Vinci: the Marvellous Works of Nature and Man*. Reprinted in E. H. Gombrich, *Reflections on the History of Art*, edited by R. Woodfield, Oxford, 1987, pp. 74—80

近年来，艺术史舞台的观察者有时感觉到在这一领域的新成员中有一种魄力日益减小的危险。最初是作为对于好心的外行热心者的那些正常反应，有凝结为专业主义的势力的危险，这种专业主义拒绝处理任何对更广泛的问题需要了解的主题。马丁·肯普［Matin Kemp］关于莱奥纳尔多·达·芬奇的专论一定会打消任何这样的疑惧。他对大师绘画的敏感而新颖的描绘以及显然对中世纪和文艺复兴科学的传统的谙熟，说明他所表达的希望是有道理的，即把肯尼思·克拉克［Kenneth Clark］关于这位艺术家的名著所取得的成就与V. P. 祖博夫在他所处时代的范围内无与伦比的对这位科学家的描述结合起来。

使这个计划成为可能的是过去的几十年中在确定莱奥纳尔多的笔记和素描的年代方面所取得的进步。主要是由于克拉克勋爵为温莎堡的素描所编的目录和卡洛·佩德雷蒂［Carlo Pedretti］的研究，现在来自纸张、笔迹甚至墨水的证据可用来确定这些笔记本的年代次序。因此，J. P. 里克特［J. P. Richter］和E. 麦柯迪［E. MacCurdy］所编辑的他的著作的那些经典选集由于按主题介绍了莱奥纳尔多的研究与思考，在他们把早期的札记与他关于同一题目的成熟思想相并置的地方就被看作有些令人误解了。由于得益于这个新的框架，肯普教授能够连同对他内心思想发展的新的解释向读者提供对艺术家生平的叙述，在这样做的时候他又考虑了莱奥纳尔多的作品及其经历中的许多问题。

肯普把他的书分为五章，把第一章称作“佛罗伦萨人莱奥纳尔多”，以强调大师在伟大的建筑师、雕塑家、科学透视法的发明者和工程师布鲁内莱斯基［Brunelleschi］的城市里和其作品证明了对人体解剖学牢固掌握的波拉约洛兄弟

[the Pollaiuoli] 的环境中的思想根源。肯普表明，韦罗基奥 [Verrocchio] 的画坊对雕塑的侧重很可能对这位学生想象空间形体的能力产生了持久的影响，尽管他后来更偏爱绘画艺术。他提出了令人信服的理由说明韦罗基奥的《基督洗礼》[*Baptism*] 中的天使晚于乌菲齐美术馆的《圣母领报》[*Annunciation*]，他阐明了其中精致的细节和笨拙的结构间的对比。论莱奥纳尔多未完成的1481年的《博士的朝拜》[*Adoration*] 的几页雄辩的文字，强调了他画素描和草图的方法的新颖性："他的思想奔泻直下，种种想法汹涌翻腾，有时溅向出乎意料的方向——我们可能怀疑，甚至对莱奥纳尔多自己来说也出乎意料。"对莱奥纳尔多的设计中这种流动性和变动不居的强调使作者能够使自己的解释也不固定，暗示构图的象征性中的种种可能的联系与联想，而不把它们描述为确定的事实。这种方法在后面的几章对他很有好处。

肯普必须讲述的故事的复杂性，迫使他与其说按照年代不如说按照系统对莱奥纳尔多最多产的时期，即他在米兰度过的十八年做了划分。在适当地赞扬了卢浮宫的《岩间圣母》[*Virgin of the Rocks*] 及其艺术与精神上的意义后，他向我们表明莱奥纳尔多的思想从建筑学到工程学（包括制造一只"鸟"的计划），又到与他由卢卡·帕乔利 [Luca Pacioli] 所激发的对几何学的兴趣相联系的对人体、对感觉器官、对光的作用和力学规律的研究的自然转移，与其说强调他的兴趣的令人震惊的多样性，不如说强调它们潜在的一致性：

> 有些作者曾经写道，莱奥纳尔多先是作为艺术家研究事物，但又日益为着它们的本身对事物进行调查研究，这些作者完全没有抓住要点。应当说的是，他日益为着它们彼此的缘故，为着整体，为着内在的一致性，调查研究每一件事物，他既凭直觉又有意识地察觉到这种内在的一致性。

正是由于这个原因，肯普把这一章称之为"微观世界"，因为在他的解释中关于作为小世界的人和作为宏观世界的宇宙间的对应的古老学说为莱奥纳尔多提供了一致化的原则。尽管这位艺术家常常表达对纯书本知识的蔑视，声称只依靠"经验"，然而我们早已了解，用肯普的话说，"观察需要在一个有结构的上下文中才能获得意义，只有在一个共同的参照系统中才能显露出它的重要性"。正是这种重要性使莱奥纳尔多开始走上掌握传统学科的艰难道路，而这些传统学科通常只有在拉丁文的课本中才能学到。

在一幅早期的解剖图中，一个想象的脑"室"既为着其理智又为着其想象即*fantasia* [幻想] 而被莱奥纳尔多保留下来，而幻想就是对传统的背离，它使肯普把下一章用于讲述"进行幻想"。在这里他向读者介绍斯福尔扎 [Sforza] 宫廷的这位令人钦佩的演艺者，他设计露天表演和舞台效果，即兴演奏音乐，讲述寓言，创作惊人的错综复杂的徽铭 [emblem] 和寓意画。在强调维杰瓦诺 [Vigevano]（斯福尔扎在米兰西南的乡间休憩地）的作用时，肯普提出莱奥纳尔多很可能对该地的乐趣和魅力做出了贡献。但是，今天对于他作为一名宫廷艺术家的活动，最好通过考虑在卡斯泰洛[Castello]的阿塞厅[Sala delle Asse]的被损坏的壁画来领会。在这里，对这些壁画做了十分机敏的，富于想象力的分析，以探求它们可能的徽铭性的暗示和艺术涵义。这一章包括了对《最后的晚餐》及其在透视上的巧妙之处的令人耳目一新的解释；对《着貂皮衣的女人》[*Lady with the Ermine*]的生动评价和对巨大的弗朗切斯科·斯福尔扎纪念碑的艺术和技术问题的讨论，新近在马德里发现的一本笔记本使人们对这些问题有了许多新的了解。

标题为“共和国：新的战斗和古老的问题”的下一章不可避免地反映了莱奥纳尔多于1500年离开米兰之后支离破碎的生活，那时他由于当时的政治风暴及他自己不安定的性格而到处奔波。他为佛罗伦萨共和国承担又放弃了一些艺术的和军事的事业，陪伴卡萨雷·博尔吉亚［Casare Borgia］参加战役，返回米兰，再一次离开又返回那里，同时又一直规避那些希望得到出自他笔下的作品的想要成为他的赞助人的人。甚至肯普也无法从一团乱麻中编织出十分完整的叙述，但是，他通过对个别问题的讨论补偿了这种统一性的缺乏，《圣安妮》[*St Anne*]、《安吉亚里之战》[*Battle of Anghiari*]的草图，几何学的研究，解剖学，最后是《阳台上的妇女肖像》[*Portrait of a Lady on a Balcony*]（他更喜欢称之为《蒙娜·丽莎》[*Mona Lisa*]），他令人信服地提出，大师这件最著名的作品最初在佛罗伦萨开始画的时候可能是一个特定的模特尔的肖像，但经过了多年的修改和再加工，直至形成那个具有神秘的力量的形象，在画家的作品中，它与歌颂美的神秘与神秘的美的已失传的《勒达》[*Leda*]相对应。

在作者的解释中，这种神秘的意义在莱奥纳尔多生命的最后十年中引人注目。他把我们从藏于伦敦国家美术馆的《岩间圣母》的问题——如他所说，通过最近发现的档案材料，这个问题变得更为复杂而非更为简单，但是，他仍然希望从中看到大师的手工的证据——带到特里武尔齐奥[Trivulzio]纪念碑和出自莱奥纳尔多在米兰、罗马、法国逗留期间的后期手稿和素描。从表面上看，这是进行概括和系统化的几年，它构成了绘制解剖图集，《莱切斯特抄本》[*Codex Leicester*]（现称作《哈默抄本》[*Codex Hammer*]）使人们对其有了清楚了解的对水的运动的研究，和写作（部分地）《绘画论》[*Trattato della Pittura*]及其关于光的作用的几节的雄心勃勃的计划。但从心理上来看，如作者所说，这也是放弃与退却的时期：大师愈是扩大对一个题目的了解，他的关于全面理解的目标就愈是退缩。

他早年所依赖的宏观世界与微观世界间的类比，结果并不能充分解释身体内的血液和宇宙中的水的运动。作者写道：“他摒弃曾多年坚持的理论，这是需要一些勇气的。”我们还获悉，“从根本上说，后来解剖学的诱人的目标——有机体的复杂性和数学的确定性在力学定律范围中的结合——在极大程度上是难以实现的”。同时，他在对波浪和旋涡的无数形状进行分类和解释的非凡尝试中所依靠的相互矛盾的传统不能融为一体，迫使他承认失败。但是，肯普也表明，这些认真的努力使他接触到关于这个问题的那些最先进的思想家。

他强调了莱奥纳尔多关于复合运动的思考和尼古拉斯·德·奥雷姆[Nicolas d'Oresme]的思考之间的联系，奥雷姆曾讨论过从移动的船上射向空中的一支箭又落到甲板的例子，我们读到这位中世纪的作者用这个例子陈述了赞成地球周日转动的可能性的论点，但肯普并没有提到这种联系最终会对莱奥纳尔多晚期解剖学手稿中一段最莫明其妙的笔记即那句简短的话“太阳是不动的”提供解释。莱奥纳尔多未必可能预示了哥白尼[Copernicus]的学说，这使一些学者提出他根本不是在谈论真的太阳，而是在谈论一次露天表演——这是极不能令人满意的提议，因为如果认为太阳在宇宙中运行，那么为什么在露天表演中这颗行星要静止不动呢？但是如果这段笔记涉及的是地球的周日运动而非周年运动，那么它也许表明在这位法兰西主教不愿表明立场的地方莱奥纳尔多却拥护一方——这的确是十分重要的一步，但与哥白尼体系却毫无关系。

如果莱奥纳尔多承认这种混杂的状况，那么它也符合肯普在叙述这位艺术家对视觉及光的本质的研究时所描述的他的晚期思想的画面。肯普又评论说，“他允许他的光学研究打乱他作为‘画家——透视画家’而采用的诱人的、有条不紊的假定，这可看出他思想的诚实”。他现在被“可见世界的无数可变物，它的错觉，模棱两可的事物，骗人之物和转瞬即逝的细微差异”所吸引。他后期对树以及照射到树叶上的光的研究就是一个恰当的例子，正如他著名的“洪水”系列就是他不断努力去理解遍及宇宙的那些创造性和破坏性力量的明证一样。或许莱奥纳尔多的最后一幅画施洗者圣约翰就留下了几分莱奥纳尔多所面临的而我们继续在他的个性中所面临的难解之谜。

不是缺乏感激和谢意使人们有时停顿下来，询问是否作者的流畅性、他的*sfumato*[渐隐法]，没有偶尔诱使他遮掩这个难解之谜的轮廓。因为人们越是试图接近莱奥纳尔多，就越觉得他令人困惑。这种困惑的一个方面对于任何翻阅他的任何复制版本的笔记本的人是显而易见的。

如果肯普在此书的未来版本中在他的叙述之前对这些非凡的文献做一番简短的描述，的确对新手会有帮助。在同一页上会常常展现出混杂得令人恼怒的主题和琐事，以及要对多年纠缠着莱奥纳尔多的思想进行系统阐述的顽强的努力。相反，我们发现许多页素描，在其中提出了对许多形象的转瞬即逝的想法，然后又放弃，而莱奥纳尔多特别喜爱的“瘪嘴脸”的无价值的涂抹却被精心完成，并画上了阴影。有时他会让他的*fantasia*[幻想]自由地驰骋，却又突然勒紧缰绳，似乎忍无可忍地惩罚它。他劝告艺术家让斑驳的墙壁激发他们的想象，这是人们熟知的事实；在他看来，一个孩子的天资的状况不是他的独创性，而是他“用阴影完成一幅素描”的能力，这却不那样众所周知。

毫无疑问，是这两种倾向性间的张力解释了莱奥纳尔多最众所周知的弱点，他似乎不能完成手中的任何作品。莱奥纳尔多三十多岁时，佛罗伦萨的人文主义者乌戈利诺·韦里诺[Ugolino Verino]已经评论过这一弱点。在富有诗意地颂扬了当时的艺术家之后（肯普未予引用），韦里诺写道：“也许莱奥纳尔多·达·芬奇超过了其他所有人，但他不知道如何使手离开画布，而像普罗托格尼斯[Protogenes]一样用多年时间完成一件作品。”这个批评仿效了普林尼认为系阿佩莱斯[Apelles]所说的一句话，但它的正确性是而且仍然是十分明显的。也许韦里诺是在暗指《博士的朝拜》[*Adoration of the Magi*]，这位艺术家关于这幅画的想法源源不断，但却最终没有完成。他塞满了底层色之中的梦幻般众多的构思使我们忘记询问甚至莱奥纳尔多是否能够把这些富有诗意的暗示转变为一幅完成的绘画，而不把画面塞得太满。后来他告诫不要因过早完成而妨碍源源出现的构思。但是，他在著作中和绘画中所坚持的完成的标准使人们怀疑他是否能成功地完成《安吉亚里之战》[*Battle of Anghiari*] 的构图。例如，他会不得不遵循他自己的《绘画论》中的忠告：

> 如果你描绘奔驰远去的马，那就要相距和马蹄着地的间隔一样远的距离画出一小团一小团的尘雾；离马最远的一团尘雾最不明显，而且高，散乱而稀薄，而离马最近的一团尘雾十分明显，小而浓密。

这个忠告和关于如何区分这一团团尘雾与“将更蓝一些的”火炮的烟雾的见解相联系。但是我们应如何把这跟他将他的启示性的视象与对光学定律的几乎学究式的强调相结合的方式相联系呢？

> 当天空中的雷电导致的闪光被反射的时候，在波浪上可看到……和把它们反射到站在周围的人们的眼中的波浪一样多的高光……离眼睛越近这些反射的数量越少。

毫无疑问，奇怪的不是莱奥纳尔多完成的计划是如此之少，而是他留下的杰作足以开辟艺术史上的新纪元。

然而毫无疑问，伊莎贝拉·德斯特[Isabella d'Este]在佛罗伦萨的通信者认为她获得一件珍贵的创作的希望甚微，“因为莱奥纳尔多正在努力钻研几何学，而没有耐心作画”，他的看法是正确的。他为这另一种追求可以付出多大的耐心，只有那些翻阅亚特兰蒂斯抄本[Codex Atlanticus]的人才会清楚地看到。甚至连肯普这样专注的人也由于一时的不耐烦而认输。

> 此时他要发现圆形、三角形、正方形、多边形、弓形、扇形、镰刀状三角形和二角形之间越来越错综复杂的面积关系的几何狂式的欲望，成了他发现不可能令人满意地抓挠的智力上的搔痒。每一次新的抓挠又会刺激起新的搔痒。甚至莱奥纳尔多最真诚的敬慕者也一定怀疑整个事情是否没有变得无法收拾。

这段诙谐而不敬的话无疑为一项认真而困难的研究带来了轻松的场面，但这是有道理的吗？如果肯普在前面所引用的一段文字中所说的话是正确的，即莱奥纳尔多“为着它们彼此的缘故，为着他察觉到的内在的一致性调查研究每一件事物”，那么这种探索不会也提供出解开这些令人恼怒的摆脱不开的问题的钥匙吗？所有这些研究很可能都直接或间接地跟求与圆面积相等的正方形这个著名的问题有关。如果这项事业取得成功，就会从数学中除掉人们觉得是这门学科的“丑闻”的事物，圆的半径与周长间的关系的无理性，用算术的有限项表达 π 的不可能性。也许莱奥纳尔多的研究像爱因斯坦对“统一场论”的终生探索一样，涉及的是几何学和算术的统一——这将会给科学家提供一套极其有力的智力工具。否则他会十分庄严地记下他相信他已发现对这个问题的解答的确切的时刻和地点吗?解答从未成功，因此在我们看来他的精力的耗费是误入歧途的，但真的只是对知识的渴求激起了莱奥纳尔多以超人的努力去洞察自然的奥秘吗?

我们不可忘记，他在佛罗伦萨的知识形成期间，主要的哲学家们寄新的希望于“自然的魔法”。弗朗西丝·耶茨 [Frances Yates] 在她的文章中表明马尔西利奥·菲奇诺 [Marsilio Ficino] 翻译的赫耳墨斯秘义集如何助长了魔术家的观念。这位年轻的艺术家一定感到，充当这一角色的方法和手段即使不是欺骗性的，也是误入歧途的。的确，在他的讽刺性预言中可以发现一种嘲弄性模仿的因素，模仿这些哲学家的口吻。根据冷静的推理可以看到，听上去十分神秘的事物却是十分自然的。难道没有可能莱奥纳尔多怀着这样的雄心，要通过他的努力证明这些自封的创造奇迹者们所宣称的奇迹确实可以完成，但是只能通过对自然的结果的奥秘的理性洞察来完成吗?

如果这种解释可被证实，那么这将表明知识和幻想在莱奥纳尔多那里的统一比肯普在关于米兰人那几章所承认的更胜一筹。然而往往幻想领先，并要求理智做不可能做到的事情。这是莱奥纳尔多的个性中他的同时代人强烈地感到但肯普的传记却未予强调的一个方面——他的缺乏现实性，他的“异想天开”的倾向。祖博夫而不是肯普提到的一份文件说明了这个特征，那是莱奥纳尔多致苏丹巴耶塞特二世 [Sultan Bajezid II] 的一封信（约1502年），在伊斯坦布尔的档案中发现了一份土耳其语译文。在信中，大师保证要建一座跨越博斯普鲁斯海峡的整个宽度长1150英尺的单跨大桥。这个乌托邦式的进一步细节并没有莱奥纳尔多自己是否相信它的可能性的问题重要。但是也许我们不应该提这个问题，因为没有对完成不可能做到的事情的不现实的信念，莱奥纳尔多就不成其为莱奥纳尔多了。肯普书中的莱奥纳尔多绝非一般人认为的预言了现代科学技术后来所做出的每一个发明或发现的术士。他没有预言。但是，即使我们必须摒弃这个有着时代错误的画面，也仍然应当承认，他梦寐以求要创造只有现代科学才最终完成的奇迹——并且是通过他所选择的理性探索的方法完成的。

[毛巍蓉译　李本正校]

米开朗琪罗的最后几幅画[1]

MICHELANGELO'S LAST PAINTINGS. Originally published under the title 'Talking of Michelangelo' in the *New York Review of Books*, 20 January 1977, as a review of Leo Steinberg, *Michelangelo's Last Paintings: The Conversion of St Paul and the Crucifixion of St Peter in the Cappella Paolina, Vatican Palace*. Reprinted in E. H. Gombrich, *Reflections on the History of Art*, edited by R. Woodfield, Oxford, 1987, pp. 81—90

1955年，国际历史会议在罗马举行时，会员们聚集在梵蒂冈，聆听了教皇用拉丁语发表的演说，然后被赋予难得的特权，进入波林礼拜堂［Paoline Chapel］，那里画着作为斯坦伯格［Steinberg］教授的书的主题的那些湿壁画。我很清楚地记得一位著名的历史学家有些激动地找到我，怀疑地问道："这些真的是米开朗琪罗的作品吗？"是的，而且人们只能希望这本受人欢迎的出版物会在专家的狭小圈子之外传播这条新闻。

尽管这些湿壁画被大师最初的传记作者们用适当的、尊敬的口吻提及，然而它们从未在与他的大部分其他作品同样的程度上被公众所意识到。它们相比之下遭到忽略有其内在原因，斯坦伯格先生对此作了敏锐的分析，但是还有这样一个起作用的因素，即总是禁止普通的艺术爱好者和旅游者观赏它们（通常需要六个星期才能获准参观）。也许是作为安慰，早期的一些描绘强调它们的保存状况不佳。例如，雅各布·布克哈特［Jacob Burckhardt］颇有影响的《艺术指南》［*Cicerone*］（1855年）说，一场大火使它们面目全非，毁坏得十分严重，最好根据雕版画来研究它们。据斯坦伯格先生所说，它们第一次全面的修复（1934年左右，1953年再次重修）"惊人完好地显露出最初的外观"，尽管我们也听说其结果不无争议。对附有许多惊人而有教益的细部的六十四幅大幅整版插图（其中二十四幅为彩色）的研究表明，我们总的来说可以相信我们目中之所见，我们应当感谢作者和出版商把这些神秘的作品呈现在我们眼前。

斯坦伯格先生是一位杰出的鼓吹者和十分优秀的作家。我们从他的前言中获悉，他曾于1965年为美国哥伦比亚广播公司电视台长达一个小时的关于这座礼拜堂的电视片撰写脚本，收入此书中的一些思想就是在那个节目中首次表达出来的。他的描述的确有一种戏剧性，这种戏剧性应使他的文章也可为通常不阅读图画书的历史介绍的读者所理解。第一章，“艺术家垂垂老矣”，以一段感人而简洁的倒叙提供了传记的背景，这段倒叙详述了教皇尤里乌斯二世［Julius II］圣墓的纷乱的悲剧，这是大师于1542年11月才终于解脱的重负。第二章，“湿壁画的名望”，描述了批评家们对湿壁画的反应，并把对它们的重新评价和二十世纪的某些思想倾向——对年老的艺术家的创作的偏见（在这里提到贝多芬［Beethoven］的晚期四重奏是很合适的），以及清除“手法主义”风格的颓废和矫揉造作的痕迹的愿望巧妙地联系起来。由于趣味潮流中的这些倾向，作者能把波林礼拜堂的湿壁画描述为“米开朗琪罗献给二十世纪的礼物”，但是，他正确地感到这份礼物仍然需要充分评价。

后面的几章中有三章论述《圣保罗的皈依》［*The Conversion of St Paul*］（图236），只有一章论述《圣彼得被钉十字架》［*Crucifixion of St Peter*］（图237），仿佛作者对于把扫罗［Saul］改变为保罗［Paul］的心理学戏剧做出特别直接的反应。因为使此书高于一般艺术书籍的是个人参与的意识，使我们分担一种个人感受的愿望。第五章的标题，“包含的自我”，系指米开朗琪罗加入到 *dramatis personae*［剧中人］当中，它也可以用作对斯坦伯格先生特别喜爱的批评方法的描述。他和避开更近一些的图像学倾向一样——在图像学中艺术作品有时消失在高深的参考资料之网的后面——也避开源自沃尔夫林［Wölfflin］的形式分析的冷漠的超然态度。可以滔滔不绝地说许多话来赞扬这种方法，它令人们想起诸如拉斯金［Ruskin］或沃尔特·佩特［Walter Pater］这样的十九世纪的批评家。米开朗琪罗毕竟不是为提供讨论会的材料而绘画的；他需要的是反应，这种反应如果不是个人的又能是什么样的呢?从前言中看，作者的目标还要高一些。他寻求的是所有这些方法的综合。

我试图不去规避解释的责任，尽管我对象征的读解往往和那种被称为“形式分析”的方法混为一谈。这个术语似乎不再有帮助了。在米开朗琪罗的绘画结构中，“形式”和“内容”是不可分割的。只是在最狭隘的意义上，他所描绘的场景才图解了预定的主题；随着艺术家概念的体现，它们产生出新的意义，表达了更广泛、更深刻的意味。腿的弯曲的曲线——《皈依》中圣保罗的右腿——构成了具有旋律的线条，但是由于它对准了基督所指示的城市，因此它也明显地预示了保罗所要去的地方。线条的节奏，戏剧化的姿态，近在眼前的目的地和命运——所有这一切都在这独特的视觉内容中一起崩溃了。

正因为作者在这里提出的方法问题十分重要，所以他用这样不能令人信服的例子来说明它似乎令人遗憾。大马士革城确实出现在湿壁画的右边靠近地平线的地方，画面的中间表现了跌落马下的圣保罗。躺在地上的圣徒的腿的形状是否可正确地称之为“曲线”，更不用说“具有旋律”的线条了，这是个看法问题，但是把这条短短的想象的线条描述为“对准”那座城市却似乎有些怪异。腿肚子没有指向那里，脚也没有指向那里。但为什么这幅湿壁画的主题要求这样指向那座城市呢？按照经文，基督的异象确实命令扫罗去大马士革，但是他无论如何是要去那里，而且这个命令所指的不是目的地而是圣徒的猝然失明获得治愈的方式。任何想追寻朝向遥远的大马士革的“线条”的人都会发现他的探索的目光被纷乱的人物所打断。

作者解释其中之一的形式和内容的方式可以进一步说明他的程序，尽管错综复杂的论证要求读者有极大的耐心。简言之，他在惊惧的旁观者中辨认出一个跌倒在地上的人。尽管他只是在一名士兵的腿中间局部可见，斯坦伯格先生却希望我们在他的姿势中识别出横卧的古典河神的姿态。不可否认，这个程式在文艺复兴时期颇有影响，不过它究竟是否与河神相关却不易确定，因为一个人抬起上半身躺在地上时几乎不会不与这个姿势有些相似。作者也发现这反映在躺在地上的圣保罗的形象中，因此它成了与他从人群中分辨出的那个形象相对应的形象。

两个横卧的腿对腿的河神的模式使他想起在文艺复兴时期被带到卡皮托利尼[Capitoline]山上的一对雕像，即米开朗琪罗要改造为市政厅的那座山。他因此在这种结构中发现了对坎皮多利奥[Campidoglio]群像的“暗指”，它“不会是毫无理由”。“更有可能的是”，我们读到：

> 大师又是在几个层次上思考——但人们对他的思考的含意感到惊讶。米开朗琪罗是否在求助于一种视觉相似物，用以除保罗受天命的时刻之外还使罗马政治中心的形象出现在观画者面前?他是在预期被描绘的这一时刻的历史后果吗?以自己是罗马公民为荣的大数的圣保罗被指派为向非犹太人传道的使徒，并带着特殊的使命前往罗马……如果米开朗琪罗不是缺少考虑的，那么他是在视觉上将已皈依的保罗和他的最后的目的地相联系。

还不仅如此。我们知道，既然这幅湿壁画占据了东面的墙，那么可以想象市政厅就坐落在那个方向。实际上浏览一下地图就会明白市政厅座落在梵蒂冈东南很远的地方，但是无论这种偏离是否举足轻重，我们都接受了教皇英诺森三世[Innocent III]写于约350年前的一段文字，把都在罗马殉教的彼得和保罗奉为这座城市的一对守护神。此时人们不可指望有什么读者会记得这段论证的开端，它是以人群中只能看到局部的一员与河神程式的相似为基础的。在此我并没有夸大其辞，因为十分奇怪，在后面的一章中斯坦伯格先生不再把圣保罗和那种程式相等同。他在那里正确地认为对圣保罗的姿态和河神姿态进行的比较是“徒劳的”。

> 在十六世纪的绘画或雕塑中，没有一个河神的形象遭到如此不稳定的失衡。保罗支撑身体的手臂十分急剧地弯曲与缩回，不能稳定住那正在倒下的躯干。而且，这个形象的前面朝向我们，结果，由相助者猛然上前所加以强调的向前的跌落对向了观者。这两个差别，即突然的失衡和朝向前面，是没有先例的，它们使这个形

象具有新的意义和紧迫性。

这段描述表明了斯坦伯格先生的最高才能，他对构成构图基础的姿态的对偶所做的进一步分析亦然。正是在这个方面他又一次把注意力吸引到他仍称作“把两个‘河神’结合为单一的由两部分构成的母题”的事物上，尽管在这个描述中有一种夸张的成分，我们却可以十分容易地承认，米开朗琪罗在这里和别处一样使用了反映式变化的手段，以给予他的编组以统一性。但是，如果地上那个故事性人物真的反映了与河神并不相像的圣徒的姿态，那么在去大马士革路上的某处被重新扮演或被唤起其形象的罗马城情况如何呢？

斯坦伯格先生知道他容易遭到过分解释米开朗琪罗的绘画的批评，因此，在他的前言中事先阐明了自己的立场。

我意识到那种不赞成在损害大师的情况下过分自由地进行推测的立场。但是毕竟有两种不公正地对待一件伟大艺术作品的方式，过分解释它，或低估它的意义。如果无法证实的解释被正确地看成是很危险的，那么在只因为讲得很少而觉得安全的限制性断言中也同样有错误解释的危险。

他对他的解释所要求的只是它们“即使是不能被证实的也是十分可能的，……使以前不明显的事物变得显而易见；而且一旦予以表述，它们便十分深刻地洞察视觉材料，以致图画似乎在自我表白，而解释者却消失了”。

这些是很重要的标准，但是恐怕不够充分。因为作者很可能低估了投射和暗示的力量，那种力量使我们不仅把种种意义而且把种种形状加进了对一幅画的理解之中。要说明这一点而又不显得琐碎，这是很难做到的，但是为了提出的那些方法论问题，必须冒这个风险。

假定有人注意到这样一个事实，我在评论的这部书是在英国由费顿出版社[Phaidon Press]出版的，这家出版社最初是用柏拉图的《斐多篇》[*Phaidon*]的名字命名的，那是狱中的苏格拉底阐明他对灵魂不朽的信仰的对话。当米开朗琪罗的思想日益转向死亡时——这可以从他的诗作中得到证实——所画的那些湿壁画与其关于美的思想以前曾困扰着他的柏拉图的特定著作相联系，这难道不是适当而奇怪的吗？一旦我们发现了这种联系，难道我们没有权利在构图中去寻觅费顿出版社的社标希腊字母Φ吗？我不再进一步作例证了，尽管这个有一条垂直轴线的圆会很适宜于这种做法。之所以不可这样去做，正是因为我们一旦把这些内容和形式相“熔合”，就很难再把它们分开，在我们弄清自己的见解之前我们就已经给一件伟大的艺术作品强加了一种难以摆脱的读解。

正因为这个原因，我不能同意斯坦伯格先生的见解——简言之——过分的解释和不充分的解释同样糟糕。一种使作品保持原貌，尽管它可能未能详尽论述那些不可详尽论述的事物；另一种则使自己留在人们的记忆中，此后便歪曲着我们的感受，即使我们不相信它也是如此。

因此，在我看来批评家的责任甚至比历史学家的责任更加重大。对错误的历史解释置之不理很容易，但是，一旦有说服力的批评家将一件艺术作品用他那碾磨机磨过后，要恢复它的原始形式也就不那样容易了。因此，批评家应当像正在表演的艺术家、音乐家、演员所做的或者应该做的那样看待他的解释。在解释一首交响乐或一个剧中角色时，我们希望他首先努力执行创作者的指令而不是强加他自己的读解。他无须担心这种服从的行为会使他的表演失去活力或趣味。音乐或文学的符号决不可能十分全面，以致不给个人的成分留下任何余地。同样，在视觉艺术中，我所称的“观看者的本分”把笔触转变为形象。我们在各个层次上都不能不求助于猜想，无论我们估计舞台的深度、光的照射还是从静止不动的形象的位置来推测他们的运动和他们的心境。观看即解释。只要他尊重他的原典，我们就不能规定批评家不可超越的限制。但是，我们有权知道他认为他揭示了哪种意义。

就文学批评而言，小 E. D. 赫希 [E. D. Hirsch, Jun.] 教授最近在他的《解释的目的》[*The Aims of Interpretation*]（芝加哥大学出版社，1976年）一书中又一次特别有力地说明了这一点。他提出充分的理由把“意义”[meaning] 一词限于原典的意图表达的意义，而保留“意味”[significance] 一词用于其他方面。视觉艺术中的情况可能有些不太明确，但是，如果每次我们都能被告知提出的解释的确切含义，它仍然是有益的。我们应当把它看作关于艺术家的有意识的还是无意识的意图的假设?批评家在思考的是动机还是目的?换言之，他是在向我们提供关于是什么使大师这样做而非那样做的解释，还是在试图告诉我们艺术家希望观画者从他的作品中发现什么意义?

在拉斯金 [Ruskin] 的《现代画家》[*Modern Painters*] 中有一章的题目是“关于深刻的想象”[Of Imagination Penetrative]，其中包括对威尼斯圣罗可会堂 [Scuola ai San Rocco] 廷托雷托 [Tintoretto]《基督受难》[*Crucifixion*] 一画的赞美。这一章在对拉斯金所认为的画家的“妙笔”做出解释时达到了高潮：“在十字架后面的阴影中，一个骑着幼驴的男人一面用一根树枝指着受难的基督，一面回首看着众人。驴子正在吃*残余的枯萎的棕榈树叶*。”(重点处为拉斯金所强调。)拉斯金猜想，这些棕榈叶就是要求处死耶稣的这同一群人只不过在五天前当耶稣骑驴进入耶路撒冷时用来迎接他的那些棕榈叶。在拉斯金看来，再没有更好的方式来向观画者提醒这群人的行为、他们的愤怒和受挫的骄傲的原因了。

这个解释尽管不能证明，然而廷托雷托无疑会知道耶稣受难的故事和棕枝主日的事件，在这个意义上它是可能的，尽管拉斯金在发现的欢乐中可能过分强调了这个情节，我们却可以无需牵强地把它加进我们对这幅画的读解中去。

这样，无论我们是否接受拉斯金的解释——我觉得它是令人信服的——它的含义很清楚。它试图确定这个情节的意图表达的意义。也许在廷托雷托描绘这一节时心中还有其他的思考和联想——他也许喜欢或讨厌驴子，或者有着用棕枝主日的棕榈叶喂驴子的内疚的记忆。但即使我们能了解导致描绘这一情节的确切的混杂的动机，也不会有助于我们对这幅作品的理解——尽管可以想象它会有助于我们对画家的理解。

斯坦伯格先生未予系统阐述的前提是两者是不可分割的。他坚持C. S. 刘易斯［C. S. Lewis］称作“个人的异端”的那种表现与信念，这种异端遍布于许多当代的批评之中，但我相信它是建立在一段言论的原因、目的和意义间的混淆的基础上的，也许有许多细微之处把一个和另一个相联系，但批评家们仍应力图把他们区别开来。

由瓦萨里讲述的有关米开朗琪罗的故事就是一个恰当的例子。我们知道米开朗琪罗在画《最后的审判》［*The Last Judgement*］时，教皇的司仪反对画中形象赤身裸体，于是画家进行报复，把他的批评者画成地狱中的弥诺斯［Minos］，被一条大蛇团团缠住；在这里目的和意义都十分清楚，但是，我们对《最后的审判》的理解仍未因我们了解这个私下的玩笑而受到影响。

然而，斯坦伯格先生谈及“意义的层次”时，他心中想到一种不同的模型。有些像弗洛伊德的梦的模型，要揭去明显的表层意义才能揭开深层的和“极终”的意义。比起据称对市政厅的暗指这个先前的例子来，他自己所称的他对在湿壁画《圣彼得被钉十字架》中包含了可能的自画像的意义的“沉思”使人们更值得去澄清这个问题。因为在湿壁画上有两个形象曾被看作大师的肖像，一个是呈现出听任处置的姿态的老人，靠近前景；另一个是背景中缠着头巾的头部，靠近罗马司刑官的身边。因为这位司刑官有一个漂亮的古典的头部，这就使作者在这种并列中看到年老大师的自责，他为服务于古典美而不是服务于信仰感到遗憾。因此他把整个构图解释为“米开朗琪罗从他早期醉心于异教美和艺术……又到他的自我……从他自己对基督的否认到他现在的悔悟的命运的下降曲线”。为简洁起见，我略去了对一些成分所做的“形式分析”，那些成分将这两个形象联系起来，并解释了作者的断言，即“这件作品的最终意义在它的结构的几何形状中流淌”。

斯坦伯格先生自己称这种读解“无法证明或反证”，但是人们希望被提供的不是证明而是有文献证明的类似情况。不是来说明在叙事画中包含自画像，而是说明那种因有包含本书常常假定并发现的多重意义的形式而具有双关意义的完美例子。瓦萨里向我们讲述了米开朗琪罗的私下的报复，但为什么他却从未提到他的时代或任何其他时代的任何这样的作品，在这样的作品中对故事中人物的姿态和行动进行了精巧的设计，以致它们也表达了地形上的暗指，如我们被指望对《圣保罗的皈依》中那些跌倒的人，或者对诸如从早期自我降至晚期自我这样的绘画自传所持的见解那样呢？诚然，瓦萨里遗漏了某些事情，总之他并不是一个学识渊博的人，但他很了解米开朗琪罗而且无条件地崇拜他。而且他喜欢图像志式的复杂性，如他对他自己的湿壁组画的评论所证明的那样。

斯坦伯格先生使作品接近他的二十世纪的观众的愿望使他把米开朗琪罗描写得近似于当代的艺术家，他们的创作可能的确类似于私下的和公开的意义互相渗透的梦幻，这难道不是更可能的吗？但历史是关于过去而不是关于现在的，对这些作品的这种读解尽管细致而博学，却留下了许多空白有待历史学家去填补。此处可以提及其中的两个：一个是《圣保罗的皈依》所涉及的对湿壁画题材的解释，另一个是关于圣彼得殉教的，可以补充一下斯坦伯格对这幅画的历史地位的认识。

斯坦伯格先生对于《皈依》的读解着重集中于地上的事件，他借助于“我们关于在开阔的海滩上遭到俯冲轰炸意味着什么的知识”赋予基督在荒凉的景观中突然显现以直接性，他在对扭动的圣徒及其惊慌的同伴的整个描述中都贯穿了这个基调。对比之下，对围绕在基督形象周围的天使只做了草率的描述，如在未加解释的话“天使军在做天上的字谜游戏”中那样。但是，米开朗琪罗未必希望我们因此把他的天堂异象置于比地上的戏剧次要的地位。因为这个异象很可能是要作为圣保罗自己的异象。在《哥林多后书》（第十二章）中，圣保罗用十分莫名其妙的词句谈到这样一种异象，此后注释者们便纷纷做出注释。“我认得一个在基督里的人，他前十四年被提到第三层天上去。或在身内，我不知道，或在身外，我也不知道，只有神知道……他被提到乐园里，听见隐秘的言语，是人不可说的。”

人们一直承认，这里所描绘的经历就是圣保罗自己的经历，不过它在写这封书信的十四年前究竟发生于何时，当时并不确定，现在仍不确定。这位圣徒所说的“第三层天”指的是什么，是否就是也提到了的乐园，这些也不清楚。圣奥古斯丁[St Augustine]在他的《创世纪评注》[*De genesi ad litteram*]中用了很长的一章专门讨论这些难题；但无论对它们的解答是什么，保罗被看作一位圣徒，有幸看到了天堂的异象——（在但丁著作中和其他地方）爱神的特定住所的“第三层天”。这是一个似乎值得追寻的线索，因为无论米开朗琪罗是否想把保罗的那些幻觉的经历压缩为一次经历，他无疑不希望我们漠视在这位使徒眼前展现的爱与美的王国——无可否认，这个领域不如残酷地致人失明那样与二十世纪的情感相一致。

在描述《圣彼得被钉十字架》一画时，斯坦伯格先生很顺利地首先解释了是什么一定使米开朗琪罗决定背离把这位圣徒表现为静止不动地倒挂在十字架上的传统模式。实际上米开朗琪罗是使这个场面相似于斯坦伯格没有提到的一个不那样静止的范例，《基督前往骷髅地》[*Christ's Procession to Calvary*]的范例。正是在这里我们最先见到那种旋转运动，人物在右面从场景的背后到来，在对面离观画者而去，巨大的十字架形成了构图的中心点。拉斐尔在现藏马德里的称作《西西里亚的悲伤》[*Lo Spasimo di Sicilia*]的画中采用了这个类型，这幅画被阿戈斯蒂诺·韦内齐亚诺[Agostino Veneziano]制成雕版画，它表现出与米开朗琪罗的作品不止一处的相似之点，也许包括前景中的那组妇女，对人们颇有启发。但是十分奇怪，这也让人想起一幅早期的表现这一主题的作品，马丁·舍恩高尔[Matin Schongauer]的一幅版画，据说米开朗琪罗在年轻时曾临摹过这位艺术家的《圣安东尼的诱惑》[*Temptation of St Anthony*]。

无可否认，这种对应也无法证明或反证，因为无论可能有哪些模仿，它们都完全变成了米开朗琪罗的个人风格。然而可以表明，注意这个历史的方面比起听从斯坦伯格先生的见解来，可以使我们对作品本身有更多的了解，斯坦伯格先生认为“刽子手们奇怪的旋转运动”又应该被看作“地形的暗示”。“仿佛这些在上司胁迫下行动的人正在描绘纪念受难地的纪念碑的圆形设计图”——菲利普·费尔[Philipp Fehl]曾在一篇关于这幅湿壁画的地形的有趣论文中吸引人们去注意布拉曼特［Bramante］设计的小神殿［Tempietto］。

关于正文插图仍需要谈一谈，因为它们和斯坦伯格先生的读解一样别出心裁，一样古怪。它们最大的优点就是巧妙地把在讨论的作品一直呈现在读者的面前，犹如读者在观看电视屏幕。不算整页插图，在正文中有十帧摄自不同角度的整幅的《圣保罗的皈依》的插图和十帧画面的细部。人们不想抱怨插图过多，只是有些奇怪的疏漏。在关于米开朗琪罗之前对这一主题的描绘的有趣的概述中，作者列举了八个例子，但没有巴乔·巴尔迪尼［Baccio Baldini］作于约1465年的版画，正如我们所读到的，“米开朗琪罗一定十分喜爱地仔细研究过这幅版画”，因为它“预示了米开朗琪罗的构图中人们边跑边护着耳朵的总的溃散的效果”。在一条注释中挑选了根据这幅版画制作的一个黑金镶嵌制品，因为它提供了更近的先例，但是也未附插图。也许更令人惊讶的是对正探查将放圣彼得的十字架的洞穴的跪着的妇女形象的详细讨论，其中没有提到大英博物馆中大师为这个形象所画的草图，也未附插图；就此而言，阿什莫尔藏品［Ashmolean Collection］中的另一幅草图和那不勒斯的一幅底图的片断也可以在这部专著中出现。

作者很可能觉得这些会妨碍他的论证的长驱直入。不可否认，他的论证是长驱直入的。他出版了一部值得重视的书——但是仿效这个范例是危险的。把它放在一边时人们感觉像是参加了由当代一位名导演所执导的一场莎士比亚戏剧的演出，他会抓住你又激怒你，但是无论如何会使你又去重读原文。

［毛巍蓉译　李本正校］

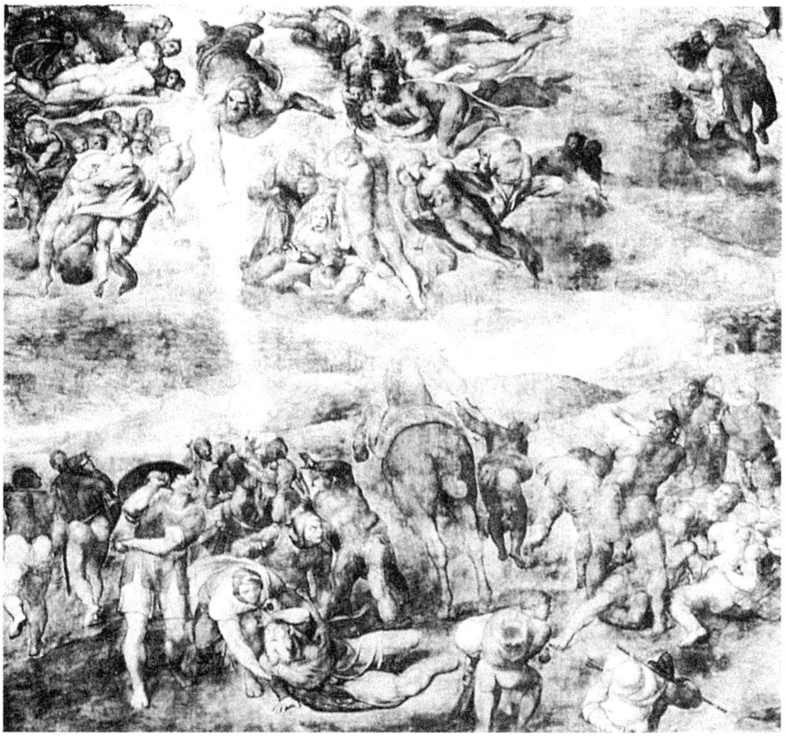

236. 米开朗琪罗：圣保罗的皈依，湿壁画，1542—5年。Vatican, Cappella Paolina

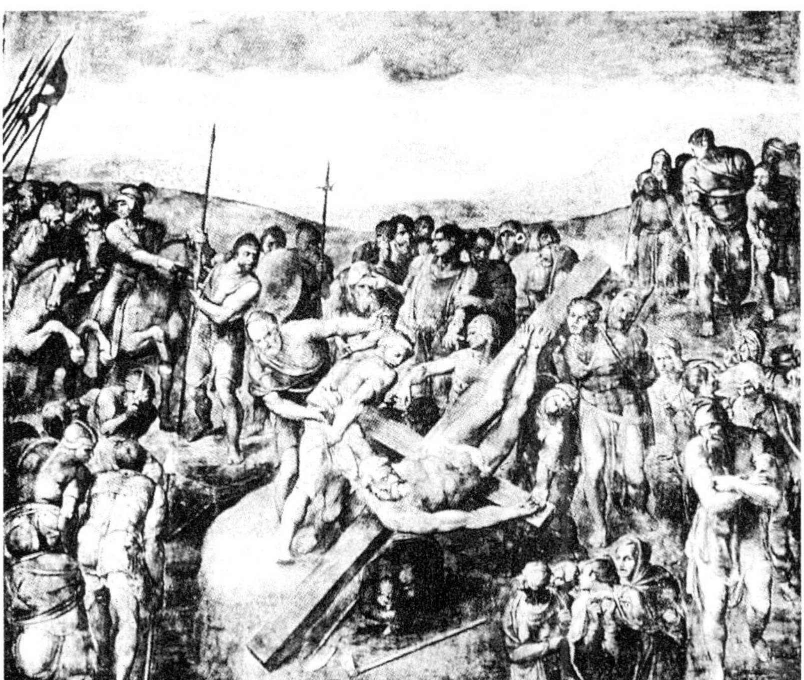

237. 米开朗琪罗：圣彼得被钉十字架，湿壁画，1546—50年。Vatican, Cappella Paolina

注　释

文艺复兴：时期还是运动

1. 斯德哥尔摩，1960年。
2. 引证潘诺夫斯基，见前引作品，第10页。
3. 根据莱奥纳尔多·布鲁尼［Leonardo Bruni］的《关于彼得历史的对话录》［*Dialogi ad Petrum Histrum*］述其大意；最易读到的版本（和意大利文译本）收在E.加林［E. Garin］的《十五世纪的拉丁语散文作家》［*Prosatori Latini del Quattrocento*］里，米兰，1952年。有关这段和下段引文，另见我的文章"从文字的复兴到艺术的革新：尼科洛·尼科利和菲利波·布鲁内莱斯基"［From the Revival of Letters to the Reform of the Arts：Niccolo Niccoli and Filippo Brunelleschi］，收于D.弗雷泽［D. Fraser］等编的《艺术史论文集：献给鲁道夫·维特科夫尔》［*Essays in the History of Art presented to Rudolf Wittkower*］，伦敦，1967年。
4. 里努奇尼［Gino Rinuccini］，《抨击对但丁的某些诽谤》［*Invettiva cierti contro a caluniatori di Dante*］，参见前面引过的我的文章，第74页。
5. 佩罗萨［A. Perosa］（编），《鲁切拉伊及他的札记》［*Giovanni Rucellai ed il suo zibaldone*］，伦敦，1960年，第61页。这个短语反映了布鲁尼本人对彼得拉克的赞扬。
6. 策尔特斯［Konrad Celtes］，《书信集》［*Der Briefwechsel*］，鲁普里希［H. Rupprich］编，慕尼黑，1934年，第56—57页。
7. 格里芬［Francis Griffin］，琼斯［Jones］编，《隐名者信札》［*Epistolae Obscurorum Virorum*］，1909年，II，46（略缩短）。
8. 赫伊津哈［J. Huizinga］，《鹿特丹的伊拉斯莫斯》［*Erasmus of Rotterdam*］，伦敦，1952年（其中选入了他的一些书信），第218页起。
9. 伯里［J. B. Bury］，《进步的观念》［*The Idea of Progress*］，1920年（多佛版，平装本，1955年）。
10. 维科［Giambattista Vico］，《新科学》［*Scienza Nuova*］，修订版，那不勒斯，1744年。英译本译者伯金［T. G. Bergin］和菲施［M. H. Fisch］，1948年，康奈尔版，平装本，1970年。有关维科的后来影响，另见威尔逊［Edmund Wilson］的《去芬兰站》［*To The Finland Station*］，1940年。
11. 赫尔德［J. G. Herder］，《人类历史哲学大纲》［*Ideen zur Philosophie der Geschichte der Menschheit*］，1784—1791年。
12. 全名为 *Essai sur l'histoire generale et sur les moeurs et l' esprit des nations depuis Charlemagne jusqu'a nos jours*，日内瓦，1756年。弗格森［W. K. Ferguson］的《历史思想中的文艺复兴》［*The Renaissance in Historical Thought*］里有一精彩章节论伏尔泰，麻省坎布里奇，1948年。
13. 拉斯金［John Ruskin］，《威尼斯之石》［*The Stones of Venice*］，III，在《全集》［*Works*］（伦敦1903—12年）中，卷十一，

第 69 页。

14. 波普尔［K. R. Popper］,《开放社会及其敌人》［*The Open Society and its Enemy*］,伦敦,1945 年(Routledge 版平装本,1967 年)。

15. 黑格尔［G. F. Hegel］,《历史哲学讲演录》［*Vorlesungen uber die Philosophie der Geschicchte, in Samtliche Werke*］,格洛克纳［H. Glockner］编,斯图加特,1928 年，Ⅺ，第 516 和 518 页。这一作品有英译本,译者西布里［T. Sibree］,1899 年,这里用的译文是我本人译的。另见我的书《寻求文化史》［*In Search of Cultural History*］，牛津，1969 年。

16. 米什莱［J. Michelet］,《法国史》［*Histoire de France*］，Ⅶ，巴黎，1855 年，第Ⅱ—Ⅲ页。

17. 布克哈特［J. Burckhardt］,《意大利文艺复兴时期的文化》［*Die Kultur der Renaissance in Italien*］，1860 年。英译本印行了许多版，译者是米德尔莫尔［*S. C. G. Middlemore*］。

18.《寻求文化史》，前面的注释中引过。

19. 见弗格森,《历史思想中的文艺复兴》,前面的注释中引过。

20. 佩夫斯纳［Nikolaus Pevsner］,《现代设计的先驱者》［*Pioneers of Modern Design*］,伦敦,1936 年(Penguin 版,平装本,1960 年)。

21. 西蒙兹［J. A. Symonds］,《意大利文艺复兴》［*Renaissance in Italy*］,（七卷）伦敦，1875—86 年。

22. 佩特［Walter Pater］,《文艺复兴》［*The Renaissance*］，1877 年。

23. 萨巴捷［P. Sabatier］,《阿西西的圣弗朗切斯科传》［*Vie de St. Francis d'Assise*］,巴黎，1894 年；英译本，伦敦，1894 年。

24. 托德［H. Thode］,《阿西西的弗朗切斯科和意大利文艺复兴艺术的开端》［*Franz Von Assisi und die Anfange der Kunst der Renaissance in Italien*］，柏林，1885 年。

25. 见我的《阿比·瓦尔堡思想传记》［*Aby Warburg, An Intellectual Biography*］,伦敦，1970 年。

26. 桑代克［L. Thorndike］,《巫术和实验科学的历史》［*A History of Magic and Experimental Science*］，七卷，纽约，1923—41 年。

27. 巴特菲尔德［H. Butterfield］，《现代科学的起源》［*The Origins of Modern Sciences*］，伦敦，1949 年。

28. 克龙比［A. C. Crombie］,《从奥古斯丁到伽利略：中世纪的科学》［*Augustine to Galileo: Science in the Middle Ages*］，伦敦（1952 年，Mercury 版，平装本，1961 年）。

29. 一种平衡的看法，见祖博夫［V. P. Zubov］，《莱奥纳尔多·达·芬奇》［*Leonardo da Vinci*］，麻省坎布里奇，1968 年。

30. 耶茨［F. A. Yates］,《焦尔达诺·布鲁诺与秘义传统》［*Giordano Bruno and Hermetic Tradition*］，伦敦，1964 年。

31. 沃克［D. P. Walker］,《古代神学》［*The Ancient Theology*］，伦敦，1972 年。

32. 赫伊津哈,“文化史的任务”［The Task of Cultural History］,收在《人与观念》［*Men and Ideas*］(Meridian 版，平装本，1959 年)。

33. 最近有人尝试从数量角度评价“精英”，见伯克［Peter Burke］,《文艺复兴意大利的文化和社会》［*Culture and Society in Renaissance Italy*］，伦敦，1972 年。

34. 有关这方面的内容,见我的论文“批评在文艺复兴艺术中的潜在作用”［The Leaven of Criticism in Renaissance Art］,收于辛格尔顿［C. Singleton］编的《文艺复兴的艺术、科学和历史》［*Art, Science and History in the Renaissance*］，巴尔的摩，1967 年。

35. 萨墨森［John summerson］，《不列颠的建筑 1530—1830 年》［*Architecture in Britain* 1530—1830］（鹈鹕艺术史丛书

[The Pelican History of Art]),1953 年。

36. 波普尔,《历史决定论的贫困》[*The Poverty of Historicism*],伦敦,1957 年。

37. 坎布里奇(麻省),1927 年(Meridian 版,平装本,1957 年)。

38. 欣克斯[Roger Hinks],《加洛林艺术》[*Carolingian Art*],伦敦,1935 年。

39. 萨巴迪尼[R. Sabbadini],《十四到十五世纪发现的拉丁文和希腊文抄本》[*Le Scoperte dei Codici Latini e Greci ne' Secoli XIV—XV*],佛罗伦萨,1905 年;修订版,1967 年。

40. 桑兹[J. E. Sandys],《古典学术史》[*A History of Classical Scholarship*],坎布里奇,1908 年,尤见卷二,"从学术复兴到十八世纪末"[From the Revival of Learning to the End of the Eighteenth Century]。

佛罗伦萨的光荣

1.《十日谈》第六天第五个故事[*Il Decamerone, Giornata VI, Novella* 5]。

2. 尼古拉·鲁宾斯坦[Nicolai Rubinstein],"佛罗伦萨政治思想的早期阶段"[The beginnings of political thought in Florence],《瓦尔堡和考陶尔德研究院院刊》[*Journal of the Warburg and Courtauld Institutes*],V,1942 年,第 213 页。

3.《迪诺·孔帕尼的编年史》[*The Chronicle of Dino Compagni*],埃尔斯·C. M. 贝克尔[*Else C M Becker*]译,伦敦,1906 年,第 4 页。

4. 切萨雷·瓜斯蒂[Cesare Guasti],《花城的圣马利亚教堂》[*Santa Maria del Fiore*],佛罗伦萨,1887 年,Doc. 24。

5. 关于这份文件的更详尽的译文连同书目,参见《老大师新解》[*New Light on Old Masters*]中我的一章"乔托画的但丁肖像?"[Giotto's Portrait of Dante?],牛津,1986 年,第 28 页。

6.《地狱篇》[*Inferno*] XXVI,1—6。

7.《炼狱篇》[*Purgatorio*] VI,127—144。

8. 查尔斯·T. 戴维新[Charles T Davis],"美好的古代"[Il Buon Tempo Antico],载 N. 鲁宾斯坦(编辑)《佛罗伦萨研究》[*Florentine Studies*],伦敦,1968 年,第 45—62 页。

9.《炼狱篇》XI,73—108。

10. 参见注 5 所援引的我的一章。

11. 于 1373 年。

12. 乔瓦尼·波吉[Giovanni Poggi],《佛罗伦萨大教堂》[*Il Duomo di Firenze*],II,佛罗伦萨,1988 年,第 132 页。

13. 于 1351 年。

14. "抨击安东尼乌姆·卢斯卡姆"[Invectiva contra Antonium Luscum],于库尔特·S. 古特金德[Curt S Gutkind]《科西莫·德·梅迪奇》[*Cosimo de'Medici*]中所援引,牛津,1938 年,第 1 页。

15. 汉斯·巴龙[Hans Baron],《早期意大利文艺复兴的危机》[*The Crisis of the Early Italian Renaissance*],普林斯顿,新泽西,1955 年,和我写的论文"从文字的复兴到艺术的革新"[From the Revival of Letters to the Reform of the Arts],载《阿佩莱斯的遗产》[*The Heritage of Apelles*],牛津,1976 年,此文更多地提及了萨卢塔蒂的文章。

16. 奥古斯托·坎帕纳[Augusto Gampana],"'人文主义者'一词的起源"[The Origin of the Word 'Humanist'],《瓦尔堡和考陶尔德研究院院刊》,IX,1946 年,60—73,和保罗·奥斯卡·克里斯特勒[Paul Oskar Kristeller],《文艺复兴思想及其根源》[*Renaissance Thougt and its Sources*],纽约,1979 年,索引"人文主

义”词下。

17.《韦斯帕夏诺回忆录》[*The Vespasiano Memoirs*]，威廉·乔治[William George]和埃米莉·沃特斯[Emily Waters]译，伦敦，1926年。

18. 布赖恩·维克斯[Brian Vickers]，《为修辞学辩护》[*In Defence of Rhetoric*]，牛津，1988年。

19. 莱奥纳尔多·布鲁尼，《赞佛罗伦萨城》[*Panegirico della città di Firenze*]（拉丁文和意大利文），朱塞佩·德·托福尔[Giuseppe de Toffol]编辑，佛罗伦萨，1974年。

20. 同上，第18页。

21. 同上，第22页。

22. 关于吉贝尔蒂的自述的译文，参见伊丽莎白·G. 霍尔特[Elizabeth G Holt]，《艺术史文献选》[*A Documentary History of Art*]，纽约，1957年，第156—158页。

23. 约翰·波普-亨尼西[John Pope-Hennessy]，《意大利文艺复兴时期的雕塑》[*Italian Renaissance Sculpture*]，伦敦，1958年，第274页。

24. 在被归于安东尼奥·马内蒂[Antonio Manetti]的《菲利波·迪·塞尔·布鲁内莱斯基传》[*Life of Filippo di Ser Brunellesco*]（意大利文和英文，萨尔曼[Saalman]编辑，大学公园和伦敦1970年）中（不无偏见地）讲述了这个故事。

25. 参见（上面注22所援引的）伊丽莎白·G. 霍尔特的著作第170—173页中马内蒂的传记的摘录。也参见马丁·肯普[Martin Kemp]，“科学，非科学与胡言，对布鲁内莱斯基的透视法的解释”[Science, Non-Science and Nonsense, The Interpretation of Brunelleschi's Perspective]，《艺术史》[*Art History*]，I，2，1978年6月。

26. 莱昂内·巴蒂斯塔·阿尔贝蒂[Leone Battista Alberti]，《论绘画与雕塑》[*On Painting and Sculpture*]，塞西尔·格雷森[Cecil Grayson]编辑，伦敦，1972年。关于序言的英译文，请再参看注22所引伊丽莎白·霍尔特的著作第205—206页。

27. 参见《规范和形式》[*Norm and Form*]中我的“文艺复兴与黄金时代”[Renaissance and Golden Age]一章，伦敦，1966年，第29—34页。

28. 参见（上面所援引的）《规范和形式》中我的“作为艺术赞助人的早期梅迪奇家族”[The Early Medici as Patrons of Art]一章。第35—57页（牛津1985年第4版载有新的序言及修改与增补）。

29. 沃尔特·K·弗格森[Walter K Ferguson]，《历史思想中的文艺复兴》[*The Renaissance in Historical Thought*]，波士顿，1948年。从注16中所援引的P. O. 克里斯特勒的著作的注释和《理想与偶像》[*Ideals and Idols*]，牛津，1979年中我的“寻求文化史”[In Search of Cultural History]一章的注释中可以查到这场辩论的文章的许多进一步的题目。

30. 全文参见亚历山德罗·佩罗萨[Alessandro Perosa]和约翰·斯帕罗[John sparrow]编辑的选集，《文艺复兴时期拉丁文诗歌》[*Renaissance Latin Verse*]，伦敦，1979年，第140页。

31. 关于艺术家的名单，参见克赖顿·吉尔伯特[Creighton Gilbert]，《意大利艺术，1400—1500年》[*Italian Art*, 1400—1500]，恩格尔伍德克利夫，新泽西，1980年，第191—192页。

32. 原文载于H. 布罗克豪斯[H Brockhaus]，《佛罗伦萨艺术史研究院纪念文集》[*Festschrift zu Ehren des Kunsthistorischen Institutes in Florenz*]，莱比锡，1987年，第iiif页。

33. 亚历山德罗·佩罗萨（编辑），《乔瓦尼·鲁切拉伊及其札记》[*Giovanni Rucellai ed il suo Zibaldone*]，I，《四旬斋札记》[*Il Zibaldone Quaresimale*]（《瓦尔堡研究院学术丛书》，24），伦敦，1960年，第

60—62 页。

34. 弗朗切斯科·圭恰迪尼[Francesco Guicciardini](1483—1540),(塞西尔·格雷森的)这段译文选自约翰·R. 黑尔[John R Hale]的选集版本,伦敦,1966 年,第 1 页。

35. 为唐纳德·温斯坦[Donald Weinstein],"佛罗伦萨的神话"[The Myth of Florence]中所引,载尼古拉·鲁宾斯坦(编辑),《佛罗伦萨研究》,伦敦,1968 年,第 42 页。

36. 查尔斯·德·托尔奈[Charles de Tolnay],《米开朗琪罗》[*Michelangelo*], I,普林斯顿,1943 年,第 617 页。

37. 约翰尼斯·怀尔德[Johannes Wilde],"佛罗伦萨的大会堂"[The Hall of the Great Council of Florence],《瓦尔堡和考陶尔德研究院院刊》VII,1944 年,第 65—81 页。

38. 乔奇奥·瓦萨里[Giorgio Vasari],《画家,雕塑家和建筑家传记》[*The Lives of the Painters Sculptors and Architects*],英译本,伦敦,1963 年,也有便用的单卷选本。

39. 第二部分的序言。

40. 埃托雷·阿莱格里[Ettore Allegri]和亚历山德罗·切基[Alessandro Cecchi],《韦基奥宫与梅迪奇家族》[*Palazzo Vecchio e i Medici*],佛罗伦萨,1980 年。在他的《谈艺》[*Ragionamenti*]中,瓦萨里对这些湿壁画做了详尽的描述。

41. 鲁道夫和马戈特·威特科夫尔[Rudolf and Margot Wittkower](编辑),《神性的米开朗琪罗,佛罗伦萨学院 1564 年对他逝世的悼念》[*The Divine Michelangelo, The Florentine Academy's Homage on his Death in* 1564],伦敦,1964 年。

42. 载于 W. 罗斯科[W. Roscoe],《洛伦佐·德·梅迪奇传》[*The Life of Lorenzo de'Medici*]的附录,伦敦,1799 年。

43. 关于物体、绘画和模特儿的日期和鉴定,参见《皇家收藏的珍品》[*Treasures from the Royal Collection*]的目录,伦敦,1988 年。

从文字的复兴到艺术的革新

1. 本文是为《艺术史论文集:献给鲁道夫·威特科夫尔》[*Essays in the History of Art presented to Rudolf Wittkower*](伦敦,1967 年)撰写的稿件;所据的初稿是 1962 年 12 月在纽约美术研究院[New York Institute of Fine Art]作的讲座。

2. 《历史哲学讲演录》[*Vorlesungen uber die philosophie der Geschichte*](E. 甘斯[E. Gans]编辑,柏林,1840 年),第 493—6 页。我曾在就职演说"艺术与学术"(1957 年)中述及这一问题,该演说现收入《木马沉思录》(伦敦,1963 年),第 106—19 页,更充分的讨论见我的德内克讲座[Deneke Lecture]《寻求文化史》[*In Search of Cultural History*](牛津,1969 年)。

3. 《人文主义时代的建筑原理》[*Architectural Principles in the Age of Humanism*],第二版(伦敦,1952 年)。

4. 奥古斯托·坎帕纳[Augusto Gampana],"'人文主义'溯源"[The Origin of the Word "Humanist"],《瓦尔堡和考陶尔德研究院院刊》[*Journal of the Warburg and Courtauld Institutes*],IX,1946 年,第 60—73 页;P. O. 克里斯特勒[P. O. Kristeller],《文艺复兴的思想和文字研究》[*Studies in Renaissance Thought and Letters*](罗马,1956 年),特别参见第 574 页。

5. 查尔斯·辛格[Charles Singer],E. J. 霍

姆亚德［E. J. Holmyard］等人，《技术史》［*A History of Technology*］，II（牛津，1956年）；III（牛津，1957年）。

6.《约翰·拉斯金著作集》［*The Works of John Ruskin*］，E. T. 库克［E. T. Cook］和 A. 韦德伯恩［A. Wedderburn］（伦敦，1904年），XI，第69页（《威尼斯之石》［*Stones of Venice*］，III，ch，1）。

7. 汉斯·巴龙［Hans Baron］，《早期意大利文艺复兴的危机》［*The Crisis of the Early Italian Renaissance*］（普林斯顿，新泽西州，1955年），第444页有参考书目。

8. 朱塞佩·齐佩尔［Giuseppe Zippel］，《尼科洛·尼科利》［*Niccolo Niccoli*］（佛罗伦萨，1890年）。对尼科利的地位抱有同情的评价，见E. 明茨［E. Muntz］，《文艺复兴的先驱》［*Les precurseurs de la Renaissance*］（巴黎，1882年），现在也见乔治·霍尔姆斯，《佛罗伦萨的启蒙运动》［*The Florentine Enlightenment*］（伦敦，1969年），该书像本文一样利用了同样的材料。

9. 韦斯帕夏诺·达·比斯蒂奇，《伟人传》［*Vite di Uomini Illustri*］，P. 丹科纳［P. d'Ancona］和E. 艾希利曼［E. Aeschlimann］编辑（米兰，1951年），第442—3页。

10. 同上，第440页

11. 关于布鲁尼的对话录见下文。尼科利也出现在波焦·布拉乔利尼［Poggio Bracciolini］的下述对话录中：《老人是否应结婚》［*An seniuxor xit ducenda*］，《论名望》［*De Nobilitate*］，《论君侯们的不幸》［*De infelicitate principum*］；和洛伦佐·瓦拉［Lorenzo Valla］，《论快乐》［*De Voluptate*］以及乔瓦尼·阿雷蒂诺·梅迪科［Giovanni Aretino Medico］，《论法学和医学的高贵性》［*De nobilitate legum aut Medicinae*］（初版由E. 加林［E. Garin］经手，佛罗伦萨，1947年）。

12. 最近的校本（和意大利语译本）收在E. 加林《十五世纪的拉丁语散文作家》［*Prosatori Latini del Quatrocento*］（米兰，1952年），第44—99页。

13. 同上，第68—70页。

14. 同上，第74页。

15. 同上，第52—6页。

16. 同上，第60页。

17. 汉斯·巴龙，前引著作，第200—17页。

18. 同前，第94页

19. 其中四篇，见下文，第五篇出自洛伦佐·迪·马尔科·德·本韦努蒂［Lorenzo di Marco de'Benvenuti］之手，见汉斯·巴龙，前引著作，第409—16页。另外还有弗朗切斯科·费莱尔福［Francesco Filelfo］的多次攻击。

20.《抨击对但丁的某些诽谤》［*Invettiva contro a cierti caluniatori di Dante, ect.*］，收在乔瓦尼·达·普拉托［Giovanni da Prato］，《阿尔贝蒂的天堂》［*Il Paradiso degli Alberti*］，A. 韦塞洛夫斯基［A. Wesselofsky］编辑，第1卷，第2部分（博洛尼亚，1867年），第303—16页。

21. 瓜里诺·韦罗内塞［Guarino Veronese］，《书信集》［*Epistolaril*］，R. 萨巴迪尼［R. Sabbadini］编辑（威尼斯，1915年），1，第33—46页。

22. 同上，第36页。

23. 同上，第37页。

24. 同上，第38页。

25.《莱奥纳尔多·布鲁尼反对可恶的蒙昧主义者的演说》［*Leonardo Bruni Oratio in Nebulonem Maledicum*］，收在G. 齐佩尔，《尼科洛·尼科利》（佛罗伦萨，1890年），第75—91页。

26. 同上，第77页。

27. 同上，第78页。

28. 同上，第84—5页。

29. B. L. 厄尔曼［B. L. Ullman］，《科卢乔·萨卢塔蒂的人文主义》［*The Humanism of Coluccio Salutati*］（帕多瓦，1963年），第108—12页。

30. 同上，第III部分。

31. 同上，特别见第289—90页；第二版（普林斯顿，1966年），第322—3页。

32. 劳罗·马丁内斯[Lauro Martines]，《1390—1460年佛罗伦萨人文主义者的社会天地》[*The Social World of the Florentine Humanists* 1390—1460]（伦敦，1963年），第161—3页。

33. B. L. 厄尔曼，《人文主义者书体的起源和发展》[*The Origin and Development of Humanistic Script*]（罗马，1960年），第70—1页，该处有更多的关于复合元音的引文段落。

34. 同上，第25页和53页。

35. 同上，第435页。

36. 同上，第438页。

37. 这种匿名攻击的言论经韦塞洛夫斯基之手和《阿尔贝蒂的天堂》一起出版，见前引述，第1卷，第II部分，第321—30页，但并不是该书的一部分。

38. 同上，第327页。

39. 见前注33。

40. 同上，第13—14页。

41. 同上，第18页图8。

42. 同上，第24—25页。

43. 同上，第86—7页。

44. 《1400—1550年意大利彩饰写本》[*Italian Illuminated Manuscripts from* 1400—1550]，博德利图书馆[Bodleian Library]举办的一次展览图录[牛津，1948年]。

45. 写本编号Ms、Can、Pat、Lat. 138。

46. 写本编号Ms、Can、Pat、Lat. 105。

47. 汉斯·蒂策[Hans Tietze]，"罗马式艺术和文艺复兴"[Romanische Kunst und Renaissance]，收在《1926—27年瓦尔堡图书馆文萃》[*Vortraege der Bibliothek Warburg* 1926—27]（柏林，1930年）。对这一点的讨论尤其是E. 潘诺夫斯基[E. Panofsky]，《西方艺术中的文艺复兴和历次复兴》[*Renaissance and Renaissances in Western Art*]（斯德哥尔摩，1960年），第40页，近来的讨论见欧金尼奥·卢波里尼[Eugenio Luporini]，《布鲁内莱斯基》[*Brunelleschi*]（米兰，1960年），特别是注31和33。

48. 原文如下：'Similmente la scrittura non sarebbe bella senon quando le lettere sue proportionali in figura et in quantita et in sito et in ordine et in tutti i modi de' uisibili clooe quali si congregano con esse tutti le parti diuerse…'《洛伦佐·吉伯尔蒂的回忆录》[*Lorenzo Ghiberti's Denkwuerdigkeiten* (*I Commentarii*)]，J. V. 施洛塞尔[J. V. Schlosser]编辑（柏林，1912年），MS. fol. 25v. 我感谢K. 巴克桑德尔[K. Baxandall]夫人提供了这条资料。

49. （传为）安东尼奥·马内蒂[Antonio Manetti]，《布鲁内莱斯基传》[*Vita di Ser Brunellesco*]，E. 托埃斯卡[E. Toesca]编辑（佛罗伦萨，1927年），原文为：E'nelguardare le scolture, come quello che aveva buono occhio ancora mentale, et avveduto in tutte le cose, vide el modo del murare degli angichi et le loro ximetrie, et parvegli conoscereun certo ordine di membri e d'ossa molto evidentemente … Fece pensiero di ritrovare elmodo de'murari eccellenti e di grand' argificio degli antichi, ele loro proporzioni musicali…'

50. 见上，特别是E. 卢波里尼著作的前引注释。

51. 同上，第441页。

52. 同上，第39—40页，原文为：'Quis sibi quominus risu dirumpatur abstineat, cum ille ut etiam de architectura rationes explicare credatur, lacertos exerens, antiqua probat aedificia, moenia recenset, iacentium ruinas urbium et "semirutos" fornices, diligenter edisserit quot disiecta gradibus theatra, quot per areas columnae aut stratae iaceant aut stantes exurgant, quot pedibus basis pateat quot (obeliscorum) vertex emineat. Quantis mor-

talium pectora tenebris obducuntur!'

53. 一个节略的意大利文译本见E. 加林,《十五世纪的拉丁语散文作家》,第8—36页。

54. 同上，特别是第81—5页；时间的问题见B. 厄尔曼,《萨卢塔蒂》，第33页，和巴龙，第二版，第484—7页。

55. 原文如下：'Quod autem haec urbs romanos habuerit auctores, urgentissimis colligitur. er coniecturis, stante sipuidem fama, quae fit obscurior annis, urbem florentinam opus fuisse romanum: sunt in hac civitate Capitolium, et iuxta Capitolium Forum; est Parlasium sive Circus, est et locus qui Thermae dicitur, est et regio Pariomis, est et locus quem Capaciam vocant, est et templum olim Martis insigne quem gentilitas romani generis vloebat auctorem; et templum non graeco non tusco more factum, sed plane romano.

'Unum adiungam, licet nunc non exter, aliud originis nostrae signum, quod usque ad tertiam partem quarti decimi saeculi post incarnationem mediatoris Dei et hominum Jesu Christi apud Pontem qui Vetus dicitur, erat equestris starua Martis, quam in memoriam Romani generis iste populus reservabat, quamuna cum pontibus tribus rapuit vis aquarum, annis iam completis pridie Nonas Novembrias septuaginta; quam quidem vivrnt adhucplurimi qui viderunt. Restant adhuc arcusaquaeductusque vestigia, more parentum nostrorum, qui talis fabricae machinamentis dulces aquas ad usum omnium deducebant. Quae cum omnia Romanae sint res, romana nomina romanique moris imitatio, quis audeat dicere, tam celebris famae stante praesidio, rerum talium auctores alios fuisse quam Romanos? Extant abhuc alios fuisse quam Romanos?Extant abhuc rotundae turres etportarum monimenta, quae nunc Episcopaui connexa sunt, sed iurabit esse romana, non solum qualia sunt Romae moenia, altericia coctilique materia, sed et forma' (et. cit., 第18—20页)。

56. 原文如下：'Vedesi questo tempio di singulgre belleza e in forma di fabrica antichissima al costume e al modo romano; il quale tritamente raguardato e pensato, si giudichera per ciascuno non che in Italia ma in tutta cristianita essere opera piunotabilissima e singulare. Raguardisile colonne dhe dentro vi sono trtte uniforme, colli architravi di finissimi marmisostenenti con grandissima arte e ingegno tanta graveza quanto e la volta, che di sotto aparisce rendendo il pavimento piuampio e legiadro. Raguardisi ipilastri colle pareti sostenenti la volta di sopra, colli anditi egregiamente fabricati infra l'una vlota e l' altra. Raguardisi il dentro e di fuori tritaments, e giudicherassi architettura utile, dilettevole e perpetua e soluta e perfetta in ogni glorioso e felicissimo secolo' (ed. cit., vol. III, 第232—3页)。

57. 《鲁切拉伊及其他的札记》[*Giovanni Rucellai ed il suo Zibaldone*], A. 佩罗萨[A. Perosa]编辑（伦敦，1960年），第61页。

58. 有关日期和文献见科内利乌斯·冯·法布里茨[Cornelius von Fabriczy],《菲利波·布鲁内莱斯基》[*Filippo Brunelleschi*]（斯图加特，1892年）第609—17页，以及同一作者，"归尔甫派的新官"[Il palazzo nuovo della Parte guelfa]，刊于《佛罗伦萨文管会通报》[*Bullettino dell' Associazione per la difesa di Firenze antica*]，1904年6月，IV，第39—49页。

59. 法布里茨,《布鲁内莱斯基》，第559页。

60. 吉恩·A. 布鲁克[Gene A. Brucker],《1343—1378年佛罗伦萨的政治和社会》

[*Florentine Politics and Society*, 1343—1378] (普林斯顿,新泽西州,1962 年),第 99—100 页

61. 法布里茨,《布鲁内莱斯基》,第 292 页。
62. 汉斯·巴龙,见前引证,第 612 页,注 18。
63. A. 夏泰尔 [A. Chastel],《意大利艺术》[*L'Art Italien*] (巴黎,1956 年),1,第 191 页。看来,有时在文献中发现的这个日期,仅仅是根据法布里茨在论文(见注 58)中提到的反面证据:在 1418—26 年的《归尔甫派的首领和执政官薪金的公正登记簿》 [*Protocolli notarili delle provvisioni dei Capitani e Consuli della Parte*] 中,1422 年 9 月 17 日项下提到了这座宫殿的建设和以前监督这一项目的主管[Operai]。因为这一任命在有关的一卷中没有记录,所以法布里茨推断,在较早(佚失)的一卷中肯定有记载。这样,到目前为止,我们还不知道这座新宫殿开始建造的时间,也不能断定布鲁内莱斯基应召的时间。
64. G. 马尔基尼 [G. Marchini],"普拉托的达蒂尼宫"[Il Palazzo Datini a Prato],刊于《艺术通报》[*Bolletino d' Arte*] XLVI,1961 年 9 月,第 216—18 页。
65. E. H. 贡布里希,"规范和形式" [Norma e Forma],刊于《哲学》[*Filosofia*],XIV,1963 年 7 月。英文本现收在《规范和形式》[Norm and Form] (伦敦,1966 年)。
66. 《十日谈》第六天第五个故事 [*Decamerone*, *Giornaa VI*, *Novella* 5]。
67. E. H. 贡布里希,"通过艺术的视觉发现" [Visual Discovery through Art],刊于《艺术杂志》[*Arts Magazine*],XL,1,1965 年 11 月。现重印于詹姆斯·霍格 [James Hogg] (编辑),《心理学和视觉艺术》[*Psychology and the Visual Arts*] (哈蒙兹沃思,1969 年)。
68. 原文如下:
'Quid igitur, si pictor quispiam, cum magnam se habere eius artis scientiam profiteretur, theatrum aliquod pingendum conduceret, deinde magna expectatione hominum facta, quialterum Apellen aut Zeuxin temporibus suis natum esse crdeerent, picturae eius aperirentur, liniamentis distortis atque ridicule admodum pictae, nonne is dignus esset quem omnes deriderent?' Ed. cit., 第 72 页。
69. 见卢波里尼《布鲁内莱斯基》注 63 给出的丰富书目。
70. E. H. 贡布里希,"'什么'和'怎样':透视再现和现象世界" [The "What" and the "How": Perspective Representation and the Phenomenal World],收在 R. 拉德纳 [R. Ruduer] 和 I. 谢弗勒 [I. Scheffler],《逻辑和艺术:祝贺纳尔逊·古德曼论文集》 [*Logic and Art*, *Essays in Honor of Nelson Goodman*] (纽约,1972 年),第 129—49 页。
71. E. H. 贡布里希,《艺术与错觉》(纽约和伦敦,1960 年),第八章和第九章。
72. E. H. 贡布里希,"文艺复兴的艺术进步观及其影响" [The Renaissance Concept of Artistic Progress and its Consequences],收在《第十七届国际艺术史会议文件汇编》 [*Actes du XVII Congres International d'histoire de l'art*],现重印于《规范和形式》(伦敦,1966 年)。

文艺复兴的艺术进步观及其影响

1. 福西乌斯 [Ferdinandus Fossius],《阿拉曼诺·里努奇尼一生的功绩》[*Monumentada*

Alamanni Rinuccini vitam contextendam]（佛罗伦萨，1791 年）第 43 页起。福西乌斯并没有提供此信的日期，然而该日期却在当时的 Magliabechiana 抄本中有记载，参见附录。

2. 在不久前的关于文艺复兴观念的争论中，这些艺术复兴观点得到了广泛的讨论，参见弗格森 [W. K. Ferguson]：《历史思想中的文艺复兴》[*The Renaissance in Historical Thought*]（麻省坎布里奇，1948 年）。西莫内 [F. Simone]："文艺复兴人文主义者的信仰" [La coscienza della Rinascita negli Umanisiti]，《文艺复兴》[*La Rinascita*] 2，1939 年，3，1940 年。维辛格尔 [H. Weisinger]，"文艺复兴时期的美术复兴理论" [Renaissance Theories of the Revival of the Fine Arts]，《意大利》[*Italica*] XX，1943 年，再参见潘诺夫斯基 [E. Panofsky]：《西方艺术中的文艺复兴与历次复兴》[*Renaissance and Renaissances in Western Art*]（斯德哥尔摩，1960 年），第一章。在介绍里努奇尼的种种阐述中，瓦拉 [Valla] 在《雅致》[*Elegantiae*] 的导言里对绘画的论说也许是最有影响的。艺术与文学之间的关系在西尔维乌斯 [Eneas Silvius] 于 1452 年 7 月写给怀尔 [Niklas von Wyle] 的信中有非常清晰的论证，参见沃尔坎 [R. Wolkan]：《埃内亚斯·西尔维乌斯·皮科洛米尼通信集》[*Der Briefwechsel des Eneas Silvius Piccolomini*] III，（维也纳，1918 年）第 1 卷，书信第 47。再参阅我的"艺术和学术" [Art and Scholarship]，收录于《木马沉思录》[*Meditations on a Hobby Horse*]（伦敦，1963 年）第 106—19 页。
3. 阿尔贝蒂 [L. R. Alberti]：《论绘画》[*Della pittura*]，马勒 [Malle] 编辑（佛罗伦萨，1950 年）第 53 页。
4. 昆体良：《演说术原理》[*Institutio Oratoria*] XII，X；并参见我的"瓦萨里的《名人传》和西塞罗的《布鲁图斯》" [Vasari's *Lives* and Cicero's *Brutus*]，《瓦尔堡和考陶尔德研究院院刊》[*Journal of the Warburg and Courtauld Institutes*] XXIII，1960 年，第 309—11 页。
5. 《炼狱》[*Purgatorio*] XI，91 页起；参见施洛塞尔 [J. V. Schlosser]：《序曲》[*Praludien*]（维也纳，1927 年），第 248 页，对但丁来说，随后的衰落而不是"贡献"，是获得名声的先决条件。兰迪诺 [C. Landino] 于 1481 年编辑的但丁集中仍然持这种见解：Che benche alchuno sia il primo in una scientia，o virtu，o arte，nientedimeno dura pocho tempo esser primo：perche viene dipoi qualchuno altro piu excellente di lui…[虽然这个人曾集学问，德行和艺术于一身，但令人惊奇的是，这一切持续长久，因为没有后人比他更加出色。] 乔托之后的艺术显然不在此例。乔托依然独秀众侪，但为时不长 [cosi forse verra in un altro tempo，chi vincera Giotto]。
6. 琴尼尼 [Cennino cennini]：《艺术之书》[*Il libro dell'arte*]，小汤普森 [D. V. Thompson Jr.] 编辑（纽黑文，1933 年）。
7. 里克特 [J. P. Richter]：《莱奥纳尔多·达·芬奇集》[*The Literary Works of Leonardo da Vinci*]（牛津，1931 年），Nr. 498；福斯特抄本 [Cod Forster] III，66b.
8. 这是希波克拉底 [Hippocrates] 第一句格言的译文，该格言在中世纪经常被运用。参见居易·德·沙利亚克 [Guy de Chauliac] 写的介绍，《伟大的外科学》[*La Grande Chirurgie*]，由罗斯 [J. B. Ross] 和麦克劳克林 [M. M. McLaughlin] 翻译，《中世纪读本》[*Medieval Reader*]（纽约，1949 年）。
9. 泽尔塞尔 [E. Zilsel]，"科学发展观的起源" [The Genesis of the Concept of Scientific Progress]，《观念史杂志》[*Journal of the History of Ideas*] Ⅵ，1945 年，我不能接受泽尔塞尔的信条，即发展观只存在于作者们清楚地声明其后来者会以他们的业绩为起点的情况下；但埃德斯坦 [L.

Edestein] 指出，在阿基米德[Archimedes]那里出现过这种情况，参见《观念史杂志》，VIII，1952 年，第 575 页。此外，大多数希腊哲学著作暗示了渐进的解决问题的方法的思想，参阅波普尔“走向理性的传统理论”[Towards Rational Theory of Tradition]，现收录于《猜想与反驳》[*Conjectures and Refutations*]（伦敦，1963 年）。从十七世纪以来的对科学发展观有趣的讨论可以从巴托里[Daniello Bartoli]那儿找到：《向着道德的象征变化》[*De simboli trasportati al morale*]（博洛尼亚，1677 年）第 260 页起，这个耶稣会作者从古典作家那里收集了许多有关的文章，这些文章就那些对泽尔塞尔所提出的问题感兴趣的人来说也许会有用处。

10. “艺术”高于单独的艺术品这一思想在菲奇诺[Ficino]写给一个艺术家的信中存在雏形，见他的《作品全集》[*Opera Omnia*]（巴塞尔，1576 年）第 743 页：“Nunquam satisfacit arti cui semper artificium satistacit”[对艺术品的满足通常不是一种深刻的满足]。

11. 施洛塞尔《佛罗伦萨雕塑家洛伦佐·吉贝尔蒂的生平与观点》[*Leben und Meinungen des florentinischen Bildners Lorenzo Ghiberti*]（巴塞尔，1941 年）。施洛塞尔认为这次竞赛沿袭了一个古老的惯例，但我一直未能发现真正的先例；这次竞赛也许是受到五位著名雕刻家在以弗所[Ephesus]竞赛这一范例的影响，见普林尼的《博物志》[*Hist. Nat.*]XXXIV，第 53 页。在我看来，下述情况至少是可能的，布鲁尼对佛罗伦萨这一和古代城市相比毫不逊色的都市也有强烈的自豪感，他才会在那些年月里写下对佛罗伦萨的颂歌；这种自豪感在萨卢塔蒂的许多言语中也有极强的体现。参见克莱特[Th. Klette]:《关于意大利人文学者文艺复兴的历史与文献的论文集》[*Beitrage zur Geschichte und Litteraur der italienischen Gelehrtenrenaissance*]（格赖夫斯瓦尔德，1888 年）；再参阅巴龙[Hans Baron]:《早期意大利文艺复兴的危机》[*The Crisis of the Early Italian Renaissance*]（普林斯顿，1955 年）。

12. 参见福尔克[L. Falk]和兰伊[J. Lanyi]:“安德烈亚·皮萨诺的青铜门之起源”[The Genesis of Andrea Pisano's Bronze Doors]，《艺术通报》[*The Art Bulletin*] XXIV，1943 年。

13. 克劳特海默尔[R. Krautheimer]:“吉贝尔蒂和大师古斯芒”[Ghiberti and Master Gusmin]，《艺术通报》XXIV，1947 年；以及《洛伦佐·吉贝尔蒂》[*Lorenzo Ghiberti*]（普林斯顿，1956 年），第 62—67 页，有关吉贝尔蒂对古斯芒的论述，见《洛伦佐·吉贝尔蒂回忆录》[*Lorenzo Ghiberti, Denkwurdigkeiten*]，施洛塞尔编辑（柏林，1912 年），II，第 43—4 页。

14. 施洛塞尔，见上述所引资料以及《洛伦佐·吉贝尔蒂回忆录》（柏林，1912 年）。

15. 《卡尔托乔奥·迪·乔瓦尼·奥里斯帕》[*Cartogio di Giovanni Aurispa*]，R. 萨巴迪尼[R. Sabbadini]编辑（罗马，1931 年），第XVII，13，51，67，69，70，72，168 页。

16. 引自上述资料，II起和第 63 页。

17. 普拉尼西格[L. Planiscig]撰写的《吉贝尔蒂》（佛罗伦萨，1949 年）一书，对由布罗克豪斯[H. Brockhaus]印行的文献《佛罗伦萨艺术品研究》[*Forchurgen uber florentiner Kunstwerke*]作了解释，其解释方式我难以接受。在 1436 年 4 月前完成的那十块故事浮雕和二十四块饰带肯定与 1437 年文献中提到的内容是一致的，这一年“该隐和亚伯”[Cain and Abel]即将完成，“摩西”[Moses]也即将完成，“雅各和以扫”[Jacob and Esau]已完成，“约瑟[Joseph]的故事”完成一半，而“所罗门[Solomon]的故事”则刚刚开始；吉贝尔蒂创作速度缓慢，制作第一道门时的速度比他承诺的要慢一半，平均二年完成三块浮雕，这完全与第二道门的创作速度一致，该门从订立合同到完工花了十二年时间，每一块浮雕的设计和造型花去将近一年时间。

18. 这一景象为吉贝尔蒂所描述的洛伦泽蒂[Lorenzetti]的“宇宙学”[Cosmografia]所证实：“Non c'era allora notitia della Cosmografia di Tolomeo, non e da maravigliare's ella sua non è perfetta”[在那时，还不知道托勒密的宇宙学，因此，它不完美也就不足为奇了]（前引书，第42页）。
19. 普林尼，《博物志》，XXXIV，61，65。
20. 罗伯特[C. Robert]:《考古学家讲的故事》[*Archaologische Marchen*]（柏林，1886年），第28页。
21. 原文为“Statuariae arti plurimum traditur contulisse capillum exprimendo, capitaminora faciendo quam antiqui, corpora graciliora sicciraque, per quae proceritas signorum maior videretur, non habet Latinum nomen symmetria quam diligentissime custodit nova intactaque ratione quadratas veterum staturas permutando vulgoque dicebat'ab illis factos quales essent homines, a se quales viderentur esse'”。值得注意的是，吉贝尔蒂引入文艺复兴的“再生”比喻，是从普林尼的同一章节里选取的，普林尼谈论的是青铜铸造在一度衰落后的再次复兴。
22. 由布罗克豪斯印行，见上引资料第37页。
23. 引自上述资料，第48—9页。我们也许永远不会知道为什么布鲁尼的忠告没有被采纳，但应该注意1426年5月，布鲁尼在阐述了自己观点之后不久，就作为共和国的大使动身前往罗马，一直呆到1427年11月。
24. 引自上述资料，第24—25页。
25. 原文为“Piacque a Protogine quella tavola dove erano fatte le linie di mano d'Appelle ovvero conclusioni appartenenti alla pictura fosse vedute tutto el populo espetialmente de'pictori et dagli statuarij et da quelli erano periti”。（引自上述资料第25页，词序有变动。）
26. 《短篇艺术理论文集》[*Kleinere kunsttheoretische Schriften*]，亚尼切克[H. Janitschek]编辑（维也纳，1877年），第67，81，228—9页。
27. 艺术对“粗劣”[base]材料的征服以及青铜的内在高贵是阿尔贝蒂最爱讨论的题目（《论绘画》[*Della pittura*] II，《建筑十书》[*De re aedificatoria*]，VII）。我在“艺术中的价值隐喻”[Metaphors of Value in Art]一文中，讨论了这种新等级制度的各个方面，该文收录于《木马沉思录》（伦敦，1963年），第12—29页。多纳太罗作品的粗糙外表与其前辈作品的光滑之间的差别，在瓦萨里撰写的卢卡·德拉·罗比亚传记中有极精彩的描写。自然，当这些大门的涂金从战争留下的尘垢中恢复原状时，这种新的价值尺度使得佛罗伦萨的公众舆论为之哗然。
28. 我在论“波蒂切利的神话作品”[Botticelli's Mythologies]一文中对这一点作过陈述，《瓦尔堡和考陶尔德研究院院刊》VIII，1945年。
29. 《名人传》[*Le vite*…]，米拉内西[G. Milanesi]编辑，（佛罗伦萨，1878年），第38页。
30. 当莱奥纳尔多未能为斯科佩托的圣多纳托修道院仆人会[Servi of S. Donato a Scopeto]完成《博士来拜》[*Adoration of the Magi*]后，他为这个寺院绘制了这幅《博士来拜》，这一事件使得瓦萨里的故事更加有道理，因为菲利皮诺肯定在道义上感谢莱奥纳尔多。
31. 《论绘画》，乌尔比诺拉丁文抄本，1270[*Treatise on Painting*, Codex Urbinas Latinus, 1270]，麦克马洪[A. P. McMahon]编辑，II，摹真本（普林斯顿，1956年）fol. 32r。
32. 参见我对豪泽[Hauser]的《艺术的社会史》[*The Social History of Art*]一书的评论，收录于《木马沉思录》（伦敦，1963

年)，第 86—94 页。

33. 参见我的“规范和形式” [Norm and Form]，第 81 页。

34. “一个半世纪以来艺术又兴旺起来了，然而我希望它会继续向前发展，在此基础上结出果实，特别是在将来我们能够分享成果的国家结出果实。”哈泽洛夫 [A. Haseloff] “文艺复兴艺术的概念和本质” [Begriff und Wesen der Renaissancekunst]，《佛罗伦萨德意志艺术史研究院通报》 [*Mitteilungen des deutschen kunsthistorischen Instituts in Florenz*] III，第 373 页。

35. 参阅“文艺复兴的艺术理论和风景画的兴起” [The Renaissance Theory of Art and the Rise of Landscape]，《规范和形式》[*Norm and Form*]，第 107 页。

36. 赫德 [Herder] 写道(《批评论丛》[*Kritische Walder*]，III，1769 年)：“艺术品因此而是艺术，但艺术得靠象征来起作用。”《作品集》 [*Werke*]，苏丰 [B. Suphon] 编辑，(柏林，1877 年)，III，第 419 页。据我所知这是最早提出的 *L'art pour l'art* [为艺术而艺术] 的正式口号。

37. 里德 [H. Read]，《当代英国艺术》[*Contemporary British Art*] (哈蒙兹沃斯，1951 年)，第 19 页。

38. 黑兹利特 [W. Hazlitt]：“艺术为什么不是进步的” [Why the Arts are not progressive]，选自《圆桌》[*Round Table*]，1841 年 1 月；收录于凯恩斯 [G. Keynes] 编辑的《论文选》 [*Selected Essays*] (伦敦，1948 年)。

39. 参见我的“西方静物画的传统与表现” [Tradition and Expression in Western Still Life]，收录于《木马沉思录》(伦敦，1963 年)，第 95—105 页。

批评在文艺复兴艺术中的潜在作用

1. 本文最初是为查尔斯·S. 辛格尔顿 [Charles S. Singleton] 编辑的《文艺复兴时期的艺术、科学和历史》[*Art, Science and History in the Renaissance*] (巴尔的摩，1967 年) 所撰写的稿件。

2. 尤利乌斯·施洛塞尔·马尼诺 [Julius Schlosser Magnino]，《艺术文献》[*La Letteratura Artistica*] (佛罗伦萨，1956 年)。

3. 迈克尔·巴克桑德尔 [Michael Baxandall]，《乔托和演说家》[*Giotto and the Orators*] (牛津，1971 年)。

4. 这种看法的基础是 K. R. 波普尔 [K. R. Popper] 的哲学，见我的《艺术与错觉》(纽约和伦敦，1960 年)，“通过艺术的视觉发现”，刊于《艺术杂志》，1965 年 11 月，现重印于 J. 霍格 (编辑)，《心理学和视觉艺术》(哈蒙兹沃思，1969 年)，以及《阿佩莱斯的遗产》[*The Heritage of Apelles*] (牛津，1976 年)，第 35 页，第 109 页。

5. 为 1952 年在阿姆斯特丹举行的第十七届国际艺术史会议所作的论文，现重印于我的《规范和形式》(伦敦，1966 年)。

6. 西里尔·曼戈 [Cyril Mango]，“古典雕像和拜占廷观看者” [Antique Statuary and the Byzantine Beholder]，刊于《敦巴顿橡树园文萃》 [*Dumbarton Oaks Papers*]，XVIII，1963 年。

7. “没有一种东西乔托不能用这样一种欺骗视觉的方式把它描绘出来。”《十日谈》，第六天第五个故事。

8. J. 赫伊津哈 [J. Huizinga]，“文艺复兴和现实主义” [Renaissance en Realisme]，收在《著作集》 [*Verzamelde Werken*]，IV (哈勒姆，1949 年)，第 276 页起。

9. C. 巴克维斯 [C. Backvis] 的文章，收在《第十届国际历史科学会议文件汇编》

[*Atti del X Congresso Internazionale delle Scienze Storiche*]，罗马，1955 年 9 月 4—11 日，第 536—8 页。他的论点在讨论中比在文章中表达得更清楚。

10. 《测量指南》 [*Underweysung der Messung*]（纽伦堡，1525 年），fol. Aib。引文据 K. 朗格 [K. Lange] 和 F. 富塞 [F. Fuhse]，《丢勒的文字遗著》[*Dürers schriftlicher Nachlass*]（萨勒河畔哈雷，1893 年），第 180 页。除了另作说明外，本文的译文都是我给出的。我也常常为了精确性而牺牲可读性。
11. 同上，第 254 页。
12. 同上，第 342—343 页。
13. 同上，第 288 页。
14. 同上，第 339 页。
15. 同上，第 311 页。
16. 同上，第 316 页。
17. 同上，第 304 页。
18. 同上，第 229 页，第 289 页。
19. 同上，第 305 页。
20. S. L. 阿尔珀斯 [S. L. Alpers]，“瓦萨里《名人传》中的艺格敷词和审美态度” [Ekphrasis and Aesthetic Attitudes in Vasari's *Lives*]，刊于《瓦尔堡和考陶尔德研究院院刊》，XXIII，1960 年。
21. 乔治·瓦萨里，《著名画家、雕刻家、建筑家传记》[*Le vite de' piu eccellenti Pittori, Scultori e Architettori*]，G. 米拉内西 [G. Milanesi] 编辑（佛罗伦萨，1878—85 年），I，第 648 页。
22. 同上，II，第 563—4 页。
23. 关于这一问题的书目见 E. 潘诺夫斯基，《早期尼德兰绘画》[*Early Netherlandish Painting*]（麻省坎布里奇，1953 年），I，第 418 页。
24. 雅各布·布克哈特 [Jakob Burckhardt]，“收藏家” [Die Sammler]，收在《意大利艺术史文集》[*Beitrage zur Kunstgeschichte von Italien*]，见《全集》[*Gesamtausgabe*]，XII（柏林，1930 年），第 316 页，317 页。
25. 韦斯帕夏诺·达·比斯蒂奇，《伟人传》，P. 丹科纳和 E. 艾希利曼编辑（米兰，1951 年），第 209 页。
26. 《名人传》，VII，第 686 页。
27. 对这个问题的重要讨论见詹姆斯·阿克曼 [James Ackerman] 和里斯·卡彭特 [Rhys Carpenter]，《艺术和考古》[*Art and Archaeology*]（恩格尔伍德克利夫斯，1963 年），第 171 页起。也见我的书评文章“艺术中的进化”[Evolution in the Arts]，刊于《英国美学杂志》[*The British Journal of Aesthetics*]，vol. IV，no. 3，1964 年 7 月。
28. 《名人传》，III，第 683 页，690 页。
29. 关于米开朗琪罗在 1518 年 5 月发牢骚的信中把西尼奥雷利作为不履行契约的债权人看待一事，见 G. 米拉内西，《米开朗琪罗·博纳罗蒂书信集》[*Le Lettere di Michelangelo Buonarroti*]（佛罗伦萨，1875 年），第 CCCLIV 封。
30. 《名人传》，III，第 135 页。
31. 对这几段的扼要讨论见施洛塞尔，《艺术文献》，第 82 页。
32. 《名人传》，II，第 413 页。
33. 同上，III，第 567—8 页。
34. 同上，II，第 586—7 页。
35. 保罗·焦维奥的传记集印于蒂拉博斯基 [Tiraboschi]，《意大利文学史》[*Storia della Letteratura Italiana*]（佛罗伦萨，1712 年），VI，第 116 页。
36. 《名人传》，IV，第 11 页。
37. 乌尔比诺抄本 [Cod. Urb.]，A. 菲利普·麦克马洪 [A. Philip McMahon] 编辑（普林斯顿，1956 年），fol，33v，no. 89。
38. A. 马内蒂，《布鲁内莱斯基传》，E. 托埃斯卡编辑（佛罗伦萨，1926 年）。英译本见伊丽莎白·G. 霍尔特 [Elizabeth G. Holt]，《艺术史文献选》[*A Documentary History of Art*]（纽约，1957 年），1，第 171—2 页。
39. 马内蒂，《布鲁内莱斯基传》，第 16 页。
40. 昆体良 [Quintilian]，《演说术原理》[*In-*

stitutiones Oratoriae]，II，xiii，10。在罗马摹制品中鉴定米龙的雕像始于十八世纪。

41. 关于这一雕像的历史，见约翰·波普-亨尼西［John Pope-Hennessy］，《意大利盛期文艺复兴和巴洛克雕刻》[*Italian High Renaissance and Baroque Sculpture*]（伦敦，1963年），图录卷，第63页起。

42. 《本韦努托·切利尼自传》[*The Life of Benvenuto Cellini*]，罗伯特·H. 霍巴特·卡斯特[Robert H. Hobart Cust]英译（伦敦，1927年），II，第300—302页。我所引用的是这个译本。

43. 《名人传》，VII，第680页。

44. W. 卡拉布 [W. Kallab]，《瓦萨里研究》[*Vasaristudien*]（维也纳，1908年）。

45. 这种批评的一个典故是普林尼[Pliny]记载的阿佩莱斯对普罗托格尼斯 [Protogenes] 的批评，见《阿佩莱斯的遗产》（牛津，1976年），第17页。

46. 指阿佩莱斯的《美神从海上涌现》[*Aphrodite anadyomene*]。

47. 卡尔·弗赖[Karl Frey]，《乔治·瓦萨里的文字遗作》[*Der literarische Nachlass Giorgio Vasaris*]（慕尼黑，1923年），I，第220—1页。

48. 同上，第222页。

49. 这种观念见莱奥纳尔多的《绘画论》[*Trattato della Pittura*]，见注36所引版本，f. 13和13v。

50. 保拉·巴罗基[Paola Barocchi]，《画家瓦萨里》[*Vasari Pittore*]（米兰，1964年）。

51. 《名人传》，VII，第691—2页。

52. 同上，VII，第669—70页。

53. 同上，VII，第665—6页。

54. 同上，IV，第376页。对这一段的引用和讨论见我的论文"手法主义：编史学的背景" [Mannerism: The Historiographic Background]，为第二十届艺术史会议撰稿，纽约，1961年，现重印于《规范和形式》。

55. 《名人传》，VII，第657页。

56. 波普-亨尼西，《意大利盛期文艺复兴和巴洛克雕刻》，1963年，图录卷，第82—3页。

57. 1579年6月13日的信，版本见上。

58. 《名人传》，V，第284页。

59. 马尔科·博斯基尼 [Marco Boschini]，《威尼斯绘画的丰富宝藏》 [*Le Ricche Minere della Pittura Veneziana*]（威尼斯，1674年），第二版，fol. b4—b5。

60. 《名人传》，VII，第447页。

61. Memini virum excellentem ingenio et virtute *Albertum Durerum* pictorem dicere, se iuvenem floridas et maxime varias picturas amasse, seque admiratorem suorum operum valde laetatum esse, contemplantem hanc varietatem in sua aliquapictura. Postea se senem coepisse intueri naturam, et illius nativam faciem intueri conatum esse, eamque simplicitatem tunc intellexisse summum artis decus esse. Quam cum non prorsus adsequi posset, dicebat se iam non esse admiratorem operum suorum ut olim, sed saepe gemere intuentem suas tabulas, ac cogitantem de infirmitate sua.

给乔治·冯·安哈尔特 [Georg von Anhalt] 的信，1546年12月17日，见《菲利普·梅兰克森作品集》 [*Philippi Melanchtonis Opera*]，C. G. 布雷特施奈德 [C. G. Bretschneider]（哈雷，1839年），VI，第322页。

62. 对于这个原理的一般阐述，见K. R. 波普尔，《云和钟》[*Of Clouds and Clocks*]，阿瑟·霍利·康普顿纪念讲座 [The Arthur Holly Compton Memorial Lecture]（圣路易斯，1966年），重印于他的《客观知识》[*Objective Knowledge*]（牛津，1972年）。

63. 由于应用透视和伴随而来的对构图秩序的损害所引起的一些新问题见奥托·帕赫特 [Otto Pacht] 的缺席论文，"晚期哥特式和文艺复兴的德意志的绘画解释"

[Zur deutschen Bildauffassung der spatgotik und Renaissance]（原为1937年献给弗里茨·扎克斯尔[Fritz Saxl]的论文，收在《老艺术和新艺术》[*Alte und neue Kunst*]，I，1952年，2，在那里我们的图220[即本书图32]是根据这种观点讨论的；R. W. 瓦伦泰纳[R. W. Valentiner]，"多纳太罗和中世纪前平面浮雕"[Donatello and the Medieval Front Plane Relief]，刊于《艺术季刊》[*The Art Quarterly*]，II，1939年，收在《文艺复兴雕刻研究》[*Studies of Renaissance Sculpture*]（伦敦，1950年）；我的著作《艺术的故事》[*The Story of Art*]（伦敦，1950年），特别见第190—1页和第200—1页。更具体和更精致的讨论见约翰·怀特[John White]，《图画空间的产生和再生》[*The Birth and Rebirth of Pictorial Space*]（伦敦，1957年）。关于调整这两种互为冲突的要求的问题，见我的论文"拉斐尔的《椅中的圣母》"[Raphael's *Madonna della Sedia*]和"规范和形式"，均收入前引的《规范和形式》，本文是根据在约翰斯·霍普金斯大学[The Johns Hopkins University]举行的人文学科研讨会上的讲座写成的，讲座原是作为讨论的导论，随后的两次讲座给出了这类问题和解法的各种例子。

64. 对这种理想的讨论见克雷格·休·史密斯[Craig Hugh Smyth]，《手法主义和手法》[*Mannerism and Maniera*]（纽约，1962年），第9页和注50的进一步参考文献。

文艺复兴和黄金时代

1. 本文在1955年罗马第十届历史学家大会上宣读，摘要先发表于《国际历史学会议报告集》[*Relazioni del Congresso Internazionale di Scienze Storiche*]，VII（1955年），第304—5页。我的论文"作为艺术赞助人的早期梅迪奇家族"[The Early Medici as Patrons of Art]，见《规范和形式》[*Norm and Form*]的第35—37页，尤其重要的是艾莉森·M. 布朗夫人[Mrs. Alison M. Brown]的论文"国父，科西莫·德·梅迪奇的人文主义者肖像"[The Humanist Portrait of Cosimo de'Medici，Pater Patriae]，发表于《瓦尔堡和考陶尔德研究院院刊》[*Journal of the Warburg and Courtauld Institutes*] XXIV（1916年），第186—221页，这篇论文为坎蒂莫里教授的研究提供了较为坚实的背景。

2.《报告集》，IV，第327页，出版洛伦佐·德·梅迪奇的《通信集》[*Epistolario*]的计划在国家文艺复兴研究院，美国文艺复兴研究会和瓦尔堡研究院的共同赞助下有了进展。清单《洛伦佐·迪·皮耶罗·德·梅迪奇的书信统计单》[*Censimento delle lettere di Lorenzo di Piero de'Medici*]由里奇[P. G. Ricci]和鲁宾斯坦[N. Rubinstein]这两位编辑负责出版。

3. E. R. 库齐乌斯[E. R. Curtius]，《欧洲文学与拉丁中世纪》[*European Literature and the Latin Middle Ages*]（伦敦，1953年）；C. K. 布尔达赫[C. K. Burdach]，《宗教改革，文艺复兴，人文主义》[*Reformation, Renaissance, Humanismus*]（莱比锡，1926年），第53页和第59页起。

4. 弗格森[W. K. Ferguson]，《历史思想中的文艺复兴》[*The Renaissance in Historical Thought*]（坎布里奇，1948年）。

5. 沙泰尔[A. Chastel]，"瓦萨里和梅迪奇神话"，《瓦萨里研究》[*Studi vasariani*]（瓦萨里的《名人传》初版四百周年纪念国际大会论文集，佛罗伦萨，1952年）。

6. 霍恩［H. P. Horne］，《亚历山德罗·菲利佩皮》［*Alessandro Filipepi*］（伦敦，1908年）。

7. 《文艺复兴佛罗伦萨艺术家的生平》［*Der Lebensraum des Kunstlers in der florentinischen Renaissance*］（莱比锡，1938年）。

8. 吉尔伯特［F. Gilbert］，“伯尔纳多·鲁切拉伊及其庭园”［Bernardo Rucellai and the Orti Oricellai］，《瓦尔堡和考陶尔德研究院院刊》，XII（1949年），第101页及其后诸页。

9. 《诗集》［*Carmina*］，I. 福格尔［I. Fogel］和L. 尤哈斯［L. Juhasz］合编（莱比锡，1932年）。

10. 引自罗斯科［Roscoe］，《洛伦佐·德·梅迪奇生平》［*The Life of Lorenzo de'Medici*］，第4版（伦敦，1800年），附录L，第285页。

11. M. 伊利亚德［M. Eliade］，《无限重复的神话》［*Le Mythe de L'eternel retour*］（巴黎，1949年）；F. 坎珀斯［F. Kampers］，《西方帝王神话的形成过程》［*Vom Werdegange der abendlaendischen Kaisermystik*］；博林斯基［K. Borinski］，《在新时代中的世界再生论》［*Die Weltwiedergeburtsidee in den neueren Zeiten*］（慕尼黑，1919年）。

12. 罗斯科，见前引之作，第289页。

13. 《选集》［*Selve*］，第二卷，第122页。

14. 参见C. 兰迪诺［C. Landino］的《诗集》［*Carmina*］，佩罗萨［Perosa］编（佛罗伦萨，1939年），第135页。

15. 韦里诺［U. Verino］，《弗罗梅塔》［*Flametta*］，门卡拉利亚［L. Mencaraglia］编（佛罗伦萨，1940年），第107页。

16. 纳尔迪［Naldo Naldi］，《挽歌集》［*Elegiarum*］第三卷，尤哈斯［L. Juhasz］编（莱比锡，1934年），第89页，第349—350行。

17. 《帝制论》［*De Monarchia*］，第一章，xiii页；坎珀斯［Kampers］，见前引之书；布尔达赫［Burdach］，见前引之书；施拉姆［P. E. Schramm］，《帝王，罗马和复兴》［*Kaiser, Rom und Renovatio*］（莱比锡，1928年）；德拉马尔［R. Bcnnand Delamare］，《加洛林时代的和平观念》［*L'Idee de paix a L'e'poque carolingienne*］（巴黎，1939年）；耶茨［F. A. Yeats］，“作为正义之神的伊丽莎白女王”［Queen Elizabeth as Astraea］，《瓦尔堡和考陶尔德研究院院刊》，X（1947年），第27页及其后诸页。

18. 《报告集》，第341页。

19. 拉米［Giovanni Lami］，《有知识者的快乐》［*Deliciae Eruditorum*］，XII（佛罗伦萨，1742年），第146页。

20. 《报告集》，第536—9页。

21. 上引版本，第49页。

阿波罗尼奥·迪·乔瓦尼

1. 佛罗伦萨，国家图书馆，MS. cl. XXXVII，cod 305；斯特罗齐帐簿［Strozziano］，第107—113页。佛罗伦萨新圣马利亚教堂医院的遗物和手稿。

2. A. 瓦尔堡，《论文集》［*Gesammelte Schriften*］（莱比锡/柏林，1932年），第188页。

3. 保罗·舒布林，《箱柜》［*Cassoni*］（莱比锡，1915年），第430—437页。

4. 沃尔夫冈·施特肖，“马尔科·德尔·博诺与阿波罗尼奥·迪·乔瓦尼”［Marco del Buono and Apollonio di Giovanni］，载《艾伦纪念艺术博物馆简报》［*Bulletin of the Allen Memorial Art Museum*］（奥伯林

学院，1944年6月1日)。

5. “维吉尔画师”的名称是R. 奥夫纳[R. Offner]使用的，见《耶鲁大学的意大利原始派作品》[*Italian Primitives at Yale University*](纽黑文，1927年)，“贾夫斯箱柜画师”的名称是B. 贝伦森[B. Berenson]使用的，见《文艺复兴时期的意大利绘画》[*Pitture italiane del Rinascimento*](1936年)。

6. 阿方索·拉扎里[Alfonso Lazzari]，《乌戈利诺和米凯莱·韦里诺》[*Ugolino e Michele Verino*](都灵，1897年)。

7. 乌戈利尼·韦里尼[Ugolini Verini]，《弗拉梅塔》[*Flammetta*]，卢恰努斯·门卡拉利亚[Lucianus Mencaraglia]编辑，第二卷，no. 8。关于阿波罗尼奥的诗首次发表于《意大利名诗选》[*Carmina illustrium poetarum Italorum*](佛罗伦萨，1724年)，第398页。

8. 关于原文参见上书附录，第26页。

9. 关于这些，参见《汉诺威下萨克森州美术馆古代大师绘画目录》[*Katalog der Gemalde alter Meister in der niedersachsischen Landesgalerie*]，G·冯·德·奥斯滕[G. von der Osten]编辑(汉诺威，1954年)，186和187号。

10. 最佳复制品见《法国手稿与绘画复制协会简报》[*Bulletin de la Société Francaise de Reproductions des Manuscrits à Peintures*](巴黎，1930年)，第13年度；并参见舒布林，前引著作，225—244号，及V. 乌萨尼[V. Ussani]和L. 苏蒂纳[L. Suttina]，“维尔吉利奥”[Virgilio]，《意大利插图》[*Illustrazione Italiana*]的增编(1930年)，第45页。

11. 1465年9月27日。参见蒂默-贝克尔[Thieme-Becker]词典的“阿波罗尼奥”词条(瓦尔堡撰写)。

12. 卡尔·弗赖[Karl Frey]，《米开朗琪罗·博纳罗蒂》[*Michelangiolo Buonarroti*](柏林，1907年)。

13. 舒布林，在上述引文中。

14. 在1452年。1446年也有23个条目，但不一定都指箱柜。1447年有22个条目；1455年后，每年平均降至大约9宗委托。

15. 舒布林忽略了关于这一点的最重要的线索。奇诺·迪·菲利波·迪·奇诺[Cino di Filippo di Cino]在记载他与吉内弗拉·马尔泰利[Ginevra Martelli]的婚礼的费用时写道：“Adi 18 Luglio 1461 fior trentatre si fanno buoni a Appollonio [原文如此] dipintore per un paio di forzieri dipinti e mesci coll' arme nostra e de' Martelli；quali ebbi da lui fino a di 6 do quando menai la Ginevra a casa”(G. 埃阿齐[G. Aiazzi]，《菲利波·迪·奇诺·里努奇尼的历史记载》[*Ricordi storici di Filippo di Cino Rinuccini*]等，佛罗伦萨，1840年，第251页)。这宗委托确实作为1461年前的最后一项列于画坊记录：“Figlia d'Ugolino Martelli a Cino di Filippo Rinuccini Fl. 36”[跟菲利波·里奇有关的乌戈利诺·马尔泰利的女儿，FL. 36]。由于价格只略高于平均价格，而且我们知道交付了一对箱柜，因此，我们必须设想列出的委托也大都如此。顺便说一句，奇诺提到阿波罗尼奥而不是马尔科。德尔·博诺，也许是意味深长的。

16. 见前引著作。

17. 在舒布林论述箱柜时提到为其举行马上比武大会的那些会议成员之处，瓦尔堡在页边上写道：“wo sind sie denn?”[他们到底在哪儿?]

18. 作为“前霍尔福德藏品”[ex-Holford Collection]复制于范马莱[Van Marle]的著作，X，第553页(颠倒的)。1948年由F. 德雷[F. Drey]售出。感谢F. 德雷夫人为我提供情况，并感谢威特图书馆[Witt Library]为我提供照片。

19. 先前在钱伯林藏品[Chamberlin Collection]中，1938年2月25日在克里斯蒂拍卖行[Christie's]售出。感谢W. 马丁[W. Martin]先生和J. 巴克里[J. Bacri]先生为我提供情况；感谢威特图书馆为我提供照片。

20. 贝伦森，在上述引文中，在“贾夫斯箱柜画师”词下。

21. 舒布林，第142号。关于一个相似的例子，参见《慕尼黑年鉴》[*Münchner Jahrbuch*]，V，1910年，第187页。

22. 复制于《伦敦新闻画报》[*Illustrated London News*]，1928年2月28日，此处它的年代(根据纹章学的证据)被确定为1472年，其作者被归于乌蒂利·达·法恩扎[Utili da Faenza]。

23. 如果阿波罗尼奥仍然设计了耶鲁的示巴女王箱柜，那么同一主题的其他一些变体看上去既更晚一些，又更是由其他绘画派生而来。例如，这适用于维多利亚和艾伯特博物馆[Victoria and Albert Museum]中的箱柜(舒布林，第193号)，它保留了华丽感，但失去了耶鲁版本生动活泼的特点。马尔科·德尔·博诺生于1402年，只是卒于1489年。我认为，如蒂默·贝克尔仿照米拉内西[Milanesi]所做的那样，把他看作瓦萨里[Vasari]列在安德烈亚·德尔·卡斯塔尼奥[Andrea del Castagno]的学生中的“马尔基诺”[Marchino]，并没有什么正确的理由。如果那样，他就比他的师傅大二十一岁。

24. 关于一种类似的风格，参见N. 拉斯莫[N. Rasmo]，“帕拉蒂诺抄本556及其插图”[Il codice palatino 556 e le sue illustrazioni]，载《艺术杂志》[*Rivista d'Arte*](1939年)，XXI。

25. 左边的设计看上去像持着水漏的形象，令人想起1469年洛伦佐·德·梅迪奇[Lorenzo de'Medici]的比武的设计，*Letems revient*[时代自我重复]，但是如果年代这样晚，阿波罗尼奥就不会是其作者。右边的设计从未被正确描述过。那位贵妇注视着已被擦破露出白色底粉的囚笼，里面出现一个戴脚镣的青年。她在膝上拿着一把大钥匙。

26. 参见意大利十四世纪传奇《墨利亚神女》[*Meliades*]中的插图，大英博物馆，MS. Add. 12228，在H. L. D. 沃德[H. L. D. Ward]，《大英博物馆抄本部传奇目录》[*Catalogue of Romances in the Dept. of MSS. in the Brit. Mus.*](伦敦，1883年)中作了描述。图39只是几个有启发性的例子之一。

27. 关于罗马的景色参见H. C. 许尔森[H. C. Hülsen]，“罗马的一些景色”[Di alcune prospettiche di Roma]，载《罗马考古委员会公报》[*Bollettino della Commissione Archeologica Comunale di Roma*]，XXXIX(1911年)。在凯撒[Caesar]的凯旋(图30)和剑桥的菲茨威廉博物馆[Fitzwilliam Museum]中所藏埃米利乌斯·保罗斯[Aemilius Paulus]的凯旋上(M. 29)也出现了同样的景色。在奥伯林箱柜中和纽约大都会博物馆[Metropolitan Museum]的“斯特罗齐婚箱”上出现了君士坦丁堡的景色。

28. 一个可能的例外是向凯撒的火葬柴堆上添柴捆的人(图41)，他的姿态令人想起米开朗琪罗所借用的墨洛阿革洛斯[Meleager]石棺的姿态。然而，这个姿态也可能取自真实生活，如莱奥纳尔多所描述的那样。参见我的“米开朗琪罗的《挪亚的牺牲》中对古典作品的引用”[A Classical quotation in Michelangelo's *Sacrifice of Noah*]的注释，载《瓦尔堡研究院院刊》，[*Journal of the Warburg Institute*]，1937年第1期。阿波罗[Apollo]迷人的姿态无疑未表露出对这位神明的古典再现的熟知。

29. 犹金四世[Eugenius IV]生平，参见瓦尔堡《论文集》的注释，前引著作，第389页。

30. 拉扎里，见前引著作，第168页。N. 尤哈斯[N. Juhász]曾预告要出版《卡里亚德斯》，但未实现。

31. 前者在罗马圣马利亚教堂[S. Maria]的他的墓上，后者在比萨公墓[Pisan Camposanto]的一段铭文中。

32.《佛罗伦萨城的插图》[*De illustratione Urbis Florentiae*]（巴黎，1583 年）。关于最初版本的日期（约 1487 年）参见拉扎里，前引著作，第 186 页。稍后的一个版本（米凯莱·韦里诺已故，但洛伦佐·德·梅迪奇似乎健在）存在于巴黎国家图书馆的写本，cod. nov. lat. 1030。它包括已出版的版本关于佛罗伦萨艺术家的文字。后者在 A. 沙泰尔 [A. Chastel]，《马尔西勒·菲奇诺与艺术》[*Marsile Ficin et l'art*]（日内瓦，1954 年）第 195—196 页中被译出并作了注释。关于韦里诺更早的赞扬佛罗伦萨艺术家的警句诗（1485 年前，参见拉扎里的著作，第 105 页），见 H. 布罗克豪斯，《佛罗伦萨艺术史研究院纪念文集》[*Festschrift zu Ehren des Kunsthistorischen Institus in Florenz*]（莱比锡，1897 年），第 iii 页及下页。

33. 原文："Io considero che le 20 historie della nouva porta, le quali avete deliberate che siano del vecchio testamento, vogliono avere due cose principalmente, l'una che siano illustri, l'altra che siano significanti. Illustri chiamo quelle, che possino ben pascere l'occhio con varietà di disegno. Significanti chiamo quelle, che abbino importanza degna di memoria … bisognerà, che colui, che l'ha a disegnare, sia bene instrutto di ciascuna historia, si che possa ben'mettere e le persone e gl'atti occorrenti, e che habbia del gentile, si che le sappia ben' ornare"（H. 布罗克豪斯，《佛罗伦萨艺术品研究》[*Forschungen über Florentiner Kunstwerke*]，莱比锡，1902 年，第 37 页）。把这种对于赏心悦目的事物的欣赏与约三十年后"马内蒂的"[Manetti's] 因其"困难"而对布鲁内莱斯基 [Brunelleschi] 第一个门所作的试验作品予以的赞扬进行一下比较，是十分有趣的。我在"文艺复兴的艺术进步观及其影响"[The Renaissance Conception of Artistic Progress and its Consequences] 中讨论了对艺术的这种重要的取向。

顺便说一下，莱奥纳尔多·布鲁尼 [Leonardo Bruni] 的孙女出现于 1446 年阿波罗尼奥的顾客中。

34. 舒布林，第 156，157，184，185，289，290 号。

35. 这种信念的生物学基础被《创世记》XXX，37—42 中雅各 [Jacob] 用计的故事所认可。出自古典文化时期的典型故事在《埃提奥皮卡》[*Aethiopica*] 中，该书中女黑人查里克里娅 [Chariclea] 的白肤色由她母亲曾看过一幅裸体的安德洛墨达 [Andromeda] 的画作了解释。关于一个类似的故事，参见哈利卡尔那索斯的狄奥尼修斯 [Dionysius of Halicarnassus]，《全集》[*Op. Omn.*]（莱比锡，1775 年），V，416。菲奇诺 [Ficino] 在"关于灵魂永生"[Deimmortalitate animae] 中提到这个信念，载《全集》[*Opera Omnia*]（巴塞尔，1576 年），I，第 284 页。并参见舒布林，前引著作，第 12 页（对比维斯 [Vives] 的指涉是错误的）。

36. 参见我的文章"象征的图像"[Icones Symbolicae]，载《瓦尔堡和考陶尔德研究院院刊》，1948 年第 11 期，尤其是第 177 和 185 页。

37. 目录第 270 号。

38. 目录第 1974 号。

39. 舒布林，第 298，299 号和 T. 博雷尼乌斯 [T. Borenius]，《哈伍德馆的图画与素描目录》[*Catalogue of the Pictures and Drawings at Harewood House*]（牛津，1936 年）。

40.《名人的命运》[*De casibus virorum illustrium*]，第 3 卷，第 6 页。

41. 奥罗修斯，I，21，15 使伯里克利和索福克勒斯成为两名与斯巴达和亚洲作战的战争首领。圣安东尼努斯 [S. Antoninus] 在他的《世界编年史》[*World Chronicle*]（第 IV 卷，第 I 章，第 55 段）

中仿效尤西比乌斯［*Eusebius*］，把品达［Pindar］、索福克勒斯和欧里庇得斯［Euripides］放到薛西斯和地米斯托克利的时期。把两个资料放到一起，伯里克利就成了薛西斯的同时代人。

42. G. 鲁切拉伊在君士坦丁堡有一家分公司。在奥伯林箱柜上仍为对地方的暗示的东西在所谓斯特罗齐婚箱上成了明显的插图，舒布林，第283—285号。此处我们发现了对土耳其入侵希腊的再现，背景仍然是君士坦丁堡、黑海和博斯普鲁斯海峡。舒布林在这件显然出自阿波罗尼奥画坊的作品中看到对1461年特拉布宗的陷落的再现，但是，尽管这个地方有标志，作者的意图却不会是仅再现一场希腊的灾难。对现藏纽约大都会博物馆的这件非凡作品重新进行研究是很合需要的。

从类似的观点看，凯撒板上画（图27，40，41）的"意义"也引起了新的兴趣。在胜利时刻未能听从愚人的告诫的另一个骄傲者的"事件"，不详地适用于帕齐［Pazzi］阴谋前的几十年中佛罗伦萨的状况。我们画坊的顾客清单包括的许多名字足以引起这种推测，例如，皮蒂［Pitti］6件，帕齐6件，索德里尼［Soderini］4件，斯特罗齐8件。

43. 关于充分的概括，参见拉扎里，前引著作，第167页及其后几页。

44. 拉扎里，前引著作，第158页。

45. 参见附录II (a)。

46. 韦里诺的虔敬行为是这样的，他在《卡里亚德斯》每新的一页开始都写上祈祷"＋iesus maria raphael ieronimus"［耶稣，马利亚，大天使和哲罗姆］。

47. 舒布林，第151，158和160号。关于后者，参见T. 博雷尼乌斯，"未发表的箱柜板上画，VI"［Unpublished Cassone Panels，VI］，载《伯林顿杂志》［*The Burlington Magazine*］，1922年第41期。

48. G. 波吉［G. Poggi］，《伯林顿杂志》，1916年第29期。

49. 当前的解释，即我们在这里看到"治愈麻风病人"［Healing of the Leper］，可追溯到施泰因曼［Steinmann］，载《艺术学参考》［*Repertorium fur Kunstwissenschaft*］，1895年第18期。不幸的是它经不住批判性审查。这个仪式的中心，如《利未记》［*Leviticus*］xiv中所描述的，是先前的患者反复清洗和剃去毛发。施泰因曼的解释，即必须把指定使用的活水想象为在站立的人群后面，属于图像志的奇事。L. D. 埃特林格［L. D. Ettlinger］在《米开朗琪罗前的西斯廷礼拜堂》［*The Sistine Chapel before Michelangelo*］（伦敦，1965年）第78—88页中讨论了这个问题，他辨别出这种仪式是一种《旧约》上的血祭，是涉及到圣保罗［St. Paul］的希伯来书，在那里把这种献祭比作圣餐。

50. 在为《争辩》［*Disputa*］所作的草图中显然可看到这种影响。

51. 附录II (b)。这是如给查理八世［Charles VIII］的漂亮的题献本中出现的那种版本，题献本首页有韦里诺的肖像。在Laur. Plut. 39，41和（若不是艺术家的名字有变动）在巴黎，国家图书馆拉丁文藏品中较早期抄本，10，234中，用词几乎相同。

52. 参见H. 布罗克豪斯，《纪念文集》［*Festschrift*］，前引著作。

53. 感谢格特鲁德·宾［Gertrud Bing］教授提供这种见解。

54. C. 古尔德［C. Gould］，"莱奥纳尔多伟大的战争作品"［Leonardo's Great Battle-Piece］，《艺术通报》［*The Art Bulletin*］，1954年第36期，第121页注释。作者把莱奥纳尔多所设计的情节处理与箱柜的情节处理进行了比较，但强调说，艺术质量上的差异排除了直接的影响。的确如此，但是，难道传统的描绘不会影响了委托的条件吗？

作为艺术赞助人的早期梅迪奇家族

1. 克莱特[Th. Klette]，《关于意大利人文学者文艺复兴的历史与文献的论文集》[*Beitrage zur Geschichte und Literatur der italienischen Gelehrtenrenaissance*]第II卷（格赖夫斯瓦尔德，1889 年）第 32 页，根据布鲁尼［Bruni］的《书信集》[*Epistolae*]，由梅休斯［Mehus］编辑，第VII书，特别是第IV章。
2. 库齐乌斯［Ernst Robert Curtius]，《欧洲文学和拉丁中世纪》[*European Literature and the Latin Middle Ages*]（伦敦，1953 年）。
3. 参见“文艺复兴和黄金时代”，《规范和形式》，第 29 页。
4. 马尔切洛·德尔·皮亚佐［Marcello del Piazzo]，《豪华者洛伦佐书信集》[*Protocolli del carteggio di Lorenzo il Magnifico*]（佛罗伦萨，1956 年），现在又有里奇［P. G. Ricci］和鲁宾斯坦［N. Rubinstein]的《洛伦佐·梅迪奇和皮耶罗·梅迪奇书信统计》[*Censimento delle lettere di Lorenzo di Piero de'Medici*]（佛罗伦萨，1964 年）。
5. 盖伊［Giovanni Gaye]，《未发表过的艺术家书信集》[*Carteggio inedito d'artisti*]，第 1 卷（佛罗伦萨，1939 年），第 209 页。
6. 琴尼尼[Pietro Cennini]写给洛伦佐的信，见封爵以前的梅迪奇家族档案。卷宗XXXIII，461 和 766，1476 年 9 月。
7. 克里斯特勒［P. O. Kristeller]，“现代的艺术体系”［The Modern System of the Arts]，《观念史杂志》[*Journal of the History of Ideas*]，XII，1951 年 10 月；XIII，1952 年 1 月。
8. 同注 5。
9. 罗伊蒙特[Alfred von Reumont]，《洛伦佐·德·梅迪奇》[*Lorenzo de'Medici*]（莱比锡，1883 年）。
10. 明茨［E. Muentz]，《文艺复兴的先驱和捍卫者》[*I Precursori e Propugnatori del Rinascimento*]（佛罗伦萨，1902 年）。
11. 马丁·瓦克纳格尔［Martin Wackernagel]，《佛罗伦萨文艺复兴时期艺术家的生存空间》[*Der Lebensraum des Kunstlers in der florentininschen Renaissance*]（莱比锡，1938 年），这本书没收入科梅里诺［S. Comerino］的《梅迪奇参考书目》[*Bibliografia Medicea*]（佛罗伦萨，1940 年），尽管这是一份极为有用的参考书目。
12. 莫雷尼［D. Moreni]，《佛罗伦萨圣洛伦佐大教堂的安布罗乔集会堂的历史回忆》［*Memorie storiche dell'Ambrosiana Basilica di S Lorenzo di Firenzo*]（佛罗伦萨，1817 年）；法布里奇［C. v. Fabriczy]，《菲利波·布鲁内莱斯基》[*Filippo Brunelleschi*]（斯图加特，1892 年）。
13. 多伦[A. Doren]，“关于吉贝尔蒂的马太雕像的卷宗”[Das Aktenbuch fur Ghibertis Matthaeus-Statue]，《意大利研究》[*Italinische Forschungen*]，I（柏林，1904 年）。
14. 克劳特海默尔［R. Krautheimer]，《洛伦佐·吉贝尔蒂》[*Lorenzo Ghiberti*]（普林斯顿，1956 年），史料第 138 和 151 号。
15. 莫里萨尼[Otlavio Morisani]，《建筑家米切洛佐》[*Michelozzo Architetto*]，艾瑙迪[Einaudi]，1951 年。
16. 韦斯帕夏诺·德·比斯蒂奇[Vespasiano de'Bisticci]，《名人传》[*Vite di uomini illustri*]。由丹科纳［P. d'Ancona］和埃施利曼［Aeschlimann］编辑，米兰，1951 年。英文版名为《韦斯帕夏诺的回忆录》

[*The Vespasiano Memoirs*]（伦敦，1926年），由乔治[W. George]和沃特斯[E. Waters]翻译。

17. 鲁佛尔 [R. de Roover]，《梅迪奇银行》[*The Medici Bank*]（剑桥，1963年）。

18. 奥里戈[Iris Origo]，《普拉托商人》[*The Merchant of Prato*]（伦敦，1957年）。

19. 奥里戈，同上注，第149页。

20. 在一封被归于“绰号为帕多瓦努斯的弗朗西斯科斯”[Franciscus cognomento Padovanus]的信中[该信保存在里卡迪亚纳宫（the Riccardiana）中的丰丘斯（B. Fontius）的《杂录》[*Zibaldone*]中，手稿907，第141页，“eleganter qui turn deo jocaretur dicere solebat, patientiam domine habe in me et omnia reddam tibi”[他诙谐地和上帝开玩笑说：“只要对我耐心点，主啊，我将把一切都归还给你”]。

21. 罗斯科 [W. Roscoe]，《洛伦佐·德·梅迪奇生平》[*The Life of Lorenzo de' Medici*] 附表XI。

22. 古特金德[Curt S. Gutkind]，《科西莫·德·梅迪奇》（牛津，1938年）第196页。

23. 收入拉米[G. Lami]的《有知识者的快乐》[*Deliciae Eruditorum*]，第XII卷（佛罗伦萨，1742年），第150—168页。

24. 萨沃纳罗拉[G. Savonarola]，《意大利布道》[*Prediche italiane*]，由帕尔马若奇[R. Palmarocchi]编辑（佛罗伦萨，1930—35年），III，i，第391页。

25.《安东尼奥·贝尼韦尼献给科西莫的“颂词”》[*Antonii Benivienii* ΕΓΚΩΜΙΟΝ Cosmi]，由皮亚托里[Renato Piatoli]编辑（1949年），第56页。

26. 这条资料出自绰号为帕多瓦努斯的弗朗西斯科斯写的一封信，这封信是在科西莫死时写给皮耶罗的，信中进一步发挥了科西莫的谦恭这一主题：“Quam multos non memoria nostra retinet…qui tumore elati aliud quam homines esse putabant exitu tandem suo nos docuisse quod fureint. Ut enim per te didici. Regna cadunt. etc”[有多少人已从我们的记忆中消失，而这些人在生前却傲慢无比，自以为与众不同！可是他们的下场让我们看到他们实际上是什么东西。正如我还从您身上看到的，帝国在骄奢中衰亡……]。边上写着“记于梅迪奇庭院中的犹滴柱上”[In Columna sub Judith, in aula medicea]，参见我的《木马沉思录》[*Meditations on a Hobby Horse*]（伦敦，1963年），第170页。

27.《名人传》，由米拉内西[G. Milanesi]编辑，第II卷，（佛罗伦萨，1878年）。关于瓦萨里对韦斯帕夏诺的依据，参见西本许纳[A. Siebenhuner]和海登赖希[L. H. Heydenreich]的“树林中的圣弗朗切斯科教堂的修道院”[Die Klosterkirche von San Francesco al Bosco]，载《佛罗伦萨艺术史学院通报》[*Mitteilungen des Kunsthistorischen Instituts in Florenz*]，V（1937—1940年），第183页。

28. 菲拉雷特[Antonio Averlino Filarete]，《建筑艺术专论》[*Tractat uber die Baukunst*]，由奥廷根[W. von Oettingen]编辑（维也纳，1890年）。

29. 比如，韦里诺[U. Verino]的《弗拉梅塔》[*Flametta*]（或译“小火焰”，这是一个姑娘的名字——译注），由蒙卡拉里亚[L. Mencaraglia]编辑（佛罗伦萨，1940年），第104—110页；封蒂奥[B. Fontio]的《颂歌》[*Carmina*]，由福格尔[Foegel]和尤哈茨[L. Juhasz]编辑（莱比锡，1932年），第II部分；兰迪诺[C. Landino]的《颂歌全集》[*Carmina Omnia*]，由佩罗萨[A Perosa]编辑（佛罗伦萨，1939年），第119—22页；纳尔迪[Naldo di Naldi]的《挽歌三卷》[*Elegiarum Libri III*]，由尤哈茨编辑。（莱比锡，1934年），第88页。

30. 莫里萨尼[Morisani]，前引书，第90页。沃尔特[Walter]和伊利莎白·帕茨[Elizabeth Paatz]，《佛罗伦萨的教堂》[*Die*

Kirchen von Florenz]，第III卷（莱茵河畔法兰克福，1952年），第8页起。

31. 同上引书，第II卷，第440—441页。
32. 马瑟［R. G. Mather］，"关于米切洛佐的新史料"［New Documents on Michelozzo］载《艺术通报》［*The Art Bulletin*］，第XXIV卷（1942年）。
33. 莫莱里，同前引书，第II卷，第346—7页。
34. （被认为是）马内蒂［A. Manetti］的《菲利波·迪·赛尔·布鲁内莱斯基传记》［*Vita di Filippo di Ser Brunelleschi*］由托斯卡［E. Toesca］编辑（佛罗伦萨，1927年）；法布里奇，前引著述。
35. 盖伊，同前引著述，第I卷，167页起。
36. 《安东尼奥·比利文选》［*Il Libro di Antonio Billi*］由弗赖［C. Frey］编辑，（柏林，1892年）。弗赖把第二项工程归属于菲拉雷特。
37. 瓦尔堡［A. Warburg］，"梅迪奇宫建筑的开端"［Der Baubeginn des Palazzo Medici］，《文集》［*Gesammelte Schriften*］（莱比锡—柏林，1932年）。
38. 文图里［*Venturi*］，《意大利艺术史》［*Storia dell'arte italiana*］，第VIII卷，（米兰，1923年）第273页。这一建筑物在该书是由布尔奇［E. Burci］的硬笔素描显示的（图61），重印于里奇［C. Ricci］的《佛罗伦萨古物纵览》［*Cento vedute di Firenze antica*］（1906年），图版83。图中央的那间宿舍上有梅迪奇家族的纹章。
39. 同前引著作，第I卷，第558页。
40. 韦尔切伦西斯［Alberti Advogrardii Vercellensis］，《科西莫·梅迪奇的宗教和高尚行为》［*De Religione et Magnificentia …Cosmi Medicis*］，第II卷，拉米的《有知识者的快乐》，第XII卷（佛罗伦萨，1742年），第117—149页。顺便说一句，拉米的书在有些地方错得厉害，就像洛伦佐图书馆［the Laurenziana］里的书架编号10上的抄本［Cod. Pluteo，liv. 10］一样。这本抄本是拉米的原始资料。我根据洛伦佐图书馆编号书架抄本［Cod. Laur. Plut.］XXIV，46提供的正确原典讨论了"阿尔贝托·阿伏伽德罗对菲耶索莱大教堂和卡雷基别墅的描述"［Alberto Avogadro's Description of the Badia of Fiesole and of the Villa of Careggi］一诗中的其他部分。该诗载《意大利的中世纪和人文主义》［*Italia Medioevale e umanistica*］，第V卷（1962年），第217—229页。
41. 前引著作，第142页。
42. 由法布里奇出版，前引著作，第586页起。
43. 前引著作，第676—677页。
44. "阿尔贝托·阿伏伽德罗对菲耶索莱教堂和卡雷基别墅的描述"。同注40引书，第223页。
45. 同上引著作，第224页。
46. 盖伊，同前引著作，第I卷，第136页。
47. 同上注，第I卷。
48. 同上注，第140页。
49. 同上注，第141页。
50. 《博纳罗蒂杂志》〈根据米开朗琪罗·博纳罗蒂［Michelangelo Buonarroti］命名的杂志——译注〉，第II系列，第IV卷（罗马，1868年）。
51. 盖伊，同前引著述，第I卷，第158页。
52. 莫里萨尼，同前引著述，第94页。
53. 瓦克纳格尔，同前引著述，第245页。
54. 盖伊，同前引著述，第I卷，第191—194页。现在还可参见格罗特［A Grote］的"一封至今未发表的关于梅迪奇—里卡雷宫内的贝内佐·戈佐利壁画的信"［A Hitherto Unpublished Letter on Benezzo Gozzoli's Frescoes in the Palazzo Medici-Riccarei］，《瓦尔堡和考陶尔德研究院院刊》［*Journal of the Warburg and Courtauld Institutes*］，第XXVII卷（1964年），第321—2页。
55. 马尔科蒂［J. Marcotti］，《佛罗伦萨纪念性建筑导游》［*Guide Souvenir de Florence*］（佛罗伦萨，1888年）。
56. 亚历山德罗·丹科纳［Alexandro d'Ancona］，《意大利剧场的起源》［*Origi-*

ni del teatro italiano](都灵,1891年)第I卷,第277页。

57. 我感谢皮尔斯—牛顿太太[Mrs Stella Pearce-Newton]为我提供了这种观察。

58. 同前引著述,第666页起。

59. 保罗·丹科纳[Paolo d'Ancona],《佛罗伦萨的细密画》[*La Miniatura fiorentina*](佛罗伦萨,1914年)。

60. 同前引著作,第668-669页。

61. 明茨[E. Muentz],《梅迪奇家族藏品》[*Les collections des Medicis*](巴黎,1888年)。

62. 瓦克纳格尔,前引书,第346页起。

63. 同前引书,第IV卷,第174页。

64. 根据皮亚佐[Piazzo]出版的记载,洛伦佐在1487年9月,1489年7月和1491年9月在"小医院"[the Spedaletto]住过一些星期[同前引著述,第XLVI页]。关于记录了他们在该宫创作的艺术品的信,见霍恩[Horne]《亚历山德罗·菲利佩皮》[*Alexandro Filipepi*](1908年),第353页。

65. 罗斯科,同前引书,附录LXXVI。

66. 同上引书,附录LI。

67. 这份史料收入克拉特韦尔[M. Cruttwell],《韦罗基奥》[*Verrocchio*](伦敦,1904年),第242页起。

68. 关于以下的例子,参见瓦克纳格尔,同前引书,第268页和罗伊蒙特的《洛伦佐·德·梅迪奇》(莱比锡,1883年),第136页起。

69. 盖伊,同前引书,第I卷,第256页。

70. 前引书,第II卷,第450页。

71. 前引书,第III卷,第270页的注释。

72. 同上引书,第III卷,第469页。

73. 埃特林格[L. Ettlinger],"波拉约洛制作的教皇西斯图斯四世墓碑"[Pollaiuolo's Tomb of Pope Sixtus IV],《瓦尔堡和考陶尔德研究院院刊》,第XVI卷(1953年)第249页;258页。

74. 盖伊,同前引书,第I卷,第300页。

75. 同上引书,第274页。

76. 同上引书,第1页。

77. 阿姆斯特朗[E. Armstrong],《洛伦佐·德·梅迪奇》(伦敦,1896年),第393页。

78. 拉米,同前引书,第XII卷,第198页。

79. 罗斯科,同前引书,第IX章。

80. 盖伊,同前引书,第I卷,第354页起。

81. 罗伊蒙特,同前引著述,第146页。

82. 罗斯科,同前引著述,附录LXVI。

83. 瓦克纳格尔,同前引著述,第268页。

84. 哈夫特曼[W. Haftmann],"豪华者洛伦佐藏品中一件出自吉兰达约的工作室的镶嵌作品"[Ein Mosaik der Ghirlandajo Werkstatt aus dem Besitz des Lorenzo Magnifico],载《佛罗伦萨艺术史学院通报》,第VI卷(1940—41年)。

85. 克里斯[E. Kris],《宝石雕刻艺术中的大师和杰作》[*Meister und Meisterwerke der Steinschneidekunst*](维也纳,1929年)。

86. 博德[W. von Bode],《贝托尔多和洛伦佐·德·梅迪奇》[*Bertoldo und Lorenzo de' Medici*](弗赖堡,1925年)。

87. 皮亚佐[Piazzo],同前引书,第480页。关于对贝托尔对这封信的重新解释,现在可见帕朗奇[A. Parronchi]的"人文主义的语言和雕塑的语言"[The Language of Humanism and the Language of Sculpture],《瓦尔堡和考陶尔德研究院院刊》第XXVII卷,1964年,第129—136页。

88. 夏泰尔[A. Chastel],"瓦萨里与梅迪奇传说"[Vasari et la legande mediceenne],载《瓦萨里研究》[*Studi vasariani*](佛罗伦萨,1952年)。作者客气地指出,这篇文章部分地源于一次谈话,我在这次谈话中提出了对瓦萨里叙述的怀疑。

89. 康迪维[A. Condivi],《米开朗琪罗传》[*Vita di Michelangiolo*],由马莱尼[Maraini]编辑(佛罗伦萨,1927年)。

莱奥纳尔多论绘画科学

1. 卡洛·佩德雷蒂 [Carlo Pedretti],《莱奥纳多尔·达·芬奇文集》 [*The Literary Works of Leonardo da Vinci*]。琼·保罗·里克特 [Jean Paul Richter] 的编本的评注本，伦敦，1977 年，第 I 卷，第 12—47 页。
2. 《莱奥纳尔多·达·芬奇的绘画论（乌尔比诺拉丁文抄本，1270)》 [*Leonardo da Vinci's Treatise on Painting* (*Codex Urbinas Latinus* 1270)]。A. 菲利普·麦克马洪 [A. Philip McMahon] 翻译并注释，普林斯顿，1956 年(本文缩略为 Cod. Urb。和 McM)。文中译文是我自译。
3. 卡洛·佩德雷蒂，《莱奥纳尔多·达·芬奇论绘画，一部已佚的笔记本(笔记 A)》，伯克利和洛杉矶，1964 年。
4. V. 祖博夫 [V. Zubov],《莱奥纳多尔·达·芬奇》(D. 克劳斯 [D. Kraus] 翻译)，麻省坎布里奇，1968 年；马丁·肯普 [Martin Kemp],《莱奥纳尔多·达·芬奇，自然和人的卓越作品》[*Leonardo da Vinci*, *The Marvellous Works of Nature and Man*]，伦敦，1981 年。
5. 参见我的"再现和错误的再现"[Representation and Misrepresentation]，载于《批评探索》，XI，1984 年 12 月 2 日，第 195—201 页。
6. "十五世纪绘画中的光线，形式与质地" [Light, Form and Texture in Fifteenth Century Painting]，收在《阿佩莱斯的遗产》[*The Heritage of Apelles*]，牛津，1976 年，特别见第 32—35 页。
7. 参见我的"各类艺术中的实验和经验" [Experiment and Experience in the Arts]，收在《图像与眼睛》[*The Image and the Eye*]，牛津，1982 年，特别见 225—226 页。
8. 约翰·拉斯金 [John Ruskin],《素描的诸要素》[*The Elements of Drawing*]，1857 年首次在伦敦出版，152 节。
9. 乌尔比诺抄本 54r，77，77v，231v，232，232v，233，233v，234，234v，235，235v，237v。
10. D. 林贝格 [D. Linberg],《从阿尔基迪到开普勒的视觉理论》[*Theories of Vision from Alkindi to Kepler*]，芝加哥，1976 年；也可参见马丁·肯普，见前引书，第 130 页起。
11. 琴尼诺·琴尼尼 [Cennino Cennini],《艺术之书》[*Il Libro dell'arte*]，丹尼尔·V. 汤普森 [Daniel V. Thompson] 编辑和翻译，纽黑文，1932—1933 年，p. LXXXV。
12. "阿佩莱斯的遗产"，收在以此为名的书中，牛津，1976 年。
13. 约翰·拉斯金，《现代画家》 [*Modern Painters*]，伦敦，1843 年。收入《约翰·拉斯金的著作》 [*The Works of John Ruskin*]，E. T. 库克 [E. T. Cook] 和亚历山大·韦德伯恩 [Alexander Wedderburn] 编辑，39 卷，伦敦和纽约，1903—1912 年。
14. 麦克马洪尤其没有理解最后一段的意义，因为他像其他编者一样，决定不考虑乌尔比诺抄本中各节的顺序，因此，把 fol. 252r 分成了两段，一段成为他 910 节的一部分，另一段成为他 920 节的一部分。只要看一眼影印本（图 29)，就足以看出，第一段的那些词"come sia detto di sotto"跟紧接着的以"Delle trasparentie delle foglie"[论树叶的透射光]为标题的一节有关，而跟关于树的较下部分无关，也不像路德维希所认为的那样，他也重新排列了各节，"Sein Ort (an den Banmblattern) ist, wie gesagt werdensoll, unterwarts"(在上述引文中，848)，这段话简直说不通(海因里希·路德维希[Heinrich Ludwig],《绘画之书》[*Das Buch von der Malereti*],维也纳,1882年)。

实际上,莱奥纳尔多提到的这一段,读者可读作:“当光处于东方,眼睛从下朝西看树木,将看到树的较大部分是透明的,除了处于其他树叶阴影之中的那些(树叶)之外;树的西边部分将是暗的,因为它被一半树枝即被转向东方的部分所遮蔽。”(McM928) 不消说,就是这种情境使前一段的最后部分有可能在“下面论述”[questa e situata come sia detto disotto]。使编者不能对这重要的一节作出正确评价的另一个较小的误解原因是,莱奥纳尔多虽然宣布他先要把透射光撇在“一边”而例举四个色调,但他不顾这个编号,把透射光说成是第二“偶然性”[accident],而我喜欢将其译为“另一个”[the other],路德维希也选择了这个替代词,在这一点上他是正确的。

15. 约翰·拉斯金,见前引书,注释13,第II部分,第VI节,第1章。

水与空气中运动的形式

1. 本文是为在洛杉矶加利福尼亚大学举办的莱奥纳尔多国际专题讨论会所撰写的文稿,发表于C. D. 奥马利[C. D. O'Malley]编辑的《莱奥纳尔多的遗产》[*Leonardo's Legacy*](伯克利和洛杉矶,1969年)。
2. 由卡尔迪纳利[F. Cardinali]在1824年首次出版,后由卡鲁西一法瓦罗[Carusi-Favaro]再次出版(博洛尼亚,1923年)。
3. N. 德托尼[N. de Toni],《莱奥纳尔多·达·芬奇的水利学(芬奇的笔记片断,III-IX)》[*L'Idraulica in Leonardo da Vinci (Frammenti Vinciani), III-IX*](布雷西亚,1934—5年)。由于这个有用的版本不易得到,故将所引段落的原文全部重印于此。
4. 由卡尔维[G. Galvi]出版(米兰,1909年)。若干笔记的来源见佩德雷蒂[C. Pedretti],《莱奥纳尔多·达·芬奇论绘画:一部已佚的书(A卷)》[*Leonardo da Vinci on Painting: A Lost Book (Libro A)*](伯克利和洛杉矶,1964年)。
5. 里克特[J. P. Richter],《莱奥纳尔多·达·芬奇文集》[*The Literary Works of Leonardo da Vinci*](第二版,伦敦,1939年),有关的笔记只有极少几条收入这部有影响的文集。收入最多的见吕克[Theodor Lücke]编辑的《莱奥纳尔多的笔记和札记》[*Leonardo da Vinci, Tagebucher und Aufzeichnungen*](苏黎世,1952年),达108页,但只有译文。在我所见的对该题目的一般性论述中,我想提到如下这些:法瓦罗[A. Favaro],“莱奥纳尔多·达·芬奇和水的科学”[Leonardo da Vinci e le scienze delle acque],刊于《商场》[*Emporium*],1919年,第272—279页;阿雷迪[F. Arredi],“莱奥纳尔多关于水的运动的研究”[Gli studi di Leonardo da Vinci sulmoto delle acque],刊于《公共工程年鉴(文明之神报)》[*Annali dei Lavori Pubbilici (gia Giornale del Genio Civile)*],1939年,17(fasc. 4),4月,第357—63页;“水利学的起源”[Le Origini dell'Idrostatica],刊于《水》[*L'Acqua*],1943年,第8—18页;以及布里奇奥[A. M. Brizio],“论水”[Delle Acque],刊于《莱奥纳尔多·达·芬奇,智者和探索者》[*Leonardo da Vinic, Saggi e Ricerche*],马拉扎[A. Marazza]编辑(罗马,1954年),第277—289页,近来发表的有扎马蒂奥[Carlo Zammatio],“水和石头的构成法”[The Mechanics of Water and Stone],

收入《不为人知的莱奥纳尔多》[*The Unknown Leonardo*]，雷蒂[Ladislao Reti]编辑（伦敦，1974 年），第 191—207 页。《马德里抄本》[*The Madrid Codices*]（纽约，1974 年）收入了相当少的有关该题目的笔记，除了日期为 1504 年的关于波浪的运动的四条笔记（Cod. II，24*r*，41*r*，64*r* and 126*r*）之外，这个抄本我是在写完该专论后才见到的。

6. 克拉克 [K. Clark] 和佩德雷蒂 [C. Pedretti]，《温莎堡女王藏品馆的莱奥纳尔多·达·芬奇素描目录》[*A Catalogue of the Drawings of Leonardo da Vinci in the Collection of Her Majesty the Queen at Windsor Castle*]（伦敦，1969 年），第 12384 号，第 54 页，作者考证为约 1515 年左右。
7. 克拉克和佩德雷蒂，前引书，第 12660*v* 号，作者考证时间为约 1509 年。
8. 莱奥纳尔多自己给 MS. A 注明的日期是 1492 年 7 月 10 日（fol. 114*v*）。我一律依据马里诺尼 [A. Marinoni]“莱奥纳尔多·达·芬奇的著作写本及其版本” [I Manoscritti di Leonardo da Vinci e le loro Edizioni]，刊于《莱奥纳尔多，智者和探索者》（版本同上），附录 I 中所给出的写本编年表。
9. 有关温莎堡素描的日期，据克拉克和佩德雷蒂为 1509 年。
10. 伦敦和纽约，1960 年。
11. 乌尔比诺抄本，fol. 222*r*（McMahon，686）。这一段提到了光的问题。
12. K. R. 波普尔，《科学发现的逻辑》[*The Logic of Scientific Discovery*]（纽约和伦敦，1959 年）。
13. 基尔 [K. D. Keele]，《莱奥纳尔多论心脏和血液的运动》[*Leonardo da Vinci on Movement of the Heart and Blood*]（伦敦，1952 年），提供了有关这个过程的许多有启发性的例子。现在也可参见一位伟大的科学史家写的重要著作，即 V. P. 祖博夫 [V. P. Zubov] 的《莱奥纳尔多·达·芬奇》[*Leonardo da Vinci*]（麻省坎布里奇，1968 年），我在《纽约图书评论》[*New York Review of Books*]（1968 年 12 月 5 日）上评论过这本书。
14. 海登赖希 [L. H. Heydenreich]，《莱奥纳尔多·达·芬奇》[*Leonardo da Vinci*]（纽约和巴塞尔，1954 年），图版 226 的注释。
15. 例如，一些小型的乱画之物附有对水道的详述，C. A. fol. 70*v*。
16. C. A.，fol. 37*v*，*c*：‘L’ acqua m. n. disciende in b，epercuote sotto il sasso b，e risalta in c，e di li sileva in alto，ragirandosi in q.，e le cose sospinte in f. dall’acqua percossa nel sasso b.，infra angoli equali，risatan[per]sotto la medesima linia q. b.，cioe per la linia b. c.，e lacosa，che qui si trova，va ragirando piu che quelle che percotano il sasso infra angoli disequali，impero che queste，ancora che si vadino regirando，esse[ne]fuggano insieme col motodel fiume.

    遗憾的是所附的图太淡，无法清楚地复制。
17. ‘Qui l’ acqua vicina alla superfitie fa l’ufficio che vedi，risaltando in alto e indietro nel suo percotersi，e l’acqua che risalta indietro e cade sopra l’angolo della corrente，va sotto e facome vedi di sopra in a，b，c，d，e，f’（MS. F，fol. 20r）.
18. 《莱奥纳尔多·达·芬奇的素描》[*The Drawings of Leonardo da Vinci*]（伦敦，1946 年），第 164 页。
19. ‘Sommergere，s’ intende le cose ch’entrano notto l’acque. Intersegazione d’acque，fia quando l’un fiume sega l’altro. Risaltazione，circolazione，revoluzione，ravvoltamento，raggiramento，sommergimento，surgimento，declinazione，elevazione，cavamento，consumamento，percussione，ruinamento，discenso，impetuita，retrosi，urtamenti，

confregazioni, ondazioni, rigamenti, bollimeni, ricascamenti, ritardamenti, scatorire, versare, arriversciamenti, riattuffamenti, serpeggianti, rigore, mormorii, strepidi, ringorare, ricalcitrare, frussoe refrusso, ruine, conquassamenti, balatri, spelonche delle ripe, revertigine, precipizii, reversciamenti, tomulto, confusioni, ruine tempestose, equazioni, egualita, arazione di pietre, urtamento, bollori, sommergimenti dell'onde superficiali, retardamenti, rompimenti, dividimenti, aprimenti, celerita, veemenzia, furiosita, impetuosita, concorso, declinazione, commistamento, revoluzione, cascamento, sbalzamento, conrusione d'argine, confuscamenti' (MS. I, fols. 72*r*, 71*u*)).

20. 'Dell' oncia dell'acqua, e in quanti modi si può variare. L'acqua che versa per una medesima quantita di bocca, si può variare di quantità maggiore o minore per modi, de'quali il primo è da essere più alta o più bass a la superficie dell'acqua sopra la bocca donde versa; il 2°, da passare l'acqua con maggiore o minore velocità da quell'argine dove è fatto essa bocca; 3° da exxere più o meno obbliqui i lati di sotto della grossezza della bocca bove l' acqua passa; 4° dalla varietà dell'obbliquità de'lati di tal bocca; 5° dalla grossezza del labbro d'essa bocca; 6° per la figura della bocca, cioè a essere o tonda o quadra, o triangolare, o lunga; 7° da essere posta es sa bocca in maggiore o minore obbliquità d'argine per la sua lunghezza; 8°a essere posta tal bocca in maggiore o minore obbliquità d' argine per la sua altezza; 9°a essere posta nelle concavità e convessità dell'argine; 10°a essere posta in maggiore o minore larghezza del canale; 11°se l'altezza del canale ha piùvelocità nell'altezza della bocca o più tardità che altrove; 12°se il fondo ha globosità o concavità a riscontro d'essa bocca, o più alta c più bassa; 13°se l' acqua che passa per tal bocca piglia vento o no; 14°se l'acqua che cade fuor d' essa bocca cade in fra l'aria ovvero rinchiusa da unlato o da tutti, salvo la fronte; 15°se l'acqua che cade rinchiusa sarà grossa nel suo vaso, o sottile; 16°se l'acqua che cade, essendo rinchiusa, sarà lunga di caduta o breve; 17°se i lati del canale donde discende tale acqua sarà suoli o globulosi, o retti o curvi' (MS. F, fol. 9*v*).
在 MS. I 中有一段类似关于波浪的笔记, fols. 87v, 88r—v, 译文见麦柯迪[E. MacCurdy],《莱奥纳尔多的笔记》[*The Notebooks of Leonardo da Vinci*](伦敦, 1938 年), 第 I 卷, 第 85—86 页。

21. 'De' retrosi superficiali e di quelli creati in varie altezze dell'acqua; e di quelli che piglian tutta essa altezza, e de'mobili e delli stabili; de'lunghi e de'tondi; delli scambievoli di moto e di quelli che si dividono, e di quelli che si convertono in quelli dove si congiungono, e di que'che son misti coll'qcqua incidente e refressa, che vanno aggirando essa acqua. Qualison que'retrosi che raggiran le cose lievi in superficie e non le sommergono; quali son quelli che le sommergono e raggiranle sopra il fondo e poi le lascian in esso fondo; quali son quelli che spiccan le cose del fondo e le regittano in superficie dell'acqua; qua'son li retrosi obbliqui, quali son li diritti, qus'son li piani' (MS. F, fol. 2*r*)

22. 里克特, 见前引书, 收入了有关这类目录的几个例子。第II卷, 919—928 条笔记, 据 C. Leic. fol. 15*v*, 和 C. Ar. fols. 35*r*-*v*, 45*r*, 和 122*r*。在 C. A., fol. 74*r*-*v*

中有较长的目录。

23. 弗朗西斯［J. R. D. Francis］，《流体力学教程》［*A Textbook of Fluid Mechanics*］（伦敦，1958 年）。我发现，为外行而写的有关这些问题的最好导论是萨顿［O. H. Sutton］的《飞行科学》［*The Science of Flight*］（哈蒙兹沃斯，1955 年）。

24. MS. E，fol. 8*v*。

25. 'Il fiume d'equale frofondità，avrà tanto più di fuga nella minore larghezza，che nella maggiore，quanto la maggiore larghezza avanza la minore'（MS. A，fol. 57*r*）. 也参见 MS. A，fols. 23*v* 和 57*v*，其他连续性原理的公式（C. Leic.，fols. 6*v* 和 24*r*；C. A.，fols. 80*v*，b；80r b；和 287*r*，*b* 在 F. 阿雷迪的《莱奥纳尔多关于水的运动的研究》中被扩充引用，见注 5 引书。

26. G. 贝林乔尼［G. Bellincioni］，"莱奥纳尔多及其对水的运动和测量的论述"［Leonardo e il Trattato del Moto e Misura delle Acque］，收在《芬奇研究大会文集》［*Atti del Convegno di Studi Vinciani*］（佛罗伦萨，1953 年），第 323—327 页（新版；《芬奇研究》［*Studi Vinciani*］，IV，1854 年，第 89—95 页）。

27. 'Quanto più l' acqua correrà per la declinazione d' equale canale，tanto più fia potente la percussione da lei fatta nella sua opposizione. Perchè tutti li elementi，fuori del loro naturale sito，desiderano a esso sito ritornare，e massime foco，acqua e terra；e quanto esso ritornare fia fatto per linea più breve，tanto fia essa via più diritta，e quanto più diritta via fia，maggiore fia la percussione nella sua opposizione'（MS. C，fol. 26*r*）

28. 'Qgni parte d' acqua，infra l'altra acqua senza moto，diace di pari riposo con quella che nel suo livello situata fia. Qui la esperenzia ne mostra che，se fussi un lago di grandissima larghezza，il quale in sè diacesse senza moto di vento d'entrata o d' uscita，che tu levassi una minima parte dell'altezza di quella argine che si trova dalla superficie dell'acqua in giù，tutta quell'acqua，che si trova dal fine di detta tagliata argine in sù，passerà per essa tagliatura e non move o tirerà con seco fuori del lago alcuna parte di quella acqua，dove essa acqua mossa e partita diaceva. In questo caso，la natura，costretta dalla ragione della sua legge，che in lei infissamente vive-che tutte le parti di quella superficie dell'acque che senza alcuna entrata o uscita sostenute sono，equalmente dal centro del mondo situate sono. La dimostrazione，si è di sopra：diciamo che l'acqua del detto lago da argine sostenuta sia *n o a f*，e che *n m r a* sia olio sopra a essa scqua sparso，e che essa tagliatura dell'argine，sia *m n*. Dico che tutto l'olio che si trova da *n* in su，passerà per essa rottura，senza muovere alcuna parte dell'acqua a lui sottoposta'（MS. C，fol，23*v*）.

29. 'Si vede chiaramente e si conosce che le acque che percuotono l' argine de'fiumi，fanno a similitudine delle balle percosse ne' muri，le quali si partono da quelli per angoli simili a queli della percussione e vanno a battere le contraposte parete de'muri'（MS. A，fol. 63*v*）.

30. MS. C，fols，24*v* 和 26*r*。

31. 'O mirabile giustizia di te，primo motore! Tunon ai voluto mancare a nessuna potenzia l' ordine e ［e-］ qualità de'sua neciessari effetti'（MS. A，fol. 24r）.

32. 'Universalmente，tutte le cose desiderano mantenersi in sua natura，onde il corso dell' acqua che si move，ne cerca mantenere il ［suo corso］，secondo la potenzadella sua cagione，e se trova con-

trastante opposizione, finisce la lunghezza del cominciato corso per movimenti circolari e retorti' (MS. A, fol. 60*r*). 莱奥纳尔多引用的亚里士多德的通道命题见 C. A., fol. I23*r*, *a*: 'Dice Aristotile che ogni cosa desidera mantenere la sua natura.'

33. 'Ogni movimento fatto da forza, conviene che faccia tal corso, quanto è la proporzione della cosa mossa con quella che move; e s' ella trova resistente opposizione, finirà la lunghezza del suo debito viaggio per cirular moto of per altri vari saltamenti o balzi, i quali, computato il tempo e il viaggio, fia come se il corso fussi stato senza alcuna contraddizione' (MS. A, fol. 60*v*).

34. 'L' acqua, che per istretta bocca versa declinan do con furia ne'tardi corsi de'gran pelaghi perchè nella maggior quantità è maggior potenza, e la maggior potenza fa resistenza alla minore, in questo caso, l'acqua sopravvenente al pelago e percotendo la sua tarda acqua, quella, sendo sostenuta da l' altra, non può dare loco, onde colla conveniente prestezza, a quella sopravvenente, non volendo attardare il suo corso, anzi, fatta la sua percussione, si volta indietro seguitando il primo movimento; con circolari retrosi finisce al fondo il suo desiderio, perchè in detti retrosi non trova se non è il moto di se medesima, colla quale s'accompagnan le volte l'una dentro all'altra, e in questa circulare revoluzione la via si fa più lunga e più continuata perchè non trova per contrasto se non se medesima e questo moto rode le rive consumate con deripazione e ruina d' esse' (MS. A, fol. 60r). 也参见 C. A., fols. 354*r*, *e* 和 361r, b.

35. 'Nota il moto del livello dell' acqua, il quale faa uso de'capelli, che anno due moti, de'quali l'uno attende al peso del vello, l'altro al liniamento delle volte; cosìl'acque a le sue volte revertiginose, delle quali una parte attende al inpeto del corso principale, l'altro attende almoto incidente e reflesso' (里克持 389).

36. 关于这种相互作用，在温莎堡素描 12663*r*（图 95）中，讨论了一个更为复杂的例子：'Il moto revertiginoso e di tre sorte, cioè semplice, conposte, e decomposte; il moto revertiginoso semplice e di tanto movimento respetto all'altre due predette sorte; e il moto conposto e in se due moti di varie velocità, cioèun moto primo ch' ello move nel suo nascimento, che è un moto in lunghezza chol moto universale del fiume o del pelago dove si genera, e'l secondo moto e fatto infra giù e sù, e la terza sorte *à* tre moti di varie velocità, cioè li 2 predetti del moto composto, e li se agiunge un terzo che a tardezza mezzana infra 2 già dette'. 关于这段原典的古文抄本，我大胆地作了规范化，参见 K. 克拉克和 C. 佩德雷蒂，见注 6。一个更为复杂的描述说明了这些莱奥纳尔多风格的相互作用的渐增作用，见 MS. I, fol. 78*v* 和 73*r*: 'I retrosi son alcuna volta molti che mettano in mezzo un gran corso d' acqua, equanto più s'appressano al fine del corso, più son grandi: e si creano in superficie per l'acque che to [r] nano inditero dopo la percussione ch'esse fanno nel corso piu veloce, perche sendo le fronti di tale acque percosse dal moto veloce, essendo esse pigre, subito si trasmutano indetta velocità, onde quella acqua che dirieto l'è contingente e appiccata, è tirata per forza e disvelta dall'altra, onde tutta si volterebbe successivamente, l'una dirieto all'altra, contal velocità di moto, se non

fussi che tal corso primo non le può ricevere se già non s'alzassino di sopra a essa, e questo non potendo essere, è necessario che si voltino indireto e consumino in se medesimo tali veloci moti, onde con varie circulazioni, dette retrosi, si vanno consumando i principiati impeti-e non stanno fermi, anzi, poi che son generati così girando sono portati dall'impeto dell'acqua nella medesima figura; onde vengono a fare 2 moti, l'uno fa in sè per la sua revoluzione, l'altro fa seguitando il corso dell'acqua che lotransporta, tanto che lo disfa.'

37. E. g., MS. F, fol. 19*r*.

38. MS. A, fol. 61*r*。完整的译文见海登赖希前引书，I，第 146—147 页。对这个观察的进一步分析参见 K. D. 基尔，"莱奥纳尔多的感官生理学" [Leonardo da Vinci's Physiology of the Senses]，收在 C. D. 奥马利编辑的《莱奥纳尔多的遗产》，第 38—39 页。

39. 'L' impeto è molto più veloce che l'acqua, perchè molte son le volte, che l'onda fugge il loco della sua creazione e l'acqua non si move del sito, a similitudine dell'onde fatte il maggio melle biade dal corso de'venti, che si vede correre l'onde per le campagne, e le biade non si mutano di lor sito' (MS. F, fol. 87*v*).

40. C. Leic., fol. 14*v*.

41. C. A., fol. 354*v*: 'L'onda dell'impeto alcuna volta è immobile nella grandissima corrente dell'-acqua, e alcuna volta è velocissima nell'acqua immobile, cioè nelle superficie de'paludi. Perchè una percussione sopra dell'acquau fa più onde.'

42. MS. H, fols. 36*v*, 45*v*; MS. I, fol. 58r; C. A., fols. 12r, a; 175r, c 所有这些都被注 5 中提到的 F. 阿雷迪的"莱奥纳尔多关于水的运动的研究"所引用。

43. 'L' acqua, che correrà per canale d'eguale latitudine e profondità, fia di più potente percussione nello obbietto che si opporrà neltraverso mezzo, che vicino alle sue argini. Se metterai un legno per lo ritto in *f*, l'acqua percossa in detta opposizione, risalterà poco fuori della superficie dell'acqua, come appare nella sperienza *s*; ma se metterai detto legno in *a*, l'acqua si leverà assai in alto …' (MS. C, fol. 28*v*).

44. 'L' acqua torbida fia di molta maggiore percussione nella opposizione del suo corso, che non fia l'acqua chiara' (MS. C, fol. 28*r*)；也参见 C. A., fol. 330*v*, *b*: 'Della materia intor bidatrice dell' acqua à il suo discenso tanto più o men veloce, quanto ella è più o men grave.'

45. 'Opera e materia nuova, non più detta'.

a b divide il corso dell'acqua, cioè mezza netorna al loco dove la caduta sua percuote, emezza ne va innanzi. Ma quella che torna indietro è tanto più che quella che va innazi quanto è l'aria che infra lei si inframmette in forma di schiuma. Mai li moti revertiginosi possono essere in contatto l'uno dell'altro, cioè limoti che si voltano a un medesimo aspetto, come la volta c d, e la volta p o, perchè quando la parte di p o si comincia a sommergere colla parte sua superiore o, ella s'incontrarebbe nella parte del moto surgente della revoluzione c d, e per questo si verebbono a scontrare in moti contrari, per la qual cosa la revoluzione revertigionsa si confonderdbbe; ma questi tali moti revertiginosi sono divisi dall' acqua media mista colla schiuma che infra esse revertigine s'inframette, come di sotto in n. m. si dimostra.

quali percussioni d'acque son quelle che non penetrano le acque da lor percosse'.

46. 我不能充分强调这仅仅是个选择，因而我甚至没有提到其他许多莱奥纳尔多坚持的先入之见，例如，一条水道可能影响它所流入的另一条水道的方向的方式，或流速和淤积的关系。我已省略其他一些问题，因为我不能理解莱奥纳尔多的意思。

47. 在正文中已经译出这条笔记，下面我大胆地保留古文抄本，据K. 克拉克和C. 佩德雷蒂：

'Li moti delle chadute dellacque (*dentr*) poichella e dentro assuo pelagho sono dj trespetie (*de*) e acquestj/se ne agiugnie il quarto che e quel dellaria chessi somergie in sie [=insieme] chollacqua e cquesto e il p°inatto effia il p°/che sara djfinjto il 2°fia quello dessa aria somersa el 3°e quel cheffano esse acque refresse poiche/lan rēduta la inpremutata aria allaltra aria laquale poi chettale acqua essurta infigura dj grossi/bollorj acqujsta peso infrallaria e dj quella richade nella superitie dellacqua penetrēdo (*q*) la insino al fōdo ec*que*) e esso fondo percote e chonsuma il 4°e il moto (*che*) revertiginoso fatto nella pelle del pelagho/dellacqua che ritorna indjrieto allocho della sua chaduta chome (*locho*) sito piu basso che ssinterpong/ha in fra lacqua refressa ellacqua incidēte. agivnjerasi il quito moto detto moto rivellan/te (*e*) il quale e il moto cheffa lacqua refressa (*ch*) quandella riporta laria che collejsi somerse alla su/perfitie dellacqa.

oveduto nelle perchussione delle nave lacqua sotto lacqua osservare piu integral/mente la revolutione delle sue impressionj chellacha che chōfina chollaria ec/e quessto nascie perche lacqua infral lacqua nō pesa (*chome*) ma pesa lacqua/infrallaria. per la qualchosa. essa acqua che chessimove infrallacqua immobile/tanto a dj potentia quāto ella potentia dellinpeto acquella chongiutali dal suo motore il quale se (*stessa*) medsimo consuma cholle predette revolutionj.

ma la parte delacqua inpetu/osa chessitrova infrallaria ellal/tra acqua nō po osservare (*e*) chō/ta tēpo il deto inpeto perche la ponde/rosita la inpedjscie proibendole lagilita/effacilita del moto e per questo nō finjsscie la/intera revolutione.'

48. 见温莎堡的寓意素描 12496（波帕姆 125）。

49. 关于某些精美的照片和有益的简图，参见施文克 [Theodor Schwenk]，《敏感的混沌：水和空气中流动形式的创造》[*Sensitive Chaos, The Creation of Flowing Forms in Water and Air*]（伦敦，1965 年）；也可参见弗朗西斯，前引书，图 8。

50. 在 MS. A, fol. 58*v* 中，有一个非常引人入胜的内省记录。莱奥纳尔多试图从中说明水比它实际流动得更快的感觉：'Perchè il movimento dell' acqua, benchè sia più tardo che quello dell'omo, pare sempre più veloce. La ragione di questo si è, che se tu riguardi il movimento dell'acqua, l'occhio tuo non si puo fermare, ma fa a similitudine delle cose vedute nella tua ombra, quando cammini, che se l'occhio attende a comprendere la qualità dell'ombra, le festuche o altre cose che sono contenute da essa ombra, paiono di veloce moto, e parrà che quelle sieno molto più veloci a fuggire, di detta ombra, che l'ombra a camminare.'

51. 柏拉图，《蒂迈欧篇》[*Timaeus*]，79B。我使用了洛布古典丛书 [Loeb Classical Library] 中的伯里 [R. G. Bury] 的译文。是卡尔·波普尔爵士使我注意到这一节以及它跟莱奥纳尔多的研究的牵连。

52. MS. F, fol. 27*r*（里克特 no. 939）。

53. 'Ogni acqua, che per innondazione move

la sua superficie per un verso，si move nel suo fondo per contrario corso. Questa ragione si prova in questa forma，cioè：noivediamo al mare mandare le sue onde inverso la terra，e benchè l'onda che termina colla terra sia l'ultima delle compagne e sia sempre cavalcata e sommersa dalla penultima，non di meno la penultima non passa di lá da l'ultima，anzi，si sommerge nel luogo dell'ultima，e sendo così sempre questo sommergimento in continuo moto，dove il mare confina con la terra，è neces-sario che dopo quello sia un contrario mo to in sul fondo del mare，e tanto ne torna di sotto，inverso la cagione del suo omovimento，quanto esso motore ne caccia da sè da la parte di sopra'（MS. A，fol. 57*v*）有几段笔记表明莱奥纳尔多一向不能明确区别波浪和涨潮，这是其中之一，注意下述说法是很有趣的：根据最近的一本海洋地理学手册，"某些似乎与碎浪花有关的现象仍未被理解。退浪的存在没有得到令人满意的说明，并且一直受到某些观察者的怀疑"（斯维尔德鲁普［H. U. Sverdrup］，约翰逊［Martin W. Johnson］和弗莱明［R. H. Fleming］，《海洋》［*The Oceans*］，纽约，1942 年，第 537 页）。

54. Del frussi e reflusso del mare e sua varietà. Corre l' onda del fiume contro al suo avvenimento…El ritornar dell'onda alla riva…（C. A. fol.，28*r*，*a*）

55. 亚里士多德，《物理学》［*Physics*］，IV，viii，215a。对这种理论的充分讨论和对由此而产生的对"动力"［impetus］的辩论见迈尔［A. Maier］，《经院自然哲学的两个基本问题》［*Zwei Grundprobleme der scholastischen Naturphilosphie*］（罗马，1951 年）。我想感谢安妮·哈里森夫人［Mrs. Anne Harrison］，在把这个复杂问题修订为简短的概略时，她给予了内行的帮助。

56. 在 A. 乌切利［A. Uccelli］，《莱奥纳尔多的飞行之书》［*I Libri del Volo di Leonardo da Vinci*］（米兰，1952 年），第 29—32 页。另一段日期为 1495 年之前的笔记是在马德里抄本［Codex Madrid］I，190*v* 中发现的。

57. '…Essendo adunque quest' aria sospinta，ellane sospigne e caccia dell'altra e genera dopo sè circolari movimenti，de' quali il peso mosso in essa è sempre centro，a similitudine de'circoli fatti nell'acqua，che si fanno centro del loco percosso dalla pietra，e così，cacciando l' uncircolo l'altro，l'aria ch'è dinnanzi al suomotore，tutta per quella linea è preparata a movimento，il quale tanto più cresce，quanto più se l'appressa il peso che la caccia：onde trovando esso peso men resistenza d'aria，conpiù velocità raddoppia il suo corso a similitudine della barca tirata per l'acqua，la quale simove con diffcoltà nel primo moto，benchè il suo motore sia nella più potente forza，e-quando essa acqua，con arcuate onde，comincia a pigligre moto，la barca seguitando esso moto，trova poca resistenza，onde si move con più facilità；similmente la ballotta，trovando pocaresistenza，seguita il principiato corso，insino a tanto che，abbandonata alquanto dalla prima forza，comincia a debolire e declinare. Onde，mutato corso lapreparata fuga fatale dinnanzi dalla fuggente aria，non le servono più，equanto più declina，più trova varie iesistenze d'aria e più si tarda，insino a tanto che ripigliando il moto naturale，si rifà di più velocità. Ora io concludo，per la ragione della ottava proprzione，che quella parte del moto che sitrova tra la prima resistenza dell'aria e il principio della sua declinazione，sia di maggiore potenza，e questo è il mezzo del

cammino, il quale è fatto per l'aria con retta e diritta linea. E perchè nessun loco può esser vacuo, il loco donde si parte la barca, si vuol richiudere e faforza, a similitudine de l'osso delle ciliege dalle dita premuto, e però fa forza a preme e caccia la barca' (MS. A, fol. 43*v*). 哈里森夫人将这节末尾追踪到亚里士多德的《气象学》[*Meteorologica*] I. 4, 一个为莱奥纳尔多所知但在其他方面被忽视的资源。

58. C. A., fol. 168*v*, *b*, 乌切利所引，见前引书，第 32 页。

59. 'Questi 3 navigli, d' eguale larghezza, lunghezza e profondità, essendo mossi da egual potenzie, faran varie velocità di moti, impreocchè il naviglio che manda la sua parte più larga dinanzi è più [ve] loce ed è simile alla figura delli uccelli e de'pesci muggini; e questo talnaviglio apre da lato e dinanzi a sè molta quantità d'acqua, la qual poi colle sue revoluzioni strigne il naviglio dalli due terzi indirieo: el contrario fa il naviglio *d c*, el*d* [=e] *f*è mezzano di moto in fra li due predetti' (MS. G, fol. 50*v*).

60. C. Leic. fol. 29*v*; 也参见 C. A. fol. 176*r*, *c*.

61. 基尔，注 13 所引著作，第 82-3 页（据 *Q.* IV, fol, 11*v*).

62. 温莎堡 191119v。参见肯普 [Martin Kemp]，"莱奥纳尔多后期解剖学中的解剖和神性" [Dissection and Divinty in Leonardo's Late Anatomies]，《瓦尔堡和考陶尔德研究院院刊》，XXXV，1972 年，第 222 页。

63. MS. B, fol, 50*v*; 参见哈特 [Ivor B. Hart]，《莱奥纳尔多·达·芬奇的世界》[*The World of Leonardo da Vinci*]（伦敦，1961 年），第 304—305 页。

64. Ash, fol. 4*r*（里克特 399).

65. La forza è tutta per tutta se medesima, ed ètutta in ogni parte di sé. Forza è una virtù spirituale, una potenza invisibilie, la quale è infusa, per accidental violenza, in tutti corpi stanti fori della naturale inclinazione.

Forza non è altro che una virtù spiri tuale, unapotenza invisibile, (infusa) la quale è creata e infusa, per accidental violenza, da corpisensibili nelli insensibili, dando a essi corpi similitudine di vita; la qual vita è di maravigliosa operazione, constringendo e stramutando di sito e di forma tutte le create cose. Corre con furia a sua disfazione, e vassi diversificando mediante le cagioni. Tardità la fa grande, eprestezza la fa debole. Tardotà la fa grande, eprestezza la fa debole. Vive per violenza, e more per libertà (E atta a) Trasmuta e costringne (re) ogni corpo a mutazione di sito e di forma. Gran potenza le dà gran desiderio di morte. Sca (ch) ccia con furia ciò che s'oppone a sua ruina…abita ne'corpi stati fori de lor naturale corso e uso… (Ne) ssuna cosa sanza lei si move. (Ne) ssuno sono o voce sanza lei si sente. C. A. 302, a, 里克特 III3B. 关于自 MS. A, fol. 34*r* 的一段有关文字，参见海登赖希，前引著作，第 119 页。

66. MS. A, fol. 55*v*（里克特 941).

67. 莱奥纳尔多似乎改进了亚里士多德对这个定律的有点泛灵论的说法，他假定，只有元素的不同密度依靠压缩的"力"才引起某物上升和下降。关于这个重要的解释和它的出处见阿雷迪，"水利学的起源"（见注 5)，遗憾的是，此文发表在极难见到的期刊上。在 C. A. fol. 123r 的一页上，莱奥纳尔多引证了亚里士多德的维持定律，他还写道："La grarita e la forza desidera non essere, e pero ciascuna con violenza si mantiene suo essere.'

68. 见 K. D. 基尔，"莱奥纳尔多的感官生理学"，见前注 38。

69. Or vedi la speranza e' l desiderio del repatrarsie ritornare nel primo chaos fa a similtudine della farfalla al lume, el'uomo che con continui desideri sempre con festa aspetta la nuova primavera, sempre la nuova (e) state, sempre e' nuovi mesi, e nuovianni, parendogli che le desiderate cose, venendo, sieno troppo tarde, e non s'avede che desidera la sua disfazione; ma questo desidrio è ne quella quintessenza, spirito degli elementi, che trovandosi rinchiusa pro anima dello umano corpo desidera sempre ritornare al suo mandatario; E vo'che sappi che questo medesimo desiderio è quella quintessenza, conpagnia della nature, e l'uomo è modello dello mondo. C. Ar. fol. 156*v*. 转引自里克特 1162。

70. 'L' acqua che pel fiume si move, o ell'è chiamata, o ell'è cacciata, o ella si move da sè; s'ella è chiamata, o vo'dire addimandata, quale è esso addimandatore? s'ella è cacciata, che è quelche la caccia? s'ella si move da sè, ella mostra d' avere discorso, il che nelli corpi di continua mutazion di forma è impossibile avere discorso, perchè in tal corpi non è giudizio' (MS. K, fol. 101*v*).

71. 'L' acqua corrente, ha in sè infiniti moti, maggiori e minori che' l suo corso principale. Questo si prova per le cose che si sostengano infra le 2 acque, le quali son di peso equale all'acqua, e mostra bene pell' acque chiare il vero moto dell' acqua che le conduce, perchè alcuna volta la caduta dell'onda inverso il fondo le porta con seco alla percussione di tale fondoe refretterebbe con seco alla superficie dell'acqua, se I corpo notante fussi sferico: ma ispesse volte nol riporta perchè e' sarà più largo o più stretto per un verso che per l'altro, e la sua inuniformità è percossa dal maggiore lato da una altra onda refressa, la qual va rivolgendo tal mobile il quale tanto si move, quanto ell'è portato, il qual moto è quando veloce e quando tardo, e quando sivolta a destra e quando a sinistra, ora in su e ora in giù, rivoltandose e girando in se medesimo ora per un verso e ora per I'altro, obbidendo a tutti i sui motori, e nelle battaglie fatte da tal motori sempre ne va per preda del vincitore' (MS. G, fol. 93r).

72. 'La navication non è scientia, fatta che abbi perfectione perche se cosi fussi essi si salverebbono da ogni pericolo come fan li uccellij nelle fortune de venti, dell' aria co'venti e i pesci notanti, nelle fortune del mare e diluvii de fiumi, li quali non periscan. '(温莎堡, 12666r.)

73. 贾科梅利 [R. Giacomelli], "莱奥纳尔多的空气科学" [La scienza dei venti di Leonardo da Vinci], 刊于《芬奇研究大会文集》(佛罗伦萨, 1953 年), 第 374-400 页(新版;《芬奇研究》, IV, 1954 年, 第 140-166 页。)

74. MS. G, fol. 73*v*. 也参见 MS. E, fol. 70*v*: *'L' aria si condensa dinanzi alli corpi che con velocità la penetrano, con tanto maggiore o minore densità, quanto la velocità fia di maggiore o minore furore.'*

75. *'Libro, del moto che fa il foco penetrato all' acqua pel fondo della caldare e scorre in bollori alla superficie d'essa acqua per diverse vie, e li moti che fa l'acqua per cossa dalla penetrazione d'esso foco. E con questa tale sperienzia potrai investigare li vapori caldi che esalan della terra e passan pell' acqua ritorcendosi perchè l'acqua impedisce il suo moto e poi essi vapori penetran pell' aria con più retto moto. E questo sperimento*

farai con unvaso quadrato di vetro. tenendo l'occhio tuo circa al mezzo d' una d'esse pariete e nell'acqua bollente con tardo moto potrai mettere alquanti grani di panico, perchè mediante il moto d'essi grani potrai speditamente conoscere il moto dell'acqu che cpn secp li porta, e diquesta tale esperienza potrai investigare molti belli moti che accagiono dell'uno elemento penetra nell'altro' (*MS. F, fol.* 34*v*). 还有一段 MS. F, fol. 48r, 有些可疑的读法是：'Per fare pelgli [原文如此，大概为 belli] spettacoli d' acqua pannicolata, ponendo molti vari obietti in una corrente bassa eguale e veloce.' 描述了同样技术，但没有涉及它的审美效果的段落见 C. A., fol. 126*v*. 佩德雷蒂教授告诉我，在《解剖学笔记》[*Quaderni d' Anatomia*] (IV., fol. 11v) 中的一条误抄笔记至今不能解释莱奥纳尔多的心脏瓣膜玻璃模型技术。这条笔记如下：'fa quessta /prova dj/uetroe / moujci dentro/cise/lo a/cq' e panicho' [在玻璃（模型）中做这个试验，把水和小米灌进模型]。这正是 MS. F. 中所描述的实验。佩德雷蒂教授还告诉我，莱奥纳尔多关于 'mistioni' (MS. F, fols. 42*r*, 55*v*, 56*v*, 73*v*, 95*v*; MS. K. iii, fol. 115*r*; C. A., fols. 105*v*, *a*, 201*v*, *a*)，即一种模仿不算太贵重的宝石的造型材料——一种液体运动的冻结物像：'*uetro pannjchulato damme inventionato*'（温莎堡，12667*v*）的笔记和素描已经表明，他在做 '*aqua pannicolata*' 的实验时的审美意图。

76. '*De Anima. Il moto della terra contra alla terra ricalcando quella, poco li move le parte per cosse.*' '*L' acqua percossa dall'acqua, fa circuli dintorno al loco percosso; per lunga distanza la voce infra l'aria; più lunga infra'l foco; più lamente infra l'universo: ma perchè l'è finita, non si astende infra lo infinito*' (*MS. H, fol.* 67*r*). 参见马里诺尼 [*A. Marinoni*]，"作家莱奥纳尔多" [*Leonardo as a Writer*]，收在《莱奥纳尔多的遗产》，见前注 37，第 61 页。
77. 甘特纳 [*J. Gantner*]，《莱奥纳尔多关于大洪水和世界毁灭的幻象》[*Leonardos Visionen von der Sintflut und vom Untergang der Welt*]（伯尔尼，1958 年）。
78. 乌尔比诺抄本 [Cod. Urb.] fols. 33*v*-34*r*（麦克马洪，no. 93）。
79. 甘特纳，同上，第 200 页。
80. 瓦萨里，《名人传》，米拉内西 [Milanesi] 编辑本，IV，第 376 页及以下。
81. K. 克拉克，《风景进入艺术》[*Landscape into Art*]（伦敦，1949 年）。
82. 温莎堡，12665*v*（里克特 603）。

莱奥纳尔多与魔法师

1. 参考书有阿特兰蒂抄本的新印版本，《莱奥纳尔多·达·芬奇的阿特兰蒂抄本，米兰的安布罗乔图书馆所藏原件修补后的复制本（A. 马里诺尼的古文和评论复本）》[*Il Codice Atlantico di Leonardo da Vinci, Edizione in Facsimile dopo il restauro dell'originale conservato nella Biblioteca Ambrosiano di Milano* (*Trascrizione diplomatico e critica di A. Marinoni*)]，佛罗伦萨，1973 年及其以后，和里克特 [Jean Paul Richter] 的《莱奥纳尔多·达·芬奇文集》[*Literary Works of Leonardo da Vinci*]（以上两种此处略作 C. A. 和 R.）。关于《绘画论》（里克特出

版的《比较论》[*Paragone*] 或译《竞争论》除外）的参考书见前文的注2。有时我也背离已出版的译本。关于这些预言的日期见佩德雷蒂[Pedretti],《琼·保罗·里克特编本的评注本》[*A Commentary of Jean Paul Richter's edition*…],牛津,1977年,II,第277页以下。关于莱奥纳尔多的寓言见胡德[H. Hudde],“自然代替传统：莱奥纳尔多·达·芬奇的寓言”[Natur statt Tradition: Leonardo da Vincis Fabeln],刊于《观念》[*Idea*],汉堡艺术馆年鉴[Jahrbuchder Hamburger Kunsthalle],IV,1985年,第53—73页。

2. 见马里诺尼[A. Marinoni],《莱奥纳尔多·达·芬奇文稿》[*Leonardo da Vinci, Scritti Letterari*],米兰,1974年,这是莱奥纳尔多著作的最新版本。(本文中引用的这些预言的数目也包括一些片断。)
3. 关于莱奥纳尔多那个时期的情况见下述展览的编目,《十六世纪欧洲的梅迪奇的佛罗伦萨和托斯卡纳》[*Firenze e la Toscana dei Medici nell'Europa del Cinquecento*],1980年。赞贝利[P. Zambelli]所作的《占星术,魔法和炼金术部分》[*Sezione Astrologia, magia e alchimia*](第313—435页),附有丰富的书目。
4. 万安托[Vann'Anto],“莱奥纳尔多的谜语”[Gli indovinelli di Leonardo],刊于《现代文献》[*Letteratura Moderna*],VII,4,1956年,7—8月,米兰,伯科尼商大学,述及了莱奥纳尔多的预言和流行的谜语之间的各种对应。另见罗西[G. A. Rossi],《解谜的历史》[*Storia dell'enigmistica*],罗马,1971年,和菲利皮斯[M. de Filippis],《到十六世纪末的意大利的文字谜语》[*The Literay Riddle in Italy to the End of the Sixteenth Century*],University of California Press Publications in Modern Philology, Vol. 34, n. I.,伯克利和洛杉矶,1948年。
5. 《诗学》,XXII,1458a。
6. 见瓦索利[C. Vasoli],“关于莱奥纳尔多和炼金术的札记”[Note su Leonardo el'alchimia],收在《莱奥纳尔多和理性时代》[*Leonardo e l'eta della Ragione*],贝洛内[E. Bellone]和罗西[P. Rossi]编辑,米兰,1982年,第69—77页。对这个时间的确定有争议和不同的看法,马里诺尼认为1490年左右,佩德雷蒂主张约为1510年。
7. 关于《绘画论》的科学性质,见前一篇论文。
8. 完整的原典和日期,见注6。
9. 耶茨[F. Yates],《焦尔达诺·布鲁诺和秘义传统》[*Giordano Bruno and the Hermetic Tradition*],伦敦,1964年;沃克[D. P. Walker],《从菲奇诺到康帕内拉的精神魔术和超凡魔术》[*Spiritual and Demonic Magic from Ficino to Campanella*],伦敦,1958年。
10. 《艺术与错觉》,牛津,1960年。
11. 参见我的论文“错觉和艺术”[Illusion and Art],收在格雷戈里[L. Gregory]和贡布里希,《自然和艺术中的错觉》[*Illusion in Nature and Art*],伦敦,1973年,第191页,我在那里引用了一位卓越的动物学家的见解。
12. 贝尔特拉米[L. Beltrami],《莱奥纳尔多·达·芬奇,文献和回忆》[*Leonardo da Vinci, Documenti e Memorie*],米兰,1919年,文献107(1501年4月3日从弗拉·彼得罗·达·诺韦拉拉)[Fra'Pietro da Novellara]给伊莎贝拉·德斯特[Isabellad'Este]的信)。
13. 瓦萨里,《名人传》,米拉内西编本,佛罗伦萨,Vol, IV,1879年,第23—24页。
14. 同上,第46页。
15. 同上,第47页。
16. 同上,第37页。
17. 施泰尼茨[K. T. Steinitz],《莱奥纳尔多,剧场的设计者和节日的组织者》[*Leonardo Architetto Teatrale e Organizzatore di Feste*],芬奇和佛罗伦萨,

1969 年。

18. 根据佩德雷蒂的读解，里克特译为“就像进入地狱的通道（*bocche*）”，应为“就像地狱的喉舌（*boce*-=*voce*）”，见佩德雷蒂，前引著作，Vol. I，第 386 页。

19. 时间大约为 1500 年，见佩德雷蒂，前引著作，Vol. II，第 277 页，第 291—293 页。

20. 有这样一种努力，根据这种梗概编了一部 113 页的小说。我指的是《大洪水，莱奥纳尔多·达·芬奇》［*The Deluge, Leonardo da Vinci*］，编者为雷恩［Robert Rayne］（雄狮科幻小说，纽约，雄狮书局），在这部书里“编者”使用了莱奥纳尔多写的各种片断去构造一个幻想之梦的故事。但是，不幸的是，它缺乏文献价值。一份历史性的附录讨论了莱奥纳尔多的灵感可能是来自萨沃纳罗拉［Savonarola］的启示录布道。

21. 卡斯泰尔弗兰科［G. Castelfranco］，《芬奇研究》［*Studi Vinciani*］，罗马，1966 年，第 137，148 页。

22. 参见展览目录“莱奥纳尔多和水道”［Leonardo e le vie d'acqua］，米兰和佛罗伦萨，1983 年。

23. 瓦萨里，前引著作，第 20 页。

拉斐尔：五百周年纪念演说

1. 博洛尼亚，1762 年，第 157 页起。关于它的书目提要见 J. 施洛塞尔-马尼诺，《艺术文献集》［*La letteratura artistica*］，佛罗伦萨，1956 年，第 682 页。

2. 关于此信的原文见戈尔齐奥［V. Golzio］，《同时代人的证据以及同一个世纪的文献中记载的拉斐尔》［*Raffaello nei documenti, nelle testimonianze dei contemporanei e nella letteratura del suo secolo*］，梵蒂冈，1936 年，第 30—31 页。我已经在“意大利文艺复兴绘画中的理想和类型”［Ideal and Type in Italian Renaissance Painting］中讨论了这封著名的信，见《老大师新解》［*New Light on Old Masters*］，牛津，1986 年，第 89—91 页。

3. 见我的书《艺术与进步》［*Kunst und Fortschritt*］，科隆，1978 年（英文本名为《进步的观念及其对艺术的冲击》［*The Ideas of Progress and their Impact on Art*］，玛丽·杜克·比德尔讲座［The Mary Duke Biddle Lectures］，库珀联合学院［The Cooper Union］，纽约，1971 年，私人印行）。

4. 《拉斐尔生平和作品的历史》［*Histoire dela vie et des ouvrages de Raphael*］，巴黎，1824 年，第 v—vi 页。

5. 重印于迈尔［Heinrich Meyer］，《小品文》［*Kleine Schriften*］，海尔布隆［Heilbronn］，1886 年；下面引文在第 208 页。

6. 《新德意志的宗教的浪漫主义艺术》［*Neudeutsch religioes romantische Kunst*］，（1817 年），同上，第 101 页。

7. 吉利特［Cornelius Gurlitt］，《十九世纪的德国艺术》［*Die deutsche Kunst im neunzehnten Jahrhundert*］，柏林，1899 年，第 44 页。

8. 赫尔曼·乌德-贝尔奈斯［Hermann Uhde-Bernays］，《艺术家论艺术信简》［*Kuenstlerbriefe ueber Kunst*］，德累斯顿，1926 年，第 350 页。

9. 拉斯金，《现代画家》［*Modern Painters*］，第Ⅳ部分，第 4 章，“关于虚伪的理想”［Of the False Ideal］，收在《约翰·拉斯金作品集》［*The Works of John Ruskin*］，库克［E. T. Cook］和韦德伯恩［A. Wedderburn］编辑，伦敦，1903 年，第 V 卷，第 70—90 页。

10. 布克哈特，《全集》[*Gesamtausgabe*]，IV，沃尔夫林[H. Woelfflin]编辑，1933年，第二卷，第285页和309页。
11. 戈尔齐奥，见注2所引书，第92页。
12. 较早的书目见杜斯勒[Luitpold Dussler]，《拉斐尔，分析目录》[*Raphael, A Critical Catalogue*]，伦敦，1971年。菲谢尔[Oskar Fischel]在他关于拉斐尔的优美专论中把《奥斯蒂亚之战》完全定为朱利奥·罗马诺所作。主要的反对意见有奥伯胡布尔[Konrad Oberhuber]的论文，"拉斐尔作品中火灾厅的湿壁画"[Die Fresken der *Stanza dell'Incendio* im Werke Raffaels]，刊于《维也纳艺术史论文年鉴》[*Jahrbuch der Kunsthistorischen Sammlungen in Wien*]，n. f. XXII，1962年，但是琼斯[Roger Jones]和潘尼[Nicholas Penny]在《拉斐尔》[*Raphael*]（纽黑文和伦敦，1983年）中反对在这些湿壁画中至少两幅的设计里"发觉价值的大胆企图"。
13. 关于这幅素描的完整书目和讨论见目录《阿尔贝蒂娜博物馆中的拉斐尔》[*Raphael in der Albertina*]，维也纳，1983年，第39号下。
14. 潘诺夫斯基，《丢勒的生平和艺术》[*The Life and Art of Albrecht Duerer*]，普林斯顿，1955年，他认为这幅素描是画坊的产品，并且认为丢勒误解了拉斐尔的礼物。把这幅素描重新归为拉斐尔的主要功劳，肯定要归于希尔曼的文章，见《伯林顿杂志》CI，1959年，第456页以下。我讨论过画坊的其他方面问题（和吉贝尔蒂有关的），见《敬献集》[*Tributes*]，牛津，1984年，第202页。
15. 关于对这种情境的令人信服的评价和出自后来罗马时期的素描所产生的归属问题，见大英博物馆的目录《拉斐尔所作的素描》[*Drawings by Raphael*]，盖尔[J. A. Gere]和特纳[Nicholas Turner]编写，伦敦，1983年，第164页。
16. 以上两段引文见上引的戈尔齐奥的书。
17. 古尔德[Cecil Gould]，"拉斐尔对朱利奥·罗马诺：向后摆动"[Raphael versus Giulio Romano：the swing back]，刊于《伯林顿杂志》，1983年8月，第479—487页。
18. 巴尔迪[Bernardino Baldi]，《回忆乌尔比诺市》[*Memorie concernendo la citta di Urbino*]，威尼斯，1590年；见戈尔齐奥前引书，第327—328页。

意大利名师朱利奥·罗马诺

1. 这篇论文的基础是我的博士论文《建筑家朱利奥·罗马诺》[*Giulio Romano als Architekt*]的导论，那篇博士论文1933年春天在维也纳大学通过。处理泰宫的一章以及其他部分的摘要以"论朱利奥·罗马诺的作品"[Zum Werke Giulio Romanos]为题发表在《维也纳艺术史论文年鉴》[*Jahrbuch der Kunsthistorischen Sammlungen in Wien*]，N. F. VIII，1934年，和IX，1935年；意大利文译本见《泰宫手册》[*Quaderni di Palazzo Te*]，7—12月，I，1984年。
2. 哈特[F. Hartt]，《朱利奥·罗马诺》[*Giulio Romano*]，纽黑文，1958年。
3. 费尔希延[E. Verheyen]，《曼图瓦的泰宫中的爱情和政治图像》[*The Palazzo del Te in Mantua, Images of Love and Politics*]，巴尔的摩，1977年，另见我对该书的评论，发表在《伯林顿杂志》，CXXII，1980年1月。
4.《朱利奥·罗马诺研究，纪念这位艺术家到达曼图瓦450周年》[*Studi su Giulio*

Romano, Omaggio all'Artista nel 450'della venuta a Mantova, (1524—1974)]，波利罗尼亚那学院 [Accademia Polironiana]，圣贝内代托·波 [San Benedetto Po]，1975 年。

5. 对这些褒扬的概述见卡尔佩贾尼 [P. Carpeggiani]，"建筑家朱利奥·罗马诺成就述评" [La fortuna critica di Giulio Romano architetto]，收在上条注释引用的《朱利奥·罗马诺研究》一书。
6. 卡特赖特[J. Cartwright]，《伊莎贝拉·德斯特》[*Isabella d'Este*]，伦敦，1903 年，II，第 53 页，第 72—74 页。
7. 切利尼，《自传》 [*La vita scritta da luimedèsimo*]，XXX 章，佛罗伦萨，1901 年。
8. 阿雷蒂诺 [P. Aretino]，《书信第一集》[*Il Primo libro delle lettere*]，1537 年，第 IX封，第 CCCXXI 封。
9. 瓦萨里，《名人传》，米拉内西 [Milanesi] 编辑，V，第 395 页起；马尔坎托尼奥·博洛涅塞传 [Life of Marcantonio Bolognese]。
10. 卡尔皮 [P. Carpi]，"服务于费代里戈·贡扎加的朱利奥·罗马诺" [Giulio Romano ai servigi di Federico Ⅱ Gonzaga]，收在《曼图瓦的维尔吉利亚娜皇家学院文件和论文集》[*Atti e Memorie della R. Accademia Virgiliana di Mantova*]，曼图瓦，1920 年，Doc. I。
11. 《朱利奥·罗马诺研究》，1975 年，全名见注 4，第 44 页。
12. 切利尼，《自传》，第 XL 章。
13. 当时对朱利奥为仪式队伍经过路线所设计的装饰的描述，被翻译在前面引用的哈特的著作里，第 269—270 页。
14. 达尔科[C. d'Arco]，《曼图瓦的艺术和工艺》[*Delle Arti e degli Artefici di Mantova*]，曼图瓦，1857 年，No. 147；这封信在哈特的书里没有列出。
15. 详细说明见于一份关于修复的报告，修复工作是在科塔法维 [Clinio Cottafavi] 指导下进行的，见《艺术通报》[*Bollettino d'Arte*]，IX，1929/30 年，第 276 页起。
16. 见注 12。
17. 此信全文见注 10 中引用的卡尔皮的论文。在此我感谢钱伯斯博士 [Dr. David Chambers] 和莱普什博士 [Dr. Laura Lepschy] 帮助我阐明了一些模糊之处。
18. 皮瓦[P. Piva]，"朱利奥·罗马诺和波利罗内的修道院教堂" [Giulio Romano e la Chiesa Abbaziale di Polirone]，这是一篇重要的文章，刊于注 4 所引的《朱利奥·罗马诺研究》。
19. 关于这一点，我们只有瓦萨里说的话，但是因为瓦萨里是在他的《名人传》第一版说的，而这一版是在这件事（这件事肯定众所周知）发生后还不到四年的 1550 年出版的，所以没有理由对它的真实性产生怀疑。
20. 见由马蒂诺 [Jane Martineau] 发表的信，收在钱伯斯 [David Chambers] 和马蒂诺合编的展览目录，《贡扎加的辉煌》[*Splendours of the Gonzaga*]，维多利亚和艾伯特博物馆 [Victoria and Albert Museum]，1981 年，第 196 页。
21. 见注 1 中提及的我的论文的第二篇，第 126 页。
22. 见注 2 中引用的哈特的书第 194 页。
23. 就我所知，关于这一段的最新讨论，见布洛[G. Bullough]，《莎士比亚的叙事和戏剧渊源》 [*Narrative and Dramatic Sources of Shakespeare*]，伦敦，1975 年，VIII，第 150 页。
24. 阿雷蒂诺，《喜剧全集》[*Tutte le Commedie*]，德·桑克提斯 [G. B. de Sanctis] 编辑，米兰，1968 年。
25. 原文如下：
Jacopo: Andiamo, maestro, in fine a San Bastiano, volli dire al Te, che forse Giulio Romano averà scoperto qualche istoria divina. Pedante: Eamus: o che bella macchina è il palazzio che da la architettura del suo modelliculo è uscito: Vitruvio

prospettive prisco ha imitato.

26. 原文如下：

Pedante: Si pictoribus, un Tiziano emulus naturae immo magister, sarà certo fra Sebastiano de Venetia divinissimo. E forse Julio Romano curiae, e de lo Urbinate Rafaello alumno.

27.《非凡的彼得罗·阿雷蒂诺的四部喜剧》[*Quattro Comedie del Divino Pietro Aretino*]，在伦敦由沃尔夫 [John Wolf] 于1588年出版。关于这位印刷商见贝洛里尼[M. Bellorini]，"伦敦人约翰·沃尔夫 1580—1591 年出版的意大利文版著作"[Le pubblicazioni italiane dell'editore londinese John Wolf, 1580—1591]，刊于《文献》[*Miscellanea*]，I，1971 年，第 17—65 页。作者认为（第 41 页），这些书不完全是打算在意大利市场出售的。

乔托画的但丁肖像？

1.《汤姆·菲利普斯近来的油画、水彩和素描》[*Tom Phillips, Recent Paintings, Watercolours and Drawings*]，目录，伦敦马尔巴勒美术馆展览，1978 年 2 月 1—27 日。

2. 这部抄本被认为在 1314 年和 1330 年之间出自苏黎世，见埃瓦尔德·雅默斯[Ewald Jammers]，《德意志宫廷抒情诗人的宫廷歌集》 [*Das koenigliche Liederbuch desdeutschen Minnesanges*]，海德堡，1965 年。

3. 彼得·布里格 [Peter Brieger]，米拉尔德·迈斯 [Millard Meiss]，查尔斯·辛格尔顿 [Charles Singleton]，《彩饰抄本神曲》[*Illuminated Manuscripts of the Divine Comedy*]，二卷本，普林斯顿，1969 年。

4. 主要的专题讨论是理查德·塞耶·霍尔布鲁克 [Richard Thayer Holbrook]，《从乔托到拉斐尔的但丁肖像》[*Portraits of Dante from Giotto to Raphael*]，伦敦，1911 年。另见帕塞里尼[G. L. Passerini]，《但丁的肖像》[*Il Ritratto di Dante*]，佛罗伦萨，1921 年；卡尔·弗赖 [Carl Frey]，《佛罗伦萨的兰齐凉廊》[*Die Loggia dei Lanzizu Florenz*]，柏林，1885 年，第 56—58 页；小弗兰克·朱厄特·马瑟 [Frank Jewett Mather Jr.]，《但丁的肖像和他头骨测量结果的比较》 [*The Portraits of Dante compared with the measurements of his skull*]，普林斯顿，1921 年；法比奥·弗拉塞托 [Fabio Frassetto]，《但丁之骨，但丁的人体形状》[*Dantis Ossa, La forma corporea di Dante*]，博洛尼亚，1933 年；奥斯卡·武尔夫 [Oskar Wulff]，"但丁的肖像" [Das Dante Bildnis]，刊于《艺术编年史和艺术市场》[*Kunstchronik und Kunstmarkt*]，XXXII，1921 年，第 909—912 页；丹科纳[A. D'Ancona]，"真正的乔托所作的但丁肖像" [Il vero ritratto giottesco di Dante]，收在《读物》[*La Lettura*]，米兰，1901 年，第 203—208 页。进一步的参考文献见下面注 11 的警官宫湿壁画的参考书目。

5.《名人传》[*Le Vite*]，米拉内西编辑，第 I 卷，"乔托传评注"[Commentario alla Vitadi Giotto]，佛罗伦萨，1878 年，第 413—422 页。米拉内西更早提出的怀疑见"致教育部的信"[Lettera al Ministro della Pubblica Istruzione]，收在《但丁百年纪念报》 [*Giornale del Centenario di Dante*]，1865 年，17，37，38。

6.《名人传》，米拉内西编辑，第 I 卷，第 373 页。

7. H. 克勒尔[H. Keller]，"中世纪盛期末肖像画的兴起" [Die Entstehung des Bildnisses am Ende des Hochmittelalters]，刊于《罗马艺术史年鉴》 [*Roemisches Jahrbuch für Kunstgeschichte*]，III，1939

年，第 227 页以后。

8. R. T. 霍尔布鲁克，见注 4，第 73 页以后。还有一份详细的说明，见 J. A. 克劳 [J. A. Crowe] 和 G. B. 卡瓦尔卡塞莱 [G. B. Cavalcaselle]，《新编意大利绘画史》[*A New History of Painting in Italy*]，伦敦，1864 年，第 259—270 页。

9. 弗朗茨·阿道夫·冯·施蒂尔勒 (1802—81) 从 1831 年到 1853 年生活在佛罗伦萨。

10. 施洛塞尔 [J. von Schlosser]，《洛伦佐·吉贝尔蒂的回忆录》[*Lorenzo Ghibertis Denkwuerdigkeiten (I Commentarii)*]，二卷本，柏林，1912 年，第II卷，第 36 页。

11. 带有图版和书目的最充分的讨论见乔瓦尼·普雷维塔利 [Giovanni Previtali]，《乔托和他的画坊》[*Giotto e la sua bottega*]，米兰，1967 年和 1974 年，第 335—340 页。另见苏皮诺 [I. B. Supino]《乔托》[*Giotto*]，佛罗伦萨，1920 年，第 229—243 页；伊泽迈尔 [C. -A. Isermeyer]，《乔托壁画的框形分界和绘画次序与十四世纪佛罗伦萨的绘画》[*Rahmengliederung und Bildfolge in der Wandmalerei bei Giotto und den Florentiner Malern des 14. Jahrhunderts*]，维尔茨堡，1937 年，第 27 页以后。其他文献见萨尔维尼 [Roberto Salvini]，《乔托，文献目录》[*Giotto, Bibliografia*]，罗马，1938 年；贝内迪克蒂斯 [Cristina de Benedictis]，《乔托，文献目录》[*Giotto, Bibliografia*]，第II卷，1937—70 年，罗马，1973 年。

12. 米拉尔德·迈斯，见注 331 书目，第 40—41 页。

13. 伊泽迈尔，见注 11。

14. 克劳和卡瓦尔卡塞莱，见注 8。像米拉内西一样，卡瓦尔卡塞莱最初提出他的理论是在"致教育部的信"，见《但丁百年纪念报》，20，29，42，43。

15. 维拉尼，"契马布埃、乔托、马萨乔、斯特凡诺和塔代奥的绘画" [De Cimabue, Giocto, Maso, Stephano et Taddeo pictoribus]，收在弗赖 [C. Frey] 编辑的《安东尼奥·比利之书》[*Il Libro di Antonio Billi*]，柏林，1892 年，第 73 页以后。迈斯，见注 3，此处修正了其前所有的说明。

16. 舍费尔 [E. Schaeffer]，《佛罗伦萨的肖像画》[*Das Florentiner Bildnis*]，柏林，1904 年，第 25 页，和带有书目的余论。

17. 薄伽丘，《但丁传》[*Vita di Dante*]，收在圭里 [D. Guerri] 编辑的《全集》[*Opere*] 本，第XII卷，巴里，1918 年，第 32—33 页。

18. 帕塞里尼，见注 4 引书，第 25 页。在任何情况下，这种想法都很难和马瑟 (见注 4 引书) 的说法一致，马瑟宣称警官宫肖像的外形要和但丁的头骨十分吻合。这是一种检验，可能很少有什么肖像可以通过。但是要验证这种检验的有效性，就必须把这个圈子和十四世纪艺术中产生的大量侧面像的比例都来一个测量。

19. 兰巴尔迪 [Pier Liberale Rambaldi]，"艺术文献中的但丁和乔托" [Dante e Giotto nella Letteratura artistica]，刊于《艺术杂志》[*Rivista d'Arte*]，IX，3—4，1937 年；另见沙泰尔 [A. Chastel]，"但丁的同代人乔托" [Giotto coetaneo di Dante]，收在《托斯卡纳艺术研究：纪念路德维希·海因里希·海登赖希文集》[*Studien zur Toskanischen Kunst: Festschrift für Ludwig Heinrich Heydenreich*]，慕尼黑，1963 年，第 37—44 页；重印于沙泰尔的《传闻，形式，形象》[*Fables, Forms, Figures*]，巴黎，1978 年，第 I 卷，第 378—386 页。

20. 施洛塞尔，"艺术编史学的历史" [Zur Geschichte der Kunsthistoriographie]，收在《前奏曲》[*Praeludien*]，柏林，1927 年，第 248 页以后。

21. 维拉尼，见注 15 引用论文。

22. 丹科纳 [A. d'Ancona] 编辑，《安东尼奥·普奇，致诺泽·邦吉-拉纳利》[*Antonio Pucci, Per le Nozze Bongi-Ranalli*]

(1868 年 6 月 15 日)。

23. 弗朗茨 [R. H. Franz],《文艺复兴的先锋安东尼奥·普奇》[*Antonio Pucci ein Wegbereiter der Renaissance*], 1935 年, 第 13 页, 该书给出的普奇的生卒年为 1310—1390 年。另见费里 [Feruccio Ferri],《安东尼奥·普奇的民间诗》[*La Poesia popolare di Antonio Pucci*], 博洛尼亚, 1909 年。

24. 吉贝尔蒂,《回忆录》[*I Commentarii*], 施洛塞尔编本, II, 第 36 页。另见莫普尔戈 [Salomone Mopurgo], "布鲁托, 佛罗伦萨羊毛行会法事中的'好法官'" [Bruto, "il buon giudice" nell' Udienza dell'Arte della Lana in Firenze], 收在《艺术史文集, 献给伊吉诺·本韦努托·苏皮诺》[*Miscellanea di Storia dell'Arte in Onore di Igino Benvenuto Supino*], 佛罗伦萨, 1933 年, 第 141—163 页。

25. 《名人传》, 米拉内西编辑本, 第 399—400 页。我认为, *Fortezza con l'animo* [勇德用勇气] 意为告诫法官要有强大的精神力量, *Prudenza con le leggi*, 即立法要谨慎, *la Giustizia con l'armi e la Temperanza con la parole* 暗示我, 在正义的事业上, 法官要拿起武器但要用言语来克制——简言之, 我们在此有一条道德命令, 这条命令大可写在这幅画的某个地方。

26. 鲁宾斯坦 [N. Rubinstein], "锡耶纳艺术中的政治观念: 共和国宫中的安布罗焦·洛伦泽蒂和塔代奥·迪·巴尔托洛的湿壁画" [Political ideas in Sienese art: the frescoes by Ambrogio Lorenzetti and Taddeo di Bartolo in the Palazzo Pubblico], 刊于《瓦尔堡和考陶尔德研究院院刊》, XXI, 1958 年, 第 179—207 页。

27. 这些十四行诗的原典重印在注 24 引用的莫普尔戈的论文。

28. 原诗如下:

Tu che se' posto a regger con giustizia,
Ragione osserva in ogni tuo giudizio,
Da te cacciando di superbia il vizio
D'invidia mala, d'ira e d'avarizia,
Dal gusto non dari (*sic*) *non amicizia,*
Ma' ti rimuova, ma come Fabrizio,
Sobrio, costante e fermo nell'ufizio In ben oprar diritto t'assercizia:
Pronto all'udire e tardi al giudicare Odi ciascuna parte e poi sentenza Quel che ragion ti mostra che de' fare.
Cosi facendo sempre, la potenza
Del tuo comun vedrai multiplicare
E'n pregio montar la tua Fiorenza.

手写本 MSS: Magl. VII, 8, 1145年, c. 86b。引自费里的著作, 见注23, 第145—146页。

29. 见费里著作, 注23所引, 第125页。

30. 但丁,《炼狱篇》, 第一歌, 第37行。

31. 见鲁宾斯坦, 注26所引论文。

32. 霍尔布鲁克, 注4所引著作, 第136页。

33. 在丹科纳发表的"赞美但丁"中, 这个术语用于他的墓碑的题词。

34. 利维 [Michael Levey] 已经提醒我注意, 大部分但丁肖像是向右看, 而警官宫的头部却是向左看。

35. 这段在乔托生平中对他名望的可能性影响, 默里已作了讨论, 见"关于一些早期乔托资料的札记" [Notes on some early Giotto sources], 刊于《瓦尔堡和考陶尔德研究院院刊》, XVI, 1953年, 第58—80页。

36. 帕茨 [Walter Paatz], "镜中的乔托形象, 一份同时代的文献" [Die Gestalt Giottosim Spiegel einer zeitgenoessischen Urkunde], 收在迈耶 [Erich Meyer] 编辑的《朋友的礼品, 献给卡尔·格奥尔格·海泽》[*Eine Gabe der Freunde für Carl Georg Heise*], 柏林, 1950年, 第85页以后。

37. "*Ed era Guelfo, e non fu Ghibellino*" [是归尔甫派而非吉伯林派] 这一句见丹科纳出版的诗里 (见注22)。

38. 彼得拉克,《论老年》[*Senilia*]。

39. 见迈斯, 注3所引著作, 第42页。

40. 吉贝尔蒂,《回忆录》, 施洛塞尔编本, II, 第38页。

41. 布鲁尼，“但丁传”[Vita di Dante]，收在史密斯 [J. R. Smith]，《最早的但丁传记》[*The earliest lives of Dante*]，纽约，1901年，第90页以后。

42. 汉基 [T. Hankey]，“萨卢塔蒂为佛罗伦萨的韦基奥宫所作的警句” [Salutati's epigrams for the Palazzo Vecchio at Florence]，刊于《瓦尔堡和考陶尔德研究院院刊》，XXII，1959年，第363—365页。

43. 里奇 [Corrado Ricci]，“但丁的最后安置处”[*L'ultimo rifugio di Dante*]，第二版，米兰，1921年，第412页。

44. 霍尔布鲁克，见注4所引著作，第172页。

45. 马尔基西奥 [Cesare Marchisio]，《鲜花的圣马利亚教堂中的但丁的绘画纪念碑》[*Il Monumento pittorico a Dante in Santa Maria del Fiore*]，罗马，1955年。

46. 普林尼，《博物志》，XXXV，2，9。

寻找解开莱奥纳尔多奥秘的钥匙

1. 最初作为对卡洛·佩德雷蒂 [Carlo Pedretti]的《莱奥纳尔多·达·芬奇论绘画：一部已佚的书(A 卷)》[*Leonardo da Vinci on Painting: a Lost Book* (*libro A*)] 和西格蒙德·弗洛伊德 [Sigmund Freud] 的《莱奥纳尔多·达·芬奇和童年回忆》[*Leonardo da Vinci and a Memory of His Childhood*] 的评论发表于1965年2月11日《纽约书评》[*New York Review of Books*]，当时的题目是“莱奥纳尔多的奥秘”[The Mystery of Leonardo]。

科学史中的莱奥纳尔多

1. 最初作为对 V. P. 祖博夫 [V. P. Zubov]《莱奥纳尔多·达·芬奇》[*Leonardo da Vinci*]一书的评论发表于1968年12月5日《纽约书评》[*New York Review of Books*]，当时的题目是“寻找莱奥纳尔多”[In Search of Leonardo]。

莱奥纳尔多的奇迹

1. 最初以“在智慧和想象之间” [Between Intellect and Imagination]为题发表在《泰晤士文学增刊》[*Times Literary Supplement*]，1982年1月15日，作为对马丁·肯普的著作《莱奥纳尔多·达·芬奇：自然和人的奇妙之作》[*Leonardo da Vinci: the Marvellous Works of Nature and Man*] 的书评。

米开朗琪罗的最后几幅画

1. 最初作为对利奥·斯坦伯格[Leo Steinberg]《米开朗琪罗的最后几幅画：梵蒂冈教皇宫波林礼拜堂中的〈圣保罗的皈依〉和〈圣彼得被钉十字架〉》[*Michelangelo's Last Paintings: The Conversion of St Paul and the Crucifixion of St Peter in the Cappella Paolina, Vatican Palace*]一书的评论发表于1977年1月20日的《纽约书评》，当时的题目是"谈米开朗琪罗"[Talking of Michelangelo]。

Bibliographical Note

Details of the previous publications of the essays in this volume are as follows:

From *Norm and Form* ©1966 Phaidon Press Limited
The Renaissance Conception of Artistic Progress and its Consequences
Apollonio di Giovanni: A Florentine Cassone Workshop Seen through the Eyes of a Humanist Poet
Renaissance and Golden Age
The Early Medici as Patrons of Art

From *The Heritage of Appelles* ©1976 Phaidon Press Limited
From the Revival of Letters to the Reform of the Arts: Niccolo Niccoli and Filippo Brunelleschi
The Leaven of Criticism in Renaissance Art: Texts and Episodes
The Form of Movement in Water and Air

From *New Light on Old Masters* ©1986 Phaidon Press Limited
Leonardo on the Science of Painting: Towards a Commentary on the 'Trattato della Pittura'
Leonardo and the Magicians: Polemics and Rivalry
Giotto's Portrait of Dante?
Raphael: a Quincentennial Address
'That rare Italian Master…': Giulio Romano, Court Architect, Painter and Impresario

From *Reflections on the History of Art* ©1987 Phaidon Press Limited
Leonardo in the History of Science
The Marvel of Leonardo
Seeking a Key to Leonardo
Michelangelo's Last Paintings
The Rhetoric of Attribution: A Cautionary Tale

The Renaissance: Period or Movement? *Background to the English Renaissance.* J. B. Trapp (ed.), London, pp. 9-30

The Glory of Florence. The Inaugural Lecture given at the Inauguration of the Folorence Program, Italy of Richmond College in 3 November 1988.

Preface to *Leonardo da Vinci*, Hayward Gallery, London, 1989, South Bank Center.

A Contemporary Copy of Leonardo's *Last Supper* for Oxford.

责任编辑　祝平凡　周书田
护封设计　成朝晖
封面设计　周小英
版式设计　周小英
责任校对　毕　斐
责任出版　姚银水

图书在版编目（CIP）数据

文艺复兴：西方艺术的伟大时代/（英）贡布里希（Gombrich，E. H.）著；李本正，范景中编选. ——杭州：中国美术学院出版社，2000.8（2007.1重印）
（学院丛书/范景中主编）
ISBN 978-7-81019-799-1

Ⅰ. 文…　Ⅱ①贡…②李…③范…　Ⅲ. 文艺复兴-研究-文集　Ⅳ. J110. 93-53

中国版本图书馆CIP数据核字（2000）第50945号

文艺复兴：西方艺术的伟大时代　**英·贡布里希著　李本正　范景中编选**

中国美术学院出版社　出版发行

地址：中国·杭州南山路218号　邮政编码：310002

全国新华书店　经销　浙江印刷集团有限公司　印刷

2000年8月第1版　2007年1月第2次印刷
开本：787×1092　1/16　印张：28
字数：550千　图数：241幅
印数：3001—4000　定　价：55.00元